U0496824

21 世纪保险学精算学系列教材

风险管理与保险

江生忠　主编

南开大学出版社

天　津

图书在版编目(CIP)数据

风险管理与保险 / 江生忠主编. −天津:南开大学出版社,2008.10(2013.1重印)

(21世纪保险学精算学系列教材)

ISBN 978-7-310-03025-5

Ⅰ.风… Ⅱ.江… Ⅲ.保险−风险管理−高等学校−教材 Ⅳ.F840.32

中国版本图书馆 CIP 数据核字(2008)第 156925 号

南开大学出版社出版发行
出版人:孙克强

地址:天津市南开区卫津路 94 号　邮政编码:300071

营销部电话:(022)23508339　23500755

营销部传真:(022)23508542　　邮购部电话:(022)23502200

*

天津市蓟县宏图印务有限公司印刷

全国各地新华书店经销

*

2008 年 10 月第 1 版　　2013 年 1 月第 2 次印刷

787×960 毫米　16 开本　31.25 印张　2 插页　555 千字

定价: 56.00 元

如遇图书印装质量问题,请与本社营销部联系调换,电话:(022)23507125

总　序

　　南开大学是 1979 年国内保险业务恢复以后，在全国最早建立保险专业的高校。1984 年开始招收保险专业研究生；1985 年招收保险专业本科生；1988 年在国内率先招收精算研究生，培养了国内第一批精算研究生，在国内外产生了重要影响；1991 年建立了国际保险研究所，是我国综合性大学中最早设立的保险研究机构；1994 年在国内高校中率先建立风险管理专业方向；1997 年招收保险方向博士生；2004 年增设保险专业研究生的社会保障方向。目前，南开大学正与国际上的保险组织和院校积极合作培养保险专业的本科生和研究生。与此同时，在保持保险精算教育特色的基础上，南开大学积极与国际保险组织合作，引进财产保险教育体系。应当说，二十多年来南开大学保险学科的发展已取得了较大的成就，并已得到社会的认可。

　　多年来，南开大学风险管理与保险学系教师在致力于培养保险人才的同时，一直注重保险教材建设，并编写了一批在国内有影响的保险专业教材。如刘茂山教授编写的《保险经济学》，王海柱教授主编的《保险管理学》，刘茂山教授主编的《保险学原理》，江生忠教授主编的《保险会计学》，李秀芳教授主编的《保险精算》，赵春梅副教授、陈丽霞副教授、江生忠教授编写的《保险学原理》，以及我系教师参编的由原中国人民保险公司组织编写的教材《社会主义保险学》，国家人事部考试中心及中国保监会组织编写的《保险理论与实务》，原国家教委组织编写的统编教材《保险学》，中国人民银行组织编写的《海上保险》，中国精算师资格考试用书《利息理论》等。近年来，南开大学保险学系教师又出版了多本教材，如李秀芳教授编写的《寿险精算实务》、《中国寿险业资产负债管理研究》，张连增副教授编写的《风险论》，刘茂山教授主编的《国际保险学》，江生忠教授主编的《人身保险市场与营销》、《保险中介教程》、《保险经营管理学》等。此外，南开大学保险系教师还编写了多本属于保险理论前沿问题的保险专著，同样在国内保险业界产生了重要的影响。应当说，多年来，南开大学风险管理与保险学系一直致力于保险教材与专著的建设，这对于提高师资水平和教学质量，推动南开大学保险学科的发展发挥了重要的作用。

目前，我们之所以再编写一套"21世纪保险学精算学系列教材"，其主要原因或考虑是：

一是保险学科属于应用性学科，所以在一段时期之后及时更新教材是必要的。目前我国保险专业教材建设虽然在数量上已增加不少，但有些教材的内容与保险业的快速发展相比还是略显陈旧，个别教材的内容还不能反映世界或国内保险业快速发展的现状，呈现理论与实践相脱节的现象。这不仅引起了保险业界的不满，而且保险专业的教师和学生也有同样的感觉。所以，在保险教材数量不少的情况下，写教材、出丛书尽管有可能产生微词，但我们认为还是有必要的。

二是通过丛书，系统地体现南开大学保险教育的特色。南开大学风险管理与保险学系教师虽已出版多本保险专业教材，但还没有编写一套完整的保险与精算教材丛书。编写系统性的教材，目的之一就是希望从整体上推动南开大学保险学科的发展。目前，虽然国内已有部分院校出版了保险专业教材的丛书，但这仅是反映某些院校的保险教育状况。此外，在保险教材建设领域，相隔一段时间增加一套丛书还是有利于保险教育的。需要指出，编写和出版丛书仅是手段而不是最终的目的。所以，我们全体编写人员已达成共识，不能为编写丛书凑数量而忽视质量，不能片面地追求丛书中各书籍在同一时间出版而形成所谓的"丛书"。当然，我们也希望在不长的时间内能完成该套丛书的编写和出版。

三是注意教材的层次化，写出理论性相对较强的教材。由于保险学科具有应用性的特征，所以目前有些保险教材往往注意教材的应用性而忽视教学的梯度或对象的差异性，以及教材使用对象的层次性。即教材的使用对象不明确，同一教材大学可以用，大专可以用，中专也可以用。事实上，随着我国保险业发展水平的不断提高和经营管理的逐步成熟，培养多层次的保险人才又重新成为保险教育界所面临的一个现实问题，设立保险专业的院校既要培养保险大专人才，也要培养保险本科生和保险硕士生，此外还需要培养高层次的保险博士生。所以，根据不同层次的保险教育编写具有不同特点的保险专业教材是必要的、合理的。此外，编写保险教材，还应把握院校教育与公司教育的差异和特点。公司在职教育固然有其特殊性和必要性，不能被院校教育所替代，而院校教育同样也应有自己的地位和特点，不能变成公司在职教育。所以在教材建设上，两者同样也不能互相替代。最后，需要指出，保险学科虽然具有实践性和应用性的特征，但这并不能否定保险学作为一个独立的学科所应具有的理论性，即使涉及保险业务的一门教材同样存在一定的原理和理论。所以，编写院校保险教材，强调理论性是合理的。就该套丛书而言，我们的指导思想就是：该丛书的使用对象是高等院校保险专业的本科生，并强调教材的理论性。

参加编写该套教材的作者主要是南开大学风险管理与保险学系的教师，他们大多数是年轻教师，具有很好的教育背景，并具有较丰富的教学经验和较强的科研能力。此外，为提高教材的质量，我们还邀请了武汉大学、中国对外经贸大学、天津财经大学、广州金融学院等其他院校的部分教师参与我们的教材编写。在编写体制上完全实行主编负责制，由主编确定大纲，组织编写人员，并最后定稿。当然，在写作过程中，为提高教材的质量，编写人员也会有些交流和沟通，并请一些相关的教师进行审阅。

如何进行教材建设，并写出经得起时间考验的经典教材，对教师来说是一个永恒的课题。所以，该套教材的难免存在这样或那样的问题，对此，敬请读者批评指正，我们不胜感激。

最后，我们要感谢南开大学出版社的同志，他们为该套教材的出版投入了很大的精力，对此我们深表感谢！

南开大学风险管理与保险学系主任

江生忠　教授

2005 年 6 月 1 日于南开大学

前 言

随着 1980 年我国恢复国内保险业务和国内保险教育以来,《保险学原理》①是整个保险专业教材中出版的版本和数量最多的一本教材。其原因:一是保险学是保险学专业中一门专业基础理论,很多院校或教师对此自然比较重视;二是保险学与保险专业教材不同,如财产保险/再保险等专业课,随着实践发展其内容是不断变化的,很多教师也没有做过保险实务工作,所以对于编写保险专业教材,大家还是心存担忧的,其积极性自然就不高了。而保险学则不同了,其教学内容相对比较固定,尤其从原理角度看,其多数内容已相对成熟,创新要求不高,编写自然就相对容易。所以在书店中,大家所看到的保险学原理教材相对较多,而且内容相差也不大。

但是,从另一方面看,正因为保险学原理新教材要从结构和内容上有所突破是件很难的事,所以若编写一本更高水平的保险学原理教材就成为一件更加不容易的事。此外,一旦新教材不能有所突破与创新,新出版的教材也难躲相互抄袭之嫌,甚至会直接落一个骂名。而且,由于保险学教材数量较多,无论新教材是否有创新或属于高水平,总被人认为有相互抄袭之嫌。为此,我们承担该教材的编写任务,的确存在较大的顾虑。

南开大学保险专业的老师,在保险学教材建设上,曾取得不俗成绩。在 20世纪 80 年代中期,刘茂山教授曾参与教育部和中国人民保险公司组织编写的《社会主义保险学》,并承担了其中重要理论章节的编写任务,这也为南开大学保险学科建设奠定了重要的理论基础。后来刘茂山教授任主编、江生忠教授任副主编的《保险学原理》在南开大学出版社出版了。应当说,该教材对国内保险学的发展具有重要的贡献。因为该教材不仅在结构方面与传统的保险学教材相比有较大的差异,而且使保险学(尤其是从概论或原理角度说)更加完整和科学,因为它在理论上(如保险产生理论/发展理论、保险与社会经济保障体系

---

① 也有的书名叫《保险学》、《保险学概论》、《保险学教程》等,这里是指原理或入门性的教材。

理论)与传统保险学相比,又向前跨了一大步。此外,为适应不同教学对象的需要, 南开大学保险专业的赵春梅、陈丽霞及江生忠老师,于1999年又编写了一本《保险学原理》,该书的基本特点是内容完整同时又简洁务实,不失为一本好的保险专业的入门教材。另外,我系几位教师多次参与中国保监会组织的保险中介资格考试教材的编写和修订工作,这也为我系编写保险学教材奠定了非常好的学术基础。

本书的写作思路基本上是以风险为切入点和前提的。当然,由于对保险的理解是多角度的,编写保险教材可以以不同的角度为切入点。我们可以从经济学角度研究或编写保险学教材,可以从财务角度研究或编写保险学教材,可以从制度角度研究保险学,或从金融角度研究保险学;但我们认为,从保险本质上看,保险还是首先表现为是分散风险、分摊损失的机制。所以,我们认为,本书从风险角度研究保险学是符合现实和逻辑的,我们的书名也定为《风险管理与保险》。其基本结构是:风险—风险管理—保险概述—保险基本理论—保险公司(经营)—保险业(市场竞争)—保险市场(供求)—保险监管。

本书的特点之一是能结合中国保险理论和实务来阐述保险基本原理。这不仅增加了可读性,同时也增加了实用性。从世界范围看,保险虽然具有很强的共性,保险业务具有国际性,但由于保险业在各国社会生产和生活中都属于较特殊的行业,各国保险业又具有很强的个性。也就是说,各国的政治、经济、文化意识等对保险业具有很大的影响,导致在宏观层面及行业层面显示出各国保险业具有一定的差异性。所以,理论联系实际是必要的。

与国内其他保险学教材相比,本书的内容相对还是比较多的。个别章节的内容相对于一年级本科生来说,可能要难一些。读者在学习时可以根据本人的实际情况,有针对性地选读有关章节或辅助材料。

此外,在编写该教材的同时,我们又编写了属于研究生教学和学习用的教材《保险学理论研究》(中国金融出版社2007年11月),它是本教材的升级本。虽然其写作方法与本教材不同(《保险学理论研究》是用专题的形式就保险学中有关问题进行深入的研究和分析),但就保险学的一般结构来看,两者还是相差不大。[①]读者在学习本教材时,若对书中某些问题还有兴趣进行进一步研究的话,可以参考《保险学理论研究》。

为编写该教材我们参阅了大量国内外的保险教材。对编写大纲,我们也组

[①] 目前已出版或将出版的保险硕士研究生教材有《保险学理论研究》、《保险经济学研究》、《风险管理理论研究》、《精算理论与实务研究》、《中国社会保障制度研究》、《保险法律制度研究》等。与本教材中风险管理内容相关的教材是《风险管理理论研究》。

织有关老师和研究生反复进行讨论与修改，在上述基础上分工并开始编写。然而，在实际编写过程中，由于认识上的变化，章节的安排又发生了变化。初稿形成后，到最后的定稿持续了一年多时间。在此期间内，江生忠教授对全书进行总纂，对各章进行了修改，并对有的章节作了较大的调整，以保证教材的完整性、规范性和创新性。南开大学保险学系李勇权老师、朱航老师等对书中的有关章节提出了修改意见，对此表示感谢。此外，在总纂和修订过程中南开大学保险学系邵全权老师，博士生张兴、朱威至、邢婷婷、陈月、张领伟，硕士生李多、何佳、贾士彬、季芳等做了不少辅助性的工作。

此外，该书最初的章节分工与最后完成稿的分工也是不一样的。完成稿的基本分工是：第一章风险，汪明美、刘广君；第二章风险管理的基本理论，汪明美；第三章主要风险的及其管理，汪明美、何佳；第四章保险概述，江生忠、刘广君；第五章保险的数理基础，邵全权；第六章保险法与保险合同，杜宜安、何佳；第七章保险的基本原则，何佳；第八章保险产业，江生忠、刘广君、邵全权、张兴；第九章保险公司经营，王柯、刘涵、张兴；第十章保险投资，张兴、江生忠、高志强；第十一章保险监管，邢婷婷、江生忠、刘涵。

最后，对于南开大学出版社的关心、支持和帮助，我们深表感谢！

由于编者水平有限，加之保险实践和理论也在不断变化，因此书中难免有疏忽或不当之处，恳请读者批评指正。我们希望在未来，能根据来自不同方面的意见，以及我们认识上的改变，来不断修订并再版该教材，其理想就是使该教材成为一本经典的保险专业教材。

编　者

2007 年 10 月 20 日

目　录

第一章　风　险

第一节　风险的定义及分类

一、风险的定义

（一）风险的一般含义

目前在理论上，风险并没有形成一个被众人认可的统一的定义。通常讲风险是指某种事件发生的不确定性。从广义上讲，这种不确定性既包括盈利的不确定性，也包括损失发生的不确定性。只要某一事件的发生存在着两种或两种以上的可能性，那么该事件即存在着风险。统计学家和经济学家通常把风险和变量联系在一起。根据这一观点，风险一般定义为：预期结果与实际结果间的相对变化。因此，如果某事件有多种可能的结果，而且这些结果事先并不能预知，我们就认为该事件有风险。

在保险理论与实务中，通常从狭义的角度界定风险的含义。具体可以表述为：风险仅指损失的不确定性（本书以下部分，若没有特指，风险的含义一般是指从保险角度所界定的，即指损失的不确定性）。风险的不确定性包括风险是否发生不确定、何时发生不确定和产生的结果不确定。

（二）风险学说

对风险的看法，不同的学者从不同的角度对其有不同的认识，概括起来主要有客观风险论和主观风险论[①]。

1. 客观风险论

---

① 理论界对风险的认识，也分为损失论（风险是损失的不确定性）和方差论（实际收益偏离预期收益的潜在可能性，通过收益率的方差进行测定）两类。

客观风险论以风险客观存在为前提，以风险事故观察为基础，用数学和统计观点加以定义，并认为风险可用客观尺度进行测度，即风险是客观的，可以通过概率进行测算。

例如，甲乙两栋建筑，甲栋建筑面临损失发生的情况有以下三种：

（1）全毁的概率为 0.05；

（2）半毁的概率为 0.9；

（3）不毁的概率为 0.05。

乙栋建筑面临损失发生的情况有以下五种：

（1）全毁的概率为 0.05；

（2）损毁 3/4 的概率为 0.3；

（3）半毁的概率为 0.5；

（4）损毁 1/4 的概率为 0.1；

（5）不损毁的概率为 0.05。

将以上两种可能发生损失的情况相比较，不难看出，甲可能产生的结果有三种，乙可能产生的结果有五种。因此，甲的情况较容易预测，乙的情况预测起来就比较困难。也就是说，甲实际发生的损失结果与预期的损失结果较易接近，变动程度较小，不确定性较小，因而面临的风险也较小；而乙变动程度大，不确定性大，风险也大。也就是说，某事件面临的情况越多，不确定性越大，预测起来也就越困难。另外，持有客观风险论观点的学者认为，风险的大小可以用客观尺度加以度量，即根据概率论原理，风险大小取决于其所致损失概率分布的期望值、方差和变动系数。假定上例中甲乙两栋建筑价值为 100 万元，我们可以算出，甲的期望损失为 50 万元，方差为 250 万元，变动系数 0.316；乙的期望损失为 52.5 万元，方差为 743.75 万元，变动系数为 0.519。据此，我们可以直观地看出，乙栋建筑所面临的风险要大于甲栋建筑所面临的风险。因此，我们可以说，"风险是由客观或然率来度量的现象"[①]。

2. 主观风险论

主观风险论认为风险是主观的、个人的和心理上的一种观念，是人们主观上的一种认识；对风险的定义是指个人对客观事物的主观估计，而不能以客观的尺度予以衡量。例如一次火灾的发生对一栋建筑物造成的损失，有人估计有以下三种可能，即全毁、损毁 1/2、损毁 1/3；有人则估计有以下五种可能，即全毁、损毁 1/2、损毁 1/3、损毁 1/4、损毁 1/5。这种损失的不确定性显然是主

---

① [美] 欧文·颇费尔（Iring Pfeffer）：《保险与经济理论》，1956 年。

观预期和估计的结果，是由于对风险的主观认识不同而引起的，而客观实际结果只能是一种。因此，主观风险论者受主观意识左右，随意性较大，无法用客观尺度加以度量。

除了主观风险论和客观风险论，对风险的认识还有损失不确定说[①]和损失可能说[②]，也有的分为损失论（风险是损失的不确定性）和方差论（实际收益偏离预期收益的潜在可能性，通过收益率的方差进行测定）两类等。

（三）风险的结构

风险的结构是指构成风险的各个要素关系的总和，这些要素的共同作用，决定了风险的存在、发生和发展。一般认为，风险是由风险因素、风险事故和损失构成的。

1. 风险因素

风险因素是指促使和增加损失发生的频率或严重程度的任何事件。构成风险因素的条件越多，发生损失的可能性就越大，损失就会越严重。影响损失发生的可能性和程度的风险因素有两类：有形风险因素和无形风险因素。

（1）有形风险因素

有形风险因素是指导致损失发生的物质方面的因素。如财产所在的地域、建筑结构和用途等。假如有两幢房屋，一幢是木质结构，一幢是水泥结构。假定其他条件都相同，木质结构的房子显然比水泥结构的房子发生火灾的可能性要大。再假设这两所房子都是水泥结构，但一所房子附近就有消防队和充足的水源，另一所远离消防队和水源，则后者发生严重火灾损失的可能性显然要比前者大。

需要注意的是，容易遭受某种灾害引起的损失，并不等于说容易遭受一切灾害引起的损失。例如，木质结构的房屋要比水泥结构的房屋更容易着火，但在发生地震的时候，它遭受因地层下陷、崩裂、滑动等所带来的损失可能就会小些。

---

① 该学说认为风险是损失的不确定性。美国学者乔治·腾达在他所著的《保险学原理》中指出，"风险是关于损失的不确定性" (Risk is defined as uncertainty concerning the occurrence of a loss)。此外，罗伯特·麦尔、福利德·里克、G. 克伦分别把风险定义为"风险即损失的不确定性"和"风险意味着未来损失的不确定性" (Risk means uncertainty about future loss)。

② 该学说从企业经营角度出发，讨论风险与损失之间的内在联系，强调损失发生的内在可能性。美国学者海尼斯在他所著的《风险——一个经济要素》一书中指出，"风险一词在经济学和其他学术领域中并无任何技术上的内容，它意味着损害的可能性。某种行为具有不确定性时，其行为就反映了风险的负担"。德国学者斯塔得勒和普赖分别把风险定义为"影响给付或意外事故发生的可能性"和"企业的目的不能实现的可能性"。

（2）无形风险因素

文化、习俗和生活态度等非物质形态的因素也会影响损失发生的可能性和受损的程度。这是一种无形的风险因素。它包括道德风险因素、行为风险因素和心理风险因素三种。

①道德风险。道德风险是指人们以不诚实、不良企图或欺诈行为故意促使风险事故发生，或扩大已发生的风险事故所造成的损失的因素。在保险的场合，道德风险主要表现为投保人利用保险牟取不正当利益。如虚报保险财产价值，对没有保险利益的标的进行投保，制造虚假保险赔案等。

②行为风险。行为风险是指由于人们行为上的粗心大意和漠不关心，易于引发风险事故发生的机会和扩大损失程度的因素。像躺在床上吸烟的习惯，增加了火灾发生的可能；外出不锁门，增加了偷窃发生的可能；驾驶车辆不愿意系安全带，增加了发生车祸以后伤亡的可能等。在人们购买了保险以后，更易于产生上述行为风险。

对于许多人来说，影响他们健康和寿命的行为风险因素常常是在不知不觉中产生的。这些风险因素包括过度吸烟、服药，接触放射性物质和其他有害物质，不良的饮食、睡眠和运动习惯以及其他危及生命和身体的情况。

③心理风险。心理风险是指由于不谨慎等行为导致风险事故发生机会的增加及损失程度扩大的原因或条件，如违章作业、玩忽职守等。

心理风险与道德风险在本质上并无多大区别，即它们都是因主观意识而导致的风险。对于保险人的经营来讲，道德风险和心理风险所造成的后果同样严重。两者的区别是：道德风险是由于被保险人的故意行为所致，具有明显的欺诈意图；而心理风险是因被保险人的疏忽大意或不负责任所致。在每一个被保险人身上都不同程度地存在心理风险。所以，它较之道德风险而言，更难以被保险人所预防。

2. 风险事故

风险事故又称风险事件，是指造成损失的直接或外在的事件，或是指造成损失的直接的或外在的原因，是损失的媒介物，即风险通过风险事故的发生，才能导致损失的发生。例如，汽车刹车失灵酿成车祸而导致车毁人亡，其中刹车失灵是风险因素，车祸是风险事故。如果仅有刹车失灵而无车祸，就不会造成人员伤亡。如果说风险因素还只是损失发生的一种可能性，那么，风险事故则意味着风险的可能性转化为现实性，即风险的发生。因而，它是直接引起损失后果的意外事件。一般而言，风险事故发生的根源主要有三种：自然现象，如地震、台风、洪水等；社会经济的变动，如社会动乱、汇率变动等；人和物本身所引起的，如疾病、设备故障等。

一般而言，风险因素是促成风险转化为风险事故的原因或条件，但是对于某一事件，在一定条件下，可能是造成损失的直接原因，则它成为风险事故；而在其他条件下，可能是造成损失的间接原因，则它便成为风险因素。如下冰雹使得路滑而发生车祸，造成人员伤亡，这时冰雹是风险因素，车祸是风险事故。若冰雹直接击伤行人，则它是风险事故。

从风险因素和风险事故间的关系来看，风险因素只是风险事故产生并造成损失的可能性或使之增加的条件，并不直接导致损失，只有通过风险事故这个媒介才产生损失；也可以说，风险因素是产生损失的内在条件，而风险事故是外在条件。

3. 损失

风险为损失的不确定性。由于风险的存在，就有发生损失的可能，如财产价值或个人所得的减少或损失。在保险理论与实务中，损失是指非故意的、非计划的、非预期的、经济价值减少的事实。这个定义包含两个要素：一是"经济价值减少"，强调的是能以货币衡量，即使对于人身伤亡，也是从由此引起的对本人及家庭产生的经济困难或者其对社会所创造经济价值的能力降低这一角度出发来考虑的；二是"非故意、非计划和非预期"，例如折旧、馈赠虽然都满足第一个要素，但不满足第二个要素，因为它们都属于计划或预期中的经济价值减少，因此不是我们这里所定义的损失。这里的损失一般表现为有形的损失，一般以丧失所有权或预期利益、支出费用、承担责任等形式表现，而像精神打击、政治迫害以及折旧、馈赠等均不能作为损失。

在保险实务中，通常将损失分为两种形态，即直接损失和间接损失。直接损失是指风险事故对于标的本身所造成的破坏事实；而间接损失则是由于直接损失所引起的破坏事实，包括额外费用损失、收入损失和责任损失等。例如，一家旅店遭受火灾，火烧毁了房屋，这是旅店的直接损失；而由于房屋被毁，旅店曾一度无法正常营业，这种损失，则是旅店的间接损失。往往间接损失的金额很大，有时甚至超过直接损失。在风险管理中，也可将损失分为四类：实质损失、额外费用损失、收入损失和责任损失。

风险是由风险因素、风险事故及损失构成的，它们称为风险的三要素。

风险结构示意图可直观地说明风险的三要素，如图 1-1 所示。

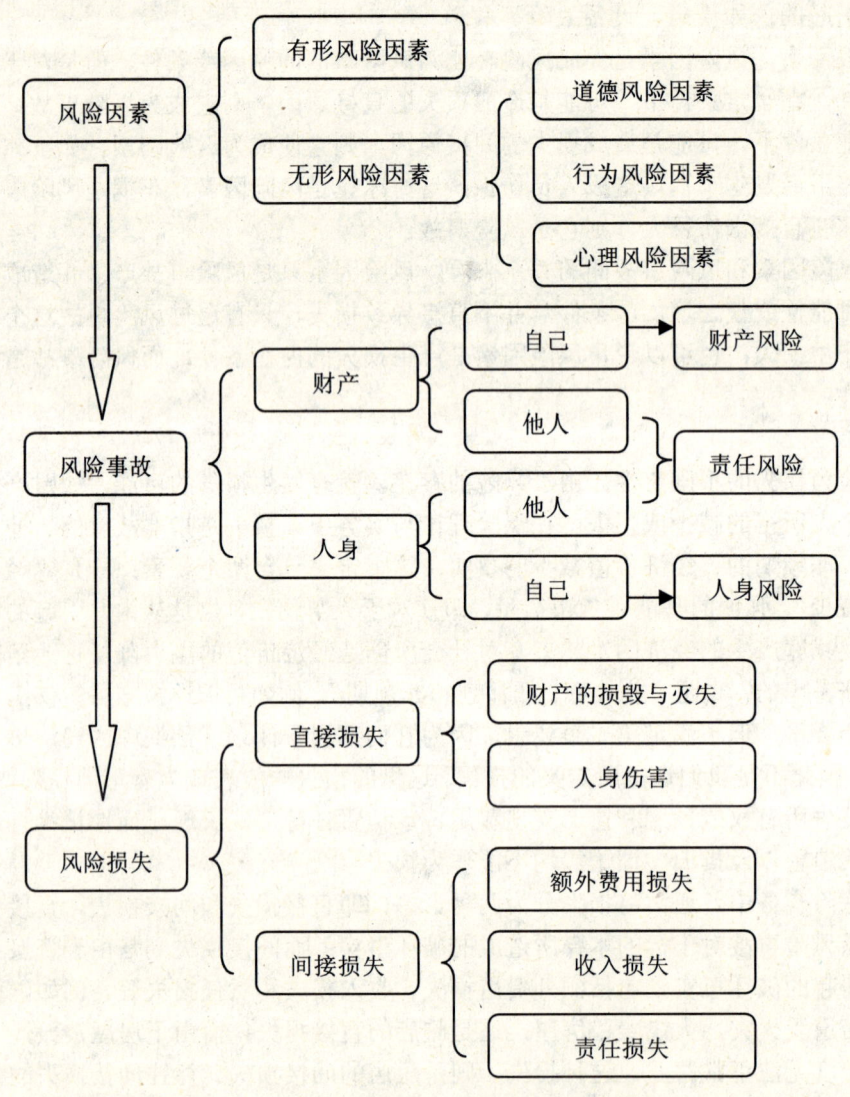

图 1-1   风险结构示意图

（四）与风险有关的基本概念

1. 危险

危险与风险既有相同点，又有不同之处。英语中危险称为 Danger，而风险则称为 Risk。危险与风险都是有可能发生而尚未发生的现象。危险与风险的区别之处是：危险的后果是相对确定的；而风险的事后结果则是不确定的。危险只有一种可能的结果，而风险则有多种可能的结果。如人们穿戴好防护设施从事带电作业与不穿防护设施从事带电作业，前一种行为可能产生不触电或触电两种结果，后一种行为却只能有触电这一种结果；前者为风险，后者为危险。

2. 损失机会

按照我们对于风险含义的界定，损失与风险密切相关，这一关系可从损失机会的角度来分析。损失机会又称损失概率，是指在一个较长时期中，损失发生的相对频率。它能够反映一定数目的标的发生损失的次数与严重程度。通常以百分率或分数来表示。从概率论原理分析，风险是随机事件，由风险事故发生引致的损失属于随机现象。所以，损失机会的大小在一定程度上反映了风险的程度，损失机会越大，风险越大，反之亦然。而另一方面，损失机会的出现越有规律，越易被人们把握，那么风险的程度也就越低。

3. 概率

如前定义，风险是某种损失发生与否以及损失结果的客观不确定性。一般我们可通过概率来描述风险。概率是指在客观条件不变的前提下，某一结果发生的频率。某一结果发生的频率与其结果的不确定性之间的关系是：发生频率等于1或等于0，其不确定性均为0，也就是说其结果都是确定的，即或者发生或者不发生。只有在发生频率大于0小于1时，才存在着不确定性，从而才存在着风险。

风险与概率有密切的联系，风险可以用概率来形象地描述，而这两者均有客观和主观两方面的意义。客观概率及其相适应的风险，是实际存在的概率和风险分布，是客观世界的现实；主观概率及其相适应的风险，是人们主观上对客观概率和风险的估计，是人们信以为真的概率和风险分布，是人们的一种主观状态。

二、风险的分类

人类社会所面临的风险多种多样，不同的风险有着不同的特点，对人类造成的危害也不同，为了更好地对风险进行识别和管理，我们将风险按照不同的标准进行分类[①]。

（一）按风险产生的原因分类

按照风险产生的原因进行分类，可以将风险分为自然风险、社会风险、政治风险和经济风险。

[①] 风险的分类方法有很多种，所有这些分类都难免有武断之嫌，因为在不同类型的风险中没有绝对的区别。详见[美]小哈罗德·凯斯博等著：《国际风险与保险：环境——管理分析》，机械工业出版社，1999年，第4页。

1. 自然风险

由自然力的不规则变化引起的种种现象所导致的对人们的经济生活和物质生产及生命造成的损失与损害，就是自然风险事故，引起其发生的风险因素则称为自然风险因素。如地震、水灾、火灾、风灾、旱灾、虫灾以及各种瘟疫等自然现象。自然风险是保险人承保最多的风险。它一般有这样的特征：（1）形成自然风险的因素具有不可控制性，是自然规律支配的结果；（2）自然风险因素具有周期性，如夏季出现洪涝灾害，冬季出现冻灾等；（3）自然风险事故引起后果的巨灾损失性和共沾性（自然风险事故一旦发生，其涉及的对象往往很广），如 2004 年东南亚发生的海啸，死伤 27 万多人，后果波及当地的各个相关产业，严重阻碍了经济的发展。

2. 社会风险

社会风险是指由于个人或团体的行为，包括过失行为、不当行为及故意行为对社会生产及人们生活造成损失的可能性。如盗窃、抢劫、玩忽职守及故意破坏等行为，对他人的财产或人身造成损失或损害的可能性。

3. 政治风险

广义地讲，政治风险是指一国政府所实行的任何能够导致其国内或其影响范围内企业价值减少的行为。政治风险源于政府行为，所以又称为政府风险或国家风险。形成政治风险的因素一般有以下五类：（1）国家对其境内的外国公司施行没收、征用和国有化；（2）政府可能拒绝履行合同或使合同落空；（3）政府对国内和国外企业施行不公平的监管环境；（4）政府为了保护本国利益，使境内企业不能自由兑换货币；（5）国家内部或外部的战争风险。

4. 经济风险

经济风险是指在生产和销售等经营活动中，由于受各种市场供求关系、经济贸易条件等因素变化的影响，或经营者决策失误、对前景预期出现偏差等，导致经济上遭受损失的风险。比如生产的增减、价格的涨落、经营的盈亏等方面的风险。

（二）按风险产生的环境分类

按照风险所产生的环境分类，可以将风险分为静态风险和动态风险。

1. 静态风险

静态风险是指自然力的不规则变动或人们行为的错误或失当所导致的风险。静态风险是只有损失机会而无获利可能的纯损失风险，它可以在任何社会经济条件下发生。

2. 动态风险

动态风险是指由于社会经济、政治、技术以及组织等方面发生变动而产生的风险。比如，人口的增加、资本的成长、技术的进步、产业组织效率的提高、消费者爱好的转移、政治经济体制的改革等，都可能引起风险。这种风险既有产生损失的机会，又有获利的可能。动态风险的变化往往不规则，难以用大数定律进行测算。所以，动态风险一般不为保险人所承保。

（三）按风险的性质分类

按照风险的性质分类，可以将风险分为纯粹风险和投机风险。

1. 纯粹风险

纯粹风险是指那些只有损失机会而无获利可能的风险。纯粹风险所导致的后果只有两种：损失或无损失。它并无获利的可能性。自然灾害和意外事故，以及人的生老病死等，均属此类风险。

2. 投机风险

投机风险是指那些既有损失机会，又有获利可能的风险。它所导致的结果有三种可能性：损失、无变化、获利。例如商业行为中的价格投机，就属于此类风险。

（四）按风险的标的分类

按照风险的标的分类，可以将风险分为财产风险、信用风险、责任风险和人身风险。

1. 财产风险

财产风险是指导致一切有形财产毁损、灭失或贬值的风险。例如，建筑物有遭受火灾、地震、爆炸等损失的风险；船舶在航行中，有遭到沉没、碰撞、搁浅等损失的风险；露天堆放或运输中的货物有遭到雨水浸泡、损毁或贬值的风险等。但因市场价格跌落致使某种财产贬值，则不属于财产风险，而是经济风险。

2. 信用风险

信用风险是指在经济交往中，权利人与义务人之间，由于一方的违约或违法行为而给对方造成经济损失的风险。

3. 责任风险

责任风险是指个人或团体因行为的疏忽或过失，造成他人的财产损失或人身伤亡，依照法律、合同或道义应负经济赔偿责任的风险。如驾驶机动车不慎撞人，造成对方伤残或死亡；医疗事故造成病人的病情加重、伤残或死亡；生产销售有缺陷的产品给消费者带来损害；雇主对雇员在从事职业范围内的活动中身体受到伤害等应负的经济赔偿责任，均属于责任风险。

4. 人身风险

人身风险是指可能导致人的伤残、死亡或丧失劳动力的风险。如疾病、意外事故、自然灾害等。这些风险都会造成经济收入的减少或支出的增加，影响本人或其所赡养的亲属经济生活的安定。

（五）按损失的范围分类[①]

按照损失的范围分类，可以将风险分为基本风险和特定风险。

1. 基本风险

基本风险是指同时影响许多人和财产利益的损失风险。造成严重人员伤亡及大范围的物质损失的自然灾害就属于基本风险，如失业、战争、通货膨胀、地震和洪水等都属于基本风险。

2. 特定风险

特定风险是指由特定的因素所引起的不确定性状态，通常仅限于一个实体或小群体的损失风险。例如由于火灾、爆炸、盗窃等所引起的财产损失的风险，对他人财产损失和身体伤害所负的法律责任的风险等，都属于特定风险。

第二节　风险的特征

一、一般风险的特征

（一）风险的客观性

自然风险中的地震、海啸、洪水，社会风险中的战争、冲突、意外事故等，这些风险都有个共同的特征，那就是不以人的意志为转移，独立于人的意志之外的客观存在。这是因为无论是自然界的物质运动，还是社会发展的规律，都是由客观事物的内部因素所决定的，是由超过人们主观意识所在的客观规律所决定的。尽管随着科学技术的进步和经营管理的改进，以及人们认识、管理和控制风险能力的增强，人们在社会经济活动中所面临的自然灾害、决策失误等风险可以部分地得到有效控制，但这只是人们认识到风险的客观规律，并利用这些规律在一定的时间和空间内改变风险存在与发生的条件，降低风险发生的

[①] 此外，还有系统风险与非系统风险之分。系统风险即市场上固有的风险，无法通过投资组合回避的风险；非系统风险，即可以通过投资组合降低的风险。

频率和幅度，而并没有从根本上消除风险，风险依然是客观存在的。

（二）风险的普遍性

人类社会是伴随着风险发展的社会。自从人类社会出现后，就面临着各种各样的风险，如人类社会初期抵御野兽的袭击、寒冷的煎熬、疾病的肆虐；随着科学技术的发展、生产力的提高、社会的进步、人类的进化，又产生新的风险，风险遍及社会的各个角落。当今社会，个人面临着生、老、病、死、意外伤害等风险；企业面临着自然风险、市场风险、技术风险、政治风险等；国家和政府也面临着各种各样的风险，如战争风险、经济波动的风险。总之，风险无论对个人对国家都是普遍存在的，风险渗入国家、企业、个人生活的方方面面，风险无处不在、无时不有。

（三）风险的客观不确定性

由前面可知，我们定义风险为：预期结果与实际结果间的相对变化。"不确定性源于无法预测未来结果的困惑。显然不确定性来自风险的存在"[①]。客观不确定性是指风险及其所造成的损失在总体上具有必然性，是可知的；但在个体上却是偶然的、不可知的，具有不确定性。不确定性具体表现为：

1. 空间上的不确定性。例如火灾，就总体来说，所有的房屋都存在发生火灾的可能性，而且在一定时间内必然会发生火灾，并且必然造成一定数量的经济损失。这种必然是客观存在的。但是具体到某一种房屋来说，是否发生火灾，则是不一定的。

2. 时间上的不确定性。例如，人总是要死的，这是生命的必然现象，但是何时死亡，在健康的时候是不可能预知的。

3. 结果上的不确定性，即损失程度的不确定性。例如沿海地区每年都会遭受或大或小的台风袭击，但是人们却无法预测未来年份发生的台风是否造成财产损失或人身伤亡以及程度如何。

（四）风险的可测定性

尽管风险是客观存在的和普遍的，其造成的损失结果是不确定的，但是它也有其内部规律。掌握了风险的内部规律性，我们就可以对风险进行测定。个别风险的发生是偶然的、不可预知的，但通过对大量风险事故的观察发现，其往往呈现出明显的规律性。我们可以通过信息技术将以往风险造成的损失数据构建成数据库，然后利用概率论和数理统计方法去分析处理，构造损失分布模

---

① [美]小哈罗德·凯斯博等著：《国际风险与保险：环境——管理分析》，机械工业出版社，1999年，第20页。

型，这样我们就可以比较准确地预测风险发生的概率和损失幅度，从而可以反映风险的规律性，更好地预测风险。例如在寿险中，通过对特定地区人们生存死亡年龄的观察，我们可以编制该地区的生命表，从而测算出人在各个年龄段的死亡率。在非寿险中，我们可以运用数学分布模型拟合某一地区洪水造成的损失模型，从而可以预测未来洪水损失。

（五）风险的发展性

在人类社会自身进步和发展的同时，也创造和发展了风险。当代高科技的发展与应用，使风险更为突出。例如，向太空发射卫星，把风险拓展到外层空间；建立核电站则带来了核污染风险等。随着社会的进步、法制的健全和完善，人们面临的责任风险加大。例如产品责任法的健全，使生产厂家面临更大的风险。

二、现代风险的特征

（一）巨灾风险

1. 巨灾风险的界定

目前国际保险界对巨灾风险尚没有统一的定义，只有约定俗成的理解。保险业界定巨灾风险常用的有两种方法——定性法和定量法。（1）定性法。巨灾风险是指发生概率很小，但是一旦发生就会带来巨大损失的不确定性灾害事件。比如说 2001 年的"9·11"恐怖袭击事件、2004 年年底的东南亚海啸等都属于巨灾风险事件。（2）定量法。一般来说，保险业内都是从损失金额、死亡人数、损失波及范围、发生频率、周期长短等方面对巨灾风险加以界定，以区别于小范围、小金额、高频率、短周期的一般性灾害。"导致财产直接保险损失超过2500 万美元，并影响到大范围保险人和被保险人的事件"[①]。

2. 巨灾风险的形成因素

（1）危险性。巨灾的危险性主要由灾害强度和发生频率决定。灾害强度越大、发生频率越高，危险性越大；反之，则危险性越小。

（2）承灾体的易损性。承灾体的脆弱性或易损性直接决定了灾害损失程度。承灾体易损性越大，巨灾造成的损失越大。巨灾造成的损失程度由灾害强度和承灾体的易损性综合决定。

（3）不确定性的大小。巨灾风险形成的自然因素和社会因素都在不断变化之中，因而巨灾的发生频率、强度和造成损失的程度都是不确定的。这种不确

---

① 美国保险服务局（Insurance Service Office）按照 1998 年的价格水平定义的巨灾风险。

定性越大，巨灾风险的威胁越大。

3. 巨灾风险的特点

巨灾风险也属于风险的一种，因此它必然具有风险的客观性和风险的不确定性这两种属性。除此之外，巨灾风险和普通风险相比较，还具有以下特点：

（1）发生的频率极低。巨灾的发生频率比普通灾害事故的发生频率要低得多。在一个国家或某个较大区域，一般性的火灾、车祸几乎每天都会发生，而破坏性地震、飓风和大的洪水灾害则很少发生，甚至几年或更长的时间才发生一次。以地震为例，地震震级越大，发生的频率越小。全世界每年发生的可测到的地震大约有 500 万次，但是其中绝大多数是人类感受不到的无感地震，7级以上的地震只有 10 余次，而 8 级以上的特大地震每年不到一次。

（2）影响范围广泛，损失程度巨大。虽然巨灾事故发生的频率非常低，但巨灾事故造成的损失却是非常巨大的。一次普通的火灾事故可能烧毁一栋建筑物或数栋建筑物，造成几万、几十万或几百万美元的损失；而一次大地震或大洪灾则可能导致大范围内众多建筑物的损毁，从而造成数亿、数十亿甚至成百上千亿美元的损失。例如，1992 年美国佛罗里达州的安德鲁飓风造成高达 300亿美元的损失，1995 年日本的阪神大地震造成高达 1200 亿美元的损失。

（3）风险的难以预测性。巨灾事件的作用机制非常复杂，尽管人们投入大量人力、物力研究巨灾事件的预测问题，但迄今仍未取得实质性进展。以地震为例，在今天的科技水平下，要做到提前几小时预测地震发生的时间、地点和震级都是非常困难的。比如说，在日本，等候多年的"东海大地震"至今还没有发生，而日本地震学家并未给予关注的兵库县却于 1995 年 1 月 17 日发生了7.2 级地震。

（4）概率论不适用于巨灾风险。对于普通风险而言，计算费率主要应用大数法则和以往的经验数据，而巨灾风险由于发生的次数较少而缺少可信的参考资料，使大数法则的应用受到限制，从而影响了费率的正确厘定。此外，由于建筑环境、技术、商业结构、资产评估以及人口结构分布等的变化，使得历史资料无法应用于现实的情况。

（二）环境风险

环境风险是 20 世纪中期以来随着科学技术的高速发展而出现的一种新型的风险，是指人类行为可能会造成的对人类自身的伤害，以及对自然环境的灾难性损害。它包括污染、核风险以及全球气温变暖带来的风险等。

1. 污染

20 世纪的后半期，由污染造成的问题凸显出来。工业废气、废水、废渣、汽车尾气的排放，及石油运输泄漏等，使空气、河流、海洋、土地遭受了严重的污染。赤潮、臭氧层空洞就是污染的直接后果。

2. 核风险

随着原子能技术的发展，原子能作为一种新的能源得到了越来越多的应用。核能的应用给人类带来了巨大的效益，但如何安全利用核能却是人们一直关注的问题。目前，科学家正寻找新的更安全的能源，如太阳能、地热等。但这些新的能源还处于研究开发中，难以大规模转化为实际应用，所以核能仍将继续为许多国家所使用。虽然目前新的核能开发已在减慢，但全球仍面临着核风险给人类及财产带来灾难性损失的威胁。

核风险的特点：第一，损失大。灾难一旦发生，除了造成人员、设备的损毁外，放射性辐射会迅速扩散，使周围大面积的土地和人员受到污染，损失巨大且范围难以确定，清除污染的费用往往会超出直接损失。第二，时间长。我们知道放射性的强度会随着时间慢慢减弱，但是需要相当长的时间。受到辐射污染的人和动物，还有可能影响到下一代。关于核风险及其损失的案例参见专栏 1-1。

根据核风险的特殊性，我们可以将它所造成的损失分为两种：一是核损失赔偿责任，即核事故造成的公众的人身伤害和财产损失。核裂变过程产生的放射物的外泄会给周围地区的居民和财产带来核污染并造成严重的人身伤害和财产损失，许多国家的法律规定，不论事故的原因是否与责任人有关，均须承担赔偿责任。二是核设备的财产损失。原子能设备包含的尖端科技价值很高，我国著名的秦山核电站第三期工程建设的总投资就达 28.8 亿美元，如果由于意外事故或系统运行故障造成了破坏，一般难以修复，而且因为污染的形成往往会使整个设备被迫停止使用。

3. 全球变暖风险

由于工业时代石油消耗的增加，温室气体排放量随之增加，使得地表保存的热辐射增加，结果便是温室效应。全球变暖最主要的原因是二氧化碳的增加。汽车的大量使用、地球中纬度地区的森林面积遭到破坏等，都是这一过程中的主要影响因素。

21 世纪全球变暖会产生何种影响，人们对此的估计千差万别：较保守的估测认为仅会有轻微的负面影响；而中等的和激进的估测认为在沿海及其他地区洪灾会大量增加，会出现更多的毁灭性旱灾，风暴的活动加剧，还会有更高温度的热浪更频繁地出现。比如说，中等的估计提出：全球海平面上升 1.5 英尺会使人类遭受的洪灾增加一倍。预测到的其他负面影响包括：许多种类的动植物会灭绝，农业生产会出现波动，以及疾病会大肆流行。比如，IPCC（联合国主持的政府间气候变化会议，其成员是全世界一流的气候学家）提出：按中等的估计，每年会增加 5000 万~8000 万的疟疾病例。

专栏 1-1

切尔诺贝利核电站惨案

1986 年 4 月 26 日凌晨 1 时许，随着一声震天动地的巨响，火光四起，烈焰冲天，火柱高达 30 多米。切尔诺贝利核电站 4 号核反应堆发生爆炸，其厂房屋顶被炸飞、墙壁坍塌，当场死亡 2 人。大量的放射性物质外泄，使周围环境的放射剂量高达 200 伦琴／小时，为允许指标的 2 万倍。1700 多吨石墨成了熊熊大火的燃料，火灾现场温度高达 2000℃以上。救援直升机向 4 号反应堆投放了 5000 吨降温和吸收放射性元素的物质，并通过遥控机械为反应堆修筑了厚达几米的绝缘罩。切尔诺贝利核电站爆炸释放了大约 2.6 亿居里的辐射量，大约是日本广岛原子弹爆炸能量的 200 多倍。这次事故造成的放射性污染遍及苏联 15 万平方公里的地区，那里居住着 694.5 万人。由于这次事故，核电站周围 30 公里的范围被划为隔离区，附近的居民被疏散，庄稼被全部掩埋，周围 7000 米范围内的树木都逐渐死亡。在日后长达半个世纪的时间里，10 公里范围以内将不能耕作、放牧；10 年内 100 公里范围内被禁止生产牛奶。切尔诺贝利的核辐射通过风力、雨水等传播途径，污染了乌克兰、白俄罗斯等国一些堪称世界上最富饶的土壤。

到现在，在参加救援工作的 83.4 万人中，已有 5.5 万人丧生，7 万人成为残疾人，30 多万人受放射伤害死去。乌克兰共有 250 万人因切尔诺贝利核事故而身患各种疾病，其中包括 47.3 万儿童。在乌克兰的核受害者中最常见的是甲状腺疾病、造血系统障碍疾病、神经系统疾病以及恶性肿瘤等。今日在切尔诺贝利的河里仍有鱼儿漫游，但它们体内积满铯、钚等核子物质。松树则长出褐色的怪枝，显示树木生态因核辐射而出现巨变。

切尔诺贝利核事故所泄漏的放射性粉尘有 70% 飘落在白俄罗斯境内。事故发生初期，白俄罗斯大部分公民都受到不同程度的核辐射，6000 平方公里土地无法使用，400 多个居民点成为无人区，政府不得不关闭了 600 多所学校、300 多家企业以及 54 个大型农业联合体。到目前为止，还有 200 万人不得不生活在核污染区，其中包括 48 万不满 17 岁的少年儿童。据预计，切尔诺贝利核事故给白俄罗斯造成的直接经济损失在 2350 亿美元以上。

（三）技术变革风险

新技术像一把双刃剑，在给人类带来便利的同时也创造出新的潜在的责任和新的巨额风险。由技术因素导致的风险正在逐步取代由自然因素导致的风险。随着技术系统的日趋复杂，人们的预测能力也变得非常不稳定。发生概率小而安全系数高的事件往往是复杂的技术系统中的主要风险因素。高度交互、紧密耦合、风险性高的技术系统增加了灾害性事件发生的可能性。我们把这种主要由新型技术风险因素导致的风险称为技术变革风险。如：计算机风险、航空航天风险、生物技术风险。

1. 计算机风险

计算机的发明、互联网的运用无疑给人类带来了巨大便捷，同时也伴随着风险。计算机风险主要有：

（1）电脑欺诈及系统破坏。由于风险的复杂性，先进的安全措施并不能为公司所面临的所有风险都提供保障。加密设施可能遭到破坏，签名可能被伪造。由电子技术所导致的欺诈已经出现，如滥用信用卡、电信偷窃、自动柜员机偷窃等，未来的银行抢劫犯可以利用自动电子支票存款，可以从自动提款机提款，不必进入银行便可得手。另外，电脑故障也会给个人或企业带来巨大风险，如企业将自己的商业机密存入电脑硬盘，因电脑硬盘故障损失的不仅仅是硬盘自身，而是商业机密的丢失给公司带来的更大的损失。网络病毒的横行使得许多公司筑建"防火墙"，许多公司都限制员工将其他软件下载到公司的电脑上，以避免在无意中将潜在的破坏性极强的病毒带入公司的电脑系统中而最终破坏公司的数据记录和电脑系统。

（2）责任问题。计算机技术的应用同时又带来相关责任问题。因为现行的法律都是写在纸张上的，随着电子邮件、因特网等电子通信的发展，纸和无纸的界限变得越发模糊不清。现有的法律有时对互联网犯罪是一片真空。同时电子版权的侵权风险也会增加。如为了更好地宣传自己，很多公司都拥有自己的网站，他们将自己的产品放在互联网上，如影视公司将自己的电影、录像等产品上传至公司的网站上，这会使电子版权的侵权风险增加，同时也会增加公司的经营风险。

（3）隐私权的侵犯。计算机技术也会导致对隐私权的侵犯。哪些人有权获取现有的一切信息？在什么情况下可以这样做？搜集的信息可能会详尽地包括人们消费和生活方式的各个细节，而这些人也许并不愿意将这些信息透露给别人。如，信用卡中关于使用信用卡购物的信息如果和电话、医疗、教育、保险、交通以及治安记录综合到一起的话，就可以对某个人的生活进行确切的（有可能是侵犯性的）描述。这些行为虽然提高了销售公司市场定位的能力，但同时却使信用卡的使用者面临着潜在的隐私权的被侵犯和由此引起的隐私权纠纷。

2. 航空航天风险

能在天空飞翔是人类有史以来的梦想。现在，飞机已经成为我们主要的交通工具之一，而人们又发明了更强有力的飞行器，如火箭、航天飞机等。人类将探索的脚步迈向更加广阔的宇宙。当人们享受这些人类智慧创造的成果的同时，所付出的代价也不小。据瑞士再保险公司 Sigma 杂志统计报告，2003 年全球共发生 18 起空难，有 904 人丧生，保险赔款达 5 亿美元；航天方面，全年有 6 颗卫星毁损，赔款达 76 亿美元。

飞机的造价十分昂贵，从几千万到上亿美元不等。一旦出现事故，往往机毁人亡，飞机本身的损失、机上人员的伤亡、货物的损毁，再加上飞机坠毁有可能对地面人员和财产造成的破坏，损失十分巨大。火箭和卫星的情况也一样，一枚运载火箭由上百万个零件组成，一个零件质量有问题就可造成整枚火箭发射的失败。人造卫星也是一个极其精密复杂的航天器，从发射到进入轨道工作，要面对各种复杂环境的严峻考验，如压力变化、气动、加速度、振动、冲击、噪声、太阳辐射、粒子辐射、真空、失重、电磁环境等。它一经发射，任何微小的局部的失误都有可能导致整个飞行任务的失败，造成无法弥补的重大损失，所以，卫星发射的出险率是较高的，在 17% 到 20% 左右。而且 2/3 的事故都出在发射阶段，大多数卫星的失败都是由于运载火箭故障造成的。鉴于近年来国际卫星发射事故频频，巨额的损失令保险公司难以承担，各国纷纷成立了航天保险联合体，共担风险。随着航天技术的发展，卫星的应用也越来越广泛，所面临的风险也越来越大。

3. 生物技术风险

生物技术是一个范围很广的学科，它包括药学的进步、医学的革新、人造器官的制造、克隆技术，以及各种与生物学有关的技术发展。生物技术的革命带给 21 世纪的影响绝不亚于电子技术革命。生物技术在创造新的产业和产品的同时，也带来了新的风险。例如，生物技术曾经与种群培育发生冲突，结果在南美意外地生产出一种"杀人蜜蜂"，并随后扩散到北美。科学家们把一种进攻性很强、但产蜜量低的非洲蜜蜂与产蜜量高的本国蜜蜂进行杂交以"改善"该品种，结果却导致了这一不幸事件的发生。许多人已经死于这次失败的生物技术冲突。在生物技术中，有一个非常重要的生物技术领域，即遗传学。遗传研究的成果带给人类的利益越来越大，我们的社会在延长人类寿命、提高生活质量和治愈顽症的同时，也陷入了一个伦理和道德的困境之中。虽然遗传学的基因工程使得人们可以提前确诊潜在的疾病或者患者发病的可能，但仍要等很久之后疾病才可能显现，如果没有控制、治疗疾病的方法，在信息不对称的情况下，投保人恶意投保，一旦病发，且如果没有控制、治疗疾病的方法，则会加大保险人的风险和整个保险业的风险。

（四）恐怖主义风险

恐怖活动是人类进入 21 世纪之后面临的另一类重要风险。在"9·11"事件发生之前，恐怖事件在人们的观念中不过是类似汽车炸弹这样的事件。尽管在 1993 年世贸中心地下车库的爆炸事件中，也曾造成过上亿美元的损失，但是，直到两架波音飞机撞进了纽约世贸大楼的时候，恐怖活动才真正引起了全世界人们的关注。那么，究竟什么是恐怖主义？《世界知识大辞典》给出如下的定义："为了达到一定的目的，特别是政治目的，而对他人的生命、自由、财产等使用了强迫手段，引起如暴力、胁迫等，造成社会恐慌的犯罪行为的总称。"而在国际法中，一般将恐怖事件定义为：为实现一定目的，尤其是政治目的，针对平民或民用目标，故意使用或威胁使用暴力的行为。从保险的角度来讲，很难给恐怖活动进行明确的定义。目前在瑞士再保险公司的再保险合同中使用的定义更多地是关于这种现象的影响，而不是这种现象的动机。

实际上，类似"9·11"事件这样的恐怖活动给人们带来的伤害和损失已不亚于一场飓风或是一次大地震，见表 1-1 所示。

表 1-1　"9·11"恐怖袭击事件造成的保险损失估计

险种	损失（10 亿美元）
财产险	10.0~12.0
营业中断险	3.5~7.0
劳工补偿险	3.0~5.0
航空险	3.0~6.0
责任险	5.0~20.0
其他非寿险	1.0~2.0
寿险和健康险	4.5~6.0
总计	30.0~58.0

资料来源：Swiss Re：Sigma，No.1/2002。

其实，历史数据和损失经验表明恐怖活动已不算是新鲜事物了（见表 1-2），只是"9·11"恐怖袭击事件使国际恐怖活动上升到一个新的层面。恐怖活动和地震、风暴、洪水这样的自然灾害在很多方面有相似之处。两类风险都因为许多固有的潜在损失而很难进行分散，并且单个时间都会影响到整个经济和保险的各个险种。但是二者也有重要的差别：与恐怖活动不同，自然灾害的发生是随机的，且不存在人为目的，而且它发生的概率和造成的后果是可以通过科学数据的方法进行模拟的。因此，恐怖主义风险具有更大的不确定性和灾难性。

表 1-2 损失最严重的 10 起恐怖事件

保险损失 （百万美元）	死亡 人数	日　期	事　件	国　家
19000	3000 以上	2001/9/11	世贸中心、五角大楼恐怖事件	美国
907	1	1993/4/24	伦敦炸弹爆炸事件	英国
744	-	1996/6/15	曼彻斯特炸弹爆炸事件	英国
725	6	1993/2/26	世贸中心车库炸弹爆炸事件	美国
671	3	1992/4/10	伦敦金融区炸弹爆炸事件	英国
398	20	2001/7/24	科伦坡机场炸弹爆炸事件	斯里兰卡
259	2	1996/2/9	伦敦南部主要港口炸弹事件	英国
145	166	1995/4/19	俄克拉荷马市政府建筑爆炸事件	美国
138	270	1988/12/21	泛美航空公司飞机炸弹袭击事件	英国
127	-	1970/9/17	三架被劫持的客机坠毁	约旦

资料来源：Swiss Re：Sigma，No.1/2002。

第三节　风险的衡量

所谓风险的衡量，就是运用数理的方法对风险的大小进行度量[①]。

一、一般风险衡量

（一）损失频率的衡量

损失频率，也称损失机会，是指一定时间内一定数目的风险单位中偶发事件(损失)发生的次数，通常以分数或百分率来表示。即：

---

① 关于衡量风险的概率的基本方法，参见其他相关书目，这里主要介绍的风险衡量方法基于概率论和数理统计基础之上。

$$损失机会或损失频率 = \frac{损失次数}{风险单位数} \times 100\%$$

最基本也最简单的损失衡量问题是确定一个单位因一种风险而遭受损失的概率。如一座仓库因火灾而受损的概率，或一个厂家由于产品质量问题对用户造成伤害而引起责任赔偿的概率。具体的衡量方法有定性分级和概率测算两种。前者是风险管理者根据自己对风险的观念，将风险事件按发生的可能性大小分级；后者则是根据统计资料，应用概率统计的方法进行计算。关于前者，30 多年前美国一家大企业的风险经理普罗蒂曾提出对风险事件发生概率的一种四分法：（1）风险事件不会发生——概率几乎为 0；（2）风险事件虽有可能发生，但现在未发生，将来也未必会发生——概率很小；（3）风险事件偶尔发生，并预期将来有时会发生——概率中等；（4）风险事件一直在有规律地发生，并预期将来也会有规律地发生——概率最大。

损失机会不是在观察一个事件的基础上，而是在观察大量事件中得出的，因此它是一个比例。例如，假设某城市中有 10000 座建筑物面临遭受飓风袭击后造成损失的风险，根据过去多年对大量事件的观测表明，在一定时间内这些房 屋 中 会 有 10 座 被 毁 坏 ， 则 由 于 飓 风 造 成 的 损 失 机 会 为 1‰（10÷10000×100%）。事实上，发生火灾房屋的损失程度大小不一，若在损失的 10 座房屋中，全损 2 座，半损 4 座，损失 1 / 4 的有 4 座。再假设每座房屋价值 1 万元，共值 1 亿元，则实际损失为 5 万元（1×1×2+1×0.5×4+1×1÷4×4）。因而，实际损失金额与 10 座房屋总价之比为 0.5‰（50000÷100000000），我们称其为损失确率。可见，损失频率与损失确率可能不一致。

（二）损失程度的衡量

衡量损失程度就是要估计损失究竟有多严重。损失的程度常以货币价值来体现：在确定损失的严重程度时，必须考虑每一特定风险可能造成的各类损失及其对经济单位的财务和总体经营的最终影响。衡量损失程度的方法一般有两种：一是估计一个单位在每次风险事件中的最大潜在损失（Maximum Potential Loss），二是估计一个单位在每次风险事件中的最大可能损失（Maximum Possible Loss, MPL）。只就一种风险事件的一类损失而言，最大潜在损失是"能够"发生的最大损失，而最大可能损失则是"可能"发生的最大损失。前者是指一个风险单位在经济单位寿命期内发生一次风险事件时所遭受的实际损失的最高额度；后者是指一个风险单位发生一次风险事件时可能遭受的最大损失，并不以经济单位的寿命期为观察期。例如，某企业有一套价值 500 万元的设备，那么发生一次风险事件时就该设备而言的最大潜在损失是 500 万元，因为在企业存在期内，该设备的最坏情况是全部损毁。另外，如某风险管理者估计该设备在 15 年内会有一次损失金额接近 100 万元，则该风险管理者预计的最大可能损失是 100 万元。最大潜在损失金额较最大可能损失金额要大，但前者发生的机会较后者为小。在两种衡量方法中，最大可能损失较难估计，不同的风险管理者对可能损失价值的看法常会有所不同，但它用处最大。必须强调的是，一种风险事件可以涉及不止一类损失。因此，在估计最大潜在损失和最大可能损失时，最好要考虑到一种风险事件可能引起的所有损失。虽然这种情形发生的概率一般很小，但单个风险事件可能涉及不止一个风险单位，从而使损失的严重程度增大。

除了上述两种损失衡量方法外，还有其他方法。其中一种是估计最大可能年总损失金额（Maximum Possible Yearly Aggregate Dollar Loss, MPY）。这种损失或成因于单一风险，或成因于多种风险。它是面临风险的一个单位或多个单位在一年内可能遭受的最大总损失量。MPY 和 MPL 的相同点是：可能损失金额依风险管理者的选择而定；不同点是：它不仅仅涉及一次风险事件的严重程度，还涉及多个风险事件及其严重程度。对 MPY 的衡量方法与对 MPL 的衡量方法一样，也包括分析中涉及的各种风险及各风险单位产生的所有类型的损失。衡量时依据的是年总损失金额的概率分布。衡量 MPY 必须有五个假设：（1）年度损失金额不受通货膨胀因素影响（因此估计时必须排除通货膨胀因素）；（2）风险单位的数目每年固定不变；（3）各风险单位遭受损失是独立的；（4）每个风险单位有相同的损失分布；（5）损失分布不随时间推移而变化。

（三）风险程度的衡量

风险程度，是实际损失结果与预期损失结果差额的相对变化率，即围绕预期损失的变化范围。其公式如下：

$$风险程度 = \frac{实际损失相对于预期损失的可能变动}{预期损失}$$

以 A、B 两城建筑物火灾损失概率为例。假设 A、B 两城各有建筑物 100000 座，平均每年每个城市有 100 起火灾损失事故。从各城市历史数据看，统计人员能估计出 A 城明年的实际火灾事故将可能在 95~105 起范围内波动，而 B 城将在 80~120 起之间波动，则两城火灾损失的风险程度分别为 10%（A）和 40%（B）。

$$风险程度_A = \frac{(105-100)-(95-100)}{100} = 10\%$$

$$风险程度_B = \frac{(120-100) - (80-100)}{100} = 40\%$$

可见，尽管 A、B 两城火灾损失机会相同（100÷100000），但 B 城的风险程度是 A 城的 4 倍。

二、财务金融风险衡量

（一）均值方差模式——马克维茨方差模型

马克维茨（H.M.Markowitz）在其著名的论文《资产组合选择》中认为，风险是与结果的变异程度联系在一起的，投资风险就是平均报酬的可能偏离，即投资报酬的不确定性。在未来投资报酬的随机结果服从正态分布条件下，用平均值和方差两个参数，就可以判断风险的程度，形成"均值—方差准则"。风险计量模型表达式为：

$$E(R) = \bar{R} = \sum_{t=1}^{n}(R_t \times P_t)$$

$$K = Var\left[E(R)\right] = Var(\bar{R})$$

其中：

R_t 为投资报酬各种可能的结果；

P_t 为投资报酬出现的概率；

K 为风险程度值；

Var 为方差（或标准差）函数；

$\bar{R}$ 为投资报酬的平均值。

例如，A 证券投资额 1000 元，年投资报酬额可能为 600 元（概率 0.3）、150元（概率 0.4）和 300 元（概率 0.3），则投资报酬的平均值为 150 元，方差为121500 元，标准差为 348.57 元。按马克维茨方差模型衡量，该项目的风险值为 348.57 元，即未来报酬在 150 元的均值水平左右按 348.57 元的标准差波动。

（二）哈洛 LPM 模型

"Downside—Risk"风险描述方式描述的是低于目标报酬水平之下的报酬分布状况。哈洛（W.V.Harlow）的 LPM 模型是"Downside—Risk"模型的典型代表。哈洛认为，投资者所考虑和担忧的风险，是指未来报酬低于目标值的可能性。以此为数理基础，引入了 LPM（Lower Partial Moments）指标，意即未来报酬出现在某一目标报酬水平之下的情况。风险计量模型表达式为：

$$LPM_n = \sum_{R_i=-\infty}^{T} P_i(T - R_i)$$

其中：

P_i 为投资报酬出现的概率；

T 为目标投资报酬水平；

R_i 为投资报酬各种可能的结果。

参数 $n=0$，1，2。

当 $n=0$ 时，LPM_0 表示低于目标报酬的概率水平；当 $n=1$ 时，LPM_1 表示低于目标报酬的离差距离；当 $n=2$ 时，LPM_2 表示低于目标报酬的半方差。

例如，假定前述 A 证券的目标报酬 T 为 100 元，未来报酬服从正态分布，则通过查正态分布曲线面积可知，低于目标值 100 元的累积概率 $LPM_0=$44.43%，方差 $LPM_2=48000$ 元，标准差为 219.09 元，表明该项目的风险值为 219.09 元，即未来报酬在 100 元的目标值水平以下按 219.09 元的标准差减少，可能性为 44.43%。如图 1-2 所示。

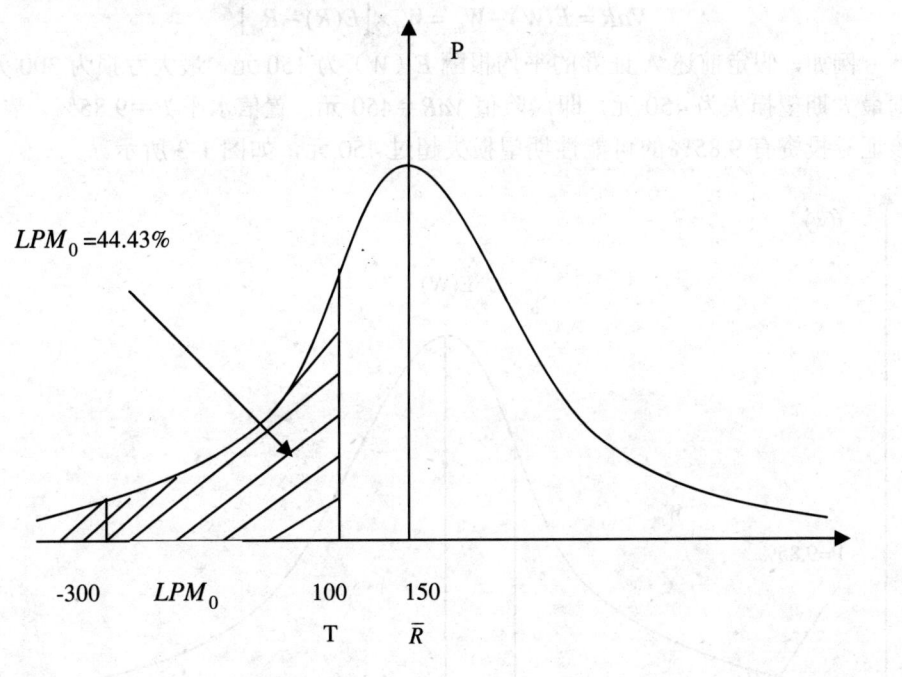

图 1-2 哈洛 LPM 模型示例

（三）风险值 VaR 模型

20 世纪 90 年代以后，VaR 风险衡量方法得到广泛运用，成为银行、证券公司、投资基金等金融机构、市场监管组织进行投资风险衡量和管理的重要工具。美国穆迪和标准普尔等资信评估机构以及财务会计准则委员会、证券交易委员会等都宣布支持 *VaR* 作为风险衡量的主要方法，巴塞尔银行监管委员会也认可 *VaR* 指标。

　　VaR（Value at Risk，也译作风险价值），是指风险资产在一个给定的置信水平和持有期间条件下，将会发生的最大期望损失。例如，持有期一个月，给定置信水平 25%，某项投资的 *VaR* 为 200 万元，表示的是：在一个月中，有 25% 的可能性该项投资的期望损失超过 200 万元。*VaR* 反映了风险投资最低报酬水平与期望报酬水平之间的离散距离，令 W_0 为风险资产的初始值，W_1 为给定置信水平 P 上的资产最低价值，R 为目标时间区间上的报酬率，风险计量模型表达式为：

$$W = W_0 \times (1+R)$$

$$P = \int_{\infty}^{W} mf(W)$$

$$VaR = E(W) - W_m = W_0 \times \left[E(R) - R_m \right]$$

　　例如，假定前述 A 证券的平均报酬 $E(W)$ 为 150 元，最大亏损为 300 元，则最大期望损失为 450 元，即风险值 *VaR*=450 元，置信水平 P=9.85%，表明该证券投资有 9.85% 的可能性期望损失超过 450 元，如图 1-3 所示。

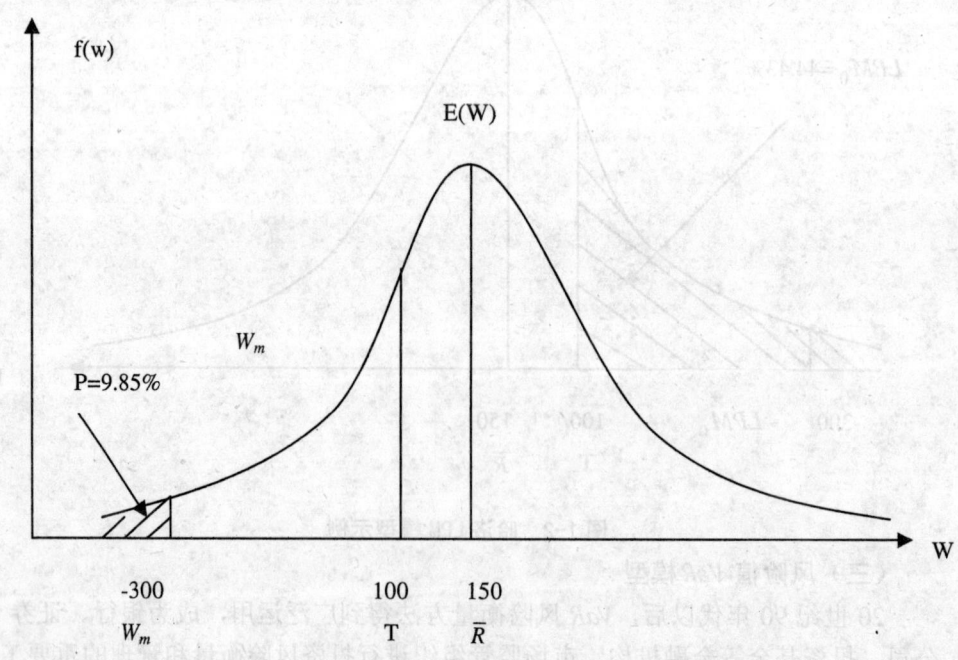

图 1-3　风险值 *VaR* 模型示例

第四节　风险的代价

风险的代价是指由于风险的存在和风险事故发生后，人们所必须支出的费用和预期经济利益的减少。风险代价又可称为风险成本，它包括：风险损害的实际代价、风险损害的无形代价和预防或控制风险损害的代价。

一、风险损害的实际代价

风险损害的实际代价是由风险造成的直接损害代价和间接损害代价共同构成的。

（一）风险直接损害代价

风险直接损害代价，是指风险造成的财产及人体实际损害成本。从风险所具有的特性我们知道，风险是客观存在的，它的产生、形成与发展是不以人的主观意志为转移的。从人类与社会和自然界的关系的角度来考察，人类的编年史也是一部与风险和灾害斗争的历史。风险无处不在、无时不在影响着整个社会经济的发展。风险一旦成为事实，会直接造成不同程度的有形或无形经济损失。从时间上讲，全球每年都有这样或那样的风险灾害发生；从空间上说，全球每年也总有一些地区发生这样或那样的灾害。据《慕尼黑再保险报》报道，1997 年全球因自然巨灾而导致的经济损失为 300 亿美元，其中仅暴风和洪水两项就占 82%。而 1998 年全球因自然巨灾而导致的经济损失超过 900 亿美元，其中仅暴风和洪水两项造成的损失比例就上升到了 85%。我国是一个灾害多发的国家，1997 年全国自然灾害损失达 1975 亿元。从历史上看，各种自然灾害中尤以水旱灾为主，据竺可桢《历史上气候之变迁》统计，公元 1 世纪至 19 世纪，中国发生的巨大水灾共有 658 次，旱灾 1013 次。近年来，我国连续不断的旱灾、水灾造成了很大的经济损失：1997 年旱灾尤为突出，无论受灾范围还是受灾程度都是 20 世纪 70 年代以来最严重的，全年全国受旱面积 5.02 亿亩，成灾 3 亿亩，绝收 5937 万亩，有 1896 万人、1465 万头大牲畜饮水发生困难。1998 年的灾难性洪水更是举世瞩目，这一洪灾导致了 3600 多人丧生，经济损失达 300 亿美元，成为 1998 年度全世界最大的事件之一。2001 年美国"9·11"事件，据世界保险权威瑞士再保险公司最近一期 Sigma 杂志评估，"9·11"事件保险公司赔偿总额约为 400 亿~500 亿美元。发生于 2004 年 12 月 26 日的印度洋海啸，导致将近 27 万人的死亡,海啸造成的整体经济损失超过 136 亿美元。

现代商品经济社会的发展是依赖于现代科技进步的。现代科技可以给人类带来巨大的财富，但与此同时，它也给人类生活带来了不少新风险因素。科技的发展，使人类生活环境中的风险有增强的趋势。

从宏观上分析，由于科技进步产生的风险发生的时间、地点、后果的不确定性，所以风险的存在总会引起物质上的损失和精神上的损害。从微观上分析，这类风险存在于企业的生产、销售、财务、流通、市场预测等各个环节。一般来说，企业都面临着不同程度的生产风险、资金风险、人员风险、销售风险等。这些风险一旦发生，会在不同程度上影响企业的再生产活动，造成有形和无形的利益损失。

（二）风险间接损害代价

风险间接损害代价是指某一风险损害的发生而导致的该财产本身以外的损害代价以及与之相关的他物损害和责任等的损害成本。包括：

1. 营运收入损害的代价。包括营业中断损失、连带营业中断损失、成品利润损失、应收账款减少的损失和租金收入损失。

2. 风险造成的额外费用增加损失。包括租赁价值损失的代价、额外费用损失的代价和租权利益损失的代价。

3. 责任风险的代价。它是指因侵权、违反契约等行为而导致他人人身或财产损害所应负的法律赔偿责任。其责任风险的代价大小要以法院判决作为依据。

二、风险损害的无形代价

风险损害的无形代价是指风险的存在对个人以及社会的一种潜在的不利影响。

风险损害的实际代价是直接的、明显的，而风险损害的无形代价在一定程度上则更甚于实际代价。因为我们每天面对更多的是损失发生的可能性、损失发生的不确定性，所以，从一定意义上讲，风险的存在本身就是一种潜在的、可怕的不利影响。

（一）风险的存在导致人们的忧虑感和恐惧感

风险的存在导致人们的忧虑感和恐惧感，这种忧虑与恐惧的大小取决于不确定性的程度、潜在的损失后果、人们处置损失后果的经济力量，以及社会中个人与群体对风险的态度等诸种因素。就地震风险而言，目前人们受对地震灾害的预测能力的限制，地震发生的一瞬间将导致惨重的财产损失和人员伤亡，使人们对地震风险的存在具有非常严重的忧虑与恐惧感。在某些特殊情况下，因人们的忧虑和恐惧造成的间接经济损失甚至可以超过地震本身所造成的直接经济损失。而且，人们对风险的忧虑与恐惧，会影响其工作效率、行为和对风险的态度等。所以，风险的存在对人们也有潜在的不利影响，有时还会导致严重的经济损失。

（二）风险的存在影响社会资源的最佳组合和利用

从宏观上考察，风险的存在在某种程度上限制和阻碍着社会资源（土地、自然资源、劳动资源、资金、技术和知识等）的最优分配和最佳组合。因为风险存在以及风险发生可能产生的损失后果，使人们乐意将许多社会资源投入风险较低的部门和行业，而不愿投向风险较大且集中的部门和行业，从而引起社会资源分配的不平衡。一些部门供过于求，而另一些部门供不应求，使社会资源未能充分分配和合理利用，造成社会资源使用中的浪费和损失。在某些经济活动领域，由于风险的高度集中，使投资者望而生畏，但这些经济活动，如核能利用、煤矿开采等，对社会的作用又非常大，因而政府不得不采取有关法律和经济方面的措施加以扶持和提供保障，促使其发展。如美国为鼓励对核能的利用和开发，政府通过《普瑞斯—安得森法》，将核能开发中可能导致的最大损失责任规定为不超过 5.6 亿美元。最高损失额的作用在于促使风险降低到可接受的水平。这一法案的实施，无疑促进了对核能开发利用的投资。这一例证从反面说明了风险的存在有碍于社会资源的合理分配和使用。

（三）风险的存在会影响新资本的形成，从而影响社会再生产活动

资金的运动像再生产活动一样，也是一个不断追加、不断扩大的过程。资金只有在不断的运动中，才能充分实现其增值性。若再生产活动中的风险较小，则资金的运动渠道便很通畅，这样有利于资金的积累，为发展下一个再生产活动提供物质（资金）保障。相反，如果再生产活动中风险因素多且影响面广，那么资金的积累就会受阻，导致生产建设资金不足，从而影响整个社会的再生产活动，甚至影响一定的储蓄愿望。

（四）风险的存在会限制某些活动的进行

风险与不确定性的存在,可能使企业或家庭放弃有关计划和限制某些活动。首先，由于潜在洪水灾害存在，企业可能放弃在某些地区建厂的决策；由于产品责任风险存在，企业可能会放弃某种产品的生产。其次，由于对潜在风险的忧虑，企业和家庭可能缩短某项计划的期限。相对而言，人们对短期计划比长期计划更有把握或更多一些确定性。再次，因为潜在风险存在，企业和家庭往往会提留较多的流动资金和备用资金以备不测事件。最后，出于对疏忽或失约等责任风险的考虑，企业联营的决策将受到种种限制。

（五）风险影响资金的有效利用

风险的存在使资金得不到充分利用，造成部分资金常处闲置状态。对于投资者而言，风险与收益是一对孪生兄弟。客观上讲，任何投资活动都面临着不同的风险，只不过风险的程度不同而已。一般而论，风险越大，投资收益也就越大；风险越小，投资收益也就越小。如果有风险便放弃资金利用的机会，显然是不明智的，但这不是说要盲目地去投资。因此，在风险存在的前提下，要使资金利用的安全性及收益性（姑且不考虑其流动性）得到保障，必须进行充分的风险评估与决策。只要风险决策正确，资金是能够得到充分利用的。

三、预防与控制风险损害的代价

为预防和控制风险损害，必须采取各种措施，从而造成费用支出。各项费用的支出构成了预防和控制风险损害的代价。这种代价既包含了预防和控制风险的直接代价和个体代价，又包含了间接代价和总体代价。预防和控制风险的费用包括：购置用于预防和减损的设备及其维护费、咨询费、安全人员费、训练计划费、施救费、试验费，为预防和阻止或消灭战争而进行的宣传所支付的费用，为防止环境污染所支付的宣传费、研究费，为人类生存而进行的各种宇宙太空计划所支付的费用等。

另外，为了预防与控制风险，就需有相应的管理与工作人员，他们为此而耗费了时间又不能同时从事其他活动，这种机会成本也是预防与控制风险损害的代价。

思考题

1. 什么是风险？
2. 不同风险学说的主要观点。
3. 风险因素、风险事故及损失之间的关系。
4. 风险的分类及其各分类之间的关系。
5. 风险有哪些特性？
6. 风险衡量的指标及财务金融风险衡量的主要模型。
7. 简述风险的代价及其构成。

参考文献

1. 刘茂山、江生忠编著：《保险学原理》，天津：南开大学出版社，1998年。

2. 赵春梅、陈丽霞、江生忠编著:《保险学原理》,大连:东北财经大学出版社,1999 年。

3. [美]詹姆期·S. 特里斯曼、桑德拉·G. 古斯特夫森、罗伯特·E. 霍伊特著,裴平等译:《风险管理与保险》(第十一版),大连:东北财经大学出版社,2002 年。

4. 宋明哲编著:《现代风险管理》,北京:中国纺织出版社,2003 年。

5. 孙祁祥编著:《保险学》(第二版),北京:北京大学出版社,2000 年。

6. 王晓群编著:《风险管理》,上海:上海财经大学出版社,2003 年。

7. [美]小哈罗德·斯凯博(Harold D. Skipper, Jr)等著,陈欣等译:《国际风险与保险(环境——管理分析)》,北京:机械工业出版社,1999 年。

第二章　风险管理的基本理论

第一节　风险管理的发展

一、风险管理的产生

（一）我国古代的风险管理思想

早在夏朝后期，《夏箴》有云："天有四殃，水旱饥荒，其至无时，非务积聚，何以备之。"这里告诉人们，自然灾害何时发生难以预料，需要随时储粮备荒。

《周礼·仓人》则说："有馀，则藏之，以待凶而颁之。"《礼记·礼运》载孔子言："大道之行也，天下为公。选贤与能，讲信修睦。故人不独亲其亲，不独子其子，使老有所终，壮有所用，幼有所长，鳏寡孤独废疾者皆有所养。"墨子主张"必使饥者得食，寒者得衣，劳者得息"和"有力以劳人"。荀子提出"节用裕民，而善藏其余"，"岁虽凶败水旱，使百姓无冻馁之患"。

综合这些论述，是要把剩余产品（主要是粮食）积蓄起来，遇灾荒年代使得百姓不受饥寒；在平时，社会的鳏寡孤独和残疾人等，都能得到国家的保护和社会的扶助。在这样的思想指导下，我国历代都有赈济制度。周朝有"委积"，战国时代魏有"御廪"，韩有"敖仓"，汉代有"常平仓"，隋朝有"义仓"，宋朝有"社仓"……赈济制度本质上是建立后备、应付饥荒的一种风险对策。

约从公元前 1700 年开始，我国在长江从事货物水运的商人们为了避免在贩运货物过程中因意外事故的出现使货物全部遭受损失，采取了将一批货物分装于几条船上的做法。这样，若一条船发生意外，则货主只受到一部分损失，而不至于全部货物受损，这实质上是风险分散、损失分摊的一种风险处理方法。

在我国封建社会，曾经有过一种对付风险的特殊方法——把风险转移给镖局，镖局是由有一定声望的武林高手牵头，汇集一些武林强手来从事保镖业务的民间组织。镖局不同于官方派出的武装护送——"官运"，而是适应商品经济流通领域扩大的需要，为富商巨贾们沿途押运流通货物，以求货物在运输途中免遭匪盗抢劫。这里，商人将风险转移给了镖局，镖局则承担着不小的责任。

（二）西方古代风险管理思想

在国外，古代巴比伦、埃及、希腊和罗马等文明古国也很早就有互助共济、损失补偿的风险处理方法，并逐渐演变成为现代保险。

约在公元前 2800 年，古埃及就盛行互助基金组织，参加这一组织的成员订立契约，当某个成员不幸死亡时，由生存的成员所缴纳的会费支付丧葬费或救济其遗属。此种类似的组织在古罗马和希腊都曾盛行过。

在中世纪的欧洲，则盛行各种行会——基尔特（Guild），也有互助共济的功能。这些都是应付人身风险的方法。

对于财产风险，早在公元前 3000 年，古埃及横越沙漠的商队就开始对丢失的骆驼采用互助共济方式进行补偿；而在幼发拉底河沿岸则早已出现了船舶冒险借贷①，并在巴比伦《汉谟拉比法典》中有所规定。《汉谟拉比法典》中还有关于对付火灾风险的规定。公元前 916 年的《罗地安海商法》所确定的共同海损制度，是对公元前 2000 年以来一直流行的这种海上风险处理方法的肯定。按照这个原则，在货物和船舶发生共同危险时，由船长作出抛弃货物或器具的决定，因抛弃而引起的损失由全体船、货关系人共同进行分摊。

在公元前 8 世纪到公元前 7 世纪之间产生的船货抵押贷款则是现代海上保险的前身。当时进行海上货物运输的木船抵御海上灾害的能力十分有限，为此，船东和货主经常遭受损失。轻者造成资金周转困难，重者导致贸易经营的中断。为了解决因灾害事故造成的经营中断问题，船东和货主常常以船舶或货物作为抵押向资金所有者举债，以此弥补资金，继续贸易经营活动。

随着生产力的进一步发展，西欧率先出现了以互助共济、损失补偿为本质特征的类似保险的行为，于是人们对付风险又有了新的手段。

（三）现代风险管理思想

人类社会对客观存在的风险的认识、主动行为及经验总结，古已有之。但企业安全管理思想则是在 19 世纪才开始萌芽，它是伴随工业革命的诞生而产生

---

① 在水上运输活动中，借款人与银行签订的，由借款人以船舶或船载货物为抵押获得银行贷款，在船舶或货物安全抵达目的地后一定期限内偿还借款的本金和利息，若船舶航行途中受损、失事沉没，则免去借款人部分或全部还本付息义务的借贷合同。由于银行承担了债权灭失的风险，因此其贷款利率要比一般贷款利率高得多。

的。现代工业文明促进了社会生产力的空前发展，社会财富因此迅速增长并高度集中。与之相伴的是，意外事故不断增加，财产损失和人身伤亡严重。这不仅影响到企业的生产经营，有时甚至危害到企业的生存。于是安全生产和安全管理成为一个十分突出的问题。

1906 年，总结公司多次事故的教训后，美国 US 钢铁公司董事长 B. H. 凯利提出了"安全第一"的思想，将公司原来的"质量第一，产量第二"的经营方针改为"安全第一，质量第二，产量第三"。这一改变既保障了雇员的安全，又保证了产品的质量和产量。他的思想和实践获得了成功，并震动了美国实业界。1912 年，芝加哥创立了"全美安全协会"，研究制定了有关企业安全管理的法律草案。1917 年，英国伦敦也成立了"英国安全第一协会"。

1916 年，被称为"现代经营管理之父"的法国管理学家亨利·法约尔（Henri Fayol）在其代表作《一般管理与工业管理》（General and Industrial Management）一书中提出，企业经营有六种职能，即技术职能、营业职能、财务职能、安全职能、会计职能及管理职能；并认为安全职能是所有六种职能的基础和保证，它能控制企业及其活动所遭遇的风险，维护财产和人身安全，从而创造最大的长期利润。法约尔率先把风险管理思想引入企业经营，但并未形成完整的体系。

第二次世界大战之后，各国工业都有了较大的发展，企业越来越趋向大型化，生产中发生的事故及其影响已不再是孤立的、局部的事件，一旦发生事故便会造成连锁的巨大灾难。因此，生产中的安全问题日益受到人们的重视，于是专门的安全管理部门和研究机构相继成立。起初，安全工作的内容主要是检修设备和宣传安全生产的重要性，订立一些安全制度以及处罚办法。随着现代科学技术的发展，越来越多的科学手段被用于安全管理领域。例如，将系统工程学的原理运用于风险识别和风险评估，就收到了良好的效果。

需要指出的是，企业安全管理重在劳动保护管理即财产保全和人身安全保护，而对由政治、经济、社会诸方面所引起的风险注意不够，因此，企业安全管理的思想与现代风险管理的思想尚有一定距离。但是，企业安全管理已把对风险的处理与企业的生存和发展相联系，并取得了实实在在的成效，这对于风险管理的形成和发展，无论从理论还是到实践都有非常重要的作用。

随着社会经济的发展，现代工业高度集中与垄断，跨国公司与跨国集团大量出现，企业经营范围不断扩大，各种经济关系日趋复杂，必然导致竞争激烈、投资风险增大，稍有不慎，就可能造成巨大损失，甚至破产。威胁企业生存的不但有静态风险，还有动态风险。为了防止风险事故发生带来的损失，以及事故发生后采取补救措施，迫使企业必须全面了解所面临的全部风险，以及可供选择的各种处理方案。

在西方国家的大中型企业中，逐渐出现专门负责保险和安全的管理人员，他们的主要职责是对企业存在和面临的各种风险进行全面的识别、估测和评价，然后对所有风险发生的可能性、造成后果的严重性、处理所需支付的费用等进行综合分析，并在此基础上制定和实施最优风险处理方案。还需指出，在风险管理演变过程中，最有影响的风险管理的形式是企业向保险公司购买保险，即大多数现代风险管理形式就是从购买保险的实践中发展而来的。

企业的这些活动无疑直接促进了风险管理这一学科的产生，使其迅速在全球范围内发展。可以说，风险管理是直接从一般企业管理中的安全管理和保险管理引申并发展起来的。

二、风险管理理论体系的形成

在企业的风险管理出现之初，美国的学术界对于风险管理的必要性就已经有了认识。1921 年，马歇尔（Marshall）在《企业管理》（Business Administration）一书中，提出了风险负担管理（Administration of Risk-Bearing）的观点。他提出风险处理的方法有：风险的排除和风险的转移，属于后者的主要有保险、保证、合同上的除外责任和套购交易（Hedging）等手段。

1929～1933 年经济危机时期，美国企业界开展了企业风险管理运动。1931 年，在美国经营者协会（AMA）大会上明确了对企业风险进行管理的重要意义，并设立了保险部门作为美国经营者协会的独立机构。该保险部门每年召开两次会议，除从事保险管理外，还开展风险管理的研究和咨询。从此，管理企业风险的人，被称为风险管理人或风险经理。1932 年，由企业风险管理人员共同组成了纽约投保人协会（Insurance Buyers of New York），他们交换风险管理信息，并研究管理技术。于是，企业的保险管理逐步普及，并开始采用处理风险的其他手段。

随着现代工业的迅猛发展和企业社会责任的加强，无论是风险的种类，还是风险频率与风险损失的严重程度，都大大地增加了。这一方面给保险业提出了更高的要求，另一方面则促进了风险管理的产生。企业的保险管理仅仅是以可保风险为风险管理对象的，这不能给企业以全面的保障。保险公司不予承保的一些风险以及因保险责任限制而不能从保险公司得到补偿的损失大量地存在着，迫切需要加以处理、给予保障。

正当人们日益意识到风险管理重要性的时候，美国发生了两大事件：其一，1948 年美国钢铁工人工会与厂方就养老退休金和团体人身保险进行了谈判，由于厂方不接受工会所提出的条件，导致钢铁工人罢工达半年之久，对美国经济产生了极为严重的影响。其二，1953 年 8 月 12 日，美国通用汽车公司自动变速装置厂发生了一场大火，直接经济损失达 300 万美元，而这场大火引起该公司汽车生产及其卫星厂的生产停顿了数月，导致间接经济损失 1 亿美元之巨。这两件事震动了美国学术界和实业界，成为推动企业风险管理发展的契机。一方面，民间研究机构和高等学府加强了对企业风险管理的学术研究，论著与日俱增；另一方面，各大中型企业纷纷设立风险管理部门或风险经理，专门从事风险管理工作。于是风险管理作为一门新兴管理科学便形成了。

　　"风险管理"这个名词最早出现于 1950 年加拉格尔（Gallagher）的调查报告《费用控制的新时期——风险管理》（Risk Management, New Phase of Cost Control）中。20 世纪 50 年代以前，各经济单位一直把保险作为唯一处理风险的方法，并且仅凭直觉和经验来判断所面临的风险，即处理风险的方法是建立在对风险定性分析基础上的。概率论和数理统计的运用，使得人们对风险的分析发生了质的飞跃，为完整的风险管理理论体系的建立做好了最后的准备工作。

　　到了 20 世纪 60 年代，很多学者开始系统地研究风险管理。1963 年，美国出版的《保险手册》刊载了梅尔（Mehr）和赫奇斯（Hedges）的《企业的风险管理》（Risk Management in the Business Enterprise）一文，1964 年威廉姆斯（Williams）和汉斯（Heins）出版了《风险管理与保险》（Risk Management and Insurance）一书，引起欧美各国的普遍重视。概率论和数理统计的运用，使风险管理从经验走向科学。风险管理的研究逐步趋向系统化、专门化，风险管理终于成为管理科学中的一门独立学科。

第二节　风险管理的含义、目标和作用①

一、风险管理的含义

　　风险管理是人们对各种风险的识别、估测、评价、控制的和处理的主动行为，是指各经济单位通过风险识别、风险估测、风险评价等方式，并在此基础上优化组合各种风险管理技术，对风险实施有效的控制和妥善处理风险所致损

---

　　① 本节部分地引用了美国佐治亚州立大学风险管理和保险研究中心为联合国贸发会议准备的材料（即 UNCTAD，1987）。

失的后果，期望达到以最小的成本获得最大安全保障目标的管理过程。风险管理的含义包括：

（一）风险管理的对象

风险管理的对象是风险。在理论上对此有两种不同的观点，一是认为风险管理的对象限于纯粹风险，二是认为风险管理的对象是全部风险。从现代风险管理实践看，显然风险管理的对象已不限于纯粹风险。若就风险管理的具体内容而言，由于风险管理主体不同、环境不同，以及要求目标不同，现代风险管理的内容非常丰富。任何组织都可以树立风险管理的思想，运用风险管理的基础理论对其活动进行风险管理。

（二）风险管理的主体

风险管理的主体可以是任何组织和个人，包括个人、家庭、组织（包括营利性组织和非营利性组织）、以及跨国集团和国际联合组织等；所以，按主体不同，风险管理可以分为个人家庭风险管理、企业风险管理和公共风险管理[①]等。需要指出，长期以来的风险管理实践与发展，其主体主要是指非保险企业，或者说是以生产制造行业等为主，但随着对融资风险管理的要求不断增加，风险管理的内容不仅逐步以融资风险管理为主，而且金融企业风险管理成为现代企业风险管理的重要领域。当然，也包括保险公司的风险管理。

（三）风险管理的过程

风险管理的过程包括风险识别、风险评估、风险应对、风险管理效果评价等；其中风险识别、风险评估是风险管理的基础，风险应对是关键。

（四）风险管理的基本目标

风险管理的基本目标是以最小的成本获得最大的安全保障。随着风险管理实践与理论的不断发展、丰富与总结，风险管理成为研究风险发生规律和风险控制技术的一门新兴管理科学。

二、风险管理的目标

风险管理最主要的目标是控制与处置风险，以防止和减少损失，保障社会生产及各项活动的顺利进行。风险管理的目标通常被分为两部分。一部分是损失前的目标，另一部分则是损失后的目标。损失前的管理目标是避免或减少损

[①] 公共风险管理中的重要内容是危机管理。它通常是指为了处理国际或国内政治、经济和社会重大意外事故而采取的政策和措施。危机管理通常以影响国家或某一地区的安全和社会公共利益方面的危机为主要对象；而一般说的风险管理是以维护经济单位活动安定为目的，以影响某一经济单位经济活动或业务活动的稳定性和持续性的风险为主要对象。

失的发生，损失后的管理目标是尽快恢复到损失前的状态，两者构成了风险管理的完整目标。

（一）损失发生前的目标

1. 节约成本

风险管理者用最经济的手段为可能发生的风险作好准备，运用最合适的、最佳的技术手段降低管理成本。具体来讲，风险管理者应在损失发生前，比较各种风险管理工具以及有关的安全计划，对保险和防损技术费用进行全面财务分析，从而以最合理的处置方式，把控制损失的费用降到最低限度，通过尽可能低的管理成本，达到最大的安全保障，取得控制风险的最佳效果。这一目标的实现依赖于风险管理人员对效益与费用支出的科学分析和对成本及费用支出的严格核算。本目标也是风险管理的经济目标。

2. 减少忧虑心理

风险给人们还带来了精神上和心理上的紧张不安的情绪，这种心理上的忧虑和恐惧会严重影响劳动生产率，造成工作效率低下。损失前的另一重要管理目标之一就是要减少人们的这种焦虑情绪，提供一种心理上的安全感和有利于生产生活的宽松环境。

3. 履行有关义务

企业生存于社会之中，必然要承担社会责任和义务，实施风险管理也不例外。风险管理必须满足政府的法规和各项公共准则，必须全面实施防灾、防损计划，尽可能地消除风险损失的隐患，履行有关的义务，承担必要的责任。

（二）损失发生后的目标

1. 维持生存

这是在发生损失后最重要、最基本的一项管理目标。良好的风险管理，有助于企业、家庭、个人乃至整个社会在发生损失后度过难关，继续生存下去。只有首先保持住经济单位的存在，才可能逐步恢复和发展。

2. 保证生产服务的持续，尽快恢复正常的生产生活秩序

损失发生后实施风险管理的第二个目标就是保证生产经营等活动迅速恢复正常运转，尽快使人们的生活达到损失前的水平。显然风险事件是有危害性的，它给人们的生产和生活带来了不同程度的损失，而实施风险管理则能够为经济单位、家庭、个人提供经济补偿，并为恢复生产和生活秩序提供条件，使企业、家庭、个人在损失后迅速恢复生产和正常生活。对于企业风险管理来讲，保证生产服务持续这一目标有时带有强制性或义务性。如连续不断地为公共设施提供服务就是一种义务。保证为他们的顾客或消费者提供服务是非常重要的。否

则，这些人的投资或消费就会转移到他们的竞争对手的产品或服务之上。所以为达到整个生产服务持续这一目标，企业必须在遭受损失后的最短时间内，尽快在全部或至少在部分范围内提供服务或恢复生产。

3. 实现稳定的收入

在成本费用不增加的情况下，通过持续的生产经营活动，或通过提供资金以补偿由于生产经营的中断而造成的收入损失，这两种方式均能达到实现稳定收入这一目标。收入的稳定与生产经营的持续两者是不同的，它们是风险管理的不同目标。哪个目标更容易达到，将取决于事件本身和当时的环境情况。生产服务的持续可以通过牺牲收入来获得，而有时可以通过其他方式获得生产以外的稳定收入。

4. 实现生产的持续增长

上面两个目标，即生产服务的持续和实现稳定收入组成了损失后生产的增长这一目标。实施风险管理，不但要使企业在遭到损失后能够求得生存，恢复原有生产水平，而且应该使企业在遭受损失后，采取有效措施，处置好各种损失，并尽快实现持续增长计划，使企业获得连续性发展。这一目标要求企业在运用调研、发展、促进生产的资金上，有较强的流动性。

5. 履行社会责任

一般来说，风险事件不仅影响家庭、企业或公众机构，它还会对其他成员产生不同程度的影响。但是道德责任观念和社会意识要求这类风险事件对其他人员产生的影响达到最小，这也符合公共关系的要求。因此，企业应该通过风险管理，防止由于风险而导致生产经营的中断或遭受人身伤亡和财产损失，尽可能减轻企业受损对其他人和整个社会的不利影响。做到这一点，企业才尽到了其应尽的社会责任，从而可以获得良好的公众反映。

三、风险管理的作用

（一）风险管理的重要性

1. 经济资源的集中使风险因素的关联性增强

从历史来看，经济发展意味着专业化程度提高和经济资源的集中。乡村可以变成城镇而后又成为城市；家庭小作坊经过努力，可以变成地方性企业，而后又可能变成大的全国性公司；跨国企业凭借相互关联而又彼此依存的全球经营在世界贸易中占据着越来越重要的地位。集中不仅体现在价值方面，而且还体现在企业关联上，譬如对原材料、设备、服务和技术供应商的依赖。其结果是巨灾损失的几率大大增加，最终结果可能是营业中断，不仅影响到单个企业，还会波及顾客和供货商。风险因素的纵向和横向的关联性增强,风险管理的重要性随之增强。

2. 发展中国家和转型经济国家面临的风险增加

随着全球经济的发展,发展中国家正致力于其国内的经济发展和经济转型。由于发展中国家近年来进行大规模的土木工程和生产制造,相关的巨额资金运用加大了整个国家的损失风险,一次损失就可能使实业界、甚至整个国民经济陷入困境。例如 2004 年朝鲜龙川郡火车站爆炸造成 3000 多人伤亡,摧毁了8000 多幢房屋。

3. 技术变革风险和自然灾害后果的加重

应用最新科技处理危险材料、产品和生产过程是非常复杂而又高度一体化的工作。这些活动在当今世界越来越普遍,给无辜的个人、企业和政府带来了更多的潜在危险。遗憾的是,在有些情况下,存在的风险超出了本地专家和政府机关的管理经验,从而加大了给工人、商业界乃至国民经济带来严重损害的可能。

有些地区或国家可能出现自然灾害导致的严重损失,资源的集中使得实施有效的风险管理的重要性更加突出。洪水、飓风、台风、干旱、海啸、地震和其他自然灾害的破坏,经常抵消人们为减轻损害所作的努力,尤其是在最不发达国家。当然,经济发展常常制造出自然灾害并加剧其破坏性。在洪水和地震多发地带进行建筑,以及在巴西和印度尼西亚破坏雨林就是两个例证。如今,在这种情况下,良好的风险管理手段比任何时候都更重要。

4. 公众对风险的态度和期望的变化

许多国家的公众开始树立起风险观念,对高科技和污染产生的危险更加敏感。1984 年印度博帕尔邦的联碳公司工厂事故造成 2500 多人死亡,成千上万人永久残废,使得世界更加关注经济发展带来的潜在损害。乌克兰切尔诺贝利核电站发生爆炸几乎焚毁,导致了巨大的直接和间接财产损失,数千人死亡,成千上万人受到辐射,寿命缩短。这也警醒世人:一国的灾难可以对远离灾难发生地的地带产生不利的后果。经济发展经常带来另一个可怕的外部性问题:污染。空气、水源、土地污染的短期和长期后果受到世界的广泛关注。公司运用风险管理可以减轻污染的某些不利后果,但是只要污染的全部边际成本没有内部化到由污染者承担,经济动机就会驱动产生更多而不是更少的污染。我们可以期待政府在消费者要求有效治理污染的压力下,更多地运用风险管理来解决该问题。这些灾难性的后果使公众对现实社会本身产生损害的可能性更为敏感。消费者已经认为,产品和服务应该提供预期的价值和性能,而对财产和人身没有或仅有很小的伤害可能,公众敏感度的提高只是加强了这种已有的看法。好几个国家的立法和司法判决都支持这种观点。

最后,随着风险管理范围的扩大,其作用也在不断增加。过去,其应用被认为仅限于操作问题上(如生产和营销)。现在,它也被应用到降低企业的金融风险和解决政府公共政策问题。同时,传统的风险管理主要涉及那些只有损失而没有获利可能性的情况,是针对纯粹风险的管理;但是随着企业管理者和政府官员意识的转变,他们认识到同对一个组织可能面临的所有风险进行系统的管理相比,零散的风险管理缺乏效率和效能。这种整体性的方法管理企业所面临的全部风险,既包括纯粹风险也包括投机风险,如管理企业存货市价变动的风险。

(二)风险管理有利于促进经济发展

风险管理原则和程序应用范围的扩大给企业和个人带来了好处,从而有益于国民经济发展。企业通过减少长期的财务波动,可以增强竞争力,其产品和服务价值更高,股东价值也可以通过降低现金流量的波动性而得到提高。如风险管理能够推进适当而有效的风险融资,导致企业的风险相关成本降低。另外,企业如果有有效的风险管理制度,会得到更好的风险评级,所以融资成本会比其他企业低。风险管理使得企业成本降低,这样有利于帮助新企业成长,更能使现存企业同其他国家的企业进行竞争。另外,风险降低后,出口商更容易获得成功出口所需的融资和保险。

有效的风险管理对个人最明显的益处来自损失的控制。有效的控制损失措施能够降低工伤和疾病发生的频率与严重程度,减少工作中断,从而避免工资损失。同时,由于工业事故、污染、洪水和交通事故带来的伤害和疾病也会减少。

风险管理还能给个人带来其他一些隐性的益处。它能够降低生产成本,反过来使消费者可以按照较低的价格购买商品和服务。死伤次数的减少、程度的减轻,也将减轻家庭抚养的负担、伤者及其家庭对福利计划的需求,减少政府为照顾他们而征收的税赋。

从宏观的角度来看,风险管理技术能够降低工商业企业的破产数量。这就降低了经济运作中的不确定性,从而导致国内信贷和资本市场的扩张,有助于发展中国家和转型经济国家工商业的发展。同时国际风险管理使得跨国企业在国际市场上的不确定性降低,面临的风险能够有效地防范和化解,从而有助于增强国际竞争力。

第三节　风险管理程序

风险管理的基本程序包括风险识别、风险评估、风险应对和风险管理效果评价等。

一、风险识别

风险识别是风险管理的第一步，它是指风险主体对所面临的风险以及潜在风险加以判断、归类和鉴定性质的过程。

一般企业的风险识别通常包括：一是全面发现企业的人员构成和资产分布以及业务活动，即对企业的人员和资产的构成与分布的全面分析与归类；二是对人和物所面临的风险和潜在的风险，以及发生风险损害的可能性的识别与判断；三是分析企业所面临的风险可能造成的损失及其形态，即对人和物所面临的风险可能造成的后果与损失形态的归类与分析，如可能发生的人员损失、财物损失、营业损失、费用损失、责任损失等。必须强调的是，风险识别不仅要识别所面临的风险，更重要的、也是更困难的是对各种潜在风险的识别。

对风险的识别一方面可以通过感性认识和经验进行判断，另一方面，也是更重要的则必须依靠对各种客观的会计、统计、经营资料和风险记录进行分析、归纳和整理，从而发现各种风险的损害情况以及风险发生规律。

风险识别是一项具有持续性和系统性的工作。由于新技术、新工艺、新材料、新产品、新道德观、新的客观环境的出现而改变原来的性质，或产生新的风险。这就需要风险管理者持续不断地去识别，随时发现原有风险的变化，以及可能出现的新的潜在风险。

风险识别的方法有很多，但是每一种方法都有其适用范围，各有优缺点。在实际操作中究竟应采用何种方法，应根据具体情况而定。通常同时综合运用多种方法，才能收到良好的效果。

二、风险评估

风险评估是指在风险识别的基础上，通过对所收集的大量的详细的损失资料加以分析，运用概率论和数理统计方法，估计和预测风险发生的概率和损失幅度。风险评估以损失频率和损失程度为主要测算指标，并据以确定风险的大小或高低。风险评估一般需要运用概率论和数理统计方法，必要时借助计算机完成。

　　风险评估是一项极其复杂和困难的工作，风险的大小不能单靠损失频率的高低或损失幅度的大小来确定，必须把这两个因素结合起来考察，然后用某一尺度去评估，以便决定其大小。对风险进行处理，必然要发生一定费用，若所发生的费用超过由于风险事故所造成的损失，这样的处理措施就不值得采取。只有通过风险评价，才能判定为处理风险所支出的费用是否有效益。

　　风险评估是企业风险管理中不可缺少的一环，它不仅使风险管理建立在科学的基础上，而且使风险分析定量化，为选择最佳风险管理方法提供了较可靠的依据。风险评估与风险识别以及风险应对在时间上不能截然分开。事实上，有些定量分析活动是在风险识别的过程中进行的，有些风险应对措施则在风险评估时就开始采取了。

三、风险应对

　　风险应对是指经过风险识别和风险评估之后，采用合适的风险管理方法对风险进行处理。风险管理方法即风险管理的技术，它分为两大类：控制型风险管理技术和财务型风险管理技术。控制型风险管理技术是以避免、消除和减少意外事故发生的机会，限制已发生损失进一步扩大的一切措施；重点在于改变引起意外事故和扩大损失的各种条件，降低损失概率、降低损失程度，使风险损失达到最小。这种风险管理技术通常有：风险回避、损失预防与分散、抑制风险等。

　　财务型风险管理技术是通过事前的财务计划，筹措资金，以便对风险事故造成的经济损失进行及时而充分的补偿。其核心是将消除和减少风险的成本均匀地分布在一定时期内，以便减少由随机性的巨大损失发生而引起财务上的波动。通过财务处理，可以把风险成本降低到最小程度。财务型风险管理技术通常有：风险自留、风险转移等。

四、风险管理效果评价

　　对风险管理技术的适用性及其收益性情况进行分析、检查、修正与评估，称为风险管理效果评价。

　　在某一特定时期内，风险管理技术选择是否最佳，其管理效果如何，需要进行科学的评估。风险管理效益的大小取决于是否能以最小的成本取得最大的安全保障。成本的大小等于为采取某项管理技术所支付的各项费用与机会成本之和，而保障程度的高低取决于由于采取了该项管理技术后而减少的风险（直接损失和间接损失之和）。若前者大于后者，说明该项管理技术是不可取的；若后者大于前者，则该项技术是可取的，但不一定是最佳技术。从经济效益来讲，所谓最佳技术是指在各项可供选择的技术中，下述比值最大。

$$效益比值 = \frac{采取某项技术后减少的风险（直接损失与间接损失之和）}{采取某项技术所支付的各项费用 + 机会成本}$$

效益比值越大，说明该项风险管理技术越可取；效益比值越小，说明该项风险管理技术越不可取。但是，在风险管理的实践中，通常不仅要考虑经济性，还要考虑该项技术与整体管理目标的一致性、实施的可能性和有效性。同时，由于风险的性质具有可变性，人们的认识水平具有阶段性以及风险管理技术处于不断完善的过程中，因此对风险的识别、评估乃至技术的选择需要定期检查、修正，使选择的风险管理技术适应变化了的情况，从而保证管理技术的最优使用。

第四节　风险管理的方法

风险管理的方法主要分为两类：控制型风险管理方法即风险控制和财务型风险管理方法即风险融资。

一、风险控制

风险控制的目的就是为了改变公司的风险暴露状况。更确切地讲，风险控制就是帮助公司回避风险，防止损失，在发生风险时努力减少风险对公司的负面影响。有效的风险控制应当能减少企业的风险暴露。更准确地讲，风险控制包括为了避免风险、防范风险、减少或控制风险的损失幅度所使用的技术、工具和程序；风险控制还包括那些加深企业内部员工对风险的理解和提高员工的风险意识的方法。风险控制工具和技术主要有：风险回避、损失预防和分散、信息管理、控制型风险转移等。

（一）风险回避

为了避免发生财产、人身或活动方面的风险，人们可以拒绝使用这些财产，限制某些人从事某些活动，或者完全放弃某些财产。第一种回避风险的方法称为前摄性回避，第二种称为放弃性回避。

政府和企业的风险管理实践中有许多前摄性风险回避的例子。例如，一家著名的化学品公司曾经计划在某一个小镇周围的农村地区进行一系列的试验。

在准备试验的过程中，研究人员发现，他们的试验可能对该地区的财产造成巨大的损失。公司的风险经理受命为这种可能的损失购买保险，但是几乎没有一家保险公司愿意为其承保，而且保险公司索要的保险费远远超过了公司愿意支付的范围。最后，该化学品公司决定终止原计划的试验。

某政府机构最近接受了一个捐赠的小型游乐场。该游乐场里面有许多破旧的儿童小车。风险管理者经过检查后认定，这些小车非常危险。通过政府机构与遗嘱执行人之间的谈判，最后决定把这些小车作为废品出售，留下的空地赠给政府机构。政府机构把这些空地改造成一个开放式公园，公园中有花园、喷泉和林间小道。在这个案例中，政府机构并没有回避风险源——公园，但它确实回避了风险因素——儿童小车。

通过放弃来回避风险远不如前摄性风险回避常见，但它确实时有发生。某大学的风险管理者可能由于销售责任而禁止学校开办的商店出售含酒精的饮料。如果制药公司发现其产品产生严重的副作用，该公司可能马上终止该药品的生产。某公寓管理公司发现大多数房客都有小孩时，他可能会拆除公寓附近的游泳池。

回避是处理风险的有效方法。通过风险回避，公司可以明确知道风险不可能发生，公司也不会承受某些潜在的风险。但公司同时也会失去由这些风险带来的收益。某些特殊的活动（如生产某种药品，提供某种服务）带来的预期收益可能远远超过潜在损失的成本。

在有些情况下，我们不可能回避风险。风险的范围定义得越是广泛（比如说财产损失），我们越是不可能回避风险。例如，公司回避财产风险的唯一办法就是卖掉公司的所有实物资产。另外，大多数大学生所面临的最大的风险就是他们未来的收入能力，这种风险无法回避。还有，政府（特别是法院）的执法倾向更是难以预料。雇主无法回避为员工的失业风险进行融资的风险，因为法律规定任何企业都必须参加失业保险。职业健康和安全管理局向那些没有达到安全标准的企业收取罚金。最后，像"严格责任"这类法律概念可能使企业必须承担一些无法回避的责任和义务。

有时，决策环境的限制也会使决策者无法回避风险。风险并不是孤立存在的，回避一种风险很可能会带来另一种新的风险或者加强已有的其他风险。例如，市议会得知位于市中心的两座桥中的一座已经年久失修，非常危险。于是，市议会决定封锁该桥上的交通，使所有的车辆都从另外一座桥上通过。陡涨的交通压力使得这座桥不堪重负，随时都有发生危险的可能。第二年，这座桥果然倒塌。大多数组织面临的风险都是相互交织的，消除一种风险很可能影响风险组合中的其他风险。

最后，某些风险可能是组织最基本的风险，根本就不可能去考虑回避这些风险。例如，煤矿公司可能希望避免隧道塌陷的风险，但是真正回避这种风险就意味着离开采煤采矿这个行业。

（二）损失预防和风险分散

1. 损失预防

损失预防是指在风险损失发生前为了消除或减少可能引起损失的各种因素而采取的处理风险的具体措施，其目的在于通过消除或减少风险因素而达到降低损失发生频率。这是事前的措施，即所谓"防患于未然"。如定期体检，虽不能消除癌症等风险，但可以获得医生的劝告或及早防治，因而可以减少癌症发病的机会。

2. 风险分散

风险分散是指通过增加同类风险单位的数目来提高未来损失的可预测性，以达到降低风险的目的。风险分散是通过兼并、扩张、联营等方式，集合许多原来各自独立的风险单位，增加其风险单位的数目，以达到提高预期损失预测的精确性从而降低风险的目的。

（三）信息管理

对于企业的股东来说，来自风险管理部门的信息能大大降低风险。例如，为了使某一项损失控制计划取得最优效果，风险经理应当使那些与事件结果有关系的人都能了解计划的目标和计划能带来的效果，如雇员、管理者、保险公司、政府机构、纳税人等。如果股东不了解损失控制计划的目的和应该取得的效果，那么该计划最多只能取得部分成功。公司的风险管理部门掌握的信息包括损失控制措施产生的效果以及公司未来的行动趋向。如果缺乏这方面的信息，股东对公司活动就会产生怀疑，担心自己的利益会受到损失。风险会使股东要求公司给予其更高的收益回报，并要求采取一些多余的安全措施和限制，这些要求都会给公司带来不利的影响。来自风险管理部门的可靠信息会使股东们相信公司不会采取损害股东利益的任何措施。

信息管理能减少风险的另外一个领域是个人对损失发生过程的认识，如对风险链的认识。关于风险因素如何带来损失的知识能减少有关方面的风险，因为这些知识能使人们更好地预测事件的结局。例如，如果员工们知道某些工作环境很不安全，会对他们带来伤害，那么他们在工作期间就会采取必要的方法措施来降低风险。通过奖励那些提出更好的安全措施建议的员工，公司可以大大提高员工的安全意识。

（四）控制型风险转移

风险转移是一种风险控制方法，也是一种风险融资方法，它使某些并没有经受损失的机构来承受损失的负担。控制型风险转移通过两种途径得以实现。

第一，与风险相关的财产和活动可能被转移给其他人或组织。例如，公司出售自己的房产的同时也把同房产相关的风险转移给了新的所有者。总承包人承受的风险包括劳动力和原材料的价格上涨，但是，总承包人可以通过与下级承包者签订固定价格合同来避免这类风险。这种风险转移同风险回避非常类似，它的基本原则就是尽量减少潜在风险。风险转移同放弃型风险回避不同的是，转移后的风险会给其他组织带来损失，但是放弃型风险回避不会给别人带来损失。

第二，通过合同协议可以在不注意财产和活动的情况下转移风险。例如，租约可以把房客的风险（如，过失造成房东财产受损）转移到房东身上。一旦产品离开生产商的地方，零售商就必须对产品受到的任何损害负责。由于产品的缺陷而导致消费者受到身体或财产上的损失，消费者可能放弃向产品商追究责任的权利。这种实现风险转移的合同称为豁免合同。在风险控制转移中，接受方（接受风险的一方）免去了转移方（转移风险的一方）的责任。转移方的风险因此得以消除。上面的几个豁免合同的例子如果能得到法院的认可，那它们就是风险转移的例子。不过，如果转移方承诺对接受方的损失给予补偿则不能称之为风险转移，因为转移方实际上仍然面临着风险。

二、风险融资

风险融资方法大致可以分为两类：风险自留和风险转移。

（一）风险自留

风险自留是指经历风险的机构自己直接承担损失的财务后果，即该机构为自己遭受的损失支付赔偿金。

企业风险自留是一种最常见的风险融资方法。资金来源于企业自身，包括企业向别人或其他组织的借款。风险自留的一种改进形式就是由企业所属的某个组织来承担风险，在这种情况下，资金来源于企业所属的组织。风险自留可能是消极的，也可能是积极的；可能是有意识的，也可能是无意识的；可能是有计划的，也可能是无计划的。

如果风险经理考虑了很多处理风险的其他办法并且有意识地决定不转移潜在的损失，那么这种风险自留就是积极的和有计划的。如果风险经理并没有意识到潜在的风险并为之作好融资的计划，那么这种风险自留就是消极的和无计划的。因此，如果企业没有采取任何措施，那么我们就默认企业选择了风险自留。几乎没有一家企业能够识别自己面临的所有财产风险、金融风险、责任风险和人力资源风险，所以说，存在一些无计划的风险自留是很正常的，也是不可避免的。有些企业识别风险的能力很差，他们消极地承担了过多的风险。如果风险经理正确地识别了风险，但是他（她）低估了风险的大小，那么这时也会产生无计划的风险自留。

对于某些特殊的风险来说，无计划的风险自留偶尔也可能是最好的办法，但它不可能是处理风险的合理方法。风险自留是否合理取决于作出这个决定的环境。有时候，大多数不应该自留的风险却被企业留下，而应该被自留的风险却被企业转移出去。例如，产品责任风险是一种很容易转移出去的风险，而且是一种非常有必要转移出去的风险，但是有些企业却把这种风险留下，而有些很容易承受的小损失却被企业转移出去。

自我保险是一种特殊的有计划的风险自留。如果企业有足够的资源轻易化解自己遭受的损失，那么企业就可以采取自我保险。典型的情况是，自我保险者有大量的单位面临类似的风险，在这种情况下，自我保险者的地位同保险公司的地位非常相似，保险公司只有签发大量的保单才能获益。自我保险并不是保险，因为它没有把风险转移到企业外部。但是自我保险者和保险公司一样，都能在一定程度上预测未来的损失，尽管他们的能力可能有些差距。

（二）风险转移

风险转移是指某机构遭受损失之后由其他机构承担直接的财务后果，即其他机构（如保险公司）来支付损失的赔偿金。

1. 保险①

2. 非保险风险融资转移

（1）利用资本市场转移风险

利用资本市场转移风险是指通过购买或者出售一些金融产品，从而将自身的风险转嫁给资本市场的一种风险融资方式。目前，主要的风险转移方式包括套期保值、巨灾期权、事件债券和风险证券化等，这里我们重点介绍一下套期保值，其他方法将在后文介绍。

套期保值是一种金融协议，它通过持有一种资产来冲销持有另外一种资产的风险。一个简单的例子就是某人对运动比赛的两种结果都下同样的赌注，这两种赌博的结果恰好相互抵消。套期保值的典型应用就是抵消价格风险；企业

---

① 关于保险的概念和内容将在后面的章节详细介绍。

需要的某种资产可能同企业持有的另一种资产的价格负相关。

套期保值适用于那些价格负相关的资产。例如，某人可能会发现经营燃油公司的普通股的收益与通过消耗燃油来发电的公司的普通股的收益负相关。为了利用这种负相关性，电力公司普通股的持有者可以同时持有燃料公司的普通股，这样就能消除燃油价格变动给持股人带来的收益波动。这种套期保值方法发生作用的必要条件就是燃油价格的变动确实对两种股票的收益有相反的影响。例如，燃油价格下降会减少燃油供应商的利润，但是电力公司的利润会上升。对于同时持有这两种股票的人来说，这两种收益的变动确实是相互抵消的。

另外，更常见的情况是通过人为的设计来使两种资产的收益负相关，这样就可以进行套期保值。在上面的例子中，燃料期货合同（例如，石油期货）也许是一种更加有效的套期保值方法，因为石油期货的价格同石油价格之间的负相关关系是人为设计的。

一般来说，套期保值都不是完美的。大多数套期保值合同只能抵消交易中某一方面的风险，如外汇汇率波动的风险。套期保值合同的持有者实际上还会面临交易中其他方面的风险。套期保值合同与被套期保值的风险之间的关系并不完美，而且套期保值的使用者有可能故意不对风险进行完全的套期保值。同样的情况在保险业中也普遍存在，大多数保险合同只对影响投保人的事件的某一方面进行保险，非完全保险是一种普遍现象而不是一种例外情况。

从表面上看，套期保值与保险非常类似。套期保值用来抵消持有一种资产的风险或者某种交易带来的风险。同样，保险业用来抵消某些资产损失的风险或责任风险。保险合同可以看作是针对合同中规定的损失的看跌期权，保险与看跌期权非常类似是因为保险合同赋予投保人以某一固定的执行价格"购买"某种"损失"的权利。

在其他方面，保险合同与套期保值则有较大区别。风险经理防范或减少损失的努力对保险的赔偿金有很大的影响。由于这个原因，投保方的特征是保险公司提供保险之前所考虑的最重要和最基本的问题。相反，期货合同参与方的特征并不是什么重要的事情。期货合同的持有者通常不会指望对期货合同的价格产生什么影响。

（2）公司化

公司企业是人类历史上最伟大的发明之一，它是在克服独资企业和合伙企业的缺陷的基础上产生的，是指由两个或两个以上的出资者以一定形式共同出资而组成的法人企业。出资者可以是法人，也可以是自然人。公司企业是依照公司法组织、登记并成立的营利性的社团法人，公司是法人，在法律上具有独立的人格。企业采用公司制的组织形式，一方面可以将风险转移给股东承担，这一点对上市公司来说作用更加明显；另一方面企业经营陷入困境后，可以采用破产的方式将风险控制在一定范围之内。

（三）控制型风险转移和融资型风险转移的区别

控制型风险转移和融资型风险转移似乎只有语义上的区别，但是如果风险接受方无力偿债或者不能支付受损金额，那么这两者的区别就可能具有经济上的意义。而且，风险融资转移可以限制风险接受者的责任，这样承担损失的责任仍然会落到转移方。例如，商业资产合同一般会规定，如果房客租用的资产受到损害，即使不是房客的过失造成的，房客也有责任为房东补偿这些损失。另外一个例子就是零售商与厂商之间的购买协议，这些协议一般规定，如果由于产品的质量问题造成对第三方的损害并引起赔偿事件，那么产品生产商必须承担相应的责任。在所有这些例子中，如果承受风险的一方无力支付赔偿金，那么转移风险的一方必须承担相应的经济责任。风险控制转移只包括转移方和接受方；但是，风险融资转移可能包括其他利益主体。风险接受者不可能免除风险转移者对其他利益主体的责任，因为其他利益主体不是转移合同的一部分；法律不允许第三方的权利因为转移合同的生效而减少；但是接受方可以同意对本来由转移方支付赔偿金的任何损失支付赔偿金。

如果控制型风险转移得到法院的认可，那么转移方就可以得到完全的保障，风险的全部责任被转移到风险的接受方。但是相反，在融资型风险转移中，如果发生损失后风险的接受方由于种种原因无法支付赔偿金，那么转移方必须承担损失责任。一项协议可能形成针对某种潜在损失的风险控制转移，而融资型风险转移可以针对其他方面的事故。例如，租约可以免除房客对所租资产遭受损失的责任（控制型风险转移），也可以规定房东必须承担自己出租的资产造成的房客对第三方的损害（融资型风险转移）。

在上面的介绍中，没有一件表明风险控制转移对转移者来说是一件零成本的事情。例如，如果风险转移者使用固定价格合同来把劳动力和原材料的价格上升风险转移给下一级承包商，那么这个固定的价格就反映了风险转移的成本。认识到这一点，一个理性的利益主体只会在自己具有控制、承受和管理风险方面的相对优势时才会选择接受别人的风险。如果风险接受者处于相对有利的地位，那么从风险转移者的角度来看，交易价格与这种优势可能呈反向变化：接受者常常会要价太高，使得风险转移者难以实现风险转移。

思考题

1. 简要叙述风险管理科学发展的几个标志性事件。
2. 风险管理的目标是什么？
3. 风险管理的程序是什么？
4. 风险管理的方法分为哪几类，各有什么方法？

参考文献

1. [美]詹姆斯·S. 特里斯曼、桑德拉·G. 古斯特夫森、罗伯特·E. 霍伊特著，裴平主译：《风险管理与保险》（第十一版），大连：东北财经大学出版社，2002 年。

2. 宋明哲著：《现代风险管理》，北京：中国纺织出版社，2003 年。

3. [美]C. 小阿瑟·威廉斯、迈克尔·L. 史密斯、彼得·C. 扬著，马从辉、刘国翰译：《风险管理与保险》（第八版），北京：经济科学出版社，2000 年。

4. [美]Scott E. Harrington，Gregory R. Niehaus 著，陈秉正、王珺、周伏平译：《风险管理与保险》，北京：清华大学出版社，2001 年。

5. [美] Rene M. Stulz 著，殷剑锋、程炼、杨涛译：《风险管理与衍生产品》，北京：机械工业出版社，2004 年。

第三章　风险的主要类型及管理方法

在本书第一章中已经对风险的分类进行了讨论，按照损失标的进行分类，风险可以分为财产风险、责任风险、人身风险和信用风险。根据本书讨论需要，我们将财产风险分为两类：一类是由于自然和人为因素而导致的风险，即物质风险；另一类是由于经济环境变动而导致的风险，即财务风险。

第一节　物质风险及其管理

一、物质风险内涵

（一）物质风险的含义

物质风险是指实质资产的风险。所谓实质资产是指除了有价证券等财务资产外，所有有形与无形的资产。这些资产可能面临危害性风险与财务风险。那些主要由地震、暴风、暴雨、洪水等自然灾害事故造成对物质和财物损毁的风险，称为物质风险。

（二）物质风险的分类

实质资产的损失型态，依据分类基础的不同而异。其中，值得注意的有两种分类：第一是依据损失原因，物质风险可分为火灾损失、爆炸损失、盗窃损失、地震损失、风暴损失与洪水损失等。第二是依据原因是直接还是间接，损失型态可分成直接损失和间接损失。直接损失是指直接由危险事故导致的损失，间接损失则由直接损失衍生而来。损失原因之间有可能互为独立，有可能是连续原因，也有可能同时发生。下面将依据损失原因对不同的物质风险进行讨论：

1. 火灾

火灾是指由于失去控制的异常性燃烧而造成财产损失或人身伤亡的意外事故。火灾的发生必须包含点火源、可燃物和助燃物三个因素。火灾的发生主要与人为因素有关，最明显的例证，就是人为纵火与疏忽。人为火灾与整体社会治安、安全文化价值均有关系。闪电雷击等自然力量造成的火灾不多。一般常见的火灾发生原因有：电线走火、闪电雷击、烹调厨房煤气起火、吸烟、机器过热发生的火花、电焊不慎、爆炸与自燃等。这些原因中，人为居多。

2. 爆炸

爆炸是指物体在瞬间发生分解或燃烧时排出大量气体，对其周围环境或者容器造成强大压力所发生的破坏现象。爆炸可在瞬间产生巨大力量，造成伤亡。爆炸可分为：（1）物理爆炸：压力容器、锅炉、真空空气的破裂及电线爆炸等；（2）化学爆炸：气体、粉尘、液滴、火药及其他爆炸物所产生，或两种以上的物质聚合所引起的爆炸等；（3）核子爆炸：如核子分裂、核融合等产生的爆炸。依据形式分，爆炸又可大致分为如下三类：一是单独爆炸、复合爆炸、继起爆炸；二是开放下爆炸、密闭下爆炸；三是弱爆炸、猛烈爆炸。

3. 盗窃

盗窃是指基于夺取目的而故意非法侵犯他人，夺去或取得他人的财产。盗窃行为所造成的损失，往往超过被盗财产的价值，包括某些关键设备被盗而造成经营中断的损失，作案者为毁灭证据而放火焚烧现场造成的损失等。

4. 地震

（1）地震概述

地震是由移动的地壳板块之间的摩擦造成的。这些板块的边界或断层是地震的发源之处，它使某些地壳更容易因这一间歇性活动而受到破坏性影响。大陆和海洋板块的交界处常常靠近自然海岸线，因而沿海地区既容易发生地震，也容易出现风和水造成的破坏。地震的频率很难预测。为了预测地震，人们投入了大量的时间和精力，但对过去事件的观察并不能对损失发生的频率有确切的估计。

（2）地震灾害的突出特点

①突发性。突发性是自然灾害的共同特点，区别在于持续时间长短的不同。洪灾和旱灾持续时间一般较长，使人们有时间采取救灾措施；而地震从爆发到形成灾害的过程极为短暂，一旦发生，损失几乎同时形成。

②广泛性。世界上有两条主要的地震带：一条是环太平洋地震带，另一条是喜马拉雅—地中海地震带；还有南北美洲地震活动也比较频繁。

③严重性。地震发生时，会造成建筑物倒塌、人员伤亡，更严重的会破坏道路、桥梁等公共设施，致使交通中断，影响食品和救灾物品的供应与运输。如果发生在城市，会破坏供水、供气和电力系统，引发火灾、水灾或有毒气体

泄漏。如果不能及时采取有效措施抢救伤亡人员，还可能引起细菌滋生、疾病传染，甚至暴发大面积瘟疫。随着社会经济的发展、人口的密集和财富的增加，地震灾害所造成的损失也会越来越严重。1970~2006 年间，受害（指死亡或者失踪）人数最多的 40 起自然灾害中，有 23 起是因地震引起的[1]。2004 年 12 月 26 日印度洋发生的地震引起海啸，造成印度尼西亚和泰国等地 22 万人受害。2006 年在印度尼西亚的两次地震夺去了 6600 人的生命[2]。1970~2006 年间受害人数最多的 20 起自然灾害情况详见表 3-1。

表 3-1　1970~2006 年受害人数最多的 20 起自然灾害

受害人数	保险损失	起始时间	事件	国家/地区
30 万	-	1970/11/14	风暴与洪水	孟加拉国
25.5 万	-	1976/7/28	地震（7.8 级）	中国
22 万	2134	2004/12/26	印度洋地震（9 级）、海啸	印尼、泰国等
13.8 万	3	1991/4/29	热带风暴 Gorky	孟加拉国
7.33 万		2005/10/8	地震（7.6 级）；余震、山崩	巴基斯坦、印度等
6.6 万	-	1970/5/31	地震（7.7 级）；山崩	秘鲁
4 万	177	1990/6/21	地震（7.7 级）；塌方	伊朗
3.5 万	-	2003/6/1	欧洲热浪及旱灾	法国、意大利、德国等
26271		2003/12/26	地震（6.5 级）；摧毁了 Bam 城的 85%	伊朗
2.5 万	-	1988/12/7	地震（6.9 级）	亚美尼亚
2.5 万	-	1978/9/16	Tabas 地震（7.7 级）	伊朗
2.3 万	-	1985/11/13	Nevadodel Ruiz 火山爆发	哥伦比亚
22084	266	1976/2/4	地震（7.5 级）	危地马拉
19737	114	2001/1/26	古吉拉特邦地震（7.6 级）	印度、巴基斯坦、尼泊尔等
19118	1210	1999/8/17	伊兹密尔地震（7.0 级）	土耳其

---

[1] Swiss Reinsurance Co.（瑞士再保险公司）：Sigma, NO 2/2007.
[2] Swiss Reinsurance Co.（瑞士再保险公司）：Sigma, NO 2/2007.

15000	-	1979/8/11	Morvi 的 Macchu 大坝决口	印度
15000	-	1978/9/1	雨季造成洪水	印度、孟加拉国
15000	121	1999/10/29	旋风 05B 摧毁了奥利萨邦	印度、孟加拉国
11069	-	1985/5/25	孟加拉湾热带旋风	孟加拉国
10800	-	1971/10/31	孟加拉湾与奥利萨邦发生洪水	印度

注：受害人数是指死亡和失踪人数；保险损失单位百万美元，按 2006 年价格计算。

资料来源：Swiss Reinsurance Co. （瑞士再保险公司）：Sigma, NO 2/2007.

2007 年 7 月 16 日发生在日本长野的 6.8 级地震，据美国加州巨灾模拟公司评估，损失可能接近 1000 亿日元（约合 8.234 亿美元）[①]。1995 年日本阪神大地震造成 5200 人死亡，直接经济损失达 1000 亿美元。据科学家预测，同样的地震如果发生在现在的东京，造成的损失将高达 2000 亿美元。对某些城市严重地震损失的评估预测见表 3-2。

表 3-2　严重的地震情况评估（单位：10 亿美元）

地点	财产损失	营业中断损失	死亡人数	受伤人数	总损失
旧金山	125～170	30～35	3000～8000	8000～1800	175～225
洛杉矶	130～180	30～40	2000～5000	8000～12000	180～250
东京	900～12000	350～550	40000～60000	80000～100000	1500～2100

资料来源：Professor Harsh, RMS, Inc. ©1995.

④预测困难。地震是一种自然现象，孕育过程长、成因复杂。世界各国的科学家虽然进行了大量的研究和探索，但迄今为止仍然没有找到准确预报地震的方法。

⑤非重复性。有些自然灾害的发生具有很强的地域性，如洪水一般在江河的中下游发生；台风和暴雨常发生在沿海地区。而地震灾害则不然，强烈地震在短时间内极少在同一地点重复发生，即使重演，其复发周期也相当长。这种很低的原地重演性使人们对地震灾害的认识、预报、防御经验难以积累，从而影响了防震减灾的效能。

5. 风暴

风暴是指速度每秒钟超过 17 米的热带气旋，是所有自然风险中最重要的风险，造成很多种灾难性事件，具体形式包括飓风、旋风、台风、龙卷风及雷暴

---

① 《日本地震保险赔付可能超过台风"万宜"》，中国保险报，2007 年 8 月 3 日。

雨等等。在 Beaufort①级上，8～11 级的风暴被看作热带风暴。当风暴超过 11 级时，若它在大西洋或太平洋北部地区生成，称为飓风，是最强烈的风暴，对人类的威胁最大；若在印度洋上生成时，称为旋风；而在西太平洋地区生成时，则称为台风。龙卷风是另一种风暴，其特点是风的强度大，侵袭地区有限。曾测到的风速在每小时 250 英里以上。龙卷风的漏斗状风体的运动范围是有限的，从几英里到 200 英里。龙卷风在美国最为普遍。而雷暴雨又是另一种风暴，它会造成严重水损，有时，还会造成雷电损失或冰雹损失，从而使总损失大大增加。

6. 洪水

洪水灾害也是对人类社会威胁很大的自然巨灾之一。洪水损失可以由像飓风或暴雨这样的单一事件造成，也可能是由于持续降雨而造成的。接近大的水系（比如海边、河流）的财产最容易遭受洪水损失，但是位于其他地区的财产也不会幸免。据统计，在全球每年自然灾害导致的死亡人数中，75%是由洪水灾害造成的。1993 年夏，美国密西西比河和密苏里河同时发生了美国有史以来最大的洪灾，受灾面积达 40000 多平方公里，经济损失高达 160 亿美元，保险损失多达十多亿美元。1995 年，Opal 飓风在美国东南部的绿地上滞留了近 2 周，长时间的降雨使本来的非洪水易发区遭受了严重的洪灾。1998 年夏，中国的长江流域和松花江流域的特大洪灾淹没了 2290 万公顷良田，4150 人在洪灾中丧生，造成的经济损失高达 300 亿美元。1970~2006 年间，在损失最严重的40 起自然灾害中，就有 5 起是洪水灾害②。

二、物质风险的特点

（一）波及范围广泛性

像地震、洪水、风暴这样的物质风险一般覆盖广阔的地域，并且同时影响到许多个人和企业，不仅造成个人或企业的困境，而且会产生地区、国家或国际问题。

（二）损失具有灾难性

自然灾害是由自然力造成的巨大损失事件，它带来的损失一般具有灾难性。

（三）发生地点局部性

虽然损失可能会是灾难性的，波及的范围也具有广泛性，但遭到损失和受

---

① Beaufort，用来衡量风暴的风速。
② Swiss Reinsurance Co. （瑞士再保险公司）: Sigma, NO 2/2007.

到经济影响仅限于世界上的某个地区，即具有局部性。靠近海洋或河流的财产易于遭受洪水的危险；靠近地震带或火山带的地区也会因其潜在的地震或火山活动而遭受较大的物质风险，如日本等，位于这些地区的财产比远离该地区的财产更容易遭受物质风险。

（四）公共部门介入性

由于物质风险有上述特点，所以通常政府会以某种形式介入其中。这一介入可能首先是进行土地使用限制，即禁止在风险过高的区域建造房屋；而在允许建造房屋的地区，设计和建造可能都要遵循严格的法规。

公共部门的介入还表现在为发生巨大损失的灾难进行融资。因此，为了资助一个直接保险市场，政府可能会充当再保险人；而且在有更严重的损失时，甚至会充当直接保险人。另外，政府通常会提供紧急资金，以应付灾害带来的短期财力问题；而且政府也在灾难管理上发挥重要作用，使生命和财产损失降到最小。

三、影响物质风险的潜在因素

影响物质风险的潜在损失大小的因素有多个，其中很重要的一个就是人和财产的分布。人和财产的密集为产生灾难性损失提供了必需的条件。当自然灾难或人为灾难恰好发生在人和财产密集的地区时，就会产生毁灭性的后果。另一个影响物质风险的因素是造成危害的风险的性质。特别是对于洪水、地震和风暴这样的自然灾难风险，这些风险发生的频率和严重程度是重要的影响因素。最后，财产是否易受损是确定损失或损害大小的一个重要因素。

（一）人和财产分布的密集化趋势

1. 经济原因

由于经济发展，需要集中安排生产要素，同时存在规模经济或范围经济，加上技术因素，这些都促使人和财产分布密集的现象出现。现在，在许多情况下，生产和分销职能都以大规模来进行：巨资建造的发电厂、大规模的分销中心、巨大的油轮以及超大型喷气飞机。所有这些都是密集化的例子。从经济角度来看，它们都有利于促进经济发展；但它们却成为自然环境中巨大的风险目标。

2. 个人原因

个人偏好也会促使人和财产的密集化。例如，当人们都想要居住在某个舒适的地方时，就会产生人的密集化。在许多国家里，人们愿意居住在沿海地区，这就导致了由于追求生活质量而产生的人口密度的转移。若这种愿望强烈到一定程度，就会促进房地产、基础设施和商业的发展，来满足人口的需要。世界上有些旅游观光区就是因为这种居住在舒适环境的愿望而变得人口密集起来。

3. 文化原因

在某些国家里，大家庭仍是主流，老人和弱者由家庭来照顾。而在另一些国家里，工业化打碎了这种大家庭保障，老人不再受到过去那种方式的照料。这在一定程度上导致老人对社会资助和公共服务的集中需求。这一趋势发展虽然缓慢，但却没有逆转的迹象，这就加剧了人口的密集化。

（二）巨灾风险与密集化并存

人口及财产的密集本身，就可能会产生较大的损失。而如果同时又出现了巨灾，就必然会导致重大的财产损失和人员伤亡。如果受灾地区是孤立的，几乎没有居民居住，或者财产价值很低，则自然灾难带来的损失通常就会很小。可是，如果受损地区人口密度很高，而且有大量的集中的财产价值，那么显而易见，就可能会带来灾难性的损失。如，在沿海地区，人口及财产比较密集，沿海地区一直是商业发展的中心，而邻海的位置又方便了原材料和制成品的必要运输，世界上大多数的大城市都处于沿海位置，天然的条件促进了商业的发展。除此之外，许多人都希望临海居住或者要靠海吃饭。这两个因素结合，就出现了我们看到的现象：许多国家的沿海地区都有密集化的趋势。这将是诱发物质风险的潜在因素。

（三）风险标的的易受损性

易受损性是影响物质风险发生的另一个重要的潜在因素。在有的灾难中，财产的设计特点和建造质量可能会是损失的主要决定因素。财产的寿命也是一个因素，因为已使用时间长的建筑在巨灾中会受到更大的损失。最后，受损地区的基础设施也是决定损失大小的重要因素。

1. 设计特点

建筑师和工程师在设计结构时要考虑自然环境。如，在有地震或火山活动的地区，就不能使用脆弱的结构设计形式。但是，目前现有的建筑物设计并非全都遵守这一基本原则。有时，要对现有的建筑进行翻新以改进不足，但许多设计缺陷却不能轻易改正。当遭遇物质风险时，这些有缺陷的财产就成为主要的损失来源。

2. 建筑质量

建筑质量与建筑设计密切相关。发生重大财产损失之后，人们开始明白，在建筑的整体中，建筑物的质量和适宜性是十分重要的。建筑物可以是从竹棚到钢筋水泥的庞然大物。很明显，质量次的建筑经不起火灾、地震、风暴和火山活动。这在许多发展中国家是一个特别困难的问题，因为在这些国家里，常常由于资源短缺，而使建筑法规的实施松懈。即使是质量最好的建筑，可能也不足以经受重大灾难性事件的冲击。

3. 建筑物的寿命

建筑物的寿命是财产是否易于遭受物质风险的另一影响要素。老城区是巨灾的主要发生地区。老建筑物的设计、建筑质量和整体情况不如现代的建筑。大多数情况下，要想改变这种情况很难。城区翻新的工作缓慢，而且也不能完全解决问题。有时，重大损失的发生会促使人们重新建造；要想改变许多老城区建筑的整体情况，就必须重新建造。

四、物质风险管理技术

物质风险管理有三个基本要素，即物质风险评估、物质风险控制、物质风险融资。物质风险管理就是对物质风险进行风险评估、控制、融资的活动进行管理，如图 3-1 所示。

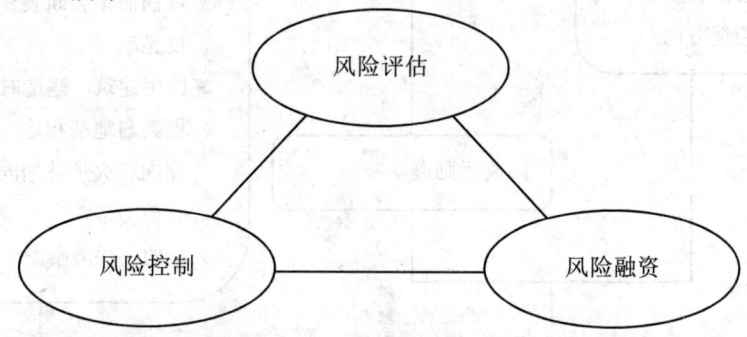

图 3-1 物质风险管理的要素

（一）物质风险评估

对物质风险进行全面有效的评估，是管理物质风险的关键。风险评估需要好奇心和想象力，这样才能完全了解物质风险造成的各种潜在巨灾损失的大小。

许多年来，财产保险公司一直采用具体地点式的评估方法。这一风险评估只限于某个具体地点，即当保险公司确定财产的可保程度或者费率时，需要参考某个财产的具体特性和利用有关风险因素的信息（如距火灾防护设施的距离，附近建筑物的状况）。

我们可以从一个宏观的角度来考察财产风险评估，如采用模型评估。模型作为一种工具，可以使财产风险管理发挥更大的作用。人们利用财产所在地的特点和财产的具体特性，来模拟发生各种灾难时的情况。使用模型可以更好地理解发生巨灾损失会产生的潜在影响。对保险公司来说，这种评估法也为财产保险业务创造出一种承保和销售策略。

图 3-2 显示了一个地震损失模型。在此例中，我们将地震风险的特点与财产所在地的特点和财产的防震性能结合在了一起。对这种模型可以用计算机进行分析。比如，如果位于某区域的财产都具有相似的建筑特点，那么就可以对发生地震损失的各种情况进行评估，每一种情况会有具体的损失估值。风暴和其他巨灾损失也可以使用相似的模型技术。

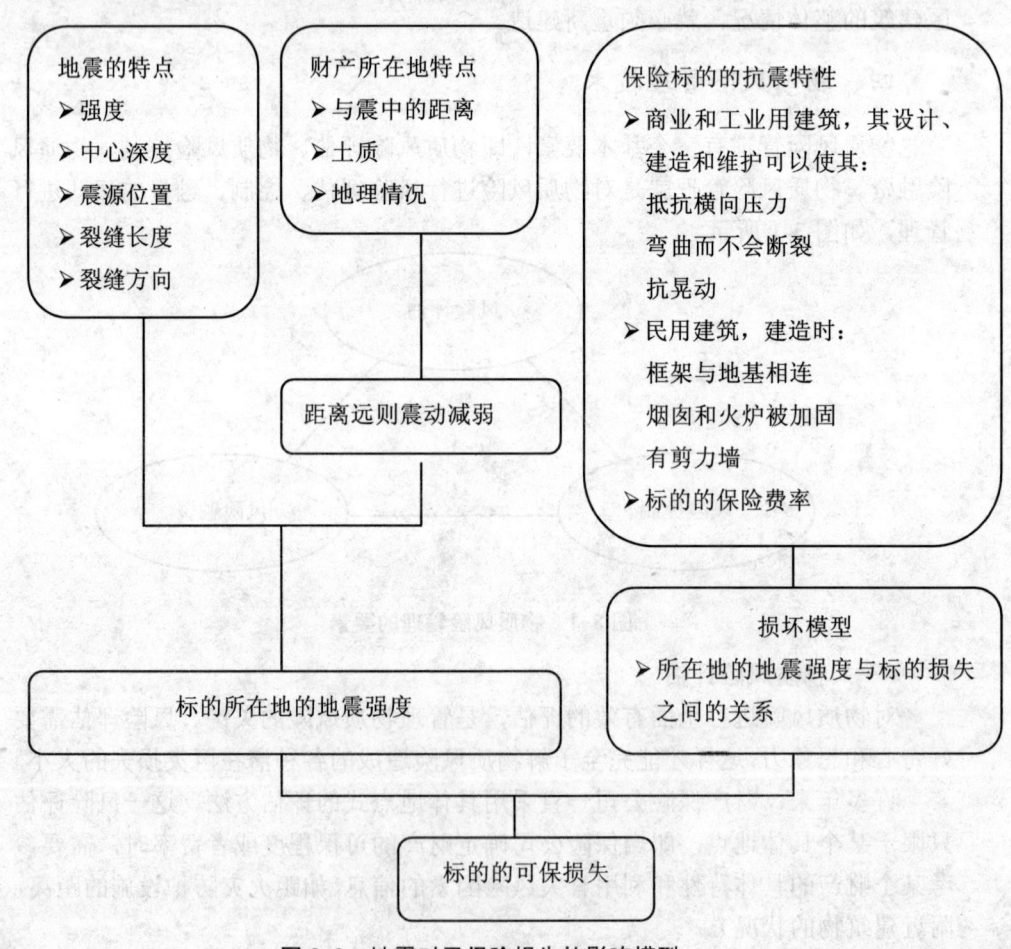

图 3-2 地震对已保险损失的影响模型

资料来源：Insurance Service Office Inc.1994。

如果保险公司在地震或风暴易发区有一笔财产保险业务，模型可以使人们知道这些财产可能会发生的巨灾损失的大小。对于已经承保的损失，需要在模型中加入承保条件，比如赔款限额、除外责任、限制条款和成本分摊方式。这种模型分析会导致巨灾风险的保险定价发生变动，而且会对再保险计划进行调整。分析也有助于评估减损的潜在影响，以及减损措施的适当的定价选择。最后，当保险公司对一个组织的财务能力进行"财务承受力评估"时，他们也会参考模型提供的信息。今天，这种风险评估法是成功地管理保险公司所必需的。

（二）物质风险控制

目前，管理物质风险的主要推动力是减损，就是采取某种措施来减少潜在的灾难性损失。遗憾的是，大多数的自然灾害无法阻止，人们能做到的最好的就是为这些灾难作计划，以使伤亡和财产损失减少到最小。减损措施在许多地区成功地减少了财产损失。我们可以通过以下方法来减损：

1. 土地使用限制

减小损失的最有效的方法可能就是土地使用限制，即采取措施使巨灾危险远离大量密集的财产。这些限制虽然是最有效的，但通常也是最难执行的。如限制性分区规划常常会影响到不同人的利益：一方面，人们就是喜欢居住在海边；另一方面，土地使用限制法规要求建筑物距海一定的距离，财产所有人可能会认为这样与他们的权利相悖，而开发商们则希望每一平方米的近海财产给他们带来最大的价值。所以分区限制要在财产所有人的权利和对人、财、物的合理保护之间寻求平衡。有时，限制性分区的规定会由于压力或者缺乏实施力度而大打折扣，从而使新的建筑很明显地处于自然力量的风险中。

2. 建筑法规

制定相应的建筑法规是减小损失的另一种方法。在有巨灾风险的地区，建筑师、工程师和承包商通常知道必要的设计和建筑要求，但是，建筑法规并不总能充分实施。比如说，人们认为佛罗里达州的南部是美国建筑法规最严格的地方，但安德鲁飓风的结果表明，已承保的损失中有25％是由于建筑物没有遵守该地的建筑法规而造成的。在飓风扫过的路途上，完全按建筑法规施工的抗风的建筑物安然无恙。这表明，按规定施工能够大大减轻巨灾带来的损失。在美国，人们正计划评估各地建筑法规的有效性和实施情况。相关部门正在开发并测试一个将各地的损失减轻措施进行分级的系统，分级好的地区投保时将会得到保费优惠。

3. 翻新改进现有财产

新的建筑可以控制，而对现有的建筑一般通过翻新来增加其抗损能力，这样做，有时成本太高。目前比较推崇的一种生命周期法，就是在建筑构件需要重置时，对其进行改良。这种方法主要是提高抗风和抗地震的能力。财产保险公司可以发挥重要的作用，因为它们可以提供适当的价格，来鼓励人们采取减少损失的措施，保险公司应当对那些遵守法规或惯例标准的被保险人提供优惠费率。

4. 灾难规划

在减少损失的整个工作中，关键的一步是灾难规划。进行灾难规划的正确方法是：由政府制定出计划的总框架，而由公共部门和私人部门共同执行。公共部门需要在处理紧急事件、通信和运输上起领导作用。公共部门必须承担起责任，制定出一个计划，以便在灾难发生时能应付这些基本的需求。

私人部门也必须在灾难规划中发挥它的作用。若企业在易发生灾难的地区有大型设施，那么它就必须作好准备以应付任何灾难的发生，如迅速采取措施减小人员伤亡、财产损失和可能的营业中断。一个快速有效的灾难计划也会减少公司的法律责任风险。灾难规划首先要努力保护好财产以减少财产的实际损失。快速查出损失是成功地减小公司经济损失所必需的。也许有必要采取紧急措施来减少财产的进一步受损。灾难规划应该为恢复受损财产制定出一个框架。有时，由于财产不能使用而带来的损失比直接的损失更严重。快速行动可以大大缩短恢复期，从而减小不能使用的风险。

（三）风险融资

1. 风险融资的传统方法[①]

（1）风险自留

物质风险可以完全自留或部分转嫁、部分自留。作为一种融资方法，采取风险自留时必须决定如何对保留的风险损失进行内部的融资弥补；如果在融资计划尚未拟定时发生了损失，那么就不得不由自己来承担了。

由于物质风险造成巨灾损失，一般的企业无法通过自留这种方式来减小风险，即使有实力的大企业通过自留应付这样的物质风险也会出现困难，因此需要由私人联合起来或由政府设立风险基金来弥补自留风险的不足。

（2）建立风险基金

建立风险基金是分摊风险有效的办法，通过集合机制来提供所需补偿损失的能力。风险基金有私人风险基金和政府风险基金两种。私人风险基金一般由保险公司和再保险公司设立，以应付由物质风险带来的巨灾损失。同时公司自

---

① 财产保险和再保险是重要的风险融资对策，将在其他章节详细叙述。

身也可以设立风险基金，来提供传统保险市场上得不到的风险保障。有些巨额风险基金私人部门无力设立，需要公共部门提供政府风险基金，来满足私人风险基金不能提供的巨灾风险保险市场的需求。在美国，已有几个州建立了风暴和地震风险基金。

2. 风险融资的新方法

（1）巨灾期权（Catastrophe Options）

美国的芝加哥贸易委员会依据承保的灾难性损失，利用几家主要财产保险公司的九个保险品种项下的申报损失，设计出了一个指数（Index）。巨灾期权就是以该指数为基础的期权合同。保险公司、再保险公司和其他投资者可以通过买进和卖出这种合同，来分散巨灾损失的风险（保险服务局,1996）。

有巨灾损失风险的保险公司或再保险公司可以买进巨灾期权以对冲损失。若该指数与保险公司自己的损失成比例，则指数上升会抵消保险公司增加的损失。巨灾期权的卖方使自己的资金面临风险，若期权合同到期时，指数低于结算价格（Strike Price），就有利润。卖方资金的运作方式与保险公司资金的运作方式相同，因而将巨灾损失的风险分散到经济的其他部门。

（2）事件债券（Event Bond）

保险公司在有巨灾风险的情况下，向债券市场的投资者发行事件债券，也称灾难债券（Disaster Bond）或天灾（Act of God）债券。能否利用债券资金，要看在一定时期里，保险公司是否有超过一定水平的灾难性损失。比如说，美国的保险公司 United Services Automobile Association（USAA）发行了 5 亿美元事件债券，以便在出现灾难时，为保险公司提供所需的资金。只有当在一年的时间里，一个单独事件的灾难性损失超过 10 亿美元时，USAA 才能动用这笔资金。

（3）风险证券化（Securitization of Risk）

利用资本市场为巨灾损失融资的另一种做法就是风险证券化。针对灾难性风险建立一些专门的投资基金,这些基金与现在活跃在股票市场上的共同基金（Mutual Fund）类似。投资者将这种投资视为不受股市影响的资产（Zero-beta Assets），其回报与其他金融工具的回报无关。这种对灾难性风险的投资是投资者进行资产多元化组合的另一种方式。

第二节　财务风险及其管理

一、财务风险的含义及内容

财务风险作为一种经济上的风险现象，无论在实务界还是理论界都得到广泛的重视。在财务实践中，企业往往会由于管理不善而遭受财务风险所带来的经济损失，有时甚至会破产倒闭。如英国巴林银行的倒闭，日本八佰伴总店及香港、澳门分店的破产等都源于对财务风险的规避不善。而在理论界，财务风险已经成为现代财务理论的核心内容。这一点从诺贝尔经济学获奖成果中可以得到印证[①]。

对财务风险的理解有狭义和广义之分。

（一）狭义的财务风险

狭义的财务风险通常被称为举债筹资风险，是指企业由于举债而给企业财务成果（企业利润或股东收益）带来的不确定性。举债筹资一方面为满足投资需要、扩大规模、提高收益创造了前提条件，另一方面也增加了按期还本付息的筹资负担。由于企业投资收益率和借款利息率都具有不确定性（都可能提高或降低），从而使得企业投资收益率可能高于或低于借款利息率。如果企业决策正确、管理有效，就可以实现其经营目标（使企业的投资收益率高于借款利息率）。但在市场经济条件下，由于市场行情的瞬息万变，企业之间的竞争日益激烈，都可能导致决策失误、管理措施失当，从而使得筹集资金的使用效益具有很大的不确定性，由此产生了筹资风险。这种风险程度的大小受到负债规模的影响，负债规模越大，风险程度也越大；反之亦同。由于负债资金规定了严格的还款方式、还款期限和还款金额，一旦企业负债过度、经营不善、无力偿还到期债务，便会陷入财务困境甚至破产倒闭。可见，这种狭义的财务风险存在于负债经营的企业中；若没有负债，企业经营的全部资本由投资者投入，则不

---

① 诺贝尔经济学奖得主在财务风险研究上的贡献：F.莫迪格里亚尼（F.Modigliani）和 M.米勒（M.Miller）在 1985 年和 1990 年获奖的、被称为"整个现代企业资本结构理论的奠基石"的 MM 资本结构理论；H.M 马克维茨（H.M.Markowitz）1959 年的资产组合理论，为投资理论和其他财务理论（如资本资产定价理论、市场均衡理论等）的发展提供了一种全新的思路和方法，研究的是投资者在权衡收益和风险的基础上，最大化自身效用的方法以及由此对整个资本市场产生的影响；W.F 夏普（W.F.Sharp）1964 年的资本资产定价模型（CAPM）；20 世纪 70 年代开始，F.布莱克（F.Black）、斯科尔斯（Scholes）和 R.墨顿（R.Merton）三人的期权定价模型等。

存在财务风险。

（二）广义的财务风险

广义的财务风险是指在企业的各项财务活动中，由于内外部环境及各种难以预计或无法控制的因素影响，在一定时期内企业的实际财务收益与预期财务收益发生偏离而蒙受损失的可能性。它是从企业理财活动的全过程和用财务的整体观念透视财务本职来界定财务风险的。在市场经济条件下，企业财务风险贯穿于企业各个财务环节，是各种风险因素在企业财务上的集中体现。一般包括筹资风险、投资风险、现金流量风险、利率风险以及汇率风险。

1．筹资风险

筹资风险是指企业在筹资活动中由于资金供需市场、宏观经济环境的变化或筹资来源结构、币种结构、期限结构等因素而给企业财务成果带来的不确定性。

资金是企业生产经营活动的必备条件，任何企业在其创立、发展过程中都需要通过一定的渠道、方式来筹集所需资金。随着金融市场体系的不断发展、完善，资金来源渠道呈现多元化，筹资方式出现多样化。不同的筹资方式概括起来包括债务筹资方式与股权筹资方式。在企业的债务筹资过程中，受固定的利息负担和债务期限结构等因素的影响，若企业经营不佳，特别是投资收益率低于债务利息率时，可能产生不能按时还本付息或破产的风险。在股权筹资过程中，企业通过发行股票方式吸收投资者投入的资金而形成企业的股权性资本，当企业投资收益率不能满足投资者的收益目标时，投资者就会抛售公司股票，造成公司股价下跌；同时，也会使企业再筹资的难度加大，筹资成本上升。特别是在企业经营出现困难时，极易成为竞争对手的收购对象而面临被收购的风险。

此外，在整个筹资过程中，企业还面临着筹资时效、筹资数量、各种具体的筹资工具选择的风险等等。

2．投资风险

投资风险是指企业在投资活动中，由于受到各种难以预计或控制因素的影响而给企业财务成果带来不确定性，致使投资收益率达不到预期目标而产生的风险。通常，投资项目是决定企业收益和风险的首要因素；不同的投资项目往往具有不同的风险，包括对内投资项目风险和对外投资项目风险；它们对公司价值和公司风险的影响程度也不同。

企业的对内投资项目包括固定资产、流动资产等有形资产的投资和高新技术、人力资本等无形资产的投资。在投资过程中，由于投资决策不科学、投资所形成的资产结构不合理，往往会导致投资项目不能达到预期效益，从而影响企业盈利水平和偿债能力，产生财务风险。尤其是巨额固定资产和无形资产投资的风险，对企业的影响轻则几年，重则几十年，甚至会使企业最终破产倒闭。从巨人集团的倒下到大宁集团的倒闭，都是投资风险失控所导致的。

企业的对外投资是指企业将资金投资于其他有关单位，或购买有价证券等金融资产。由于被投资企业投资收益的不确定性，导致投资企业对外投资收益的不确定性，使企业遭受财务成果损失的风险。尤其在当今企业寻求资本扩张，进行并购投资的过程中，由于协同效应①的不确定性会使企业面临投资风险的威胁。

3. 现金流量风险

现金流量风险，是指企业现金流出与现金流入在时间上不一致所形成的风险。当企业的现金净流量出现问题，无法满足日常生产经营、投资活动的需要，或无法及时偿还到期的债务时，可能会导致企业生产经营陷入困境，收益下降，也可能给企业带来信用危机，使企业的形象和声誉遭受严重损害，最终陷入财务困境，甚至导致破产。

4. 利率风险

利率风险是指在一定时期内由于利率水平的不确定变动而导致经济损失的可能性。在市场经济条件下，利率是资金的价格，是调节货币市场资金供求的杠杆：一方面，利率的高低取决于货币市场的资金供求状况。资金供大于求，利率下降；反之，利率上升。另一方面，利率下降会刺激消费和投资，资金供应增加；利率上升，会减少消费和投资，资金供应减少。同时，在现实的市场经济社会中，由于受到中央银行的管理行为、货币政策、社会平均利润率水平、通货膨胀率、投资者预期以及其他国家或地区的利率水平等诸多因素的影响，利率经常会发生变动，有些变动甚至难以预测，从而会给企业带来风险。

利率风险的存在导致了利息收支以及资本市场价值的不确定，从而使企业的筹资成本和收益不确定。如利率的上升会使企业面临筹资成本上升，从而使企业的筹资能力随之下降的风险。另外，利率是资金的价格，利率的变动势必会引起金融资产价格的变动。如企业的证券投资，当利率上升时，证券价格下降；当利率下降时，证券价格上升。因利率的变动而造成的企业收益或资产价值的波动（包括收益和损失），就产生了利率风险。

---

① 协同效应就是指企业生产、营销、管理的不同环节、不同阶段、不同方面共同利用同一资源而产生的整体效应。在并购方面，是指并购后竞争力增强，导致净现金流量超过两家公司预期现金流量之和，或者合并后公司业绩比两个公司独立存在时的预期业绩高。

5．汇率风险

汇率风险是指在一定时期内由于汇率变动而引起企业外汇业务成果的不确定性。

汇率是指两种货币兑换的比率，即一国货币用另一国货币表示的市场价格，体现两种货币之间的互换关系。汇率的变动基本取决于外汇市场上对各国货币的供求关系，由于供求状况受到国际收支、通货膨胀率、利率、国家货币政策等诸多因素的影响而发生变动，汇率也随之变化，从而给企业从事的国外筹资、国外投资和国际贸易等各项活动带来风险。

企业所面临的汇率风险基本上包括交易风险、折算风险和经济风险。交易风险是指在企业以外币计价的各项交易活动中，由于交易发生日和结算日汇率不一致，使折算为本币的数额增加或减少的风险。这些交易包括：以信用方式进行的商品进出口交易、外汇借贷交易、外汇买卖交易、远期外汇交易、外汇投资等等。折算风险是指企业将以外币表示的会计报表折算为某一特定货币表示的会计报表时，由于汇率的变动，报表的不同项目采用不同汇率折算而产生的风险。经济风险是指由于汇率变动对企业产销数量、价格、成本等经济指标产生影响，致使企业未来一定时期的利润和现金流量减少或增加，从而引起企业价值变化的风险。

二、财务风险的特点和成因

（一）财务风险的特点

1．客观风险

财务风险的客观性来源于产生财务风险的成因是客观存在的。财务风险是企业在生产经营过程中，由于内外部环境及各种难以预料或无法控制的不确定性因素的作用，使企业在一定时期内所获取的财务收益与预期收益发生偏离的可能性。可见，财务风险根源于企业内外环境及一些难以预料或无法控制的因素。例如国家政治、经济、文化等外部环境以及企业人、财、物等内部环境的复杂性和多变性，市场价格的不稳定性，供求关系的多样性和信息传递的复杂性等。这些因素的客观存在都决定了市场经济条件下企业财务风险是不以人的意志为转移而客观存在的。人们只能在一定的范围内控制财务风险形成和发展的条件，降低财务风险发生的概率，降低财务损失程度，而不能完全消除财务风险。

2．普遍性

在市场经济条件下，财务风险是一种客观存在的经济现象，它贯穿于企业资金运动的全过程，是各种风险因素在企业财务上的集中体现。在资金开始进入企业（筹资）→在企业中周转使用（包括投资等其他活动）及资金偿还（信用、偿债）→资金回收（销售活动）→资金收益分配的整个运动过程中，财务风险都以各种形式普遍存在着。例如，在筹资过程中，不同的筹资渠道和筹资方式，存在着各自不同的筹资风险；在投资过程中，由于不同的投资项目各有不同的投资收益率和回收期，从而产生投资风险；在资产配置过程中，若资产配置不当，整体上不能保持应有的流动性，也可能导致无力偿还到期债务而发生财务危机，甚至是停产、倒闭等等。

3. 不确定性

财务风险的存在既是客观的又是普遍的，但是财务风险是否发生，何时、何地发生以及发生的范围和影响程度等完全是一种偶然的、不确定的结果。这种不确定性是由财务风险形成过程的复杂性和随机性决定的，人们对其产生并不能全面了解和准确掌握。例如，某公司投资于一个高科技项目，该领域竞争十分激烈，如果经济发展迅速并且该项目做得好，就会取得较大的市场占有率，获得丰厚的利润；否则，利润会很小甚至亏损。但是未来的经济情况可能出现繁荣、正常、还是衰退的结果是不确定的，况且，企业由于受到各方面因素的影响，能否将该投资项目搞好也是不确定的，这些都说明了财务风险具有不确定性。

4. 可控性

虽然财务风险具有不确定性，但是，财务风险的发生并不是纯粹的"意外"，而是有一定规律可循的。企业可以根据以往类似事件的统计资料及其他相关信息，运用一定的技术方法，对可能产生的财务风险的发生时间、范围和程度进行预测，并对各种结果发生的概率作出主观估计和判断。这样，人们在采取某种行动之前，能预先知道所有可能的结果，以及各种结果出现的可能性，并且可以在识别和衡量财务风险的基础上，采取各种风险管理措施来预防、转移和分散财务风险，以降低财务风险发生的可能性和减少已发生财务风险的损失。例如，对于企业应收账款回收风险的控制，企业可以通过事前防范——开展信用调查以确定对每位客户的信用政策，建立赊销审批制度和销售责任制度等，以降低风险发生的可能性；通过事中监控——编制账龄分析表，对于超过信用期较长的欠款要考虑产生坏账的可能性，及时修订原有的信用政策；以及通过事后管理——采取适当的催收方式或法律措施等，把资金回收风险降到最低限度。

5. 双重性

　　财务风险的双重性是指财务风险具有两面性，它既可能使企业遭受额外的损失，也可能给企业带来额外的收益，是一把双刃剑。例如，汇率变动必然对企业以外币计价的资产、负债和经营成果产生影响，这种影响是双向的，既可能是有利影响，使资产和经营成果增加、负债减少；也可能是不利影响，使资产和经营成果减少、负债增加。财务风险的这种属性要求企业既要看到财务风险的危害性，采取措施，不断提高自身抵御财务风险的能力；同时又要加强对财务风险规律的探索和研究，准确把握时机，进行科学决策，以获取财务风险报酬，促使企业发展壮大。

（二）财务风险的成因

1. 外部原因

　　企业财务活动所处的环境复杂多变，是企业财务风险产生的外部原因。企业财务活动的环境包括自然环境、政治环境、经济环境等，它们存在于企业之外，但会对企业的财务活动产生重大的影响。各种环境的变化对企业来说是难以准确预见和把握的，具有不确定性，势必会给企业带来财务风险。具体表现为：

　　（1）自然环境的不确定性

　　自然界的运动发展过程呈现出不规则的变化趋势，通常是人们无法预知和控制的。企业的流动资产、固定资产等会因为自然灾害等不可抗力现象的发生而产生损耗或毁损。企业会因为债务人的死亡而无法收回应收账款，引起应收账款回收的风险。

　　（2）政治环境的不确定性

　　政治环境的不确定性，主要是指社会的政治、法律等因素的变化。各种政治力量、政治观点的对抗以及地区和民族冲突等都可能引起政府更迭、动乱、战争、罢工等，其结果可能引起财务风险。例如由于战争引起世界原油价格上涨，进而导致成品油价格上涨，使运输企业增加了营运成本，减少了利润，无法实现预期的财务收益。

　　（3）经济环境的不确定性

　　国家经济环境的变化主要包括产业结构、国民生产总值增长状况、经济周期的波动、国际收支与汇率、利率、通货膨胀与就业、工资水平等诸多方面。通货膨胀最直接的表现形式就是物价上涨，它又直接影响着企业财务活动的各个环节。例如，物价上涨必然导致资本市场上资本成本的上升，从而加大企业筹资的难度，影响企业适时、适量筹集资金，带来筹资风险。同时也会由于原材料价格、工资水平提高而引起企业经营成本上升，经营成果降低，财务状况恶化。此外，当国家出现严重通货膨胀时，政府往往采取紧缩银根、减少货币投放、提高利率或中央银行再贴现利率及法定存款准备金率等货币政策来抑制通货膨胀。然而紧缩的货币政策在成功地抑制通货膨胀的同时，也会引起严重的经济衰退，势必会对企业财务状况产生重大影响，带来财务风险。

2. 内部原因

财务主体的局限性所导致的财务决策失误是产生财务风险的重要内部原因。作为企业财务管理工作的财务主体的局限性，主要表现在主观认识的局限性上，并由此导致各种决策风险。1978 年，诺贝尔经济学奖得主赫伯特·西蒙认为："企业的一切管理工作都是决策。"而决策和风险是联系在一起的，只要某项活动的未来结果有两种或两种以上，就存在风险。决策恰恰是对若干个方案进行评价并作出最优选择的行为。在进行财务决策时，面对自然和经济运动规律的不规则性、财务活动的复杂性，财务人员由于受到自身经验和能力的局限，不可能完全准确地预见客观经济活动的变化，因而做到完全正确地决策是十分困难的；信息略有偏误，决策略有偏差，便有可能失之毫厘，谬以千里，招致风险。

三、财务风险管理技术

（一）财务风险管理的风险与收益权衡原则

"高风险、高收益"，一直是风险投资的基本规则，构成了风险管理的基本理念。财务风险贯穿于企业财务活动的始终，具有双重性的财务特征：一方面财务风险通常能给企业带来风险收益，获得超额利益，而这种风险收益的诱惑与利益动机的驱使，引发人们迎接和承担财务风险的行为；另一方面财务风险也可能使企业遭受到巨大的经济损失，甚至是破产倒闭，而这种风险损失的刺激会引起企业回避财务风险的行为。财务风险收益和损失的双重刺激要求企业在面临一个风险项目时，要根据"风险—收益权衡原则"来确定其所承受的风险需要多大的收益来补偿，这就是风险与收益的均衡。

"风险—收益权衡原则"是指风险和收益之间存在一个对等关系，即高收益的投资机会必然伴随着巨大的风险，而风险小的投资机会必然只会获得较低的风险收益。这种关系是市场竞争的结果。在企业的财务交易过程中，人们作为理性经济人按照自己的经济利益行事，都倾向于高收益和低风险，当各种投资项目收益率相同而风险大小不相同时，人们都会选择风险小的项目进行投资，结果导致竞争加剧而使其风险增加，收益率下降。最终，高风险的项目必须要求高收益，否则就没有人会愿意投资；低收益的项目必须风险很低，否则也没有人会愿意投资。

　　企业在风险中谋取超额收益，必须对风险要素的程度和收益要素的程度进行理性的选择：为追求较高收益而承担较大风险，或者为减少风险而接受较低的收益。这在一定程度上取决于人们的风险偏好。有的人偏好高风险、高收益，有的人偏好低风险、低收益，但是任何人都会要求风险与收益对等，绝不会去冒没有价值的风险。

　　风险与收益的基本关系是：投资项目风险程度越大，所期望的投资收益越高。期望投资收益包括无风险收益和风险收益两部分，如图 3-3 所示。

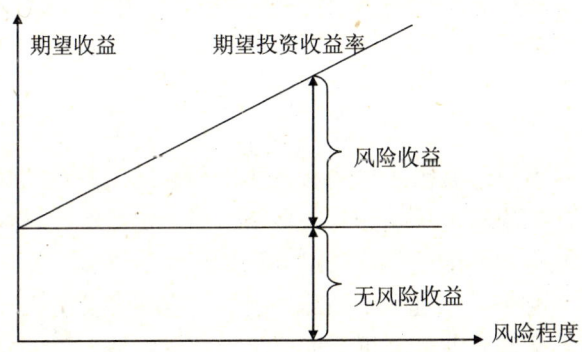

图 3-3　风险与收益的关系

　　无风险收益率，是指所要求的最低投资收益率。例如，购买政府债券，通常在到期时一定会收回本金和利息，基本上没有风险，所获得的收益就是投资的时间价值。

　　风险收益率与风险程度的大小有关，风险越大，则要求的投资收益率越高，是风险程度的增函数：

$$期望投资风险收益率 = f(风险程度)$$

　　假设风险程度与期望投资风险收益率成正比，可用线性方程表示如下：

$$期望投资风险收益率 = 风险收益斜率 \times 风险程度$$

　　其中的风险程度可以用标准差来度量，风险收益斜率取决于投资者对风险的厌恶程度。由于所有投资者普遍认为风险是不利事件，对其反感，这决定了所冒风险必须用额外的收益率来补偿，即风险收益斜率一定是大于 0 的正数。如果投资者愿意冒险，风险收益斜率就小，需要额外补偿的收益率也小；反之，如果投资者不愿意冒险，风险收益斜率就大，需要额外补偿的收益率也比较大。风险收益斜率是经验数据，可以根据历史资料运用统计方法来测定。

（二）财务风险管理目标

财务风险管理的主要目标是：在识别与衡量财务风险的基础上，对发生的财务风险选择适当的风险管理策略，防止和减少风险损失，保障企业财务活动的顺利进行，以实现预期财务目标收益。概括地讲，它主要包括以下两个方面的目标：

第一个是财务风险控制目标，也称损失发生前的风险管理目标。它是指企业为了避免财务风险的发生或可能造成的各种后果，尽最大可能去识别、衡量，并采取各种措施尽量防止财务风险的发生，或将财务风险控制在某一可接受的限度内。

第二个是财务损失控制目标，也称损失发生后的风险管理目标。从风险和收益之间的权衡关系可以看出，风险和收益是孪生的，没有风险就没有超额收益，而要实现期望的收益水平，企业必然要承担一定的财务风险，因此企业在财务活动中不可避免地要遭受到一些财务风险损失；也就是说，即使企业采取了一系列的措施对财务风险进行了预防与控制，也还是要承担一些财务风险。这些财务风险必然会使企业受到可能的损失。在这种情况下，企业应该采取转移风险、分散风险等手段，力求在财务风险发生后把风险损失降至最小程度或将其控制在一定的限度之内。

（三）财务风险管理方法[①]

1. 债务筹资风险管理

债务筹资是企业筹资的手段之一，运用得当会给企业带来财务杠杆收益，但同时也给企业带来债务筹资风险。债务筹资风险是因企业举债经营而导致偿还能力丧失或企业举债后资金使用不当导致企业遭受损失而到期不能偿还债务。企业需要对该种风险进行必要的管理和控制。

（1）选择合理的债务期限结构

一般说，短期负债成本较低，企业利润相应会上升，但流动资产若比重不变，企业偿还短期债务的能力就会下降，风险就会加大。保守的管理者喜欢负债的期限长于投资项目的回收期，这样就可以避免企业为偿还到期的债务频繁举债，以减少筹资风险。若债务期限过长，虽可降低风险，但会增加筹资成本，企业利润自然受到影响。由于预期现金流量不易与到期的债务数量保持一致，

---

① 财务风险有很多种，企业面临的主要财务风险是筹资风险，这里主要介绍筹资风险管理。

所以债务筹资管理的一个重点就是债务的期限结构，也就是在允许企业现金有波动的前提下，负债到期结构应保持多大的安全边际。债务期限结构的管理就是对营利能力和风险进行权衡，以确定风险小而营利能力大的债务结构。

（2）考虑投资项目的收益率

债务筹资风险是到期偿还债务的不确定性。当投资项目的未来收益率大于债务筹资的成本时，企业债务筹资就是安全可靠的，就可以发挥财务杠杆作用，为企业获取更大的利润。若企业投资收益率小于或等于债务筹资的成本，企业就不会从负债经营中获取好处，甚至会遭受损失。所以，企业的筹资必须选用最优的项目，以提高资金的使用效果。

下面我们看一下杜邦公司的债务筹资情况，该公司在 20 世纪曾一度现金总额大于总负债，几乎没有负债筹资风险，但企业也没有获得杠杆收益。70 年代由于多种因素导致公司财务出现困难，公司不得不增加短期和长期债务，资产负债率大幅度上升，一度上升 20 个百分点，企业风险明显加大。但随着经济一步步复苏，效益好转，负债比率也降下来。80 年代该公司决定投资收购一家企业，导致负债率上升至 40%，举债成本进一步加大，而公司的净收益反而下降，甚至收购后的收益比收购前的收益还要低，使此次收购成为不成功的投资。

2. 股票筹资风险管理

对于上市公司，除可以通过债务筹资外，还可通过股票筹资。但企业进行股票筹资，也会带来筹资风险。股票筹资风险就是指发行股票时，由于发行数量和发行价格及筹资成本等原因给企业造成损失的可能性。该种风险越来越多地受到社会各界的关注。对股票筹资风险的管理应从以下方面入手：

（1）选择合理的股票发行方式

股票发行方式有两种：一是包销发行，二是代销发行。包销发行是企业将股票一次转让给包销公司，这样可以使企业在短期内筹集大量资金，但由于收购价格低，会给包销公司带来较大的风险，费用也较高。代销发行相对于包销发行会筹到更多的资金，费用也较低，但是代销发行的时间较长，如果企业急需资金，就不应用该种方式。而且该方式要求企业的声誉要高，这样才能保证企业筹资成功。选择股票筹资方式时，要综合考虑企业的实际情况。

（2）发行股票数量的选择

企业发行股票的数量取决于其资金的需求数量，如果股票发行数量超过其实际需求的数量，就会造成资金闲置，加大成本。反之，如果股票发行数量少于其实际需求的数量，就会造成资金不足，影响企业正常的需求。在确定发行数量时应考虑以下问题：

第一，注重财务杠杆的使用效果。企业股票发行数量加大，股权资本的比重就会上升，企业的风险就会减少，但负债的比重就会相应下降，成本就会加大，效益就会降低。所以用股票筹资时，应考虑企业可负担的债务量和财务杠杆的作用。

第二，股票定价的选择。股票价格高，会影响发行数量。要想股票数量达到一定规模，价格就应定得低点，这样可使股票顺利销售，筹到足额的资金。但股票价格过低会影响到原有股东的利益，导致原有股东大量抛售股票，使企业的利益受损。此外，还应考虑的是，股票发行数量会对控股权产生影响，股票发行的数量大时，股东控股权会被稀释，原有股东的利益会受到影响，导致股价波动，企业的筹资活动也势必受到影响。所以在发售股票之前，企业要仔细斟酌股票的发行数量。

（3）债务筹资和股票筹资的结合运用

当企业资金总额不变时，债务筹资和股票筹资是此消彼长的关系：加大债务筹资，企业的股票筹资风险会小一点；反之，债务筹资风险就会小一点。如何找到最优的筹资结构呢？理论上应该是筹资的资本成本最低，每股利润最大。可以用每股利润无差别点来分析。每股利润无差别点是指在不同的筹资方式下，每股利润相等的息税前利润所在点。

第三节　责任风险及其管理

一、责任风险的含义和产生背景

（一）责任风险的内涵

责任风险是指因侵权或违约，依法对他人遭受的人身伤亡或财产损失应负赔偿责任的风险。

（二）责任风险的产生背景

责任风险的产生是因为人们在社会中的行为都在法律的一定规范之内，所以才可能因触犯法律而造成他人的人身损害和财产损失，从而承担经济上的赔偿责任。没有以法律形式确认的对某种行为产生的经济赔偿责任，对行为人来讲，则不存在任何经济责任风险。

法律责任是指违法者对违法行为所应承担的具有强制性的法律上的责任。它同违法行为紧密相联，只有实施某种违法行为的人（包括法人）才承担相应的法律责任。法律责任分为刑事法律责任、民事法律责任、行政法律责任、经济法律责任、违宪法律责任。在这里，我们主要探讨与责任风险有关的民事法律责任。

1. 民事法律责任及其构成要件和归责原则

民事法律责任是民事主体对于自己因违反合同，不履行其他民事义务，或者侵害国家或集体的财产，侵害他人的人身财产、人身权利所引起的后果，依法应承担的责任。违反民事法律规范，是承担民事法律责任的前提条件。如果当事人的行为不违反民事法律规范的规定，就不存在承担民事法律责任的问题。应承担民事法律责任的民事违法行为通常包括：侵权行为；违约行为；不履行其他民事义务的行为，如不履行抚养、赡养义务的行为等。

违法行为人承担民事责任须依法具备一定的条件，即民事责任构成要件。它通常包括以下几项：

（1）行为人从事了民事违法行为

违法行为包括作为和不作为两种。进行某种法律所禁止的行为是作为的违法行为，如故意伤害他人、酒后驾车等。不履行法律规定的义务是不作为的违法行为，如生产者应保证产品具有合理的安全性但未达到这种标准而造成使用者人身伤害。从事合法行为造成的损害不承担民事责任。

（2）造成了他人财产或人身损害的事实

（3）违法行为与损害后果之间具有因果关系

（4）行为人具有故意或过失的主观过错

故意，是指明知道自己的行为会损害他人的合法权益，却希望或放任这一后果发生的心理状态。过失，是指应该预见或者能够预见到自己的行为会损害他人的合法权益，却因疏忽大意或过分自信而没有预见到这一后果发生的心理状态（对于"过失"的理解可参考专栏 3-1 提供的案例）。只有行为人有过错，才承担民事责任。因不可抗力、正当防卫或无过错行为造成他人损害的不构成民事责任。但是特殊的民事责任可以不以行为人有过错为要件，即无过错责任。

上述四个条件，须同时具备时，才构成民事法律责任。

确定行为人民事责任须有一定的理由、标准或根据，这便是归责原则。一般情况下，归责原则分为过错责任原则、无过错责任原则和公平责任原则三种，通常以过错责任原则和无过错责任原则最为普遍。

所谓过错责任是指以行为人主观过错为归责原则的民事责任。过错是责任构成的必备条件，有过错才有责任，无过错，无责任。

无过错责任是指不以行为人主观过错为归责原则的民事责任。过错不是责任的构成要件。只要有损害事实存在，不论行为人主观上有无过错，都应承担民事责任。无过错责任在英美法上又称为"严格责任"或"客观责任"，它是随着商品经济的发展，由过错责任过渡而来的。

2. 侵权的民事责任（侵权责任）和违反合同的民事责任（合同责任）

如前所述，侵权责任和合同责任都是民事法律责任。侵权责任是行为人违反法定义务，造成他人财产损害或人身损害时，依法应承担的民事法律后果。合同责任是指根据合同规定，订立合同的一方对所致的另一方或其他人的损害应负的赔偿责任。二者是有区别的，尤其是侵权责任，具有如下不同于合同责任的特征：

（1）侵权责任是违反法定义务产生的法律后果，其责任方式和责任范围由法律规定，往往不得以合同加以限制；

（2）侵权责任成立不以合同存在为基础，而是以特定侵权行为的构成为要件；

（3）侵权责任形式具有特定性，包括返还财产、恢复原状、消除影响、排除妨碍、停止侵害、赔偿损失、恢复名誉、赔礼道歉等多种；

（4）按照不同国家的法律，在构成要件、诉讼时效、举证责任等方面，侵权责任与合同责任有所不同。

行为人因侵权责任或违反合同责任对他人造成损害时，依法应履行弥补他人所受损害的赔偿给付义务，即须进行损害赔偿。损害赔偿是对受害人的法律补救，也是对加害人的法律制裁。

综上所述，法律责任及民事法律责任内容广泛，构成要素复杂多样，所以责任风险的种类繁多。

专栏 3-1

过失和可预见性

小明注意到他的旧车的刹车有些问题，于是在下午 5：30 左右把车送到一家汽车修理厂。后面的一个刹车查出了问题，但修理工暂时没有合适的部件，所以不能立即作永久性修理。于是修理工只作了一下临时性处理并告诉小明应该把车直接开回家（小明住得很近），并在第二天一大早立即送过来修理。然而小明开了 15 英里车去参加一个野餐会，在那里他显然喝了不止一杯啤酒。离开野餐会后，警察发现小明违规，于是开始了一场高速追逐。

后来的证据显示虽然小明的汽车有一个刹车出了问题，但他本人并没有停车的意思。最后，小明的车开到了下坡路的尽头，这里有一条与公路斜交的铁路，一辆火车正以每小时 60 公里的速度驶过交叉口，小明的汽车与火车相撞，被弹回去后又撞到了路边的电话亭，致使一个正在那里打电话的人严重受伤

（失去了双腿）。没有参加保险的小明并没有严重受伤。许多年以前，电话亭就已经在那儿了，距离公路有 9 米，距离铁路 6 米。

　　受伤的人起诉了小明、汽车修理工、铁路公司和电话公司。陪审团在勘察了事故现场后，判定电话公司负连带过失责任，这个判决在上诉后又得到了进一步确认。电话公司抗辩说，小明的行为和一些其他事件应该是造成伤害的重要原因，而自己不应该对电话亭的设置承担过失责任。法庭驳回了这一抗辩，认为电话公司应该合理地预见到电话亭的设置给打电话的人带来的极大风险（这一点要由陪审团来判决），这一事故发生的特殊环境不应妨碍电话公司应承担的责任。最后，电话公司向受害人赔偿了几十万元。

二、责任风险的分类

　　为方便讨论，本书将责任风险分为三类：一般责任风险、特殊责任风险以及员工补偿责任风险[①]。

（一）一般责任风险

　　一般责任风险又可以分为直接责任风险、替代责任风险和契约责任风险三类。

　　1. 直接责任风险

　　直接责任源于公司自己的行为，除车辆造成损失外，这种风险可以分为以下三类：

　　（1）营业场所及管理风险。许多诉讼案件源于建筑物和场地的拥有、使用及维护。例如，一个员工忘了清扫地面上的油，导致一个客户跌倒并摔伤。于是客户起诉该公司，称自己的受伤是公司疏忽所致。又如，购物顾客可能因电梯事故受伤，或因停车场灯光太暗，使顾客遭受攻击。

　　（2）产品责任风险。由于产品质量的原因给顾客身体和财产造成了伤害，

---

　　① 有的根据责任风险涉及的内容把责任风险分为公众责任风险、产品责任风险、雇主责任风险、职业责任风险和第三者责任风险五类。

如许多案件起诉商家的产品对使用者造成了伤害。

（3）完工责任风险。许多服务公司，包括承包商、管道商以及杀虫剂销售商经常被起诉。因为原告称他们的工作没有做好或根本没做，从而造成了伤害。因为这些损失的发生地点不在公司经营场地内，所以对此类风险就需要一种特殊保障。

2. 替代责任风险

替代责任又称间接责任，大多发生在公司雇用独立承包商时，如果该承包商伤害了第三者，雇用公司就会作为被告被牵涉到诉讼案中。原告可能控告该公司在雇用、告知及监督承包商过程中有疏忽。

3. 契约责任风险

契约责任是通过签订合同而接受的责任，否则不存在这种责任。例如：为了使天津铁路局修建一条道路通向木材仓库，大树木材厂与天津铁路局签订了一份保持无伤害使用道路的合同。该合同使天津铁路局免于因木材厂使用该路而产生的责任，即将路段事故转嫁给大树公司。此例中，大树公司需要对由天津铁路局承担的风险投保一份责任保险。接下来，如果天津的工程师因疏忽毁坏了一辆卡车或伤害了木材厂的人，则受害方既可起诉大树木材厂，也可起诉天津铁路局。但是，这两种情况下法律判决的赔偿，都应由木材厂的保险人承担。

（二）特殊责任风险

特殊责任风险包括环境破坏责任风险、公众责任风险、产品责任风险和职业责任风险。

1. 环境破坏责任风险

污染是我们越来越多地看到或听到的词。它指由于有毒物质、热量或噪音形成的对环境的破坏。律师将以上行为导致的法律责任定义为环境破坏责任。没有什么能比 1962 年雷切尔·卡松出版的《寂静的春天》更能引起世人对污染及其后果的关注。从那时起，我们已经意识到过去的以及现在的工业活动已经造成了严重的环境破坏，并且这种破坏仍在继续。专栏 3-2 介绍了美国环境污染的著名案例。

空气、水以及土地已经被工业生产严重地破坏了。从最高层的臭氧层到大洋最底层的海水，都受到人类制造的不洁物质的污染。这种故意行为（虽然经常由于无知）已经造成了不可估计的损失。如果我们想要生存的话，必须花费大量的金钱治理污染。

一方面，污染造成破坏的范围以及劫掠性地使用地球资源的可能性已引起了全球的广泛关注，人类为清理环境采取了许多严格的措施。另一方面，有些问题似乎变得更糟。在美国，确定承担清理环境费用责任的法律争端已花费了几千万美元。

为了保护环境，美国制定了许多联邦法律，包括《空气清洁法案》、《水资源保护法案》、《有害物质控制法案》、《1980 年综合环境赔偿责任法案》以及《1986 年超级基金审定修改法案》（SARA）。风险经理必须熟悉这些法案，及其他相关的联邦或州环境立法。首先许多公司为树立良好的社会形象，愿意承担责任，包括保护环境的责任。因此，保护环境的损失控制活动，已经成为公司战略性经营计划中不可分割的一部分了。其次，许多这样的立法都规定相当可观的罚款或处分。一些政府部门的批评家坚持认为，其中的部分立法以及执法的政府机构实际上已经使环境更加恶化。值得指出的是，许多州都通过了环境保护法，其制定的标准比联邦立法的标准还要严格。

我们面对的一个重要问题是：清理环境的费用将如何进行分摊？我们无法使以前的纳税者或保险购买者支付他们承担的"合理"的部分。因此这个问题就成为：如何让现在以及将来的人们分摊这种费用？因为制造商将保险费用计入商品或服务的成本，所以保险机制通常会使损失的费用转移到消费者身上。就是说，假如保险公司由于一宗大额索赔而提高了药品公司的费率，这种成本将表现为药品价格上升。与保险相比，税收和其他一些转移方案可能有不同的经济效果。社会应该认真考虑每一种解决方案的效果。

专栏 3-2

美国环境污染的著名案例

爱渠

1942 年到 1953 年之间，Hooker 化学公司向纽约州的尼亚加拉瀑布爱渠地区的垃圾填埋场倾倒了 21000 吨的有毒废物。倾倒点选在这里是因为这里人口稀少，而且这里的黏土可以吸纳潜在的有毒物质。尽管 Hooker 公司提醒当地官员可能有潜在危险，当地官员还是施压要求 Hooker 公司把这块土地卖给该市以便开发。该市为了进一步开发，又卖出了这块土地中的一部分。土地开发破坏了 Hooker 公司所采取的安全措施（黏土的内层和外层），潜在的有毒物质最终发生了泄漏。1980 年，地下水和土壤的污染程度被发现是如此之高，以至于 700 名当地居民被迫迁移。尽管在最初的买卖合同中明确规定了 Hooker 公司不用承担任何责任，但 1300 名现在和原先居住在爱渠的居民仍起诉了 Hooker 公司和尼亚加拉瀑布城。这个诉讼在 1984 年以 2000 万美元结案。大量研究表明，爱渠的居民并没有出现比其他地区一般的居民更高的发病率。

三英里岛

1979 年，宾夕法尼亚三英里岛发生核事故后，280 名当地居民起诉核能厂的运营者——通用公共事业公司。原告要求赔偿与重新安家置业和医疗费用有关的经济损失以及精神损失费。诉讼在 1982 年结案，花费了 2000 万美元的经济损害赔偿金和 500 万美元用于建立公众健康基金。

时代海滩

20 世纪 70 年代，含有潜在有毒物质二噁英的废油被倾倒在密苏里州时代海滩的城镇附近。1983 年，根据特别基金法，EPA 买下了城镇中的这块土地并进行清理。几个原来的当地居民成功地起诉了对倾倒废油负责的当事人，声称他们有癌症发病率增高的危险。近期更多的证据对二噁英的毒性提出了质疑。

橙剂

240 万曾到越南服役的老兵和他们的亲属起诉 Dow 化学公司及其他公司，因为他们受到了橙剂的影响。结果，1985 年原告得到了 1.8 亿美元的赔偿。

2. 公众责任风险

公众责任风险是指致害人在公众活动场所的过错行为致使他人的人身或财产遭受损害，依法应由致害人承担的对受害人的经济赔偿责任。公众责任风险的构成，以在法律上负有经济赔偿责任为前提，其法律依据是各国的民法及各种有关的单行法规制度。

此外，在一些非公众活动的场所，如果公众在该场所受到了应当由致害人负责的损害，亦可以归属于公众责任。例如，某人到某企业办事，在该企业厂区内受到了依法应由企业负责的损害，即该企业承担的公众责任。因此，各种公共设施、工厂、办公楼、学校、医院、商店、展览馆、动物园、宾馆、旅店、影剧院、运动场所，以及工程建设工地等，均存在着公众责任事故风险。

（1）场所责任风险

场所责任风险是固定场所因存在着结构上的缺陷或管理不善，或被保险人在被保险场所进行生产经营活动时因疏忽发生意外事故，造成他人人身伤害或财产损失且依法应由场所责任人承担的经济赔偿责任。

（2）承包人责任风险

承包人责任风险是指承包各种建筑工程、安装工程、修理工程等施工任务的承包人，包括土木工程师、建筑工、公路及下水道承保人以及油漆工，在承包中，对他人的人身或财产造成伤害而依法承担的经济赔偿责任。

（3）承运人责任风险

承运人责任风险是指各种承担客、货运输任务的部门或个人在运输过程中可能发生的损害赔偿责任，主要包括旅客责任风险、货物运输责任风险等。依照法律，承运人对委托给他的货物运输和旅客运送的安全负有严格责任，除非损害货物或旅客的原因是不可抗力、军事行动及客户自己的过失等，否则，承运人均须对被损害的货物或旅客负经济赔偿责任。

3. 产品责任风险

所谓产品责任，是指产品在使用过程中因其缺陷而造成用户、消费者或公众的人身伤亡或财产损失时，依法应当由产品供给方（包括制造者、销售者、修理者等）承担的民事损害赔偿责任。如化妆品因不合格或存在着内在缺陷而造成的对人体皮肤的损害，电视机爆炸造成的财产损失或人身伤亡，汽车因缺陷而致车祸等，均属于产品责任事故；产品的制造者、销售者、修理者等均应依法承担其相应的产品责任。在此，产品的制造者包括产品生产者、加工者、装配者；产品修理者指被损坏产品或陈旧产品或有缺陷产品的修理者；产品销售者包括批发商、零售商、出口商、进口商等各种商业机构，如批发站、商店、进出口公司等。此外，承运人如果在运输过程中损坏了产品并因此导致产品责任事故时，亦应承担起相应的产品责任。

在国际上，美国的产品责任法律制度最为严厉，对产品责任事故的处理采用的是严格或无过失责任原则，赔偿的金额往往也是世界上最高的。美国1965年颁布的《民事侵权行为案重述》列出了在民事侵权法中适用的法律原则。在产品责任方面，它规定了如果消费者由于使用了一件具有"不合理危险"和"有缺陷"的产品而受到伤害，制造商负有责任。在这一准则下，法庭不再对制造商的行为（像在过失原则下那样）集中注意力以确定制造商是否有责任；取而代之的是，法庭将注意力集中在产品是否有不合理危险和有缺陷。然而，在某些情况下确定一件产品是否有不合理危险和有缺陷时，会牵扯到和判断是否是过失时非常类似的分析。

常见的三种产品缺陷形式是：（1）制造缺陷；（2）设计缺陷；（3）提示缺陷。专栏3-3分别介绍了因设计缺陷和提示缺陷导致巨额责任赔偿的案例。根据被指控的缺陷（和司法裁决），制造商可以通过以下两种方式为自己辩护：（1）

消费者承担风险；（2）消费者对产品进行了不可预知的误用，在这种情况下，被告方的责任可能以类似于比较过失标准的方式得到减免。

如果某一产品与制造商的希望出现了偏离，称为存在制造缺陷。在大多数伤害中，如果一个产品与通常的生产过程不同，而且消费者由于产品的制造缺陷而受到伤害，则制造商要承担责任；制造商不能抗辩，法庭也不会考虑消除这种制造缺陷所需要的成本和收益的比较。

如果产品带来的可预见性伤害风险可以通过采取合理的、更为安全的设计（或是通过更彻底的产品检测而被发现并改正）而减少，就称为存在设计缺陷。为了确定一件产品是否具有不合理的危险，大多数裁决采用某种成本—收益分析形式。一个制造商的责任取决于对以下问题的回答：这种缺陷能否以合理的成本改正？为了回答这个问题，原告或被告通常要雇工程专家来测试某种更安全的设计的可行性和成本。因此，当确定是否存在设计缺陷时，法庭考虑的问题类似于过失原则下的问题，一旦发现一个产品的设计有缺陷，意味着这种特殊设计的所有产品都有缺陷，因此，设计缺陷案败诉的有关成本通常要远远高于特定案件中的损害赔偿金。

如果产品没有被正确标注或是没有正确解释与使用产品有关的风险，称为存在提示缺陷。在大多数判决中，如果危险是可预见的而制造商没有提供可以减少伤害的警示，法庭将认为制造商负有责任。可预见性要求实质上意味着法庭考虑问题的标准类似于过失标准。然而，一些判决不要求危险是可预见性的，只要某种提示本来可以防止产品造成伤害（假设这种提示存在，则消费者就会注意到该提示，伤害就不会发生），制造商就将承担责任。制造商的提示缺陷责任在很大程度上解释了产品所附带的提示标签和手册大量出现的原因。

专栏 3-3

设计缺陷示例

导致巨额责任赔偿金的设计缺陷：

➢ 一种适合所有地形的三轮交通工具倾覆时对儿童造成伤害、制造商承担的责任。

➢ 汽车制造商没有安装滚动制动以减少交通工具倾覆时对人体造成伤害，汽车制造商承担的责任。

➢ 挖掘车制造商对安在卡车一侧的燃料箱爆炸而承担的责任。

> ### 提示缺陷示例
>
> 　　导致巨额责任赔偿金的提示缺陷：
> ➢一个起重机制造商由于没有充分提示当起重机接触电线时驾驶员会受伤而承担的责任。
> ➢修补液的制造商对使用液体时距离明火太近而燃烧造成的伤害承担责任。
> ➢一种不粘锅烹调喷雾器的制造商对十几岁的孩子大量吸入这种物质而导致死亡所承担的责任。

　　4. 职业责任风险

　　职业责任风险是从事各种专业技术工作的单位或个人因工作的失误而导致的损害赔偿责任。职业责任风险的特点在于：第一，它属于技术性较强的工作导致的责任事故；第二，它不仅与人的因素有关，同时也与知识、技术水平及原材料等的欠缺有关；第三，它限于技术工作者从事本职工作中出现的责任事故。如某会计师同时又是医生，若他的单位是会计师事务所，则其行医过程中发生的医疗职业责任事故与会计师事务所无关。

　　在当代社会，医生、会计师、律师、设计师、经纪人、代理人、工程师、等技术工作者均存在着职业责任风险。

　　（1）医疗职业责任风险

　　医务人员或其前任由于医疗责任事故而致病人死亡或伤残、病情加剧、痛苦增加等，受害者或其家属要求赔偿且依法应当由医疗方负责的经济赔偿责任。

　　（2）律师责任风险

　　律师或其前任作为一个律师在自己的能力范围内，在职业服务中发生的一切疏忽行为、错误或遗漏等过失行为所导致的法律赔偿责任，包括一切侮辱、诽谤以及赔偿被保险人在工作中发生的或造成的对第三者的人身伤害或财产损失。

　　（3）会计师责任风险

　　会计师或其前任中对其负有法律责任的那些人，因违反会计业务上应尽的责任义务，而造成他人遭受损失，依法应负的经济赔偿责任，但不包括身体伤害、死亡及实质财产的损毁。

　　（4）建筑、工程技术人员责任风险

　　建筑、工程技术人员承担因建筑师、工程技术人员的过失而造成合同方或他人的财产损失与人身伤害并由此导致经济赔偿责任的职业技术风险。

（三）员工赔偿责任风险

员工赔偿责任风险源于员工赔偿法和雇主责任法，以监管雇员在工作环境中受到伤害的雇主责任。员工赔偿责任风险是雇主对其雇员在工作环境中受到伤害、依法承担经济赔偿责任的风险。员工赔偿法有两个重要的特点：（1）雇主要对受伤雇员遭受的经济损失按规定进行赔偿，而不管雇主本身是否有过错或疏忽；（2）受伤雇员不能按照民事侵权法起诉雇主。

二、责任风险管理技术

（一）一般责任风险管理

风险管理人员认识到企业面临的一般责任风险后，可以通过购买责任保险，避免因直接责任、替代责任和契约责任带来的损失。

下面以美国为例来介绍企业购买责任保险的基本情况。1986 年，美国保险服务局的一般综合责任保险保革的条款，经过大幅度修改之后更名为"企业一般责任保险单"。新条款也称为 CGL。企业通过一般综合责任保险单（CGL），来保障他们面临的责任风险。一般综合责任保险合同的主要内容请参见专栏3-4。

保险服务局的新企业一般责任保险单有两种格式：期内发生格式和期内索赔格式。

1. 以期内发生为基础的保单

要求责任人在发生损害时提供保险赔偿，即使索赔发生在保单期满 25 年后，事故受害者仍可获得赔偿。保险人将这种受到伤害多年后才发生的索赔称为"长尾索赔"。实务中不乏这样的案例。例如：制造商 1940 年生产的产品，在 2002 年对某人造成了伤害，保险人仍要履行赔偿义务。但遗憾的是，对于保险人来说，20 世纪 40 年代收取的保费通常不足以赔付 21 世纪第一个 10 年期的索赔。

2. 以期内索赔为基础的保单

只有第一次向保险人索赔发生在保险期限内，且引起索赔的事故发生在保单追溯日之后，才能要求保险人赔偿。

以期内索赔为基础的保单，使得保险人在保单期满后可以终止保险责任，并且免除了保险人承担追溯日前发生的责任。本保险通过加收保险费可以附加长尾险（也叫做"延长报告期限险"），以对保单期满后的特定时期提出的索赔提供保障。长尾险很有用，例如，一个承包商结束了某工程，虽履行合同完毕，但仍要购买几年责任保险，以应付对完工工程提起的诉讼。与期内发生基础保单相比，以期内索赔为基础的保单容易使被保险人处于不利地位，因为以期内索赔为基础的保单对保单期满后被保险人的索赔申请不予负责；而以期内发生为基础的保单，面对长尾风险问题的是保险人，而不是被保险人。

专栏 3-4

一般综合责任保险合同

一般综合责任保险合同包括五个部分：

1. 第一部分

在第一部分中，A 险为被保险人的人身意外伤害和财产损失的索赔提供保障。此外，保险人同意支付抗辩费用，并且该抗辩费扣减对损害的赔付。如果判决中损失金额为 85 万美元，而辩护费用为 15 万美元，那么即使保单限额 85 万美元，全部 100 万美元也是由保险人承担的。企业一般综合责任条款中规定了累计赔偿限额，这就是保险人替被保险人进行赔付的最高金额。在一般综合责任险以前的版本中，一次事故中的赔偿并不扣减累计赔偿限额。而目前版本的一般综合责任险条款规定，A、B、C 各险中每一次损失赔偿都减少累计赔偿限额。例如某被保险人的累计赔偿限额是 50 万美元，如果发生三起 25 万美元的损失，保险人将只赔付前两起，即总和为 50 万美元，第二个 25 万美元赔付之后，累计赔偿限额就用光了。

第一部分 A 险中的 14 条除外责任，每一条都很重要。除外责任表明，保险人不负责由于故意行为、劳工索赔、污染及清理费用所造成的损失，亦不负责被保险人自身财产的损失。责任险保单通常不包括被保险人自身财产的损失，财产保险可为这些损失提供保障。还有一些索赔不予负责，即契约责任、醉酒责任，以及飞机、汽车和轮船引起的事故。

第一部分的 B 险为当原告受到人身伤害或因被告的广告不真实而受到伤害时，保险公司提供保障。在此类引起伤害的侵权行为中，包括不法逮捕或监禁、诽谤或公然侮辱、著作权侵犯以及个人隐私侵犯。

第一部分的 C 险向受伤害的原告（不是被保险人）提供医疗赔付，不管被保险人是否有责任。该险种使得参加保险的商家在法院最终判决之前给予受害人及时的资助。这里，伤害必须是偶然事故造成的，即该伤害既非被保险人预期，也非被保险人的故意行为。

2. 第二部分

　　一般综合责任保险合同的第二部分具体列明了保单可以保障的对象，包括所有权人、合伙人、公司官员以及董事。保险单将雇员的行为列入其雇主责任险的承保范围之中。

　　3．第三部分

　　一般综合责任保险合同的第三部分限制了保险人在损失后的赔偿责任。保单中注有累计赔偿限额和分项限额，风险经理在投保前要确定这些限额。当然，赔偿限额越高，所需的保费越多。

　　4．第四部分

　　一般综合责任保险合同的第四部分列明了保单的条件。这部分解释了诸如被保险人被起诉时应该做什么之类的问题，或被保险人决定解除保单的前提。

　　5．第五部分

　　一般综合责任保险合同的第五部分是术语表，对保单中出现的术语进行了界定。

（二）特殊责任风险管理

1. 环境责任风险管理

　　环境责任风险无法像其他责任风险一样可以通过商业保险进行管理，因为商业保险承保的风险一般符合可保条件。环境责任风险与理想的可保风险标准相比有一些不同点：第一，潜在的损失在某些情况下已成巨灾，一些环境破坏责任保险的索赔已经超过了 40 亿美元。第二，保险公司缺少充足的数据预测未来污染造成的损失或者正确估算清理被污染地所需要的费用，所以有些潜在的损失无法预测并将持续很长的时间。第三，损失并不确定。如果政府机关改变了标准，如从原来允许有害成分为 5‰ 变成 1‰，那么以前不构成污染的情况现在就视为污染，以前合法的现在就成了违法。

　　由于商业保险无法对环境责任风险进行承保，那么对环境责任风险的管理，就主要通过健全法制、提高人们的环保意识和整体素质。

2. 公众责任风险管理

　　公众责任风险主要通过商业保险来承保，即公众责任保险。它以被保险人的公众责任为承保对象，保险公司对被保险人所承担的公众责任风险进行管理。主要包括综合公共责任保险、场所责任保险、承包人责任保险、承运人责任保险等。

3. 产品责任风险管理

由于产品责任风险一般具备可保风险条件，所以一般商业保险公司对其承保，即产品责任保险，是指以产品制造者、销售者、维修者等的产品责任为承保标的的一种责任保险。

4. 职业责任风险管理

职业责任风险大多也是通过商业保险承保，即职业责任保险，是以各种专业技术人员在从事职业技术工作时因疏忽或过失造成合同对方或他人人身伤害或财产损失所导致的经济赔偿责任为承保标的的责任保险。一般包括医疗职业责任保险、律师责任保险、会计师责任保险等。

（三）员工赔偿风险管理[①]

员工赔偿给付就是对与工作相关的人身伤害和职业疾病进行支付。给付的类型和金额没有统一的标准，细节也很复杂，这里以美国为例介绍员工赔偿给付以理解给付的基本结构，这对于理解体制的运作、员工赔偿的经济原理是很重要的。

有三种主要的员工赔偿给付类型：（1）医疗费用给付；（2）全残和部分伤残带来的收入损失给付，无论伤残是暂时性的还是永久性的（即预期伤残要持续到正常退休或死亡年龄，视哪一种情况先发生）；（3）对因工作死亡的员工向其家属进行给付。一般情况下，一个州的医疗费用通常占整个员工赔偿给付的40%到50%，大部分收入损失的给付支付给了永久性部分伤残者，对永久性全残和死亡的给付只占整个给付的一小部分。

1. 医疗给付

大部分法律中规定，对保障范围内的伤害和疾病的所有医疗费用都要进行给付，且在雇员生命期间内没有限制。医疗给付通常没有雇员免赔额或共保额。与对损失进行全额保险一样，这会加重道德风险问题。证据表明，员工赔偿保障的医疗护理与受免赔额和共保条款限制的非工作人员的医疗护理相比，通常伤害护理费用更高。

大约一半的州允许雇主：（1）规定最初开始对雇员进行治疗的医生；（2）批准由其他医生治疗。这样可以减少道德风险，因为医生有动力来控制费用以维持他们和雇主以及员工赔偿保险人的关系。另外，员工赔偿医疗费用在 20世纪 80 年代的增加使得很多州采用工伤费用表，这些表规定了医生治疗受伤员工的收费标准。为了努力控制成本，一些州还允许雇主采取不同形式的管理方法，使雇主和员工赔偿保险人有更大的能力控制成本。

---

① 员工赔偿风险管理除了员工赔偿给付外，还有人身、意外伤害等保险，将在后面的章节论述。

2. 残疾给付

（1）全残给付

受伤而不能工作的员工通常能得到他们受伤之前工资的 2/3 的给付。每周给付的上限经常是所在州平均周工资的 100%。很多州还规定了每周给付的最小额。为了解释一般的给付情况，假设一个州的平均周工资是 400 美元。一个雇员在受伤害前的工资是每周 300 美元，致残后他将得到每周 200 美元的给付（300 美元的 2/3）。如果雇员受伤前的工资是每周 700 美元，雇员将得到的给付最多是 400 美元（因为 700 美元的 2/3 超过了最大的给付额 400 美元）。这些最大给付额和在许多州规定的最小给付额，为低工资收入员工提供了比高工资收入员工更高的工资替代率。员工赔偿给付不用缴纳联邦和州收入所得税，这就提高了与伤前税后基础上的工资相比的工资替代率。一些州，规定伤害后的给付额与州平均周工资的增加挂钩。

很多州规定从发生伤残到开始给付之间有 3 到 7 天的等待期。这些等待期有助于控制成本，降低伤害程度不严重时的道德风险。如果伤残期超过了特定的天数（如 21 天），那么给付可以追溯到等待期。

当员工能够恢复工作时，暂时性全残就结束了。如果全残预期要持续到死亡或退休年龄，则称为永久性全残。几乎所有的州都根据从伤残开始一直到特定的退休年龄（例如 65 岁）之间的期间长短支付永久性全残给付。一些州规定了全部给付金额的上限（例如，200000 美元）或者规定了给付期上限（例如 500周）。在很多永久性全残情况下，受伤的员工和员工赔偿保险人（或自保的雇主）同意一次性给付相当于未来给付的现值，而不是定期给付。

与大多数保险给付一样，员工赔偿的伤残给付（和其他类型的伤残保险给付）同样会有道德风险的问题。这个问题有两个方面：首先，一些受伤员工可能伪装或夸大受伤程度以逃避工作并获得给付。其次，一些受伤员工可能推迟受伤后恢复工作的日期，因为工作的边际收益可能低于不工作而获得员工赔偿给付的收益。

为了说明道德风险问题，考虑一个员工在受伤前的税前工资是每周 500 美元，税后工资为每周 380 美元；如果这个员工可以获得暂时性全残给付，假定他可以每周得到 333 美元，即 500 美元的 2/3（低于本州的最大周给付额）。与每周收到员工赔偿 333 美元相比，员工在工作时每周税后只能多得到 47 美元（380 美元减去 333 美元）。因此，在这个例子中，一个员工在受伤和暂时性伤残期满后如果恢复工作，与获得员工赔偿给付相比，每小时的工作只多得到 1 美元左右（每周 40 个小时的工作多得 47 美元）。

　　因为对较低收入的员工来说，由员工赔偿给付替换税后工资的比例要高于较高收入的员工（可能因为较低收入的工作比较高收入的工作缺乏吸引力和刺激性），所以道德风险问题对于较低收入的工作来说更为严重。例如，对于具有高工资的员工来说，若每周有 1500 美元，道德风险问题要较少一些，因为伤残员工每周得到的给付最多只有 400 美元。雇主和员工赔偿保险人通常试图通过控制和调查索赔以及使用医生报告确认员工是否能够工作来减少道德风险。

　　（2）永久性部分伤残给付

　　永久性部分伤残给付是针对那些遭到永久性伤害而部分减弱了工作能力的员工。例如，如果一个人的工作是经常要举起重物，因而患上椎间盘突出，这种伤害可能使该员工永久性地不具备从事类似工作的能力。如果员工受伤后只能从事比这种工作收入更低的工作（例如，更低收入的服务性工作），他就遭受了收入能力的损失，应在员工赔偿法下得到赔偿。对永久性部分伤残的给付通常发生在一定期间的暂时性全残之后。前面提到过，永久性部分伤残给付通常占残疾给付的一个很大比例。

　　大多数州是将两种确定永久性部分伤残给付的方法结合起来：①定期给付；②根据对收入能力减少的估计进行给付。按照第一种方法，受到伤害后将按照给付计划进行赔偿。对容易确定的伤残将支付固定的伤害给付金，如失去一个或两个手臂、手指、眼睛或丧失听力等等。例如，一个州可能会规定：失去一个拇指的给付是 50000 美元，失去一只眼睛的给付是 75000 美元。具体的金额在各州相差很大。

　　大部分永久性部分伤残并不适合采用这种简单规定的方法。例如，很多对肩膀、颈部、后背和其他关节的伤害，降低了员工的收入能力，但并不妨碍从事能够获得收入的工作。在这些情况下，确定赔偿金额的规则和程序就非常复杂，典型的方法是把赔偿建立在对收入能力减少百分比的估计的基础上。例如，假设患椎间盘突出的工人永久性地损失了收入能力的 50%，工人伤残前的周工资为 600 美元。那么工人每周的收入损失估计为 300 美元（600 美元×0.5；），每周永久性部分伤残的给付估计 200 美元（300 美元×2/3）。（这个金额如果超过了州范围内的平均周工资，将会受到一个上限的制约），200 美元再乘以应支付的周数，周数应该是一个固定的数字（例如 300），或者如果离退休年龄更近的话，计算到退休年龄。假设为 300 周，在这个例子中的总给付将是 60000 美元（200 美元×300）。这个给付通常根据州法律规定的贴现率转换成现值一次性支付给工人。

　　因为在永久性部分伤残情况下，必须估计受伤雇员的真实收入能力的降低额，雇员与雇主或员工赔偿保险人之间经常会发生争执。受伤的雇员通常聘请律师来和雇主或员工赔偿保险人进行谈判。很多州规定雇主或保险人要为雇员的律师支付费用。如果雇员和雇主或保险人不能达成协议，大多数州由员工赔偿委员会出面解决纠纷（各方都有权对委员会的仲裁上诉到法庭），一些州还允许直接进入法律程序。

作为一种对永久性部分伤残在收入能力减少估计方面的争执进行和解的替代方法，一些州曾经尝试过对雇员的赔偿为其实际工资损失。这些尝试没能成功，其原因主要有两个：第一，对雇员和其当前工资状况的跟踪在管理上是非常昂贵的。第二，如前面对全残给付所讨论的那样，按实际工资损失赔偿的制度会受到道德风险问题的影响。它们减少了雇员恢复工作和从事更高收入工作的动力，这种影响增加了工资损失赔偿的成本。

3.遗属给付

除了给付一定金额的埋葬费用以外（1000 美元到 5000 美元），所有的州对因工死亡员工的幸存配偶和有资格的子女给予赔偿。每周的总给付额通常在数量上近似于对全残的给付（伤残前工资的 2/3）。一些州对于没有孩子或只有一个孩子而没有配偶的情况，赔偿伤前工资较低的百分比，比如 50％。根据规定，给付期通常受某些因素的影响，例如到配偶再婚或孩子年满 18 岁。

第四节   人身风险及其管理

一、人身风险分析

生、老、病、死是任何一个人一生都要经历的四种状态，这四种状态包含了重要的三种人身风险：死亡、疾病、年老。人的一生也必定会遇到以上三种风险。

人都会死亡，但什么时候死、死于什么原因，都是不确定的。死亡风险与财产风险有很大的差别：虽然财产损失风险存在，但不是每一个企业、每一个家庭都必然会遭到风险事故所致的损失；即使发生了损失，损失可能是部分的，也可能是全部的；一个企业或一个家庭的财产损失可能不发生，可能发生一次，也可能发生多次。然而死亡所致的损失任何一个人一生只能有一次，而且一定会发生，一旦发生必定是全损。

导致死亡的原因主要有疾病和意外事故。而导致死亡的疾病主要有心血管疾病、恶性肿瘤等。意外事故导致死亡的原因首推交通事故，二次世界大战以来，死于交通事故的人远远超过战争中死亡的人。影响疾病死亡率高低的因素有：年龄、性别、身高与体重、家族史、生理状况（如血压等）、个人的病历、职业、喝酒和抽烟的习惯、道德修养、居住和旅行的地区、种族、兼职状况等。

各种人身风险所致的损失有：一为收入能力损失，另一为额外费用损失。如何计算这两种损失，是风险管理者面临的一个大问题。通常运用生命价值观来评估一个人死亡所致的收入能力的减少。这一观念不是从伦理的角度去探讨生命的价值，而是以经济的观点来衡量生命的价值，也就是把人看成一种生产要素，他提供劳务和服务。从这一观点出发，人的生命价值可以用货币单位合理地计算出来。

健康不良风险所致损失分为肢体的残缺、疾病、伤害。其损失形态为收入能力损失和额外费用损失。收入能力损失依据个人工作能力丧失程度的不同而不同。工作能力丧失程度又分为永久性或全部工作能力丧失和暂时工作能力丧失。全部工作能力丧失通常指以下三种情况：其一是不能够完全从事其本身原有的正常职业；其二是完全无法从事与其学历相关的工作；其三是无法从事任何工作。暂时工作能力丧失系指个人暂时无法从事其原有正常工作一项以上重要工作，即可从事原有工作，但有一两项工作因工作能力丧失而无法胜任从而导致收入减少。如一位外科医生，因视力下降，无法为病人动手术，但他仍能正常为病人看病。健康不良造成的额外费用损失指医疗费、住院费、外科手术费、护理费、假肢安装费等等。

从表 3-3 可以看出，在工业生产中死亡风险随着年龄的增大而增大；全部工作能力丧失风险与年龄因素关系不是很大；暂时工作能力丧失风险在 35～44 岁年龄段达到最大，然后随着年龄的增大而下降。

表 3-3 不同年龄段在工业生产中伤亡比率（%）

年龄段	16～24	25～34	35～44	45～54	55～64	65 以上
暂时工作能力丧失	20	16.2	29.76	13.54	13.39	7.1
全部工作能力丧失	13.5	15	18.2	19.2	20.7	13.5
死亡	9.64	11.3	13.3	10.76	18.15	36.9

衰老，是人的生理发展的必然过程，人到老年所面临的问题主要是收入减

少，而医药费等开支却增加。过去中国人养儿防老，今天的中国的这种观念正在发生变化。随着科学技术的发展，人的寿命越来越长，对生活质量的要求也越来越高。独生子女政策，就有可能使一对夫妻要负担四个以上老人。中国人另一种防老的办法就是储蓄，然而可能由于以下的原因而降低储蓄的效果：首先，随着社会的进步、消费观念的转变，必定会促使人们提高自己的生活质量，从而大大刺激了人们对消费品（物质和精神）的购买；其次是低水平的利率和通货膨胀必定会扼杀人们的长期储蓄愿望。

老龄化已经成为全世界所关注的一个热点，我国许多城市已步入老龄化城市。据 1997 年的统计，我国已有 1/3 的省市区人口呈老年型。据调查，上海、北京、天津、浙江、江苏、山东、湖南、广东、广西、四川等省市区 65 岁以上的老年人口超过总人口的 7%，这些地方的人口呈老年型。其中老年人口最多的是上海，大约平均每 6 个人中就有 1 个 60 岁以上的老人；平均 8 个人中有 1 个 65 岁以上的老人；平均每 3 户家庭中就有一个 60 岁以上的老人。此外，辽宁、河南、安徽、福建等省 65 岁以上的人口已接近 7%，即将进入老年型。

随着生活质量的提高、医疗技术的发展，人的寿命将越来越长，老年化将越来越成为社会关注的热点。

二、人身风险的主要类型

（一）疾病

1. 疾病风险概述

1961 年美国老年学家海弗利克研究指出：人体大约由 500 亿个细胞组成，这些细胞大部分由胚胎时期开始分裂，大约进行 50 次分裂后细胞死亡。从分裂次数推算，人类寿命应该是 120 岁以上。1953 年我国人口调查资料表明，我国活到 100 岁以上的有 3384 人，年龄最高者为 155 岁。1973 年联合国卫生组织宣布人口平均年龄，男人超过 70 岁、女人超过 75 岁的国家已有 7 个。既然人的寿命能超过 100 岁，但为什么绝大多数人达不到呢？这主要与生活环境、社会环境、疾病等因素有关。疾病是危害人类身体健康的重要风险。

世界卫生组织根据 1996 年 191 个国家和地区的资料发表的年度报告指出：循环系统疾病，包括心脏病、中风将继续增加，尤其是发展中国家的人们，盲目追求西方生活方式，受吸烟、不运动等不良生活习惯的影响，造成癌症等疾病的迅速蔓延。

报告指出，由于医学的发达，大多数人可以活得更久，发展中国家人们的平均寿命可达到 64 岁，部分发达国家可达 80 岁。不过由于不运动和饮食失衡，数百万人将无法快乐地活到老。寿命的大幅度延长和生活习惯的改变，将使癌症、心脏病、中风和其他慢性病在未来的 20 年里，成为全球性的流行病；而在未来的 25 年里，大部分国家的癌症患者预计将至少增加一倍。

报告指出，冠状动脉疾病高居死亡原因之首，每年有 700 万人因患心脏病死亡。第二大致命的疾病是癌，每年约有 630 万人因癌症而死亡，最常见的 10 种癌症死亡者占全球癌症死亡者的 60%。第三种致命的病是心血管病，包括中风在内，每年约造成 460 万人死亡。癌症中头号杀手为肺癌，且患者的数量在增加，主要是吸烟的人数在增加，并集中在发展中国家。每年约有 100 万人死于肺癌，130 万人患此病症。全球有 85% 的男性肺癌患者和 46% 的女性肺癌患者因吸烟所致。此外，世界大部分地区女性乳腺癌患者的发病率也在升高。

报告还指出，慢性疾病导致每年 2400 万人死亡，约占全球死亡人数的一半，其余大多数为传染病所致死亡。

2. 疾病风险的含义和特点

疾病风险可以分为狭义和广义两个层次，狭义的疾病风险是指由于人身所患疾病引起的风险；广义的疾病风险指除了疾病引起的风险外，还包括生育以及伤害等方面所引起的风险。之所以称疾病为风险，是因为疾病发生后会给人们的生活和工作带来困难、损失和不幸。疾病风险与其他风险一样具有可能发生的客观性和不可预知性等共同点；但是与其他风险相比，疾病风险也有其自身的特点：

（1）危害的严重性。疾病风险危害的对象是人，它必然产生对人体健康的损害，造成暂时或永久性劳动能力的丧失，甚至死亡。它是一种重要的人身风险，其危害常常是很严重的。这种危害带来的不仅仅是经济上的，更主要的是健康和生命的损失。

（2）普遍性。疾病风险是人们难以回避的，因此它对于每个人、每个家庭发生频率之高，是其他任何风险无法比拟的。而像工伤、失业、生育等风险就并不是每一个人都会遇到的，发生的概率要小得多。

（3）复杂性。人类已知的疾病种类繁多，每一种疾病又因为性别、年龄、体质、严重程度等因素显得千差万别，这使得化解疾病风险难度很大。

（4）社会性。由于某些疾病带有传染性，因此，疾病风险不仅直接危害个人健康，而且涉及整个地区乃至社会。这是一种极易扩散的风险，如不及时采取防治措施，就会迅速蔓延到整个地区，危害人群和社会。

此外，疾病风险不仅可因自然因素、意外事故而发生，而且生理、心理、社会、环境、生活方式诸因素均可导致或表现为疾病风险。其诱因的多样性使得疾病风险的防范比其他风险更为困难。总之，在人类所面临的多种风险中，疾病风险是危害严重、涉及面广、复杂多样、直接关系每个人基本生存利益的特殊风险。

（二）年老

人作为自然界的一部分，有其出生、成长、灭亡的过程，人必然要变老，死亡。绝大多数人老了以后，丧失了工作的能力。如何度过晚年，是每个人，甚至整个社会都在关注的一个重要问题。特别是生活质量的不断提高和医疗技术的发展，使人的寿命越来越长，这一问题就显得更加突出。

第二次世界大战后，新生儿数量明显减少，人均寿命也从 1950 年的 47 岁上升到目前的 66 岁。这种双向发展使全球几乎所有国家的人口结构都趋于老化。据联合国有关规定，一个国家 65 岁以上的老年人在总人口中所占比例超过7%，或 60 岁以上的人口超过 10%，便被称为"老年型"国家。除少数非洲国家外，现在几乎所有国家的人口结构都在趋于老化，这是因为人口出生率逐年下降而平均寿命不断增加造成的。当前，在全世界 190 多个国家和地区中，约有 60 多个已进入"老年型"。截至 2006 年底，我国 65 岁及以上人口 10419 万人，占全国总人口的 7.9%，比上年上升了 0.2 个百分点，也即将进入"老年型"国家的行列。据估算，今后 50 年间，老年人数大概会翻两番，从 6 亿人增加到将近 20 亿人。今天，每十个人中就有一个花甲老人。到 2025 年，全世界的老年人口将达到 11.21 亿。到 2050 年，60 岁以上的老龄人口总数将近 20 亿，占总人口 21%，并将超过 14 岁以下儿童人口的总数。百岁老人将从 2002 年的约21 万增长到 320 万。到 2050 年，非洲老龄人口将从 4200 万上升到 2.05 亿；亚洲从 3.38 亿增加到 12.27 亿；欧洲 1.48 亿增加到 2.21 亿；美洲从 9600 万增加到 3 亿。预计到 2150 年，世界人口的 1/3 会步入花甲之年。

表 3-4 显示了我国城镇人口老龄化指数（60 岁以上的人口占总人口的百分比）在 2033 年以前呈迅速上升趋势。到 2033 年，我国 60 岁以上的老年人将占总人口数的 22.06%，相当于西欧一些国家今天的程度。

表 3-4　我国城镇人口老年化指数统计表

年份	1990	1997	2000	2010	2033	2050
老年化指数	8.15%	10.2%	10.86%	12.84%	22.06%	17.23%

老龄化社会带来的首要问题就是劳动力年龄人口占总人口数的比重呈下降

趋势,预计美国 18～64 岁的劳动力年龄人口将由 1985 年的 61.5%,下降到 2025 年的 57.8%;日本预计从 1960 年的 69% 到 2020 年将下降到 61.9%。这将使工作者与养老者的比例由 10∶1 减少到 4∶1。这就是为什么当今发达国家尽管国民生产总值和人均产值已经很高,但困扰他们的仍然是社会福利问题,特别是养老金的严重不足。西方国家一些政府为摆脱日益窘迫的困境,采取了不同的措施。如意大利、法国、比利时等国削减了国家福利金的数目;意大利和英国等政府延迟了国家法定的退休年龄;美国和加拿大等国增加了劳动力人口的纳税额;法国等则改变了养老金的计算方法,并鼓励建立私营退休金计划,鼓励人们退出国家保障体系。

我国社会老龄化所带来的问题可以说更加严重。首先是长期的计划经济,养成了人们依赖国家和集体提供保障的观念;其次是我国总的经济水平比较低,而人口数量却异常庞大,目前我国养老金的支出约占国民生产总值的 4%,由于我国老年人口社会的到来是以暴涨型和突发型的方式,因此很难在短期内筹集如此巨额的养老基金;第三是数目可观的退休金全部由工人所在的企业提供,有的企业一个工作人员要负担一个甚至几个退休人员的养老金,使企业背上了沉重的经济负担,以致难以适应激烈竞争的市场;第四是老龄化将可能直接影响到我国现行的计划生育政策,我们可以想象一对夫妇将要养活四位退休的老人和一个小孩,也就是说两人的收入要支付七口人的生活费、医药费以及小孩的教育费,这对绝大多数人来讲,将是难以承受的沉重负担。可以预测,再过 15～20 年,20 世纪 70 年代中期之后的一批独生子女家长就要进入退休年龄,也就是说,现在四五十岁这一代人,退休后,将面临着由谁来养的问题,以及一对夫妇能否养活四位退休老人、自己和一个孩子的问题。这个问题若解决不了,就有可能冲击计划生育国策,突破只生一个孩子的限制,这必将导致我国人口急剧增长,其后果将是灾难性的。

三、人身风险管理技术

(一)风险回避

前文提到风险回避就是在考虑某项活动存在风险损失的可能性较大时,采取主动放弃或改变该项活动的方式,来避免与该项活动相联系的风险,以消除可能产生风险损失的一种控制风险的技术。它是一种最彻底的控制风险的技术,在风险事故发生前,将风险因素完全消除,也就是完全消除了某一特定风险所造成的各种可能损失。风险回避的方法是放弃或终止某项活动的实施。如外出乘汽车,当看到该车车况不好、又超载时,决定放弃乘坐这辆汽车,改乘火车或其他交通工具。又如某地域正在流行某种疾病，原准备到该地去旅行，现在考虑到有感染疾病的可能，在该流行病没有得到控制以前，暂时不去该地区旅行；每年因放鞭炮而有许多人受伤致残，为了避免因放鞭炮而受伤，就不参加这类活动；近期有种激光棒的儿童玩具，若直接照射儿童的眼睛，可能造成永久性失明，家长就不允许小孩去玩这样的玩具；某一水域游泳比较危险，每年都要淹死人，那就不要到这一水域去游泳；人多拥挤的地方往往容易出现扒手或发生其他意外事故，见到人多的地方就不要去凑热闹；不要购买不符合卫生标准的食品，如过期、变质的食品等。

另外一种风险回避的方法是改变某项活动的性质。如直排式燃气热水器容易使人窒息，造成人员伤亡，可以改用电热水器；家庭洗澡间、厅堂使用瓷砖，容易让人滑倒受伤，可以改用防滑的地板。

风险回避虽可彻底消除某种特定风险造成的损失和可能产生的恐惧心理，但它是一种消极的控制风险方法。在运用这一方法时，受到以下限制：

第一，有些风险不可能避免，如人的老、病、死，自然灾害。

第二，避免了某一特定风险，有可能产生另外的风险。如认为乘汽车风险大，改乘火车，然而火车也可能造成乘客伤亡事故的发生；直排式燃气热水器改为电热水器，虽然避免了有害气体对人的窒息风险，但电热水器又可能产生触电风险事故。

第三，任何经济活动都与一定的风险相联系，没有风险的经济活动是不存在的。

（二）控制风险

根据人身风险控制措施，人身风险控制的方法有工程法、教育法。

1. 工程法

工程法认为，控制损失应该从控制破坏性释放能量和改变易遭受损害的生命和非生命的结构入手。

（1）预防风险因素的产生

在某项活动开始之前，分析可能存在的风险因素和风险的特性，采取一定措施，使其发生的概率降低至接近于零。如：

● 防止家庭财产被盗，安装防盗门。

● 严格按照热水器的安装方法安装和使用。

● 为了避免电线、开关、保险丝负载过重引起火灾，选择合适的电线、开关、保险丝，并使它们处于良好的状态。

● 参加锻炼，提高身体素质，增强对疾病的抵抗力。

● 增强风险意识，随时随地注意可能存在的风险因素，并将其控制住。如坐在火车上，看看行李架上的行李是否放好，若没有放好，要及时加以处置，以免在车开动时掉下来，砸到人；在街上行走时要遵守交通规则，不要在马路中间走，不要闯红灯。

● 不要躺在床上吸烟。

（2）减少已存在的风险因素

● 换掉陈旧破损的电线和电器。

● 定期检查身体，发现有毛病，及早医治，特别是老年人更应每年定期检查一次。

● 身体不适时，应及时去看病，及时医治。

● 经常打扫卫生，消灭老鼠、苍蝇等。

● 对太光滑的地板，作防滑处理，如改用防滑地板或用防滑材料覆盖在上面。

● 有 6 岁以下小孩住在楼上的家庭，窗和阳台都要有保护装置，或者把附近的桌、凳移开，以免小孩爬上去出现意外；放好容易被小孩吞下去的小物品，如纽扣、硬币等等。

● 不买对小孩容易造成伤害的玩具。

● 家庭备有急救箱。

（3）改变风险因素

如在进行室内装修时，不用或少用易燃材料和含有对人体有害物质的材料。

（4）医治受伤人员、修理或重建被损害的物体

人员受伤后，应立即送到条件较好的医疗单位进行医治。对遭受破坏的物品，及时进行修理，以免损坏加剧，或成为新的风险因素，发生第二次风险事故。

（5）改变风险因素的空间分布和限制能量释放的速度

在某些情况下，失控能量的产生无法避免，这时只有在时间上限制能量的释放速度，在空间上尽量使释放的能量均匀分布。如乘坐汽车时系好安全带，在可能产生有害气体的房间（如厨房）安装抽风机，不将大功率的灯泡靠近易燃易爆的物体等等。

2. 教育法

人是一切活动的主体，每个人在生产、生活中都可能出现不安全行为，即行为失误，从而导致人员伤亡事故。据统计，在造成人身伤害的工业事故中，有 88% 是由于人的不安全行为引起的。因此风险控制的重点应放在消除人的不

安全因素方面，即通过安全教育来消除人为风险因素，以达到风险控制目的。

人的不安全因素主要来自无知，如不了解直排式燃气热水器的危害，抱侥幸心理闯红灯；不懂装懂，如不了解医学知识，遇到家中有人生病，胡乱买药吃；缺乏风险意识，不了解整个家庭、家庭中的每个人面临什么风险、存在哪些风险因素；缺乏自救意识和技能，如遇到火灾不会用灭火器等。

教育法首先在于提高人们的风险意识,认识到风险随时随地都有可能发生,虽然它发生的概率很小，但一旦出现在某人或某个家庭成员的身上，其发生概率就是百分之百；其次是教育人们不要怀有侥幸心理和麻痹思想；最后是进行有关常识教育，了解在我们的生活中可能存在的一些最常见的风险，并掌握行之有效的自救方法。教育法的优点在于投入少、收效快。

（三）风险转移

根据前面的介绍，我们知道，风险转移是将自己面临的风险转移出去，由其他机构承担。对于人身风险来说，风险转移就是人们将自己或家庭成员面临的风险转移出去，可以转移给商业保险公司或社会保险等。

1. 商业保险

人身风险通过商业保险公司转移出去，即通过购买人身保险达到管理人身风险的目的。

（1）人身保险的概念

人身保险是以人的生命和身体作为保险标的的一种保险。根据合同的约定，投保人向保险人支付保险费，当发生保险合同中约定的保险事故时，由保险人履行给付责任，即当被保险人死亡、伤残、疾病或者达到合同约定的年龄、期限时，由保险人给付保险金。

人身保险产生、存在和发展的前提是人身风险的客观存在。人身风险包括生、老、病、死、残等，所以人身保险所承保的事故或者说所承担的保险责任也正是这些方面。不同保险事故、不同保险责任的组合形成了风格迥异的险种，又由于人身风险和人身保险需求的多样性，使得人身保险种类繁多。

（2）几种主要的人身保险

①定期寿险。定期寿险叫定期死亡保险，是一种以被保险人在规定期间内死亡，由保险人负责给付保险金的保险。所有的定期寿险都有一个确定的保险期间，如 1 年、5 年、10 年、20 年；或满期时被保险人达到的年龄，如 60 岁、65 岁。定期寿险的保险金给付必须同时满足两个条件：被保险人在保险期内死亡，被保险人死亡时保单依然有效。

②两全保险。两全保险是既提供死亡保障，又提供生存保障的一种保险。

两全保险可有许多变化：保险期限可以为 5 年、10 年、20 年等；也可以设定保单在被保险人达到某一年龄时期满，如 60 岁、65 岁、70 岁等。

③健康保险。健康保险是为弥补被保险人因疾病或意外伤害而接受治疗时所发生的医疗费用，或为补偿被保险人因疾病或意外伤害导致伤残而无法工作时的收入损失的一类人身保险。

2. 社会保险

人身风险除了可以向商业保险公司转移以外，还可以向政府转移。社会为其成员提供社会保险，可以帮助人们管理人身风险。人身风险通过社会保险转移，常见的方法主要有：

（1）医疗保险

医疗保险是为补偿劳动者因疾病风险造成的经济损失而建立的一项社会保险制度。通过用人单位和个人缴费建立医疗保险基金，参保人员患病就诊发生医疗费用后，由医疗保险机构给予一定的经济补偿，使参保者不至于因为治疗而影响生活。

医疗保险对参保人员的经济补偿主要有两种形式：一是将医疗费用支付给医疗机构，参保人员患病后，可以从医疗机构得到免费或部分免费的医疗服务；二是参保人员在医疗机构就诊后先支付医疗费用，然后由医疗保险经办机构给予全部或部分经济补偿。

医疗保险与一般保险相比，具有如下的基本特征：

第一，医疗保险待遇支付形式为实物补偿。医疗保险的作用是在参保人员患病时提供经济上的帮助，使之尽快恢复劳动能力。参保人员只有患病后才可享受医疗保险，尽管医疗保险是通过支付费用来补偿参保人员的经济损失，但参保人员最终获得的是医疗服务，而非现金。

第二，医疗保险待遇补偿方式为非定额补偿。参保人员患病后就医机会均等，不受其经济和社会地位影响；但由于病情不同，每个患者所获得的经济补偿额并不相等。因此，医疗保险对每个患者一般依据疾病的实际情况确定补偿金额，不采用定额补偿。

第三，疾病风险具有较强的不可避免性、随机性和不可预知性；在法律规定范围内的群体，无论患病与否，必须一律参加医疗保险，以分担不可预期的疾病风险，提高全社会的医疗保险能力。

第四，医疗保险具有各方关系十分复杂的特征，必须处理好医、患、保、药等方面的关系。每个患者的实际医疗费用无法事前确定，支出多少不仅取决于疾病的实际情况，也取决于所采用的医疗处置手段和医药服务提供者的行为。

由于在医疗服务消费中，医疗服务的提供者处于相对垄断地位，因而难以完全通过市场手段，由患者选择医疗服务的内容和数量，控制医疗费用的支出。

（2）养老保险

养老保险是指劳动者在达到法定退休年龄退休后，从政府和社会得到一定的经济补偿、物质帮助和服务的一项社会保险制度。这一概念包含三层含义：第一，养老保险是在劳动者达到法定的年龄界线，被界定为"年老"后实施的一项保障政策。第二，养老保险的目的是为老年人提供物质帮助，使其达到基本生活的需求，有稳定可靠的生活来源。第三，养老保险以社会保险为手段，以保证劳动者基本生活需求为目的。

养老保险是世界各国实行比较普遍的一种社会保险制度，除具备社会保险强制性、立法性和普遍性等共同特征外，还具有以下特征：

第一，参加保险者享受待遇的一致性。其他社会保险项目的参加者不一定都能享受相应的待遇，而养老保险待遇的享受人群是最确定、最普遍、最完整的。因为几乎人人都会进入老年，都需要养老，参加养老保险的人群一旦进入老年，都可以享受养老保险待遇。

第二，保障水平的适度性。养老保险的基本功能是保障劳动者在年老退休时的基本生活，这就决定了其保障水平要适度，既不能过低，也不能过高。一般来说，养老保险的整体水平要低于职工社会平均工资水平，高于社会救济水平和失业保险水平。

第三，享受待遇的长期性。参加养老保险的人员一旦达到享受养老保险待遇的条件和资格，就可以长期享受养老保险待遇直至死亡。

第五节　信用风险及其管理

一、信用风险的定义及分类

（一）信用风险的定义

在现代市场经济中，随着信用关系的不断发展、扩大，交易的不确定性即信用风险日益增加。信用风险有广义和狭义之分。广义的信用风险就是指信用关系的一方因为另一方没有履约而导致的可能损失；而狭义的信用风险通常定义为：债权人的一项债权，因债务人违约而不能收回或者不能够及时收回而给该债权人带来的可能损失。随着现代金融市场环境的变化和风险管理水平的发展，除债务无法履行的违约风险外，信用风险还包括在信用评级制度下，因信用等级的改变而使债权资产价格变化所产生的风险。上述两种不同的信用风险类型通常被定义为信用违约风险和信用级差风险。

（二）信用风险的分类

按照风险承担者不同，信用风险可以分为企业信用风险和银行信用风险。

企业信用风险是指以信用方式销售商品或提供劳务的企业面临的客户可能无法全额支付货款，或是在原先承诺的时间不能支付货款给授信企业所带来损失的风险。企业信用风险主要包括经营风险、财务风险等。财务风险主要是由于财务环境恶化造成的客户拒绝支付或延缓支付的可能性，通常是指企业全部资本中债务资本比率的变化带来的风险。财务风险大小通常用财务杠杆来衡量。经营风险则是指由于企业经营上的原因给企业的利润额或利润率带来的不确定性。影响经营风险的因素主要有产品需求变动、产品单位成本的变动、经营杠杆等。其中经营杠杆对经营风险的影响最为综合，因此常被用来衡量经营风险的大小。

银行信用风险，从广义上来讲，包含三个方面的含义：一是银行自身的信用风险，也称为流动性风险；二是银行投资的信用风险；三是银行贷款的信用风险，也称为信贷风险。（1）流动性风险。流动性风险有狭义和广义之分。前者是指银行没有足够的现金来弥补客户存款的提取而产生的支付风险；而后者除狭义内容之外，还包括银行的资金来源不足而未能满足客户合理的信贷需求或其他即时的现金需求而引起的风险。（2）投资风险。投资风险是由于未来的不确定性因素而产生的投入本金与预期收益增减的可能性。（3）信贷风险。信贷风险是指借款人不能按期归还贷款本息而引起银行收益变动的可能性。银行最早强调的风险管理就是对信贷风险的管理。狭义上讲，银行信用风险一般指的是信贷风险。

二、信用风险的特征

（一）信用风险与收益的不对称性

信用风险的特征是在贷款安全收回的情况下获取正常的利息收益，一旦风险转化为实际损失，这种损失要比利息收益大得多，但其发生的可能性也远远小于正常情况。信用风险特征导致不能根据标准差来衡量风险的大小，也使得信用风险的度量和管理成为风险管理领域中最具有挑战性的课题。

（二）信用风险具有明显的非系统风险特征

尽管借款人的还款能力会受到诸如经济危机等系统性因素的影响，但多数情况下信用风险取决于与借款人明确联系的非系统性因素影响，如贷款投资方向、借款人经营管理能力、借款人风险偏好等，信用风险的非系统性特征，决定了多样化投资分散风险的风险管理原则适用于信用风险管理。

（三）道德风险是形成信用风险的重要因素

由于银行信用风险交易过程中存在明显的信息不对称现象，在信贷市场上通常表现为银行发放贷款后，很难对借款人在借款后的行为进行监管，因而借款人可能从事较高风险的投资行为。这就是所谓的道德风险问题，它对信用风险的形成起着重要作用。

（四）信用风险数据基础不足

由于贷款等信用产品的流动性差，缺乏二级交易市场，因此授信对象信用状况的变化不容易观察；而且贷款的持有期限一般都较长，信用风险的观察数据远比一般市场风险要少。另外，由于信息不对称原因，直接观察信用风险的变动较为困难。观察数据匮乏的特征决定了信用风险管理的难度与复杂性。

三、信用风险管理技术

信用风险管理的重点和难点是信用风险度量。随着信用活动规模的扩大以及信用活动方式的多样化，信用风险内涵的不断扩充。为了适应信用风险的变化，信用风险管理方法不断演进，新的理论不断提出、新的方法日趋成熟、新的技术日臻完善。按照信用风险管理方法的特征，这个演进过程可以分为两个阶段，第一阶段采用传统的信用风险管理方法，第二阶段采用现代信用风险管理方法。现代方法与传统方法之间不存在绝对的界限，传统方法是现代信用风险度量模型建立的基础，一些现代方法是对传统方法或思想的集成和发展。目前，传统的信用风险分析技术仍在许多企业或金融机构特别是银行中广泛使用。

（一）传统的信用风险管理方法

所谓传统方法主要指发展相对较早、较成熟、而且多为定性分析的一些方法，如专家打分法、信用评级法以及信用评分法等。

1. 专家打分法

专家打分法是由一些富有经验的专家凭借自己的专业技能和主观判断，对贷款企业的一些关键因素权衡以后，评估其信用风险，作出相应的信贷决策。其中最常见的就是 5C 分析法，主要从借款人的道德品质（Character）、还款能力（Capacity）、资本实力（Capital）、担保（Collateral）和经营环境条件（Condition）五个方面定性分析，其中前 4 个 C 主要针对借款人个人微观特征而言，第 5 个 C 指宏观经济条件即经济周期波动，以此判别借款人的还款意愿和还款能力，从而作为银行发生信贷、信贷监测和信用政策调整的依据。这种方法的主要缺陷是信用风险分析取决于信贷专家的专业技能及其对某些关键因素的权衡，具有很强的主观性。

2. 信用评级法

信用评级法实际上就是对资产及资产组合的信用状况进行评价，并针对不同级别的贷款提取不同的损失准备。典型的是美国的贷款五类分级方法即把贷款分为五级：正常、关注、次级、可疑、损失，不同级别所要求的损失准备金不同。其中后 4 类是低质量级别的，第 1 类是高质量级别的。在实际应用中，为了更加精确地考察贷款的风险性大小，通常又将这五个等级细分为九级或十级，与对债券的评级具有一定的对应关系。目前我国对贷款正在实行的是五级分类制度。

3. 信用评分法

信用评分法是将反映借款人经济状况或影响借款人信用状况的若干指标（如借款人的收入、年龄、职业、资产状况等；借款企业的财务比率等）赋予一定权重，通过某些特定方法得到能够反映信用状况的信用综合分值或违约概率值，并将其与基准值相比来决定是否给予贷款并对贷款定价。目前这种方法的应用仍然十分广泛。信用评分模型实质上是以借款人特征指标为解释变量的计量经济模型，主要包括 Z 评分模型，ZETA 模型，logit 模型，probit 模型和数据包络技术（DEA）模型等。

（二）现代信用风险管理方法

随着资本市场的发展、融资的直接化、资产的证券化以及金融衍生品市场的快速发展，信用风险日趋显现出复杂性，传统的信用风险管理方法不能适应资产在资本市场上价值的快速、动态的变化，进而出现了一系列基于现代金融理论和信息技术的模型化方法。Credit Metrics 模型、KMV 模型、Credit Risk+ 模型和 Credit Portfolio View 模型是其中较为著名的信用风险度量模型。

1. Credit Metrics 模型

Credit Metrics 模型是 J.P.摩根公司和一些合作机构于 1997 年推出的，它是通过在险价值（Value at Risk，VaR）来评估风险的一种计量方法，旨在提供一个进行风险估值的框架，用于诸如贷款和私募债券这样的非交易性资产的估值和风险的计算。该模型借用评估市场风险时用的风险价值概念，给出了贷款组合在未来一定时间内、在一定置信区间内贷款组合损失的最大值，即信用风险的大小。Credit Metrics 模型第一次将信用等级转移、违约率、回收率和违约相关性纳入到一个统一的模型中，并且首次将在险价值 VaR 方法运用到信用风险的度量和管理上。

2. KMV 模型

由著名的风险管理公司 KMV 公司开发的信用监控模型——KMV 模型是一种违约预测模型，主要计量违约风险，即当债务人不能如期偿还债务而给债权人带来的损失。KMV 模型是在期权定价理论的基础上建立起来的，认为企业违约的原因是其资产的市场价值下降到负债的账面价值以下，丧失偿债能力。模型提出了预期违约概率（EDF，Expected Default Frequency）这一概念，认为通过公司资产预期价值的概率分布可以计算出公司的预期违约概率，从而得出预期违约损失。KMV 公司建立信用监控模型（Credit Monitor Model，简称 KMV 模型）的目的就是解决银行贷款的信用风险问题。解决这一问题的关键，就是求出借款企业的资产市值以及资产市值的变动程度。KMV 模型使用"企业股权市值与企业资产市值之间的结构性关系"以及"企业资产市值波动程度与企业股权市值波动程度之间的关系"求出上述两个未知变量。

3. Credit Portfolio View 模型

麦肯锡（McKinsey）公司在 1998 年开发出 Credit Portfolio View 模型，该模型是一个多因素模型，用于估计一个国家某一行业内公司的违约概率和信用转移概率变动的联合条件分布。Credit Portfolio View 模型最大的特点是考虑了当期的宏观经济环境，比如 GDP 增长率、失业率、长期利率水平、汇率、政府支出和储蓄水平等宏观经济因素，认为信用质量的变化是宏观经济因素变化的结果。当经济条件恶化时，降级和违约增加；当经济状况好转时则相反。该模型以当期的经济状态为条件来计算债务人的等级转移概率和违约概率。在数据可获的条件下，这个模型可以应用于每个国家的不同群体和各种类型的债务人，这些债务人可以来自不同行业，如金融机构、农业、建设、服务业等。

4. Credit Risk+模型

Credit Risk+是 CSFP（Credit Suisse Financial Products）公司开发并于 1997 年底发表的新型信用风险评价模型。该模型的基本思想来源于保险精算学，即损失决定于风险事故发生的频率和风险事故发生时造成的损失程度。由于贷款组合的损失分布可以综合反映贷款发生违约的频率和严重程度，因此，Credit Risk+模型根据这种思想计算贷款组合的损失分布，并对贷款组合进行风险评价。

Credit Risk+模型是一种违约模型，只考虑了违约风险，不涉及级差风险。对违约风险的估计，模型并不是对一个等级的客户给出一个具体的数值，而是用一个连续的随机变量来描述。由于客户的信用等级随着时间的推移而不断变化，对于违约相关性问题，该模型认为其产生的根源一般是宏观经济环境的变化和行业形势的变化；CSFP 认为违约相关性是不可观测的而且是不稳定的，因此该模型利用违约率的波动性来捕捉违约相关性的影响并进一步生成贷款组合的损失分布。

思考题

1. 什么是物质风险，如何对其管理？
2. 财务风险的成因是什么，财务风险有哪些种类？
3. 如何对筹资风险进行管理？
4. 责任风险的法律背景是什么？
5. 如何管理责任风险？
6. 什么是人身风险，有哪几种重要的人身风险？
7. 人身风险有哪几种转移方法？
8. 信用风险有哪几种，如何对信用风险进行管理？

参考文献

1. [美]詹姆斯·S.特里斯曼、桑德拉·G.古斯特夫森、罗伯特·E.霍伊特著，裴平等译：《风险管理与保险》（第十一版），大连：东北财经大学出版社，2002 年。

2. 宋明哲著：《现代风险管理》，北京：中国纺织出版社，2003 年。

3. 孙祁祥编著：《保险学》（第二版），北京：北京大学出版社，2000 年。

4. 王晓群编著：《风险管理》，上海：上海财经大学出版社，2003 年。

5. 彭韶兵编著：《财务风险机理与控制分析》，上海：立信会计出版社，2001 年。

6. [美] Mark S.Dorfman 著，齐瑞宗译：《当代风险管理与保险教程》，北京：清华大学出版社，2002 年。

7. [美]C. 小阿瑟·威廉斯、迈克尔·L. 史密斯、彼得·C.扬著，马从辉、刘国翰译：《风险管理与保险》（第八版），北京，经济科学出版社，2000 年。

8. [美]Scott. E. Harrington、Gregory. R. Niehau 著，陈秉正、王珺、周伏平译：《风险管理与保险》，北京：清华大学出版社，2001 年。

9. 财政部企业司：《企业财务风险管理》，北京：经济科学出版社，2004 年。

10. 梁慧星主编：《责任保险论》，北京：法律出版社，1999 年。

11. 陈士亮编著:《家庭风险管理与投资理财》,北京:气象出版社,2000年。

12. 刘子操、陶阳编著:《健康保险》,北京:中国金融出版社,2001年。

13. 魏华林、林宝清等编著:《保险学》,北京:高等教育出版社,1999年。

15. 袁发勇:《信用风险的度量与管理研究》,武汉理工大学硕士学位论文,2006年4月。

16. 邓权全:《在我国银行信用风险管理中 DEA 评分方法的实证研究》,天津大学硕士学位论文,2006年2月。

17. 柏春红:《企业信用风险管理研究》,东北财经大学硕士学位论文,2005年12月。

第四章 保险概述

第一节 保险的概念

一、保险的定义

本书所指的保险主要是指商业保险。所谓商业保险，是指以保险合同的形式确立保险人与投保人之间的关系；并且按照保险合同的规定，保险人向投保人收取保险费，建立保险基金；当保险合同约定的保险事故（事件）发生或约定的期限届满时，保险人对被保险人（或受益人）履行赔偿或给付保险金责任的行为。上述定义仅是界定了保险的基本含义，在理论上及实践上我们可从不同的角度去理解保险的内涵[①]：

（一）经济角度

从经济角度上说，保险是分摊意外事故损失的一种有效财务安排。投保人通过交纳保险费购买保险，实际上是将他的不确定的大额损失变成固定的小额支出。而保险人由于集中了大量同质风险，所以能借助大数法则来正确预见未来损失的发生额，并据此制订保险费率，通过向所有投保人收取保险费建立保险基金，来补偿少数被保险人遭受的保险事故损失。因此，少数不幸的被保险人的损失由包括受损者在内的所有被保险人分摊。

作为一种非常有效的财务安排，保险体现了一定的经济关系，即一种等价交换的经济关系，也就是商品经济关系。这种商品经济关系直接表现为个别保险人与个别投保人之间的交换关系；间接表现为在一定时期内全部保险人与全

[①] 目前在保险理论界对保险的定义、本质等有多种说法，并有不同的保险说的理论。对此，本书不作介绍，读者可以参考其他有关书籍。

部投保人之间的交换关系。而在投保人之间所体现的则是国民收入的一种再分配关系。此外，由于保险的财务安排具有"千家万户帮一家"的经济补偿作用，所以投保人之间也是一种互助共济关系。

（二）社会角度

从社会角度来看，保险是一种重要经济保障制度。保险作为一种社会生产和社会生活中"精巧的稳定器"，是社会经济保障制度的重要组成部分。保险保障制度不仅能补偿其他社会经济保障制度在保障程度或保障范围上的不足，提高保障水平，而且采用"一人为众，众人为一"机制，并采用商业法则来经营管理，因而是一种"精巧"而且效率较高的经济保障制度。

（三）法律角度

从法律的角度来看，保险是一种合同行为，是一方同意补偿另一方损失的一种合同安排，同意赔偿损失的一方是保险人，被赔偿损失的另一方是被保险人。保险合同是双方有偿合同，保险关系的建立要求：一方面投保人要交纳一定数额的保险费；另一方面要求保险人按合同约定，在保险事故造成保险标的损失时，承担赔偿或给付保险金责任。因此，保险合同双方所具有的这种权利义务关系是一种相互对等的关系。投保人通过履行支付保险费的义务，换取保险人为其提供保险经济保障（赔偿或给付）的权利，这正体现了民事法律关系主体之间权利和义务的对等关系。

《中华人民共和国保险法》是这样表述保险定义的："本法所称保险，是指投保人根据合同约定，向保险人支付保险费，保险人对于合同约定的可能发生的事故因其发生所造成的财产损失承担赔偿保险金责任，或者当被保险人死亡、伤残、疾病或者达到合同约定的年龄、期限时承担给付保险金责任的商业保险行为。"

（四）风险管理角度

从风险管理角度来看，如前所述，保险是风险管理的重要的手段和机制。保险使众多单位和个人结合起来，将投保人的个体转移出去，而由众多单位共同对付或承担，从整体上提高了整个社会应对风险和处理危险事故的能力。需要明确的是，保险能够转移风险并不是说保险能彻底消除风险事故，投保后的房屋依然可能发生火灾，被保险人也会生老病死。但是通过保险方式，投保人用确定的小额支出消除了大额的不确定的损失风险，使被保险人的生产和生活在经济上具有了一定的保障。这与其他风险管理手段或方式相比具有特殊的意义和功能。

（五）金融角度

从金融的角度来看，保险是一种金融中介。金融和保险有诸多相同之处。二者都为客户提供风险管理工具。金融和保险的估价技巧有很多相似之处：证券和保险保单的公平价格是它们提供给客户的未来现金流量的预期折现价值。另外，二者经营的对象在某种意义上是相同的，都是未来结果（现金流量）与预期价值的偏离，即风险。最后，可保风险和金融风险的管理所依赖的两个基本范畴是相同的：风险汇聚和风险转移。

所以从某种意义上说，保险是一种金融行为。对社会而言，保险组织通过收取保险费聚集了大量的资金，再将这些资金运用出去，实际上在社会范围内起到了资金融通的作用，从这个意义上讲，保险组织是金融中介机构。但保险的这种资金融通有别于商业银行，资金的聚集不是以贷放为目的，而是以对被保险人的损失赔偿为基本出发点，因此各国无不对保险投资的方向予以严格规定。对于投保人/被保险人而言，参加保险、受损后获得赔偿都是以货币的形式进行的；正如前文所述，保险就是一种财务安排，所以投保人的保险行为也是一种金融行为，这在人寿保险表现得尤为明显。人寿保险更多地带有储蓄和投资的色彩，有典型的个人金融行为特征。

二、保险的要素

（一）可保风险

"无风险，无保险"。风险的客观存在是保险产生的前提条件。但是并非一切风险保险人都可承保，保险人承保的风险必须是具备一定条件的特定风险，符合保险人承保条件的特定风险被称为可保风险。

广义的可保风险是指可以利用风险管理技术来分散、减轻、转移的风险。狭义的可保风险是指能用保险的方式来处理的风险，这类风险通常是静态风险。

在商业保险市场上，一项风险应该满足以下几点要求才能被视为可保风险。强调"应该"是因为保险公司承保的风险中大概没有一项能完全满足这些要求。一般说来，给定种类的风险和这些要求相差越远，该种风险在商业保险市场上就越不可保。可保风险的理想特征（条件）包括[1]：

1. 风险必须是纯粹风险

风险一旦发生成为现实的风险事故，就只有损失的机会，而无获利的可能。

---

[1] 本教材所阐述的可保风险条件或特征是一种比较传统或经典的说法。但事实上，现代保险业的快速发展，早已突破了传统可保风险条件的规定。参阅《关于风险与保险的辩证思考》一文，《保险研究》，2007年第9期。

与纯粹风险相反，投机风险既有损失的机会也有获利的可能，限于保险的技术条件，保险人一般不予承保。例如股票的投机买卖风险等，保险人就不承保。

2. 风险必须具有不确定性

风险的不确定性至少包含三层含义：

（1）风险发生与否是不确定的。确定不会发生的风险投保人不会投保，确定必然会发生的风险保险人不会承保，只有那些有可能发生但又不一定发生的风险才能成为可保风险。

（2）风险发生的时间是不确定的。对于虽然确定必然发生但又不知何时发生的风险同样也具有不确定性。死亡风险似乎是确定的，因为人必然会死亡。但是，就每个人而言，由于死亡的时间是难以预知的，不适时的死亡就是一种损失，因而具有可保性。

（3）风险发生的原因和结果是不确定的。即风险的发生具有偶然性和不可预知性。因此，被保险人的故意行为引起的损失和保险标的的自然损耗都不具有可保性。保险条款中将被保险人的故意行为或者不采取合理防范措施而造成的损失，列为除外责任，保险人不予赔付。

3. 损失的概率分布是可以被确定的

如果一种风险是可承保的，它的预期损失必须是可以计算的。换句话说，如果风险损失的概率分布不可能被精确地计算，这个风险就是不可保的。这个意思是说，在一个合理的精确度之内，可保风险所致损失的概率分布应当是可以确定的，保费的计算即建立在对未来的损失预测的基础之上的。

4. 必须是众多独立同分布的风险单位

（1）独立的风险单位。简单地说，风险单位（exposure unit）就是可能遭受损失的人、场所或事物。类似的风险单位构成保险集合（insurance pools）。在一个保险集合中，风险单位的数量可能不同于保险集合中被保险人的数量。例如，一张车险保单承保的汽车可能不止一辆，每一辆汽车即为一个风险单位。

保险集合中的每一个风险单位代表了保险公司的一项或有债务。理想状态下的风险单位应相互独立且同分布。"独立"和"同分布"是两个统计术语，用来描述随机变量之间的关系。如果事件 X 的发生不受事件 Y 的发生的影响，且反之亦然，则 X 和 Y 叫做独立变量（independent variables）。例如，两辆在不同国家的不同高速公路上行驶的汽车可以视为相互独立。第一辆车的驾驶员无论做什么都不会影响第二辆车出事的概率。但如果第一辆汽车拖着第二辆汽车行驶，就不能认为两辆汽车相互独立。如果第一辆汽车冲出公路遭受了损失，第二辆汽车也会受损。这样，代表两辆汽车损失金额的两个变量就是相互依存的。独立性特征的重要性在于它影响着保险人分散其保险集合的系统风险的效率。

值得一提的是，巨灾风险不符合可保风险的最基本要求。保险人一般都可以通过将统计上相互独立的风险单位汇集成一个大集合来分散风险，从而降低该集合中风险单位的平均风险。但是，如果集合中的所有风险单位都有可能因为一项巨灾而遭受损失，这些风险单位就不再相互独立。此时，风险单位就被看作是相互依存或相关的。如果风险单位之间是相关的，在风险单位之间进行风险分散的效果就会大大地削弱，这对保险市场可能会产生巨大的影响。见专栏 4-1[①]。

专栏 4—1

飓风给保险业带来了巨额赔款风险

美国是个飓风多发区，飓风不仅摧毁了百姓的家园，同时也深深打击了美国的保险业。连续 3 次大规模的飓风袭击使美国的保险机构现在面临巨额索赔。

飓风"伊万"让美国新泽西州、宾夕法尼亚州和北卡罗莱纳州部分地区灾害横行。

据估计，仅飓风查理和弗朗西斯就将使保险公司偿付 300 亿美元，超过 1992 年"安德鲁"飓风的 203 亿美元赔偿额，成为美国历史上保险理赔金额最高的自然灾害事故。而保险公司估计，伊万飓风造成的损失赔付额也要 100 多亿美元。

不过，美国的一些保险公司也有措施应对巨额理赔。在 1992 年"安德鲁"飓风袭击美国后，美国的一些州政府为了分散风险建立了一项巨大灾害基金，保险公司定期向基金储蓄资金，一旦发生巨大灾难事故，这项基金将分担保险公司的保险理赔。

例如，在"查理"理赔中，一家名为好事达的保险公司原本要支付 42.5 亿美元的赔偿金，但因为在基金公司里，保险公司交纳了多年的储蓄基金，因此，基金公司替好事达保险支付了近 90%的赔偿费。

另外，对于一些高风险的沿海地区，保险公司在保单签订的时候，就把很多保单转让给了当地政府建立的居民财产保险公司，让政府和保险公司一

---

① 来源：南方网。

起承担风险。

　　另有一些保险公司在制订保单时，还增加了 5%的大风灾害费率，让居民多交保险费。这在一定程度上也降低了理赔金额。

　　（2）同分布的风险单位。如果两个随机变量具有相同的概率分布，这两个变量就是同分布的（identically distributed），其分布的期望值和方差相等。这种特征的意义在于保险人可以据此对每个潜在的投保人按照相同的费率收取保费，否则保险人必须收取平均保费以便使收支相抵，而我们已经看到收取平均保费会给保险市场带来逆选择风险；换言之，如果风险单位发生损失的概率分布不同，保险人应当相应地制订不同的费率。

　　5. 损失是可以确定和计量的

　　确定和计量的含义是指，发生的损失必须在时间和地点上可以被确定，在数量上可以被衡量。只有这样保险人才能赔付损失并且预测和计算未来的损失。

　　保险经营中，要求制订出准确的费率，而费率的计算依据是风险发生的概率及其所致标的损失的概率，这就要求风险具有可测性。如果风险发生及其所致损失的周期过长，或风险标的是新生事物；人们对其观察分析不足等，都不足以制订比较可靠稳定的费率，难以科学地经营此种风险，或者使保险人面临很大的经营风险。因此，如果风险缺乏现实可测性，便不能成为可保风险。

　　6. 风险不能使大多数的保险标的同时遭受损失

　　这是可保风险的另一个基本条件。它要求损失的发生具有分散性，因为保险的目的是以多数人支付的小额保费，赔付少数人遭受的大额损失。如果大多数保险标的同时遭受重大损失，则任何保险人都无法予以赔付。然而，实际情况并不尽如人意，洪水、地震等巨灾事故往往带来的是巨灾损失。据瑞士再保险公司（Swiss Re）估算，地震、台风和洪水这三种主要自然灾害的任何一种发生,对当今中国都可能造成数千亿人民币的经济损失,约占中国 GDP 的 6%[①]。因此，保险人在承保时力求将风险单位分散，或是用再保险的方式转嫁一部分风险责任。

　　7. 特大灾难事故的发生概率应当很小

　　当保险人承保了一组风险时，从总体上说，保险标的遭受损失是必然的，但遭受损失的保险标的的所占总数的比例应当是很小的。也只有这样，保险人才可能以每个投保人所缴纳的相对很小的保费来弥补这个损失。

————————————

[①] “中再：加快建立巨灾和农业再保险体系”，《中国保险报》，2007-10-4。

一般，特大灾难特指两种情况：第一，所有的或者大部分保险标的都面临同样的风险因素和发生同样的风险事故。比如，所有被承保房屋都处于地震多发带。第二，保险标的的价值巨大，损失一旦发生，其后果十分严重。例如，卫星发射、大型客机、大型钻井平台等。对于这类风险，保险人往往是借助再保险的实力承保。从财务安全的角度考虑，保险公司也不应该将自己的业务限制在某一领域、某一城市或地区。

但是，可保风险的条件也会随着保险技术的发展和时间的推移发生变化，而且一些外部条件如市场竞争、国家政策、经营局势等等也会左右可保风险的条件，例如在国际保险市场上，可保风险的范围正从静态风险向动态风险扩展。除考虑上述条件以外，保险人在经营过程中选定可保风险时，还会受其他外部条件的影响。

（二）多数人的同质风险的集合与分散

保险的过程，既是风险的集合过程，又是风险的分散过程。保险人通过保险将众多投保人所面临的分散性风险集合起来，当发生保险责任范围内的损失时，又将少数人发生的风险损失分摊给全部投保人，也就是通过保险的补偿或给付行为分摊损失，将集合的风险予以分散。保险风险的集合与分散应具备两个前提条件：

1. 多数人的集合体。互助性是保险的特征之一，保险实现互助的方法在于集合多数人的保费，补偿少数人的损失。多数人的集合，一方面是基于风险分散的技术要求，另一方面也是概率论和大数法则的原理在保险经营中得以运用的条件。根据概率论和大数法则的数理原理，集合的风险标的越多，风险就越分散，损失发生的概率也就越有规律性和相对稳定性，依此制定的保险费率也才更为准确合理，收取的保险费的数额也就越接近于实际损失额和赔付额。倘若仅仅是少数人或个别人的风险，就无所谓集合与分散，而且损失发生的概率难以测定，大数法则更不能有效地发挥作用。

2. 同质风险的集合体。所谓同质风险，是指风险单位在种类、品质、性能、价值等方面大体相近。如果风险为不同质风险，那么风险损失发生的概率就不相同，风险也就无法进行同一集合与分散。此外，由于不同质的风险，损失发生的频率与幅度是有差异的，倘若进行集合与分散，会导致保险经营财务的不稳定，从而抑制保险人提供保险。

（三）保费的厘定

保险在形式上是一种经济保障活动，而在实质上是一种商品交换行为。因此，制定保险商品的价格，即厘定保险费率，便构成了保险的基本要素。为保证保险双方当事人的利益，保险费率的厘定要做到如下几点：

1. 遵循费率厘定的基本原则：公平合理，保证偿付，相对稳定，促进防损

（1）公平合理。一方面，保险费率水平要与保险标的的风险水平相适应；另一方面，还要根据保险标的的风险水平合理划分费率档次，体现同种标的在不同地区、不同时间和不同主体使用上所具有的风险差异性，同时还要满足保险人业务开支需要和合理利润要求。因而，费率不能过高，也不能过低。过高，保险需求会下降；过低，又会抑制保险供给。

（2）保证偿付。保险的基本职能是提供补偿或给付。为使保险人收取的保险费能充分保障被保险人的经济利益，保险费率的厘定要保证保险人具有足够的偿付能力。费率过低，直接影响保险基金的实际规模，导致保险企业因不抵赔付而破产倒闭，最终损害广大被保险人的利益。

（3）相对稳定。保险费率厘定后，通常要保持相当长的一段时间，不能经常变动，否则，一方面会增大保险人的业务工作量，导致业务费用的增加；另一方面，也会给保费计算上带来困难，影响业务发展。因此，在厘定费率时应充分考虑各种因素，对未来趋势作出科学预测，使厘定的费率在相当一段时间内都具有适应性。但是，从长期来看，费率的水平还应随着各种因素的变化作相应的调整。

（4）促进防损。厘定的保险费率应有利于投保人、被保险人加强防灾防损。对于具有良好的防灾防损装置或设施的、或者出险率很低的投保人，在厘定费率时，要体现优惠。

2. 以完备的统计资料为基础，运用科学的计算方法

保险费率的厘定是依据过去的、历史的资料预测将来。如财产保险纯费率的厘定是以平均保额损失率来确定损失概率，因而必须选择适当的历年保额损失率，而且，每年的保额损失率必须基于大量的统计资料，从中筛选出一组比较稳定的保额损失率数列。

根据大数法则的要求，保额损失率指标必须有足够的年数，一般至少需要有保险事故发生比较正常的连续 5 年以上的资料，而不能以一年为限。因为各年的保额损失率只是频率值，具有不稳定性，只有将若干年的保额损失率加以平均，才能接近损失概率。然而这也仅仅是厘定费率的基本依据，考虑到以后年度的变化因素，保险人通常采取在平均保额损失率的基础上另加一次、两次或三次均方差数值作为风险附加的方法来厘定费率。

3. 接受国家或政府保险监管机关的审核

费率竞争是保险市场竞争的有效手段之一。为防止保险费率的恶性竞争，

一些国家采取同业公会制订统一费率予以制约或由国家保险监管部门审定某些费率。《中华人民共和国保险法》规定：保险公司主要险种基本条款和保险费率要由保险监督管理部门监管，保险公司拟订的其他非主要险种的条款和费率，应当报保险监管部门备案审批。

（四）保险基金的建立

保险的分摊损失与补偿、给付功能是通过建立保险基金实现的。保险基金是用以补偿或给付因自然灾害、意外事故和人体自然规律所致的经济损失和人身损害的专项货币基金。保险基金具有来源的分散性与广泛性、总体上的返还性、使用上的专项性、赔付责任的长期性和运用上的增值性等特点。

1. 保险基金的意义

（1）保险基金是保险业存在的现实的经济基础。高度发展的生产力只为保险提供了物质上的可能性，而只有保险基金才是这种可能性的现实体现。保险基金的建立，既意味着社会生产力所提供的物质后备已经被用于经济保障，也意味着这种经济保障采取了商品经济关系和商业保险的经济保障形式。保险基金是现代保险业的现实的经济基础。

（2）保险基金决定着保险企业的业务经营规模。各国的保险法律、法规对保险企业的业务经营规模都有严格的要求和限制，通常规定业务量要与企业的资本金和保险基金之和保持一定的比例（世界多数国家的保险法规定，保险企业对每个保险标的的承保额不得超过该指标的 10%）。因而，保险基金的数额是制约保险企业业务经营规模的重要的经济基础。

（3）保险基金是保证保险企业财务稳定性的经济基础。保险企业财务稳定性的最大威胁是巨灾和巨额损失，对此一般只能动用保险基金中的总准备金。如果总准备金充足，足以应付巨灾巨损的赔付，就表明保险企业的财务是稳定的。可见，保险基金特别是其中的总准备金对保险企业的财务稳定性具有决定性的意义。

2. 保险基金的构成

保险基金是由开业资金和保险费两部分构成的。开业资金是保险企业开业时所需的一定数额的启动资金，一部分用于购置设备和经营费用开支，另一部分用作赔付，这部分赔付的资金就是开业时的保险基金。保险费是投保人为获得保险人的保险经济保障而交付的费用，是保险基金的主要构成部分。

3. 保险基金的存在形式

保险基金是以各种准备金的形式存在的。就财产与责任保险而言，表现为未到期责任准备金、赔款准备金、总准备金①和其他准备金几种形式；就人身保险准备金而言，主要以未到期责任准备金形式存在。可见，保险赔偿与给付的基础是保险基金。

（五）保险合同的订立

订立保险合同是保险得以成立的法律形式。

1. 保险合同是体现保险经济关系存在的法律依据

保险是一种经济关系，是投保人与保险人之间等价交换的商品经济关系，这种经济关系需要有法律关系对其进行保护和约束，即通过一定的法律形式固定下来，这就是订立保险合同。保险合同是投保人与保险人为了实现保险经济保障的目的，共同约定保险权利义务关系的协议。

2. 保险合同是保险双方当事人履行各自权利与义务的依据

保险对被保险人由于风险事故造成的经济损失提供经济补偿或保险金给付。为了获得保险保障，投保人要承担缴纳保险费的义务；保险人收取保险费的权利，就是以承担赔偿或给付被保险人经济损失的义务为前提的。而风险是否发生，何时发生，其损失程度如何，均具有较大的随机性，这就要求保险人与投保人应在确定的法律或契约关系约束下履行各自的权利与义务。倘若不具备在法律上或契约上规定的各自的权利与义务，那么，保险经济关系难以成立。

三、保险的特征

保险的特征是指保险活动与其他经济活动相比所表现出的基本特点。一般地说，现代商业保险的特征主要包括：

（一）经济性

保险是一种经济保障活动。保险的经济性主要体现在保险活动的性质、保障对象、保障的手段、保障的目的等方面。保险经济保障活动是整个国民经济活动的一个有机组成部分，其保障对象即财产和人身直接或间接属于社会生产中的生产资料和劳动力两大经济要素；其实现保障的手段，最终都必须采取支付货币的形式进行补偿或给付；其保障的根本目的，无论从宏观角度还是从企业微观的角度，都是为了有利于经济发展。

（二）商品性

在商品经济条件下，保险是一种特殊的劳务商品，保险业属于国民经济第三产业。所以，保险体现了一种等价交换的经济关系，也就是商品经济关系。

---

① 这些准备金的具体内容将在以后章节或教材会有介绍。

这种商品经济关系直接表现为个别保险人与个别投保人之间的交换关系，间接表现为在一定时期内全部保险人与全部投保人之间的交换关系。

（三）互助性

保险具有"一人为众，众为一人"的互助特性。没有互助性，也就失去了保险的意义。保险是在一定条件下，分担了个别单位和个人所不能承担的风险，从而形成了一种经济互助关系。这种经济互助关系通过保险人用多数投保人缴纳的保险费建立的保险基金对少数遭受损失的被保险人提供补偿或给付而得以体现。当然，在现代商业保险条件下，由于保险公司的出现，并作为一种中间性的机构来组织风险分散和经济补偿，从而使互助性的关系演变成一种保险人与投保人直接的经济关系，但这种变化并不改变保险的互助性特征。

（四）法律性

从法律角度看，保险是一种合同行为。保险关系的存在依法以合同的形式体现出来。保险双方当事人要建立保险关系，其形式是保险合同；保险双方当事人要履行其权利和义务，其依据也是保险合同。

（五）科学性

保险是以科学的方法处理风险的有效措施。现代保险经营以概率论和大数法则等科学的数理理论为基础，保险费率的厘定、保险准备金的提存等都是以科学的数理计算为依据的。

四、保险与相似制度比较

从现象上看，现有一些制度与商业保险相类似。因此，人们很容易把商业保险与这些相似制度相混淆，为了更清晰地了解保险概念，现将商业保险与一些相似制度作比较。

（一）保险与互助保险

互助保险，即由一些具有共同要求和面临同样风险的人以预交风险损失补偿分摊金自愿组织起来的一种保险形式。这种互助形式曾存在于古今各种以经济补偿为目的的互助合作组织之中。如古埃及建造金字塔石匠中的互助基金组织、古罗马的丧葬互助会；中世纪的工匠行会、商人行会、宗教行会、村落行会等各种行会。

保险与互助保险既有共同性的一面，更有其差异性的一面。二者的共同性主要表现为以下两点：一是保险与互助保险均以一定范围的群体为条件；二是保险与互助保险均具有"一人为众，众为一人"的互助性质。保险与互助保险的差异主要表现为以下三点：一是保险的互助范围以全社会公众为对象，而互助保险的互助范围则是以其互助团体内部成员为限；二是保险的互助是其间接后果而不是直接目的，而互助保险的互助则是直接目的；三是保险是按照商品经济原则，以盈利为目的而经营的商业行为，而互助保险则是以共济为目的的非商业活动。由于二者有上述性质上的差别，使二者成为两种不同的事物。互助保险不属于商业保险范畴。

（二）保险与社会保险

社会保险是社会保障的重要形式之一。社会保障是指社会（国家）为保证生活有困难的社会成员的基本生活需要得到满足，采用法律强制手段而实施的一种保障形式。社会保障的基本特征是社会性、基本保障性和强制性。社会保障的形式包括社会保险、社会救济、社会福利等。其中，社会保险是指国家或政府通过立法形式，采取强制手段对全体公民或劳动者因遭遇年老、疾病、生育、伤残、失业和死亡等社会特定风险而暂时或永久失去劳动能力，失去生活来源或中断劳动收入时的基本生活需要提供经济保障的一种制度。其主要项目包括养老保险、医疗保险、失业保险和工伤保险等。

这里，保险与社会保险的比较主要是对人身保险与社会保险的比较：

1. 人身保险与社会保险的共同点

（1）同以风险的存在为前提。人身特有风险的客观存在，是人身保险存在与发展的自然前提；而人身风险的偶然性和不确定性，则产生了对人身风险保障的需求。对此，人身保险与社会保险并无区别。

（2）同以社会再生产的人身要素为对象。人身保险与社会保险的保险标的都是人的身体或生命，只不过社会保险的标的是依法限定的，而人身保险的标的是以保险合同约定的。

（3）同以概率论和大数法则为制订保险费率的数理基础。人身保险与社会保险都需要准确合理地厘定保险费率，因而编制和使用生命表对人身保险与社会保险都很重要。

（4）同以建立保险基金（或叫保险准备金）作为提供经济保障的物质基础。为了使被保险人在遭受人身风险事故后能获得及时可靠的经济保障，人身保险与社会保险都要将收取的保险费建立专门的保险基金，并按照相同的原则进行投资运用，以确保保险基金的保值增值，增强偿付能力。

2. 人身保险与社会保险的区别

（1）经营主体不同。人身保险的经营主体必须是商业保险公司，对此各国保险法都有相应规定。《中华人民共和国保险法》第6条规定："经营商业保险业务，必须是依照本法设立的保险公司。其他单位和个人不得经营商业保险业务。"而社会保险一般是由政府或其设立的机构作为经营主体的，带有行政性和垄断性的特色。在我国，经办社会保险的机构是由劳动与社会保障部授权的社会保险机构。

（2）行为依据不同。人身保险是依合同实施的契约行为，保险关系的建立是以保险合同的形式体现的，保险双方当事人享受的权利和履行的义务也是以保险合同为依据的。而社会保险则是依法实施的政府行为，享受社会保险的保障是宪法赋予公民或劳动者的一项基本权利。为保证这一权利的实现，国家必须颁布社会保险的法规强制实施。

（3）实施方式不同。人身保险合同的订立必须贯彻平等互利、协商一致、自愿订立的原则，除少数险种外，大多数险种在法律上没有强制实施的规定。而社会保险则具有强制实施的特点，凡是社会保险法律法规规定范围内的社会成员，必须一律参加，没有选择的余地，而且对无故拒缴或迟缴保险费的要征收滞纳金，甚至追究法律责任。

（4）强调的原则不同。人身保险是以合同体现双方当事人关系的，双方的权利与义务是对等的，即保险人承担赔偿和给付保险金的责任完全取决于投保人是否缴纳保险费以及缴纳的数额。也就是多投多保，少投少保，不投不保。因而，人身保险强调的是"个人公平"原则。而社会保险因其与政府的社会经济目标相联系，以贯彻国家的社会政策和劳动政策为宗旨，强调的是"社会公平"原则。投保人的缴费水平与保障水平的联系并不紧密，为了体现政府的职责，不管投保人缴费多少，给付标准原则上是同一的，甚至有些人可以免缴保险费，但同样能获得社会保险的保障。

（5）保障功能不同。人身保险的保障目标是在保险金额限度内对保险事故所致损害进行保险金的给付。这一目标可以满足人们一生中生活消费的各个层次的需要，即生存、发展与享受需要都可以通过购买人身保险得到保障。而社会保险的保障目标是通过社会保险金的支付保障社会成员的基本生活需要，即生存需要，因而保障水平相对较低。

（6）保费负担不同。缴付保险费是人身保险投保人应尽的基本义务，而且保险费中不仅仅包含死亡、伤残、疾病等费用，还包括了保险人的营业与管理费用，投保人必须全部承担。因而，人身保险的收费标准一般较高。而社会保险的保险费通常是个人、企业和政府三方共同负担的。至于各方的负担比例，则因险种不同、经济承担能力不同而各异。

（三）保险与救济

保险与救济同为借助他人安定自身经济生活的一种方法。但是，二者的根本性质是不同的。

1. 提供保障的主体不同

保险保障是由商业保险公司提供的，是一种商业行为；救济包括民间救济和政府救济。民间救济由个人或单位提供，这类救济纯粹是一种施舍行为，一种慈善行为；而政府救济属于社会行为，通常被称为社会救济。

2. 提供保障的资金来源不同

保险保障以保险基金为基础，主要来源于投保人缴纳的保险费，其形成也有科学的数理依据，而且国家对保险公司有最低偿付能力标准的规定。而民间救济的资金是救济方自己拥有的，因而救济资金的多少取决于救济方自身的财力。政府救济的资金则来源于国家财政，因而政府救济资金的多少取决于国家的财力。救济资金的来源限制了救济的时间、地区、范围和数量。

3. 提供保障的可靠性不同

保险以保险合同约束双方当事人的行为，任何一方违约都会受到惩罚，因而被保险方能得到及时可靠的保障；而民间救济则是一种单纯的临时性施舍，任何一方都不受法律约束。尤其对于救济人而言，其行为完全自由，是否救济、救济多少均由自己决定，因而被救济人所得到的保障只能是临时的，不稳定的，而且也是不可靠的。至于政府救济，虽然不是合同行为，但却受到法律的约束。政府不能任意决定是否救济、救济多少，因而政府救济是及时可靠的。

4. 提供的保障水平不同

保险保障的水平取决于保险双方当事人的权利和义务，即保险的补偿或给付水平要根据损失情况而定，并与投保人的缴费水平直接相联系，因而能使被保险人的实际损失得到充分的保障。而救济是单方面的行为，被救济者与救济者之间不存在权利义务关系，民间救济更是一种单方的、无偿的授予行为。被救济方无须为获得救济而承担任何义务，因而救济的水平并不取决于被救济方的实际损失，而是取决于救济方的心愿和能力。至于政府救济，要依法实施，但一般救济标准很低，通常依当地的最低生活水平而定。

（四）保险与储蓄

保险与储蓄都具有以现在的资金积累解决以后的资金需要的共同特点。因而都体现一种有备无患的思想，尤其是人身保险的生存保险及两全保险的生存部分，几乎与储蓄难以区分。但是，二者属于不同的经济范畴，有着明显的差异。

1. 保险是以一定的群体为条件，而储蓄则是以个人或单位为主体

保险的群体，即消费者必须符合保险人的承保条件，经过核保可能会有一

些人被拒保或有条件的承保；储蓄的消费者可以是任何单位或个人，一般没有特殊条件的限制。

　　2．技术要求不同

　　保险集合多数面临同质风险的单位和个人分摊少数单位和个人的损失，需要有特殊的分摊计算技术；而储蓄则总是使用本金加利息的公式，无需特殊的分摊计算技术。

　　3．受益期限不同

　　保险由保险合同规定受益期限，只要在保险合同的有效期间，无论何时发生保险事故，被保险人均可以在预定保险金额内得到保险的赔付，其数额可能是其所缴纳的保险费的几倍、几十倍甚至于几百倍；而储蓄则以本息返还为受益期限，只有达到了一定的期间，储户才能得到预期的利益即储存的本金及利息。

　　4．行为性质不同

　　保险用全部投保人缴纳的保险费建立的保险基金对少数遭受损失的被保险人提供补偿或给付，是一种互助行为；而储蓄是个人留出一部分财产作准备，以应对将来的需要，无需求助他人，完全是一种自助行为。单纯的储蓄行为不属于商业保险范畴，然而，保险与储蓄相结合的储蓄性保险，则属于商业保险范畴。

　　5．消费目的不同

　　保险消费的主要目的是应付各种风险事故造成的经济损失；而储蓄的主要目的是为了获得利息收入。

　　（五）保险与自保

　　保险与自保都是处理风险的财务型方法，对于风险事故所造成的损失，都是由以科学方法为基础形成的资金进行补偿或给付的。二者不同点是：

　　1．保险是众多经济单位的共同行为，而自保是个别经济单位的单独行为。前者通过风险转移来实现，而后者仍属于风险自留，是风险自留的一种特殊形式，并无风险的转移。

　　2．参加保险以后，如保险事故发生，被保险人（受益人）即可获得保险金；但自保基金的积聚需要相当的一段时间，如果在自保基金形成之前发生风险事故，则经济单位不能获得充分的补偿。从这一点上讲，自保与储蓄接近。

　　3．对于保险而言，保险费的缴付意味着这笔资金的所有权完全转移给保险公司，如无保险事故发生，投保人不得收回。但自保不同，如果风险事故不发生或损失较少，则剩余的准备资金，仍属于该经济单位。

第二节　保险的分类

一、按照实施方式分类

（一）强制保险

　　强制保险（又称法定保险）是由国家（政府）通过法律或行政手段强制实施的一种保险。机动车辆第三者责任保险就是一种强制保险。其目的是最大限度发挥保险这一"社会精巧稳定器"的作用，保证社会生产和社会生活正常进行。强制保险的保险关系虽然也是产生于投保人与保险人之间的合同行为，但是，合同的订立受制于国家或政府的法律规定。强制保险的范围可以是全国性的，也可以是地方性的。它的特点是：凡属法律规定范畴或行政命令规定的任何人都必须投保；国家通过法令统一规定承保机构、保险责任范围、保障时限、保险金额、保险赔付方式等等。强制保险的实施方式有两种选择：一是保险标的与保险人均由法律限定；二是保险标的由法律限定，但投保人可以自由选择保险人。目前在我国立法方面，依据《保险法》的规定，只有法律、行政法规有权规定强制保险。我国现行法律中有四部法律规定了具体的强制保险：《海洋环境保护法》第 28 条规定了强制油污染民事责任保险，《煤炭法》第 44 条规定了强制井下职工意外伤害保险，《建筑法》第 48 条规定了强制危险作业职工意外伤害保险，《道路交通安全法》第 17 条规定了机动车第三者责任强制保险。我国现行行政法规中有四部法规规定了具体的强制保险制度：《河内交通安全管理条例》第 67 条规定了强制船舶污染损害责任、沉船打捞责任保险，《旅行社管理条例》第 21 条规定了强制旅客旅游意外保险，《海洋石油勘探开发环境保护管理条例》第 9 条规定了强制污染损害责任保险，《机动车交通事故责任强制保险条例》中规定的强制保险。但在西方国家，无论是在强制保险的险种、实施时间、社会覆盖面、监管制度、社会效果方面，强制保险制度已达到很高的水平。如在德国，依据德国有关法律规定，有 120 多项活动要进行强制保险，大体可以分为五类：职业责任强制保险，产品责任强制保险，事业责任强制保险，雇主责任强制保险，特殊行为强制保险[①]。

---

　　① 参考《完善我国强制保险制度的思考》，《保险研究》，2006 年 10 期。

（二）自愿保险

自愿保险是在自愿原则下，投保人与保险人双方在平等的基础上，通过订立保险合同而建立的保险关系。自愿保险的保险关系，是当事人之间自由决定、彼此合意后所建立的合同关系。投保人可以自由决定是否投保、向谁投保、中途退保等，也可以自由选择保障范围、保障程度和保险期限等。保险人也可以根据情况自愿决定是否承保、怎样承保，并且自由选择保险标的，选择设定投保条件等。

二、按照保险经营主体分类

（一）公营保险

公营保险是指由政府出面经营的保险，一般分为国家经营的保险和地方政府或自治团体经营的保险，包括国家强制设立的保险机关经营的保险或国家机关提供补助金的保险。

（二）民营保险

民营保险是由私人投资经营的保险，其形式主要有股份保险公司、相互保险公司、保险合作社和个人经营的保险等。

三、按照保险的性质分类

（一）商业保险

商业保险亦称营利保险，是指保险人以营利为目的而经营的保险。保险经营者按照营利原则开展业务，将其经营所得的利润或盈余进行分配。

（二）社会保险

社会保险是指国家或政府通过立法形式，采取强制手段对全体公民或劳动者因遭遇年老、疾病、生育、伤残、失业和死亡等社会特定风险而暂时或永久失去劳动能力，失去生活来源或中断劳动收入时的基本生活需要提供经济保障的一种制度。

（三）政策性保险

政策性保险是一种不以营利为目的，在一定时期、一定范围内，国家为促进有关产业的发展，运用政策支持或财政补贴等手段对该领域的风险保险给予保护或扶持的一类特殊形态的保险业务。政策性保险通常由政府或政府设立、委托的专门保险机构经营，是一类有别于商业保险和社会保险的保险。从各国政策性保险的发展情况来看，尽管不同的国家在不同的时期有着不同的政策性保险安排，但常见的政策性保险仍然不外乎是农业保险、出口信用保险、海外投资保险等，这些保险涉及的领域关系到国民经济的基础和对外贸易，从而是关系全局的保险业务领域。

政策性保险经营的内容一般是非寿险业务。在政策性保险的具体经营实践中，它通常与商业性的财产和责任保险构成不同层次的交叉关系。例如，出口信用保险在一些国家通常被列入国家政策性保险范畴，但它与商业信用保险既有区别又有联系。国家并不强制出口商一定要向政策性保险机构投保出口信用保险，但政策性保险机构却不能拒绝承保出口商投保，而一般商业保险公司则可以拒绝承保，这种对承保方强制而对投保方不强制的承保方式是商业保险所没有的；而政策性保险通常能够给保险客户以优惠的、公平的承保条件亦使它与商业保险区别开来。然而，政策性保险又不是一个绝对垄断或隔离的保险市场，因为出口商既可以向政策性保险机构投保，也可以像一般业务那样向商业保险机构投保，国家并不禁止商业保险公司经营政策性保险范围的业务（只是不能享受国家的特别支持）。只要双方自愿，出口商就可以与商业保险公司达成承保协议。因此，在国外保险市场上可以发现，政策性保险范围内的业务其实都有着商业保险公司的影子，如在农业保险市场上，一些国家规定政策性保险机构只经营某类农作物或某类风险，农民经营的其他种类农作物或其他种类风险便只能向商业保险公司寻求风险保障。因此，政策性保险与商业保险事实上存在着紧密的关系，在一些保险学教科书中，亦通常将政策性保险业务并入有关财产与责任保险中进行阐述。

四、按照保险标的分类

（一）财产保险

财产保险是指以财产及其有关利益为保险标的的一种保险，包括财产损失保险、责任保险、信用保证保险等保险业务。按照保险标的的形态，财产保险还可分为有形财产保险和无形财产保险。

1. 财产损失保险

财产损失保险是以各类有形财产为保险标的的财产保险。其主要包括的业务种类有：企业财产保险、家庭财产保险、运输工具保险、货物运输保险、工程保险、特殊风险保险和农业保险等。

2. 责任保险

责任保险是指以被保险人依法应负的民事损害赔偿责任或经过特别约定的合同责任作为保险标的的保险。它是对被保险人由于疏忽、过失行为造成他人的财产损失或人身伤亡，根据法律或合同的规定，应对受害者承担的经济赔偿责任，由保险人提供经济赔偿的保险。其主要业务种类有：公众责任保险、产品责任保险、雇主责任保险和职业责任保险等。

3. 信用保证保险

信用保证保险是一种以民商事合同所约定的预期应得的有形财产或预期应得的经济利益为保险标的的保险，它是一种担保性质的保险。按照投保人不同，可以分为信用保险和保证保险。信用保险是债权人（被保险人）要求保险人担保债务人（被保证人）的信用的保险；当债务人不能履行或拒绝偿付债务时，保险人赔偿债权人的损失。信用保险的投保人是债权人。其主要业务种类有一般商业信用保险和出口信用保险。保证保险是债务人（被保证人）根据债权人（被保险人）的要求，要求保险人担保自己信用的保险。保证保险的投保人是债务人。其主要业务种类有合同保证保险、产品质量保证保险和忠诚保证保险。

目前我国开办的财产损失保险主要有：火灾保险、海上保险、工程保险、内陆运输保险、汽车保险、航空保险、盗窃保险、机器损坏险、营业中断险（或利润损失险）等。责任保险多附加于财产损失保险的险种中，如汽车保险、飞机保险、工程保险中附加的第三者责任保险。财产保险都是损害赔偿性质的保险，保险人只负责补偿被保险人遭受的各项实际损失。

（二）人身保险

人身保险是指以人的生命和身体为保险标的的保险。它是保险人对被保险人在保险期间因意外事故、疾病等原因导致死亡、伤残，或者在保险期满后，根据保险条款的规定给付保险金的保险。人身保险又可分为人寿保险、人身意外伤害保险及健康保险。

1. 人寿保险

人寿保险是以被保险人的生命作为保险标的，以被保险人的生存或死亡为给付保险金条件的一种人身保险。人寿保险通常分为生存保险、死亡保险和两全保险。生存保险是以被保险人在保险期内生存为保险金给付条件的保险，如被保险人在保险期内死亡则不支付保险金。生存保险主要是为了使被保险人生存到了一定年限后，可以领取一笔保险金以满足其生活上的需要。年金保险是一种保险金给付方式特殊的生存保险。年金保险是指被保险人生存期间保险人按照保险合同的约定金额、方式、期限，有规则并且定期地向被保险人给付保险金的生存保险。这里所指的"定期"并非一定按年计算，既可以是一年，也可以是半年或一个月，这是由保险合同约定的。生存保险中的到期生存给付是指被保险人在保险期限届满时或达到一定年龄时依然生存，保险人一次性给付保险金。到期生存给付多与其他险种结合办理，如与年金保险结合成养老保险，与死亡保险结合成两全保险。死亡保险是以被保险人在保险期内死亡为保险金给付条件的保险，分定期和终身两种。定期寿险指被保险人在约定的保险期内死亡，由保险人给付保险金；若被保险人在保险期满仍生存，则保险人不付保险金，保险费也不退还。终身寿险是指无论被保险人何时死亡，保险人均须向被保险人给付保险金。终身寿险可分为分红终身寿险和不分红终身寿险。分红产品的保单持有人在每个保单周年日可以分享保险公司的可分配盈余。为了适应多样化的市场需求，提高产品的市场竞争力，保险公司开发了一系列创新型保险产品。这些产品除了具有传统寿险产品的保障功能外，还具有投资功能，而且保费的数额及交纳方式、保单的保险金额灵活可变。在我国大陆保险市场，创新型寿险产品主要有投资连接保险和万能保险。死亡保险主要是为了保障受益人的生活。生死两全保险又称混合保险，是指被保险人在保险期内不论是死亡，还是生存到保险期满，均可领取约定保险金的一种人寿保险。

2. 健康保险

健康保险又称为医疗保险或疾病保险，是以被保险人的身体为保险标的，使被保险人在疾病，生育或意外事故所致伤害时发生的费用或损失获得补偿的一种人身保险业务。健康保险业务主要有两大类：一是医疗费用保险，对被保险人由于疾病、生育或意外事故所致的医疗费用提供补偿；一是残疾收入补偿保险，对被保险人因疾病或意外事故部分或完全丧失工作能力所致的收入损失提供补偿。

3. 意外伤害保险

意外伤害保险是指以被保险人的身体为保险标的，以意外伤害而致被保险人身故或残疾为给付保险金条件的一种人身保险。其主要业务种类有：普通意外伤害保险、特定意外伤害保险等。普通意外伤害保险为被保险人因意外伤害事故导致死亡或残疾提供保险保障，它承保的风险是一般的意外伤害；特种意外伤害保险仅承保因特种原因或在特定地点、场所造成的意外伤害，如医疗事故意外伤害保险、电梯意外伤害保险。美国将上述人身意外伤害保险和健康保险统称为健康保险，承保被保险人因遭受意外伤害或患病所产生的医疗费用以及由此造成的收入损失。

在我国，保险法是按保险标的不同而直接区分为人身险（以人的身体和生命为保险标的）和财产险（以财产及其相关利益为保险标的）。但在实际的业务操作中，由于意外险与健康险这类人身险业务大都是短期业务，在财务处理上与财产险比较一致；此外，这类业务大都适用于损失补偿原则，因而从业务性质上看，它与财产险业务相一致。国际上很多国家将这类业务（意外险、健康险）视为第三领域，产、寿险公司通常可以同时经营这类业务。

我国 2002 年修订后的《保险法》第 92 条第 2 款，对第三领域业务作了更加符合国际趋势的规定："同一保险人不得同时兼管财产保险业务和人身保险业务；但是经营财产保险业务的保险公司经保险监督管理机构核定，可以经营短期健康保险业务和意外伤害保险业务。"第三领域的开放无疑对我国保险市场具有重要的意义。自 2003 年开始，我国产、寿险公司将开始直接面对这一领域的竞争。但从总体上看，我国保险业中的第三领域的保险业务发展较为滞后，所占业务比重很小。但从国际保险市场上看，该领域的业务在保险市场占有重要的地位，以日本为例，1998 年，有 61.5% 的家庭购买了意外险，意外险保费占产险保费总额的 10.4%。

五、按照风险转嫁层次分类

按照风险转嫁层次分类，可将保险分为原保险和再保险。

（一）原保险

原保险是保险人与投保人之间直接签订保险合同而建立保险关系的一种保险。在原保险关系中，保险需求者将其风险转嫁给保险人，当保险标的遭受保险责任范围内的损失时，保险人直接对被保险人承担赔偿责任。原保险是风险的第一次转嫁。

（二）再保险

再保险，也称分保，是保险人将其所承保的业务的一部分或全部，分给一个或几个保险人承担。转让业务的是原保险人，接受分保业务的是再保险人。分保也就是将风险在保险人之间进行转嫁。这种风险转嫁方式是保险人对原始风险的纵向转嫁，即第二次风险转嫁。

两个或两个以上保险人在同一保险期限内联合直接承保同一保险标的的同一风险责任，且各保险人承保金额的总和不超过保险标的的保险价值，这种保险形式称为共同保险，也称共保。发生赔偿责任时，各保险人按照各自的承保金额占总保险金额的比例分摊赔偿金额。在保险实务中，可能是多个保险人分别与投保人签订保险合同，也可能是多个保险人以某一保险人的名义签发一份保险合同。与再保险不同，这种风险转嫁方式是保险人对原始风险的横向转嫁，它仍属于风险的第一次转嫁。

重复保险与共同保险有相似之处，重复保险是指投保人以同一保险标的、同一保险利益、同一保险事故分别与两个或两个以上保险人订立保险合同，且各保险人的保险金额总和超过保险标的的保险价值的一种保险。与共同保险相同，重复保险也是投保人对原始风险的横向转嫁，也属于风险的第一次转嫁。

六、按照承保的风险分类

（一）单一风险保险

单一风险保险，是指仅对某一种风险提供保险保障的保险。例如，地震保险仅对因地震造成的损害承担赔付责任，农作物雹灾保险仅对因雹灾对农作物造成的损失承担经济补偿责任。

（二）综合风险保险

综合风险保险，是指保险人对两种及两种以上的风险损失承担赔付责任的保险。目前的保险险种，大部分都是综合风险保险。

（三）一切险

一切险，是指保险人对列举不保风险以外的一切风险都提供保险保障的保险。

七、按照被保险人类型分类

（一）团体保险

团体保险，是以集体名义签订保险合同，由保险人向团体内的成员提供保险保障的保险。例如，企业、机关、事业单位采取集体投保方式，为其职工向保险人购买的保险。团体保险一般作为单位为职工谋取福利的一种方式。所以，团体保险的投保人是单位，保费由单位来交纳。对于有些险种，为了防止道德风险和逆选择，保险人只对团体开办业务而不对个人开办。

（二）个人保险

个人保险，即以个人名义购买的保险。个人保险种类繁多，我国自恢复保险业以来，经过 20 多年的探索与发展，在个人保险产品的创新方面进步很快。比如前几年推出的新险种"投资连接保险"、"两全型分红保险"等，都在消费者市场中占有很大空间。

八、按照精算技术分类

（一）人寿保险

人寿保险（简称寿险）适用寿险精算方法，其计算主要依据是生命表和预定利率。

（二）非人寿保险

非人寿保险（简称非寿险）适用非寿险精算方法，其保险费的计算有赖于损失分布的确定。传统的非人寿保险业务定价方法主要依据过去的保额损失率计算保费,稳定性相对较差。

国际上常常按寿险与非寿险分别统计保费,以衡量一个国家或地区的保险业发展水平。

九、按产品功能分类

(一)保障型保险

保障型保险也叫非投资型保险,主要是指以保障功能为主的传统的保险产品。在寿险中是指以保障和储蓄功能为主的产品,在财产保险中主要是指以保障功能为主的产品。

(二)投资型保险

投资型保险是指具有投资功能,除经济保障外,还能为被保险人带来投资回报的保险产品。投资型保险是对传统保险的创新和突破。无论在国际市场上,还是在我国保险市场上,投资型产品的发展速度非常快,对推动保险业的发展发挥了巨大的作用。在人身保险中主要有:(1)分红保险。分红保险是指保险公司将其实际经营成果优于定价假设的盈余部分,按一定比例向保单持有人进行分配的人寿保险。(2)万能保险。万能保险是一种交费灵活,保险金额可调整的人寿保险。万能保险具有保险保障功能并设立有单独保单账户,且对保单账户价值提供最低收益保证。(3)投资连接保险。投资连接保险是指具有保险保障功能并至少在一个投资账户拥有一定资产价值,而不保证最低收益的人寿保险[1],投资连接保险的保险金额随投资账户中资产投资业绩的变化而变化。

一般地说,投资型保险产品主要存在于人身保险市场上。随着保险市场竞争,非寿险公司也开发了非寿险投资型产品。投资型产品目前主要出现在东南亚国家,尤其是日本和韩国。这主要源于东方人的消费习惯。我国目前开发的投资型非寿险产品大多为家庭财产保险产品,这主要是由于家庭财产保险的保险标的具有长期性的特点。而在日本和韩国,投资型非寿险产品涵盖面比较宽。除了传统的财产保险外,还涉及责任保险,健康保险和意外伤害保险等非寿险领域。到 2007 年上半年,我国投资型非寿险保费余额达 329 亿元[2]。

---

① 随着混业经营的不断推进,银行、保险、证券之间的产品的雷同趋势将会越来越明显。越来越多的保险产品以储蓄性和投资性作为卖点,而有些保险产品失去了保障性的功能。对此,人们有不同的看法,它已成为我国保险理论和实践中一个重要的问题。

② 《中国保险报》2007-10-4。

第三节　保险的功能与作用

一、保险的功能[①]

（一）保险保障功能

保险保障功能具体表现为财产保险的补偿功能和人身保险的给付功能。

1. 财产保险的补偿功能

财产保险的功能是在特定灾害事故发生时，在保险的有效期和保险合同约定的责任范围以及保险金额内，按其实际损失金额给予补偿。财产保险通过补偿使得已经存在的社会财富因灾害事故所致的实际损失在价值上得到了弥补，在使用价值上得以恢复，从而使社会再生产过程得以连续进行。财产保险的这种补偿既包括对被保险人因自然灾害或意外事故造成的经济损失的补偿，也包括对被保险人依法应对第三者承担的经济赔偿责任的经济补偿，还包括对商业信用中违约行为造成的经济损失的补偿。

2. 人身保险的给付功能

人身保险是与财产保险完全不同性质的两种保险。由于人的生命价值很难用货币来计价，所以，人身保险的保险金额是由投保人根据被保险人对人身保险的需要程度和投保人的缴费能力，在法律允许的范围与条件下，与保险人双方协商约定后确定的。因此，在保险合同约定的保险事故发生或者约定的年龄到达或者约定的期限届满时，保险人按照约定进行保险金的给付。

在我国，随着保险业的快速发展，保险保障功能也得到充分的体现。2007年，我国保险业共支付赔款与给付 2265.21 亿元，同比增长 57.5%。但我国保险业现状与一些发达国家和地区相比，还存在不少的差距。据统计，欧洲的保险赔款目前已占到灾害损失的 20%。而在我国这一比例仅为 1%。

（二）资金融通功能

资金融通功能是指将保险资金中闲置的部分重新投入到社会再生产过程中所发挥的金融中介作用。保险人为了使保险经营稳定，必须保证保险资金的保值与增值，这也要求保险人对保险资金进行运用。保险资金的运用不仅有其必要性，而且也是可能的。一方面，由于保险保费收入与赔付支出之间存在时间

---

① 我们认为，保险的职能与功能的含义是相近的。目前国内保险理论与实务界普遍使用保险功能的表述。

滞差，为保险人进行保险资金的融通提供了可能；另一方面，保险事故的发生也不都是同时的，保险人收取的保险费不可能一次性全部赔偿出去，也就是保险人收取的保险费与赔付支出之间有时也存在着数量滞差，也为保险人进行保险资金的融通提供了可能。但是，保险资金的融通应以保证保险的赔偿或给付为前提，同时也要坚持合法性、流动性、安全性和效益性的原则。

目前，我国保险资金融通功能愈加明显，不仅体现在保险资金运用余额的高低上，而且体现在保险资金融通的内容和结构上的变化。在 2006 年，多家保险公司作为战略和财务投资者参与商业银行的上市重组。保险公司投资中国银行、工商银行 A 股合计 188.9 亿元，H 股 125.1 亿港元，分别占中国银行 A 股和 H 股的 23.2% 和 5.8%，占工商银行 A 股和 H 股的 30.5% 和 6.8%。此外，保险业还支持汇率体制改革，保险机构购汇投资境外市场，2006 年保险业境外投资 24.6 亿美元。

（三）社会管理功能

一般来讲，社会管理是指对整个社会及其各个环节进行调节和控制的过程，目的在于正常发挥各系统、各部门、各环节的功能，从而实现社会关系和谐、整个社会良性运行和有效管理。保险的社会管理功能不同于国家对社会的直接管理，而是通过保险内在的特性，促进经济社会的协调以及社会各领域的正常运转和有序发展。保险的社会管理功能是在保险业逐步发展成熟并在社会发展中的地位不断提高和增强之后衍生出来的一项功能。保险的社会管理功能，主要体现在以下几个方面：

1. 社会保障管理

社会保障被誉为"社会的减震器"，是保持社会稳定的重要条件。商业保险是社会保障体系的重要组成部分，在完善社会保障体系方面发挥着重要作用。一方面，商业保险可以为城镇职工、个体工商户、农民和机关事业单位等没有参与社会基本保险制度的劳动者提供保险保障，有利于扩大社会保障的覆盖面。另一方面，商业保险具有产品灵活多样、选择范围广等特点，可以为社会提供多层次的保障服务，提高社会保障的水平，减轻政府在社会保障方面的压力。此外，目前在我国保险从业人员达 150 多万人，为社会提供的就业岗位占金融业总就业人数的 44%，为缓解社会就业压力、维护社会稳定、保障人民安居乐业作出了积极贡献。

2. 社会风险管理

风险无处不在，防范控制风险和减少风险损失是全社会的共同任务。保险公司从开发产品、制定费率到承保、理赔的各个环节，都直接与灾害事故打交道，不仅具有识别、衡量和分析风险的专业知识，而且积累了大量风险损失资料，为全社会风险管理提供了有力的数据支持。同时，保险公司能够积极配合有关部门作好防灾防损，并通过采取差别费率等措施，鼓励投保人和被保险人主动做好各项预防工作，降低风险发生的概率，实现对风险的控制和管理。

3. 社会关系管理

通过保险应对灾害损失，不仅可以根据保险合同约定对损失进行合理补偿，而且可以提高事故处理的效率，减少当事人可能出现的各种纠纷。由于保险机制介入到灾害处理的全过程，参与到社会关系的管理之中，逐步改变了社会主体的行为模式，为维护政府、企业和个人之间正常、有序的社会关系创造了有利条件，减少了社会摩擦，起到了"社会润滑剂"的作用，大大提高了社会运行的效率。

4. 社会信用管理

完善的社会信用制度是建设现代市场体系的必要条件，也是规范市场经济秩序的治本之策。最大诚信原则是保险经营的基本原则，保险公司经营的产品实际上是一种以信用为基础、以法律为保障的承诺，在培养和增强社会的诚信意识方面具有潜移默化的作用。同时，保险在经营过程中可以收集企业和个人的履约行为记录，为社会信用体系的建立和管理提供重要的信息资料来源，实现社会信用资源的共享。

保险的三项功能是一个有机联系、相互作用的整体。经济补偿是保险最基本的功能，是保险区别于其他行业的最根本的特征。资金融通功能是在经济补偿功能基础上发展起来的，是保险金融属性的具体体现，也是实现社会管理功能的重要手段。正是由于具有资金融通功能，才使保险企业成为国际资本市场的重要资产管理者，特别是通过管理养老基金，使保险成为社会保障体系的重要力量。现代保险的社会管理功能是保险业发展到一定程度并深入到社会生活的诸多层面之后产生的一项重要功能。社会管理功能的发挥，在许多方面都离不开经济补偿和资金融通功能的实现。同时，随着保险社会管理功能逐步得到发挥，将为经济补偿和资金融通功能的发挥提供更加广阔的空间。因此，保险的三大功能之间既相互独立，又相互联系、相互作用，形成了一个统一、开放的现代保险功能体系。

二、保险的作用

保险的作用是保险职能在具体实践中表现的效果。不同的社会发展时期，由于保险所处的经济条件不同，保险的职能在人们的实践中表现的效果也不一样，所以，保险的作用也会不尽相同。

保险为风险规避者提供了很多益处，包括"安心"这种重要的无形的感觉。一个国家，无论其经济发展到什么水平，持何种政治理念，保险都发挥着这种作用。专栏 4-2[①]中详细列出了保险对经济发展的作用。

专栏4—2

保险如何推动经济发展

- 完善政府社会安全保障
- 促进经济和社会的稳定
- 激活储蓄
- 推动资本有效配置
- 推动贸易和商务
- 鼓励减损
- 促进有效管理风险

（一）保险可以完善政府社会安全保障

经合组织（OECD）1987 年一份研究报告阐释了一个重要观点：寿险保单的热销无疑减轻了许多国家的社会福利制度的压力。从这种意义上来说，寿险有利于减轻公共财政的压力，因而政府通常鼓励寿险的发展。很多国家政府给予保单持有者税收减免也表明了这一点。目前，对参与寿险给予税收刺激在经合组织成员国中十分盛行。

瑞士再保险公司 1987 年的一份研究报告也强调了类似观点，认为私人购买寿险可以替代政府福利，反之亦然。该报告发现，10 个经合组织国家的社会开支和寿险保费之间存在反比关系。报告把近来寿险保费高增长部分地归因于"社会养老金制度面临的越来越严重的财务困境。寿险保险人因此在减轻社会养老金计划的重负方面担负着日益重要的责任"。虽然目前我国的保险业正处于起步阶段，但就作用而言，保险业同样也是我国国民经济和社会保障体系中不可或缺的一部分。

（二）保险可以推动贸易和商务的发展

股权分散的确是分散企业风险的好措施，但即使是那些大多数股权分散的大企业也购买保险。许多产品和服务的生产和销售必须投保适当的责任保险，以备赔付任何对疏忽责任的索赔。由于新企业倒闭的风险较高，风险投资者提供资金的先决条件是对有形资产和企业家生命妥善投保。在国际贸易中，很多交易也都离不开保险。国际经验表明，企业投保可以分散风险，确保其对财产

---

① 节选自 Levine（1996）。

的权利。保险支持着世界上很多贸易、商务和企业家活动。

现代经济建立在专业化及其内在的生产效率提高上。贸易和商业的专业化要求越高，对金融专业化和灵活性的要求也越高。如果可供选择的保险产品范围有限，缺乏与贸易、商业发展相适应的服务和产品创新，贸易和商务必然会受到冲击。

随着消费信贷的兴起和发展，保险的业务范围也发展到增强顾客的信用度方面。例如，银行和其他贷款人通常要求为贷款抵押物投保，否则不予贷款（或者在贷款利率上附加风险加成）。比如现在很流行的房贷险就是适应贷款银行对借款人信用担保的要求而发展起来的。贷款方还可能要求在个人贷款时为作为主要收入来源的个人投保人身保险，商业贷款时则为关键雇员的生命投保。保险就是通过这种方式成为"商务活动的润滑剂"的。

（三）保险可以促进经济和社会的稳定

保险的目的是协助稳定个人、家庭和组织机构的财务状况，其方式是补偿财产受到损失或人身受到伤害的人。如果没有保险，在个人和家庭遇到损失时可能被迫向亲朋好友或政府求助，这两种做法都无法确保自身的利益得到补偿；企业在遭受到重大的损失时可能遇到巨大的财务阻力甚至破产，此时不仅所有者利益降低，其他利益方也有损失。这种情况造成的后果可能包括失业率上升、顾客无力消费企业的产品或服务，供货商业务减少，政府税收减少但责任却加重等等。

保险还可以减轻人们内心的忧虑和不安。人们担心失去生命、健康、财产时所产生的忧虑通常对人们的生产、生活起到负作用。这种不安的心理，可以通过为保险标的投保而得到缓解。保险为人们提供一种经济安全的感觉，促进人们心境平和。正是由于这种原因，保险经常被人们称为"定心石"。

（四）保险鼓励防灾减损

保险公司从经济角度出发，具有协助被保险人进行防灾减损的动力；并且他们掌握着有关造成损失的事件和行为的详细统计资料和其他知识，在风险评估和控制方面拥有其他企业所不具备的优势。如果保险人将保险产品的价格和承保条件与被保险人的损失记录联系在一起，则被保险人也就有了控制损失的经济动机。保险支持着许多损失控制方案，最典型的包括防火、职业健康与安全、工业损失预防、减轻汽车毁损、防窃和防止人身伤害以及其他众多的损失控制活动和方案。这些方案和活动减轻了个人和企业的直接损失和间接损失，形成了良好的风险管理措施，总体上也有利于社会稳定。当然并不是所有的损失都可以预防的。同时，减损措施的成本应该与其直接和间接收益相匹配。

（五）保险激活储蓄

1. 储蓄与经济发展①

储蓄在经济发展中的作用至关重要。储蓄可以是金融性的也可以是非金融性的。非金融性的储蓄采取土地、珠宝、建筑物等的形式。金融储蓄则是通过持有金融资产，如储蓄账户、债券、股票和寿险保单的形式。一般地，一国经济越发达，总财富中金融储蓄的比重就越高。这种结果并不意外，也和金融进步与经济发展同步的观点相吻合。储蓄较多的国家发展会快一些。过去十年间世界上经济增长最快的 20 个国家中，有 14 个国家的储蓄率超过 GDP 的 25%，没有一个储蓄率在 18% 以下。相反，增长最慢的 20 个国家中有 14 个储蓄率低于 15%。

2. 保险公司和金融中介

保险公司尤其是寿险公司，和其他金融中介一样有助于将储蓄资金注入国内投资。金融中介是一个把资金的提供者和使用者结合到一起来的企业或者其他实体，如商业银行、投资银行和保险公司。各种金融中介都具有储蓄和投资的功能，这样投资不再局限于储蓄所产生的领域。资金可以流向经济中产出最大的部门，这就意味着可能得到更高的生产率。

保险人以三种方式提高金融系统的效率。

（1）作为金融中介，保险人降低了结合储蓄者和借款者的交易成本。由于单个投保人支付的寿险保费数额很小，而且储蓄仅占其中一部分；保险人通过汇集成千上万单个投保人的保费形成一笔大额资金以贷款或其他形式投资到企业或其他活动中，行使中介职能，避免了单个保单持有人极其浪费时间、财力的直接贷款和投资。

（2）保险人创造资金流动性。他们借入短期资金，放出长期贷款。对保险公司来说借入和贷出意味着他们用保单持有人委托的资金进行长期贷款或者其他投资。寿险和非寿险保险人都准备着一旦投保损失发生就对保单持有人（或第三方受益人）立即付现。另外，寿险保险公司准备把保单中结存的部分或全部储蓄付给保单持有人。流动性的创造使得保单持有人可以立即得到损失赔付和储蓄，而借款人不必马上偿还贷款。如果所有的个体都从事直接借贷，他们会发现无法接受一部分个人财产形成长期的沉淀资产。保险人和其他金融中介

① 经济学家们一般认为在储蓄率和增长率之间存在正相关，但对于其因果关系的看法则不太一致。是储蓄增加刺激经济增长，还是经济增长导致储蓄上升？尽管最近对于这种因果关系的研究不太肯定，国际货币基金组织在 1995 年下的结论是：数据表明增长和储蓄间的确存在循环。增长加快，储蓄率提高，进而又推动了增长。

借此减少了直接借贷必然存在的资产沉淀。

（3）保险有助于规模经济的融资。有些投资项目，尤其是与新兴市场可供资本相比，吸纳性缺口相当大，需要相应的大规模融资。这种大项目常常有规模经济，能够推动专业化，刺激技术创新，因而对经济发展尤为重要。保险公司常常可以汇集来自成千上万个投保人的小规模资金，进而满足这种大工程项目的融资要求，从而扩大可行的投资项目规模，推动经济效率提高，推动国民经济发展。"这样，经济效率和储蓄有了重要的联系：金融中介通过推动资源流动提高了大规模的高回报的投资项目的可行性。"[①]

3. 金融中介和金融市场

一国的金融体系越发达，对金融市场的依赖就越大，对金融中介的依赖越小。的确，如果资金的提供者和使用者对彼此具有完全信息，如果借贷运行时没有阻碍，并且监控是无成本的，那么金融中介就不会存在。在这样的理想状态中，资金的买者和卖者掌握了所需的所有未来可能情况的信息，所有的风险都可以在金融市场上进行交换，而交易成本极小或根本没有。金融市场越接近这三个理想状态，就越完善，与金融中介相比作用也越重要，反之亦然。

4. 保险与其他金融中介对比

高度发达的金融体系拥有各种各样的金融机构和金融工具。其种类越多，体系的效率越高，对经济发展的贡献越大，反之亦然。联合国贸发会议（UNCTAD, 1995）的一份研究报告对这方面情况的评价具有一定的权威性："一个金融体系愈不发达，多样化越差，有风险的小借款人越难以得到金融资源。"像人寿保险公司和私营养老基金这类合约式储蓄机构，在新兴市场中可以成为相当重要的金融中介。商业银行常常专注于募集短期储蓄，提供短期信贷，而合约式储蓄机构通常具有长远的眼光，他们的长期负债和稳健的现金流动是政府和企业理想的长期融资来源[②]。

（六）保险促进风险的有效管理

金融体系和金融中介评估风险，进行风险转移、汇集并降低风险。一国的金融体系越善于提供这些多种多样的风险管理服务，对储蓄和投资的刺激作用越大，资源配置越有效。下面我们讨论这些风险管理范畴的问题。

1. 风险评估定价

竞争性市场的成功依靠价格确定。资源配置是围绕价格进行的。风险定价

---

① 摘自 Levine,1996。
② 参考 Vittas and Skully ,1991。

对所有金融中介都至关重要，在其资源配置中发挥着重要作用，如同商品定价对于商品和服务的供应商来说是一样的。

保险人对保险进行定价分为两个层次。首先，保险人在其保险活动中评估其可能承保的企业、个人和财产的潜在损失，定价建立在评估基础上。预测出的潜在损失的可能性越大，定价越高。有些风险的可能性太高或太不确定，以任何价格保险人都会拒绝予以承保。保险人在为企业和其他人的潜在损失标价的过程中，引导被保险人量化其引起风险行为和降低风险行为的后果，然后更理性地对待风险。如果项目被认定为风险过大，而以任何价格都无法承保，投资者应引起警觉，应该理性地期待收益与风险成正比。如果政府干预精确的风险定价，势必扭曲保险资源的配置。其次，保险人通过投资活动评估接受投资者的资信和可能取得的业务成果。企业所有者、潜在投资者、顾客、贷款人、雇员和其他利益方通过这些行为可以更清楚地认识到企业的风险特征，作出更明智的决策。

2. 风险转移

保险使得企业和个人得以转换风险，以更适合个人的需求。许多财产、责任、收入损失和其他风险可以按照一定价格转移给保险人，从而改变被保险人的风险状况。另外，人寿保险公司制定适应不同客户需要的合同，帮助个人或企业将其储蓄转化为适合其需要的变现性、安全性更强的其他资产形式。在风险转移过程中保险人面临着道德风险和逆向选择问题。

3. 风险的汇集和降低

汇集和降低风险是保险机制的核心问题，同风险定价类似，它也包括两个层次。第一，保险人在集中众多个体的风险事件过程中，依赖大数法则对集合的总体损失作出准确的预测。当然，保险人不可能预测到哪个被保险人会发生损失，但他们并不需要做到这一点来保证保险计划有效运转。在可保风险的论述中曾介绍过，从总体来看，被保险人数目越大，保险人的损失记录越稳定，损失概率越易于预测。这样，损失预测的波动性[①]就会降低，使得保险人为其风险转移服务收取较低的风险附加费，保费收入也会更加稳定。第二，保险人的投资活动得益于汇集风险。通过为多种企业、个人和其他实体提供资金，保险人使投资组合多样化，分散了风险。少数投资项目的坏账或破产就可能为众多良好的投资所抵消。保险人的投资记录越稳定可测，保险人为资金需求者提

---

① 风险的大小不能用方差来作直接比较，这样可能因为尺度不一导致失真。应当采用变异系数这个指标来衡量不同样本空间的两个待比较对象的优劣。

供贷款的利率越低，整个经济体系资金融通的效率就越高。

（七）保险推进资本有效配置

保险人决定是否承保，按照什么价格承保，以及在履行投资者和贷款人的职能时，会收集大量的信息，以便对企业、项目和经理人员进行评估。由于单个储蓄者和投资者可能缺乏时间、资源或能力从事这一信息收集工作，保险人在这一方面具有优势，更善于有效配置金融资本和承担风险。保险人会选择为最有吸引力的企业、项目和经理人员承保和发放贷款。由于保险人在其承保或贷款的企业、项目和经理人员上一直具有利害关系，他们会监督企业家和经理人员，避免某些使自身陷入无法接受的风险增加行为。保险人从而可以鼓励经理人员和企业家按照所有利益方（如顾客、股东、贷款人）的最大利益行事。换句话说，保险人和其他金融中介有助于解决"委托——代理"问题，即代理人一方并不总是按其委托人的最大利益行事。保险人可以通过这种方式显示出市场对有潜力、管理完善的公司的肯定，推动一国有效配置稀缺的金融资本，并提高风险承担能力。如果对保险人这种信息收集行为实行最小限制，其资本配置会更有效，经济增长更强劲[①]。

三、保险的代价

保险产生了众多的社会效益和经济效益，同时由于保险活动的存在也不可避免地要产生某些成本费用支出，即保险代价。

1. 保险组织的运营成本。具体包括保险销售、服务、行政管理和投资管理支出。具体包括：固定资产的支出、业务管理费用、人员费用、利息支出等。尽管这些支出是开展业务不可或缺的部分，但是它们也的确提高了保险的成本。这些支出占保费收入的 10%～40%，保险费收入中的其他主要部分才用于损失赔付。

2. 保险的存在而引起的道德危险，即被保险人谋求从保险中获得不当利益而导致社会财富的损失[②]。道德危险有时体现为单纯的疏忽导致损失增加；有时则表现为一些人故意破坏或毁损保险财产以获取保险收益。在德国、西班牙、意大利、奥地利、芬兰和美国，5%～15%的非寿险索赔具有欺诈性质。每年都

---

① 这种说法并不意味着对保险人的信息收集和评估行为进行限制是完全不合时宜的。例如，政府可能认为不得收集某些方面（如宗教，种族等）的信息，以免造成不公平的歧视。

② 事实上，有时在保险人方面也会发生道德风险问题，但主要表现为与投保人或被保险人勾结进行欺诈行为。

有因为寿险保险金而谋杀被保险人的事件①。所有这些行为都导致保险费率高于应有的水平。这不但对保险人来说是一个负面影响，同时也给那些"安分守己"的投保人带来了本来不应该有的保费增加。从经济学角度考虑，也会给社会造成不应有的净损失，干扰市场的平稳运作，这就是保险的"代价"。

第四节　保险的产生与发展

一、人类保险思想的萌生

（一）中国古代的保险思想和保险形式

我国是最早发明风险分散这一保险基本原理的国家。中国早在夏朝就有积谷防饥、居安思危的思想和措施。这种类似保险的方式，通常采用储藏粮食而建立实物形式的后备。历史悠久的各种仓储制度是我国古代原始保险的一个重要标志。据历史记载，我国历代统治者为解决灾荒之年的救济问题，建立了各种仓储制度。在周朝就已建立各级后备仓储，到战国以后，已逐步形成一套仓储制度，如魏有"御廪"，韩有"敖仓"；汉代有"常平仓"，在谷物价格下落时多收购入仓，价格上涨时大量售出，以平抑粮价，保障民生；至隋文帝时，则施行强制性的"义仓"制度，规定每年收获时，每户须缴纳一石以下谷物，根据贫富情况不同，分等收缴，上户一石，中户七斗，下户五斗，储于里巷，用以备荒；南宋"社仓"主要靠官府提供谷本，由"州县量支常平米……收到息米十倍本米之数，即送原米还官"，同时也通过劝捐和劝借的方式，面向富民，筹措谷本。这种制度在以后的朝代均属常见之事。

（二）外国古代的保险思想与保险形式

外国最早的保险思想产生于处在东西方贸易要道上的古代文明国家，如古巴比伦、古埃及、古罗马、古希腊等。据英国学者托兰纳瓦在《保险起源及早期历史》一书中论证："保险思想发源于古巴比伦，后来传至腓尼基（今黎巴嫩境内），再传入希腊。"

《汉谟拉比法典》是一部有关保险的最早法规。早在公元前 2500 年，巴比伦国王就曾命令僧侣、法官及市长等，对其管辖境内的居民征收税金，以备火

---

① 寿险承保单独签发保险的目的之一就是防止和发现道德危险和逆向选择的倾向。法律要求投保人必须对被保险人的生命有可保利益，目的也是最大程度地减少受益人的道德风险行为（谋杀），但这两种做法都不能说完全达到了目的。

灾及其他天灾救济之用，到了公元前 2250 年左右，其第六代国王汉漠拉比在颁布的《汉谟拉比法典》中更为明确地体现了保险思想，该法典中有这样一条规定：沙漠商队运输货物途中若马匹死亡，货物被劫或发生其他损失，经宣誓并无纵容或过失等，可免除其个人之债务，而由全体商队给予补偿。此规定于公元前 2000 年后又传至腓尼基，引申适用于"船舶"与"货物"的保障。

基尔特制度是一种原始的合作保险形式。基尔特（Guild）制度，也就是行会制度，是一种由相同职业者基于相互扶助的精神而组成的一个团体，其宗旨是保护职业利益，并共同出资对团体成员遭灾受损给予救济，从性质上看，它实际上是一种原始的合作保险形式。早在公元前 4500 年，在古代埃及的石匠中就很盛行互助基金组织，通过收缴会费来支付会员死亡后的丧葬费用。在古希腊，一些政治哲学或宗教组织由会员摊提形成一笔公共基金，专门用于意外情况下的救济补偿。在古罗马历史上曾出现丧葬互助会，还出现交付会费的士兵团体，在士兵退役时发给遣返费，在死亡后发给继承人抚恤金。到了中世纪，这种行会制度特别盛行，欧洲各国城市中陆续出现各种行会组织，并在此基础上产生了相互合作形式的保险组织。

二、近代、现代保险的产生与发展

（一）海上保险的产生与发展

1. 共同海损的分摊原则是海上保险的萌芽

海上保险是海上贸易产生与发展的产物，早在公元前 2000 年，地中海一带就有了广泛的海上贸易活动，尤其作为东西方贸易的交通要道，为该地商人带来了丰厚的利润。然而，海上贸易的获利与风险是并存的，限于当时的生产力水平，用于运载货物的船舶构造非常简陋，难于抵御海上狂风巨浪的冲击。因此，航海是一种很大的冒险。要使船舶在海上遭风浪时不致沉没，在当时一种最有效的应急措施是抛弃货物，以便减轻船舶的载重，轻载续航。但是，在决定抛货时，往往会引起船货各方争议，任何一方都不愿将自己的财产为他人的利益作出牺牲。为了使被抛弃的货物能从其他的受益方获得补偿，当时在地中海航海商人中形成了一种公认的原则，即为船货共同安全而抛弃货物所引起的损失由获益的全体船货各方共同分摊。这就是"一人为众，众为一人"（One for all, all for one.）的原则。这一原则后来为公元前 916 年的罗地安海商法所吸收，并正式规定为："凡因减轻船舶载重而投弃入海的货物，如为全体利益而损失的，须由全体分摊归还。"这就是著名的共同海损分摊原则。此后各国法律又制定了有关共同海损分摊的详细规定。因为共同海损分摊原则体现了损失分担这一保险的基本原理，因而被公认为海上保险的萌芽。

2. 船货抵押借款制度是海上保险的雏形

船货抵押借款又称冒险借贷，它是古代海上借贷的变形，大约于公元前 800－700 年间流行于古希腊雅典一带，后于中世纪在意大利和其他地中海沿岸城市盛行。这一制度的基本做法是：船东或货主以船舶或货物作抵押向高利贷者取得抵押借款，以解决航海所需资金或海运途中的急需资金，并规定资金的归还期为船舶到达既定目的以后。如果船在航行途中不幸遇难，船东可根据损害程度免除一部分或全部债务，债权人承担船货损失的风险。如果船货平安到达目的地，船东则必须归还本金，且加付非常高的利息（当时这种借贷的利率是 12%，而普通放款利率一般为 6%）。船货抵押借款制度具有保险的性质和特征。在这里，债权人即高利贷者相当于海上保险人，船东相当于被保险人，船东向高利贷者借款的同时等于购买了保险，其支付的利息中高出正常利息的部分叫做"溢价"（Premium），相当于保险费（至今英文仍用 Premium 来代表保险费）；如果船货中途遇难，借款就等于预先支付的赔款。因为这种制度已具备了保险的一些基本要素，因而被公认为海上保险的一种最早形式。

船货抵押借款制度后因利息过高而被禁止。但由于航海需要这样一种补偿制度作支柱，不久就出现了"无偿借贷"制度。即在航海商航海之前，由"资本主"以借款人的身份，向航海商借一笔款（相当于收取保险费）。若船货安全抵达目的港，则"资本主"不再偿还借款；反之，若船货中途遇难，则"资本主"有偿还借款的责任，且偿还数额远远高于借款额。这种"无偿借贷"的制度与前述船货抵押借款制度的顺序正好相反，且与现代海上保险的方式更为接近。

3. 意大利是现代海上保险的发源地

早在 11 世纪末叶十字军东征以后，意大利商人就控制了东方和西欧的中介贸易。在经济繁荣的意大利北部城市特别是热那亚、佛罗伦萨、比萨和威尼斯等地，由于其地理位置是海上交通的要冲，这些地方已经出现类似现代形式的海上保险，主要由伦巴第（意大利北部的一个省）商人经营。伦巴第商人主要经营海上贸易、金融和保险业务，并且按照商业惯例仲裁保险纠纷，逐渐形成了公平合理的海商法条文，后来成为西方商法的基础。美洲新大陆被发现以后，随着海上贸易中心从地中海区域向大西洋沿岸的逐渐转移，善于经商的伦巴第商人也移居英国，继续从事海上贸易，并操纵了伦敦的金融保险市场，而且把海上保险也带到了英国。英皇亨利四世还专为他们划定居住区——伦巴第大街（Lombardy Street），今日伦敦英国的保险中心伦巴第街便是由此而得名的。英文中的"保险单"一词也源于意大利文"Polizza"。世界上最古老的保险单是一个名叫乔治•勒克维伦的热那亚商人在 1347 年 10 月 23 日出立的一张承保从热那亚到马乔卡的船舶保单，该保单至今仍保存在热那亚的国立博物馆。但是，这份保单并没有订明保险人所承担的保险责任，只是规定承保人负责赔偿船舶损失，因而不具备现代保单的基本形式。

一份从形式到内容与现代保险几乎完全一致的最早的保单是 1384 年 3 月 24 日出立的，该保单是为四大包纺织品出立的从比萨到法国南部城市阿尔兹的航程保单。当时的保险单同其他商业契约一样，是由专业的撰状人草拟，13 世纪中期在热那亚一带就有 200 名这样的撰状人。1393 年，仅一位热那亚撰状人就草拟了 80 份保单，可见当时意大利的海上保险已相当发达。由于海上保险的国际性，撰状人所草拟文件的用词及格式大体接近，并不断地根据实际需要加以修改完善。到 1397 年在佛罗伦萨出立的保单已有承保"海上灾害、天灾、火灾、抛弃"等责任，更具现代保险的形式。

所以，德国经济史学家萧培考证并结论：现代保险的最先形式——海上保险，发源于 14 世纪中叶以后的意大利。

4. 现代海上保险形成于英国

15 世纪以后，美洲新大陆的发现开辟了新航线，大部分的西欧商品不再经过地中海，而是取道大西洋，海上贸易中心逐渐从地中海区域移至大西洋彼岸。海上保险也随海上贸易中心转移而转移，从发源地意大利经葡萄牙、西班牙，于 16 世纪初传入荷兰、英国和德国。17 世纪开始，英国成了世界海上贸易的中心。同时又屡屡颁布苛刻的法令迫使伦巴第商人无法继续其营业而离境，至此海上保险的中心开始转移于英国。

1554 年，英国商人从国王那里获得特许，开始组织贸易公司，垄断经营海外某一地区的贸易。这时的英国商人已不局限于意大利冒险借贷形式的海上保险，而是在与其邻近的尼德兰和安特卫普商人的密切贸易往来中，学到了他们在海上保险的一些基本做法。1568 年 12 月 22 日经伦敦市长批准开设了第一家英国皇家交易所，为海上保险提供了交易场所，取代了从伦巴第商人沿袭下来的一日两次在露天广场交易的习惯。1575 年由英国女王特许在伦敦皇家交易所内设立保险商会，办理保险单登记和制定标准保单和条款。1601 年，伊丽莎白女王颁布了第一部有关海上保险的法律，规定在保险商会内设立仲裁法庭，解决日益增多的海上保险纠纷案件。1720 年，经英国女王特许，按照公司组织，创立于伦敦保险公司和英国皇家交易保险公司，专营海上保险，规定其他公司或合伙组织不得经营海上保险业务。从 1756—1778 年，首席法官曼斯菲尔德爵士收集了大量保险判例，编制了一部海上保险法典，在此基础上，英国国会于 1906 年通过了"海上保险法"，这部法典将多年来所遵循的海上保险的作法、惯例、案例和解释等用成文法形式固定下来，对于明确保险契约双方的权利与义务以及减少争议都起到一定的作用。这个法的原则至今仍为许多国家采纳或效仿，并且在世界保险立法方面也有相当大的影响。至此，英国真正成为世界海上保险的中心，占据了海上保险的统治地位。

5. 举足轻重的咖啡馆——劳合社

说到现代保险的发展，就不得不说起劳合社。在英国海上保险史，乃至世界保险史上，劳合社这个组织具有举足轻重的地位。劳合社是由一个名叫劳埃德的咖啡馆演变发展起来的，在当时就已成为世界上最大的保险垄断组织之一。

1683 年，英国人爱德华·劳埃德（Edward Lloyd）在泰晤士河畔开办了一家咖啡馆，顾客主要是经营远洋航海业的船东、商人、经纪人和高利贷者。这些人经常在咖啡馆里交换航海信息，洽谈生意，于是这个咖啡馆就逐渐成了一个海上保险贸易的聚集地。为了给交易双方提供充分的信息，在 1696 年 9 月，爱德华·劳埃德自办发行了一份单张小报——《劳埃德新闻》。这张小报为单页双面印刷，每周出版三次，着重报道顾客们感兴趣的海事海运消息，并登载即将在劳埃德咖啡馆内进行拍卖的船舶广告。这份小报出版时间不长，便在第二年的 2 月 23 日因刊载教友派攻击上议院的诉愿书而被停刊，共出 76 期。小报虽被停刊，但劳埃德咖啡馆却凭借着这份小报的信息传播量成为透露航运消息的中心，并被商人们公认为买卖海上保险的重要场所。

1713 年 2 月 15 日，爱德华·劳埃德辞世，可他的名字却成为伦敦私人海上保险的代名词。到 1719 年，劳埃德的年保额已达到 900 万英镑。1734 年，咖啡馆的新主人又继承上一辈的传统，出版了商贸信息和航运动态的汇编——《劳合动态》，开始为周刊，继而为周二刊，最后又改为日报。据说，除了官方的《伦敦公报》外，《劳合动态》是英国现存历史上最悠久的报纸。

随着海上保险业务的发展，在咖啡馆内进行保险交易已变得不方便了。1771 年，由 79 个劳埃德咖啡馆的顾客每人出资 100 英镑另觅新址专门经营海上保险。这笔资金由经过无记名投票选出来的一个委员会管理，它是第一个劳合社委员会，但直到 1871 年，经议会通过法案，劳合社才正式成为一个社团组织。1774 年，劳合社迁至皇家交易所，从此，大名鼎鼎的专营海上保险的保险人——劳合社便宣告成立，并成为英国海上保险交易的中心。起初的法令限制劳合社的成员只能经营海上保险，1911 年的法令取消了这个限制，允许其成员经营一切保险业务。1906 年英国国会通过的《海上保险法》规定了一个标准的保单格式和条款，它又被称为劳合社船舶与货物标准保单。

劳合社不是一个保险公司，而是一个社团，更确切地说，它是一个保险市场。它与纽约证券交易所相似，只是向其成员提供交易场所和有关的服务，本身并不承保业务。在劳合社买保险是向该市场的承保人投保，并由经纪人代找承保人。一般由经纪人填一份要保单，递交给从事某种保险业务的承保组合，再由一个牵头的承保人确定费率，并承保一个份额，其余份额由同一组合中的其他成员承保。经纪人还可与其他承保组合联系，直到承保人认足份额后，再送签单部签单。

劳合社是世界保险市场的一种特殊现象。在劳合社中，每个保险人各干各的，每人对自己承保的部分负无限责任，但不负其他人的份额，每个人所拥有的全部财产都是履行保险协议的抵押品。

1824年，规定团体性海上保险由皇家交易保险公司和伦敦保险公司独占的"泡沫法案"（Bubble Act）被取消，大批的资金涌入海上保险市场。面对激烈的竞争，劳合社的保险商们为了适应新的形势，改革了经营体制，组成了一些保险辛迪加。从此，劳合社社员分为承保社员和非承保社员，承保社员分别组成许多辛迪加（Syndicates），各自派代理人一人常驻营业处经营具体业务，这些人被称作"承保人"（Underwriters）。劳合社在19世纪末经受住了竞争，站稳了脚跟。

在过去的一百多年里，劳合社的规模不断扩大。劳合社现有75个承保辛迪加，由46个管理代理人（managing agent）经营。劳合社保险市场的业务来自世界200多个国家和地区，每天有大约400人光顾劳合社大厦。现在的劳合社由5个部分组成：劳合社成员、劳合社委员会、承保辛迪加、管理代理人和劳合社经纪人。劳合社委员会是劳合社的领导机关，它是由劳合社成员选举产生的，每个成员都有选举权和被选举权。这个委员会的职能是：审查并批准新的承保成员；监督和保持承保成员和经纪人的财务稳定状况；领导劳合社管理公司。

在历史上，劳合社设计了第一张盗窃保险单，为第一辆汽车和第一架飞机出立了保单，近年又是计算机犯罪、石油能源保险和卫星保险的先驱。劳合社承保的业务十分广泛，简直无所不保，包括钢琴家的手指、足球运动员的脚、赛马优胜者的腿等等。劳合社已走过了三百年的风风雨雨，并成为当今世界上最大的保险垄断组织之一。这三百年来的跌宕起伏对整个世界保险市场的影响是巨大的，其赫赫威名也会永驻保险业史册。

（二）火灾保险的产生与发展

火灾保险的历史可以追溯到中世纪，那时候欧洲的手工业行会内部就开展了火灾相互保险，会员在遭受火灾损失后，行会给予一定的经济补偿。但真正的火灾保险制度，起源于德国和英国。

1591 年，德国酿造业发生了一起大火。为了筹集重建酿造厂所需资金和保证不动产的信用，德国成立了"火灾保险合作社"。1676 年，为了充实火灾保险的资金力量，由 46 家火灾保险合作社联合成立了公营的"火灾保险局"。火灾保险便在德国得到确立和发展。英国是私营火灾保险出现最早的国家。1666年 9 月 2 日，伦敦发生了一场大火，连续烧了 4 天 4 夜。大火烧毁了全市 85%的房屋，遭灾者达 1 万 1 千多户，造成 20 多万人无家可归。次年，便有一位名叫尼古拉·巴蓬的医生开办了房屋火灾保险。保险费的计算是根据房屋的租金和建筑结构（这种按建筑结构分别厘定保险费率的原则至今仍在沿用）。由于巴蓬个人资金有限，业务受到限制，到 1680 年，在别人赞助下，他才创办了一家拥有 4 万英镑资本的合伙性质的火灾保险所。这家最早的保险公司生存了一个多世纪。

到了 19 世纪，欧美的火灾保险公司如雨后春笋般涌现，承保能力大为提高。1871 年芝加哥的一场大火造成 1.5 亿美元的损失，其中 1 亿美元损失是被保险的。而且火灾保险从过去只承保建筑物损失扩大到其他财产，承保的责任也从单一的火灾扩展到风暴、地震、暴动等。为了控制同业间的竞争，保险同业公会相继成立，共同制订火灾保险统一费率。在美国的火灾保险早期，保险人各自设计自己使用的保单，合同冗长且缺乏统一性。1873 年，马萨诸塞成为美国首先使用标准火险单的州，纽约州在 1886 年也通过了类似的法律。标准火险单的使用减少了损失理算的麻烦和法院解释的困难，也是火灾保险的一大进步。为了消化火灾保险业务风险，再保险也开始发展，由原保险公司设立一个子公司或部门经营分保业务。世界上最早独立经营分保业务的再保险公司是德国1846 年设立的科隆再保险公司。到 1926 年，各国共建立了 156 家再保险公司，其中德国的最多。

（三）人身保险的产生与发展

海上保险是人寿保险产生的源头。15 世纪，一些奴隶贩子在非洲掳掠了大量奴隶。在运输奴隶过程中，奴隶贩子将奴隶作为货物投保"海上保险"，后来又发展到为航海旅客投保被海盗绑架而须支付的赎金。这实际上就是人身意外保险的最初形态。17 世纪中叶，意大利银行家伦佐·佟蒂提出了一项联合养老办法，这个办法后来就称为"佟蒂法"。在搁置了 30 多年后，于 1689 年正式实行。佟蒂法规定每人交纳一定数额的法郎，于是筹集了总额达 140 万法郎的资金，在保险期限届满后，规定每年支付 10%并按年龄把认购人分成若干群体，对年龄高些的，分息就多些。"佟蒂法"的特点就是把利息付给该群体的生存者，该群体成员如全部死亡，则停止给付。17 世纪著名的天文学家哈雷，在 1693 年以西里西亚的勃来斯洛市的市民死亡统计为基础，编制了第一张完全的生命表，精确地表示了每个年龄的死亡率，提供了人们进行人寿保险计算的依据。18 世纪中叶，英国人辛普森和多德森两人发起组织了"伦敦公平保险公司"，并首次将死亡表运用到计算人寿保险的费率上，以投保人的年龄，根据死亡表核算保险费，形成了依年龄增加而递增的费率表，并对异常风险另行加费。

1699 年，世界上第一家真正的人寿保险组织——英国孤寡保险社成立。该社筹划吸收 2000 名社员，每人每周缴纳 1.2 英镑社费，用于对每一社员的死亡给付，该社在社员的选择上明确了健康和年龄条件，并规定了缴费的宽限期，这些条件已显示出现代人寿保险的特点。

（四）责任保险的产生与发展

责任保险是对无辜受害人的一种经济保障。责任保险起始于法国，在拿破仑法典中已有了民事赔偿责任的规定。1857 年，责任保险在英国走入正轨。这一年，英国铁路旅客保险公司向曼彻斯特、谢菲尔德和林肯铁路系统提供了意外责任事故责任保险。1875 年，英国又开办了马车意外事故第三者责任保险。1880 年成立的英国雇主责任保险公司开始为雇主提供责任保险。美国是 1887 年才出现责任保险的，但在美国该险种的发展却是很快。今天美国已成为世界上最大的责任保险市场。

进入二十世纪以后，责任保险发展迅速，大部分资本主义国家对多种公共责任用法律强制规定必须进行投保。

第二次世界大战后，责任保险的种类越来越多，如产品责任险以及各种职业过失责任保险（如医生的医疗事故保险等），在发达的资本主义国家已成为制造商及自由职业者不可或缺的保险。经营责任保险的公司，随着资本主义国家经济赔偿关系的日益繁细，承保范围内也日益广泛。

替犯错误的人去赔偿受害人的财产或人身伤亡损失、曾被人们认为是违反公共道德标准的。这种观点一直到 19 世纪中叶，工人为了获得本身保障而进行斗争，迫使资本主义国家的统治者制定保护劳工的法律后才有所改变。

（五）保证保险的产生和发展

保证保险实际上是一种担保业务。它是随着资本主义金融业的发展和各种道德风险发生频繁而产生和发展起来的。

1702 年，英国创办了一家专门经营保证保险的保险公司——主人损失保险公司，开展了诚实保证保险业务，主要承担被保险人因雇员的不洁行为，如盗窃、挪用公款等造成的经济损失。1840 年和 1842 年，英国又相继成立了保证社和保证公司，开办保证保险业务。美国在 1876 年也开展了保证保险业务。随着经济和贸易的发展，保证保险业务由忠诚保证保险扩展到合同保证保险、供给保证保险、出口信用保证保险等。

三、保险产品证券化

现代保险和金融都依赖于风险汇聚和风险转移，近些年来，保险与金融的融合不断扩展和深化。单纯的保障型产品已经不能迎合目前多种多样的保险需求，仅仅在保险市场上进行风险分散也不能满足保险公司财务稳定性的要求。为了把风险分散的范围扩大，增强保险业的承保能力和安全性，资本市场无疑是一个最佳选择。资本市场巨大的吸纳和平衡能力足以给目前的保险业提供一个优良的风险分散平台。

（一）非传统风险转移方式

与传统风险管理相比，现代企业的风险管理应该是全面的综合风险管理，所涉及的范围已不仅仅是传统意义上的风险，如财产风险、人身风险、责任风险等，更多的则是对市场风险的管理，如信用风险、流量风险、利率风险、外汇风险、破产风险等，以及来自政府和社会方面的政治、法律风险等。传统商业保险是企业用以转移传统风险的重要手段，但随着新型风险的不断出现以及对传统形式风险承保需求规模的不断扩大，使得世界范围内的传统保险市场出现了结构性失衡：一方面是在传统产品方面供过于求，保险公司之间的竞争日趋激烈，价格战此起彼伏；另一方面是在非传统产品以及巨灾保险产品方面供不应求，保险公司承保能力不足，信用风险增大。因此，人们必须在传统保险产品之外，研究开发新的风险管理方式，非传统风险转移方式（Alternative Risk Transfer，简称 ART）就是在这样一个大背景下产生的。

"非传统风险转移方式"是一个相对的概念，它是相对于传统的风险转移方式——再保险而言的。这个概念非常宽泛，除了再保险之外的其他的风险转移方法都可以归到"非传统风险转移"（ART）的范畴之内。大部分 ART 产品与方法都是针对客户的具体风险而设计的，可以提供多年期和多险种的综合保障。ART 产品的宗旨是要提高风险转移的效率，扩展可保风险的范围，并利用资本市场来增强承保能力。从这一点来看，ART 产品有望改善传统的、单一的风险分散方式的弊端，在一定程度上缓解巨灾风险损失增大给再保险市场带来的压力。

与传统的保险方式相比，ART 具有以下主要特点：

·根据每一客户的具体需要提供"量身定做"的解决方案；

·提供全方位保障：多年度/多险种风险；

·用风险融资替代单纯的风险转移，便于为传统上不可保风险提供保障；

·将风险在时间上进行分散，从而可以承保传统保险无法承保的风险；

·不完全由保险人或再保险人承担风险，提高了承保人的承保能力和效率；

·通过其他金融衍生工具等非传统的保险融资方法，可以改善保险人和被保险人财务方面的稳定性，降低财务风险，增加企业价值。

一般来说，可以把非传统风险转移方式分为三大类：第一类属于风险转移渠道；第二类是风险解决方案；最后一类是风险的载体。具体关系见图 4—1。

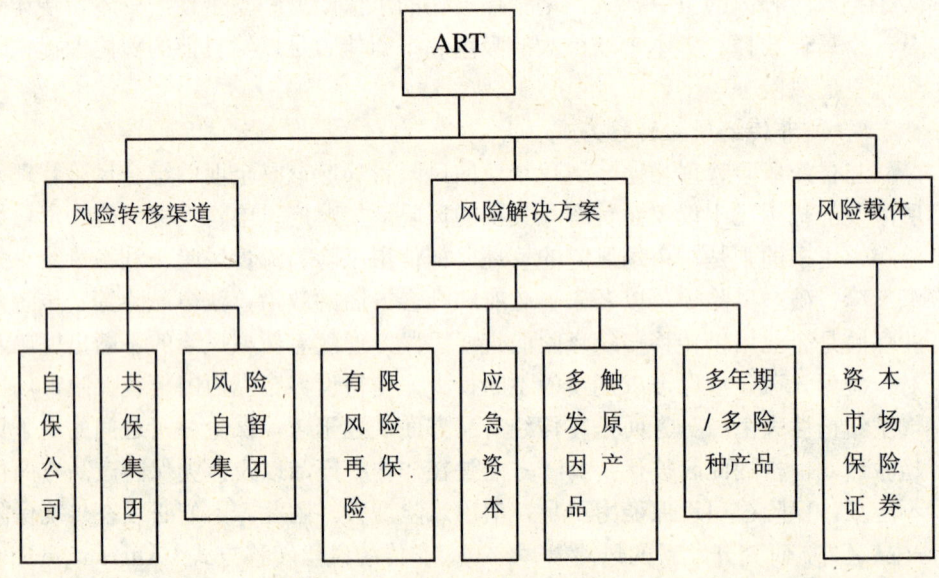

图 4—1　ART 产品分类图

ART 的风险转移渠道主要包括三种：自保公司、共保集团和风险自留集团。公司自设的自保公司就是专业直接保险公司和再保险公司可以利用的分散非传统风险的渠道，而这些自保公司正是传统或非传统风险转移产品的潜在购买者。

（二）保险风险证券化

20 世纪 90 年代初安德鲁飓风发生后，保险市场趋于坚挺。再保险承保能力非常有限而且价格昂贵，保险市场上现有的对自然灾害的承保能力只占所有风险的一小部分。为了获得额外的承保能力，直接保险公司、再保险公司和投资银行将巨灾风险组合并进行了证券化。由于巨灾风险与金融市场风险几乎是毫不相关的，因此从投资组合分散风险的基础来看，这种新型产品对于投资者来说非常具有吸引力。专栏4-3简要介绍了巨灾风险证券化及其发展状况。

　　保险风险证券化的发展非常迅速，市场上不断出现新的风险证券化产品。通常，保险公司用筹集到的资本建立一个专门的再保险公司，这个再保险公司称为"特殊目的机构"（简称SPV），类似于一家自保公司。然后由这家特殊目的机构向其母公司提供再保险保单。另一方面，这个特殊目的机构在资本市场上发行证券，进行筹资，以此增加母（保险）公司的承保能力。

专栏 4-3

巨灾风险证券化

　　巨灾风险证券化是指保险人运用各种创新性金融工具及其变换、组合将其承保的巨灾风险转移给资本市场，利用资本市场的力量来对付巨灾风险的一种非传统风险转移方式，巨灾风险证券化产品可以称为巨灾连接证券。从保险角度看，巨灾风险证券化将再保险容量从原来保险业内部扩大到了外部的资本市场；从金融角度看，巨灾风险证券化具体实施过程就是一个资产证券化过程，这里的资产就是保险公司的负债。

　　巨灾风险证券化产品有四种主要形式：巨灾债券、巨灾掉期产品、巨灾期货和巨灾期权。1992年12月11日，美国芝加哥商品交易所推出巨灾保险期货交易，正式拉开了巨灾风险证券化的序幕。接着，1993年开始进行巨灾期权交易，1994年1月发行了第一只巨灾债券，价值为8500万美元，由花旗银行帮助发行，1996年10月纽约的CATEX（Catastrophic Risk Exchange）开始发行巨灾掉期产品。巨灾风险证券化产品的出现和发展为保险业与资本市场之间建立了一个新的桥梁，使保险公司在风险管理上有了更多可以选择的工具。

四、中国保险业的发展历程与发展前景

（一）中国现代保险的形成

　　我国现代形式的保险是伴随着帝国主义的入侵而传入的。19世纪初，西方列强开始了对东方的经济侵略，外商保险公司作为保险资本输出与经济侵略的

工具进入中国。

鸦片战争以前，广州是我国南方对外贸易的惟一口岸，是西方商品输入的前哨，因而也就成为西方保险业进入中国的桥头堡。1805 年，英商在广州设立广州保险公司（又译名谏当保安行、广州保险社）。此后，怡和洋行收买了该公司，并更名为广东保险公司（1836 年）。这是外商在中国开设的第一家保险机构，也是近代中国出现的第一家保险公司。直到 20 世纪之前中国保险市场一直被英国保险公司所垄断，当时所有保险条款、费率均由被英商控制的外国保险公司同业公会制定。与此同时，其他各外资列强也不甘由英国独占中国的保险市场，20 世纪，法国、瑞士、日本等相继在中国设立了保险公司或代理机构。外国保险公司基本上控制了近代中国的保险市场。

外商保险公司对中国保险市场的抢占及西方保险思想的影响，引起一些华商仿效。1824 年广东某富商在广州城内开设张宝顺行，兼营保险业务，这是华人经营保险的最早记载；1865 年中国第一家民族保险企业上海华商义和公司保险行创立，打破了外商保险公司独占中国保险市场的垄断局面，中国近代民族保险业正式诞生，1875 年保险招商局成立，中国较大规模的民族保险企业诞生；1886 年，"仁和"、"济和"两保险公司合并为"仁济和"水火保险公司，成为中国近代颇有影响的一家华商保险企业。以 1875 年保险招商局的创办为契机，中国民族保险业以后又相继成立了 20 多家水火险公司，并在民族资本主义工商业的大发展中得以迅速发展。

第一次世界大战开始，我国民族保险业进入发展时期。但是，1937 年抗日战争爆发后，民族保险业的发展遭受沉重的打击。战后保险市场虽一度呈现出繁荣，但也只不过是一时的虚假景象。

新中国成立后，首先是对旧中国保险市场进行管理与整顿，紧接着是创立与发展人民保险事业。1949 年 10 月 20 日，中国人民保险公司正式挂牌开业，这标志着中国现代保险事业的创立，开创了中国保险的新纪元。保险市场上除传统的火险和运输险外，还积极开发新的险种；同时，中国人民保险公司在全国各地建立了自己的分支机构，并逐步开展了各种财产保险和人身保险业务。但是，由于"左"的错误思想影响，1958 年 10 月国内保险业务被迫停办，中断 20 年，直到 1979 年恢复。

（二）我国保险市场的现状

1. 保险市场主体不断增加，多家保险公司竞相发展的新的市场格局已经形成

1986 年以前，我国保险市场上只有中国人民保险公司独家经营。1986 年以

来，随着新疆生产建设兵团保险公司、平安保险公司、太平洋保险公司的相继成立，保险市场独家垄断的格局被打破。自90年代中后期特别是加入世贸组织以后，我国保险市场上保险公司数量迅速增加，各主要发达国家保险公司纷纷进入中国市场。从保险市场的供给主体来看，截至2007年底，全国保险公司（包括再保险公司）达到100家，其中外资或中外合资保险公司43家。专业中介机构达到2747家，资产管理公司达到9家。多家保险公司竞争发展的新的市场格局已经形成。

保险市场主体的多元化，有力地促进了保险公司经营观念的转变，使之逐步确立了服务意识、竞争意识、效益意识和发展意识。保险市场开始由量的扩张走向质的提高。

2. 保险业务持续发展，市场潜力巨大

2007年，全国保费收入7035.76亿元，同比增长24.7%。其中，财产险保费收入达1997.74亿元，同比增长32.4%；人身险保费收入5038.02亿元，同比增长21.9%；健康意外险保费收入574.28亿元，同比增长6.3%。从保费收入的规模和增长速度来看，近二十多年来，年平均增长速度都远远高于同期GDP的年均增长速度。但是，与发达国家相比，我国还存在着相当大的差距。

衡量一个国家或地区保险市场潜力的常用指标有两个，即保险密度和保险深度。保险密度是指按照一个国家的全国人口计算的人均保费收入，它反映了一个国家保险的普及程度和保险业的发展水平；保险深度是指保费收入占国内生产总值（GDP）比例，它是反映一个国家的保险业在其国民经济中的地位的一个重要指标。2007年，我国保险深度2.85%，保险密度532.6元。而2003年世界平均保险密度已达469.6美元（约合3887.1元人民币），平均保险深度已达8.06%。

3. 保险法规体系逐步完善，保险监管思路不断创新

1995年1月1日，我国第一部全面系统的保险法律规范——《中华人民共和国保险法》颁布实施。2002年，针对我国加入世贸组织承诺对保险业的要求，《保险法》作了首次修改并于2003年1月1日起正式实施。但近年来随着国民经济快速发展以及法律环境的改变，保险业发展的形势和2002年修改保险法时相比已经发生了很大变化，这要求保险监管的重点和方法也要随之发生转变，为了从根本上解决束缚行业发展的一些障碍性问题，我国再次启动修改《保险法》。我国保险法规体系的不断完善，为保险业的健康发展创造了良好的法制环境。

1998年，中国保险监督管理委员会（以下简称"保监会"）成立，依法统

一监管全国保险市场，标志着我国统一、专业的保险监管组织形成。近年来，保监会适应国际保险业监管的发展趋势，结合我国保险业发展实际，不断调整和创新监管体系和思路。2005 年，保监会主席吴定富阐述了中国现代保险监管体系建设的基本思路：将偿付能力监管、公司治理结构监管和市场行为监管作为中国现代保险监管体系的三大支柱，建立以公司内控为基础、以偿付能力监管为核心、以现场检查为重要手段、以资金运用监管为主要环节、以保险保障基金为屏障的五道防线；并指出法制化、市场化、信息化是中国现代保险监管体系的发展方向。目前，我国基本建立了市场行为监管和偿付能力监管并重的保险监管制度框架，并将逐步从市场行为监管向偿付能力监管过渡，从以业务规模为基础的静态监管向以风险为基础的动态监管过渡，从结果性的事后监管向过程性的事前事中监管转变。

4. 保险业诚信体系初步确立，诚信意识不断加强

诚信是保险业的立业之本，保险业诚信体系由法律制度、市场监督和信用评价三个部分组成。1995 年《保险法》实施以来，特别是保监会成立之后，我国保险监管法律体系逐步建立完善，初步形成了法律、行政法规、部门规章、规范性文件一整套保险法律制度体系，为我国保险诚信体系建设奠定了制度基础。近年来，保监会将治理保险商业贿赂、加强诚信建设作为工作重点，通过制定颁布相关部门规章，组织开展专项现场检查等方式治理保险商业贿赂行为。我国保险诚信建设的另一个重要方面是保险行业标准化建设。近年来，我国保险行业标准化建设取得突破性进展，成立了中国保险业标准化技术委员会，颁布了《中国保险业标准化五年规划（2007-2011)》、《保险术语》以及多项行业标准。此外，我国保险业信息披露制度进入实质性建设阶段。保监会通过专业领域发展报告、网上信息发布等形式提高保险监管工作的透明度；出台《保险公司信息披露管理暂行办法》，要求保险公司遵循及时、有效、充分、公开的原则，依法依规履行信息披露义务，以充分发挥社会监督机制的制约作用。

5.保险市场全面对外开放，国际交流与合作不断加强

保险市场的开放，一方面允许外国公司进来，另一方面意味着国内的公司可以走出去。从 1992 年美国友邦第一家获准在华营业开始，一批批国际保险商拿到了进入中国市场的许可证。2006 年 12 月 11 日，保险业加入世贸的过渡期结束，标志着我国保险业进入全面对外开放的新时期。至此，我国取消了对设立外资保险机构的地域限制，开放了所有寿险业务以及除法定保险以外的非寿险业务，取消了法定再保险。

（三）中国保险业的发展前景

展望未来，我国保险业发展前景广阔，具有中国特色的保险市场体系将初步形成，这一体系将包含以下特征：

1. 经营主体多元化

随着我国保险市场准入机制的不断完善，新的市场主体相继产生。不仅不断有新的保险公司进入市场，而且在保险公司的专业化经营和组织形式创新方面取得了新的突破，如成立了专业性的农业保险公司、养老金保险公司、健康保险公司、汽车保险公司等。与之相对应，保险企业集团化经营也是未来我国保险业的发展趋势。同时还增设了一批保险公司的分支机构，促进了市场的竞争。从趋势看，各种类型的市场经营主体的数量还将进一步增加。

2. 运行机制市场化

保险公司、保险中介机构、投保人等市场主体通过市场机制发生联系和作用。市场经营主体依法进行公平、公正、公开的竞争；所有公司，不分组织形式、不分内资外资、不分规模大小，均有平等的竞争地位；产品、费率、资金、人才主要通过市场机制调节。所有这些充分体现了竞争主体平等、竞争规则公正、竞争过程透明、竞争结构有效，市场效率逐步提高。

3. 经营方式集约化

保险公司经营观念转变，树立科学发展观。在经营过程中，以效益为中心，以科学管理为手段，加大对技术、教育和信息的投入，实现公司科学决策，走内涵式发展道路，为社会提供价格合理、质量优良的保险产品和服务。

4. 政府监管法制化

拥有比较完善的法律法规体系及有力的监管体系，形成相对稳定的监管模式，具备有效的监管手段，从而实现保险监管的制度化和透明化。政府对保险业的监督管理、引导扶持作用得到更充分的发挥。

5. 从业人员专业化

保险业拥有一批遵守职业道德、具备现代专业知识、了解国内外市场、锐意进取的新型复合型人才，树立起保险业一流人才、一流服务的新形象。

6. 行业发展国际化

随着越来越多的外资保险公司进入我国保险市场，外资公司在我国保险市场扮演着越来越重要的角色，在全球范围内分散风险，使国际再保险市场对我国保险产品和定价的影响力加大。随着保险公司境外融资和保险、外汇资金的境外运用，国际金融市场对我国保险市场的影响越来越大。随着我国保险市场对外开放的进一步扩大，国内保险业将逐步融入国际保险市场，成为国际保险

市场的重要组成部分。国际化程度的不断加深，要求中国保险业的经营管理要
更加符合国际惯例。

思考题

1. 试从经济、金融、社会、法律、风险管理等多角度阐释保险的内涵。
2. 保险的要素有哪些，现代保险是否完全具备这些要素，是否有所突破？
3. 试思考保险分类的意义，保险分类有哪些标准？
4. 现代保险的功能和作用有哪些，如何理解二者之间的关系？
5. 试阐述未来我国保险业的发展趋势。

参考文献

1. 刘茂山、江生忠编：《保险学原理》，天津：南开大学出版社，1998 年 4月。

2. 吴定富主编，江生忠等总纂：《保险原理与实务》（全国保险中介从业人员考试教材），北京：中国财政经济出版社，2005 年 10 月。

3. 张洪涛、郑功成主编：《保险学》，北京：中国人民大学出版社，2000年。

4. 赵春梅、陈丽霞、江生忠编著：《保险学原理》，大连：东北财经大学出版社，1999 年。

5. 魏华林、林宝清主编：《保险学》，北京：高等教育出版社，1999 年。

6. 艾孙麟主编：《保险学原理》，武汉：武汉大学出版社，2007 年。

7. 江生忠、张兴：《论投资型非寿险产品的发展》，《保险研究》，2004 年第 10 期。

第五章 保险的数理基础

第一节 概率论基础

一、示例

首先，我们通过一个实际数字的例子来开始本章的内容。

假定在一个相对独立的住宅区内，由 1000 户居民联合组成一个火灾保险社，再假设每个居民的住宅价值为 30000 元，以往的年平均火灾损失总额为财产价值的 1%，由此可知：

住宅价值总额 = $30000 \times 1000 = 30000000$（元）

预计的损失总额 = $30000000 \times 1\% = 300000$（元）

每个居民分摊的损失额 = $\dfrac{300000}{1000} = 300$（元）

每百元财产价值分摊的损失额

$= \dfrac{损失总额}{以每百元财产价值表示的损失风险单位数}$

$= \dfrac{300000}{300000} = 1元（费率）$

换言之，由 1000 个居民每人的缴付 300 元来分摊预计的 300000 元火灾损失。如果每栋住宅的价值不同，每个居民可按 100 元财产价值保险费 1 元缴付保费来分摊预计的 300000 元的火灾损失。虽然上述例子是不现实的，它假定没有费用支出，实际损失等于预计损失，没有投资收入，但也能说明保险分摊损失的职能。若考虑其他因素，费率构成要素大致如下：

预计的损失赔付+经营费用+未预料的损失准备金-投资收益

　　保险分摊损失职能的关键是预计损失，运用大数法则可以掌握灾害事故发生的规律，从而使保险分摊损失成为可能。大数法则是保险合理分摊损失的数理基础。

　　大数法则在保险经营中的意义可用基本的概率分布和统计学概念解释。为此，有必要了解以下三种基本的概率分布。

　　1. 一定时期内全部损失金额的概率分布。

　　2. 一定时期内意外事故或损失发生次数的概率分布（索赔频数分布）。

　　3. 每次意外事故造成的损失金额的概率分布（索赔金额分布）。

　　在一定时期内，全部损失金额（纯保费）是每次损失金额的总和。因此，从索赔频数和索赔金额的分布可求得全部损失金额的分布，即纯保费分布。设在一定时期内一个风险单位可能受损的次数为 Z ，可能的每次损失金额为 Y ，再以 X 表示可能的全部损失金额。这些随机变量的期望值分别以 $E(Z)$、$E(Y)$ 和 $E(X)$ 表示，与这些随机变量间联系的方差分别以 $V(Z)$、$V(Y)$ 和 $V(X)$ 表示，可以得出下列两个公式：

$$E(X) = E(Z) \cdot E(Y)$$

$$V(X) = V(Z) \times (E(Y))^2 + V(Y) \times E(Z)$$

　　下面用一个简单的例子对这两个公式的应用加以说明。假设由 1000 个居民组成一个相互火险社，火灾损失由所有的社员共同分担。再假设这 1000 个居民的房屋遭遇火灾损失的次数服从二项分布。

$$Pn(z) = \frac{n!}{z!(n-z)!} p^z (1-p)^{n-z}$$

$Z = $ 一年内1000个居民遭受火灾损失的次数(其数值范围从0到1000)

$n = 1000$(居民的房屋数)

$P = \dfrac{1}{1000}$（单个居民房屋遭受火灾损失的概率，即假设每年一栋房

　　　　　　　 屋因遭火灾而毁坏）

$Pn(z) = Z$的概率

　　假设单个居民受损次数服从一个全损 p 概率和毫无损失 $1-p$ 概率的贝努里概率分布，即：

$$P(z) = p^z \cdot (1-p)^{1-z}$$

$z = 0$或1

$P(z = 1) = p$

$P(z = 0) = 1 - p$

因此，在一年内单个居民受损次数的期望值也等于 p。

$$E(Z) = \sum_{z=0}^{1} \cdot P(z) = 0 \cdot P(z = 0) + 1 \cdot P(z = 1)$$

$$= 0 \cdot (1 - p) + 1 \cdot p = p = \frac{1}{1000}$$

单个居民受损次数的方差为：

$$V(z) = \sum_{z=0}^{1} [z - E(z)]^2 \cdot P(z)$$

$$= (0 - p)^2 \cdot P(z = 0) + (1 - p)^2 \cdot P(z = 1)$$

$$= p^2 \cdot (1 - p) + (1 - p)^2 \cdot p$$

$$= P(1 - P) \cdot [p + (1 - p)]$$

$$= p(1 - p) = \frac{1}{1000} \cdot (1 - \frac{1}{1000})$$

$$= \frac{999}{(1000)^2}$$

1000 个居民受损次数的期望值和方差分别为：

$$En(z) = \sum_{z=0}^{1000} z \cdot Pn(z) = n \cdot p$$

$$= 1000 \cdot (\frac{1}{1000}) = 1$$

$$Vn(z) = \sum_{z=0}^{1000} [z - En(z)]^2 \cdot Pn(z)$$

$$= n \cdot p(1 - p) = 1000 \cdot (\frac{1}{1000}) \cdot (\frac{999}{1000})$$

$$= \frac{999}{1000}$$

假定每次火灾会烧毁整栋房屋，全损的金额为 75000 元，即 $E(Y) = 75000$，则每个居民分担损失金额的期望值为：

$$E(X) = E(Z) \cdot E(Y) = P \cdot E(Y)$$

$$= \frac{1}{1000} \cdot 75000 = 75 (元)$$

1000 个居民总的损失金额期望值为：

$$En(X) = n \cdot E(X) = 1000 \times 75$$

$$= 7500 (元)$$

必须指出，$E(X)$ 和 $En(X)$ 只是期望值，实际的损失金额可能明显偏离期望值，保险经营必须考虑这种可能性。

单个居民全损金额的方差为：

$$V(X) = V(Z) \cdot (E(Y))^2 + V(Y) \cdot E(Z)$$

$$= \frac{999}{(1000)^2} \cdot (75000)^2 + 0 \cdot \frac{1}{1000}$$

$$= (999) \cdot (75)^2 = (2370.52)^2$$

因每次火灾损失均为全损，$V(Y) = 0$。其他数字均是前面计算的结果。方差的平方根，即标准差 σ_x 是离中趋势的适当度量。单个居民全部损失金额的标准差是：

$$\sigma_x = \sqrt{V(X)} = \sqrt{(2370.52)^2}$$

$$= 2370.52$$

总之，单个居民全部损失金额分布的期望值 $E(X) = 75$，其标准差 $\sigma_x = 2370.52$。由于火灾损失的随机性质，实际的损失金额可能明显偏离期望值。

中心极限定理表明，当样本数目足够大，随机变量平均值的分布将近似地服从一个正态分布，平均损失分布的中值 $E(X)$ 接近母体的中值 $E(X)$。与可能的平均损失相联系的方差是：

$$V(X) = \frac{V(X)}{n}$$

平均损失标准差是：

$$\sigma_x = \frac{\sigma_x}{\sqrt{n}}$$

沿用前面的案例，在由 1000 个居民组成的一个相互火险社情况下，平均损失的标准差是：

$$\sigma_x = \frac{2370.52}{\sqrt{1000}} = 74.96$$

如果参加相互火险社的居民人数增至于 10000 个，则：

$$\sigma_x = \frac{2370.52}{\sqrt{10000}} = 23.71$$

这有力地说明了大数法则在保险经营中的重要意义。既然单个居民的 σ_x 是固定的，当风险单位增加，平均损失的标准差 σ_x 会减少。

保险人使用样本平均损失 $E(X)$ 对纯保费进行估计，但他必须考虑到承保的风险。平均损失的标准差作为承保风险的度量，承保风险与其他费用开支一样要加入到保险费中。但当风险单位增加，平均损失的标准差会减少。

当 $n \to \infty, \sigma_x = \frac{\sigma_x}{\sqrt{n}} \to 0$

预期的损失将变为没有偏差的必然事件，$U = E(X)$。这意味着保险人对保险费的估计变得精确，个别和少数保险标的受损的不确定性变为多数保险标的可预见的损失，从而使保险人对每个被保险人的承保风险减少，但保险人总的承保风险随保险标的增加而增加。

为了简化和方便起见，以上作了一些不现实的假设。如所有保险标的都是同质的，每次火灾损失均是全损，一次火灾损失只有一次索赔。但这些假设不妨碍我们用一些基本的统计学概念说明大数法则在保险经营中的重要意义。下面将从理论上加以论述。

二、随机事件及概率

（一）随机试验

自然界和社会上发生的现象是多种多样的，有一类现象，在一定条件下必然发生（或必然不发生）。例如，向上抛一石子必然下落，水在标准大气压下加热到摄氏 100℃以上必然化为蒸汽，同性电荷必不相互吸引，等等。这类现象称为确定现象。然而在自然界和社会中还存在着另一现象，例如，在相同条件下抛同一枚硬币，其结果可能是出现正面，也可能是出现反面，并且不论怎样控制抛掷条件，在每次抛掷之前无法肯定抛掷结果是什么；用同一门炮向同一目标射击，各次弹着点不尽相同，并且不论怎样控制射击条件，在每一次射击以前无法预测弹着点的确切位置。这类现象归纳起来有如下特征：在相同条件下进行一系列的试验或观察，每次试验或观察的可能结果不止一个，在每次试验或观察之前无法预知确切的结果，即呈现出不确定性。

人们经过长期实践并深入研究之后，发现这类现象虽然就每次试验或观察结果来说，它具有不确定性，但在大量重复试验或观察下它的结果却呈现出某种规律性。例如，多次重复抛一枚硬币得到正面朝上的结果大致有半数，同一门炮射击同一目标的弹着点按照一定规律分布，等等。这种在大量重复试验或观察中所呈现出的固有规律性，称为统计规律性。

此类现象，在个别试验中呈现出不确定性，在大量重复试验中又具有统计规律性，我们称之为随机现象，概率论与数理统计是研究和揭示随机现象的统计规律性的一门数学学科。

为研究随机现象就要对客观事物进行观察，观察的过程叫随机试验，简称试验。下面举一些例子来说明。

E_1：抛一枚硬币，观察正面 H、反面 T 出现的情况。

E_2：将一枚硬币抛两次，观察正、反面出现的情况。

E_3：掷一颗骰子，观察出现的点数。

E_4：记录某电话交换台一分钟内接到的呼唤次数。

E_5：一口袋中装有红白两种颜色的乒乓球。从袋中任取一球，观察其颜色。

E_6：一射手进行射击，直到击中目标为止，观察其射击情况。

E_7：在一批灯泡中任意抽取一只，测试它的寿命。

E_8：记录某地一昼夜的最高温度和最低温度。

上面举了 8 个试验的例子，它们有着共同的特点。例如试验 E_1，它有两种结果：出现 H 或者出现 T，但在投掷之前不能确定出现 H 还是出现 T，这个试验可以在相同的条件下重复地进行。又如试验 E_3，它有 6 种可能结果，即出现点数为 1，2，……，6 中之一，但在抛掷之前不能确定会出现几点，这个试验可以在相同的条件下重复地进行。再如试验 E_7，我们知道灯泡的寿命（以小时计）$t \geq 0$，但在试验之前无法确定其寿命，这一试验也可以在相同的条件下重复地进行，概括起来，概率论中讨论的随机试验都具有如下特点：

1. 可以在相同条件下重复进行；

2. 每次试验的可能结果不止一个，并且能事先知道试验的所有可能结果；

3. 进行一次试验之前不能确定哪一个结果会出现。

（二）随机事件

一个随机试验的所有可能结果是已知的，但在每次试验之前却不能确定哪个会出现。例如在试验 E_1 中"出现 H"这件事情可能发生也可能不发生，但如果重复抛许多次，就能看出它的发生是具有某种规律性的，我们将随机试验的结果称做随机事件，简称事件。

在大量重复试验中随机事件的发生具有某种规律性，揭示和弄清这种规律性就是概率论所要研究的问题。

在一随机试验中，它的每一个可能出现的结果都是一个随机事件，它们是这个试验的最简单的随机事件，我们称这些简单的随机事件为基本事件。

例如，在试验 E_1 中，"出现 H"，"出现 T"就是试验的基本事件；在试验 E_3 中，"出现 1 点"、"出现 2 点"、……、"出现 6 点"就是基本事件。

前面提及随机试验的结果叫做事件，这只是一种简单的笼统的说法，因为同一试验结果可以有不同的说法。例如掷骰子出现 5 点，既可以说成出现奇数点，也可以说成不少于 3 点；"3 人排队"也可以说成"排队人数不多于 5 人"等等。确切地说，事件是随机试验的所有可能结果里面的一个集合。例如，"有不多于 4 人在排队"是 0、1、2、3 或 4 个人在排队等 5 个可能结果的集合。这里每一个可能结果相当于一个基本事件，注意，只要集合中的任何一个结果出现，代表此集合的事件发生。例如"3 人在排队"意味着"有不多于 4 人在排队"这一事件的发生。

（三）事件的概率

由于随机事件的发生具有偶然性，因此人们常常关心随机事件发生的可能性大小。比如，某保险公司在年初承保了 1000 辆汽车，承保期限为一年。假设汽车一旦发生事故，保险公司就赔付 1 万元，保险公司现有 10 万元基金用于对这 1000 辆汽车的赔付。因此，保险公司为保证其经营稳定，最关心的是其赔款基金足够用于赔款支出的可能性大小，即在这一年中承保的 1000 辆汽车最多有 10 辆发生事故的可能性大小。

我们希望将事件发生的可能性大小用一个数字表示。先看一个简单的例子，考虑"抛硬币"这个随机试验。为了知道得到正面的可能性大小，我们将硬币抛 n 次试验中正面出现的次数 n_1。我们称比值 $\dfrac{n_1}{n}$ 为在这次 n 次试验中正面出现的频率。现在将硬币连续抛 5 次、50 次、500 次，各做 10 遍，得到数据如表 5-1。

表 5-1 抛硬币实验结果数据表

实验序号	$n=5$		$n=50$		$n=500$	
	n_1	n_1/n	n_1	n_1/n	n_1	n_1/n
1	2	0.4	22	0.44	251	0.502
2	3	0.6	25	0.50	249	0.498
3	1	0.2	21	0.42	256	0.512
4	5	1.0	25	0.50	253	0.506
5	1	0.2	24	0.48	251	0.502
6	2	0.4	21	0.42	246	0.492
7	4	0.8	18	0.36	244	0.488
8	2	0.4	24	0.48	258	0.519
9	3	0.6	27	0.54	262	0.524
10	3	0.6	31	0.62	247	0.494

从表 5-1 中我们可以看出，n 较小时，出现正面的频率差异较大。但是随着抛硬币次数的增多，出现正面的频率则比较稳定。即当试验次数 n 逐渐增多时，出现正面的频率 n_1/n 总在 0.5 附近摆动而逐渐稳定于 0.5。0.5 可以反映出得到正面可能性的大小。

一般地，我们设随机事件 A 在 n 次试验中出现了 n_A 次，则称比值 $\dfrac{n_A}{n}$ 为事件 A 在这次 n 试验中出现的频率。

事件 A 发生的概率可以定义为，在相同条件下，重复进行 n 次试验，事件 A 发生的频率稳定在某一常数 P 附近摆动。一般说来 n 越大，摆动幅度越小，我们称这个常数 P 为事件 A 发生的概率，记为 $P(A)$。

从这个定义我们知道，任何一个事件的发生概率都介于 0 和 1 之间，事件的发生可能性越大，则事件的概率就越大。若对于一个试验，事件不会发生，则称 A 为不可能事件。若 A 为不可能事件，则 $P(A)=0$。若对于一个试验，事件 A 必定发生，则称 A 为必然事件。若 A 为必然事件，则 $P(A)=1$。

（四）事件间的关系、运算及概率运算法则

一个事件可以是一个基本事件，也可以是由若干个基本事件复合而成的复合事件。因此，为进一步研究事件，确定事件的概率，我们有必要研究事件间的关系、运算及概率运算法则。

下面就讨论两个事件 A 与 B 之间的关系。

若事件 A 发生必然导致事件 B 发生，则称事件 B 包含了事件 A，记作 $A \subset B$ 或 $B \supset A$。例如，A 表示"某人在 50 岁前死亡"，B 表示"某人在 55 岁前死亡"，则有 $A \subset B$。

"事件 A 与事件 B 至少有一个发生"，这一事件称为事件 A 与事件 B 之和，记作 $A + B$。例如，若 A 表示"某人在 50 到 60 岁之间死亡"，B 表示"某人在 55 岁到 65 岁之间死亡"，则 $A + B$ 表示"某人在 50 到 65 岁之间死亡"。

如果两个事件不能同时发生，则称这两个事件互斥。比如"某人在 50 到 60 岁之间死亡"与"某人在 65 岁到 70 岁之间死亡"这两个事件不能同时发生，因此这两个事件是互斥的。

如果在试验中事件 A 与事件 B 必然有一个发生且仅有一个发生，则称 A 与 B 是相互对立的事件，记作 $A = \bar{B}$（或 $B = \bar{A}$）。实际上，若两个互斥事件之和为必然事件，则这两个事件必为相互对立的事件。显然，对立事件必为互斥事件，但互斥事件不一定是对立事件。例如，若 A 表示"在承保的 10 间房屋中，一年内都不受损"，B 表示"在承保的 10 间房屋中，一年内恰好有一间受损"，则 A 与 B 不能同时发生，因此 A 与 B 为互斥事件。但它们不是对立事件，因为事件 A 不发生并不一定保证事件 B 一定发生。事件 A 的对立事件应为"在承保的 10 间房屋中，一年内至少有一间受损"。

如果事件 A 是否发生并不影响事件 B 发生的概率，则称事件 A 与事件 B 相互独立。比如，某房屋失火这一事件发生与否并不影响相距 100 公里以外的另一房屋失火这一事件发生的概率，因此这两个事件是相互独立的事件。但是，某房屋失火这一事件是否发生通常对相邻很近的另一房屋失火这一事件的概率有影响，因此这两个事件不是相互独立的事件。类似地，我们也可以定义多个事件间的相互独立性，如果 n 个事件 $A_1, A_2, \ldots, A_n$ 中任何一个事件发生的概率都不受其他一个或几个事件发生与否的影响，则称事件 $A_1, A_2, \ldots, A_n$ 是相互独立的。

我们利用概率的定义不难得出以下结论，这些结论是概率运算的基本法则。

（1）如果 A 与 B 互斥，则 $P(A + B) = P(A) + P(B)$。

（2）如果 A 与 B 互为对立事件，则 $P(A)+P(B)=1$。

（3）A 与 B 相互独立的充分必要条件是 $P(AB)=P(A)P(B)$。

我们可以用数学归纳法将（1）推广为：若事件 $A_1, A_2, ..., A_n$ 两两互斥，则：

$$P(A_1+A_2+...+A_n)=P(A_1)+P(A_2)+P(A_n)$$

三、随机变量及其概率分布

（一）随机变量的概念

为进一步用数学方法研究随机事件的统计规律性，我们希望对随机事件采用数量的标识。比如，在抛硬币的试验中，可用 1 表示得到的为正面，用 0 表示得到的为反面。

由于随机试验的结果有多种可能，如果对试验的每一可能结果 ω，都对应着一个实数 $\xi(\omega)$，而 $\xi(\omega)$ 又是一个随机试验结果不同而变化的变量，则我们称 ξ 为一个随机变量。

引入随机变量后，随机事件就可以通过随机变量来表示。比如，在抛硬币的试验中，出现正面的事件可用 $\{\xi=0\}$ 表示。又如，设 ξ 表示 1000 辆汽车在一年内的受损数量，因此 ξ 为一个取 0 到 1000 之间整数的随机变量。1000 辆汽车在一年内最多有 10 辆受损这一随机事件就可用 $\{\xi \leqslant 10\}$ 表示；设 ξ 表示人的寿命，则 ξ 为一个随机变量，它的取值范围为大于等于 0 的实数，"人至少活60 岁"这一事件可用 $\{\xi \geqslant 60\}$ 表示。

随机变量按其取值情况可分为离散型随机变量和非离散型随机变量。如果随机变量 ξ 的取值为有限个或可数个，则 ξ 为离散型随机变量，否则为非离散型随机变量。非离散型随机变量范围很广，情况比较复杂，其中在实际中最常遇到的是连续型随机变量。

（二）随机变量的分布

如果随机变量 ξ 的所有可能取值为有限个或可数个，则称 ξ 为离散型随机变量。设 $X_1, X_2, ..., X_n$ 为 X_i 的所有可能取值，称 $P\{\xi=X_i\}=P_i, i=1,2,\cdots,n$ 为 ξ 的概率分布，称表 5-2 所示资料为 ξ 的概率分布表，表中 P_i 应介于 0，1 间且 $\sum_i P_i=1$。

表 5-2　离散型随机变量概率分布

ξ	x_1	x_2	...	x_i	...
P	p_1	p_2	...	p_i	...

如果对任何实数 x 有

$$P\{\xi \leqslant x\} = \int_{-\infty}^{x} \varphi(t)\mathrm{d}t，\text{其中 } \varphi(t) \geqslant 0$$

则称 ξ 为连续型随机变量。根据积分的几何意义，图 5-1 中阴影部分的面积表示 $\{\xi \leqslant x\}$ 的概率。

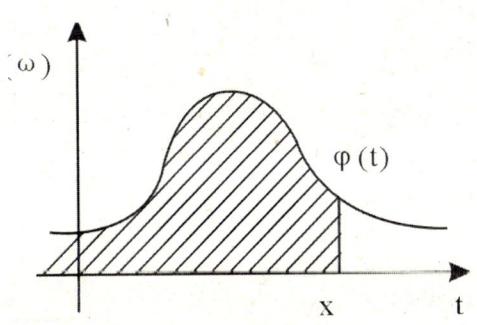

图 5-1　连续型随机变量概率分布

函数 $\varphi(x)$ 称为连续型随机变量的概率密度函数。

概率密度函数 $\varphi(x)$ 具有以下性质：

（1）$\displaystyle\int_{-\infty}^{+\infty} \varphi(x)\mathrm{d}x = 1$

（2）$\displaystyle P\{a < \xi \leqslant b\} = \int_{a}^{b} \varphi(x)\mathrm{d}x$

可以证明连续型随机变量在任何一点取值的概率都为零，因此上述性质（2）中的小于等于号与小于号可以互换而不影响事件的概率。

另外，根据积分中值定理，dx 很小时

$$P\{x < \xi \leqslant x + \mathrm{d}x\} = \int_{x}^{x+\mathrm{d}x} \varphi(t)\mathrm{d}t \approx \varphi(x)\mathrm{d}x$$

因此 $\varphi(x)\mathrm{d}x$ 在连续型随机变量中起的作用类似于 $P\{\xi = x_k\} = P_k$ 在离散型随机变量中起的作用，这也正是我们称 $\varphi(x)$ 为概率密度函数的原因。

（三）随机变量的数字特征

1．数学期望

由于随机变量的取值是随机的，我们有时往往关心随机变量的平均取值。

设立离散型随机变量 ξ 的概率分布如表 5-3 所示。

表 5-3　离散型随机变量概率分布

ξ	x_1	x_2	......	x_k
p	p_1	p_2	......	p_k

要想了解 ξ 的平均取值，最简单的办法就是对 ξ 的取值进行多次观察，然后取所有观察值的算术平均值作为 ξ 的平均取值的近似。设对 ξ 进行了 N 次观察，其中 x_i 出现了 n_i 次，$i=1,2,...,k$，$\sum\limits_{i=1}^{k} n_i = N$，则这 N 个观察值的算术平均值为：

$$\frac{n_1 x_1 + n_2 x_2 + \cdots n_k x_k}{N}$$

用它作为 ξ 的平均取值近似，一般观测次数 N 越大，则近似越精确。由于 N 充分大时，观察值 x_i 出现的频率 n_i / N 近似等于 x_i 出现的概率 P_i，$i=1,2,...,k$，因此 N 充分大时：

$$\frac{n_1 x_1 + n_2 x_2 + \cdots n_k x_k}{N} = \frac{n_1}{N} x_1 + \frac{n_2}{N} x_2 + \cdots + \frac{n_k}{N} x_k$$

$$\approx p_1 x_1 + p_2 x_2 + \cdots + p_k x_k = \sum\limits_{i=1}^{k} P_i X_i$$

值得注意的是：$\sum\limits_{i=1}^{k} P_i X_i$ 是不依赖于观察次数的，它在一定意义上代表了 ξ 的平均取值。我们称 $\sum\limits_{i=1}^{k} P_i X_i$ 为 ξ 的数学期望。

一般地，设 ξ 为离散型随机变量，其概率分布为 $P\{\xi = x_i\} = P_i$，$i=1,2,...$，则称 $\sum\limits_{i} P_i X_i$ 为 ξ 的数学期望，记为 $E\xi$。

若 ξ 为连续型随机变量，其概率密度为 $\varphi(x)$，由于 $\varphi(x)dx$ 在连续型随机变量中起的作用类似于概率分布在离散型随机变量中起的作用，因此连续型随机变量 ξ 可以定义为：

$$E\xi = \int_{-\infty}^{+\infty} x\varphi(x)\,\mathrm{d}x$$

数学期望具有以下运算规则：

$$E(\xi_1 + \xi_2 \cdots + \xi_n) = E\xi_1 + E\xi_2 + \cdots + E\xi_n$$

$$E(a\xi + b) = aE\xi + b，\text{其中} a,b \text{为常数}$$

$$Ef(\xi) = \begin{cases} \sum_i (x_i) p_i；\text{当} \xi \text{为离散型，其概率分布为} P\{\xi = x_i\} = p_i, i = 1,2,\cdots \text{时。} \\ \int_{-\infty}^{+\infty} f(x)\varphi(x)\,\mathrm{d}x；\text{当} \xi \text{为连续型，其概率密度为} \varphi(x) \text{时。} \end{cases}$$

2. 方差与标准差

一般说来，仅知道数学期望还不能完整地说明随机变量的分布特征。例如，设 ξ 表示保险人承保的房屋中的失火房屋数，假设 ξ 的分布有两种可能情况，如表 5-4 所示。

表 5-4　情况 A、B 概率分布

情况 A	ξ	8	11	10	9	12
	p	$\frac{1}{5}$	$\frac{1}{5}$	$\frac{1}{5}$	$\frac{1}{5}$	$\frac{1}{5}$

情况 B	ξ	17	4	10	12	7
	p	$\frac{1}{5}$	$\frac{1}{5}$	$\frac{1}{5}$	$\frac{1}{5}$	$\frac{1}{5}$

虽然这两种情况均有 $E\xi = 10$，但是情况 A 中 ξ 的取值与 $E\xi$ 的偏离程度较小，保险人能够比较准确地估计失火房屋数；在情况 B 中 ξ 的取值与 $E\xi$ 的偏离程度很大，保险人很难准确地估计失火房屋数，不利于保险人的稳定经营。由此可见仅凭数学期望这一指标不足以说明随机变量的分布特征。研究随机变量与其数学期望的偏离程度是十分必要的。

ξ 与 $E\xi$ 的偏离程度可用 $(\xi - E\xi)^2$ 表示，它仍为一个随机变量。我们将这种偏离的平均程度 $E(\xi - E\xi)^2$ 称为 ξ 的方差，记为 $Var\xi$。称方差的平均根

$\sqrt{Var\xi}$为ξ的标准差或均方差，记为σ_{ξ}。可见，当ξ的可能值集中于它的期望值$E\xi$附近时，方差较小，反之则方差较大。因此，由方差的大小可以推断随机变量分布的离散程度。

方差具有下列性质：

$$Var\xi = E\xi^2 - (E\xi)^2$$

$$Var(C) = 0, \quad 其中 C 为常数$$

$$Var(C\xi) = C^2 Var\xi, 其中 C 为常数$$

若$\xi_1, \xi_2, \cdots, \xi_n$相互独立[①]，则$Var(\xi_1 + \xi_2 + \cdots + \xi_n) = Var\xi_1 + Var\xi_2 + \cdots + Var\xi_n$。

当我们不知道X的分布时，可用X的一组观测值$X_1, X_2, \cdots, X_n$计算；用下列公式近似计算$Var[X]$：

$$Var[X] \approx \frac{1}{n}[(x_1 - \bar{x})^2 + (x_2 - \bar{x})^2 + \cdots (x_n - \bar{x})^2]$$

$$其中, \bar{x} = \frac{x_1 + x_2 + \cdots + x_n}{n}$$

3. 变异系数

标准差反映的是随机变量的绝对偏离程度，有时仅靠绝对偏离程度不能客观地反映随机变量的偏离程度。显然，标准差为 10 对数学期望为 10000 的随机变量并不算很大的偏差，但对数学期望为 10 的随机变量就是一个不小的偏差。因此，标准差与数学期望的比值可以客观地比较不同随机变量的偏离程度，称$\sigma_{\xi} / E\xi$为随机变量ξ的变异数。由于数学期望常被作为ξ的估计值，因此变异系数可看成是这种估计的相对误差。

（四）几种常用的分布

下面我们介绍几种在以后的分析中经常用到的分布。

1. 0-1 分布

表5-5　0-1 分布

ξ	0	1
p	$1-p$	p

---

① $\xi_1, \xi_2, \cdots, \xi_n$ 相互独立是指对任意实数 $x_1, x_2, \cdots, x_n$；事件 $\{\xi_1 \leq x_1\}, \{\xi_2 \leq x_2\}, \cdots, \{\xi_n \leq x_n\}$ 是相互独立的。

如果 ξ 的分布如表 5-5 所示，则称 ξ 服从参数为 p 的 0-1 分布。显然 $E\xi = p, Var\xi = p(1-p)$。

这种分布比较常见，比如以前讨论的抛硬币试验中标识正反面出现情况随机变量 ξ 就服从参数为 1/2 的 0-1 分布。一般地，若在一次试验中事件 A 发生的概率为 p，则事件 A 不发生的概率为 $1-p$，如果设 ξ 表示一次试验中事件 A 发生的次数，那么 ξ 服从参数为 p 的 0-1 分布。

2. 二项分布

如果 ξ 的分布为 $P\{\xi = k\} = C_n^k p^k (1-p)^{n-k}, k = 0,1\cdots,n$ 则称 ξ 服从参数为 n, p 的二项分布，记为 $\xi \sim B(n, p)$。

可以证明，进行 n 次相互独立的试验，如果在每次试验中的事件 A 发生的概率都为 p，那么在这 n 次试验中事件 A 发生的次数 ξ 服从参数为 n, p 的二项分布。如果我们设 ξ_i 表示第 u 次试验事件 A 发生的次数，则 $\xi = \xi_1 + \xi_2 + \cdots + \xi_n$，相互独立，且都服从参数为 p 的 0-1 分布，因此：

$$E\xi = E(\xi_1 + \xi_2 + \cdots + \xi) = E\xi_1 + E\xi_2 + \cdots + E\xi = np$$
$$Var(\xi) = Var(\xi_1 + \xi_2 + \cdots \xi_n) = Var\xi_1 + Var\xi_2 + \cdots + Var\xi_n$$
$$= np(1-p)$$

3. 正态分布

如果 ξ 的概率密度函数为 $\varphi(x) = \dfrac{1}{\sigma\sqrt{2\pi}} e^{-\frac{(x-\mu)^2}{2\sigma^2}}, \sigma > 0, -\infty < x < +\infty$, 称 ξ 服从

参数为 μ, σ^2 的正态分布，记为 $\xi \sim N(\mu \sim \sigma^2)$。不难计算，$E\xi = \mu$, $Var\xi = \sigma^2$。

如果取 $\mu = 0, \sigma = 1$，则 ξ 的概率密度函数退化为：

$$\varphi_0(x) = \frac{1}{\sqrt{2\pi}} e^{-\frac{x^2}{2}}, -\infty < x < +\infty$$

此时称 ξ 服从标准正态分布。$\varphi_0(x)$ 的图像如图 5-2，它是关于 y 轴对称的钟形曲线。

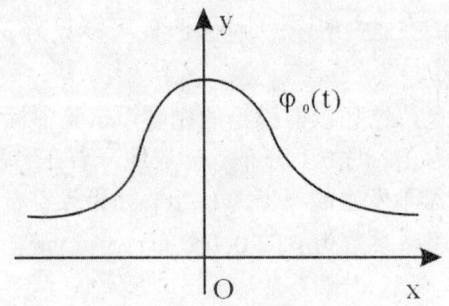

图 5-2   标准正态分布函数

如果 $\xi \sim N(0,1)$，设 $\Phi(x) = P\{\xi \leqslant x\}$，则 $\Phi(x) = \int_{-\infty}^{x} \varphi_0(t)\mathrm{d}t$。

图 5-3 中的阴影部分的面积表示 $\Phi(x)$ 的值。

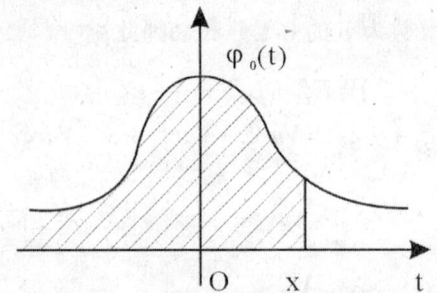

图 5-3   标准正态分布函数 $\Phi(x)$ 概率

显然，$\Phi(0) = \dfrac{1}{2}$。当 $x > 0$ 时，可以查标准正态分布表求出 $\Phi_0(x)$，当 x＜0

时，利用 $\varphi_0(t)$ 的对称性可得 $\Phi(x) = 1 - \Phi(-x)$，然后查表可算出 $\Phi(x)$。

例如，若 $\xi \sim N(0,1)$，则：

$P\{-1 < \xi < 1\} = \Phi(1) - \Phi(-1)$

$= \Phi(1) - [1 - \Phi(1)]$

$= 2\Phi(1) - 1 = 2 \times 0.8413 - 1 = 0.6826$

类似地：

$$P\{-2 < \xi < 2\} = 2\Phi(2) - 1 = 2 \times 0.9772 - 1 = 0.9544$$
$$P\{-3 < \xi < 3\} = 2\Phi(3) - 1 = 2 \times 0.9987 - 1 = 0.9974$$

可以证明，若 $\xi < N(\mu, \sigma^2)$，则 $\dfrac{\xi - \mu}{\sigma} \sim N(0,1)$，因此要想求 $P\{a < \xi < b\}$，可先进行下列变换再查表求出：

$$P\{a < \xi < b\} = P\left\{\frac{a - \mu}{\sigma} < \frac{\xi - \mu}{\sigma} < \frac{b - \mu}{\sigma}\right\}$$
$$= \Phi\left(\frac{b - \mu}{\sigma}\right) - \Phi\left(\frac{a - \mu}{\sigma}\right)$$

正态分布是一个非常重要的分布，现实生活中的多数现象，如人的身高、体重、不定成绩等都近似服从正态分布。正态分布的重要作用在于：一些分布未知的相互独立随机变量之和的分布可近似地用正态分布代替。关于这一点我们在下面的中心极限定理中再加以解释。

四、大数法则和中心极限定理

（一）大数法则

我们在定义概率时曾提到过事件发生的频率具有稳定性，即随着试验次数的增多，事件发生的频率逐渐稳定于某个常数。大数法则所要揭示的就是这类稳定性。下面我们介绍几个在以后分析中要用到的大数法则。

切比雪夫大数法则：设随机变量 $\xi_1, \xi_2, \cdots, \xi_n$ 相互独立，且具有相同的有限数学期望和方差：$E\xi_k = \mu, Var\xi_k = \sigma^2 (k = 1, 2, \cdots)$，则对于任意正数 ε，有：

$$\lim_{n \to +\infty} P\left\{\left|\frac{\xi_1 + \xi_2 + \cdots + \xi_n}{n} - \mu\right| < \varepsilon\right\} = 1$$

上式说明，对任意正数 ε，当 n 充分大时，$\left|\dfrac{\xi_1 + \xi_2 + \cdots + \xi_n}{n} - \mu\right| < \varepsilon$ 几乎为必然事件。由于 ε 可以任意小，所以当 n 充分大时，可以认为 $\dfrac{\xi_1 + \xi_2 + \cdots + \xi_n}{n}$ 几乎与 μ 相等。

若 $\xi \sim B(n, p)$，则 $\xi = \xi_1 + \xi_2 + \cdots + \xi_n$，其中 $\xi_1, \xi_2, \cdots, \xi_n$ 相互独立且都具有参

数为 p 的 0-1 分布，对 $\xi_1, \xi_2, \cdots, \xi_n$ 应用切比雪夫大数法则。

贝努利大数法则：设 $\xi \sim B(n, p)$，则对于任意正数 ε 有：

$$\lim_{n \to +\infty} p\left\{\left|\frac{\xi}{n} - P\right| < \varepsilon\right\} = 1$$

这个定理告诉我们：当试验在不变的条件下重复进行很多次时，随机事件发生的频率与概率有较大偏差的可能性很小。

（二）中心极限定理

实际中的许多随机变量是由大量相互独立、分布相同的随机变量之和构成。比如，保险人承保了大量相互独立、风险相同的风险单位，那么保险人的赔款总额就是由对每个风险单位的赔款数额之和构成。大量相互独立、分布相同的随机变量之和往往近似地服从正态分布，中心极限定理揭示的正是这种现象。

中心极限定理：设随机变量 $\xi_1, \xi_2, \cdots, \xi_n$ 相互独立，服从同一分布且具有有限的数学期望和方差：

$E\xi_k = \mu, Var\xi_k = \sigma^2 \neq 0(k = 1, 2, \cdots)$，则对任何实数 x，有：

$$\lim_{n \to +\infty} P\left\{\frac{\xi_1 + \xi_2, + \cdots + \xi_n - E(\xi_1 + \xi_2 + \cdots + \xi_n)}{\sqrt{Var(\xi_1 + \xi_2 + \cdots + \xi_n)}} \leqslant x\right\}$$

$$= \lim_{n \to +\infty} p\left\{\frac{\xi_1 + \xi_2 + \cdots + \xi_n - n\mu}{\sigma\sqrt{n}} \leqslant x\right\}$$

$$= \int_{-\infty}^{x} \frac{1}{\sqrt{2\pi}} e^{-\frac{t^2}{2}} dt$$

上式说明，当 n 充分大时，$\xi_1 + \xi_2 + \cdots + \xi_n$ 近似服从 $N(n\mu, n\sigma^2)$。

如果 $\xi \sim B(n, p)$，则 ξ 可分解为 $\xi = \xi_1 + \xi_2 + \cdots + \xi_n$，其中 $\xi_1, \xi_2, \cdots, \xi_n$ 相互独

立且具有参数为 P 的 0-1 分布，那么由中心极限定理可知 ξ 近似服从

$N(np,np(1-p))$。也就是说，当 n 充分大时，二项分布可用正态分布近似。

五、决定事件概率的方法

（一）演绎法

所谓演泽法是先分析出导致事件发生的条件的各种可能结果，然后进行逻辑推理得出事件的概率。比如，随机抛一枚硬币（假设硬币均匀的），无非有两种结果：正面或反面。由于硬币是均匀的，抛掷又是随机的，因此可以判断出现正面和出现反面的可能性是一样的，所以可以认为出现正面的概率为 $\frac{1}{2}$。又如，随机地掷一骰子，我们想确定所得点数小于 5 的概率。掷一骰子所有可能出现的点数为 1、2、3、4、5、6，而每个点数出现的可能性都相同，小于 5 的点数只有 1、2、3、4，因此出现点数小于 5 的概率为 $\frac{4}{6}$。

（二）经验法

所谓经验法是指在同等条件下，以过去事件发生的频率值作为事件的概率估计。比如，在情况相同的条件下，10000 幢房屋在一年内有 100 幢失火，因此我们认为每幢房屋在一年内失火的可能性为 100/10000=1%。

经验法是在过去的经验基础上对事件概率的估计，因此与真实概率有一定误差，我们称这种概率为经验概率。

（三）演绎法与经验法的应用性

演绎法得出的概率虽然为准确值，但是这种方法具有一定的局限性。只有充分了解导致事件发生的条件的所有结果以及各结果发生的可能性大小，才能用演绎法确定事件发生的概率。在实践中，即使分析出所有结果也很难确定各种结果发生的可能性。因此在实践中（特别是在保险实务中）我们常采用经验法。

由于经验法是从以往数据中对未来事件的概率进行估计，因此用经验法确定未来事件概率时，往往认为在条件相同的情况下，未来事件发生的状况与过去事件发生的状况相同。

经验法的理论基础是大数法则。由贝努里大数法则可知，当经验数据充分多时，事件发生的频率与概率几乎相等。

（四）影响经验法准确性的因素

经验法的准确性取决于两个因素。第一，以往数据的准确性，即以往数据能否真实反映客观事实。在保险实务中，数据往往是从以往大量赔案中获得，这就难免会出现骗赔等现象影响数据的真实性。数据失真越严重就越影响经验法的准确性。第二，以往经验数据的个数。根据贝努里大数法则，经验数据越多，估计越准确。

第二节　概率论在保险中的运用

一、保险运行的数理解释

（一）大数法则与风险预测

大数法则告诉我们，如果占有充分多的经验损失数据就可以用经验法比较准确地估计出损失概率，但这不是保险人的最终目的，保险人还要用估计出的损失概率预测未来面临的风险。

保险人的作用在于承担风险，而保险的目的在于降低风险的不确定性。保险人对单个被保险人面临风险的预测能力并不比被保险人高。在预测风险方面，保险人与被保险人的根本区别在于被保险人只能预测自己面临的风险，而保险人预测的是所有被保险人面临的整体风险。虽然保险人不能准确预测具体某个被保险人是否发生损失，但是保险人可以对承担的整体风险作出比较准确可信的估计。下面我们就从数理上具体加以分析。

设保险人承保了 n 个风险相同、相互独立的风险单位，我们用随机变量 $X_1, X_2, ..., X_n$ 表示每个保险单位的损失量，则 $X_1, X_2, ..., X_n$ 相互独立并且与随机变量 X 具有相同的分布。对单个被保险人而言，他们自己面临的风险是实际损失 X 与期望损失 $E(X)$ 的偏差，我们可用 X 的标准差 σ_x 表示这种偏差，如果将 n 个被保险人看成一个整体，那么平均每个被保险人的实际损失为 $\frac{x_1 + x_2 + \cdots + x_n}{n}$ （记为 $\bar{X}$）。由于 $E(\bar{X}) = E(X)$，根据切比雪夫大数法则，当承保单位数 n 充分大时，$\bar{X}$ 与 $E(X)$ 发生较大偏差的可能性很小。我们也可由 $\bar{X}$ 的标准差 $\sigma_{\bar{x}}$ 表示这种偏差程度。

$$\sigma_{\bar{x}} = \sqrt{Var\left(\frac{x_1 + x_2 + \cdots + x_n}{n}\right)}$$

$$= \sqrt{\frac{1}{n^2}\left(\mathrm{var}\,X_1 + \mathrm{var}\,X_2 + \cdots + \mathrm{var}\,X_n\right)}$$

$$= \sqrt{\frac{n}{n^2}\mathrm{var}\,X} = \frac{1}{\sqrt{n}}\sigma_x$$

这说明如果将 n 个被保险人看成一个整体，那么每个被保险人面临的平均风险随被保险人的增加而减少。

保险人面临的总体风险为 $n\sigma_{\bar{x}} = \sqrt{n}\sigma_x$，而所有单个被保险人面临的风险总和为 $n\sigma_x$，显然 $n\sigma_{\bar{x}} < n\sigma_x$，即保险人面临的整体风险小于所有单个被保险人面临风险的总和。从这种意义上讲，保险人的确降低了风险的不确定性。值得注意的是，保险人面临的风险 $\sqrt{n}\sigma_x$ 是随风险单位数递增的，但递增的速度慢于风险单位数的增加速度。

风险估计的准确性取决于实际损失偏差与期望损失的比率，即损失量的变异系数的大小。保险人总损失量为 $X_1 + X_2 + \ldots + X_n$，因此其变异系数为：

$$\frac{\sqrt{Var\left(x_1 + x_2 + \cdots + x_n\right)}}{E\left(x_1 + x_2 + \cdots + x_n\right)} = \frac{\sqrt{n}\sigma_x}{nE(X)} = \frac{1}{\sqrt{n}}\frac{\sigma_x}{E(X)}$$

可以看出，承保单位数 n 越大，保险人对风险的估计就越准确。

（二）大数法则与损失分摊

人们在日常生活中会遇到各种风险，风险的客观存在必然使人们有遭受损失的可能。有些损失一旦发生，个人往往在经济上很难承受。保险正是分摊这种损失的一种机制，为了说明保险中的损失分摊，我们先看一个简单的例子。

假设有 1000 幢房屋都分别面临着是否失火的危险，在一年中每幢房屋失火的概率为 1‰，每幢房屋一旦失火其损失即为 10000 元。虽然房屋失火的可能性很小，但是万一房屋失火，对房主个人来说，很难承受 10000 元的损失。如果我们把所有房主组织起来达成协议，对失火房主的损失由所有成员共同分担，那么房屋失火造成的损失就不致使房主承受不了。比如，在一年中有一幢房屋失火，那么每人的分摊 $\dfrac{1 \times 10000}{1000} = 10$ 元，即每人交 10 元（共 10000 元），即可弥补失火房主的损失。损失分摊可使个人承受不了的损失由大家共同分担。

刚才所说的损失分摊是事后摊分方式，即当灾害事故发生后，按照实际损失数额确定每人的分摊额。事后分摊体现了早期互助保险运动的基本方式。在事后分摊方式中，每人的分摊额只有在事后才能确定，如果实际损失数额过大，那么每个人分摊额就会相当高。由于这种方式分摊数额的不确定性，造成有些人不愿参加这种分担。为避免这一弊端，现代保险往往采用事前分摊方式，即在灾害事故发生之前，根据预计损失额确定每个投保人的分摊数额，由保险人事先向投保人收费。一旦发生损失，则由保险人负责赔偿。事前分摊方式使投保人损失的不确定性变为确定性。但是事前分摊保险人面临着收取的损失分摊总额能否足够用于损失赔付的风险，这种风险的大小取决于对未来损失数额估计的准确程度。

大数法则在损失分摊中起着重要的作用。假设保险人承保了 n 个风险相同、相互独立的保险标的，设随机变量 $\xi_1, \xi_2, \cdots, \xi_n$ 分别表示这 n 个标的的损失数额，则 $\xi_1, \xi_2, \cdots, \xi_n$ 相互独立具有相同的分布（设都与 ξ 的分布相同），每个标的的期望损失额为 $E\xi$，根据大数法则，当 n 充分大时，每个标的的平均实际损失数额 $\dfrac{\xi_1 + \xi_2 + \cdots + \xi_n}{n}$ 与 $E\xi$ 有较大偏差的可能性很小。但是如果我们按照每个标的的预期损失额 $E\xi$ 收费，那么根据中心极限定理，当 n 充分大时，保险人收取的费用总额不足以赔付未来损失的概率为：

$$P\{\xi_1 + \xi_2 + \cdots + \xi_n > nE\xi\}$$

$$= P\left\{ \frac{\xi_1 + \xi_2 + \cdots + \xi_n}{n} - E\xi > 0 \right\}$$

$$= P\left\{ \frac{\dfrac{\xi_1 + \xi_2 + \cdots + \xi_n}{n} - E\xi}{\sqrt{\mathrm{var}\left(\dfrac{\xi_1 + \xi_2 + \cdots + \xi_n}{n} \right)}} > 0 \right\}$$

$$\approx 1 - \Phi(0) = 1 - \frac{1}{2} = \frac{1}{2}$$

即若按 $E\xi$ 收费，那么保险人发生入不敷出的概率为 $\frac{1}{2}$，这对保险人来说是很不安全的。

如果保险人收取的费用比期望损失额 $E\xi$ 略高一些，如 $E\xi + \varepsilon$（ε 大于 0），根据切比雪夫大数法则，有：

$$\lim_{n \to +\infty} P\left\{ \left| \frac{\xi_1 + \xi_2 + \cdots + \xi_n}{n} - E\xi \right| < \varepsilon \right\} = 1$$

即当 n 充分大时，则：

$$\left\{ \left| \frac{\xi_1 + \xi_2 + \cdots + \xi_n}{n} - E\xi \right| < \varepsilon \right\}$$

几乎为必然事件，因此：

$$n(E\xi + \varepsilon) = nE\xi + n\varepsilon > nE\xi + n\left| \frac{\xi_1 + \xi_2 + \cdots + \xi_n}{n} - E\xi \right|$$

$$\geqslant nE\xi + n \frac{\xi_1 + \xi_2 + \cdots + \xi_n}{n} - nE\xi$$

$$= \xi_1 + \xi_2 + \cdots + \xi_n$$

即保险人收取的总额大于所有赔付的总额。

一般来说，ε 越小对保险人越有利，但为保证收取的金额足以支付赔款，保险人必须承保充分多的标的。

若能够准确估计损失发生的概率，在不影响被保险人利益的条件下，保险人可承保无限多标的，使保险公司的经营为一种无风险的经营。但实际上由于保险人的承保标的数不可能无限多，所以保险公司的风险也不可能完全消失。

二、保险费率的构成及测算

（一）保险费率的构成

保险费是投保人为获得经济保障而缴纳给保险人的费用。保险费用由纯保险费和附加保险费构成。纯保险费主要用于保险赔偿支出。附加保险费主要用于保险业务的各项营业支出，其中包括营业税、代理手续费、企业管理费、工资及工资附加费、固定资产折旧费等，余额为保险企业盈利。

保险费率是指对一个单位的保险金额所收取的保险费。保险费、保险金额及保险费率三者的关系是：保险费＝保险金额×保险费率；保险费率是由纯费率和附加费率构成。

（二）纯费率的测定

由于纯保险费用于保险赔偿支出，因此从理论上讲，保险人收取的纯保险费总额应该等于对其所承保风险的未来保险赔偿支出总和。如果我们定义保额损失率为在一定保险期间内（一般为一年）保险赔偿支出总额与保险金额的总额之比，即平均承保每一单位保险金额所需支付的赔款，那么可以看出纯保费率应该等于未来的保额损失率。因此，理论上对纯费率的估计实际上是对未来保额损失率的估计。

未来保额损失率是根据以往各年度的保险统计资料中记录的每一年度的保额损失率估计出来的。由于保险事故的发生是随机的，因此各年度的保额损失率也不尽相同。我们可将一年度的保额损失率用一个随机变量 ξ 表示。设 $\xi_1, \xi_2, \cdots, \xi_n$ 相互独立并且与 ξ 具有相同的分布。我们可用保额损失率 ξ 的期望值 $E\xi$ 作为未来保额损失率的近似估计。由于我们不知道 ξ 的分布，因此不能直接算出 $E\xi$ ，而只能用以往各年的保额损失率的平均值 $\dfrac{\xi_1 + \xi_2 + \cdots + \xi_n}{n}$ 作为 $E\xi$ 的近似。

根据切比雪夫大数法则，对任给的 $\varepsilon > 0$ ，有：

$$\lim_{n \to +\infty} P\left\{\left|\frac{\xi_1 + \xi_2 + \cdots + \xi_n}{n} - E\xi\right| < \varepsilon\right\} = 1$$

因此，当拥有充分多的数据时，我们可以使 $\dfrac{\xi_1 + \xi_2 + \cdots + \xi_n}{n}$ 充分接近 $E\xi$ ，即可认为 $\dfrac{\xi_1 + \xi_2 + \cdots + \xi_n}{n}$ 是 $E\xi$ 相当好的近似。

实际上我们还不能以 $E\xi$ 作为纯费率。由于未来保额损失率 ξ 的取值有时大于 $E\xi$ ，有时小于 $E\xi$ ，如果保险人以 $E\xi$ 作为纯费率，当 $\xi > E\xi$ 时，保险人就会入不敷出。而且，若 ξ 服从正态分布，则 $P\{\xi > E\xi\} = 1 - \Phi(0) = \dfrac{1}{2}$ 。

即保险人发生"亏损"的概率为 $\frac{1}{2}$，这对保险人来说是不安全的。因此，保险人一般在 $E\xi$ 的基础上再加上一定危险附加费率作为纯费率，这样可大大降低发生"亏损"的概率。危险附加费率一般取保额损失率 ε 的标准差的某一倍数，即 $K\sqrt{Var\xi}$，此时保险人发生"亏损"的概率为：

$$P\left\{\xi > E\xi + k\sqrt{Var\xi}\right\}$$

$$= P\left\{\frac{\xi - E\xi}{\sqrt{Var\xi}} > k\right\}$$

$$\approx 1 - \Phi(k)$$

k 越大，保险人发生"亏损"的概率 $1-\Phi(k)$ 就越小，但是 k 越大对被保险人越不利。保险人一般根据需要将取为 1、2 或 3。我们可查标准正态分布表，求出相应发生"亏损"的概率（见表 5-6）。

表 5-6　亏损概率

k	$1-\Phi(k)$
1	0.1587
2	0.0228
3	0.0013

例如，某保险公司从某项业务中统计出以往 9 年中的各年份保额损失率（见 5-7）。

表 5-7　某保险公司保额损失率

年份 i	1	2	3	4	5	6	7	8	9
保额损失率 X_i（‰）	3.3	3.5	3.6	3.8	4.0	4.1	4.4	4.6	4.7

平均保额损失率与保额损失率的均方差分别为：

$$X = \frac{\sum x_i}{n} = \frac{36\%o}{9} = 4\%o$$

$$\sigma_x \approx \sqrt{\frac{1}{9}\sum_{i=1}^{9}\left(x_i - \bar{X}\right)}$$

$\approx 0.467\%o$

如果我们按平均保额损失率将纯费率定为 4‰，那么从以往数据可以看出，在 9 年中就有 4 年发生"亏损"。因此为保证安全必须加上一定的危险附加费率。如果将纯费率定为 4.467‰（4‰+0.467‰），那么保险人发生"亏损"的概率为 0.1587；如果将纯费率定为 4.934‰（4‰+2×0.467‰），那么保险人发生"亏损"的概率为 0.0228；如果将纯费率定为 5.401‰（4‰+3×0.467‰），那么保险人发生"亏损"的概率为 0.0013。

（三）附加费率的测定

附加费主要用于各种业务开支和保险公司的盈利，保险公司可以根据历年来的各种业务开支情况估计出下一年度的业务开支总和，再根据保险公司预期的盈利目标，按下面公式确定附加保险费率：

$$附加保险费率 = \frac{业务开支及盈利总和}{保险金额总和}$$

三、保险经营的财务稳定性指标

（一）保险经营财务稳定性系数

由于纯保费中含有危险附加费，所以保险公司在一般年景下收取的纯保费总额扣除赔款支出外还有一部分结余，保险公司将这部分结余积存起来构成总准备金，用于异常年景下的巨灾赔款。被保险人通过缴纳保险费将风险转嫁给保险人后，保险人面临的主要风险则是当年收取的纯保费加入历年积存的总准备金及资本金能否足以支付当年承保业务的赔款支出。保险经营的稳定性是指保险人收取的纯保费总额加入历年积存的总准备金及资本金足以支付承保业务赔款支出的可能程度，这种可能性越高，保险经营在财务上就越稳定。

从理论上讲，保险人收取的纯保费总额应该等于赔款总额。由于未来赔款总额不确定性，纯保费的收取往往依赖于赔款总额的期望值，保险经营的财务稳定性则在很大程度上取决于实际赔款总额与期望赔款总额的"相对误差"。我们将赔款总额的变异系数称为保险经营的财务稳定系数，以此作为衡量保险经营财务稳定性的指标。设 ξ 为赔款总额，保险经营财务稳定性系数 k 定义为：

$$k = \frac{\sigma_\xi}{E\xi}$$

k 越大，财务越不稳定；k 越小，财务就越稳定。

（二）影响财务稳定性的因素

从财务稳定性系数 k 的定义可以看出，$E\xi$ 不变时，σ_ξ 越大，k 越大；σ_ξ 不变时，$E\xi$ 越小，k 越大。财务稳定性一般受以下因素的影响：

首先，承保风险单位的独立性。所谓风险单位的独立性是指一个风险事件的发生不影响另一个风险事件的发生。如果承保风险不独立，则一个事件的发生必然影响其他事件的发生，使保险人遭受连锁反应带来的损失，造成实际赔款支出与期望赔款支出的偏差加大，影响财务稳定。

其次，承保风险的同质性。即各承保风险间的出险率，发生损失后的损失额差异应大致相同。如果风险单位不是同质的，那么一旦高额损失发生，必然影响财务稳定性。

最后，承保风险单位的大量性。根据大数法则，如果承保的风险单位数较少，则不能保证估计的准确性，因此会影响财务稳定，承保风险单位数的增加有利于财务稳定。

设保险人承保了 n 个同质且相互独立的风险单位，ξ_i 表示对第 i 个风险单位的赔款数额，$i = 1, 2, \ldots, n$，因此可以认为 $\xi_1, \xi_2, \ldots, \xi_n$ 是相互独立且分布相同的随机变量，保险人的赔款总额为：

$$\xi = \xi_1 + \xi_2 + \ldots + \xi_n$$

那么赔款总额的数学期望和标准差分别为：

$$E\xi = E\xi_1 + E\xi_2 + \ldots + E\xi_n = nE\xi_1$$

$$\sigma_\xi = \sqrt{Var(\xi_1 + \xi_2 + \cdots \xi_n)} = \sqrt{n}\sigma_{\xi_1}$$

因而稳定性系数为：

$$k = \frac{\sigma_\xi}{E\xi} = \frac{\sqrt{n}\sigma_{\xi_1}}{nE\xi_1} = \frac{1}{\sqrt{n}}\frac{\sigma_{\xi_1}}{E\xi_1}$$

由此可以看出，风险单位数 n 越多，稳定性系数 k 越小，即财务稳定性越强。

　　财务稳定性在很大程度上依赖于赔款总额 ξ 的分布情况，如果我们知道了 ξ 的分布，则可以进一步分析影响财务稳定性的因素。我们在这里讨论一种简单的情况。设保险人承保了 n 个相互独立的风险单位，每个风险单位的保险金额都为 α，出险的概率都为 p，假设风险单位一旦出险，保险人就赔付 α，那么保险人的赔款总额为：

$$\xi = \alpha\xi_1 + \alpha\xi_2 + \cdots + \alpha\xi_n$$

其中 $\xi_1, \xi_2, \cdots, \xi_n$ 相互独立，ξ_i 的概率分布如表 5-8 所示。

表 5-8　ξ_i 的概率分布

ξ_i	0	1	
p	$1-p$	p	$i = 1, 2, \ldots, n$

赔款总额的数学期望和标准差分别为：

$$
\begin{aligned}
E\xi &= E\left(a\xi_1 + a\xi_2 + \cdots + a\xi_n\right) \\
&= aE\xi_1 + aE\xi_2 + \cdots + aE\xi_n \\
&= anp
\end{aligned}
$$

$$
\begin{aligned}
\sigma_\xi &= \sqrt{\mathrm{var}\left(a\xi_1 + a\xi_2 + \cdots + a\xi_n\right)} \\
&= \sqrt{a^2 n\, \mathrm{var}\left(\xi_1\right)} \\
&= a\sqrt{np(1-p)}
\end{aligned}
$$

因此，财务稳定性系数为：

$$k = \frac{\sigma_\xi}{E\xi} = \frac{a\sqrt{np(1-p)}}{anp} = \sqrt{\frac{1}{n}\left(\frac{1}{p} - 1\right)}$$

　　由此可以看出，当出险率一定时，承保风险单位数越多，财务越稳定；当承保单位数一定时，出险率越大，财务越稳定。

　　我们这里讨论的情况比较简单，在实际中对每个出险风险单位的赔偿数额也不一定恰好等于保险金额，各个风险单位的保险金额也不一定相同。因此，对影响财务稳定的因素要根据实际业务的情况进行具体分析。

四、大数法则的双重应用

（一）大数法则的双重应用

在预测未来风险时，人们往往首先从大量以往经验数据中估计出事件发生的概率，然后以这一概率为基础对未来风险进行分析。根据大数法则，以往经验数据越多，对事件发生的概率估计就越准确。这种估计的准确性是能否准确预测未来风险的前提条件。但是，即使我们能准确估计出事件发生的概率，如果未来风险单位数较少时，也很难准确预测未来风险。为使预期结果能很好地接近真实结果，必须将概率估计值运用到大量风险单位中。因此，我们说大数法则具有双重作用。

第一，为准确估计事件发生的概率，保险公司必须掌握大量的经验数据。经验数据越多，对事件发生的概率的估计就越准确。

第二，一旦估计出了事件发生的概率，必须将此概率估计值运用到大量的风险单位中才能对未来损失有比较准确的估计。

在用经验数据进行未来风险预测时，保险公司往往假设：过去事件发生的概率与未来事件发生的概率相同；并且对过去事件发生概率的估计是准确的。但是过去事件发生的概率与未来事件发生的概率往往不一样。事实上，由于各种条件的变化，事件发生的概率也是不断变化的。另外，我们也不能从过去经验数据得出完全准确的概率。所有这些都导致实际经验与预期结果之间必然存在偏差，保险公司的风险实际上也就是这种偏差。保险公司也可以通过承保大量保险单位提高风险预测的准确性。

（二）对大数的估计

大数法则告诉我们，保险人承保的保险单位数越多，期望损失结果与实际损失结果就越接近。由于保险人承保的保险单位数是有限的，因此保险人不能完全消除期望损失结果与实际损失结果的差异造成的风险。但是，保险人可以根据对这种风险的接受程度确定承保风险单位的最少个数。

设 ξ 为赔款总额，保险人收取的纯保费总额可表示为 $E\xi + A$，其中 A 为危险附加总额。危险附加总额 A 是根据保险人认为满意的纯保费总额足够用于总赔款支出的概率（ $p\xi \leqslant E\xi + A$ ）确定的。通常实际赔款总额 ξ 与赔款总额的期望值 $E\xi$ 的偏离程度越大，则 A 就越大，因此一般取 A 为赔款总额标准差的一定倍数，即 $A = S\sigma_\xi$。危险附加总额占赔款总额期望值的比例 $\dfrac{A}{E\xi}$（记为 E）

表明保险人对风险估计的准确程度，E 越小说明保险人对风险的估计越准确。保险人往往根据自己认为满意的准确度 E（一般不超过 0.1）确定承保保险单位的最少个数。

例如，设赔款总额 ξ 服从参数为 n、p 的二项分布，其中 n 表示保险人承保的风险单位数，p 表示每个风险单位发生损失的概率，则：

$$E\xi = np, Var\xi = np(1-p)。$$

根据中心极限定理，当 n 很大时，$\dfrac{\xi - np}{\sqrt{np(1-p)}}$ 近似服从 $N(0,1)$。若取危险

附加总额 $A = S\sigma_\xi$，即 $A = S\sqrt{np(1-p)}$，那么纯保费总额足够用于赔款支出的概率为：

$$P\{\xi \leqslant E\xi + A\}$$

$$= P\left\{\xi \leqslant np + S\sqrt{np(1-p)}\right\}$$

$$= P\left\{\frac{\xi - np}{\sqrt{np(1-p)}} \leqslant S\right\}$$

$$\approx \Phi(S) = \begin{cases} 0.8413, & \text{当} S = 1\text{时} \\ 0.9772, & \text{当} S = 2\text{时} \\ 0.9987, & \text{当} S = 3\text{时} \end{cases}$$

根据估计准确度 E 的定义，有：

$$E = \frac{S\sqrt{np(1-p)}}{np}$$

由上式可以解出：

$$n = \frac{S^2(1-p)}{pE^2}$$

这就是根据保险人的估计准确度要求确定风险单位数的公式。如果我们取

$p = 0.02, S = 2, E = 0.1$，那么：

$$n = \frac{2^2 \times (1 - 0.02)}{0.02 \times (0.1)^2} = 19600$$

这说明，如果每个风险单位发生损失的概率为 0.02，并且纯保费总额足够用于赔款支出的概率为 0.9772，那么保险人必须承保 19600 个风险单位才能满足要求。

值得注意的是，公式 $n = \dfrac{S^2(1-p)}{pE^2}$ 是在赔款总额 ξ 服从 $B(n, p)$ 的前提条件下得出的。确定保险单位数 n 的公式是根据 ξ 的不同分布而变化的。

思考题

1. 简述随机变量的定义和特点。
2. 保险人的总体风险小于单个投保人的个体风险的总和，原因何在？
3. 大数法则在保险中有何应用？
4. 有几种决定事件概率的方法，有何异同？

参考文献

1. 霍萨克等著，王育宪等译：《非寿险精算基础》，北京：中国金融出版社，1992 年。
2. 周概容主编：《管理统计》，上海：复旦大学出版社，2001 年。
3. K. H. 博尔奇：《保险经济学》，北京：商务印书馆，1999 年。
4. 蒋殿春编著：《高级微观经济学》，北京：经济管理出版社，2000 年。
5. 张庆洪编著：《保险经济学导论》，北京：经济科学出版社，2004 年。

第六章　保险法与保险合同

第一节　保险的法律环境

一、保险法的形成与法源

作为保险业发展的基石，保险法能够保护保险市场主体的合法权益、促进和保障保险业的健康发展。保险法的体系，是指调整保险关系的所有法律规范结合起来的整体，通常由保险业法、保险合同法①、保险特别法、涉外保险法等几部分构成。保险法律关系包括两个层面：一是保险当事人之间依据保险合同而产生的权利义务关系；二是国家对保险业进行监督管理过程中所产生的各种关系。

（一）保险法的形成与发展

保险法是伴随着商业发展、保险业的演进而形成的。早在巴比伦王朝汉谟拉比国王将《汉谟拉比法典》刻在石头上时，就有了关于海上保险的一些基本规定，其中包含有关于海上碰撞、船舶抵押权风险损失赔偿等规定。公元前 916 年的《罗地安海商法》所确定的共同海损制度，是对公元前 2000 年以来一直流行的这种海上风险处理方法的肯定。按照这个原则，在货物和船舶发生共同危险时，由船长作出抛弃货物或器具的决定，因抛弃而引起的损失由全体船、货关系人共同进行分摊。这是以法律形式将海上损失的分摊方式固定下来。鉴于保险的核心为风险分摊，所以这表明保险法开始形成。现代意义的保险法产生于 14 世纪以后。1435 年西班牙《巴塞罗那法令》规定了有关海上保险承保规则和损失赔偿的手续，这一法律的诞生奠定了海上保险法的基础。1807 年拿破

---

① 在实行统一立法体例的国家，保险业法和保险合同法的内容合并在一部保险基本法中。

仑制定的《商法典》是近代史上第一部国家制定的海上保险法，进入 17 世纪后，欧洲各国的法律逐渐完善。英国首席法官 Lord Mansfield 爵士 1756～1778 年拟定的《海上保险法草案》，为英国海上保险法奠定了坚实的基础；此后在其他学者和法官的共同努力下制定了世界上第一部单行的海上保险法——《1906 年海上保险法》。继海上保险法之后，人身保险、责任保险、再保险等陆续发展起来，各国相继制定出有关的保险法规，现代保险法律体系由此形成。

（二）保险法的法源

保险法有形式意义和实质意义之分。形式意义的保险法是指专门规范保险的法律和法规，以“保险”二字命名的各种法律文件。实质意义的保险法是指法律体系中有关保险的所有法律规范的总和，不仅包含形式意义的保险法，还包含规定在其他法律、法规、条例之中的有关保险的内容以及有关保险的习惯、判例和法理。

保险法的法源是指实质意义的保险法，包括：

1. 成文法

成文法就是以条文形式确定的法律文件。我国保险成文法的表现形式包括全国人大制定颁布的法律、国务院制定颁布的行政法规、国家保险监督管理机关（中国保险监督管理委员会）制定颁布的行政规章和法律解释（包括立法解释、司法解释和行政解释）等。

2. 习惯法

法律没有规定的地方须由习惯解决，所以习惯也是一种法源。但使用习惯当作法律依据的前提是不与现行法律相冲突。

3. 判例法

判例法又俗称英美法，是因为英美等国都是以判例为法律依据的国家。法官先前的判例理由如对该案例的裁决起决定性的作用，那么以后在发生类似的案例时，法官先前的判例理由便成为以后发生类似案例裁决的重要依据。

4. 法理

当法律没有规定或无习惯可依时，通常运用法理来解决。

二、保险法的概念

保险是一种法律关系。所谓法律关系是指法律规范在调整人们行为过程中形成的权利义务关系；当人们按照法律规范的规定结成具体的权利与义务关系时，便形成法律关系。保险与法律有着密不可分的关系，没有法律对保险进行保护和约束，保险就无法发挥其经济保障的作用。保险法律关系包含两个层面：

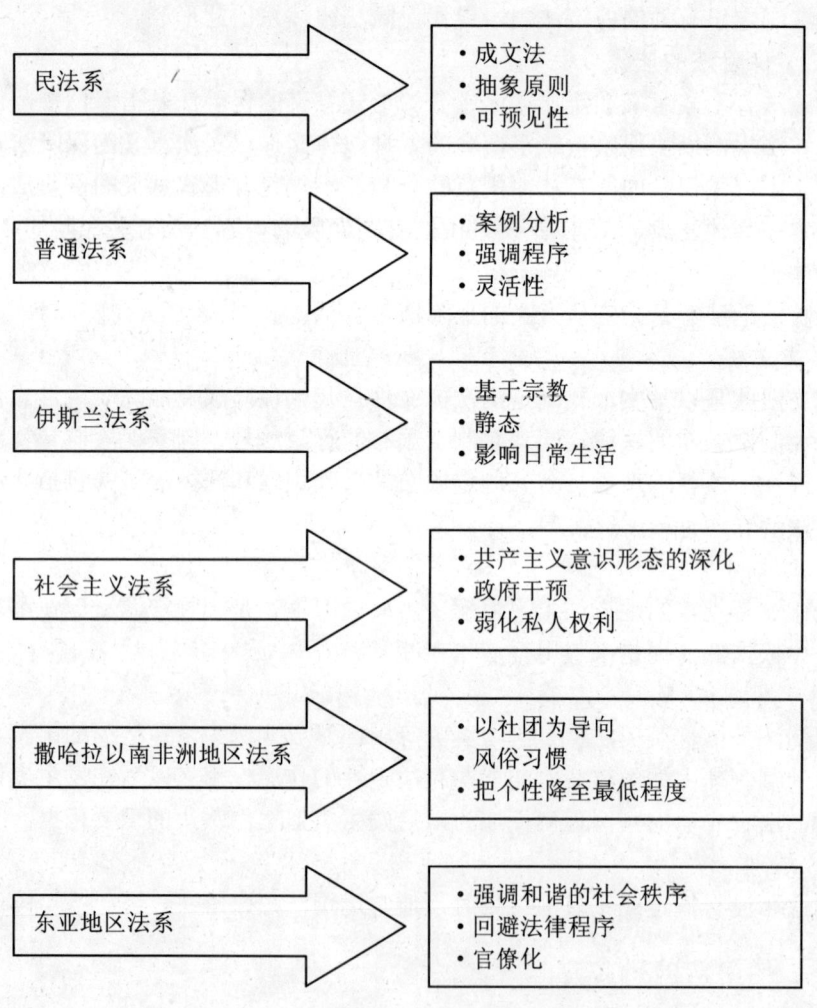

一是保险当事人按照保险合同法的规定订立保险合同产生各自的权利和义务，形成保险合同法律关系；二是保险监管机关按照保险业法对保险企业实施监督管理，形成保险监管法律关系。

世界上主要的法律体系参见图 6-1 所示。

图 6-1　世界上主要的法律体系

资料来源：Richards(1994)。

保险法可以分为广义和狭义两个概念[①]。狭义的保险法是指以"保险"二字命名的法律文件和民法商法中有关保险的专门法律规范，通常包括保险合同法、保险业法和保险特别法；在我国，保险业法和保险合同法是以合二为一的形式来表示，这部保险基本法既调整国家与保险企业的关系，又调整保险当事人双方之间的关系。广义的保险法包括狭义的保险法和其他法律中有关保险的法律规范。

三、保险与相关法律的关系

（一）保险与民法之间的关系

民法是专门调节民事法律关系的法律规范，民事法律关系是由民法规范所调节的社会关系，是在民事关系当事人之间按照民法规范形成的民事权利与义务关系，是调节财产关系和人身关系的法律规范。

保险人与投保人（被保险人）之间发生的就是一种民事权利与义务关系，也是一种债权债务关系。一方面，保险人是债权人，享有收取保险费的权利。投保人是债务人，具有按期支付保险费的义务。另一方面，保险人是债务人，必须遵守保险合同的规定，当保险事故发生时必须履行补偿与给付义务。被保险人是债权人，享受经济上的补偿权利。所以保险人与投保人（被保险人）之间因保险合同建立的债权与债务关系是相对应的。因此，当一方为债权人时，对方相对应为债务人。

合同关系只是保险关系的外在表现形式，保险关系的实质是一种债权债务关系，是因合同所建立起的债权债务关系。既然保险关系是民法规定的有一定对价的权利义务关系，因此，《民法通则》是保险所要依据的重要法律。需要强调的是，民法中所规定的民事损害赔偿与保险关系中的损害赔偿是有所不同的。不同之处在于，保险人所要承担损害补偿的责任，并非因侵权或违约行为而产生，而是因为法律规定或保险合同确定的义务，保险人承担的仅是损失的补偿责任。所以保险关系从属于民法调整的民事法律关系，但又因保险自身的特殊性，保险与民法的关系则为特殊与一般的隶属关系，即保险合同关系源于民法所调整的民事法律关系，又因本身的复杂性，保险合同关系从民法关系中独立出来，成为一种与一般民事法律关系既有联系又有区别的特殊的民事法律关系。

---

① 有的学者依据法律的性质，对广义和狭义的保险法作了如下界定：广义的保险法是指以保险为规范对象的一切法规的总称，包括保险公法和保险私法。狭义的保险法则专指保险私法而言。其中，保险公法主要指保险业法，保险私法主要指保险合同法。

（二）保险与商法的关系

商法又称为商事法，现代商法所指的商事，是指营利性主体所从事的一切营利性商业行为的总称。商事法是在规范商品流通的过程中所发生的商事法律关系，其目的在于调整由"商"行为所引起的商品经济关系，维持法律秩序。

保险活动服务于社会生产和流通的营利性商业活动，属于现代商法所调整的法律关系之一。因此，保险行为也是商业行为的一种，因保险而产生的有关当事人间的法律关系也应该是一种商事法律关系。特定保险行为是为了保障商品流通过程的正常运行，如信用保险的开展使贸易双方在无后顾之忧的情况下开展商品的进出口买卖，保障了商品交易的顺利进行。因此，保险行为受商法调整，商法也是保险法律关系的法律依据。

（三）保险与经济法的关系

经济法是调整国家在调控经济运行过程中发生的特定的经济关系的法律规范的总称。法律所调整的社会关系是复杂多样的，而经济法所调整的社会关系则是不平等主体之间的经济关系，属于这种经济关系的社会关系则是经济法调整的范畴。经济法的调整内容包括：国家对经济活动的管理关系、市场运行中的协调关系、企业组织及其内部管理关系和社会经济保障关系等。

经济法规范的内容包括国家对经济活动的监督管理活动，保险监督管理活动也是国家对整个经济活动进行管理内容之一，故保险监督管理关系也应属于经济法所调整的经济关系的一种。

四、中国保险法制化建设进程概览

20世纪80年代初，我国恢复了国内保险业务。在保险业恢复初期，规范保险活动的法律法规只有《中华人民共和国经济合同法》，该法对财产保险合同作了规定，尽管只有两个条文，但却是新中国成立以来保险立法取得的实质性进展，第一次有了真正意义上的商业保险法律规范。1983年9月，国务院又发布了《中华人民共和国财产保险合同条例》。包括总则、保险合同的订立、变更和转让、投保人的义务、保险方的赔偿责任和附则五章，它是对《经济合同法》中有关财产保险合同规定的具体化。这些法律法规的颁布，促进了财产保险业务的发展，使保险在灾后重建、维护正常的生产生活秩序以及防灾防损、促进国际贸易等方面发挥了积极作用。1992年11月，全国人大通过了《中华人民共和国海商法》，该法第十二章对海上保险合同的一般规定、订立、解除和转让、被保险人的义务、保险人的责任、保险标的的损失和委付、保险赔偿的支付等方面作了明确规定。它是一部保险特别法，为海上保险业务的顺利开展提供了法律依据。1995 年 6 月 30 日第八届全国人民代表大会常务委员会第十四次会议通过了《中华人民共和国保险法》(以下简称《保险法》),它是我国建国以来第一部保险基本法,采用合同法与业法统一立法体例,共八章 152 条,内容包括总则、财产和人身保险合同、保险公司、保险经营规则、保险业的监督管理、保险代理人和保险经纪人、法律责任和附则。《保险法》的颁布实施是中国保险法制史上一个具有里程碑意义的事件,它标志着以保险基本法为主体的中国保险法律法规体系的初步形成。

中国保险市场已经走过近 30 年的历程,从保费收入、保险深度、保险密度的角度看,我国保险业仍然处于发展的初级阶段。随着经济改革的不断深化和市场水平的不断提高,我国保险市场主体需要并正在从粗放式经营模式向集约化发展模式转变。2001 年我国加入世贸组织,金融保险业亟待融入全球市场,参与国际竞争与合作,按照国际规则来运行。入世后,我国保险市场开放程度逐步扩大,一大批国际保险顶尖集团加入到我国的保险市场,如何协调开放和规范之间的关系是我们面临的一大挑战。我国保险法制化进程一直朝向市场化、国际化、规范化的方向发展,这也是顺应保险市场环境的发展方向、提高保险企业竞争力的必然选择。

为适应保险业外部竞争环境的变化和保险业内部发展的需要,2002 年 10 月全国人大常委会通过了修改《保险法》的决定。这次修改的重点是保险业法部分,保险合同法部分未作实质性修改,修改的内容主要体现在以下五个方面:第一,履行入世承诺,取消法定分保;第二,引导保险资金高效运营,拓宽保险资金投资渠道;第三,加强对投保人、被保险人和受益人利益的保护,加强对保险公司及其代理人的监管力度,平衡双方在保险合同中的地位和利益;第四,突出对保险公司偿付能力的监管;第五,逐步与国际保险业惯例接轨,如探索打破保险业分业经营的限制,允许财险公司经营短期健康险和意外险业务。修订后的《保险法》自 2003 年 1 月 1 日起施行,它为入世后保险公司加快发展、提高综合竞争力提供了立法支持。

近年来,随着保险业的快速发展和法律环境的持续变化,现行保险法中的一些规定已经不再适应保险业发展和监管的需要。为此,中国保监会再次启动保险法的修改工作。2004 年 11 月,保监会发布"关于对《中华人民共和国保险法》修改征求意见的通知"。在本次修改中,保险合同法和保险业法两部分并重,修改的重点包括:保险合同的成立与生效问题;投保人的如实告知义务与保险人的说明义务;保险价值、保险金额与重复保险;财产保险合同条款和人身保险合同条款的规范;新型保险企业组织形式的定位及监管(包括保险集团公司、保险控股公司、相互保险公司、政策性保险公司、自保公司以及保险资产管理公司）；保险公估公司、兼业保险代理机构、专属保险代理机构、个人经纪人、保险营销员的定位及监管；保险行业协会的定位及职能；保险资金运用模式的创新和投资渠道的拓宽；保险公司业务范围的科学分类及划分标准；快速发展的市场环境下保险条款费率的监管方式；监管机构对保险失信行为的处理；保险业不正当竞争行为的认定及监管。

面对"入世"后外资保险公司加速进入中国市场的新形势，为了加强对外资保险公司的监督管理，2001 年底国务院制订并通过了《中华人民共和国外资保险公司管理条例》（以下简称《条例》），2002 年 2 月 1 日开始施行。该《条例》包括总则、设立与登记、业务范围、监督管理、终止与清算、法律责任和附则七章，共 40 条。该《条例》是现行的第一部关于保险业监管的行政法规，被外资保险公司视为"保险基本法"。2004 年 5 月，《条例》的配套解释性法律文件《外资保险公司管理条例实施细则》（以下简称《细则》）出台。《细则》重点对外资保险公司设立分支机构的条件和程序作了明确规定，体现了对外资保险公司的国民待遇。

2004 年 5 月 1 日，新的《道路交通安全法》（以下简称《道交法》）开始施行，《道交法》在机动车第三者责任保险、交通事故责任认定原则、交通事故伤者医疗费用的支付来源等诸多方面与车险业的经营存在密切的联系。《道交法》改变了原来的过错责任原则，规定了推定过错责任原则，加重了机动车驾驶员的责任，进而加重了机动车保险人的赔偿责任。经过多方多次审议，与《道交法》配套的《机动车交通事故责任强制保险条例》（以下简称《交强险条例》）终于"浮出水面"，并于 2006 年 7 月 1 日开始施行。《交强险条例》共有五章 46 条，对机动车交通事故责任强制保险（以下简称"交强险"）的投保、赔偿和监督管理作了明确规定，具体包括投保人的范围、保险人的资格、条款和费率的制定原则、投保人、被保险人和保险人的权利和义务、赔偿范围、责任限额、社会救助基金的来源、管理与使用、投保人、被保险人和保险人违反该条例应当承担的法律责任等。《交强险条例》的施行为保险公司开展业务、监管机构实施监管提供了法律依据。

1998 年，中国保险监督管理委员会（以下简称保监会）正式成立，保监会既是我国保险行业的行政主管机构，又是我国保险行业的监督管理机构。这意味着我国保险法律制度体系的建立和完善获得了组织机构上的保证，推动了以《保险法》为主体，以行政法规、部门规章和规范性文件为补充的保险法律制度体系的逐步形成和完善。为规范保险市场主体行为，保证保险市场良性运行，对保险市场主体实施有效监管，维护被保险人的利益，保监会制定实施了一系列与保险相关的行政规章及规范性文件。这些法律文件都是对《保险法》某一方面相关规定的具体化和扩展，为《保险法》提供了有力的补充，提高了法律的可操作性，为保监会实施监督管理提供了具体的法律依据。

在保险公司监督管理方面，2000 年 1 月，保监会颁布了《保险公司管理规定》（以下简称《规定》）。为履行"入世"承诺，2002 年 3 月，保监会作出修改《规定》的决定；2004 年 5 月，新的《保险公司管理规定》（以下简称新《规定》）出台，新《规定》在保险机构审理、保险公司分支机构管理、向保险公司投资入股、保险机构变更事项审批、保险业务经营规则和条款费率管理等方面与原《规定》相比有较大的改革；在资金运用、偿付能力监管和市场监督检查等方面，一些已经实行的新的监管制度也得以体现。保监会加强对保险公司的监管，还体现在对公司管理层任职资格的监管上。2002 年 3 月，保监会出台了《保险公司高级管理人员任职资格管理规定》；在实施的过程中，保监会不断进行丰富和完善，于 2006 年 7 月颁布了《保险公司董事和高级管理人员任职资格管理规定》。

在保险中介机构监督管理方面，保监会出台了针对各类中介机构的行政规章，包括 2000 年 8 月出台的《保险兼业代理管理暂行办法》、2001 年 11 月颁布的《保险代理机构管理规定》、《保险经纪公司管理规定》和《保险公估机构管理规定》。2004 年 12 月，保监会又对《保险代理机构管理规定》和《保险经纪公司管理规定》作了修改。

为适应国际保险业监管模式的发展趋势，逐步建立以偿付能力为核心的监管体系，2003 年 3 月，保监会颁布了《保险公司偿付能力额度及监管指标管理规定》；此后，保监会又出台了一系列关于偿付能力的监管规定，如 2004 年 9 月出台的《保险公司次级定期债务管理暂行办法》、关于偿付能力报告编制规则的规范性文件等。

近年来，保险资金运用的限制逐步放松，保险资金投资领域不断拓宽，保监会针对资金运用风险管控以及新型投资渠道出台了相关的监管规则，包括 2004 年 8 月颁布的《保险资金运用风险控制指引（试行）》、2004 年 10 月颁布的《保险机构投资者股票投资管理暂行办法》、2006 年 3 月出台的《保险资金间接投资基础设施项目试点管理办法》等。同时，为加强对保险资金境外运用的监管，2004 年 8 月，保监会出台了《保险外汇资金境外运用管理暂行办法》（以下简称《办法》）；2007 年 7 月，在对原《办法》进行修改的基础上出台了《保险资金境外投资管理暂行办法》。

　　"入世"后，随着国内保险企业资本实力和综合竞争力的不断提升，政府鼓励有实力的保险企业实施"走出去"战略，开拓海外市场。2006 年 7 月颁布的《保险公司设立境外保险类机构管理办法》和《非保险类机构投资境外保险类企业管理办法》，为保险公司实施跨境经营、吸收非保险企业跨境投资资本提供了法律依据。

第二节　保险合同

一、保险合同的定义

　　合同（也称契约）是平等主体的当事人为了实现一定的目的，经双方或多方意思表示一致，设立、变更和终止权利义务关系的协议。

　　《中华人民共和国保险法》第 10 条规定："保险合同是投保人与保险人约定权利义务关系的协议。"根据保险合同的约定，收取保险费是保险人的基本权利，赔偿或给付保险金是保险人的基本义务；与此相对应，交付保险费是投保人的基本义务，请求赔偿或给付保险金是被保险人的基本权利。

二、保险合同的特点

　　保险合同属于经济合同，但保险经济活动有其自身的特殊性。因此，保险合同具有以下特点：

（一）保险合同是有名合同

　　法律赋予一定名称的合同，称为有名合同，法律尚未确定名称和特定规范的合同是无名合同。保险合同乃法律直接赋予名称的合同，同时，又有保险法对保险合同进行特别的调整，所以应该是有名合同。

（二）保险合同是附和合同

　　附和合同又称为依附合同、格式合同，是指合同一方当事人根据合同主要内容，事先拟定标准合同条款，另一方只有接受或不接受两种选择，无权更改合同的内容，保险合同就是附和合同。

　　因为保险合同的技术性强，所以合同的内容多由保险公司一方先行确定，投保方通常只能依据保险公司制定的条款作出是否订立合同的选择，而无对合同的内容进行实质性磋商的权利；即使投保方根据自身的实际情况和需要与保险公司就具体的承保条件进行协商，也只能接受保险人事先准备的附加条款，因此投保方较之保险人明显处于劣势。所以当双方对保险合同内容的理解产生分歧时，法院通常会作出对投保方较有利的解释。

（三）保险合同是保障性合同

保险合同的保障性主要表现在：保险合同双方当事人，一经达成协议，保险合同从约定生效时起到终止时的整个期间，被保险人的经济利益受到保险人的保障。这种保障包括有形和无形两种形式。有形保障体现在物质方面，即保险标的一旦发生保险事故，保险人按照保险合同规定的责任范围给予一定金额的经济赔偿或给付；无形保障则体现在精神方面，即保险人对所有被保险人提供心理上的安全感，使他们能够解除后顾之忧。

（四）保险合同是非要式合同①

合同依其成立是否需要履行法定形式和程序分为要式合同和非要式合同。我国《保险法》第 13 条第一款规定，投保人提出保险要求，经保险人同意承保，并就合同的主要条款达成协议，保险合同成立。保险人应当及时向投保人签发保险单或其他保险凭证。由此可见，保险合同是非要式合同，保险单证的签发是保险人的义务，是保险合同成立的证明，不是保险合同成立的特殊要件。《保险法》第 13 条第二款规定，投保人和保险人协商同意，可采取前款规定以外的其他书面形式订立保险合同。该项规定不是强制性规定，不能据此认为保险合同必须采取书面形式订立。随着通讯技术和互联网的发展普及，为满足客户需要、提高服务效率，保险公司创新营销渠道，推出网上投保、电话投保、短信投保等方式。投保方式日益多样化，保险合同成立也不限于书面形式。

我国《保险法》第 13 条两款的规定容易使人混淆，有学者建议在《保险法》中明确规定保险合同是非要式诺成合同，与保险实务中保险合同的成立的多样性相适应。上海市保险学会建议将第 13 条改为：保险合同经投保人投保，保险人承诺并以书面形式订立，书面形式包括保险单、保险凭证等，书面合同应载明当事人双方约定的合同条款内容。保险合同以书面形式订立的，自当事人双方签字或盖章时成立；经投保人和保险人协商同意，也可以采取上述规定以外的其他形式订立保险合同。

---

① 有学者依据我国《保险法》第 13 条的规定认为保险合同是要式合同，保险合同应当以书面形式订立。保险合同内容复杂，书面形式可以详细记载双方当事人的权利义务，又可以对合同的成立起到证明的作用。尽管投保方式多样化，但最终还要以出具保单作为保险关系成立和有效的证明。

（五）保险合同是双务合同[①]

双务合同是指合同双方当事人相互享有权利相互负有义务的合同。若是合同只对当事人的一方发生权利，而对他方当事人只发生义务，则此类的合同就属于单务合同。保险合同的保险人享有收取保费的权利，并在约定事故发生时承担补偿被保险人损失的义务。保险合同的投保人在约定事故发生时可以依照合同的内容，有向保险人索取保险金的权利，投保人同时也承担支付保险费的义务。

由于保险合同的特殊性，只有在保险标的物由于保险事故发生而受到损失时，被保险人才享有请求赔偿的权利，否则将没有权利向保险公司请求赔偿。所以保险合同是附有条件的双务合同。

（六）保险合同是射幸合同

射幸在法律中是指合同当事人一方或双方的给付义务，取决于合同成立后偶然事件的发生。保险合同的目的在于使保险人在特定不可预料或不可抗力的事故发生时，对被保险人履行赔偿或给付的义务。故保险人在订立合同时尚不确定是否要履行赔偿义务，而是取决于偶然的事件是否发生。就单个保险合同而言，保险合同属于射幸契约。但对全体保险合同进行综合观察，保险赔偿金与保险费的关系，并非完全偶然，是根据精确计算（大数法则原理）得出的，故就全体保险合同而言，则不属于射幸合同。

（七）保险合同是最大诚信合同

任何合同订立，都应该遵循诚信原则，但是由于保险标的在投保前或投保后皆在投保人的控制之下，而保险方只能根据投保人告知的情况来决定是否承保或是赔偿，所以投保人和被保险人的道德因素和信用状况对保险人的关系重大，故最大诚信原则对保险合同尤为重要，根据保险法第五条规定：保险活动当事人行使权利、履行义务应当遵循诚实信用原则。因此保险合同为最大诚信合同。

（八）保险合同是有偿合同

合同当事人互为对价关系的给付之合同称作有偿合同。保险合同一方要享

[①] 在保险合同中，投保人的义务是确定的，保险人的义务是不确定的，即无论保险事故是否发生，投保人均须承担交付保费的义务，而保险人只有在保险有效期内发生保险事故造成保险责任范围内的损失时才承担赔偿或给付责任。有学者据此认为保险合同是单务合同。这种观点单纯强调保险合同的双务性与一般双务合同的差异，即保险合同是附条件的双务合同。如果将保险人的义务理解为一种保障承诺，即使未发生保险责任范围内的损失，保险人未承担赔付责任，被保险人依然获得了精神上的保障，这更充分地体现出保险合同的双务性。

有合同的权利，就必须对另一方付出一定的代价，这种相互报偿的关系称为对价关系。投保人的对价是支付保险费；保险人的对价是承担保险事故发生时所应该负的赔偿责任。但是这种对价关系并不是一定存在，只是当承保的危险发生时，才对投保人的实际损失承担补偿的义务，就全部保险合同而言，其有偿性是绝对的。

三、保险合同的种类

保险合同可以根据不同的标准和角度，进行多种分类，但主要包括以下几种分类方法。

（一）根据保险合同标的的不同进行分类

根据保险标的物的不同，可以将保险合同区分为财产保险合同和人身保险合同。

1. 财产保险合同

它是以财产和其相关利益为标的物的保险合同，财产保险合同又可分为有形的财产保险合同和无形的财产保险合同。以有形的物质财产为标的的是有形的财产保险合同，如企业财产保险合同、车辆损失保险合同；以无形的财产为标的的是无形的财产保险合同，如各种责任险、信用保证保险等。

2. 人身保险合同

人身保险合同是以人的生命、身体作为保险标的的合同。按照合同所保障的风险不同，人身保险合同分为人寿保险合同、意外伤害保险合同和健康保险合同。

（二）根据保险金给付性质不同进行分类

以保险金的给付性质为标准，可以将保险合同分为损失补偿性保险合同和定额给付性保险合同。

1. 损失补偿性保险合同

它是指在合同约定的保险事故发生后，由保险人核定被保险人的实际损失，在保险金额限度内据实支付保险赔偿金填补被保险人的损失的保险合同。大多数财产保险合同属于损失补偿性合同；人身保险中的健康保险、疾病保险等都是对医疗费用、住院费用的实际支出进行补偿，因此也属于损失补偿性保险合同。

2. 定额给付性保险合同

它是指保险合同双方当事人在订立保险合同时事先约定一定数目的保险金额，保险事故发生时，保险人按照约定的保险金额给付保险金的保险合同。人身保险中的人寿保险合同属于定额给付性合同。因为人寿保险的标的是人的寿命，价值难以估计，因此在合同订立之初由投保人和保险人约定保险金额，在合同约定的特定人身保险事故发生后（被保险人死亡）或合同约定的期限届满时，保险人按保险金额支付保险金。

（三）根据保险标的的价值在合同中是否预先确定来进行分类

根据保险标的的价值在合同中是否预先确定，可把保险合同分为定值保险合同和不定值保险合同。值得一提的是，在人身保险合同中，保险标的是人的生命和身体，但人的生命和健康无价，正确的说应该是无法准确估计，所以人身保险不存在保险价值的问题。在实务中，标准化的人寿保险单中保险人通常规定每份保单的最高给付金额即保险金额，投保人根据自身需要和实际缴费能力决定购买保单的份数。

1. 定值保险合同

它是指合同双方当事人事先约定保险标的的保险价值作为保险金额，并在合同中载明，以确定保险金最高限额的保险合同。定值保险合同成立后，一旦发生保险事故，就应以事先确定的保险价值作为保险人确定赔偿金数额的计算依据。除非保险人能证明被保险人有欺诈行为，否则的话，保险人不得以保险标的的实际价值与约定价值不符而拒绝赔偿。如果保险事故造成保险标的的全部损失，无论该保险标的实际损失如何，保险人均应支付合同所约定的保险金额的全部，不必对保险标的重新估价；如果保险事故仅造成保险标的的部分损失，则只需要确定损失的比例。该比例与保险价值的乘积，即为保险人应支付的赔偿金额，同样无须重新对保险标的的实际损失的价值进行估量。在保险实务中，定值保险合同多适用于以某些不易确定价值的财产，如以字画、古玩等为保险标的的财产保险合同。

2. 不定值保险合同

它是指在订立保险合同时先不约定保险价值，只列明最高赔偿限额即保险金额。在不定值保险合同条件下，一旦发生保险事故，保险人需估算保险标的的实际价值，并以此作为保险人确定赔偿金数额的计算依据。通常情况下，受损保险标的的实际价值以保险事故发生时当地同类财产的市场价格来确定，但保险人对保险标的所遭受损失的赔偿不得超过合同所约定的保险金额。如果实际损失大于保险金额，保险人的赔偿责任仅以保险金额为限；如果实际损失小于保险金额，则保险人对实际损失按照保障程度进行赔偿（保障程度等于保险金额与出险时保险标的的实际价值之比）。大多数财产保险业务均采用不定值保险合同的形式。当保险事故发生时，保险人核定实际发生损失，在实际损失范围内按照保障程度进行赔偿。由于保险金额是在订定合同时就已经确定，而保险标的的价值则是在事故发生后才予以确定，因此保险金额和保险价值比较会有三种情况产生。（1）保险金额刚好等于保险价值，这种称为足额保险。（2）保险金额小于保险价值，称为不足额保险。（3）保险金额超过保险价值，称为超额保险。发生全损理赔时，足额保险全部赔偿；不足额保险，按照保障程度比例赔偿；超额保险，超过部分无效。

（四）根据保险合同承保的风险分类

按照合同承担风险责任的方式分类，保险合同可分为单一风险合同、综合风险合同与一切险合同。

1．单一风险合同

单一风险合同是指只承保一种风险责任的保险合同。如农作物雹灾保险合同，只对于冰雹造成的农作物损失负责赔偿。

2．综合风险合同

综合风险合同是指承保两种以上的多种特定风险责任的保险合同。这种保险合同必须把承保的风险责任一一列举，只要损失是由于所保风险造成，保险人就负责赔偿。

3．一切险保险合同

它是指保险人承保的风险是合同中列明的除外不保风险之外的一切风险的保险合同。由此可见，所谓一切险合同并非意味着保险人承保一切风险，即保险人承保的风险仍然是有限制的，只不过这种限制采用的是列明除外不保风险的方式。也就是说，凡未列入责任免除条款中的风险均属于保险人承保的范围。由于该类合同对多种不同的危险事故都承担保险赔偿责任，又称为一揽子合同。一切险的优点在于，为被保险人提供较为广泛的风险保障，而且一旦事故发生，便于明确责任易于理赔，减少当事人之间的争议。

（五）根据保险金额与保险价值的关系分类

按照保险金额与保险价值的关系，可以将保险合同分为足额保险合同、不足额保险合同与超额保险合同。

1．足额保险合同

它是指保险金额与保险价值相等的保险合同。在足额保险的情况下，当保险事故造成标的物全部损失时，则保险人依据保险价值进行足额赔偿；当保险标的物还有残值时，保险人对剩余标的物享有物上代位权。当保险事故造成部分损失时，保险人应按实际损失赔偿。

2．不足额保险合同

它是指保险金额小于保险价值的保险合同。由于不足额保险合同中所规定的保险金额低于保险价值，投保人并未将其差额部分的风险转移给保险人，因此，可以视不足额保险的部分为投保人的自留风险。当保险标的物发生全损时，保险人赔偿约定的保险金额。当保险事故发生部分损失时，保险人按实际损失和保障程度确定赔偿金额。

3．超额保险合同

它是指保险金额超过保险价值的保险合同。由于超额保险合同容易引起道德风险，对保险业的危害很大，因此各国对超额保险都有严格的规定。

对于上述三种不同类型的保险合同，若一旦发生保险事故而进行保险理赔时，保险人通常采取的处理方式分别可简单归纳为：足额保险，十足赔偿；不足额保险，按照保险金额与保险价值的比例承担赔偿责任；超额保险，超过部分则无效。

第三节　保险合同的要素

保险合同是由合同的主体、客体和合同的内容三个要素组成的。

一、保险合同的主体

民法中规定，主体是拥有权利与承担义务的人，保险合同的主体是与保险合同有直接或间接关系的人，包含当事人、关系人、辅助人①。

（一）保险合同的当事人

保险合同的当事人是直接参与订立保险合同，并与保险合同发生直接的权利义务关系的行为人，包括投保人和保险人。

1．投保人

投保人，又称为要保人，是指对保险标的具有保险利益，与保险人订立保险合同，并按照保险合同负有支付保险费义务的人。投保人是任何保险合同不可缺少的当事人之一，他既可以是自然人，也可以是法人。投保人应当具备以下三个条件：第一，投保人必须具有完全的民事权利能力和行为能力，否则所订立的保险合同不产生法律效力。第二，投保人对保险标的物必须有保险利益，

---

① 有学者认为保险合同的辅助人对合同的订立和履行起到重要的作用，他们的行为对保险合同的效力将产生重要影响，但不是保险合同的主体，他们是居于双方当事人之间的媒介，为保险合同的订立和履行起辅助作用。

即对保险标的物具有法律上承认的利益，否则与保险人所签订的保险合同自始无效。第三，投保人应承担支付保险费的义务，不论投保人为自己利益还是为他人利益订立保险合同，均应承担支付保险费的义务。

我国《民法通则》对民事主体的行为能力作了如下规定：自然人的行为能力资格以年龄和精神健康状况为限定条件，年满 18 周岁且无精神性疾病的公民具有完全民事行为能力，年满 16 周岁并以自己的劳动收入为主要生活来源且无精神性疾病的公民视为完全民事行为能力人；个体工商户行为能力资格以其是否进行工商核准登记为限；个人合伙人的行为能力资格以其是否具有依法核准的个人合伙登记为限；法人的行为能力资格以其是否依法成立，有必要的财产或经费，有自己的名称、组织机构和场所，并能独立承担民事责任为限。

2. 保险人

保险人，又称承保人，是指与投保人订立保险合同，享有收取保险费权利并承担赔偿或给付保险金责任的人。如同投保人一样，保险人也是保险合同一方当事人，它具有以下三个法律特征：第一，保险人是保险基金的组织、管理和使用人，它通过收取保险费而建立保险基金来经营保险业务，在保险事故发生时根据保险合同履行赔偿或者给付保险金责任。第二，保险人是履行赔偿损失或者给付保险金义务的人。保险人这种义务不是因侵权或者是违约行为而产生，而是依据法律规定或是保险合同确定的义务。第三，保险人应当是依法成立并允许经营保险业务的组织。由于从事保险业涉及社会公众利益，因此设立保险公司、经营保险业务必须符合法定条件，得到国家保险监督管理机构的批准，取得经营保险业务许可证，并向工商行政管理部门登记，取得营业执照。在国际上，保险公司的组织形式主要是股份有限公司和相互保险公司。绝大多数国家法律不允许自然人作为保险人经营保险业务，但也有例外。英国劳合社个人承保人就是具有完全民事行为能力、能够独立承担民事责任、符合一定的资产和信誉要求的自然人作为保险人承保风险经营保险业务的。

《保险法》第 10 条明确规定："保险人是指与投保人订立保险合同，并承担赔偿或给付保险金责任的保险公司。"第 70 条至 91 条从保险公司的组织形式、设立条件与程序、保险公司的变更、保险公司的经营、保险公司的整顿、接管与破产六个方面对保险公司作了具体规定。根据我国《保险法》的规定，保险公司应当采取股份有限公司和国有独资公司的形式。实践中，我国保险企业组织形式已经突破了法律的规定。

我国原有的四家国有独资保险公司相继完成股份制改造，并逐步建立起保险集团组织架构。2003 年 7 月，原中国人民保险公司经过重组改制，设立中国人保控股公司，旗下经营直接保险业务的中国人民财产保险股份有限公司具有独立法人资格。2007 年 6 月，中国人保控股公司复名为中国人民保险集团公司。2003 年 6 月，原中国人寿保险公司进行股份制改造，发起成立了中国人寿保险股份有限公司。同年 7 月，中国人寿保险公司更名为中国人寿保险（集团）公司。2003 年 12 月，原中国再保险公司重组改制，成立中国再保险（集团）公司，旗下拥有经营再保、直保、资产管理、保险经纪业务的 6 家子公司。2006 年 6 月，中华联合财产保险公司整体改制，联合 19 家单位共同发起设立中华联合保险控股股份有限公司，下设中华联合财产保险股份有限公司和中华联合人寿保险股份有限公司两个独立子公司。中华联合的改制标志着国有独资保险公司已经退出历史舞台。国有独资保险公司逐渐消失，取而代之的是保险集团和保险控股公司的兴起和发展。2005 年 1 月，我国第一家相互制保险公司——阳光农业相互保险公司成立。实践中，我国保险企业的组织形式已经超越了保险法的规定，正在进行与国际保险业接轨的尝试，符合国际保险业的发展规律和趋势。

（二）保险合同的关系人

保险合同的关系人是指与保险合同发生间接权利义务关系的人，关系人与保险合同有经济利益关系，但不一定直接参与保险合同的订立，他们对保险合同享有独立的请求权，同时需要承担相应的义务。保险合同的关系人包括被保险人和受益人。

1. 被保险人

被保险人是指财产或人身受保险合同保障，即有权按照保险合同规定向保险人请求赔偿或保险金给付的人。我国《保险法》第 22 条将被保险人定义为："被保险人是指其财产或者人身受保险合同保障，享有保险金请求权的人。"被保险人必须具备下列两个条件：一是被保险人是保险事故发生时遭受损失的人；二是被保险人必须是享有赔偿请求权的人。

（1）被保险人的资格。一般来说，在财产保险合同中，被保险人的资格没有严格的限制，自然人和法人都可以作为被保险人。而在人身保险合同中，法人不能作为被保险人，只有自然人而且只能是有生命的自然人才能成为人身保险合同的被保险人。在以死亡为给付保险金条件的保险合同中，无民事行为能力的人不得成为被保险人，但父母为其未成年的子女投保时除外，只是最高保险金额通常有限定。根据《保险法》的规定，被保险人必须是保险事故发生时遭受实际损失的人，因此也是享有赔付请求权的人。

（2）被保险人与投保人的关系。无论财产保险合同还是人身保险合同，被保险人与投保人的关系，通常有两种情况：一是当投保人为自己的利益投保时，投保人和被保险人同属一人，此时的被保险人即为保险合同的当事人。二是当投保人为他人的利益投保时，投保人与被保险人分属两人，此时投保人为保险合同的当事人，被保险人即为这里所说的保险合同的关系人。如在抵押贷款保证保险中，借款人是投保人，贷款人或抵押权人为被保险人。

（3）被保险人的数量。同一保险合同中被保险人可以是一人，也可以是数人，无论是一人还是数人，被保险人都应载明于保险合同中。如果被保险人已经确定，应将其姓名或单位在合同中载明；如果被保险人是可变的，则需要在合同中增加一项变更被保险人的条款。当约定的条件满足时，补充的对象自动取得被保险人的地位。

（4）各类保险的被保险人。在财产保险中，被保险人是保险财产的权利主体；在人身保险中，被保险人既是受保险合同保障的人，也是保险事故发生的本体；在责任保险中，被保险人是对他人财产毁损或人身伤害依照法律、契约负有经济赔偿责任的人；在信用保证保险中，被保险人是因他人失信、而有可能遭受经济损失的人（针对信用保险），或者是因自身失信可能导致他人损失的人（针对保证保险）。

在人身保险合同中，被保险人除享有保险金请求权外，还享有一些影响保险合同效力的同意权。具体表现在：①以死亡为给付保险金条件的合同，必须经被保险人书面同意并确认保险金额，否则合同无效；②以死亡为给付保险金条件的保单，必须经被保险人书面同意才可以转让或质押；③投保人指定或变更受益人的，必须征得被保险人的同意。

保险合同成立后，被保险人也应承担相应的义务，包括维护保险标的安全的义务、标的危险程度增加的通知义务、保险事故发生时的施救义务以及保险事故发生后的及时通知义务。

2. 受益人

受益人又称保险金受领人，是指由投保人或被保险人在保险合同中指定的，发生保险事故时享有保险金请求权的人。我国《保险法》明确将受益人的概念界定在人身保险合同中。财产保险合同是否需要指定受益人，理论界颇有争议。在实务中，财产保险合同中越来越多的场合也应用"受益人"这一概念，如房贷险中约定贷款银行为第一受益人。因此，有学者建议将"受益人"的概念扩展到财产保险中。

我们认为财产保险合同中不必引入受益人的概念。因为绝大多数财产保险合同是投保人以自己为被保险人投保，被保险人本身已经享有保险金请求权，再指定自己为受益人，没有实际的法律意义。近年来，随着住房消费信贷的兴起和发展，保险市场中出现了为贷款信用风险提供保障的"住房抵押贷款综合保证保险"。该险种包括抵押贷款保证保险（以下简称"保证保险"）和房屋保险两部分，且两部分必须同时投保；其中投保人是指申请住房抵押贷款的借款人，保证保险部分的被保险人是贷款人，即贷款银行，房屋保险部分的被保险人是房屋的所有人，通常就是借款人。保证保险约定在借款人因死亡、失踪、伤残、患重大疾病而无法按时履行还款义务时，由保险公司负责赔偿贷款银行的损失。贷款银行作为被保险人，当借款人在一定期限内无法偿还贷款时享有直接向保险公司请求赔偿的权利。房屋保险对因自然灾害和意外事故造成保险房屋（抵押物）的直接损失承担赔偿责任；借款人（通常为房屋所有人）作为被保险人，在发生保险事故后享有直接向保险公司索赔的权利。根据房屋保险条款的规定，房屋损失的赔款应用于房屋的修复，以保证抵押物完好，或用于偿还贷款。虽然被保险人是借款人，但从根本上保障的是贷款银行的利益。因此，无需指定贷款银行为受益人，以免产生权利冲突和不必要的纠纷。在责任保险中，虽然保险合同的被保险人是加害人，但保险赔偿金的最终获得者、享受实际保险保障的是财产或人身受到损害的第三人（受害人）。根据《保险法》的规定，保险公司可以直接向第三人（受害人）支付保险赔款，但《保险法》并没有规定第三人（受益人）对保险金的直接请求权，保险金请求权只归属于被保险人，即加害人，因此也没有受益人的规定。综上所述，我们认为受益人是人身保险合同中的特定关系人。

人身保险合同中的受益人应当具备两个条件：

第一，受益人由被保险人或投保人指定（或变更）。指定（或变更）受益人必须符合以下两个条件：

（1）主体合法。受益人必须是被保险人或投保人在保险合同中指定（或变更）的人，投保人指定（或变更）受益人的，须经过被保险人的同意；被保险人为无行为能力或者限制行为能力人时，由其监护人指定受益人。对于企业为员工购买的团体寿险，受益人的指定权仅归被保险人所有。投保人、被保险人都可以成为受益人。当受益人与投保人是同一人时，受益人就是合同当事人。受益人可以是一人，也可以是数人。法律对于受益人资格并无特殊的限制。自然人、法人以及其他任何的经济组织都可以成为受益人，自然人中无行为能力、限制行为能力的人都可以成为受益人。但是受益人是否须与投保人或被保险人之间存在保险利益，一直颇受争议。①我国台湾地区简易人寿保险法第十二条规定"以他人为被保险人时，受益人须与被保险人有经济上切身利益关系"。早期寿险合同是建立在死亡为基础的合同，所以被保险人与受益人之间具有保险利益至关重要，否则容易诱发道德风险。但是现在的许多寿险合同兼具保障、储蓄、投资多种功能，不再局限于单一的死亡保障，这样的寿险合同多是被保险人在生前受益。受益人是否必须要与被保险人之间存在保险利益，我国《保险法》未明确规定。

（2）程序合法。被保险人或投保人可以变更受益人，无需征得保险人的同意，只要书面通知保险人即可，保险人在保险单上批注后生效。指定的受益人可以分为可变更的受益人（或可撤销的受益人）和不可变更的受益人（不可撤销的受益人）。可变更的受益人是指在保险合同有效期内，被保险人或投保人可以变更受益人或撤销受益人的受益权，无需征得受益人的同意。受益人对保险金的受益权仅仅是一种期待权，且受益权处于不确定的状态，只有在保险事故发生后受益权才能得以实现，保险金才成为受益人的既得利益。不可变更的受益人是指在保险有效期内，未经受益人的同意被保险人或投保人不得变更受益人或撤销受益人的受益权。不可变更受益人的受益权是一种既得权利。如果保单没有可以利用遗嘱变更受益人的条款，则任何通过遗嘱变更受益人的努力都是无效的。因为受益人在被保险人死亡时已经对保险金拥有既得利益，而遗嘱是死亡后才生效。住房抵押贷款人寿保险中，在借款人还清贷款之前，贷款银行通常是不可变更的第一受益人。

第二，受益人是享有保险金请求权的人。保险金请求权是受益人依据保险合同享有的基本权利。对于受益人可变更的合同，在保险事故发生之前受益人的受益权只是一种期待权，因此，受益权不可继承或转让；只有在保险事故发生后，受益权才转化为现实的权利，保险金才成为受益人的既得利益。指定的受益人为一人时，由该受益人行使保险金请求权，获得全部的保险金；指定的受益人为多人时，被保险人或投保人可以在保险合同中事先确定受益顺序和受益份额，未确定受益顺序或份额的，受益人按照相等的份额享有受益权。

在保险实务中，人身保险合同中有已确定受益人和未确定受益人两种情况：已确定受益人是指被保险人或投保人已经指定受益人，即上文所述的情形。在

---

① 一般来讲，在保险合同订立时，受益人对保险标的没有保险利益，并不影响保险合同效力。为防范道德风险，避免受益人为得到保险金而对被保险人的生命或健康造成威胁，保护被保险人的生命安全，有学者提出，以死亡为给付条件的人身保险合同，应规定受益人必须对被保险人有保险利益，否则不得享有保险金请求权。

这种情况下，受益人的受益权来源于合同约定，受益人领取保险金的权利受到法律保护，保险金不能视为死者（被保险人）的遗产，受益人以外的任何人无权分享，也不得用于清偿死者生前的债务。未确定受益人又有两种情况：一是被保险人或投保人未指定受益人，二是受益人先于被保险人死亡、受益人依法丧失受益权、受益人放弃受益权，而且没有其他受益人。在受益人未确定的情况下，被保险人的法定继承人就视同为受益人，保险金可视为死者的遗产，按照遗产法定继承的规定和程序进行分配和处置。我国《保险法》未规定受益人和被保险人同时死亡时，保险金的性质和归属，给保险公司的理赔处理带来诸多不便。我国有学者认为应借鉴国外的通行做法，将保险金视为被保险人的遗产，纳入遗产继承的规定进行。

（三）保险合同的辅助人

保险合同的辅助人是协助保险合同的当事人签订、履行保险合同和办理保险事项的人，辅助人包括保险经纪人、保险代理人和保险公估人。

1. 经纪人

保险法对经纪人有明确规定："保险经纪人是基于投保人的利益，为投保人与保险人订立保险合同提供中介服务，并依法收取佣金的单位。"经纪人有以下几个特征：第一，保险经纪人是单位，而不是个人。第二，保险经纪人活动的出发点是为了投保人的利益。第三，保险经纪人的活动主要是为投保人与保险人订立保险合同提供中介服务。第四，保险经纪人收取佣金与保险代理人收取的手续费，性质相同。投保人通过经纪人与保险公司签约，可以形成保险合同投保团体，保险经纪人可以藉此力量与保险人进行协商，替投保人争取有利条件。发生保险事故时，由经纪人代替投保人向保险人要求赔偿，保险人会考虑保险经纪人的某种潜在订约力量，而更慎重办理理赔业务。所以健全保险经纪人制度，有助于保险人和投保人之间的平衡。

2. 代理人

保险代理人是根据保险人的委托，向保险人收取代理手续费，并在保险人授权的范围内代为办理保险业务的单位或个人。保险代理人是代理保险人去拓展业务，保险代理人的行为视为保险人的行为，在保险人授权范围内的代理行为所产生的一切法律后果由保险人承担，故法律上把代理人与保险人视为一体，所以对代理人的资格必须严格地规定。保险代理人与保险经纪人立场不同，保险代理人是受保险人委托代办保险业务，手续费是由保险人支付。保险经纪人则是被保险人的代理人，代表投保方的利益与保险人洽谈保险合同，但保险经纪人为保险人招揽业务、代理客户，因此佣金是由承保的保险人支付。

3．公估人

公估人是指独立于保险人与被保险人之外，以公正的第三者身份，接受保险合同当事人（保险人和投保人）委托办理保险标的的评估、查勘、检验、鉴定、估损、理算等保险公证事项并予以证明的人，例如发生保险事故时的赔偿鉴定人、事故调查人、海损理算师等。

二、保险合同的客体

客体是指民事法律关系中主体权利和义务共同指向的对象，保险合同的客体不是保险标的物本身，而是投保人或是被保险人对保险标的的保险利益。①

（一）保险利益是保险合同的客体

客体是指在民事法律关系中主体享受权利和履行义务时共同指向的对象。客体在一般合同中称为标的，即物、行为、智力成果等。保险合同虽属民事法律关系范畴，但它的客体不是保险标的本身，而是投保人对保险标的所具有的法律上承认的利益，即保险利益。

根据《中华人民共和国保险法》第11条规定："投保人对保险标的应当具有保险利益。投保人对保险标的不具有保险利益的，保险合同无效。"因此，投保人必须凭借保险利益投保，而保险人必须凭借投保人对保险标的的保险利益才可以接受投保人的投保申请，并以保险利益作为保险金额的确定依据和赔偿依据。此外，保险合同不能保障保险标的的不受损失，而只能是保障投保人的利益不变。保险合同成立后，因某种原因保险利益消失，保险合同也随之失效。

（二）保险标的是保险利益的载体

保险标的是投保人申请投保的财产及其有关利益或者人的寿命和身体，是确定保险合同关系和保险责任的依据。在不同的保险合同中，保险人对保险标的的范围都有明确规定，即哪些可以承保，哪些不予承保，哪些一定条件下可以特约承保等。不同的保险标的能体现不同的保险利益；而且保险合同双方当事人订约的目的是为了实现保险保障，而非确保保险标的不发生损失，合同双方当事人共同关心的也是基于保险标的上的保险利益而非保险标的本身。所以，在保险合同中，客体是保险利益，而保险标的则是保险利益的载体。

---

① 有学者依据我国《保险法》第12条的规定认为，保险合同的客体应该是物及其有关利益或者人的生命和身体。这种观点混淆了保险的"对象"与保险合同的"对象"，混淆了保险标的与保险合同标的（客体）两个概念。另有学者认为，保险合同的客体是向投保人或被保险人的保险利益提供保证的行为，而不是保险利益本身。因为保险合同关系实际上是债权债务关系，在债的法律关系中，客体不能是物，而应该是行为。

三、保险合同的内容

保险合同的内容是建立保险合同关系必不可少的要素。保险合同的内容是指保险合同记载的全部事项，主要体现保险合同双方当事人的权利义务关系，包括合同当事人和关系人的名称和住所、保险标的、保险价值、保险金额、保险责任和责任免除、保险期限、保险费和保险费率、保险金赔偿或给付方式、违约责任和争议处理等。这些事项以条款形式表现，故保险合同的内容就是全部保险条款。

（一）保险条款及其分类

保险条款是记载保险合同内容的条文、款目，是保险合同双方享受权利与承担义务的主要依据，一般事先印制在保险单上。

1. 按照保险条款的性质不同，可将其分为基本条款和附加条款两大类

（1）基本条款。基本条款（又称普通条款）是指保险人事先拟定并印就在保险单上的有关保险合同双方当事人权利和义务的基本事项。基本条款构成保险合同的基本内容，是投保人与保险人签订保险合同的依据，不能随投保人的意愿而变更。

（2）附加条款。附加条款（又称单项条款）是指保险合同当事人双方在基本条款的基础上，根据需要另行约定或附加的、用以扩大或限制基本条款中所规定的权利和义务的补充条款。附加条款通常也由保险人事先印就好一定的格式，待保险人与投保人特别约定填好后附贴在保险单上，故又称附贴条款。

在保险实务中，一般把基本条款规定的保险人承担的责任称为基本险，附加条款所规定的保险人所承担的责任称为附加险。投保人不能单独投保附加险，而必须在投保基本险的基础上才能投保附加险。

2. 按照保险条款对当事人的约束程度，可将其分为法定条款与任意条款

（1）法定条款。法定条款是指依据法律必须明确规定的条款，即由法律规定的保险双方当事人的权利和义务。我国《保险法》第19条规定："保险合同应当包括下列事项：（一）保险人名称和住所；（二）投保人、被保险人名称和住所，以及人身保险的受益人的名称和住所；（三）保险标的；（四）保险责任和责任免除；（五）保险期间和保险责任开始时间；（六）保险价值；（七）保险金额；（八）保险费以及支付办法；（九）保险金赔偿或给付办法；（十）违约责任和争议处理；（十一）订立合同的年、月、日。"

（2）任意条款。任意条款是相对于法定条款而言的，它是指由保险合同当事人在法律规定的保险合同事项之外，就与保险有关的其他事项所做的约定。

保险双方当事人可以自由选择任意条款，故又称任选条款。我国《保险法》第
20 条规定："投保人和保险人在前条规定的保险合同事项外，可以就与保险有
关的其他事项作出约定。"

（二）保险合同的基本事项

保险合同的基本事项是保险合同应当载明的各种事项，现分述如下：

1. 保险合同当事人和关系人的名称和住所

这是关于保险人、投保人、被保险人和受益人基本情况的条款，其名称和
住所必须在保险合同中详加记载，以便保险合同订立后，能有效行使权利和履
行义务。因为在保险合同订立后，凡有对保险费的请求支付、风险增加的告知、
风险发生原因的调查、保险金的给付等，都会涉及到当事人和关系人的姓名及
住所事项，同时也涉及到发生争议时的诉讼管辖和涉外争议的法律适用等问题。
但在一些保险利益可随保险标的转让而转移于受让人的运输货物保险合同中，
投保人在填写其姓名的同时，可标明"或其指定人"字样，该保险单可由投保
人背书转让。此外，货物运输保险合同的保险单还可以采取无记名式，随保险
货物的转移而转移给第三人。

在保险合同中应载明名称、住所的一般是对投保人、被保险人和受益人而
言。保险人的名称、住所已在保险单上印就。

2. 保险标的

明确保险标的，有利于判断投保人对保险标的是否具有保险利益。所以，
保险合同必须载明保险标的。财产保险合同中的保险标的是指物、责任、利益、
信用，人身保险合同中的保险标的是指被保险人的生命和身体。

3. 保险责任和责任免除

保险责任是指在保险合同中载明的对于保险标的在约定的保险事故发生
时，保险人应承担的经济赔偿和给付保险金的责任；一般都在保险条款中予以
列举。保险责任明确的是，哪些风险的实际发生造成了被保险人的经济损失或
人身伤亡，保险人应承担赔偿或给付责任；通常包括基本责任和特约责任。对
一切险合同而言，保险合同中只列明除外责任，除外责任以外的风险造成的损
失保险人均承担赔偿或给付责任。

责任免除是对保险人承担责任的限制，即指保险人不负赔偿和给付责任的
范围。责任免除明确的是哪些风险事故的发生造成的财产损失或人身伤亡与保
险人的赔付责任无关。主要包括法定的和约定的责任免除条件。一般分为四种
类型：（1）不承保的风险，即损失原因免除。如现行企业财产基本险中，保险
人对地震引起的保险财产损失不承担赔偿责任。（2）不承担赔偿责任的损失，

即损失免除。如正常维修、保养引起的费用及间接损失保险人不承担赔偿责任。（3）不承保的标的，包括绝对不保的标的如土地、矿藏等和可特约承保的标的如金银、珠宝等。（4）投保人或被保险人未履行合同规定义务的责任免除。

4. 保险期间和保险责任开始时间

保险期间是指保险合同的有效期间，即保险人为被保险人提供保险保障的起讫时间。一般可以按自然日期计算，也可按一个运行期、一个工程期或一个生长期计算。保险期间是计算保险费的依据，也是保险人履行保险责任的基本依据之一。

保险责任开始时间是指保险人开始承担保险责任的起点时间，通常以某年、某月、某日、某时表示。《中华人民共和国保险法》第 13 条规定："保险合同成立后，投保人按照约定交付保险费；保险人按照约定的时间开始承担保险责任。"即保险责任开始的时间由双方在保险合同中约定。在保险实务中，保险责任的开始时间可能与保险期间的开始时间一致，也可能不一致。如在财产保险合同往往是以保险合同成立的次日零时或约定的未来某一日的零时为保险责任开始时间，即"零时起保制"；寿险合同中大多规定有观察期，保险人承担保险责任的时间是自观察期结束后。

5. 保险价值

保险价值是指保险合同双方当事人订立保险合同时作为确定保险金额基础的保险标的的价值，即投保人对保险标的所享有的保险利益在经济上用货币估计的价值额。在财产保险中，一般情况下，保险价值就是财产的实际价值；在人身保险中，由于人的生命难以用客观的价值标准来衡量，所以不存在保险价值的问题，发生保险事故时，以双方当事人约定的最高限额核定给付标准。

6. 保险金额

保险金额是指保险人承担赔偿或者给付保险金责任的最高限额。在不同的保险合同中，保险金额的确定方法有所不同。在财产损失保险中，保险金额要根据保险价值来确定；在责任保险和信用保险中，一般由保险双方当事人在签订保险合同时依据保险标的的具体情况商定一个最高赔偿限额，还有些责任保险在投保时并不确定保险金额；在人身保险中，由于人的生命价值难以用货币来衡量，所以不能依据人的生命价值确定保险金额，而是根据被保险人的经济保障需要与投保人支付保险费的能力，由保险双方当事人协商确定保险金额。需要注意的是，保险金额是保险人负责赔偿或给付的最高限额，保险人实际赔偿或给付的保险金数额只能小于或等于保险金额，而不能大于保险金额。

7. 保险费以及支付办法

保险费是指投保人支付的作为保险人承担保险责任的代价。缴纳保险费是投保人的基本义务。保险合同中必须规定保险费的缴纳办法及缴纳时间。财产保险一般为订约时一次付清保险费；长期寿险既可以订约时一次趸缴保险费；也可以订约时先付第一期保险费，在订约后的双方约定的期间内采用定期交付定额或递增、递减保险费等办法。

投保人支付保险费的多少是由保险金额的大小和保险费率的高低以及保险期限等因素决定的。保险费率是指保险人在一定时期按一定保险金额收取保险费的比例，通常用百分率或千分率来表示。保险费率一般由纯费率和附加费率两部分组成。纯费率（也称净费率）是保险费率的基本部分。在财产保险中，主要是依据保险金额损失率（保险金额与损失赔偿金额的比例）来确定；在长期寿险中，则是根据人的预定死亡（生存）率和预定利率等因素来确定的。附加费率是指一定时期内保险人业务经营费用和预定利润的总和同保险金额的比率。

8．保险金赔偿或给付办法

保险金赔偿或给付办法即保险赔付的具体规定，是保险人在保险标的遭遇保险事故，致使被保险人经济损失或人身伤亡时，依法定或约定的方式、标准或数额向被保险人或其受益人支付保险金的方法。它是实现保险经济补偿和给付职能的体现，也是保险人的最基本义务。在财产保险中表现为支付赔款，在人寿保险中表现为给付保险金。

9．违约责任和争议处理

违约责任是指保险合同当事人因其过错致使合同不能履行或不能完全履行，即违反保险合同规定的义务而应承担的责任。保险合同作为最大诚信合同，违约责任条款在其中的作用更加重要，因此，在保险合同中必须予以载明。

争议处理条款是指用以解决保险合同纠纷适用的条款。争议处理的方式一般有协商、仲裁、诉讼等。

10．订立合同的年、月、日

订立合同的年、月、日，通常是指合同的生效时间，以此确定投保人是否有保险利益、保险费的交付期等。在特定情况下，订立合同的年、月、日，对核实赔案事实真相可以起到关键作用。

第四节　保险合同的订立、履行

一、保险合同的订立

保险合同的订立是投保人与保险人为建立保险合同关系，通过相互进行意思表示最终形成合意的过程，是合同双方当事人之间基于意思表示一致而进行的法律行为。订立保险合同与订立其他合同一样，必须遵守一定的原则，履行一定的义务。根据保险法第十一条规定：投保人与保险人订立保险合同，应当遵守公平互利、协商一致、自愿订立的原则，不得损害社会公共利益。

（一）保险合同的订立原则

1. 公平互利原则

公平互利原则是指保险合同的双方当事人享有的权利和应尽的义务是对等的，合同的订立对双方都是有利的。合同不可以存在不公平的现象（指一方享有权利而另一方只承担义务或权利与义务不对等），一旦经法院确认不公平，当事人即可申请撤销合同。

2. 协商一致原则

协商一致原则是指在保险合同订立的过程中，合同当事人在对合同内容充分协商和充分表达各自意见的前提下达成一致，订立协定。任何一方都不可以将自己的意思强加给对方，合同的订立应该是双方真实的意思表示。

3. 自愿订立原则

自愿订立原则是指保险合同订立时，合同双方当事人的意志完全独立，不受他人干涉，有权在法律允许的范围内自主决定合同的订立。

（二）保险合同的订立程序

我国《保险法》第13条规定："投保人提出保险要求，经保险人同意承保，并就合同的条款达成协议，保险合同成立。"保险合同的订立要经历投保人提出保险要求和保险人同意承保两个阶段，即合同订立的要约和承诺两个阶段。

1. 要约

要约一般又称为"订约提议"，是一方当事人向另一方当事人提出订立合同建议的法律行为。提出订立合同建议的即是要约人。保险合同的要约人通常是投保人。投保人的要约行为通常表现为填写保险人提供的标准化、格式化的投保单，并将填写完毕的投保单交给保险人。随着保险营销渠道的不断创新，除填写书面投保单外，投保人还可以通过电话、传真、电子邮件、手机短信等非书面形式提出投保申请。但为保护合同双方当事人的利益和避免纠纷，投保人多以填写书面投保单的形式为要约。

需要说明的是，在实务中，保险公司为了招揽业务印制保险产品宣传册和预先拟定的保险合同条款，向消费者宣传推销本公司产品，这种行为并非属于向消费者提出订立保险合同建议的要约，只是要约邀请。

2. 承诺

承诺又称为"接受订约提议"，是指承诺人接受要约人提出的订立合同的要求，同意与要约人缔结合同的意思表示。承诺人对于要约人提出的主要条款内容表示同意后，合同即告成立。保险合同的承诺通常由保险人作出，是指保险人接受投保人的投保申请，愿意承担保险责任的意思表示。在实务中，保险人收到投保人递交的填写完毕的投保单后，对投保单上事项逐一进行审核，特别是有关保险标的风险状况的事项，这是保险人进行风险选择的过程，保险人认为保险标的符合承保要求，在投保单上签字盖章后，保险合同即告成立。

承诺是指完全接受要约人的建议，若对要约内容无法完全接受，只能部分同意或有条件地接受，并对要约的内容进行了实质性的修改，则不能认为是承诺，而是承诺人提出的一项新要约或称反要约。如果投保人完全同意保险人提出的反要约的内容，投保人就是承诺人，保险合同成立。投保人和保险人通过不断的要约与反要约，就保险合同的内容、承保条件等事项进行深入磋商，最终达成协议，建立保险合同关系。

为平衡保险合同双方当事人的权利和义务，有学者建议《保险法》明确规定当事人的要约和承诺都必须通过一定行为表现出来并对该行为表现规定时间上限，特别要明确规定保险人的承诺义务。首先，要明确规定保险人承诺的表现方式，即哪些方式可视为保险人承诺的意思表示，应当规定在签发保单之前保险人对同意承保的口头承诺或意思表示也必须具有明确的表现形式；其次，对保险人签发保险单或其他保险凭证规定具体的时间上限，我国现行《保险法》中"及时"的规定过于模糊。

值得注意的是，当承诺人表示愿意承保时，即意味着保险合同的成立。但保险合同成立不代表保险合同一定生效，只有当事人的行为符合所附条件时，保险合同才生效。如保险合同订立时，约定保险费交纳后保险合同才正式生效，所以若保险合同已经成立，但尚未缴交保费，则保险合同不算生效。

（三）保险合同的订立形式

保险合同主要采取书面形式，因为书面形式可以加强保险合同的规范化，标明双方当事人的权利与义务关系，有利于当事人双方互相监督严格遵守保险合同的内容，也便于监督管理机关的审核与管理。保险单是保险合同最主要的书面形式，也是法定的正式形式，但除了保险单外，还可采用暂保单、保险凭证、批单或合同双方当事人约定的其他形式订立。

1. 投保单

投保单是投保人向保险人提出保险请求时所具备的书面要约，是保险合同的组成部分。投保单又称要保书或是投保申请书，投保单都是由保险人事先以统一形式印刷，通常为表格形式。投保单所列项目因险种不同而有所区别，投保人应按照表格所列项目逐一据实填写并回答保险人提出的有关保险标的的情况和事实，保险人审核投保单是否符合承保要求，若一经保险人接受并签单，即同意承保。投保单就成为保险合同的组成部分。

2. 暂保单

暂保单是保险人未签发正式保险单或是保险凭证之前所出具的临时性保险凭证，证明保险人已经接受投保人的要约。暂保单的法律效力与保险单完全一样，但是暂保单不是永久有效，有效期间仅为 30 天，并在正式保险单签发后自动失效。暂保单的内容一般包括投保人和被保险人的姓名、投保险种、保险标的、责任范围等重要事项。暂保单在以下情况下签发：（1）签发保险合同的分支机构权限受到限制，需要请示上级机构批准，在未批准前以暂保单为保险证明。（2）投保人与保险人已经就保险合同达成初步的决定，但就部分保险合同的内容仍须协商，所以先以暂保单为凭证。（3）保险代理人或是保险经纪人在承揽到业务后，尚未办妥全部手续，故先发暂保单为保险证明。（4）为出国结汇需要，在正式保险单或是保险凭证尚未办妥前，先出示暂保单为保险证明。

3. 保险单

保险单是投保人与保险人之间订立保险合同的正式书面凭证，保险单包括保险合同中的所有内容，内容必须完整，文意清楚准确，是合同双方当事人履行权利与义务的依据。有现金价值的保险单（例如人寿保险单），有类似有价证券的作用，投保人可以凭保险单向第三人质押贷款，所以又被称为"保险证券"。

4. 保险凭证

保险凭证也是保险合同的一种书面凭证，事实上它是一种简化的保险单，只印了简单的内容在其中，但与保险单具有相同的法律效力。保险凭证上未列的内容以相应的保险单为准，两者有抵触时以保险单上的内容为准。

5. 批单

批单是保险合同当事人就保险单上的内容需要修改或是增添时所签订的书

面凭证。批单可在原保险单或保险凭证上批注，也可另外开出一张变更合同内容的附贴片条在正式的保险单上或是保险凭证上。批单的法律效力优于保险单，若保险单和批单的内容发生抵触，应该以批单的内容为主。

6. 合同双方当事人约定的其他形式

除了以上印刷的书面形式外，保险合同也可以采取其他书面协议形式，如保险协议书、电报、电传等形式。随着通讯技术和互联网的发展普及，保险公司创新营销渠道，推出网上投保、电话投保、短信投保等方式，保险合同的订立形式日益多样化，如电子邮件形式、口头形式等。

在其他形式的保险合同中，保险协议书是重要的书面形式。当保险标的较为特殊或投保人的要求较为特殊，不能采用标准化的保险单或保险凭证时，可以采用保险协议书的形式。保险协议书是投保人与保险人经协商一致后共同拟定的书面协议，当事人的权利义务在协议书中载明，并由当事人双方盖章或签字。

（四）保险合同的构成

上述保险合同的书面形式只是保险合同的组成部分（尽管是最重要的组成部分），而不是保险合同的全部。在订立和履行保险合同过程中形成的所有文件和书面材料都是保险合同的组成部分，不仅包括保险单、保险凭证等，而且还包括投保单，投保人的说明、保证，关于保险标的风险程度的证明、图表、鉴定报告（如人身保险中被保险人的体检报告），保险费收据，变更保险合同的申请，发生保险事故的通知、索赔申请、损失清单、损失鉴定等等。它们都可以作为保险合同关系的证明。

二、保险合同的效力

（一）保险合同的成立与生效

1. 保险合同的成立

保险合同的成立是指投保人与保险人就合同的条款达成协议。《中华人民共和国保险法》第 13 条规定："投保人提出保险要求，经保险人同意承保，并就合同的条款达成协议，保险合同成立。保险人应当及时向投保人签发保险单或者其他保险凭证，并在保险单或者其他保险凭证中载明当事人双方约定的合同内容。"由此可见，保险合同是非要式合同，只要双方当事人意思表示一致，保险合同即成立，保险单证的签发不是保险合同成立的特殊要件，而是保险合同成立后保险人的义务，是保险合同成立的证明。保险合同也是诺成性合同，即当事人意思表示一致，合同即告成立，保险费的交付与否不影响合同的成立。

根据我国《保险法》第 14 条的规定，保险合同成立后，投保人按照约定交付保险费，保险人按照约定的时间开始承担保险责任。保险合同是否成立并不取决于投保人是否交纳保险费，交纳保险费是保险合同成立后投保人必须履行的义务。

在实务操作中，当保险人审核投保人填具的投保单后并在投保单上签章表示同意承保时，即意味着保险合同的成立，但是，保险合同的成立并不一定标志着保险合同的生效。

2. 保险合同的生效

保险合同的生效是指依法成立的保险合同对合同当事人产生约束力。保险合同往往是附条件、附期限生效的合同。当事人可以在保险合同中约定一定的条件，当条件成立时，保险合同生效。保险合同当事人约定以投保人交纳保险费作为合同生效的条件，投保人交纳保险费的时间就是保险合同生效的时间，在投保人交纳保险费之前，保险合同虽然已经成立，但不产生法律效力。如保险合同订立时，约定支付保险费（或首期保费）后保险合同才开始生效，那么，虽然保险合同已经成立，但要等到投保人交纳保险费后，才能生效。当事人可以在保险合同中约定保险合同生效的时间，即以特定时间的到来作为保险合同生效的要件，在此之前，保险合同对双方当事人没有法律约束力。

如果双方当事人没有约定保险合同生效的条件或时间以及保险责任开始时间，通常情况下，依法成立的合同成立时即生效，合同生效时即为保险责任开始之日，投保人按照约定支付保险费，保险人按照约定开始承担保险责任。

保险合同生效后，保险责任才能开始。保险责任开始时间与保险合同生效时间可能一致，也可能不一致。投保人和保险人可以约定合同生效的时间和保险人开始承担保险责任的时间。财产保险实务中实行的"零时起保制"就是以保险合同成立的次日零时或未来的某一日的零时为保险责任开始时间。

（二）保险合同的有效与无效

1. 保险合同的有效

保险合同的有效是指保险合同具有法律效力并受国家法律保护。任何保险合同要产生当事人所预期的法律后果，使合同产生相应的法律效力，必须符合合同生效的法定要件和约定要件。根据一般合同生效的法定要件和保险合同的特殊性，保险合同生效的法定要件包括：

（1）主体合格。保险合同的双方当事人必须具有完全的行为能力。无民事行为能力人或限制民事行为能力人不能成为投保人；根据我国《保险法》的规定，保险人必须是依本法成立的、在保险监督管理部门核准的业务范围内从事保险经营活动的保险公司。投保人对保险标的必须具有保险利益。

（2）主体合意和意思表示真实。所谓主体合意主要指签订保险合同的当事人双方要合意，而且是当事人双方在具有主体资格基础上的合意，是建立在最大诚信基础上的合意。根据《合同法》第 52 条的规定，一方以欺诈、胁迫的手段订立合同，损害国家利益的，合同无效。根据《合同法》第 54 条的规定，一方以欺诈、胁迫的手段或者乘人之危，使对方在违背真实意思的情况下订立的合同是可撤销的或可变更的。

（3）客体合法。所谓客体合法是指投保人对于投保的标的所具有的保险利益必须符合法律规定，符合社会公共利益要求，能够在法律上有所主张，为法律所保护。否则，保险合同无效。

（4）双方当事人权利、义务对等。保险合同是有偿合同。投保人以承担交付保险费义务为代价换取保险人对其遭受保险事故时的经济保障；保险人则以承诺对被保险人发生保险事故时提供经济保障为代价赢得向投保人收取保险费的权利。这种权利与义务的对等是以公平合理的保险费率为基础的。

2．保险合同的无效

保险合同的无效是保险合同不具有法律效力，不被法律保护。保险合同无效须由人民法院或仲裁机构进行确认。

（1）导致保险合同无效的原因。导致保险合同无效的主要原因有：①保险合同主体资格不符合法律规定。如投保人没有民事行为能力或对投保标的不具有保险利益，保险人未取得经营保险业务的许可证或超越经营范围经营保险业务等。②保险合同的内容不合法。如投保人以非法据有的保险标的投保；未成年人父母以外的投保人，为无民事行为能力人订立的以死亡为保险金给付条件的保险合同；以死亡为给付保险金条件的保险合同，未经被保险人书面同意并认可保险金额；保险条款内容违反国家法律及行政法规等。③保险合同当事人意思表示不真实，即保险合同不能反映当事人的真实意志。根据《合同法》第 52 条的规定，一方以欺诈、胁迫的手段订立合同，损害国家利益的，合同无效。④保险合同违反国家利益和社会公共利益。如为非法利益提供保障的保险合同等。

（2）保险合同无效可以分为全部无效和部分无效。保险合同的全部无效是指其约定的全部权利和义务自始不产生法律效力。如投保人对保险标的不具有保险利益、违反国家利益和社会公共利益、保险标的不合法的保险合同等均属于全部无效的保险合同。保险合同部分无效是指保险合同某些条款的内容无效，但合同的其他部分仍然有效。如善意的超额保险中超额部分无效，保险金额以内部分仍然有效。

（3）保险合同的无效不同于保险合同的失效。保险合同被确认无效后，即自始无效，是绝对无效；而保险合同失效则是由于某种事由的发生，使保险合同的效力暂时中止，而非绝对无效，待条件具备时合同效力仍可恢复。

（4）对于无效保险合同的处理方式依合同无效的影响程度不同而不同。一般的无效保险合同采取返还财产的方式，即保险人将收取的保险费退还给投保人，被保险人将保险人赔付的保险金退还给保险人；对给当事人造成损失的无效保险合同采取赔偿损失的方式，即按照过错原则由有过错的一方向另一方赔偿，如果双方均有过错，则相互赔偿；对有违反国家利益和社会公共利益的保险合同采取追缴财产的方式，即追缴过错方已经通过保险合同取得和约定取得的财产，收归国库。

三、保险合同的履行

（一）投保人义务的履行

1. 如实告知的义务

该项义务要求投保人在合同订立之前、订立时及在合同有效期内，对已知或应知的与危险和标的有关的实质性重要事实向保险人作真实陈述。如实告知是投保人必须履行的基本义务，也是保险人实现其权利的必要条件。根据《中华人民共和国保险法》第16条规定，订立保险合同时，保险人可以就保险标的或者被保险人的有关情况提出询问，投保人应当如实告知。这说明我国对投保人告知义务的履行实行"询问告知"原则，即指投保人只须对保险人所询问的问题作如实回答，而对询问以外的问题投保人没有告知的，不能视为违反如实告知义务。

2. 缴纳保险费的义务

缴纳保险费是投保人的最基本的义务，通常也是保险合同生效的前提条件之一。投保人如果未按保险合同的约定履行此项义务，将要承担由此造成的法律后果。以缴付保险费为保险合同生效条件的，保险合同不生效；对于一次性付清保费的财产保险合同，合同成立后未能按时交纳保险费，投保人不仅要支付保险费，同时还要承担相应的利息损失，否则，保险合同终止；约定分期缴付保险费的人身保险合同，在宽限期内（我国《保险法》规定为60天）未能按时缴纳续期保险费，保险合同将中止。在合同中止期间发生的保险事故，保险人不承担责任；超过中止期（一般为2年）未复效者，保险合同终止。

3. 加强安全和防灾防损的义务

保险合同订立后，财产保险合同的投保人、被保险人应当遵守国家有关消防、安全、生产操作、劳动保护等方面的规定，维护保险标的的安全、保险人有权对保险标的的安全工作进行检查，及时向投保人、被保险人提出消除不安全因素和隐患的书面建议；经被保险人同意，可以对保险标的采取安全防范措施。投保人、被保险人未按约定维护保险标的安全的，保险人有权要求增加保险费或解除保险合同。

4．危险增加的通知义务

按照我国《保险法》第37条的规定，保险标的危险程度增加时，被保险人应及时通知保险人。保险人可根据危险增加的程度决定是否增收保险费或解除保险合同。若被保险人未履行危险增加的通知义务，保险人对因危险程度增加而导致的保险标的的损失可以不承担赔偿责任。

5．保险事故发生后及时通知的义务

保险的基本职能是对保险事故发生造成被保险人、保险标的的损失承担赔付责任。为了保证这一基本职能的体现，投保人、被保险人或受益人在知道保险事故发生后，应当及时将保险事故发生的时间、地点、原因及保险标的的情况、保险单证号码等通知保险人。这既是被保险人或受益人的一项义务，也是其获得保险赔付的必要程序之一。保险事故发生后通知义务的履行，可以采取书面形式或口头形式，但法律要求采取书面形式的必须采取书面形式；"及时"应以合同约定为准，合同没有约定的，应根据实际情况，确定合理的时限。

6．损失施救的义务

保险事故发生时，被保险人有责任尽力采取必要的合理的措施，进行损失的施救，防止或减少损失。保险人承担被保险人为防止或减少损失而支付的必要合理费用，数额在保险标的损失赔偿金以外另行计算，最高不超过保险金额。

7．提供单证义务

保险事故发生后，投保人、被保险人或受益人向保险人提出索赔时，应当按照保险合同规定向保险人提供其所能提供的与确认保险事故的性质、原因、损失程度等有关的证明和资料。包括保险单、批单、检验报告、损失证明材料等。

8．协助追偿义务

在财产保险中由于第三人行为造成保险事故发生时，被保险人应当保留对保险事故责任方请求赔偿的权利，并协助保险人行使代位求偿权；被保险人应向保险人提供代位求偿所需的文件及其所知道的有关情况。

（二）保险人义务的履行

1. 承担赔偿或给付保险金的义务

承担赔偿或给付保险金是保险人最基本的义务。这一义务在财产保险中表现为对被保险人因保险事故发生而遭受的损失的赔偿，在人身保险中表现为对被保险人死亡、伤残、疾病或者达到合同约定的年龄、期限时给付保险金。需要特别指出的是，财产保险中的赔偿包括两个方面的内容。一方面，赔偿被保险人因保险事故造成的经济损失，包括财产保险中保险标的及其相关利益的损失、责任保险中被保险人依法对第三者承担的经济赔偿责任、信用保险中权利人因义务人违约造成的经济损失。另一方面，赔偿被保险人因保险事故发生而引起的各种费用，包括财产保险中被保险人为防止或减少保险标的的损失所支付的必要的合理的费用、责任保险中被保险人支付的仲裁或诉讼费用和其他必要的合理的费用、为了确定保险责任范围内的损失被保险人所支付的受损标的的查勘、检验、鉴定、估价等其他费用。

2. 说明义务

说明义务是最大诚信原则在保险合同订立过程中对保险人的要求，是保险人履行如实告知义务的体现。保险人应当主动对该合同条款的内容、术语、目的及适用范围等作出多方面的解释，特别是对责任免除条款必须明确说明；否则，责任免除条款不产生效力。保险人说明有误，应当承担说明不实的责任。受保险人委托进行保险代理业务的保险代理人，就保险合同的条款向投保人所作的说明，由保险人对该说明负责。

3. 及时签单的义务

保险合同成立后，及时签发保险单证是保险人的法定义务。保险单证是保险合同成立的证明，也是履行保险合同的依据。保险单证中应当载明保险当事人双方约定的合同内容。

4. 保密义务

保险人在办理保险业务中对知道的投保人或被保险人的业务情况、财产情况、家庭状况、身体健康状况等，负有保密的义务。我国《保险法》第32条规定："保险人或者在保险接受人对在办理保险业务中知道的投保人、被保险人、受益人或者再保险分出人的业务和财产情况及个人隐私，负有保密义务。"因此，为投保人或被保险人保密，是保险人的一项法定义务。

第五节　保险合同的变更与终止

一、保险合同的变更

保险合同的变更是指保险合同没有履行或没有完全履行之前，当事人根据情况变化，按照法律规定的条件和程序，对保险合同的某些条款或事项进行修改或补充。保险合同的变更，主要包括保险合同主体的变更和内容的变更。

（一）保险合同主体的变更

保险合同主体的变更指保险人、投保人、被保险人以及受益人的变更。

1. 保险人的变更

保险人的变更，是指保险企业因破产、解散、合并、分立而发生的变更，经国家保险管理机关批准，将其所承担的全部保险合同责任转移给其他保险人或政府有关基金承担。

2. 投保人、被保险人、受益人的变更

在保险实践活动中，投保人、被保险人和受益人的变更最为常见，而且在财产保险合同与人身保险合同中情况各不相同。

（1）在财产保险中，由于保险财产的买卖、转让、继承等法律行为而引起保险标的所有权转移，从而引起投保人或被保险人的变更。由于保险合同的主要形式是保险单，因此，投保人或被保险人的变更又会涉及到保险单的转让。对此，有两种不同的做法：一是允许保险单随保险标的所有权的转移而自动转让，因而投保人、被保险人也可随保险标的转让而自动变更，毋须征得保险人的同意，保险合同继续有效。如货物运输保险合同，由于货物在运输过程中，不是由被保险人而是由承运人所保管，加之货物所有权随着货物运输过程中提单的转移屡次发生转移，因此，保险标的所面临的风险与被保险人没有直接的关系。所以，允许保险单随着货物所有权的转移而自动转让，毋须征得保险人的同意。二是保险单的转让要征得保险人的同意方为有效。对大多数财产保险合同而言，由于保险单不是保险标的的附属物，保险标的所有权转移后，新的财产所有人是否符合保险人的承保条件，能否成为新的被保险人，需要进行考察，以决定保单能否转让给新的财产所有人。所以，保险单不能随保险标的所有权的转移而自动转让，一般要由投保人或被保险人书面通知保险人，保险人经过风险选择，并在保险单上背书，转让才有效。因此，投保人或被保险人必须得到保险人同意后才可变更，保险合同才可继续有效。否则，将使保险合同终止，保险人不再承担保险责任。值得注意的是，这里并不是指未经保险人同意保险标的不得转让，而仅指保险合同会因此而终止。

（2）在人身保险中，因为被保险人本人的寿命或身体就是保险标的，所以被保险人变更属于保险标的变更，是保险合同内容变更的一部分，一般导致保险合同终止，用新的保险合同加以代替。特别是在个人人寿保险中，一般不允许变更被保险人。所以人身保险合同主体变更主要涉及投保人与受益人的变更。

①投保人的变更。只要新的投保人对被保险人具有保险利益，而且愿意并能够缴付保险费，无须经保险人同意，但须告知保险人。但是，如果是以死亡为给付保险金条件的保险合同，必须经被保险人本人书面同意，才能变更投保人。

②受益人的变更。受益人是由被保险人或经被保险人同意由投保人指定的，其变更主要取决于被保险人的意志。被保险人或者投保人可以随时变更受益人，无须经保险人同意，但投保人变更受益人时须经被保险人同意。但无论如何，受益人的变更，要书面通知保险人，保险人收到变更受益人的书面通知后，应当在保险单上批注。

（二）保险合同内容的变更

保险合同内容的变更是指保险合同主体享受的权利和承担的义务发生变更，表现为保险合同条款及事项的变更。根据《中华人民共和国保险法》第21条的规定，"在保险合同有效期内，投保人和保险人经协商同意，可以变更保险合同的有关内容。"这说明投保人和保险人均有变更保险合同内容的权利。保险人变更保险合同内容主要是修订保险条款。但是，由于保险合同的保障性和附合性的特征，在保险实践中，一般不允许保险人擅自对已经成立的保险合同条款作出修订，因而其修订后的条款只能约束新签单的投保人和被保险人，对修订前的保险合同的投保人和被保险人并不具有约束力。

因此，保险合同内容的变更主要由投保方原因引起的，这些原因包括：

1. 保险标的的数量、价值增减而引起的保险金额的增减；

2. 保险标的的种类、存放地点、占用性质、航程等的变更引起风险程度的变化，从而导致保险费率的调整；

3. 保险期限的变更；

4. 人寿保险合同中被保险人职业、居住地点的变化等。

对此，一种情况是投保人根据自己的实际需要提出变更合同内容；另一种情况是投保人必须进行的变更，如风险程度增加的变更；否则，会因违背法定义务而承担法律后果。

（三）保险合同变更的程序与形式

无论是保险合同内容的变更还是主体变更，都要遵循法律、法规规定的程序，采取一定的形式完成。

1．保险合同变更须经过一定的程序才可完成

在原保险合同的基础上投保人及时提出变更保险合同事项的要求，保险人审核，并按规定增减保险费，最后签发书面单证，变更完成。

2．保险合同变更须采用书面形式，对原保单进行批注

对此一般要出具批单或者由投保人和保险人订立变更的书面协议，以注明保险单的变动事项。

二、保险合同的中止与复效

保险合同中止是指在保险合同存续期间，由于某种原因的发生而使保险合同暂时失去效力。在合同中止期间发生的保险事故，保险人不承担赔偿或给付保险金的责任。保险合同的中止，在人寿保险合同中最常见。人寿保险合同大多期限较长，数年至数十年不等，故其保险费的缴付大都是分期交纳，投保人可能因为疏忽等原因未能按时交纳保险费。投保人未能在约定的缴费时间交纳保险费，但只要在宽限期内（一般为 60 天）交纳保险费，保险合同效力继续；在宽限期内发生保险事故，保险人应当承担保险责任，但要从保险金中扣除欠交的保险费。如果投保人在约定的保险费缴付时间内没有按时交纳，且在宽限期内仍未交纳，则保险合同效力中止。

保险合同因中止而失效后，投保人在一定时间内可以申请保单复效。申请复效需要满足以下条件：投保人应当在复效权的保留期限内提出复效申请，在我国，投保人可以在保险合同中止后 2 年内提出复效申请；申请复效时被保险人符合可保条件；投保人一次性补交齐保单失效期间的保费和利息；投保人和保险人达成复效协议。复效后的合同与原合同具有同样的效力，可以继续履行。当然，被中止的保险合同可能因投保人不提出复效申请、保险人不能接受已发生变化的保险标的（如被保险人在合同中止期间患有保险人不能按原有条件或不能承保的疾病），以及其他原因而被解除。根据我国《保险法》第 59 条的规定，保险合同中止后 2 年内投保人和保险人未达成复效协议的，保险人有权解除合同。

三、保险合同的终止

保险合同的终止是指保险合同确立的当事人之间的权利和义务关系的结束，即保险关系的完全消灭，是保险合同发展的最终状态。

（一）自然终止

自然终止是指因保险合同期限届满而终止。这是保险合同终止的最普遍、最基本的原因。凡保险合同订明的保险期限届满时，无论在保险期限内是否发生过保险事故以及是否得到过保险赔付，保险期限届满后保险合同必须按时终止。保险合同期满后，需要继续获得保险保障的，要重新签订保险合同即续保。但是，这里所指的续保并不意味着保险期限的延长或是原保险合同的继续，而是另一个新的保险合同的签订。

（二）义务已经履行完毕而终止

这一情况是指保险人已经履行赔偿或给付全部保险金义务后，如无特别约定，保险合同即告终止，即使保险期限尚未届满合同也告终止。

（三）因合同主体行使终止权而终止

这一情况是指合同主体在合同履行期间，遇有某种特定情况，行使终止合同的权利而使合同终止，而无须征得对方的同意。依据《保险法》第43条规定，当财产保险中的保险标的发生部分损失后，由于保险标的本身的状态及面临的风险已经有所变化，因而允许双方当事人在法定期间内行使保险合同终止权。

（四）因保险标的全部灭失而终止

这一情况是指由于非保险事故发生，造成保险标的灭失，保险标的已实际不存在，保险合同自然终止。如人身意外伤害保险中，被保险人因疾病而死亡，就属于这种情况。

（五）因解除而终止

解除终止是指在保险合同有效期尚未届满前，合同一方当事人依照法律或约定解除原有的法律关系，提前终止保险合同效力的法律行为。

保险合同的解除可以分为约定解除、协商解除、法定解除和裁决解除。

1. 约定解除

约定解除是指合同当事人在订立保险合同时约定，在合同履行过程中，某种情形出现时，合同一方当事人可行使解除权，使合同的效力消灭。

2. 协商解除

协商解除是指在保险合同履行过程中，某种在保险合同订立时未曾预料的情形出现，导致合同双方当事人无法履行各自的责任或合同履行的意义已丧失，于是通过友好协商，解除保险合同。

3．法定解除

法定解除是指在保险合同履行过程中，法律规定的解除情形出现时，合同一方当事人或者双方当事人都有权解除保险合同，终止合同效力。

4．裁决解除

裁决解除是指产生解除保险合同纠纷，纠纷当事人根据合同约定或法律规定提请仲裁或向人民法院提起诉讼时，仲裁机构或人民法院裁决解除保险合同。

对于投保人来说，除《保险法》另有规定或者保险合同另有约定外，保险合同成立后，投保人有权随时解除保险合同。但保险人不得随意解除保险合同，除非发现投保方有违法或违约行为。但是对于货物运输保险合同和运输工具航程保险合同，保险责任开始后，合同当事人都不得解除保险合同。

第六节　保险合同的解释、纠纷、争议处理

保险合同当事人双方在履行合同过程中，由于保险合同条款本身文字表达不清、不够准确甚至表述模棱两可，或者是双方对保险合同条款理解上的分歧，而引起争议，影响保险合同的正常履行，产生不良的社会影响。所以保险合同双方当事人能否及时、准确地处理保险合同的争议，对规范保险活动和促进保险事业的发展都有深远的意义。

一、保险合同条款的解释

合同双方当事人由于观念的不同、经济利益的冲突和不可预期因素的发生等原因，常常会导致双方当事人对保险合同条款理解上产生争议，从而影响保险合同的履行。保险合同的解释是对保险合同条款的说明和理解，因此，正确解释保险合同是十分重要的。

保险合同双方当事人就条款发生争议，又无法自行协商解决时，就要通过人民法院或是仲裁解决合同纠纷。法院和仲裁机关对争议条款作出的解释具有法律约束力，所以保险合同的解释就是法院和仲裁机关就保险合同当事人的争议条款所作出具有约束力的解释。

保险合同的解释应当遵行合同解释的基本原则，在合法、公平、诚信、互利的原则下对保险合同条款进行全面和公正的解释。对保险合同的解释分为文义解释、意图解释、专业解释、诚实信用解释、有利于受益人和被保险人的解

释、补充解释等。

（一）保险合同条款的解释原则

1．文义解释原则

文义解释原则即按照保险合同条款通常的文字含义并结合上下文解释的原则。当保险合同双方当事人就合同的内容理解有分歧，而条款的文字表达又比较明确时，应按照条款的文义进行解释。如果同一词语出现在不同地方且多次出现，前后解释应一致。

2．意图解释原则

意图解释原则是指必须尊重双方当事人在订约时的真实意图进行解释的原则。这一原则一般只能适用于文义不清，条款用词不准确、混乱模糊的情形，解释时要根据保险合同的文字、订约时的背景、客观实际情况进行分析推定。

3．专业解释原则

保险合同中的专业术语，应按照本行业通常理解的含义来解释。

4．诚实信用解释原则

最大诚信原则是保险合同最基本、最重要、最核心的原则，它要求保险合同双方当事人诚实守信、不欺诈、不隐瞒，据实、善意地履行保险合同的义务。当合同双方对保险合同条款的理解有争议时，应本着诚信、善意、遵循订立合同的真实意图、有利于合同的履行的原则来解释。

5．有利于被保险人和受益人的原则

按照国际惯例，对于单方面起草的合同进行解释时，应普遍遵循有利于非起草人的解释原则。由于保险合同条款大多是由保险人拟定的，当保险条款出现含糊不清的意思时，应作有利于被保险人和受益人的解释。但这种解释应有一定的规则，不能随意滥用，只能用于合同所用语言、文字不清或一词多义时。此外，采用保险协议书形式订立保险合同时，由保险人与投保人共同拟定的保险条款，如果因含义不清而发生争议，并非保险人一方的过错，其不利的后果不能仅由保险人一方承担。如果一律作对于被保险人有利的解释，显然是不公平的。

6．批注优于正文，后批优于先批的原则

保险合同是标准化文本，条款统一，但在具体实践中，合同双方当事人往往会就各种条件变化进一步磋商，对此大多采用批注、附加条款、加贴批单等形式对原合同条款进行修正。当修改与原合同条款相矛盾时，采用批注优于正文、后批优于先批、书写优于打印、加贴批注优于正文批注的解释原则。

7．补充解释原则

补充解释原则是指当保险合同条款约定内容有遗漏或不完整时，借助商业习惯、国际惯例、公平原则等对保险合同的内容进行务实、合理地补充解释，以便合同的继续执行。

（二）保险合同条款的解释效力

对于保险合同条款的解释，依据解释者身份的不同，可以分为有权解释和无权解释。

1. 有权解释

有权解释是指具有法律约束力的解释，其解释可以作为处理保险合同条款争议的依据。对保险条款有权解释的机关主要包括全国人大及其工作机关、人民法院、仲裁机构和保险监督管理部门。可以分为立法解释、司法解释、仲裁解释和行政解释。

（1）立法解释。立法解释是指国家最高权力机关的常设机关——全国人大常委会对保险法的解释。全国人大是全国最高权力机关，也是最高立法机关。因此，只有全国人大常委会对《中华人民共和国保险法》的解释才是最具有法律效力的解释，其他解释不能与此相冲突，否则无效。

（2）司法解释。司法解释是指国家最高司法机关在适用法律的过程中，对于具体应用法律问题所做的解释。国家最高司法机关是最高人民法院。对于保险合同条款中有关保险法的内容，在适用法律时，必须遵守司法解释。

（3）行政解释。行政解释是指国家最高行政机关及其主管部门对自己根据宪法和法律所制定的行政法规及部门规章所作的解释。中国保险监督管理委员会是中国保险业的最高行政主管机关，其有权解释保险合同条款中有关规章类或视同规章的部分法规，有权解释由中国保险监督管理委员会审批的保险条款。这些解释虽对法院的判决具有重要的影响，但不具有必须执行的强制力。

（4）仲裁解释。仲裁解释是指保险合同争议的双方当事人达成协议把争议提交仲裁机构仲裁后，仲裁机构对保险合同条款的解释。仲裁机构对保险合同条款的解释同样具有约束力。当一方当事人不执行时，另一方当事人可以申请人民法院强制执行。

2. 无权解释

无权解释指不具有法律约束力的解释。除有权解释外，其他单位和个人对保险条款的解释均为无权解释。保险合同争议的当事人双方均可对保险条款作出自己的理解和解释。对于这些解释，法院在判决时可以参考，但不具有法律上的约束力。一般社会团体、专家学者等均可对保险条款提出自己的理解和解释。对于这部分的解释，一般称为学理解释。学理解释同样只能作为仲裁、审判过程中的参考，不具有法律效力。

二、保险合同争议的解决方式

保险合同争议是指在保险合同成立后，合同主体就保险合同内容及履行时执行约定的具体做法等方面产生不一致甚至相反的理解而导致意见分歧或纠纷。由于保险合同比较特殊，主体之间的争议不仅产生于投保人与保险人，有时还会产生于投保人与被保险人、被保险人与受益人以及上述主体与第三人之间。争议所反映出的问题非常复杂，专业性很强。解决保险合同争议的方式一般有如下四种形式：协商、调解、仲裁、诉讼。

（一）协商

协商是指合同主体双方在自愿诚信的基础上，根据法律、政策的规定及合同约定，充分交换意见，相互切磋与理解，求大同、存小异，对所争议的问题达成一致意见，自行解决争议的方式。这种方式不但能使矛盾迅速化解，而且还可以增进双方的信任与合作，有利于合同的继续执行。争议双方经协商不能达成一致时，可以约定向仲裁机构提出仲裁，也可以依法向人民法院提起诉讼。

（二）调解

调解是指在保险行政管理机关、仲裁机关或法院的参与下，通过说服教育，使双方自愿达成协议、化解矛盾。调解解决争议必须查清纠纷的事实、分清是非责任，这是达成合理的调解协议的前提。调解必须遵循法律、政策与平等自愿原则。只有依法调解，才能保证调解工作的顺利进行。根据调节人的身份不同，可以分为行政调解、仲裁调解和法院调解。行政调解是由保险行政管理机关（中国保监会及各地派出机构）主持的调解，行政调解的结果不具有强制执行力。仲裁调解和法院调解的结果具有法律强制执行力，一方当事人不履行仲裁调解协议或法院调解协议的，另一方可以向法院申请强制执行。如果调解不成功，当事人可以申请仲裁或直请向法院起诉。

（三）仲裁

仲裁是指争议双方依仲裁协议，自愿将彼此间的争议交由双方共同信任、法律认可的仲裁机构的仲裁员作出裁决。仲裁裁决具有法律效力，当事人必须予以执行。

仲裁机构主要是指依法设立的仲裁委员会，它是独立于国家行政机关的民间团体，而且不实行级别管辖和地域管辖，也就是说仲裁委员会由当事人选定，不受级别和地域的限制。它有良好的信誉和公正性，手续简便，专业性强，争议双方的自主性能够得到充分的发挥，自由意识可以得到充分的表达，是处理纠纷的重要途径。

一般仲裁委员会就每一个案件设立仲裁庭。由一名仲裁员或三名仲裁员组成，当事人有权选择其中的任何一种方式。

仲裁员必须由符合法律规定资格、公道正派的人担任。当事人约定由一名仲裁员成立仲裁庭的，应当在仲裁员名单中共同选定或者共同委托仲裁委员会主任指定仲裁员；当事人约定由三名仲裁员组成仲裁庭的，应当由当事人各自在仲裁员名单上选择自己所信任的一名仲裁员，或者各自委托仲裁委员会主任指定一名仲裁员，第三名仲裁员，即首席仲裁员由当事人共同选定或者共同委托仲裁委员会主任指定。

仲裁实行一裁终局的制度。裁决书自作出之日起发生法律效力，一方不履行仲裁裁决的，另一方当事人可以根据民事诉讼法的有关规定向人民法院申请强制执行仲裁裁决。当事人就同一纠纷不得向同一仲裁委员会或其他仲裁委员会再次申请仲裁，不得向人民法院提起诉讼，仲裁委员会和人民法院也不予受理。在仲裁裁决生效后六个月内，当事人提出有符合法定撤销裁决书的条件的证据的，可以向仲裁委员会所在地的中级人民法院申请撤销裁决。

应当注意的是，申请仲裁必须以双方在自愿基础上达成的仲裁协议为前提，没有达成仲裁协议或单方申请仲裁的，仲裁委员会将不予受理。协议应以书面形式订立，并应写明仲裁意愿、事项及双方所共同选定的仲裁委员会。协议可以是保险合同订立时订立仲裁条款，也可以是在争议发生前或发生时及发生后达成仲裁协议。订有仲裁协议的，一方向人民法院起诉，人民法院将不予受理。

保险合同中具有涉外因素的争议，如涉及对外贸易、涉外运输、海事纠纷等，应向中国国际商会组织设立的中国对外经济贸易仲裁委员会或海事仲裁委员会申请仲裁。

（四）诉讼

保险诉讼主要是指争议双方当事人通过国家审判机关——人民法院解决争议，进行裁决的办法。它是解决争议最激烈的方式。人民法院具有宪法授予的审判权，是维护社会经济秩序、解决民事纠纷最权威的机构，不受行政机关、社会团体和个人的干涉。人民法院以法律为准绳，以事实为依据，独立行使审判权，维护当事人的合法权益。

人民法院在受理案件时，实行级别管辖和地域管辖、专属管辖和选择管辖相结合的方式，在不违反民事诉讼法关于对级别管辖和专属管辖的规定的前提下，合同双方当事人可以在书面合同中协议选择被告住所地、合同履行地、合同签订地、原告住所地、标的物所在地人民法院管辖，当事人首先应依法或依照合同约定到有权受理该案件的法院提起诉讼，人民法院才可受理并按相应的民事诉讼程序进行审理、判决。如合同中未有约定，而根据法律规定有两个以上人民法院具有管辖权的，原告可以选择向其中一个人民法院起诉。

《中华人民共和国民事诉讼法》第 26 条对保险合同纠纷的管辖法院作了明确的规定："因保险合同纠纷提起诉讼，通常由被告所在地或者保险标的物所在地人民法院管辖。"最高人民法院关于适用《中华人民共和国民事诉讼法》若干问题的意见规定："因保险合同纠纷提起的诉讼，如果保险标的物是运输工具或者运输中的货物，由被告住所地或者运输工具登记注册地、运输目的地、保险事故发生地的人民法院管辖。"从以上规定可以看出，只有上述有关法院有权审理保险合同纠纷。由于拥有管辖权的法院在两个以上，因此，保险合同的主体可以在以上所列有管辖权的人民法院范围内，在书面合同中选择管辖法院，一旦发生纠纷，应到合同中约定的管辖法院提起诉讼。

人民法院审理案件实行先调解后审判、两审终审制，如调解成功，要形成调解书，由审判人员和书记员签名并盖人民法院的印章。如调解不成功，人民法院依法判决，并作出判决书。不服一审法院判决的可以在法定的上诉期内上诉至高一级人民法院进行再审。第二审判决为最终判决。当事人对已生效的调解书或判决书必须执行。一方不执行的，对方当事人有权向人民法院申请强制执行。对第二审判决还不服的，只能通过申诉和抗诉程序。

专栏 6-1 以案例的方式介绍了保险合同争议解决的理想模式——仲裁。

专栏 6-1

保险合同争议解决的理想模式——仲裁

投保人宋某向 A 保险公司投保了某类养老保险，保险金额 50 万元，风险保额 100 万元。投保后第 3 年，宋某因"肝癌晚期"死亡，其受益人要求保险公司给付被保险人死亡保险金 100 万元。经保险公司查证，宋某于投保前两年曾经因"慢性病毒性肝炎（乙型）"住院两个月。保险公司以宋某投保时未"如实告知"其曾患有严重疾病并住院的事实为由，拒绝给付保险金。拒付后，宋某的受益人向法院提起诉讼，要求保险公司给付保险金。省市的新闻媒体闻风而动，对这一事件进行了大篇幅的报道，其主导观点是，保险公司连续 3 年收取了投保人的保险费，被保险人出了事却不赔偿。一审法院判决保险公司向受益人给付保险金 100 万元；保险公司不服提起上诉，二审法院认可了保险公司的观点，认为其拒付有理，但是判决其返还被保险人的保费 19 万元。

官司虽然打赢了，为公司挽回了巨大的经济损失，但是通过这次诉讼，A 保险公司在当地的信誉受到了极大的影响，市场占有率急剧下降。从专业的角度看，保险公司是有理的，投保人未履行"如实告知"义务，带病投保，保险人有权解除保险合同。但是普通老百姓看的是事件本身及其结果，他们看到的是保险公司收取了保险费，出了事却不给保险金，还闹到法院去，最后还是没有给。消费者会由此丧失对保险，至少是对 A 保险公司的信心。即使该案件判决保险公司向受益人给付保险金，人们也会觉得要求给付保险金太难了，因此影响保险公司的社会形象。由此不难看出，通过诉讼解决保险纠纷，保险公司无论如何都是输家。争议一旦起诉，必然引公众和新闻媒体的关注和评论，输赢的结果暂且不论，诉讼本身就给公司声誉和形象造成了负面效应；赢了官司，输了市场；输了官司，输了信誉。

可见，保险纠纷不适合通过诉讼方式解决，对保险公司和客户来说，通过仲裁的方式解决保险纠纷都将是最佳的选择。通过仲裁方式不仅能有效地解决保险公司与客户之间的纠纷，并且不会给公司形象造成负面影响。我国《合同法》规定了和解、调解、仲裁和诉讼四种争端解决方式（参见《合同法》第 128 条）。一般来讲，保险公司与客户之间较小的争议都可以通过双方的和解和沟通解决，较大的纠纷无法通过协商妥善处理，客户便诉诸法院，双方对簿公堂。

通过诉讼解决纠纷是极端的争议解决办法，结果往往是两败俱伤。事实上，在比较友好的协商或调解方式和比较极端的诉讼方式之间，我国现行法律体系还设置了准司法性质的争议解决方式——仲裁制度。通过仲裁方式解决争议，是一项古老的制度，它最早起源于村庄中遇到纠纷时请年长者决断。现代意义上的仲裁是指发生争议的双方当事人，根据其在争议发生前或发生后所达成的协议，自愿将该争议提交依法设立的仲裁机构，并由其作出对双方都有约束力的裁决的争议解决方式和制度。仲裁庭作出的裁决对当事人双方具有法律约束力，当事人都应当善意履行，任何一方不履行，另外一方都可以向人民法院申请强制执行。保险纠纷之所以适合通过仲裁方式解决是由仲裁的以下特点决定的。

首先，仲裁实行开庭不公开制度，保密性较强。按照我国《仲裁法》第 39 条、第 40 条的规定，仲裁采取开庭不公开的原则和制度。开庭有利于双方当事人在仲裁庭上相互辩论、澄清是非，但是当事人可以约定不开庭，仲裁庭根据书面材料作出裁决。不公开决定了仲裁庭的开庭不向公众开放，除了当事人和仲裁参加人外，不允许无关人员旁听和新闻媒体采访。如果保险公司通过这种方式解决与客户的纠纷，无论结果如何，都不会对自己的声誉造成不良影响。

其次，仲裁的专业性和技术性较强。仲裁机构都备有分专业的仲裁员名册，仲裁员都是来自法律、经济和金融等领域、既有理论水平又有实践经验的专家和学者。对保险行业来说，因为其专业性较强，普通的法官和律师并不熟悉该领域的法律实务，诉讼中对保险公司自然不利。仲裁时保险公司可以选择熟悉保险业务的仲裁员，更有利于纠纷的解决。

再次，仲裁排除了诉讼，更具有独立性。仲裁和诉讼是两种不同的争议解决方式，当事人只能选择其一。一旦选择采用仲裁的方式解决争议，只要仲裁协议有效，即排除了人民法院的管辖权，该纠纷只能通过仲裁解决。只有当事人没有仲裁协议或者仲裁协议无效的情况下，法院才可以行使管辖权。对保险公司而言，只要在保险合同中制订了有效的仲裁条款，就排除了法院的管辖权，与客户发生的争议就能通过不公开的方式解决。仲裁机构独立于行政机关和司法机构，仲裁机构之间也没有相互隶属关系，仲裁庭能够独立依法公正裁判，不受任何机关、团体或者个人干涉，具有最大的独立性。较法院解决保险纠纷而言，其专业性和独立性更有利于案件的公平解决。

第四，仲裁具有自愿性和灵活性。仲裁是以双方当事人的自愿协商为基础的争议解决方式，仲裁庭管辖权的取得以当事人同意仲裁的协议为依据。自愿选择的方式决定了双方解决问题的诚意和友好氛围。整个仲裁过程中都体现了当事人的意思自治原则，譬如当事人可以选择仲裁员和仲裁规则等，与诉讼相比，仲裁更具有灵活性。通过仲裁解决保险纠纷，保险公司将获得与客户友好协商和调解的坚实基础，从而更有利于分歧的解决。

最后，仲裁具有快捷性和经济性。仲裁比诉讼程序更为快捷。根据我国《民事诉讼法》的规定，人民法院审理案件的期限，普通程序为 6 个月，重大疑难案件经院长批准，可以延长 6 个月。仲裁程序一般可以在仲裁庭组成后 3 个月内作出仲裁裁决；适用简易程序的可以在 1 个月内作出裁决。另外，仲裁实行一裁终局制，仲裁裁决或者调解书一旦作出即为终局裁决，不能就同一纠纷再向任何仲裁机构申请仲裁或者向人民法院起诉。我国的民事诉讼实行"两审终审制"，多级的诉讼必然增大当事人在时间和金钱上的投入。仲裁为一级终裁一级收费，并且花费的时间比诉讼要少得多。采用这种方式，保险公司将会减少在争议解决上的人力、物力和时间，降低成本。

对保险公司来说，选择仲裁作为纠纷解决方式的前提是保险合同中包含有效的仲裁条款。如果保险合同中没有仲裁协议，或者仲裁协议是无效的，并且无法与客户协商解决争议，就只能通过法院解决。如果拟采用仲裁方式解决争端，保险公司应当从两个方面入手。首先，设计产品时应当在保险条款中规定仲裁条款。譬如可以在保险条款中设计仲裁条款如下：因履行本合同发生的争议，由当事人协商解决，协商不成的，提交×××仲裁委员会仲裁。其次，具体仲裁条款的贯彻执行要靠保险公司各地的分公司。一个有效的仲裁条款应当包括如下 3 项内容：（1）请求仲裁的意思表示；（2）仲裁事项；（3）选定的仲裁委员会。第（1）、（2）项的内容可以通过保险条款统一规定，但是第（3）项内容必须在签订保险合同时确定，保险公司各地的分公司可以统一指定一个或者若干个当地的仲裁委员会，在签订保险合同时经客户同意选择。填写仲裁机构的名称时必须用该机构的全称，填入名称与实际的仲裁机构不符或者笼统规定通过仲裁解决而没有选择具体的仲裁机构，都会导致仲裁条款无效，除非与客户重新达成协议，否则纠纷只能通过法院解决，仲裁条款就失去了意义。

　　总之，鉴于保险业务的专业性和技术性，保险公司的声誉和信誉，以及纠纷解决的经济性和公正程度，通过仲裁解决保险纠纷是较为理想的模式，保险公司应当建立和完善仲裁方式争议解决制度。

资料来源：《保险研究》2003 年第 2 期。

思考题

1. 保险法的主要内容及法源？
2. 保险合同的特点及其种类？
3. 保险客体与保险合同客体的区分？
4. 保险合同成立和生效的区分？
5. 保险合同变更的主要内容？

参考文献

1. 刘茂山、江生忠编著：《保险学原理》，天津:南开大学出版社，1998 年。

2. 吴定富、江生忠等编：《保险原理与实务》（全国保险中介从业人员考试教材），北京:中国财政经济出版社，2005 年。

3. 赵春梅、陈丽霞、江生忠编著：《保险学原理》，大连:东北财经大学出版社，1999 年。

　　4. 魏华林、林宝清编著:《保险学》，北京:高等教育出版社，1999 年。

　　5. 朱铭来编著:《保险法学》，天津:南开大学出版社，2006 年。

　　6. 李玉泉编著:《保险法》，北京:法律出版社，2003 年。

　　7. 樊启荣编著:《保险法论》，北京:中国法制出版社，2001 年。

第七章　保险的基本原则

第一节　最大诚信原则

一、最大诚信原则的含义

任何一项民事活动，各方当事人都应遵循诚信原则。诚信原则是世界各国立法对民事、商事活动的基本要求。《中华人民共和国保险法》第 5 条规定："从事保险活动必须遵守法律、行政法规，遵循自愿和诚实信用原则。"但是，在保险合同关系中对当事人诚信的要求比一般民事活动更为严格，要求当事人具有"最大诚信"。保险合同是最大诚信合同。最大诚信是指当事人必须真诚地向对方充分而准确地告知有关保险的所有重要事实，不允许存在任何虚伪、欺骗、隐瞒行为。而且不仅在保险合同订立时要遵守此项原则，在整个合同有效期间和履行合同过程中也都要求当事人具有"最大诚信"。

最大诚信原则的含义可正式表述为：保险合同当事人订立合同及在合同有效期内，应依法向对方提供足以影响对方作出订约与履约决定的全部实质性重要事实，同时绝对信守合同订立的约定与承诺。否则，受到损害的一方，按民事立法规定可以此为由宣布合同无效，或解除合同，或不履行合同约定的义务或责任，甚至对因此而受到的损害还可要求对方予以赔偿。

二、规定最大诚信原则的原因

在保险活动中，之所以规定最大诚信原则，主要应归因于保险经营中信息的不对称性和保险合同的特殊性。

（一）保险经营中信息的不对称性

在保险经营中，无论是保险合同订立时还是保险合同成立后，投保人与保险人对有关保险的重要信息的拥有程度是不对称的。对于保险人而言，投保人转嫁的风险性质和大小直接决定着其能否承保与如何承保。然而，保险标的是广泛而且复杂的，作为风险承担者的保险人却远离保险标的，有些标的难以进行实地查勘。而投保人对其保险标的的风险及有关情况却是更为清楚的，因此，保险人只能根据投保人的告知与陈述来决定是否承保、如何承保以及确定费率。这就使得投保人的告知与陈述是否属实和准确会直接影响保险人的决定。于是要求投保人基于最大诚信原则履行告知义务，尽量对保险标的的有关信息进行披露。对于投保人而言，由于保险合同条款的专业性与复杂性，一般的投保人难于理解与掌握，保险人使用的保险费率是否合理、承保条件及赔偿方式是否苛刻等投保人也是难以了解的。因此，投保人主要根据保险人为其提供的条款说明来决定是否投保以及投保何险种。于是也要求保险人基于最大诚信原则，履行其应尽的如实告知义务。

（二）保险合同的附合性与射幸性

如前所述，保险合同属于典型的附合合同，所以，为避免保险人利用保险条款中含糊或容易使人产生误解的用词来逃避自己的责任，保险人应履行其对保险条款的告知与说明义务。另外，保险合同又是一种典型的射幸合同。按照保险合同约定，当未来保险事故发生时，由保险人承担损失赔偿或给付保险金责任。由于保险人所承保的保险标的的风险事故是不确定的，而投保人购买保险仅支付较少量的保费，保险标的一旦发生保险事故，被保险人所能获得的赔偿或给付将是保费支出的数十倍甚至数百倍或更多。因而，就单个保险合同而言，保险人承担的保险责任远远高于其所收取的保费，倘若投保人不诚实、不守信，必将引发大量保险事故，导致保险赔款陡然增加，使保险人不堪负担而无法永续经营，最终将严重损害广大投保人或被保险人的利益。因此，要求投保人基于最大诚信原则真诚履行其告知与保证义务。

三、最大诚信原则的内容

（一）告知

1. 告知的含义

告知（也称披露或陈述）是指保险合同订立前、订立时及在合同有效期内，要求当事人按照法律实事求是、尽自己所知、毫无保留地向对方所作的口头或书面陈述。具体而言，投保人对已知或应知的与风险和标的有关的实质性重要事实向保险人作口头或书面的申报；保险人也应将对与投保人利害相关的重要条款内容据实告知投保人。投保人与保险人的告知也是投保人与保险人应当履行的义务之一。

所谓实质性重要事实是指那些影响保险双方当事人作出是否签约、签约条件、是否继续履约、如何履约等行为的每一项事实。对保险人而言，是指那些影响谨慎的保险人确定收取保险费的数额，或影响其是否承保以及确定承保条件的每一项事实；对于投保人而言，则是指那些会影响其作出投保决定的事实，如有关保险条款、费率以及其他条件等。

2．告知的内容

在保险合同中，对应于各自的权利和义务，保险双方当事人告知的内容各不相同。

（1）投保人应告知的内容。投保人的告知通常称为如实告知。投保人应告知的内容包括：①在保险合同订立时根据保险人的询问，对已知或应知的与保险标的及其危险有关的重要事实作如实回答。②保险合同订立后，保险标的的危险增加应及时通知保险人。③保险标的转移时或保险合同有关事项有变动时投保人或被保险人应通知保险人；经保险人的确认后，方可变更合同并保证合同的效力。④保险事故发生后投保人应及时通知保险人。⑤有重复保险的投保人应将重复保险的有关情况通知保险人。

（2）保险人的告知内容。保险人的告知一般称为明确说明。保险人应告知的内容主要是保险合同条款的内容，尤其是免责条款。保险合同订立时保险人应主动地向投保人说明保险合同条款的内容、术语、目的及适用范围等，无需投保人询问或请求；特别是要向投保人明确说明免责条款的含义和具体规定。保险人应当负责对投保人进行的有关保险合同的条款的说明；保险人说明有误，应当对投保人承担说明不实的责任。受保险人委托进行保险代理业务的保险代理人，就保险合同的条款向投保人所作的说明，保险人应当对该说明负责。

3．告知的形式

在保险合同中，投保人与保险人各自履行告知义务的形式也各不相同。

（1）投保人的告知形式。按照惯例，投保人的告知形式有无限告知和询问回答告知两种。①无限告知是指法律或保险人对告知的内容没有明确性的规定，投保人应将与保险标的的危险状况及有关重要事实如实告知保险人。②询问回答告知是指投保人只对保险人所询问的问题进行如实回答，而对询问以外的问题投保人则无须告知。在我国，保险立法要求投保人采取询问回答的形式履行其告知义务。

（2）保险人的告知形式。保险人的告知形式有明确列明和明确说明两种。①明确列明是指保险人只须将保险的主要内容明确列明在保险合同之中，即视为已告知投保人。②明确说明是指保险人不仅应将保险的主要内容明确列明在保险合同之中，还必须对投保人进行正确的解释。

在国际保险市场上，一般只要求保险人做到明确列明保险合同的主要内容；我国则对保险人的告知形式采用明确列明与明确说明相结合的方式，要求保险人要对保险合同的主要条款尤其是责任免责条款不仅要明确列明，还要明确说明。

（二）保证

1. 保证的含义

一般意义的保证为允诺、担保。这里的保证是指保险人和投保人在保险合同中约定，投保人或被保险人在保险期限内担保对某种特定事项的作为或不作为或担保特定事实的真实性（或者特定事实是否存在）。可见，保险合同保证义务的履行主体是投保人或被保险人。

保证是保险人接受承保或承担保险责任所需投保人履行某种义务的条件。由于保险合同的生效是以某种促使风险增加的事实不能存在为先决条件，保险人所收取的保险费也是以被保险风险不能增加为前提，或不能存在其他风险标的为前提。如果被保险人未经保险人同意而进行风险较大的活动，必然会影响保险双方事先确定的等价地位。例如，某商店在投保企财险时，在合同内承诺不在店内放置危险品，此项承诺即为保证。如果没有此项保证，则保险人将不接受承保，或将调整保单所适用的费率。因此，保证是影响保险合同效力的重要因素，保险保证的内容是合同的组成部分。

2. 保证的形式

保证通常分为明示保证和默示保证。

（1）明示保证是在保险单中订明的保证。明示保证作为一种保证条款必须写入保险单或与保险单具有同等效力的其他凭证，如批单等。明示保证通常用文字来表示，以文字的规定为依据。明示保证又可分为确认保证和承诺保证。确认保证事项涉及过去与现在，它是投保人对过去或现在某一特定事实存在或不存在的保证。例如，某人确认他从未得过重病，意指他在此事项认定以前与认定时他从未得过重病，但并不涉及今后他是否会患重病。承诺保证是指投保人对将来某一特定事项的作为或不作为，其保证事项涉及现在与将来，但不包括过去。例如，某人承诺今后不再吸烟，意为他保证从现在开始不再吸烟，但在此之前他是否吸烟则不予追究。

（2）默示保证则是指一些重要保证并未在保单中订明，但却为订约双方在订约时都清楚的保证。与明示保证不同，默示保证不通过文字来说明，而是根据有关的法律、惯例及行业习惯来决定。虽然没有文字规定，但是被保险人应按照习惯保证作为或不作为。默示保证实际上是法庭判例影响的结果，也是某行业习惯的合法化。因此，默示保证与明示保证具有同等的法律效力，对被保险人具有同等的约束力。例如，在海上保险合同中通常有三项默示保证：即船舶的适航保证、不改变航道的保证和航行合法的保证。

（三）弃权与禁止反言

1．弃权

弃权是保险合同一方当事人放弃他在保险合同中可以主张的某种权利。通常是指保险人放弃合同解除权与抗辩权。构成弃权必须具备两个要件：首先，保险人须有弃权的意思表示。这种意思表示可以是明示的，也可是默示的。保险人弃权的意思表示，可从其行为中推断。其次，保险人必须知道有权利存在。除非保险人知道存在违背约定义务的情况及因此而可享有抗辩权或解约权，否则其作为或不作为均不得视为弃权。

2．禁止反言

禁止反言（也称禁止抗辩）是指保险合同一方既然已放弃他在合同中的某种权利，将来不得再向他方主张该权利。事实上，无论是保险人还是投保人，如果弃权，将来均不得重新主张。但在保险实践中，它主要用于约束保险人。

弃权与禁止反言往往产生于保险代理人与投保人之间。保险代理人出于增加保费收入以获得更多佣金的需要，可能会出现不认真审核标的的情况，而以保险人的名义对投保人作出承诺并收取保险费。一旦保险合同生效，即使发现投保人违背了保险条款，也不得解除合同。因为代理人放弃了本可以拒保或附加条件承保的权利。从保险代理关系看，保险代理人是以保险人的名义从事保险活动的，其在授权范围内的行为所产生的一切权利义务后果应由保险人来承担。所以，代理人的弃权行为即视为保险人的弃权行为，保险人不得为此拒绝承担责任。

弃权与禁止反言的限定，不仅可约束保险人的行为，要求保险人为其行为及其代理人的行为负责，同时也维护了被保险人的权益，有利于保险双方权利义务关系的平衡。

四、违反最大诚信原则的表现形式及其法律后果

（一）违反最大诚信原则的表现形式

在保险经营活动中，投保人违反告知义务情况包括告知不实即误告；不予告知即漏报；有意不报即隐瞒；虚假告知即欺诈等等。保险人未尽告知义务的

情况主要有未对责任免除条款予以明确说明;隐瞒与保险合同有关的重要情况,
欺骗投保人,或者拒不履行保险赔付义务;阻碍投保人履行如实告知义务,或
者诱导其不履行如实告知义务等等。

(二)违反最大诚信原则的法律后果

1. 违反告知的法律后果

由于保险合同双方当事人各自履行告知义务的形式和告知的内容不同,因
而双方违反最大诚信原则而导致的法律后果也各不相同。

(1)投保人(包括投保人、被保险人和受益人,以下相同)违反告知的法
律后果。判定投保人是否违反如实告知义务的标准主要是看他们主观上有无故
意或过失。如果不是出于主观上的故意或过失,即使投保人告知的情况与实际
不符,也不能认定违背告知义务。因为有些情况虽然对保险人判定危险或是否
接受保险至关重要,但投保人限于自身知识经验水平不知道或无法知道。同时,
下列情形当事人可以不负告知义务:为保险人所知道的;依通常经验为保险人
所应知或不可能不知的;保险人声明可不必通知的。

投保人违反告知的法律后果包括以下几种情况:①故意不履行如实告知义
务。如果投保人故意隐瞒事实,不履行告知义务,保险人有权解除保险合同;
若在保险人解约之前发生保险事故造成保险标的损失,保险人可不承担赔偿或
给付责任,同时也不退还保险费。②过失不履行如实告知义务。如果投保人违
反告知义务的行为是因过失、疏忽而致,其未告知的事项足以影响保险人决定
是否同意承保或者提高保险费率,保险人有权解除合同;如果未告知的事项对
保险事故的发生有严重影响,保险人可以解除保险合同;对在合同解除之前发
生保险事故所致损失,不承担赔偿或给付责任但可以退还保险费;如果过失未
告知的事项对保险事故的发生没有影响或者有影响但不是严重影响,保险人对
合同解除前发生的保险事故应承担保险责任。③编造虚假事故原因或扩大损失
程度。保险事故发生后,投保人、被保险人或受益人以伪造、变造的有关证明、
资料或其他证据,编造虚假的事故原因或者扩大损失程度的,保险人对其虚报
的部分不承担赔偿或给付保险金的责任。④未就保险标的危险程度增加的情况
通知保险人。在财产保险中,被保险人未按保险合同约定,将财产保险的保险
标的危险增加的情况及时通知保险人,对因保险标的危险程度增加而发生的保
险事故,保险人不承担赔偿责任。⑤谎称发生了保险事故。在未发生保险事故
的情况下,被保险人或者受益人,谎称发生了保险事故,向保险人提出赔偿或
者给付保险金的请求的,保险人有权解除保险合同,并不退还保险费。⑥申报
的被保险人年龄不真实。投保人申报的被保险人年龄不真实,如果被保险人的

真实年龄不符合合同约定的年龄限制，保险人可以解除合同，并在扣除手续费后，向投保人退还保险费，但是自合同成立之日起逾 2 年的，保险人丧失保单解除权。如果被保险人的年龄符合保险合同约定，保险人依据具体的情况采取退还保费、增收保费或调整给付保险金的办法处理。⑦故意制造保险事故。投保人、被保险人或者受益人故意制造保险事故，造成财产损失或被保险人死亡、伤残或者疾病等保险事故，进行欺诈活动，骗取保险金的，情节轻微，尚不构成犯罪的，依照国家有关规定给予行政处罚；构成犯罪的，依法承担刑事责任。

（2）保险人未尽告知义务的法律后果。保险人未尽告知义务的法律后果包括以下几种情况：①未尽责任免除条款明确说明义务的法律后果。如果保险人在订立合同时未履行责任免除条款的明确说明义务，该责任免除条款无效。《中华人民共和国保险法》第 17 规定："保险合同中规定有关于保险人责任免除条款的，保险人在订立保险合同时应当向投保人明确说明；未明确说明的，该条款不产生效力。"②隐瞒与保险合同有关的重要情况的法律后果。保险公司及其工作人员在开展保险业务中隐瞒与保险合同有关的重要情况，欺骗投保人、被保险人或者受益人，或者拒不履行保险合同约定的赔偿或者给付保险金的义务，构成犯罪的，依法追究刑事责任；尚不构成犯罪的，由保险监督管理机构对保险公司处以 5 万元以上 30 万元以下的罚款；对有违法行为的工作人员，处以 2 万元以上 10 万元以下的罚款；情节严重的，限制保险公司业务范围或者责令停止接受新业务。

2. 违反保证的法律后果

任何不遵守保证条款或保证约定、不信守合同约定的承诺或担保的行为，均属于破坏保证。保险合同涉及的所有保证内容都是重要的，无需判定其重要性，投保人与被保险人都必须严格遵守。如若有所违背与破坏，其后果一般有两种情况：一是保险人不承担赔偿或给付保险金的责任；二是保险人解除保险合同。

与告知不同，保证是对某个特定事项的作为与不作为，不是对整个保险合同的保证，因此，在某种情况下，违反保证条件只是部分地损害了保险人的利益，保险人应只就违反保证部分解除保险责任，拒绝承担履行赔偿义务。也就是说，被保险人何时、何事项违反保证，保险人即从何时开始拒绝赔付并就此时此次的保证破坏而拒绝赔付，并不解除保险合同。例如，保险合同中订有要求被保险人外出时必须将门窗关闭和锁闭的保证条款。某被保险人违反了该项保证条款致使发生保险事故，对此，保险人应仅就此次违反保证而拒绝赔偿被保险人的损失，一般不能就此解除保险合同。被保险人破坏保证而使合同无效时，保险人无须退还保费。

五、《保险法》第二次修改的相关讨论

根据我国《保险法》的规定，投保方履行如实告知义务的主体仅限于投保人。考虑到人身保险中被保险人的特殊地位，保险合同事关被保险人的切身利益，且被保险人对自己的身体状况最为清楚。因此，有学者建议告知义务的主体由"投保人"改为"投保人、被保险人"，当投保人与被保险人不是同一人时，被保险人有完全行为能力的应承担如实告知义务。同时应明确规定告知的形式、告知的内容和范围、告知的时间跨度；对因过失未履行如实告知义务的后果与故意不履行如实告知义务的后果应区别对待，不应一律规定保险人有权解除合同。

我国《保险法》对保险人的明确说明义务规定得过于笼统，缺乏对保险人履行明确说明义务具体形式的规定，对免责条款说明的范围、方式等规定不明确，实践中很难具体界定和操作。因此，有学者建议：保险合同中有关于保险人责任免除条款的，应当遵循公平原则确定当事人之间的权利和义务，并采取合理的方式提请对方注意免除或限制其责任的条款，按照对方的要求，对该条款予以说明。另有学者提出应明确保险人履行说明义务的主要方式为书面口头说明只有在合同双方都承认的前提下才具有法律效力。《保险法》应明确保险人未履行说明义务的法律后果。在此基础之上，应在《保险法》中加入不可抗辩条款和禁止反言条款。

第二节 保险利益原则

一、保险利益及其确立条件

（一）保险利益的定义

保险利益是指投保人对投保标的所具有的法律上承认的利益。它体现了投保人与保险标的之间存在的利害关系，倘若保险标的安全，投保人可以从中获益；倘若保险标的的受损，投保人必然会蒙受经济损失。

这一定义实质上说明了保险利益的主体是投保人，对此我国《保险法》第十一条也是如此规定的："投保人对投保标的应当具有保险利益。投保人对投保标的的不具有保险利益的，保险合同无效。保险利益是指投保人对投保标的所具

有的法律上承认的利益。"在人身保险合同中，规定投保人对投保标的具有保险利益是符合保险活动宗旨的。由于财产保险合同的投保人与被保险人在绝大多数情况下是同一人，要求投保人具有保险利益，也就等于要求被保险人具有保险利益。所以，财产保险合同保险利益的主体是投保人，也可以是被保险人。但是，从理论上讲，对于财产保险合同而言，应当强调的是被保险人在保险事故发生时对保险标的具有保险利益，这是财产保险合同对于保险利益规定的实质性要求。

（二）保险利益的确立条件

保险利益是保险合同是否有效的必要条件。确认某一项利益是否构成保险利益必须具备三个条件：

1. 保险利益必须是合法的利益

保险利益必须是被法律认可并受到法律保护的利益，它必须符合法律规定，与社会公共利益相一致。它产生于国家制定的相关法律、法规以及法律所承认的有效合同。具体而言，投保人对保险标的的所有权、占有权、使用权、收益权、维护标的安全责任等必须是依法或依有法律效力的合同而合法取得、合法享有、合法承担的，凡是违法或损害社会公共利益而产生的利益都是非法利益，不能作为保险利益。

2. 保险利益必须是确定的利益

保险利益必须是已经确定或者可以确定的利益，包括现有利益和期待利益。已经确定的利益或者利害关系为现有利益，如投保人对已经拥有财产的所有权、占有权、使用权等而享有的利益即为现有利益。尚未确定但可以确定的利益或者利害关系为期待利益，这种利益必须建立在客观物质基础上，而不能是主观臆断、凭空想象的利益。例如，预期的营业利润、预期的租金等属于合理的期待利益，可以作为保险利益。

3. 保险利益必须是经济利益

保险利益必须是经济上已经确定的利益或者能够确定的利益，即保险利益的经济价值必须能够以货币来计算、衡量和估价。如果投保人对投保的标的不具有保险利益，或者虽然具有利益但其经济价值不能用货币来计量，保险人的赔付责任就无法兑现。另一方面，某些古董、名人字画虽为无价之宝，但可以通过约定的货币数额来确定其经济价值。人的生命或身体是无价的，难以用货币来衡量，但可按投保人的需要和可能负担保险费的能力约定一个金额来确定其保险利益的经济价值。在某些情况下，人身保险的保险利益也可以直接按货币来计算，如债权人对债务人生命具有保险利益。

二、保险利益原则及其对保险经营的意义

（一）保险利益原则的含义

保险利益原则是指在签订并履行保险合同的过程中，投保人对投保标的必须具有保险利益。[①]投保人以不具有保险利益的标的投保，保险人可单方面宣布合同无效；保险合同生效后，投保人失去对保险标的的保险利益，保险合同随之失效（人身保险合同除外）；对财产保险合同而言，保险标的发生保险责任事故，只有对该标的具有保险利益的人才具有索赔资格，但是所得到的赔偿或给付的保险金不得超过其保险利益额度，不得因保险而获得不属于保险利益额度内的额外利益。

有学者认为，财产保险一般没有受益人的规定，且投保人与被保险人往往是同一人，因此规定投保人是保险利益的主体是合理的，但在人身保险中将保险利益归属于投保人是不妥的。因为规定保险利益原则的目的在于防范道德风险和不当得利，防范的对象应该是保险事故发生后具有保险金请求权的人，即被保险人或受益人，而非投保人（投保人与被保险人或受益人不是同一人的情况）。因此，保险利益的归属应为具有保险金请求权的人。

---

① 关于保险利益的主体，学者们对此"仁者见仁，智者见智"，主要可以分为以下四种观点：

第一种观点，保险利益原则仅适用于财产保险。持有这一观点的学者认为，由于人身保险的保险标的是被保险人自己的身体和生命，而被保险人对自己的身体和生命肯定具有保险利益，要求被保险人必须具有保险利益是多余的，所以在人身保险中不必要求保险利益。

第二种观点，财产保险利益的主体为被保险人，而人身保险利益的主体为受益人。因为在人身保险合同中，受益人是指定的享有保险金请求权的人，如果不要求其对被保险人具有保险利益，容易引发道德风险；而被保险人的身体和生命就是保险标的，当然具有保险利益。

第三种观点，无论财产保险还是人身保险，保险利益的主体均为被保险人，同时重新界定人身保险被保险人的定义。持此种观点的学者认为人们可以作为被保险人投保他人的生命，转嫁自己面临的第三人死亡所带来的损失的风险，此时，人寿保险和人身意外伤害保险中的被保险人与合同承保的生命可以分离。但是，此时投保人即被保险人有权决定保险金的归宿，为了降低被保险人的道德风险，所以要求被保险人对投保的生命必须具有保险利益。同时将被保险人的概念重新界定为：被保险人是指其利益受保险合同保障的人，保险合同转嫁的是谁的风险，谁就是被保险人。

第四种观点，财产保险利益的主体为被保险人，而人身保险利益的主体为投保人。对于人身保险而言，投保人在保险合同订立时须有保险利益，保险合同即发生效力；此后即使投保人对被保险人失去保险利益，也不影响保险合同的效力。

（二）保险利益原则对保险经营的意义

1．从根本上划清保险与赌博的界限

保险与赌博均是基于偶然事件的发生而获益或受损。但是，赌博是完全基于偶然因素，通过投机取巧牟取不当利益的行为，有人为了侥幸图谋暴利，会不惜一切代价去冒险，甚至以他人的损失为代价。因为赌博将确定的赌注变成了不确定的输赢，增加甚至创造了风险，导致了社会的不安定，因而为各国法律所禁止。如果保险关系不是建立在投保人对保险标的具有保险利益的基础上，而是投保人可以就任一标的投保，那么必将助长人们利用保险为获得远远高于其保险费支出的赔付数额而进行投机的行为。这类行为无异于赌博，是不利于社会公共利益的。保险利益原则的确立，要求投保人对保险标的必须具有保险利益，而且只有在经济利益受损的条件下才能得到保险金赔付，从根本上划清了保险与赌博的界限，对维护社会公共利益，保证保险经营的科学性具有重要意义。

2．防止道德风险的发生

这里所谓的道德风险是指被保险人或受益人为获取保险金赔付而违反道德规范，甚至故意促使保险事故发生或在保险事故发生时放任损失扩大。由于保险费与保险赔偿或给付金额相差悬殊，如果不以投保人对保险标的具有保险利益为保险合同有效条件，则将诱发投保人或被保险人为牟取保险赔款而故意破坏保险标的的道德风险，引发犯罪动机与犯罪行为。保险利益原则的限定，杜绝了无保险利益保单的出现，从而有效地控制了道德风险，保护了被保险人生命与被保险财产的安全。

3．界定保险人承担赔偿或给付责任的最高限额

保险合同保障的是被保险人的保险利益，补偿的是被保险人的经济利益损失。保险保障就是要保证被保险人因保险事故而遭受经济损失时，得到及时的赔付，但不允许被保险人通过保险获得额外的利益。即保险人的赔偿金额不能超过保险利益的价值，否则被保险人将因保险而获得超过其损失的经济利益，这既有悖于保险经济活动的宗旨，也易诱发道德风险，助长赌博、犯罪等行为。以保险利益作为保险人承担赔偿或给付责任的最高限额，既能保证被保险人能够获得足够的、充分的补偿，又不会使被保险人因保险而获得超过损失的额外利益。因此，保险利益原则可以为保险赔偿数额的界定提供合理的科学依据。

三、保险利益原则在保险实务中的应用[①]

（一）保险利益原则在财产保险中的应用

1. 财产保险的保险利益确立

财产保险合同保障的并非财产本身，而是财产中所包含的保险利益。该保险利益是由于投保人对保险标的具有某种利害关系而产生的，这种利害关系一般是因法律上或契约上的权利或责任所产生的。即凡因财产发生风险事故将蒙受经济损失或因财产安全而得到利益或预期利益者，均具有财产保险的保险利益。具体包括：

（1）财产所有人、经营管理人对其所有或经营管理的财产具有保险利益。例如，公司法定代表对公司财产具有保险利益；房主对其所有的房屋具有保险利益；货物所有人对其货物具有保险利益等等。

（2）财产的抵押权人对抵押财产具有保险利益。对财产享有抵押权的人，对抵押财产具有保险利益。抵押是债务的一种担保，当债权不能得以清偿时，抵押权人有从抵押的财产价值中优先受偿的权利。但是，在抵押贷款中，抵押权人对抵押财产所具有的保险利益只限于他所贷出款项的额度，而且，在债务人清偿债务后，抵押权人对抵押财产的权益消失，其保险利益也就随之而消失。

（3）财产的保管人、货物的承运人、各种承包人、承租人等对其保管、占用、使用的财产，在负有经济责任的条件下具有保险利益。

（4）经营者对其合法的预期利益具有保险利益。如因营业中断导致预期的利润损失、租金收入减少、票房收入减少等等，经营者对这些预期利益都具有保险利益。

2. 财产保险的保险利益时效

一般情况下，财产保险的保险利益必须在保险合同订立时到损失发生时的全过程中存在。当保险合同生效时，如果投保人并无保险利益，那么，该合同就是一个自始无效合同。如果损失发生时，被保险人的保险利益已经终止或转

---

① 对于保险利益原则的适用范围，理论界也有两种观点：（1）保险利益原则适用于一切保险；（2）保险利益原则仅适用于财产保险，并不适用于人身保险。我国的保险理论认为，死亡和伤残只是生命人自己的损失，他人没有遭受损失。因此，人身保险合同承保的是谁的身体或生命，谁就是被保险人，被保险人享有保险保障。由于被保险人享有保险保障，任何人对自己的生命一定具有保险利益。因此，对人身保险合同规定保险利益原则没有实际意义。持第二种观点的学者认为保险利益的主体是被保险人。他们主张对被保险人的概念进行重新界定，被保险人是指其利益受保险合同保障的人，保险合同转嫁的是谁的风险，谁就是被保险人。按照这种观点，为转嫁自己面临的第三人死亡所带来的风险、以他人的生命为保险标的投保的人为被保险人。

移出去，也不能得到保险人的赔偿。如甲银行在进行抵押贷款时，对抵押品投保，当该行收回所放款项后，抵押品受损，尽管保险合同尚未过期，但甲银行不能得到保险人的赔款。但是在海上货物运输保险中，买方往往在投保时货物所有权还未到手，而货物所有权的转移是必然的。为了便于保险合同的订立，此时，保险利益不必在保险合同订立时存在，但当损失发生时被保险人必须具有保险利益。

3．财产保险的保险利益变动

保险利益的存在并非一成不变，由于各种原因常使保险利益发生转移和消灭等变化。保险利益的转移是指在保险合同有效期间，投保人将保险利益转移给受让人，经保险人同意并履行合同变更的相关手续后，原保险合同继续有效。保险利益消灭是指投保人或被保险人对保险标的的保险利益随保险标的的灭失而消灭。

在财产保险中，财产所有权人以其合法财产投保后，在保险合同有效期内，如果将财产所有权转移给他人，作为原所有权人，由于其丧失了对保险标的的所有权，其保险利益也就随之失去了；对于新的财产所有人，其与保险人并没有合同关系，原保险合同终止。但在保险实务中，因保险标的易主发生所有权让予时，经原所有权人与受让人在保险标的的所有权转让前提出申请，并获得保险人同意后可以对原保险合同进行批改以变更被保险人，即批改后由新的财产所有人取代原投保人的地位，原保险合同继续有效。这种情况即为保险利益的转移。保险利益发生转移往往发生在保险事故发生以前。此外，当被保险人死亡时，保险利益可依法而转移给继承人；因被保险人破产时，其财产便转移给破产债权人和破产管理人，破产债权人和破产管理人对该财产具有保险利益。

（二）保险利益原则在人身保险中的应用

1．人身保险的保险利益确立

人身保险的保险标的是人的生命或身体。只有当投保人对被保险人的生命或身体具有某种利害关系时，他才对被保险人具有保险利益。即当被保险人生存及身体健康时才能保证其投保人应有的经济利益；反之，如果被保险人死亡或伤残，将使其遭受经济损失。具体包括：

（1）为自己投保。当投保人为自己投保时，投保人对自己的生命或身体具有保险利益。因其自身的安全健康与否与其自己的利益密切相关。

（2）为他人投保。当投保人为他人投保时，即投保人以他人的生命或身体为保险标的进行投保时，保险利益的形成通常基于以下三种情况，这些关系都可构成人身保险的保险利益。①亲密的血缘关系。投保人对与其具有亲密血缘关系的人，法律规定具有保险利益。这里的亲密血缘关系主要是指父母与子女之间、亲兄弟姐妹之间、祖父母与孙子女之间。但不能扩展为较疏远的家族关系，如叔侄之间、堂（表）兄弟姐妹之间等。在英美等国，成年子女与父母之间、兄弟姐妹之间，是否存在保险利益是以是否存在金钱利害关系为基准的。②法律上的利害关系。投保人对与其具有法律利害关系的人具有保险利益。如婚姻关系中的配偶双方；不具有血缘关系，但具有法定抚养、扶养、赡养关系的权利义务方如养父母与子女之间。③经济上的利益关系。投保人对与其具有经济利益关系的人具有保险利益。如债权人与债务人之间、保证人与被保证人之间、雇主与其重要的雇员之间等。如在债权债务关系中，债务人的死亡对债权人的切身利益有直接影响，因此，债权人对债务人的具有保险利益，但以其具有的债权为限。

《中华人民共和国保险法》第53条规定，投保人对下列人员具有保险利益："（一）本人；（二）配偶、子女、父母；（三）前项以外与投保人有抚养、赡养或者扶养关系的家庭其他成员、近亲属。除上述规定外，被保险人同意投保人为其订立合同的，视为投保人对被保险人具有保险利益。"为了保证被保险人的人身安全，我国《保险法》还严格限定了人身保险利益。《保险法》第五十条第一款规定："以死亡为给付保险金条件的合同，未经被保险人书面同意并认可保险金额，合同无效。"

2．人身保险的保险利益时效

与财产保险不同，人身保险的保险利益必须在保险合同订立时存在，而保险事故发生时是否具有保险利益并不重要。也就是说，在发生索赔时，即使投保人对被保险人失去保险利益，并不影响保险合同的效力。之所以必须在保险合同订立时存在保险利益，是为了防止诱发道德风险，进而危及被保险人生命或身体的安全。此外，由于人身保险具有长期性、储蓄性的特点，如果一旦投保人对被保险人失去保险利益，保险合同就失效的话，就会使被保险人失去保障，这对被保险人显然是不利的。而且领取保险金的受益人是由被保险人指定的，如果合同订立之后，因保险利益的消失，而使受益人丧失了在保险事故发生时所应获得的保险金，无疑会使该权益处于不稳定的状态之中。故此，人身保险的保险利益是订立合同的必要前提条件，而不是给付的前提条件。保险事故发生时，无论投保人存在与否，也无论投保人是否具有保险利益，保险人均按合同中约定的条件给付保险金。

3．人身保险的保险利益变动

在人身保险中，投保人对被保险人的保险利益分为两种情况，即被保险人的保险利益专属投保人和非专属投保人。如果人身保险合同为债权债务关系而订立，这时被保险人的保险利益专属于投保人（债权人），当投保人死亡时保险利益可由投保人的合法继承人继承；如果人身保险合同为特定的人身关系而订立，如血缘关系、抚养关系等，这时被保险人的保险利益非专属于投保人，保险利益一般不得转移。如果保险合同（如死亡保险、两全保险）包含死亡给付责任，当被保险人死亡后，保险人履行给付保险金责任，保险合同终止；如果保险合同属于其他人身保险合同（即非死亡保险、两全保险等合同）或被保险人因除外责任的原因死亡，保险人无需给付保险金，保险标的消灭，该保险合同终止。

（三）保险利益原则在责任保险中的应用

责任保险的保险标的是被保险人对他人的财产损失或人身伤亡依法（或合同）应承担的民事损害的经济赔偿责任。因而，投保人与其所应负的民事损害赔偿责任之间的法律关系便构成了责任保险的保险利益。即凡是法律、行政法规或合同所规定的应对他人的财产损失或人身伤亡负有经济赔偿责任者，都可以投保责任保险。

1．各种固定场所如饭店、旅馆、影剧院、体育场馆等场所的所有人、管理人，对因固定场所的缺陷或管理上的过失及其他意外事件导致顾客、观众等人身伤害或财产损失依法应承担的经济赔偿责任具有保险利益，可以投保公众责任保险。

2．产品的制造商、销售商、修理商对因其制造、销售、修理的产品有缺陷，而使用户或消费者造成财产损失或人身伤害依法应承担的经济赔偿责任具有保险利益，可以投保产品责任保险。

3．各类专业技术人员如医师、药剂师、美容师、会计师、律师、建筑师等对因其工作上的疏忽或过失造成他人财产损失或人身伤害的依法应承担的经济赔偿责任具有保险利益，可以投保职业责任保险。

4．雇主对其雇员在受雇期间因从事与职业行为有关的工作而患职业病或伤、残、亡等依法应承担医疗费、工伤补贴、家属抚恤等责任具有保险利益，可以投保雇主责任保险。

（四）信用保险的保险利益确定

信用保险的保险标的是各种信用行为。在经济交往中，权利人与义务人之间基于各类经济合同而存在经济上的利益关系。当义务人因种种原因不能履约时，会使权利人遭受经济损失。因而，权利人对义务人的信用具有保险利益，而义务人对自身的信用具有当然的保险利益。当权利人对义务人的信用有担心时，可以以义务人的信用为标的购买保险，该保险称之为信用保险；权利人也可以要求由义务人以其自己的信用为标的购买保险，该保险称之为保证保险。一般而言，义务人大多是应权利人的要求而以其自己的信用为标的购买保险。如在债权债务关系中，债权人对债务人的信用具有保险利益，可以投保信用保险，而债务人对自身的信用也具有保险利益，如果债权人有要求，可以投保保证保险。再比如，制造商（卖方）对批发商（买方）的信用具有保险利益；雇主对雇员的信用具有保险利益；业主对承包商的合同的实现即信用具有保险利益。

四、《保险法》第二次修改的相关讨论

我国《保险法》是将保险利益原则视作财产保险合同和人身保险合同都适用的原则。根据《保险法》的规定，保险利益的主体仅限于投保人，而且保险利益的存在时间应该是保险合同订立时和整个保险有效期间内（包括损失发生时），未体现保险利益原则在财产保险合同与人身保险合同中适用的差异性。

有学者认为，财产保险利益在保险合同订立时不一定严格要求投保人必须具有保险利益，但保险事故发生时被保险人对保险标的必须具有保险利益。人身保险着重强调签约时投保人对保险标的的具有保险利益，至于保险事故发生时是否存在保险利益，并不影响保险金的给付。

一般来讲，在保险合同订立时，受益人对保险标的的没有保险利益，并不影响保险合同效力。为防范道德风险，避免受益人为得到保险金而对被保险人的生命或健康造成威胁，保护被保险人的生命安全，以死亡为给付条件的人身保险合同，应规定受益人必须对被保险人有保险利益，否则不得享有保险金请求权。

鉴于此，学者对《保险法》提出以下几点修改建议：

1．明确规定保险利益分为财产保险利益和人身保险利益，并对其分别作出解释。建议将《保险法》第 11 条第 3 款更改补充为："保险利益是指投保人对保险标的的具有的法律上承认的利益。保险利益分为财产保险利益和人身保险利益，前者指投保人或被保险人对保险标的的具有的法律上承认的可以估算的利益，后者指投保人对保险标的的具有物质上或人身上的合法利害关系。"

2．签于以上对财产保险利益和人身保险利益差异性的分析,建议我国《保险法》第 11 条第 2 款更改补充为："财产保险合同的被保险人，在保险事故发生时对保险标的的必须具有保险利益；被保险人在保险事故发生时对保险标的的没有保险利益的，保险人不承担赔偿责任。人身保险的投保人对保险标的的不具有

保险利益的，保险合同无效；保险合同生效后投保人对保险标的丧失保险利益，不影响保险合同的法律效力，保险事故发生时保险人应承担保险金给付责任。"

3. 增加受益人应对被保险人具有保险利益的条文，规定受益人若对被保险人没有保险利益，则不得享有保险金的请求权。

第三节　损失补偿原则

一、损失补偿原则及其意义

（一）损失补偿原则的含义

损失补偿原则的基本含义包含两层：一是损失补偿原则的质的规定，只有保险事故发生造成保险标的的毁损致使被保险人遭受经济损失时保险人才承担损失补偿的责任；否则，即使在保险期限内发生了保险事故，但被保险人没有遭受损失，就无权要求保险人赔偿。二是被保险人可获得的补偿量，仅以其保险标的遭受的实际损失为限，即保险人的补偿恰好能使保险标的在经济上恢复到保险事故发生之前的状态，而不能使被保险人获得多于或少于损失的补偿，尤其是决不能使被保险人通过保险获得额外的利益。这是损失补偿原则的量的限定。损失补偿原则主要适用于财产保险以及其他补偿性保险合同。

（二）坚持损失补偿原则的意义

1. 坚持损失补偿原则，有利于实现保险的基本职能

补偿损失是保险的基本职能之一。损失补偿原则恰好体现了保险的基本职能，损失补偿原则的质的规定和量的限定都是保险基本职能的具体反映。也就是说，如果被保险人由于保险事故遭受的经济损失不能得到补偿，就违背了保险的宗旨。损失补偿原则约束保险人必须在合同约定条件下承担保险保障的义务，履行保险赔偿责任；对被保险人而言，该原则保证了其正当权益的实现。

2. 坚持损失补偿原则，有利于防止被保险人通过保险获取额外利益，减少道德风险

损失补偿原则的质的规定性在于有损失则赔偿，无损失则不赔偿；其量的规定性将使被保险人因损失所获得的补偿，不能超过其所受到的实际损失，只能获得与损失发生前相同利益水平的赔偿。因此，该原则可以防止被保险人利用保险额外获利，有效抑制了道德风险的发生。

二、影响保险补偿的因素

保险人在履行损失补偿义务过程中，会受到各种因素的制约，这些因素主要有：

（一）实际损失

以被保险人的实际损失为限进行保险补偿，是一个基本限制条件。即当被保险人的财产遭受损失后，保险赔偿应以被保险人所遭受的实际损失为限。在实际赔付中，由于财产的价值经常发生变动，所以，在处理赔案时，应以财产损失当时的实际价值或市价为准，按照被保险人的实际损失进行赔付。如企业投保财产综合险，确定某类固定资产保险金额为 30 万元，一起重大火灾事故发生使其全部毁损，损失时该类固定资产的市价为 25 万元，保险人按实际损失赔偿被保险人 25 万元。

（二）保险金额

保险金额是保险人承担赔偿或给付责任的最高限额，赔偿金额不能高于保险金额。另外，保险金额是保险人收取保险费的基础和依据。如果赔偿额超过保险金额，则会使保险人处于不平等地位。即使在通货膨胀的环境下，被保险人的实际损失往往会超过保险金额，也必须受此因素的制约。例如：一栋新房屋刚投保不久便被全部焚毁，其保险金额为 50 万元，而房屋遭毁时的市价 60 万元。虽然被保险人的实际损失为 60 万元，但因保单上的保险金额为 50 万元，所以被保险人只能得到 50 万元的赔偿。

（三）保险利益

发生保险事故造成损失后，被保险人在索赔时，必须对受损的标的具有保险利益，而保险人的赔付金额也必须以被保险人对该标的所具有的保险利益为限。例如：某银行开展住房抵押贷款，向某贷款人贷出款额 30 万元；同时，将抵押的房屋投保了 30 万元的一年期房屋火险，按照约定，贷款人半年后偿还了一半贷款，不幸的是不久该保险房屋发生火灾而全焚，贷款人也无力偿还剩余款额，这时由于银行在该房屋上的保险利益只有 15 万元，尽管房屋的实际损失及保险金额均为 30 元，但银行也只能得到 15 万元的赔偿。

（四）赔偿方法

在保险赔偿方法中，有一些赔偿方法对实际损失补偿额的确定会有影响，使被保险人得到的赔偿金额小于实际损失，或者根本得不到赔偿。

1. 限额责任赔偿方法

限额责任赔偿方法是指保险人只承担事先约定的损失额以内的赔偿，超过损失限额部分，保险人不负赔偿责任。这种赔偿方法多应用于农业保险中的种植业与养殖业保险。如农作物收获保险，保险人与投保人事先按照正常年景的平均收获量约定为保险人保障的限额，当实际收获量低于约定的保险产量时，保险人赔偿其差额；当实际产量已达到约定的保险产量时，保险人不负赔偿责任。

2. 免赔额（率）赔偿方法

免赔额（率）赔偿方法是指对免赔额（率）以内的损失保险人不予负责，而仅在损失超过免赔额（率）时才承担责任。特别是采用绝对免赔额（率）赔偿方法时，免赔额（率）以内的损失被保险人根本得不到赔偿。绝对免赔额（率）赔偿方法是指保险人规定一个免赔额或免赔率，当保险财产受损程度超过免赔限度时，保险人扣除免赔额（率）后，只对超过部分负赔偿责任。其计算公式是：赔偿金额=保险金额×（损失率－免赔率）。相对赔额（率）赔偿方法是指保险人规定一个免赔额或免赔率，当保险财产受损程度超过免赔赔额（率）时，保险人按全部损失赔偿，不作任何扣除。其计算公式是：赔偿金额=保险金额×损失率。

三、损失补偿原则的派生原则

（一）保险代位原则

1. 保险代位原则的含义与意义

保险代位指的是保险人取代投保人对第三者的求偿权（又称追偿权）或对标的的所有权。

保险代位原则是指保险人依照法律或保险合同约定，对被保险人所遭受的损失进行赔偿后，依法取得向对财产损失负有责任的第三者进行求偿（或追偿）的权利或取得对保险标的的所有权。保险代位原则包括代位求偿权和物上代位权。规定保险代位原则的意义在于：

（1）防止被保险人因同一损失而获取不当利益。当被保险标的发生的损害是由第三者的疏忽、过失或故意行为所造成，且该种损害的原因又属保险责任时，被保险人既可以依据民法向造成损害的第三者要求赔偿，也可以依据保险合同向保险人请求赔偿。这样，被保险人就会因同一损失而获得超过标的实际损失额的赔款，从而获得额外利益。同理，当被保险标的发生保险事故而致实际全损或推定全损时，在保险人全额赔付情况下，被保险人将标的的损余物资价值进行回收处理后，最终所得款额亦将超过其所遭受的实际损失额。这既违背了损失补偿原则，又违背了保险的宗旨，不利于保险及社会的健康发展。代位原则的规定，目的就在于使损失补偿原则更加严谨和完善，防止被保险人获得额外利益。

（2）维护社会公共安全，保障公民、法人的合法权益不受侵害。社会公共安全在法律上要求肇事者对其因疏忽、过失所造成的损失承担经济赔偿责任。如果被保险人因从保险人处获得赔偿而不追究责任者的经济赔偿责任，就会使肇事责任者逍遥法外，有违社会公平，而且也容易助长其他肇事行为的发生，干扰社会安全秩序。

（3）有利于被保险人及时获得经济补偿，尽快恢复生产安定生活。保险事故发生后，如果肇事责任者限于经济条件而无力承担被保险人的经济赔偿责任时，将会直接影响被保险人正常的生产和生活。而按照保险代位原则，保险人先向被保险人支付赔款，从另一方面说，被保险人向保险人请求赔偿也是保险合同赋予其最基本的权利。

2. 保险代位求偿原则的内容

保险代位求偿包括代位求偿权（权利代位）和物上代位权。

（1）代位求偿权。代位求偿权（又称代位追偿权）是指当保险标的因遭受保险事故而造成损失，依法应当由第三者承担赔偿责任时，保险人自支付保险赔偿金之日起，在赔偿金额的限度内，相应取得向对此损失负有责任的第三者请求赔偿的权利。

①行使代位求偿权的前提条件。代位求偿权是债权的代位，即保险人拥有代替被保险人向责任方请求赔偿的权利。保险人行使代位求偿权，需要具备三个前提条件：第一，保险标的损失的原因是保险事故，同时又是由于第三者的行为所致。这样被保险人对保险人和第三者同时存在赔偿请求权，他既可以依据保险合同向保险人要求赔偿，也可以依据法律向第三者要求赔偿。第二，被保险人不放弃向第三者的赔偿请求权。如果被保险人放弃了对第三者请求赔偿的权利，则保险人在赔偿被保险人的损失之后就无权行使代位求偿权。第三，保险人取得代位求偿权是在按照保险合同履行了赔偿责任之后。因为，代位求偿权是债权的转移，在此项债权转移之前被保险人与第三者之间特定的债的关系与保险人无关。保险人只有按照保险合同的规定向被保险人赔付保险金之后，才依法取得对第三者请求赔偿的权利。

②代位求偿权的实施对保险双方的要求。行使代位求偿权对保险双方都有一定的要求。就保险人而言，首先，其行使代位求偿权的权限只能限制在赔偿金额范围以内。即如果保险人向第三者追偿到的款额小于或等于赔付给被保险人的款额，那么追偿到的款额归保险人所有；如果追偿所得的款额大于赔付给

被保险人的款额，其超过部分应归还给被保险人所有。其次，保险人不得干预被保险人就未取得保险赔偿的部分向第三者请求赔偿。《中华人民共和国保险法》第 44 条第三款规定："保险人依照第一款行使代位请求赔偿的权利，不影响被保险人就未取得赔偿的部分向第三者请求赔偿的权利。"再次，保险人为满足被保险人的特殊需要或者在法律的费用超过可能获得的赔偿额时，也会放弃代位求偿权。就投保人而言，不能损害保险人的代位求偿权并要协助保险人行使代位求偿权。第一，如果被保险人在获得保险人赔偿之前放弃了向第三者请求赔偿的权利，那么，就意味着他放弃了向保险人索赔的权利。第二，如果被保险人在获得保险人赔偿之后未经保险人同意而放弃对第三者请求赔偿的权利，该行为无效。第三，如果发生事故后，被保险人已经从第三者取得赔偿或者由于过错致使保险人不能行使代位求偿权，保险人可以相应扣减保险赔偿金。第四，在保险人向第三者行使代位求偿权时，被保险人应当向保险人提供必要的文件和其所知道的有关情况。

③代位求偿原则的行使对象。根据代位求偿权的一般原理，任何对保险标的的损失负有赔偿责任的第三者都可以成为代位求偿权的行使对象。但是，在实践中，各国立法都规定保险人不得对被保险本人及其一定范围的亲属或雇员行使代位求偿权，除非保险事故是由上述人员故意造成的。因为，如果允许对上述对象行使代位求偿权，被保险人就得不到实际补偿，保险也就失去了意义。《中华人民共和国保险法》第 47 条规定：除被保险人的家庭成员或者其组成人员故意制造保险事故造成保险标的损失以外，保险人不得对被保险人的家庭成员或者其组成人员行使代位请求赔偿的权利。显然，我国保险法规定的限制对象为"被保险人的家庭成员及其他组成人员"。

④代位求偿权的行使范围。代位求偿权一般不适用于人身保险。人身保险的标的是人的寿命或身体，与财产的性质不同，其价值难以估量，因而不会发生多重获益的问题。所以，如果被保险人在保险事故中致残或身亡，既可获得保险金，也可获得肇事的第三者的赔偿。《中华人民共和国保险法》第 68 条规定："人身保险的被保险人因第三者的行为而发生死亡、伤残或者疾病等保险事故的，保险人向被保险人或者受益人给付保险金后，不得享有向第三者追偿的权利。但被保险人或者受益人仍有权向第三者请求赔偿。"但是，并非所有人身保险合同或人身保险合同中的全部责任都适用这一规定。在医疗保险中，保险人赔付的医疗费用保险金应属于对被保险人支出医疗费用的补偿，不仅有价值，而且还可以确定，因而，保险人对于因第三者责任而支付的保险金仍可以进行追偿。

（2）物上代位。物上代位是指保险标的因遭受保险事故而发生推定全损时，保险人在全额支付保险赔偿金之后，依法拥有对该保险标的物的所有权，即代位取得受损保险标的物上的一切权利和义务。

①物上代位权的取得一般是通过委付实现的。委付是被保险人在保险标的处于推定全损状态时，用口头或书面形式提出申请，愿意将保险标的所有权转移给保险人，并请求保险人全部赔偿的行为。委付是被保险人放弃物权的法律行为，是一种经常采用于海上保险的赔偿制度。在保险人接受委付的情况下，不仅取得保险标的物上的权利，而且包括标的物项下所应承担的义务。因此，保险人是否接受委付应谨慎从事。

②物上代位是一种所有权的代位。与代位求偿权不同，保险人一旦取得物上代位权，就拥有了该受损标的的所有权。处理该受损标的所得的一切收益，归保险人所有，即使该利益超过保险赔款仍归保险人所有。但在不足额保险中，保险人只能按照保险金额与保险价值的比例取得受损标的的部分权利。

（二）重复保险分摊原则

1. 重复保险分摊原则的含义与意义

分摊原则是在被保险人重复保险的情况下而产生的补偿原则的一个派生原则，即在重复保险情况下，被保险人所能得到的赔偿金由各保险人采用适当的方法进行分摊，从而所得的总赔偿金不得超过实际损失额。坚持重复保险的分摊原则的意义在于：

（1）有利于确保保险补偿原则的顺利实现。在存在重复保险的情况下，保险事故发生后，若被保险人就同一损失向不同的保险人索赔，就有可能获得超额赔款，这显然是违背损失补偿原则的。因此，确立重复保险的分摊原则可以防止被保险人利用重复保险在保险人之间进行多次索赔，获得多于实际损失额的赔偿金，从而确保了损失补偿原则的顺利实现。

（2）有利于维护社会公开、公正和公平。在重复保险的情况下，坚持被保险人的损失在保险人之间进行分摊，必须公开多个保险人就同一危险所承保的份额及其所收取的保费，合理负担相应的保险赔偿责任。从而维护社会公开、公正和公平。

2. 损失分摊的方法

在重复保险情况下，对于损失后的赔款保险人如何进行分摊，各国做法有所不同。主要有以下三种分摊方法：

（1）比例责任制。比例责任制又称保险金额比例分摊制，该分摊方法是将各保险人所承保的保险金额进行加总，得出各保险人应分摊的比例，然后按比例分摊损失金额。公式为：

$$某保险人责任 = \frac{某保险人的保险金额}{所有保险人的保险金额之和} \times 损失额$$

例如：甲乙保险人承保同一财产，甲保单保额为 40000 元，乙保单保额为 60000 元，损失额为 50000 元。

甲保险人应赔付款额为：$\frac{40000}{40000+60000} \times 50000 = 20000(元)$

乙保险人应赔付款额为：$\frac{60000}{40000+60000} \times 50000 = 30000(元)$

（2）限额责任制。限额责任制又称赔款额比例责任制，即保险人分摊赔款额不以保额为基础，而是按照在没有其他保险人的情况下各保险人单独应负的责任限额进行比例分摊赔款。公式为：

$$某保险人责任 = \frac{某保险人独立责任限额}{所有保险人独立责任之和} \times 损失额$$

例如，仍以上述例题为例，在采用第二种分摊法计赔时，

甲保险人应赔付款额为：$\frac{40000}{40000+50000} \times 50000 \approx 22222(元)$

乙保险人应赔付款额为：$\frac{50000}{40000+50000} \times 50000 \approx 27778(元)$

（3）顺序责任制。顺序责任制又称主要保险制，该方法是各保险人所负责任依签订保单顺序而定，由其中先订立保单的保险人首先负责赔偿，当赔偿不足时再由其他保单依次承担不足的部分。

顺序责任制对有的保险人有失公平，因而各国实务中已不采用该方法，多采用前两种分摊方法。《中华人民共和国保险法》第 41 条第二款："除合同另有约定外，各保险人按照其保险金额与保险金额总和的比例承担赔偿责任。"可见，我国一般采用比例责任制的分摊方法。

3.《保险法》第二次修改关于重复保险的讨论

我国《保险法》没有区分善意重复保险和恶意重复保险，对重复保险的赔偿原则和赔款分摊方式作了统一规定。有学者认为这样的规定有悖于公平原则，应根据重复保险的性质进行区别对待：善意的重复保险，各保险人的赔偿金额总和不得超过保险价值，除合同另有约定外，各保险人按照其保险金额与保险金额总和的比例承担赔偿责任；恶意的重复保险，则应按照保险欺诈处理。

四、损失补偿原则的例外情况

（一）定值保险

在定值保险中，当发生全部损失时，不论保险标的价值如何变化，保险人仍按保险合同上所约定的保险金额计算赔款。从以赔偿实际损失为本质的损失补偿原则的角度看，该保险是一种例外。

（二）重置成本保险

重置成本保险又称复旧保险或恢复保险，是按照重置成本确定损失额的保险。由于这种保险在确定损失赔付时不扣除折旧，而按重置成本确定损失额，所以，对于损失补偿原则而言，也是一种例外。

（三）人寿保险

人寿保险是由投保人与保险人互相约定保险金额，并按照约定的保险金额给付的保险。人的生命是难以用货币衡量的，人寿保险中的保险金额是由投保人或被保险人自行确定的，而且当发生保险事故时，倘若其持有多份保单，被保险人或受益人可获得多重给付。因此，人寿保险对损失补偿原则而言也是一种例外。

第四节　近因原则

一、近因与近因原则

（一）近因的含义

所谓近因并非指时间上或空间上与损失最接近的原因，而是指造成损失的最直接、最有效，起主导性作用或支配性作用的原因。例如，船舶因遭受鱼雷的袭击而进水，使船舶沉没，若以海水的进入作为时间上最接近沉船事故的原因而判定显然是不合理的。因此，在损失的原因有两个以上，且各个原因之间的因果关系尚未中断的情况下，其最先发生并造成一连串损失的原因即为近因。

（二）近因原则的含义

近因是一种原因，而近因原则是一种准则。根据近因的标准去判定数个原因中，哪个是近因、哪个是远因的准则就是近因原则。

在保险中，近因原则是通过判明风险事故与保险标的损失之间的因果关系，以确定保险责任的一项基本原则。具体来说，近因原则的基本含义是：一是规定近因的认定方法；二是在风险与保险标的损失的关系中，如果近因属于承保风险，保险人就应负赔偿责任。也就是说，当被保险人的损失是直接由于保险责任范围内的事故造成时，保险人才给予赔付；近因若属于除外风险或未保风险，则保险人不负赔偿责任。

二、近因原则的应用

（一）近因的认定方法

1. 从最初事件出发，按逻辑推理，判断下一个事件可能是什么；再从可能发生的第二个事件按照逻辑推理判断最终事件即损失是什么。如果推理判断与实际发生的事实相符，那么，最初事件就是损失的近因。

2. 从损失开始，按顺序自后向前追溯，在每一个阶段上按照"为什么这一事件会发生？"的思考来找出前一个事件。如果追溯到最初的事件且没有中断，那么，最初事件即为近因。

例如，暴风吹倒了电线杆，电线短路引起火花，火花引燃房屋，导致财产损失。对此，我们无论运用上述哪一种方法，都会发现此案例中的暴风、电线杆被刮倒、电线短路、火花、起火之间具有必然的因果关系，因而，财产受损的近因——暴风，也就随之确定了。

（二）近因的认定与保险责任的确定

从近因的认定与保险责任的确定来看，主要包括下列几种情况：

1. 单一原因

即损失由单一原因造成。如果事故发生所致损失的原因只有一个，显然该原因即为损失的近因。如果这个近因属于保险风险，保险人应对损失负赔付责任；如果这个近因是除外风险，保险人则不予赔付。如某人投保人身意外伤害保险，而不幸死于癌症。由于其死亡的近因癌症为人身意外伤害保险的除外责任，故保险人对其死亡不承担保险责任。

2. 多种原因同时并存发生

即损失由多种原因造成，且这些原因几乎同时发生，无法区分时间上的先后顺序。如果损失的发生有同时存在的多种原因，且对损失都起决定性作用，则它们都是近因。而保险人是否承担赔付责任，应区分两种情况：第一，如果这些原因都属于保险风险，保险人则承担赔付责任，相反，如果这些原因都属于除外风险，保险人则不承担赔付责任。第二，如果这些原因中既有保险风险，也有除外风险，保险人是否承担赔付责任，则要看损失结果是否容易分解，即区分损失的原因。对于损失结果可以分别计算的，保险人只负责保险风险所致损失的赔付；对于损失结果难以划分的，保险人一般不予赔付。如某企业运输两批货物，第一批投保了水渍险，第二批投保了水渍险并加保了淡水雨淋险，两批货物在运输中均遭海水浸泡和雨淋而受损。显然，两批货物损失的近因都是海水浸泡和雨淋，但对第一批货物而言，由于损失结果难以分别计算，而其只投保了水渍险，因而得不到保险人的赔偿；而对第二批货物而言，虽然损失的结果也难以划分，但由于损失的原因都属于保险风险，所以保险人应予以赔偿。

3．多种原因连续发生

即损失是由若干个连续发生的原因造成，且各原因之间的因果关系没有中断。如果损失的发生是由具有因果关系的连续事故所致，保险人是否承担赔付责任，也要区分两种情况：第一，如果这些原因中没有除外风险，则这些原因即为损失的近因，保险人应负赔付责任。第二，如果这些原因中既有保险风险，也有除外风险，则要看损失的前因是保险风险还是除外风险。如果前因是保险风险，后因是除外风险，且后因是前因的必然结果，则保险人应承担赔付责任；相反，如果前因是除外风险，后因是保险风险，且后因是前因的必然结果，保险人则不承担赔付责任。

案例一：一艘装有皮革与烟草的船舶遭遇海难，大量的海水侵入使皮革腐烂，海水虽未直接浸泡包装烟草的捆包，但由于腐烂皮革的恶臭气味，致使烟草变质而使被保险人受损。那么，据上述情况可知，海难中海水侵入是皮革腐烂损失的近因，而由于海难与烟草的损失之间存在着必然的不可分割的因果关系，烟草损失的近因也是海难，而非皮革的恶臭气味。

案例二：人身意外伤害保险（疾病是除外风险）的被保险人因打猎时不慎摔成重伤，因伤重无法行走，只能倒卧在湿地上等待救护，结果由于着凉而感冒高烧，后又并发了肺炎，最终因肺炎致死。此案中，被保险人的意外伤害与死亡所存在的因果关系并未因肺炎疾病的发生而中断，虽然与死亡最接近的原因是除外风险——肺炎，但它发生在保险风险——意外伤害之后，且是意外伤害的必然结果，所以，被保险人死亡的近因是意外伤害而非肺炎，保险人应承担赔付责任。

4．多种原因间断发生

即损失是由间断发生的多种原因造成的。如果风险事故的发生与损失之间的因果关系由于另外独立的新原因介入而中断，则该新原因即为损失的近因。如果该新原因属于保险风险，则保险人应承担赔付责任；相反，如果该新原因属于除外风险，则保险人不承担赔付责任。

案例一：在玻璃保险中，火灾为除外风险，被保险商店附近发生火灾时，一些暴徒趁机击破该商店的玻璃，企图抢劫。此案中，火灾与玻璃损失之间不是必然的因果关系，暴徒袭击才是近因，故保险人应负赔偿责任。

案例二：在人身意外伤害保险中，被保险人在交通事故中因严重的脑震荡而致颠狂与抑郁交替症。在治疗过程中，医生叮嘱其在服用药物巴斯德林时切忌进食干酪，因二者相忌。但是，被保险人却未遵医嘱，服药时又进食了干酪，终因中风而亡，据查中风确系巴斯德林与干酪所致。在此案中，食用相忌的食品与药物所引发的中风死亡已打断了车祸与死亡之间的因果关系，食用干酪为中风的近因，故保险人对被保险人中风死亡不承担赔偿责任。

思考题

1. 简述最大诚信原则的含义，并列举最大诚信原则的内容。

2. 保险利益原则的确立条件包括哪些，这些确立条件间的关系是怎样的？该原则对保险经营具有怎样的影响？对产险经营和寿险经营的影响是否相同？

3. 影响损失补偿原则的因素有哪些，该原则的派生原则有哪些，派生原则与该原则具有怎样的关系？

4. 简述近因原则的认定方法，以及近因原则与保险责任确定的关系。

参考文献

1. 江生忠主编：《保险学理论研究》，北京：中国金融出版社，2007 年。

2. 刘茂山主编，江生忠副主编：《保险学原理》，天津：南开大学出版社，1998 年。

3. 吴定富主编，江生忠等总纂：《保险原理与实务》（全国保险中介从业人员考试教材），北京：中国财政经济出版社，2005 年。

4. 赵春梅、陈丽霞、江生忠编著：《保险学原理》，大连：东北财经大学出版社，1999 年。

5. 魏华林、林宝清主编：《保险学》，北京：高等教育出版社，1999 年。

第八章　保险业

第一节　保险业的概念

一、产业的概念

（一）产业与市场的含义及区别

1. 产业的概念

根据产业经济学理论，一般地说，产业是指提供相近商品或服务，具有某种同一属性的企业的集合或系统，是介于单个经济主体和国民经济总量的中间层次[①]。构成产业的规定性是：

（1）产业构成的规模规定性，即构成产业的企业数量、产出量必须有一定的规模。

（2）产业构成的职业化规定性，即在社会各职业中形成了专门从事这一专业活动的职业人员。

（3）产业构成的社会功能规定性，也就是在社会经济活动中承担一定角色，而且是不可缺少的。而决定和影响某一产业发展的因素有国民经济的产业结构，该产业内需求、供给、对外贸易、经济制度以及经济发展战略等因素。

2. 产业与市场概念的区别

在产业经济学中，产业与市场是两个概念。国内不少产业经济学文献对此也不作分析和讨论，或以为两者没有什么区别，但两者是有区别的。一般地说，市场是由生产具有紧密替代性产品的企业组织的。而产品的替代性是从购买者

[①] 产业一词有多种含义，人们对产业概念的表述也不同。见戴伯勋、沈宏达主编：《现代产业经济学》，经济管理出版社。

的观点（或产品的需求方）来分析的。产业是由具有紧密替代性的产品组织的，这种紧密替代性是从供应者的观点（或产品供应方）来分析的。产业比市场具有更为广泛的内涵。具体的区别是：

首先，它们可以根据不同的基本活动进行定义。产业是以生产为特征，而市场是以交换为特征的。例如，我国汽车产业是指在我国生产汽车的国内生产者所组织的群体，所生产的汽车可能为国内市场提供产品，也可能为出口供应产品；另一方面，我国的汽车市场是指汽车的国内贸易，而不论汽车的产地。这个汽车市场可能由国内汽车业提供产品，也可能通过进口满足市场需要。其次，产品和市场可以根据不同的产品来定义。产业可以由一群生产者生产特定产品时所使用的技术和原材料来定义，而市场可以由能满足一群购买者的产品来定义。事实上，区别两者的标准是因经济分析的需要而定的。因而区别标准带有相当的主观性和较大的灵活性。

（二）产业的一般分类

对于国民经济中的各个产业部门可根据管理和研究的需要进行不同的分类。产业经济理论对产业的分类一般有：

1．三次产业分类法

根据人类经济活动发展的三个阶段，费希尔在 1935 年提出可将人类经济活动分为三个产业，即所谓的第一产业、第二产业、第三产业，其中第一产业就是和人类第一个初级生产阶段相对应的农业和畜牧业，第二产业是和工业大规模发展阶段相对应、以对原材料进行加工并提供物质资料为特征的制造业，第三产业就是以非物质产品为主要特征的、包括商业在内的服务业。事实上，三次产业分类法的主要原则是把全部经济活动按照经济活动的客观序列与内在联系对产业进行分类。这一方法是目前研究产业经济和产业结构的一种重要的分类方法，也是许多国家进行国民经济统计时常用的一种分类方法。

中国对三次产业分类方法的引入是在 20 世纪 80 年代中期。根据国家的有关规定，中国对三次产业的划分是：第一产业为农业，第二产业为工业和建筑业，第三产业是指上述第一、第二产业以外的其他各业。

2．生产结构分类法

所谓生产结构分类法是根据再生产过程中各产业间的关系而进行的分类方法。具体可分为：马克思的两大部类分类法，是指根据产品在再生产过程中的不同作用，可从实物形态上社会总产品分为两大部类，即第一部类的生产资料生产和第二部类的消费资料生产。农轻重分类法，是指将社会经济活动中的物质生产分成农、轻、重三个部分。这一分类方法的应用实践表明，它具有比较直观和简便易行的特点。它是对马克思的两大部类分类理论的应用。在实行传统的计划经济体制的国家，曾长期采用这一方法。霍尔曼的产业分类法，是由德国经济学家霍尔曼创立的一种分类方法，即把工业部门分成消费资料产业、资本资料产业和其他产业三类。

3．标准产业分类法

各国政府在制定经济政策和对国民经济进行宏观管理时，由政府机构或政府委托非政府机构制定产业分类标准。标准产业分类方法具有相当的权威性、涵盖的完整性和较强的实用性[①]。

二、保险产业的形成和界定

保险（即商业保险）的形成与保险产业的形成是两个不同的概念。虽然保险的产生、形成与发展是同社会分工的产生与发展相联系，但保险是一种风险管理手段，或一种经济保障机制。而保险产业则是在保险发展到一定程度后的产物。

所谓保险产业，是指保险企业的集合或者是以保险为主要业务范围的经营管理系统。保险产业的形成同样具有一定的条件和质的规定性。如前所说，构成产业的规定性是：产业构成的规模规定性；产业构成的职业化规定性；产业构成的社会功能规定性。事实上，产业形成的本质是资本在产业中的形成。也就是说，在产业形成过程中，资本是产业形成的核心和最首要的因素。就保险产业形成而言，保险资本从产业资本或金融资本分离出来，这是保险产业形成的核心和最首要的因素。保险资本与用于保险损失分摊的保费收入（或叫保险资金）显然是有本质区别的两个不同的概念。此外，保险产业形成的条件和标志是：人们对保险需求不断增大、保险公司的数量达到一定规模、保险市场结构相对完善、保险产品具有社会不可或缺的经济保障功能、具有一定的监管体系与相对完善的法律。而保险产业化的根本原因是商品经济发展的要求。在商品经济条件下，保险产业化将更有效地发挥保险作用。

从历史发展来看，保险雏形可追溯到公元前两千年地中海一带的商人中所出现的共同海损，商业保险则大约在 14 世纪，随着专门经营保险的个人和企业的出现而形成的。而现代保险的产生则随着 16 世纪末出现专营火灾保险公司后形成的。但在这一时期并没有形成保险产业。18 世纪末至 19 世纪中叶，英、

---

① 有关联合国和我国制定的产业分类标准见《现代产业经济学》，上海财经大学出版社，1999 年，第 11 页。

法、德、美等国完成了资本主义革命，又进行工业革命，商品经济得到极大发展，与此同时保险业也得到快速发展。根据瑞士再保险公司的统计，在 19 世纪初期，全世界共有 30 家保险公司（英国 14 家、美国 5 家、德国和丹麦各 3 家、奥匈帝国、荷兰、瑞士各 1 家）；19 世纪中叶，全世界在 14 个国家中共有 306 家保险公司；19 世纪末，在 26 个国家中共有 1272 家保险公司；1910 年，29 个国家中共有 2450 家保险公司。随着保险公司数量的增加、资产规模的增加以及保险产业的利润规模增加等具有保险产业特征的因素的变化，许多国家形成不同规模的保险产业。

从目前国际保险市场来看，各国保险产业在经济中占有重要的地位。据美国《财富》杂志对 1999 年全球 500 强的分类统计表明，有 53 家保险公司名列其中。这 53 家保险公司 1999 年的营业收入达 14481 亿美元，占 500 强总营业收入的 11.4%；利润达 554.48 亿美元，占 500 强总利润的 10%；资产总额达 78095 亿美元，占 500 强总资产的 17.7%。

我国保险产业是随着我国经济体制改革的不断深入发展而形成的。目前，从我国保险业的现状看，保险业已具有明显的整体性特征：

一是保险产业已形式一定的规模。从构成保险产业的企业数量看，2007 年上半年，共有中资保险公司 56 家，保险集团和控股公司 8 家，保险资产管理公司 9 家，此外共有来自 15 个国家何地区的 45 家外国和外地区保险公司在华设立了 128 个营业机构。保险专业中介结构达到 2110 家。截至 2007 年 6 月底，保险行业的总资产为 25334 亿元。保险市场初步形成了以国有控股集团公司、股份制公司、政策性公司、专业性公司、外资保险公司等多种形式、多种所有制成分并存，公平竞争，共同发展的一个新的格局。再加上国家保险监管机构，我国保险产业已构成一个完整的市场经营管理运作体系。

二是从保险产业的产出量看，2007 年 1～6 月，全国实现原保险保费收入[①]3718.3 亿元，2007 年上半年,国内生产总值 106768 亿元,保险费收入占比为 3.48%。

三是保险产业的从业人员已成为专门从事风险承保、社会风险管理和理财服务的职业人员。目前全行业保险员工近二十万人，营销员达一百多万人。

四是从保险业的社会功能及效益来看，无论是抗洪救灾，支持国家基本建设，还是为国家的医疗保险和社会保障制度改革提供必要的有益的补充，保险

---

①　自 2007 年 1 月 1 日起，我国保险公司执行新的《企业会计准则》。"原保险保费收入"为按《企业会计准则》设置的新统计指标，与旧会计制度下的"保费收入"统计指标内涵一致。新《企业会计准则》下的"保费收入"为旧会计制度下的"保费收入"加"分保费收入"之和。

业都起到了积极的作用。也就是在社会经济活动中，保险产业承担重要角色，而且是不可缺少的。我国保险产业化的根本原因是社会主义市场经济发展的客观要求。

三、保险产业的基本特征

从产业经济角度看，保险产业除了具有自然垄断产业的特征外，还具有以下特征：

1. 保险产业的产品具有特殊性

首先，一般的消费品制造业提供的是以物质形态存在的商品，如机床、电视机等供消费者在生产或生活中使用，而保险业提供的产品是以非物质形态存在着，是对被保险人由于保险责任范围内的风险导致的损失进行赔付的一种承诺，被保险人是否能够"真正地"享有这种特殊的保险商品获得经济补偿取决于特定的保险事件是否发生，具有很大的不确定性，不像一般商品，消费者一旦付钱购买就可实实在在地拥有。此外，对保险商品产生需求的原因也具有特殊性。保险商品的产生是由于客观世界存在着导致人身伤亡或财产损失的各种风险事故，人们因此需要保险保障。其次，保险商品的生产过程也有别于一般商品。一般商品是由厂商购买原材料通过使用机器设备进行生产。而保险商品的生产是建立在对概率论和"大数法则"等数理知识运用的基础上，通过集合大量同质的且损失可以确定的风险，根据风险发生的频率和损失烈度科学厘定费率，通过直销、代理、经纪等各种销售渠道销售保险，收取保险费集合形成保险保障基金，对保险范围内的损失进行赔付以实现整个生产过程。最后，保险产品的特殊性决定了其经营管理的特殊性。保险生产的成本和利润率在生产之初是不确定的，只有在保险责任期满保险整个生产过程完全结束后方可确定成本和利润率。因此在保险业的经营中，保证财务稳定性具有特别重要的意义。国家对保险业的监督和管理不仅如管理一般产业一样注重市场行为进行宏观调控，而且会密切注意保险业的资产负债率，保证其最低偿付能力，确保保险生产安全平稳地进行。

2. 保险业是人力密集型兼具科技密集型产业

首先，由于保险产品的特殊性，决定了它的生产不需过多的资本，除了开业初的资本金作为偿付能力的最初储备外，其生产不需过多资本来购买设备材料，而主要通过人力来完成。它通过风险管理专家、精算师、法律专家来设计条款厘定费率，由风险评估专家进行承保，由熟识各种损失原理的理赔专家进行理赔，由精通保险产品特性又熟悉资本运作的投资人员进行保险投资，整个保险生产运行由于专业化的人力资源而得到有效的运作，人力的多寡对保险业的规模扩充具有较大影响。2005 年末，保险全行业从业人员 195.8 万人，其中监管人员 1389 人，各保险公司的职工人数 36.6 万人，保险中介人员 5 万人，保险营销人员 152.4 万人[①]。其次，保险业的经营特性又决定了它是科技密集型产业。保险经营从险种设计、承保、理赔、资产负债管理无不包含着对科学技术的运用。

3．保险业是服务性行业

对于具有服务特征的保险业，除了可以根据传统的经济核算理论分析保险业的经营成果，还可以根据服务利润链理论分析保险业的经营成果和盈利水平。根据服务利润链理论，在保险业的利润与顾客忠诚、顾客满意、提供给顾客的产品与服务的价值、员工的服务之间存在着直接联系。顾客的满意度决定着保险企业的利润。顾客满意度是指顾客对保险企业提供的商品的满意程度。由于顾客满意，使保险企业在保证顾客满意的情况下，在新险种的研制和市场开发上能够有的放矢，少走弯路，从而减少费用开支。满意的顾客具有较高的品牌忠诚度，往往选择同一家保险公司购买保险，使保险公司业务增加的同时获得更高的利润；顾客满意程度高会重复购买同一保险公司的商品，从而节省交易成本，同时满意的顾客还会为保险公司介绍新客户，使保险公司经营成本大为减少。顾客的满意度决定于顾客购买保险商品所获得的总价值与支付的总成本的比较。总价值包括保险商品价值、服务价值、人员价值和形象价值，在目前竞争激烈的市场，保险商品的价值，趋于相近，所以保险价值大小区别主要决定于后三者，而后三者由保险公司全体员工所提供的服务决定。总成本中的纯费率由保险监管部门统一规定，无太大区别，所以附加费用成为总成本的决定因素，而该因素取决于保险公司提供的服务。因此员工的服务效率和服务质量既决定保险总价值，又决定保险总成本。总价值和总成本的差距越大，顾客满意程度越高，保险业的利润也就越大。由利润链理论可以清楚地说明：保险服务将影响保险业的经济效益。

4．保险业具有准公共产品的性质

商业保险（尤其是人身保险）作为社会保障体系的一部分，具有一定的公共产品的属性。这不仅体现在保险的风险保障功能上，而且还体现在其社会管理功能上。社会风险是与社会各阶层广大人民息息相关的，并会对整个经济、社会产生巨大的影响。此外，商业保险中的强制保险，如我国汽车第三者责任

---

① 中国保险监督管理委员会，《2005 年中国保险市场年报》，中国金融出版社，2006 年。

强制保险更具有明显的公共产品的特征。

5. 保险业的国际竞争性

大数法则的要求决定了保险业的国际性，保险业是没有国界限制的。此外，这种国际竞争性不单纯体现在风险保障领域，还体现在金融服务一体化上。因此，有步骤地开放保险市场，对提高本国保险产业的竞争力是有意义的。

四、保险业与金融业的融合

从 20 世纪 80 年代开始，金融和保险之间的联系变得越来越密切，特别是 90 年代以来，两者更是由于某些因素而呈现出加速融合的趋势。当今世界，保险业和金融业相互渗透、相互融合，保险业的金融化发展方向正在成为未来国际保险业发展的总体趋势。因此，现代保险业与传统保险业相比具有较大的差异，至少它不单纯是由传统的保险公司所组成。

20 世纪 80 年代财产保险和责任保险承保能力的不足，迫使许多保险公司的客户开始考虑传统保险的替代品，如自我保险、专属保险公司、对财务损失的应急借款协议等。投资银行和保险经纪人提供了许多保险替代品。90 年代对巨灾保险的需求导致了这种保险的期货和期权的发展。投资银行（有时和保险公司或保险经纪人一起）也成立了分支机构，通过新的融资安排提供巨灾保险或其他急需的保险。寿险保险人开发了内含股票组合期权的产品。保险人开始在投资组合中使用结构化证券，比如利率指数化的债券。

这样，20 世纪 90 年代的金融市场所提供的金融产品，管理那些传统上由保险人处理的风险。人们对巨灾财产保险的强烈需求导致了这种做法的出现。不过，这种融合不仅出现在投资市场上，也出现在众多的新联盟、合伙及合资企业中。90 年代初市场变化剧烈，有关保险人、经纪人和投资银行联合、合伙和合资的报道不胜枚举。这些行为的目的无非是从对保险产品（尤其是对巨灾财产保险）的巨大需求中获利。苏黎士保险公司成立了金融服务中心以寻求保险风险证券化的机会。该金融服务中心提供期货合同，保障财产巨灾风险和环境风险，还作为买方和卖方参与了几起期货交易。

这种融合有其深刻的背景和原因：

首先，银行与保险在融资方面的功能是相通的，特别是一些长期寿险与储蓄更为接近，这是二者融合的基础。

其次，金融自由化、一体化及金融创新为这种融合提供了条件,随着欧共体单一金融市场的建立,北美自由贸易区的形成以及亚太、南美、非洲等地区经济合作的加强，金融市场的行业壁垒和地区壁垒逐步降低，政府的金融法规也逐步放松了对银行和保险业界限的严格限制。

　　再次，对利润的追求和竞争是这一融合进程的直接动力，行业内外、地区内外的竞争压力迫使银行和保险公司寻求能以较低成本推销更具吸引力的金融服务产品的渠道，而银行保险方式正是适应这种要求；诚然，消费者对便利、多样、收益好的金融产品的需求也是一个重要原因。专栏 8-1 介绍了一些保险业和金融业融合的例子。

专栏 8-1

保险和金融融合例证

　　保险业和金融业融合的例子不胜枚举，以下列出了其中的几个:

- J.P.摩根和 Marsh & Mclennan 成立了一家合资公司 Trident Partnership，投资于保险和再保险业务。

- Marsh & Mclennan 的子公司 Guy Carpenter 开发出"自然灾害"债券。这种债券的投资者承担巨灾风险，从而获得高收益。

- 瑞士再保险公司与瑞士信贷银行建立了几家合资企业。瑞士信贷银行是瑞士信贷第一波士顿银行的所有者，后者与瑞士再保险公司共同建立的合资企业致力于开发保险衍生证券（如基于保险组合的证券）。

- 瑞士再保险公司的子公司 Atrium 设计了一种金额为 3.35 亿美元的金融再保险，保护安泰保险公司（Aetna）不因石棉和环境污染的赔款而遭受重大损失。

- 瑞士信贷第一波士顿银行与 Nationwide Mutual Insurance 和 Farmers Insurance 达成了准备金期票交易，金额分别为 5 亿美元和 4 亿美元。准备金期票是从属于保单索赔的债券。

- 瑞士再保险公司与 Alexander & Alexander 共同建立的合资企业开发出一种新的风险管理产品，为大型工业企业提供跨年度多险种的保险。

- J.P.摩根与 Salomon 设计了一项融资安排，为 Nationwide Mutual Insurance 发行应急准备金期票。这些期票包括一项期权，Nationwide Mutual Insurance 以后可以按照事先规定的条件借款。

- 大通曼哈顿银行通过和一家再保险公司共同建立的合资公司承保了 7500 万美元的再保险业务。

第二节 保险的经营主体

保险经营主体主要是指经营保险业务的保险人。商业保险公司是保险市场主要的主体。我们可以分别按照法律形式和组织模式对保险经营主体进行分类[①]。

一、依据法律形式或者产权主体分类

（一）国有独资保险公司

国有独资保险公司是指资本所有权归政府所有，采用市场机制运营的保险企业。它包括两种产权形态：一种是狭义的国有保险公司，其资本金完全归属于政府，具有政府独立出资和拥有的性质。例如，我国股份制改革前的中国人寿保险公司、中国人民保险公司和中国再保险公司。另一种是国家控股的保险公司，它采取了股份制的企业形式，但是国有股权占据主导地位。例如，我国的太平洋保险公司和股份制改造前的平安保险公司，其实质都是国家控股的股份制企业。

各国的实践表明，国有独资保险公司在经营中存在以下弊端：一是激励机制不足，政企难分；二是承担的政策性保险任务同盈利性的保险业务客观上难以兼顾、互相干扰；三是以国有独资保险企业为主导的市场结构，不利于利用社会经济资源和市场运行机制来提高保险经营的运作效率。因此，国有独资保险企业的改制，即股份化、非政府化成为以这类企业占主导的国家的共识和潮流。

（二）保险股份有限公司

股份保险公司类似于其他产业的股份公司。公司是现代企业典型的组织形式，它由发起人根据《公司法》和《保险业法》设立，法律具体规定了公司发起人的人数、公司债务的限额、发行股票的种类、税收、营业范围、公司的权力、申请程序、公司执照等。一般股份公司的组织由四个权利集团组成。

1. 股东。股东是公司的所有人，股票是所有权证书。股东大会由公司全体

[①] 在美国有五千多家私人保险公司从事保险业务。它们的分类方法有多种。其中比较重要的有：（1）通过提供的保险业务类型来分类；（2）通过业务组织的法律形式来分类；（3）通过公司所在地和进入新市场的状况来分类；（4）通过保单定价方法来分类；（5）通过市场的营销方法来分类。见 C. 小阿瑟·威廉斯等著，马从辉等译：《风险管理与保险》，经济科学出版社，2000 年。

股东组成，是公司的最高权力机构。在股东大会上，股东选举董事会，并对公司的重大决策，如公司合并、解散，修改公司章程等进行投票表决。由于不少公司的规模较大，大多数股东不会出席股东大会，公司发给每个股东一份由股东签署的代理投票的委托书。

2.董事会。董事会是公司组织的主要统治集团，它受股东的委托执掌决策大权，并对重大过失、欺诈、使用公司资产为个人目的而损害公司利益的行为向股东负责，但对正常业务判断错误不负直接责任。董事会主要负责宣布派息方针，决定收益留存的比例和股息的支付方式，并决定扩大和缩减经营规模、任免高级管理人员。

3.监事会。监事会是股份有限公司的监督机构。其成员不得少于3人，由股东代表和适当比例的公司职工代表组成。董事、经理及财务负责人不得兼任监事。监事会主要行使下列职权：检查公司财务；监督董事、经理依照法规及公司章程执行公司职务；当董事、经理的行为损害公司的利益时，要求董事和经理予以纠正；提议召开临时股东大会等。监事列席董事会会议。监事会的议事方式和表决程序由公司章程规定。

4.高级经理人员。他们由董事会任命，负责贯彻和执行企业的经营方针，并向董事会负责。董事会一般任命一个总裁、一个执行副总裁和一些负责各部门的副总裁，以及任命公司秘书长和财务主任。这些高级经理人员是公司的代理人，有权以公司的名义签约。各国保险监管机构对高级经理人员的任职资格都有相应要求。

股份制保险公司的优势在于：

1.股份制保险公司采取募股的方式筹集资本。它符合保险业经营中的大数法则要求，不仅可以使经营规模扩大，而且使承保风险在更大的范围内分散，从而有利于稳定和平衡保险公司的财务收支。

2.股份制保险公司的经营目标明确。在保险市场竞争中，公司只有不断开拓市场、降低经营成本、努力提高经营效率、增强竞争能力，才能实现为股东盈利的目的。明确的经营目标和激烈的市场竞争，必然使股份保险公司不断发展，最终有助于健全的保险市场的形成和整个保险业的发展。

3.股份制保险公司采用固定保险费方式。股份制保险公司在与投保客户订立保险合同时即确定投保客户向保险公司交纳的保险费标准，以后无论保险公司所收保险费是否足够支付保险赔偿（或给付）和营业费用开支，投保客户均不再承担任何交费义务，不足部分由保险公司注资补足。可见，股份制保险公司收取的保险费是一定的，投保人或被保险人在签订保险合同时即可以明确自己所转嫁风险的保险成本，此后没有增加额外负担的顾虑。保险业务经营中的财务风险完全由公司承担，从而有利于拓展保险业务。

股份制保险公司虽然具有上述优势，但也并非完美无缺。就个别保险关系而论，由于公司必须以为股东谋利为首要目标，在处理与保险客户（即投保人或被保险人）的关系上，公司必然更多地关注股东的利益而忽略保险客户的利益。在许多国家，保险公司对保险风险的选择过于挑剔，限制也过严，使被保险人难以获得适当且充分的风险保障，已经招致了许多保险客户的不满①。从宏观角度来看，由于股份制保险公司只选择能够盈利或效益较好的业务，一些应该得到保障但却风险巨大、获利甚微甚至亏损的业务往往迫使国家不得不设立专门的政府保险公司或民间组成保险合作社等来解决。即使在发达国家，也依然存在着风险保障不足的现象。当然，从企业的本质出发，上述不足并不损害股份制保险公司所具有的本质优势，各国股份制保险公司的发展壮大及其在保险市场上的主体地位，已经充分表明了这一点。

（三）相互保险公司

相互保险公司是所有参加保险的人为自己办理保险而合作成立的法人组织，它是由消费者而非投资人所拥有或控制的公司。它是保险业特有的公司组织形态，同时也是相互制保险组织中最为重要的组织形式。其参与者并非股东，而是合同当事人（或称会员），公司的所有成员必须为保险参加者，既是会员，又是保险人，也是被保险人。因此，公司会员既是保险的供给者，又是保险的购买者。当保险关系终止时，会员资格也随之消失。

相互制保险公司的实质是营利性社团法人。从日本《商法》、日本《保险业法》看，相互制保险公司是以向公司成员提供保险为自身目的。相互制保险公司名义上是不通过对外经营获取利润，而是在成员内部之间开展相互保险，并将其盈余对成员进行分配的社团法人。因此，从这一方面看，相互制保险公司应该是具有非营利的性质。但是在相互制保险公司实际运行中，与股份制保险公司相比较，相互制保险公司以完全不同的经营机制（成员自治、成本原则）在运行。经营者总是希望通过有效经营使盈余最大化，并通过分红返还给成员。因此，从这种意义上看，法律上把相互制保险公司视为具有营利性的社团法人②。

---

① 本书称这种保险公司对所承保风险的"挑剔"性选择为保险公司的逆选择。
② 目前，国内大多数教材认为相互保险公司不以盈利为目的，但是也有学者认为相互保险公司与股份保险公司一样以盈利为目的，其差别仅在于股份制公司将利润分配给了股东，而相互保险公司则将利润以"红利"的形式分配给投保人。

相互保险公司的主要特点是：第一，最高权力机关是社员代表大会，其理事除了本公司的会员外，还招揽具有各种社会关系的成员，以利于业务的扩展。公司管理的表决权属于全体保险单持有人。第二，公司不按资本进行利润分配。公司在支付各种保险赔款和各项经营费用之后，如有盈余，一部分可以"保单红利"的名义分配给保单持有人，另一部分充实公司财政，作为扩充公司的保险基金。如入不敷出时，公司采用减额赔偿制，采取削减一部分保险金的办法来加以解决，或者由保单持有人用公摊保险费的方式予以弥补，也可运用以前积累的盈余金。为增强公司的偿付能力，在收取保险费时，以成本附加费的形式收取部分资金以建立保险基金。

由于具有上述特点，相互保险公司具有自己的优点：一是保险加入者同时即为社员，社员的利益也就是被保险人的利益，这就可以避免保险中的不当经营和被保险人的欺诈行为，从这方面看，相互保险形式适用于经营道德风险较大的保险。二是相互保险以全体社员的利益为重，因而在经营上对被保险人的利益较为重视。此外，由于不以营利为目的，保险费内就无须包括预期利润，从而可降低保险费。三是保险加入者可以参与分配经营结果的剩余部分，有利于激励他们关心保险经营。四是可减少股东与经营者的矛盾。因为在成员自治、成本原则下，相互式保险公司盈余的绝大部分必须要公平地返还给公司成员。其公司盈余的90%以上分配给相互式保险公司的成员，其余部分除拿出一定的比例作为盈余需转入下一年度外，有限的剩余部分才是支付给经营者的报酬。因此，公司成员与公司经营者之间的矛盾就相对地不那么突出和明显。

相互保险公司主要有下列几种经营方式：

第一，摊收保费制。在签发保险单时，仅收取小额承保费用，如不足支付费用与赔偿损失时，再按每一保单持有人的保险金额比例摊收。保单持有人的责任可以是有限的，也可以是承担无限摊缴保费的责任。

第二，预收保费制。与上一种做法不同，这种做法是在签发保单时即收取足够支付一切损失和费用的保险费，即其收费标准基本上与股份公司相同。但如遇到超过实际收费率所假定的损失时，仍要向保单持有人补收保险费。这是目前相互保险公司经营的主要形式。

第三，永久保险制。这种相互保险公司签发的保单并无终止日期，但合同双方都可随时终止。参加相互保险公司时，须缴纳巨额保险费，用由此积存的资金所产生的投资收益来支付保险赔偿金及经营费用。如有盈余，保单持有人可以分配红利。终止合同时，保单持有人可以取回最初缴纳的保险费。

相互保险公司一般不适于保险契约时间较短、投保人变动频繁的各种财产保险。而对于以长期契约为主、投保人之间的相互关系较为持久的人身保险，是颇为适合的。

值得指出的是，经过长期的发展，当今的相互式保险公司早非昔日的模样，它在保险业务经营方面与股份保险公司无甚差异，许多相互保险公司早已占居世界一流大公司的稳固地位，如世界最大几家保险公司之一的日本生命相互保险公司，1992 年就拥有资产 2364 亿美元，资本达 61.8 亿美元，当年净收入达52.83 亿美元。从全球范围来看，相互式保险公司主要是经营人寿保险业务。相互式保险公司在日本、美国和英国保险市场上占有重要地位。

从理论上说，股份保险公司与相互保险公司的差异有以下几方面：

第一，从企业主体来看，股份保险公司由股东组成，而相互保险公司由社员组成。股份保险公司的股东，并不限于投保者（但股东和投保人也可以同为一人），但相互保险公司的社员必为投保者，社员与投保人同为一人。

第二，从企业经营的目的来看，股份保险公司是为了追逐利润，而相互保险公司则是为了向保户提供较低保费的保险。

第三，从权力机构来看，股份保险公司的权利机构为股东大会，相互保险公司则为社员大会或社员代表大会；股份保险公司的董事与监事仅限于股东，而相互公司的理事并不以社员为限。因此，利用非社员理事的各种社会关系，有利于业务的发展。

第四，从经营资金来看，股份保险公司的资金来源为股东所缴纳的股本，相互保险公司则为基金，基金的出资人并不限于社员，公司可以在创立时向社员以外的人借入，在以后偿还。

第五，从保险费的缴纳来看，股份保险公司大多采用定额保险费制，而相互保险公司则大多采用不定额保险费制。换句话说，股份保险公司的经营责任，是由股东来负担的。因此，当由投保人所缴纳的保费有剩余时，通常被计入盈利，反之若有不足时，应由股东设法填补，投保人不负追补的义务；而相互保险公司则不同，如果所收的保费有剩余，可以予以摊还，如遇入不敷出时，则需要向社员临时征收，也就是说，社员负有追补保费的义务。

第六，从所有者与经营者的关系来看，股份保险公司中所有者对经营者的控制程度相对较高。因为在股份制的场合，所有者可以通过"用手投票"的内部管理机制和"用脚投票"的市场机制来约束经营者，而相互保险公司的所有者对经营者的控制就比较弱。由于这样一种差别，导致股份保险公司的代理成本较低，而相互保险公司的代理人成本相对较高。

第七，从对风险的防范来看，股份保险公司由于股东的分散和股东与投保人在很多场合下的分离，造成股东与投保人的目标函数不同。即股东追求较高的投资回报，而投保人追求的是较低的保费。由于这一冲突，在股份保险公司，投保人之间的利害关系较弱，欺诈行为相对来说易于发生。而相互保险公司中的投保人就是所有人，目标函数的冲突较少，投保人之间有较强的利害关系。因此，在很大程度上可以防止被保险人的欺诈行为。

第八，从公司的业务发展来看，由于股份保险公司可以通过上市筹资，并且易于进行兼并收购，因此相对来说易于扩大经营规模。而对相互保险公司来说，除非它动用盈余和借贷，否则扩大经营规模是比较困难的。

在现实中，股份保险公司可以转换为相互保险公司；反之，相互保险公司也可以转换为股份公司。一般地说，股份保险公司转换为相互公司主要是基于以下两个原因：一是回避股东分红的要求；二是避免被其他公司收购。但从近几十年来看，更多的情况是相互公司转换为股份公司，即相互公司股份化。人们通常认为，相互公司股份化重组为股份公司有以下几个优点：第一，更灵活的公司结构。在购买和经营其他类型的公司方面，股份公司比相互公司有更大的灵活性。股份保险公司可以购买非保险企业，而不必限制这些非保险企业只接受保险公司的监管。而如果相互公司购买不同类型的公司，被购买的公司必须接受与相互保险公司相同的监管。因此，一些分析家认为，在今天的商业环境下，建立控股公司将使股份公司拥有更大的竞争优势。第二，更便捷地进入资本市场。许多相互公司的财富主要来源于累积的盈余，但其在盈余运用的方式上受到限制。第三，吸引管理人员的相对优势。为吸引高层管理人员，股份公司可以把公司股份作为一部分补偿，而相互公司则没有这种选择。第四，公司所有者更有参与的主动性。股份公司由股东所有，股东对于公司运作比相互公司所有人，即保单所有人有更大的关注。一些高级管理人员认为，由于股东的监察，股份公司的管理比相互公司更进取，更注重发展，更能适应经济环境的变化。

然而，相互公司股份化也不是一件非常容易的事情。相互公司股份化要求相互公司的盈余在保单所有人之间进行分配，因此，相互公司必须找出一条平等有效的途径来分配这些盈余。在此，它们面对两个重要的问题：首先，哪些保单所有人应当分配盈余：一是公司所有的保单所有人，不论是生存的或是死亡的，都对盈余做了贡献，因此，所有保单所有人和它们的继承人都应当分享盈余；二是只有那些在公司转换之前 3 到 5 年内拥有有效保单的人才应参与盈余分配。其次，保单所有人应当以何种方式分享盈余：是现金、股份抑或二者皆可？如果以现金分配盈余会使其耗尽，这样的话，一旦转化为股份公司，可能会因财力不足而不能吸收额外资本；如果以股票形式来分配盈余，则可能使股东的队伍过分庞大。

表 8-1 按 2007 年营业收入列出了世界上最大的 20 家保险公司及其注册地。在最大的 20 家公司中，美国 5 家，英国有 4 家，日本 3 家，荷兰、法国和德国各 2 家，另外两家分别来自瑞士和意大利。此外，中国人寿排名 21，500 强排名第 192 位。专栏 8-2 介绍了相互保险公司的发展状况。

表 8-1 世界最大的 20 家保险公司（根据 2007 年度世界 500 强榜单，按年营业收入排名）[①]

排名（500 强排名）	公司名	注册地	营业收入（百万美元）
1（13）	荷兰国际集团	荷兰	158,274
2（15）	安盛	法国	139,738
3（19）	安联	德国	125,346
4（23）	美国国际集团	美国	113,194
5（30）	忠利保险	意大利	101,811
6（33）	伯克希尔哈撒韦	美国	98,539
7（50）	英杰华	英国	83,487
8（79）	保诚	英国	66,134
9（85）	苏黎世金融	瑞士	65,000
10（93）	州立农业保险	美国	60,528
11（100）	慕尼黑再保险	德国	58,183
12（107）	日本生命	日本	56,624
13（108）	法国国家人寿	法国	55,584
14（113）	大都会人寿	美国	53,275
15（133）	全球保险集团	荷兰	45,939
16（157）	第一生命	日本	40,146
17（162）	法通保险	英国	38,574
18（173）	耆卫	英国	36,646
19（177）	千禧控股	日本	36,067
20（181）	好事达	美国	35,796

① 资料来源：《财富》杂志。

专栏 8-2

相互保险公司的发展状况

相互保险公司在全球拥有很大的势力，是当前世界保险市场上的主流组织形式之一，在全球保险市场上占有重要地位。据 Sigma 杂志的统计，1999年世界十大保险公司中有 6 家是相互保险公司；50 大保险公司中有 21 家是相互保险公司。在世界主要保险市场上，相互保险公司都拥有相当大的市场份额：亚洲 9 家最大的保险公司中有 8 家（全部是日本公司）是相互保险公司；北美 23 家最大的保险公司中有 11 家是相互保险公司。以美国为例，截至 2002 年底，美国共有相互保险公司 445 家，占全美保险公司总数的 25%；相互保险公司保费收入 2280 亿美元，占全美保费收入的 24%；以直接承保收入计算，财产险公司前十名中有 3 家为相互保险公司，人寿险公司前十名中有 2 家为相互保险公司。

相互保险公司经营领域因地而异，在日本和英国，人寿相互保险公司拥有相当大的市场份额。在法国，相互保险公司主要从事财产和意外险。在德国，相互保险公司在寿险和财产险市场上发挥着同等重要的作用。无论从公司或市场的角度来衡量，相互保险公司都占有约 2/5 的全球市场份额。

历史上出现过股份制转为相互制的浪潮，大多与金融危机相联系，例如美国 20 世纪 30 年代经济大危机中的相互化浪潮和 20 世纪 70~80 年代由医疗事故危机导致的保险市场危机中的相互化浪潮。从 1900 年至1936 年美国保险业经历的相互化浪潮中，至少有 15 家股份制人寿保险公司转变为相互制公司，其中包括两家有名的保险巨头 Prudential（普天寿）和 MetLife（大都会）。这种经济、金融环境的变化是股份公司相互化的外部因素。股份保险公司向相互保险公司转化的内部因素，一般认为是因为公司经营管理层为了避免被其他公司接管（或控制）以便获得更大权力、安全和自由的缘故。

过去几年，更多的案例是相互保险公司的非相互化。以美国为例，20 世纪 90 年代有 34 家产险和 17 家人寿/健康相互保险公司非相互化，这其中包括相互人寿保险巨头 Prudential，MetLife 和 John Hancock。经过这次非相互化浪潮，美国相互人寿保险公司所占的市场份额由 1986 年的 50%降到了 2001 年的近 15%。不过，由于相互制保险公司在管理上的限制，使得其股份化的成本高、时间长、程序复杂，目前仅有大型相互保险公司才有能力股份化。

专家对非相互化的原因还没有达成一致，或者说不同的相互公司非相互化的原因可能不同，但是可以肯定相互保险公司非相互化的原因并非相互保险组织形式没有效率。现实显示外部经济金融环境是非相互化的重要因素。国外发展历史经验表明，当股市比较繁荣时，新成立的公司往往采用股份制形式，甚至还会掀起已成立的相互制保险公司的非相互化浪潮。20 世纪末掀起的非相互化浪潮主要发生在美国和英国等以证券市场为金融中心的国家，而在以银行为金融中心的日本和德国则几乎没有发生非相互化浪潮，这便是例证。另一方面公司经营管理层的扩张冲动也是非相互化的重要原因。

二、依据组织模式分类

依据组织模式分类，保险公司的组织形式主要分为专业公司和集团公司。

（一）专业公司

保险市场发展初期，在信息、精算、财务、监管等技术极其落后、不能够有效隔离产、寿风险的情况下，保险公司应当采取专业化经营方式。对于一些管理成本高、精算难度大、专业化程度低、风险控制能力差、产品开发能力弱的险种，如农业险、健康险、责任险、养老金保险也适合专业化经营。此外，通过专业化经营也可以更好地控制道德风险和逆选择问题，使保险公司的经营风险降低。

设立专业保险公司的另一个原因是世界各国金融监管机构对保险业实行分业监管的要求。在我国，按照《保险法》所规定的"同一保险人不得同时兼营财产保险业务和人身保险业务"，也就是保险业务的两大基本类别必须分开经营。同一家保险公司只能是财产保险公司或人寿保险公司。专栏 8-3 介绍了我国第一家专业保险公司的成立。

专栏 8-3

我国第一家专业化健康保险公司在北京正式开业

2005 年 4 月 9 日，国内第一家专业化健康保险公司——中国人民健康保险股份有限公司在北京正式开业。中国保监会主席吴定富在开业仪式上指出，发展专业化健康保险是迅速缩短中国商业健康保险发展差距，实现中国商业健康保险跨越式发展的必由之路。同时，专业健康保险公司在中国还是新事物，还面临法律、制度等多种因素的制约，中国人民健康保险股份有限公司作为率先开业的专业化公司，任重而道远。

吴定富希望专业健康保险公司为健全多层次的医疗保障体系作出贡献，同时推动公司经营从提供费用补偿向提供全面健康管理转变，从简单承保理赔向专业化健康服务转变，丰富健康保险的功能和作用，增强公司的核心竞争能力。

商业健康保险是中国医疗保障体系的重要组成部分，2004年，中国健康险业务累计保费收入为259.9亿元，同比增长7.42%，占总保费的6%。目前，国内各家寿险公司、财产保险公司都经营健康保险业务。

（二）保险集团公司模式

从各国保险实践来看，保险集团公司可以分为保险集团控股模式和金融集团控股模式。

1. 保险集团控股模式

保险集团控股模式是指以保险公司为基础成立集团公司，集团公司（或控股公司）全资拥有（或控股）产、寿险子公司和资产管理等子公司，由集团控股公司对业务、财务、投资、人事、计划和风险内控等重大决策进行统一管理的分业模式，如图8-1所示。

图 8-1　集团控股组织结构

保险集团控股模式的产生背景是，在管理、信息技术先进，能有效隔离产、寿险风险的情况下，各国为了提高本国保险业的国际竞争能力，适应经济全球化的发展趋势，普遍鼓励保险企业通过集团控股模式实现产、寿险分业经营。集团控股模式的特征是，集团（控股公司）不经营具体业务，而是集中精力研究制定整个集团的战略规划、投资管理、组织架构、风险控制和人力资源规划等重大问题，并协助监管机构落实相关的政策法规。保险集团控股模式又可以细分为集团分业模式和控股分业模式。

（1）保险集团分业模式。保险集团分业模式是指由一个保险集团公司全资拥有产、寿险等子公司的分业模式。由于投资在保险经营中所具有的重要地位，在保险集团分业模式下，集团公司通常都全资拥有资产管理子公司，如图 8-2 所示。

在保险集团分业模式下，产、寿和健康险等子公司都作为独立的法人，独自对外承担法律责任；分业经营，在经营与管理方面不存在任何交叉关系；相互之间也不存在任何投资和管理关系，是一种彻底分业的可选择模式。在集团分业模式下，集团公司不经营具体业务，而是集中精力研究制定集团战略规划、投资管理、组织架构和风险控制等重大问题，加强对产、寿险子公司的风险监控和管理。

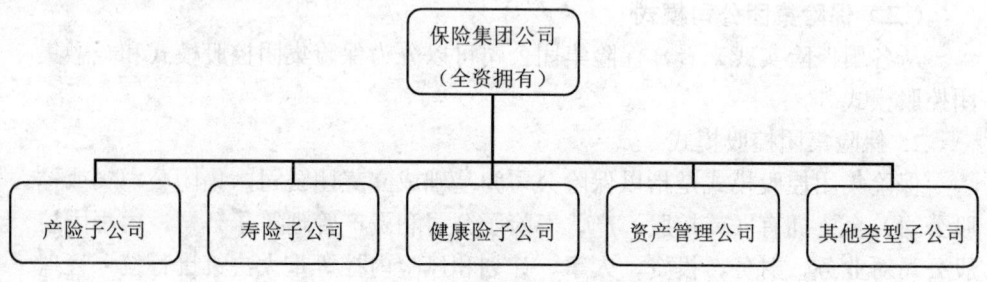

图 8-2 保险集团分业组织结构

为了提高本国保险业的竞争力，适应世界经济一体化和竞争国际化的趋势，集团分业模式是普遍被各国政府鼓励和被各国保险公司采用的分业模式。例如，目前进入中国市场的美国国际集团（A1G）采用的就是集团分业模式，全资拥有寿险子公司美国友邦保险公司（AIA）和产险子公司美国美亚保险公司（AIU），并通过这两家子公司在中国分别经营人身保险业务和财产保险业务。

（2）保险控股分业模式。保险控股分业模式是指由一个控股公司分别控制①产、寿和健康险子公司的分业模式。同时，由于资金运用对保险公司的重要性，在控股分业模式下，控股公司通常还拥有资产管理子公司等子公司，见图 8-3 所示。

---

① 关于控股公司的法律规定，各国都通过公司法强调对于公司的实际控制，但具体控制多大比例的股份，各国的规定不同。

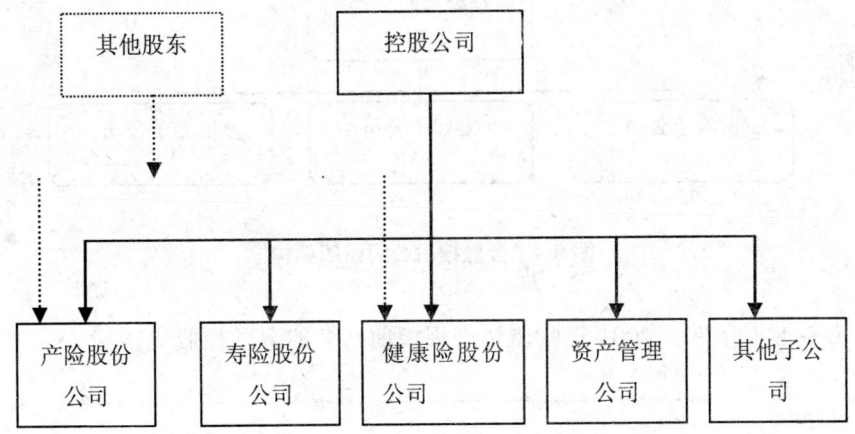

图 8-3　控股分业模式的组织架构

在保险控股分业模式下，产、寿险子公司都是作为独立法人的股份有限公司，独立对外承担法律责任；在经营与管理方面不存在任何交叉关系，分业经营；相互之间也不存在任何投资和管理关系，这也是一种彻底分业的可选择模式。在控股分业模式下，控股公司不经营具体业务，而是集中精力研究制定控股公司整体战略规划、战略性资产及战术性资产分配、组织流程、风险内控体系等重大问题，加强对产、寿险子公司的风险监控和管理。控股分业模式也是普遍被各国政府鼓励和被各国保险公司采用的分业模式，例如，目前进入中国市场的德国安联（Allianz AG Holdings），法国的安盛——巴黎联合保险公司（AXA-UAP）等。

2．金融控股集团模式[①]

在该架构下，金融控股公司为纯粹控股公司，不经营具体的业务活动，控股保险、银行、证券等金融子公司不得交叉持股。金融控股公司对各金融子公司经营活动进行指导和协调，以实现协同效益和范围经济。目前，美国、日本、韩国、中国台湾多采用这种形式，其组织架构见图 8-4。

---

① 参考陈文辉主编：《中国人身保险发展报告（2004）》，北京：中国财政经济出版社，2005 年，第 232 页。

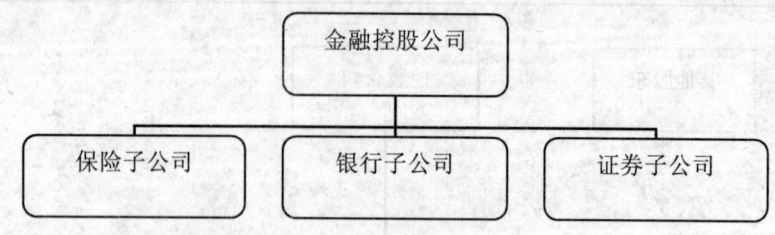

图 8-4   金融控股公司组织架构

专栏 8-4 介绍了 2001 年欧盟资产规模前八名的金融控股集团。

专栏 8-4

2001 年欧盟资产规模前八名的金融控股集团

单位：亿欧元

排名	集团	资产	排名	集团	资产
1	安联（Allianz）	9119	5	皇家苏格兰银行集团（RoyalBank of Scotland Group）	5900
2	汇丰控股（HSBC Holding）	7786	6	巴克莱银行（Barclays）	5735
3	荷兰国际集团（ING Group）	7051	7	农业信贷银行（Credit Agricole）	5633
4	荷兰银行控股（ABNAmro Holding）	5974	8	法兴银行集团（Societe Generale）	5125

资料来源：陈文辉主编：《中国人身保险发展报告（2004）》，北京：中国财政经济出版社，2005 年，第 231 页。

　　一般来说，银行作为母公司的集团架构比较常见。在该架构下，母公司是银行，银行对保险等其他金融业务的子公司实施控股。这种架构主要存在于英联邦国家，例如英国、澳大利亚、加拿大等；法国也存在这种架构，如巴克莱银行（Barclays Bank）控股了巴克莱人寿保险有限公司（Barclays life Assurance Company Ltd）。其组织架构见图 8-5。

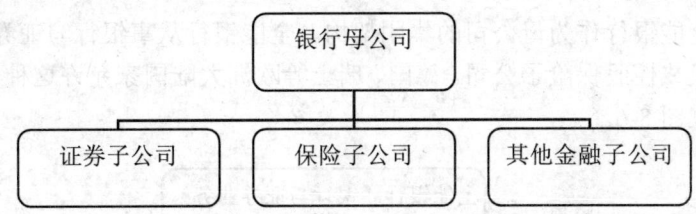

图 8-5　母公司为银行的集团控股公司组织架构

专栏 8-5 介绍了 1990 年～2003 年欧盟国家保险公司与银行间并购的情况。

专栏 8-5

欧盟国家 1990 年至 2003 年保险公司收购银行的五大案例

	收购方（保险公司）	收购目标（银行）	年份	交易额（亿欧元）
1	安联（Allianz）	德累斯特（Dresdner）	2001	223
2	富通集团（Fortis）	卢森堡通用银行（Generale de banque）	1998	105
3	荷兰国民人寿（Nationale Nederlanden）	荷兰中产－邮政银行集团（NMB Posbank Group）	1991	56
4	荷兰国际集团（ING Group）	BBL 银行	1997	41
5	荷兰国际集团（ING Group）	BHF 银行	1999	23

欧盟国家 1990－2003 年银行收购保险公司的五大案例

	收购方（银行）	收购目标（保险公司）	年份	交易额（亿欧元）
1	劳埃德银行集团（Lloyds TSB Group）	苏格兰鳏寡基金与人寿保险协会（Scottish Widows Funds & Life）	2000	120
2	亚比国民银行（Abbey National）	苏格兰远见相互人寿保险公司（Scottish Provident Institution）	2001	29
3	比利时德哥亚银行（Dexia Belgium）	金融平安保险公司（Financial Security Assurance）	2000	27
4	爱尔兰恒久银行（Irish Permanent）	爱尔兰人寿保险公司（Irish Life）	1999	27
5	劳埃德银行集团（Lloyds TSB Group）	劳埃德亚比人寿保险公司（Lloyds Abbey Life）	1996	21

资料来源：陈文辉主编，《中国人身保险发展报告（2004）》，北京：中国财政经济出版社，2005 年，第 230 页。

（1）全能银行作为母公司的集团架构。全能银行从事银行与证券业务；全能银行参股或控股保险子公司。德国、瑞士等欧洲大陆国家允许这种模式存在，组织架构见图8-6。

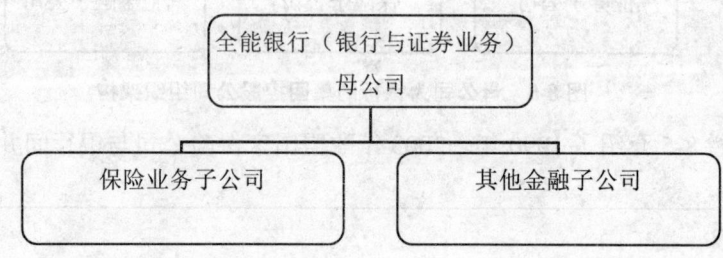

图8-6 母公司为全能银行的集团控股公司组织架构

（2）工商金融混合多层控股集团架构。此类控股集团原来从事工商业务，后来向金融领域扩展，到了一定阶段把保险、银行等一系列业务整合到金融控股公司之下，保险、银行等部门作为独立法人，因此，整个集团至少包括两个以上的控股公司。金融控股公司则单独受到有关金融当局的监管。美国通用汽车集团是这种模式的典型代表，其组织架构见图8-7。

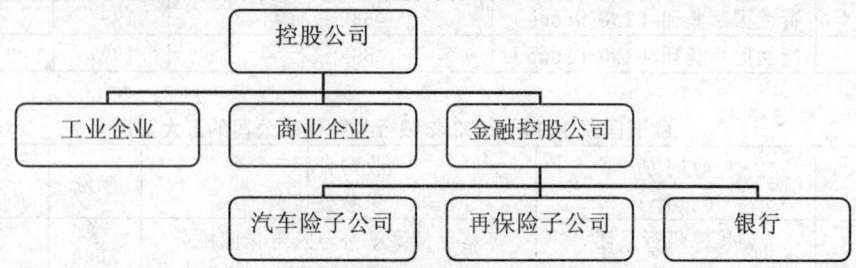

图8-7 美国通用汽车金融混合多层控股集团架构

3. 集团公司运营的比较优势和隐患

（1）比较优势。西方金融保险业发展的历程表明，分业经营和专业化管理是对保险企业组织设计的两个基本要求。通过集团控股的组织模式，实现分业经营和专业化管理，不仅可以强化保险企业的竞争实力，更可以起到强化保险企业风险控制能力的作用。首先，保险集团化运营便于发挥协同效应，为获得规模经济和范围经济提供了组织条件。当保险控股集团各子公司实现了共享品牌、产品互补、交叉销售的时候，在不引起固定成本增加的条件下，能够扩大渠道，增加产品销售，或者扩大业务范围，从而降低了平均成本。其次，保险集团化运营有利于增强抵抗行业系统风险能力。保险控股集团在提供多元化金融服务的同时，也实现了风险的分散化。最后，保险集团化运营便于进行金融保险创新。保险集团化运营有利于集团内部各要素重新组合，并衍生出新的金融保险业务，还使得金融机构能够合法规避已有的金融管制，并且可以通过合并报表实现合法避税。

集团化综合经营优势的根源在于资源共享和整合带来的协同效应，而这种整合效益和协同效应的获得是需要建立各类资源共享平台以及相关制度来保障的。只有这样才能做到整个集团统筹规划、协调发展，否则综合经营的优势就无法发挥。建立各类资源共享平台要注重切实加强品牌建设，全力打造统一、强劲的品牌；加强信息技术的统一规划，构建信息互联、资源共享的先进信息技术平台；加强客户服务体系建设，充分挖掘和利用客户资源；加强人力资源开发，建立规范运作的综合性教育培训体系，为集团发展提供有力的人力资源保障和智力支持[①]。

（2）运营隐患。从理论上说，保险（金融）控股集团面临特有的风险：

第一，保险（金融）控股集团的风险传染（Risk of contagion）。保险（金融）控股集团是由商业银行、证券公司、保险公司或者工商企业等组成的有机体，如果某一子公司发生危机或恶意违规运作，若无防火墙阻隔，通过放大机制的传递作用，将使整个金融控股集团面临风险。

第二，保险（金融）控股集团的资本重复计算风险（Risk of double gearing）。集团化有资本放大器的作用。控股公司内部可能在母公司和子公司间多次使用同一笔资本，产生资本重复计算问题，导致过高的财务杠杆，影响整个集团的偿付能力。所谓资本的重复计算问题是指同一资本被用于两个或更多的法人实体以抵御风险。当母公司对子公司持股，而这部分资本已经计入子公司的资产负债表时，就会发生资本的双重计算；当上述子公司又持有集团内部另一个子公司的股权时，资本就会被三次重复计算。资本重复计算意味着来自集团外部的资本被杠杆式放大了。

第三，保险（金融）控股公司的组织结构不透明风险（risk of opaque structures）。控股公司内和成员公司间的关系极其复杂，保险（金融）集团越大，涉及的公司越多，关系越复杂，监管者越难以确定它的风险。不透明的结构，会对金融监管者造成困难：首先，金融控股公司母子公司之间、子公司之间错综复杂的内部交易，特别是为逃避监管的不良内部交易，导致金融控股公司的公开信息占应公开信息的比重通常要低于非集团化的金融企业，使监管机关、

① 刘虹：《中国现代保险集团竞争力构建思考》，《金融时报》，2005年04月18日。

债权人和其他利益相关者很难掌握足以作出正确判断的信息。其次，结构不透明还会导致更多的欺诈机会，由于保险（金融）控股公司的不正当内部交易，以及处于不同行业、不同国家和地区的金融控股公司母子公司适用的会计准则、会计年度存在很大差别，控股公司可能会利用这些差异制造虚假信息来谋取不当利益。如金融控股公司可能会通过内部交易夸大一个子公司的报告利润和资本水平，从而虚增了集团公司的净资本，或者掩盖金融控股公司的真实风险。最后，产生监管套利风险（Risk of regulatory arbitrage）。由于银行、证券和保险业务存在很大差异，对各个领域的监管要求和适用会计制度不一致，大多数的非金融实业也不受金融管制。作为一个理性的经济主体，金融控股公司可能倾向于把资产向监管比较宽松的子公司转移。金融控股公司中不受金融监管的非金融实业和跨国金融控股公司更加容易产生监管套利风险。

第四，保险（金融）控股公司的利益冲突（Conflicts of interests）。利益冲突又称利益背反，是指某个人或某些人同时对于不同的某些个人、集团或组织以及某种事物在忠诚度和利害关系上发生矛盾的现象。一般来说，一个市场经营者自身的潜在利益与其客户的利益之间，以及市场经营者所代表的客户的利益与其所代表的第三方的利益间有冲突时，经营者可能不以其所代表的客户最大利益而行动，这时利益冲突风险就发生了。其根源是主体角色的多元化，金融组织兼营许多不同的金融业务，各个部门或业务单位的经营目标不相同，难免会出现冲突和矛盾，而维护组织整体利益的结果往往是对其他人或单位利益的损害。例如，金融组织要求处于财务困境中的贷款人发行由本组织的证券部门承销向公众出售的证券，并以发行所得偿还贷款，达到破产风险转移（Bankruptcy risk transference）的目的。

在保险（金融）控股公司内部，有些子公司之间在本质上是利益相互冲突的，如果控制不当或监管不到位，其利益冲突风险将会更为严重。如投资者进行银行储蓄的主要目的是追求"金融资产的安全性"，如果金融控股公司把银行资金用于证券子公司的证券交易，追求股票的高额利润，则违背了投资者追求"安全性"的意愿。此外，各子公司之间也可能存在由于企业文化和经营管理模式差异而产生的利益冲突。

专栏 8-6 介绍了中国金融控股（集团）公司概况。

专栏 8-6

中国金融控股（集团）公司概览

控股公司	人身险业务	财产险业务	银行业务	证券业务	信托业务
人保控股	人保健康 人保寿险	人保产险	–	人保资产管理公司	–
国寿集团	人寿股份	人寿财险	–	中国人寿资产管理公司	–
平安集团	平安人寿 平安健康 平安养老	平安财险	平安银行	平安证券	平安信托
太保集团	太保人寿 太平洋安泰	太平洋财险	–	–	–
中再集团	中国人寿再	中国财产再 大地产险	–	中再资产管理	–
中国保险	太平人寿 太平养老	太平保险 香港民安	–	中保证券 中保投资	–
华泰保险	华泰人寿	华泰财险		华泰资产管理公司	
中信集团	信诚人寿		中信实业银行	中信证券	中国国际信托投资公司
光大集团	光大永明		光大银行	光大证券	光大国际信托投资公司
泰达控股	恒安标准	渤海财险	渤海银行		北方信托
海尔集团	海尔纽约		青岛商业银行	长江证券	鞍山信托
北京首创	首创安泰				
中粮集团	中英人寿				
招商局集团	招商信诺		招商银行		

资料来源：根据陈文辉主编，《中国人身保险发展报告（2004）》，北京：中国财政经济出版社，2005年，第248页。

三、非公司形态的保险组织

（一）相互保险社

相互保险社是最早出现的保险组织，也是最原始的保险组织形态，每个社员为其他社员提供保险，每个社员同时获得其他成员提供的保险。相互保险社在欧美国家现在仍相当普遍，如美国的"同胞社"、英国的"友爱社"、海上保险方面的"船东相互保障协会"等。与相互保险公司和保险合作社相比，相互保险社具有以下几个特点：（1）相互保险社的成员之间相互提供保险保障，体现"我为人人，人人为我"的思想。（2）相互保险社无股本，保险费采取事后分摊制，事先并不确定。经营资本来源于社员缴纳的分担金。在相互保险社中，赔偿和管理方面所需要的款项和开支，由社员共同分组，社员先交付暂定分担额和管理费，在年度结算时计算出确定的分担额后再多退少补。（3）相互保险社的最高管理机构是社员选举出来的管理委员会，在通常情况下，委员会指定一个有法人资格的代理人主持社务，处理有关保险与社内财务等一切事务。（4）相互保险社的经营对象是社员，并不对外公开营业，其组织规模较小，纯粹为社员服务。

（二）保险合作社

保险合作社是由一些具有相同保险需求的人组织起来、共同经营的相互保险组织。最早的合作保险组织为 1867 年英国的合作保险公司（Cooperative Insurance Company），其后逐渐发展，迄今三十多个国家和地区有保险合作社这种组织，其中以英国的保险合作社数量最多，范围量大，是世界合作保险的中心。在法国、美国、日本、新加坡等国，保险合作社均有一定的影响。目前，全球具有影响力的保险合作社有美国的蓝十字（Blue Cross）与蓝盾（Blue Shield）协会、加拿大 Co－operators 保险合作社、日本的"全劳济"等。

与相互保险公司相比，当今的保险合作社表现出合作保险的特性。相互保险公司与股份制保险公司都属于商业保险范畴，而保险合作社则不然，因此保险合作社具有以下显著优点：第一，保险合作社满足某种共同需要的人群，它的低费率优势使它在解决低收入阶层的保险保障方面具有独特的作用。第二，保险合作社适合具有全国性规模的团体来组织运营，或与其结成紧密的关系。第三，保险合作社属于社团法人、非盈利机构，其在经营中所产生的利润基本上用于为社员提供教育培训、解决住房、促进就业等服务，因此它有利于政府的社会目标的实现，与政府的经济社会政策吻合。当然保险合作社也有它的缺陷：保险合作社不是股份公司，其筹资能力弱，发展受到一定程度的限制；保险合作社的国际化能力很差。

保险合作社与相互保险公司很相似，相互保险社通常是按照合作社的形式建立起来的，因此有些保险学者常常将两者互相替代，其实保险合作社和相互保险社之间还是有区别的：（1）相互保险社无股本，而加入合作保险社，社员必须缴纳一定金额的股本，也就是说，社员是保险合作社的股东，其权利以其认购的股金为限。（2）相互保险社经营资金的来源为社员缴纳的分担额，相互保险社与社员之间是为一时目的而结合的，如果保险关系终止，双方自动解约。保险合作社的资金来源于社员的股本和向社员或非社员借入的基金。保险关系的建立必须以社员为条件，但社员不一定必须建立保险关系，保险关系消灭也不影响社员关系的存在，因此保险合作社与社员的关系比较长久，只要社员认缴股本后，即使不利用合作社的服务，仍然可以与合作社保持联系。（3）相互保险社保险费采取事后分摊制，依据实际需要和实际损失分摊，事先并不确定。而保险合作社采用确定保险费制，事后不再补缴。（4）保险合作社业务范围仅限于合作社的社员，只承保合作社社员的风险。（5）保险合作社采取固定保险费制，事后不补缴。而相互保险社保险费采取事后分摊制，事先并不确定。中国渔业船只互助保险协会（CEPI）是中国第一家非政府互助保险机构，成立9年，目前拥有会员 122 万人。作为非盈利组织，该协会的主要资金来源于会员所交纳的保险费，现有准备金 4700 万元。该协会成立之前，为渔民提供保险的是保险公司，但保险公司不愿承保木制的小功率渔船。但在实践中，这些渔船是渔民最需要保险的。我国每年由于船只失事等海上灾难造成的损失高达 40 亿元。

（三）个人保险组织

个人保险组织是指以个人的名义承保业务。从保险历史来看，个人承办保险曾有过相当长的时间，但随着社会经济的发展，保险金额日渐扩大，而个人承保能力又相当有限，使得个人承保经常出现不能胜任的局面。个人保险在英国最为流行，这主要是由英国经济发展的特点，特别是由英国以判例制度为特点的法制发展史等综合因素所决定的。美国仅在德克萨斯、纽约和新墨西哥三个州有个人保险，其地位也不像在英国那样重要。如今，传统意义上的个人保险组织除英国劳合社社员仍保持相当的承保实力外，其他国家在逐渐减少，有被淘汰的趋势。不过，美国把保险与资本市场结合，通过把风险分散到资本市场，这些产品的运营机制与个人保险类似，因此这里我们把这些产品的交易场所作为个人保险组织来介绍。

1. 劳合社

劳合社（Lloyd's of London）是一个社团组织，它是根据《1871 年劳合社法》中关于"社团和法人组织条款"成立的。劳合社不承保业务，只是向社会提供保险交易场所和有关的服务。劳合社的经营活动受 1871～1982 年间的《劳合社法》和英国《1982 年保险公司法》制约，并实行自我监管制度。

（1）三权分立机构。劳合社下设理事会、市场委员会和监管委员会，各司其职。

①理事会。在《1982 年劳合社法》颁布之前，劳合社由其社员选举产生一个理事会管理社内事务，行使社团权利，并监管和指导保险交易。随着 1993 年 1 月 1 日劳合社的市场委员会和监管委员会的成立，理事会的权利和职能有所分散，但其最高地位并没受到影响，仍负责制定或审批章程、入社费、罚金、

预算等，并处理另两个委员会未达成一致意见的问题，对社团事务负有首要责任。②市场委员会。该委员会负责制定市场战略，并提供主要的服务项目。③监管委员会。该委员会负责制定劳合社市场的监管条例，并担负监管市场的职能，以保护其社员的利益。

（2）劳合社下属部门。劳合社在理事会、市场委员会和监管委员会下设 8 个部门：①财务，负责劳合社的财务和税收事项，向贸易工业部呈报财务报表，对外公布财务报告。②营销和公众事务，负责发展国内外业务，下设市场部、国际部、通讯部。③服务监管，主要负责对承保代理人和经纪人的监管，处理承保批准和客户投诉，提供法律咨询和进行诉讼。④运作，负责签单和理赔事务，提供计算机和电信服务。⑤人力资源和辅助服务，负责社内人事、培训、养老金和物业管理。⑥政策及规划，负责劳合社的战略规划，协调理事会、市场委员会和监管委员会三方面的关系，并任命和管理劳合社的代理商。⑦中央服务中心，使用中央数据库处理所有承保组合的信息资料。⑧未结清年度项目，负责接管和处理劳合社历年积累的亏损。

（3）劳合社经纪人。劳合社一般不准由投保人和承保人直接签订保险合同，而是由劳合社经纪人替投保人寻找承保组合（Underwriting syndicate）。所有劳合社经纪人必须在保险经纪人注册委员会登记注册，并遵守劳合社经纪人业务守则。申请成立劳合社经纪公司须符合一系列条件。此外，另有一种代理经纪人（Agency broker），专门为劳合社经纪人代理业务。还有一种是由劳合社经纪人与非劳合社经纪人达成协议，允许非劳合社经纪人使用其名义或劳合社签单部的号码代理业务，但非劳合社经纪人必须在保险经纪人注册委员会登记注册过，而且非劳合社经纪人是劳合社经纪人的一个分支机构，或者有意在注册后的三年内成为劳合社经纪人。

（4）劳合社社员。劳合社的承保人，又称名人（Name）或真正承保人（Actual underwriter）。劳合社就其组织的性质而言，它不是一个保险公司，而是一个社团组织。它不直接接受保险业务或出具保险单，所有的保险业务都通过劳合社的会员，即劳合社承保人单独进行交易。劳合社只是为其成员提供交易场所，并根据劳合社法案和劳合社委员会的严格规定对他们进行管理和控制，包括监督他们的财务状况，为他们处理赔案，签署保单，收集共同海损退还金等，并负责出版报刊，进行信息搜集、统计和研究工作。劳合社承保人以个人名义对劳合社保险单项下的承保责任单独负责，其责任绝对无限，会员之间没有相互牵连的关系。劳合社从成员中选出委员会，劳合社委员会在接受新会员入会之前，除了必须由劳合社会员推荐之外，还要对他们的身份及财务偿付能力进行严格审查。

　　社员必须向劳合社签订一份保证书，保证遵守《劳合社法》及有关规定，每个社员至少要有 150 万英镑保证金。社员对其承保的业务负无限责任，相互之间无连带责任，要以自己的全部私人财产作为抵押来承担无限责任。但从 1993 年 1 月 1 日起，劳合社建立了一种"停止损失方案"（Stop Loss Scheme），若社员 4 年内的全部净损失超过其保费收入的 80％，则超过部分由该方案下的基金来偿还，但社员必须按规定比例向该基金缴付一定费用。自 1995 年以来，社员还可将其无限责任通过分保转移给作为有限责任的法人组织的社员。每个社员必须将保费和投资收入存入保费信托基金，该基金 3 年结算一次。如果社员的信托资产及私人财产不足以支付赔款，就从中央资源中提取资金偿还债务。中央资源由中央基金和劳合社资产组成，社员须向中央基金每年缴费一次。

　　1994 年以前，劳合社的承保人都是自然人，或称个人会员（Individual member）。1994 年以后，劳合社允许公司资本进入该市场，出现了公司会员（Corporate member）。从此以后，个人会员的数量逐年递减，而公司会员的数量逐年递增。据 1997 年底至 1999 年底三年的统计数字显示，劳合社个人会员的数目分别为 6825 名、4503 名和 3317 名，而公司会员的数目为 435 名、660 名、和 885 名。

　　（5）承保组合。劳合社的承保人按承保险种组成不同规模的组合，即承保辛迪加（Underwriting syndicate）。组合人数不限，少则几十人，多则上千人。每个组合中都设有积极承保人（Active underwriter），又称承保代理人（Underwriting agent）。承保代理人代表一个组合来接受业务，确定费率。这种组合并非合股关系，每个承保人各自承担的风险责任互不影响，没有连带关系。截至 1999 年底，劳合社的承保辛迪加的数量为 122 个。

　　劳合社作为一个商业组织，仅接受它的经纪人招揽的业务，换句话说，劳合社的承保代理人不与保险客户即被保险人直接打交道，而只接受保险经纪人提供的业务。保险经纪是技术性业务，经纪人是受过训练的专家，他们精通保险法和业务，有能力向当事人建议何种保险单最能符合其需要。保险客户不能进入劳合社的业务大厅，只能通过保险经纪人安排投保。经纪人在接受客户的保险要求以后，准备好一些投保单，上面写明被保险人的姓名、保险标的、保险金额、保险险种和保险期限等内容，保险经纪人持投保单寻找到一个合适的辛迪加，并由该辛迪加的承保代理人确定费率，认定自己承保的份额，然后签字。保险经纪人再拿着投保单找同一辛迪加内的其他会员承保剩下的份额。如果投保单上的风险未"分"完，他还可以与其他辛迪加联系，直到全部保险金额被完全承保。最后，经纪人把投保单送到劳合社的保单签印处。经查验核对，投保单换成正式保险单，劳合社盖章签字，保险手续至此全部完成。

专栏 8-7 介绍了英国劳合社的承保业务。

专栏 8-7

英国劳合社承保的业务

目前，劳合社成员承保的业务大体分为四大类，即水险、非水险、航空险和汽车保险。

劳合社的水险业务约占劳合社总业务的 21%。世界上约有 13%的海上保险业务是由劳合社承保的，劳合社承保的水上风险范围很广，从游艇到超级油轮及其货物，从海岸供给船（Offshore supply boat）到大型石油钻井机，世界上几乎所有的远洋船舶的责任风险都在劳合社办理了再保险。

非水险业务在劳合社业务中所占的比例约为 51%。劳合社承保的非水险风险包罗万象，从火灾到暴风雨，从地震到盗窃抢劫，从产品责任到职业过失，从影星的眼睛、钢琴家的手指到可怕的疾病。只要市场上对某种风险产生了保障需求，富有创新进取精神的劳合社承保人很快就会设计出相应险种。劳合社的非水险市场也承保短期寿险业务。劳合社不承保的风险种类只有长期寿险和信用风险两种。

航空保险业务约占劳合社业务的 11%。目前，劳合社的航空保险业务约占世界该类业务量的 25%。劳合社的航空承保人被认为是承保航空器实体损害风险和责任风险方面的杰出专家。世界 10 大航空公司中有 9 家以及前 9 名最大的航空器制造商都在劳合社购买了保险。

汽车保险在劳合社业务中约占 17%。许多其他的汽车保险上都要求投保的汽车要标准化，但劳合社的汽车承保人则乐意承保非标准化的高价值的汽车，甚至为电动自行车这样小的保险标的也办理保险，劳合社因此在汽车保险领域名声大噪，世界上最大的 7 家汽车制造商都在劳合社购买了保险。

进入 20 世纪 90 年代以来，由于世界保险市场竞争加剧，加上劳合社本身经营方式的影响，劳合社的经营也陷入了困境。1992 年营业出现巨额亏损。从 1993 年开始，劳合社大力进行改革，实施了"重建更新计划"（Reconstruction and Renewal）。改革的一个令人瞩目的措施便是向劳合社引入了公司会员，允许公司资本进入劳合社，打破了劳合社会员只允许是自然人的传统惯例。劳合社的公司会员承担有限责任，自 1994 年 1 月 1 日被准入劳合社以来，公司会员的数目及其承保能力连年增长。到 1999 年底，已有 885 个公司会员，其承保能力达 130 亿美元，占劳合社承保能力 163 亿美元的 80%。公司会员要将其经营保费的 50% 或更多上缴劳合社，作为担保金最低不少于 80 万美元，这个比例比对个人会员所要求的 25% 和 30% 的比例要高得多。劳合社目前还在酝酿更多的改革计划，包括打破只接受劳合社经纪人招揽业务的传统做法，尝试从世界上其他保险经纪人处直接获得业务。

1997 年，世界著名的评估机构标准普尔公司推出的"世界最大商业保险公司"排行统计表中，包括了劳合社，因为他们认为劳合社在许多项目上是一个全球经营者，首次披露的市场评级为 A+。按非寿险保费净收入排行，劳合社列世界第二，非寿险保费净收入 108.66 亿美元，仅次于日本东京海上与火灾保险有限公司。但在过去 30 年里，由于来自石棉和污染责任的巨额索赔，使得劳合社的经营陷入了困境，虽然"重建更新计划"改革措施取得了一些成绩，但仍不尽如人意。这个保险业巨子正面临着巨大的内外压力。

——摘自曾立新编著《海上保险学》

2. 保险期货、债券等证券交易所

保险期货、债券作为保险供给主体，其作用主要通过保险证券化来完成。保险证券化是指以未来保险期间或再保险期间所产生的现金流量为标的所发行的债券，这是国际金融市场的一项创新，目的在于通过证券化将既定保险风险，通过资本市场规范的证券化程序，转移到资本市场上。证券化的作用在于扩大了保险市场的承保能力，增强了保险业抗风险的能力。同时，证券化也改变了保险公司资产负债结构，使保险公司资产负债匹配更趋合理，更能体现稳健经营的思想。从目前情况看，证券化主要有以下三种形式：（1）保险连结固定收益债券，即将债券的未来偿债或支息情况与保险事故发生与否相联系，如巨灾债券。（2）交易所巨灾选择权，即将巨灾发生的损失指数作为交易标的，在交易所中进行各种衍生性金融商品的买卖，使风险转移者能够通过巨灾选择权的避险操作，以避险的利益冲抵巨灾发生所导致的损失，达到稳定损失的目的。（3）保险连结型资本融资证券，即以巨灾风险或保险风险的发生与否，作为未来公司资本发行或股权转移的条件，以资本发行或股权转移方式，在巨灾发生后立即提供现金流量，解决短期现金不足或资本减少的问题。保险证券化的重要性主要在于，它是再保险的另一条途径或一种补充。它给投保人带来的好处主要是他们不必像购买传统再保险那样承受任何信用风险，因为资金在损失还没有发生时就已经被筹到且被投资于安全而短期的证券。与传统再保险相比，

证券化产品的优势在于能够直接通过资本市场来扩大保险公司和再保险公司的承保能力。

从 1992 年 12 月 11 日起,美国芝加哥交易所连续推出三种与保险损失率有关的金融期货产品,即巨灾保险期货、健康保险期货和家庭保险期货,为保险风险移转至资本市场开启了实践先例。但由于金融期货产品设计缺陷和金融期货市场尚未成熟等因素,三种金融期货产品上市后不久即中止交易。此后,美国芝加哥交易所对于保险期货产品加大研究力度,不断研发新兴巨灾产品。1993年美国芝加哥交易所再次推出巨灾风险买权价差,但上市后不到两年又告停止。直到 1995 年才推出财产赔偿服务巨灾选择权(Property Claim Service Catastrophe Option,PCS CAT Option),从此,整个期货市场才开始注意到保险风险的证券化问题。1999 年 9 月芝加哥交易所又开始出售一种与气候有关的新兴期货与选择权金融产品。这种产品分为两种,一种为高温气候期货或选择权,另一种为低温气候期货或选择权,提供一般企业规避气候急剧变化所造成的损失,或提供保险或再保险冲销因气候异常所致损失率的升高,确保利润的稳定。

1997 年纽约设立的巨灾风险交易所(CATEX),是以电子网络建立的交易所,是一虚拟的全球电子交易中心,会员通过上网进行各种巨灾风险的交换、各种传统保险和再保险的买卖、各种交易信息的提供,以及其他非传统风险转移(Alternative Risk Transfer,ART)工具的买卖,通过 CATEX 的网络系统,全天 24 小时将所转移的风险公布在 (CATEX)上,与世界各国的会员公司进行网上交易。目前,主要上网交易的成员以保险公司、再保险公司、投资银行、券商、资产管理公司、保险经纪人、自保公司等居多,这也是一种巨灾保险证券化的交易所。

四、自保公司

1. 概述

自保公司(Captive Insurance Company)①是由其组织上隶属的母公司紧密控制、专为其母公司提供保险服务的组织机构。在 20 世纪 60 年代初,这种保险业务形式才开始发展,到今天已成为保险市场上一支十分重要的力量,被世界各地的商业机构广泛使用,促进了创新风险融通技术的飞速发展。

自保公司是指非保险业的母公司,为节省费用并增加承保业务的伸缩性而

---

① 在我国没有固定译法,有译成附属保险公司、专业自保公司、专属自保保险公司,但各种译法的差别不大,一般可以简称为自保公司。

投资设立的附属保险机构。由于它的主要职能是为母公司及其附属公司提供保险，故被投保标的所有者，也是专业自保公司资产的所有者。自保公司的投保人直接介入和影响着该自保公司的主要经营，包括承保、理赔、管理政策和投资行为等，这也是它与传统的保险公司的区别。自保公司的职能主要有两个：一是为公司本身能以有效方式承受的高发性风险提供自保基金；二是为某些在传统保险市场上无法投保的发生率低但危害性大的风险进行融资。

　　自保公司可以设立为直接保险公司，向被保客户直接签发保单、收取保费，然后可根据业务情况将超过预定损失幅度的风险转嫁给专业再保险公司；自保公司也可以设立为再保险公司，母公司的风险先由当地的直接保险公司（称为出面保险公司）出面签发保单进行承保，然后再以再保险合同的形式分保给自保公司。自保公司是非传统风险转移的一个重要载体，其具体类型包括单一母公司的自保公司、联合自保公司、租借型自保公司和隔离单元型自保公司等。单一母公司的自保公司业务安排如图 8-8 所示。

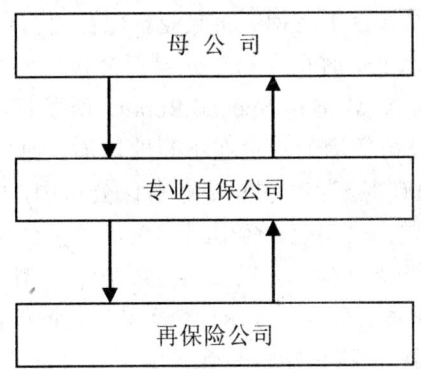

图 8-8　单一母公司的自保公司业务安排

　　联合自保公司（Association captive）或称集团自保公司（Group captive）是一个代表多个彼此并不相关的商业组织利益的自保公司，这些商业组织共出保费，共担风险。1996 年初，全球共有约 800 家联合自保公司。图 8-9 给出了联合自保公司的典型业务安排。

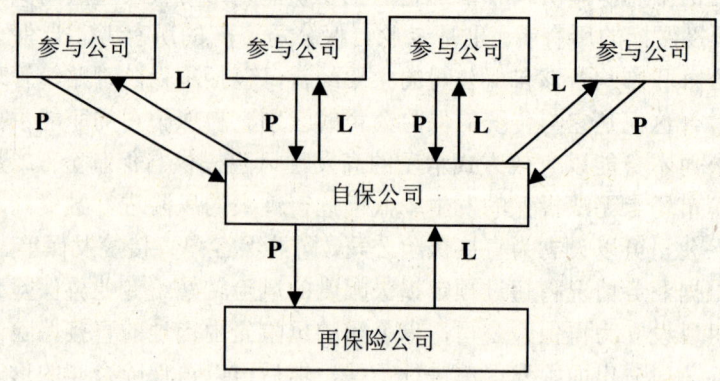

注：L 表示 Losses 損失賠償，P 表示 Premium 保費。

图 8-9　典型的联合自保业务安排

　　自保公司萌芽于英美，从 1893 年纽约信用保险公司（第一家自保公司）在美国成立至今，已走过了百年历程。而专业自保公司得以迅速发展却是始于 20 世纪 50 年代末 60 年代初，时至今日专业自保公司已成为世界保险市场上一支十分重要的力量。根据 A. M. Best Special Report 所发行的专业自保公司的资料统计，每年专业自保公司新增的数量在不断地增加。到 2003 年底，全球专业自保公司数目达到了 5300 多家。在这些专业自保公司中，单一母公司的专业自保公司占到了 70%，主要为《财富》杂志中 1000 家大公司所拥有。另外 30% 系集团专业自保公司、租借型专业自保公司及隔离单元型专业自保公司，这些主要是为中、小型公司服务。我国于 1984 年经国务院批准，中国石化总公司建立了"安全生产保证基金"，这只能算是我国大型企业建立专业自保公司的雏形。2002 年，经保监会批准，中国海洋石油总公司在香港注册了财险专业自保公司。这是我国第一家真正意义上的专业自保公司，它的成立拉开了我国专业自保公司发展的序幕。从中国远洋运输公司、宝钢集团、中国五矿、中石化集团、海尔集团、中粮集团等特大型企业积极参股组建我国一些保险公司可以看出，随着中国保险市场开放度和竞争激烈度的增加，专业自保公司必将成为这些大型企业集团进行风险管理的重要方式。因此，专业自保公司在中国有着美好的发展前景。

　　专业自保公司能获得如此之快的发展，其外部原因主要在于：一是企业经营的国际化。随着经济全球化的发展，跨国公司在全球扩展经营业务。由于世界各国的地理条件、气象条件、经济条件、技术水准、国民特点不同，以致各国的危险也各不相同。企业的国际化使它们必须从全球化的观点来管理风险。而专业自保公司的设立,有利于其在全球范围内为母公司设计统一的保险方案。二是保险的国际化。船舶、货物、航空保险的保险标的是跨国移动的,并且产品赔偿责任、环境污染或绑架风险因国家不同而危险各异,仅以一国的架构是无法处理的。而且这些危险(如绑架)在某些国家是无法安排保险的,必须跨国进行风险安排。三是金融经营的国际化。跨国企业支出的保费从世界各地汇集在一起,,形成巨额资金。从收到这笔巨额保费到支付赔款之间存在一定的时间差,保险公司可通过对闲置保险资金的运用,获得投资收益。各跨国集团都想把保险费滞留期内的资金运用利益据为己有,而专业自保公司恰能满足这一愿望。因此可以说,专业自保公司的出现和发展正是迎合了当前经济全球化和一体化的需要。而追溯到其迅速发展的内因,却是源于传统保险市场的局限性和专业自保公司自身的优势。

2. 自保公司的优势

(1)增加承保弹性。在传统保险中,由于保险公司严格按可保风险的条件进行承保,或者保险公司的承保范围较窄且承保能力较弱,往往使得企业不能得到充分的保险保障。例如,一些商业保险公司在发生了产品责任和环境责任保险巨额索赔之后,不愿意提供高的保险责任限额。而自保公司不必拘泥于保险业的传统观念,可以不断创新,扩展风险概念的外延:不仅包括传统经营的领域,还可以涵盖金融风险、市场风险、政治风险、政府管制风险等。自保公司的个性化承保能赋予母公司更大的风险管理灵活性,它把不同种类的风险组合起来,提供比传统保险公司更灵活的保险,如更高的保险额度或更长的期限等。

(2)节省保险成本。传统的保险费是由纯保费和附加保费构成,附加费中有很大部分是保险公司的展业及经营费用。对母公司而言,自保公司是“自己人”,它对母公司的经营状况、管理水平、设备维护状况、周边环境情况、行业经营特点等都比较了解。而在这些方面,其他保险公司相对而言处于信息不对称的劣势位置。因此,企业在向自保公司缴付的保费中可不包括利润附加、营销费用和管理费用等,即自保保险费基本按照纯费率来计算。

(3)有利于加强风险控制。母公司作为被保险人,通常比一般保险人更为了解和熟悉自身的风险损失状况。母公司依靠外部企业保险公司来进行风险融通,总会或多或少地在风险管控中产生麻痹大意的思想。因为既然保险人提供了保险,公司自己有什么必要花费很大的精力防范风险呢。因此,母公司通过向其自保公司投保,可纠正某些错误信息的传递,这在一定程度上解决了因信息不对称导致的逆向选择问题，从而大大降低了保险引起的道德风险。

（4）可以改善企业现金流量。传统的产险公司提供的保险一般以一年为期，保费年初预收，这使得母公司丧失了可用现金流。自保公司则可根据母公司需求，将保费收取时间灵活性地调整为与母公司的财务年度一致，从而确保母公司获得最大的投资收益和现金流管理的最优化。自保公司在赔款方面也可有一定的变通，这大大降低母公司现金流量的不稳定性。同时，自保公司还可使资金在母公司体系中停留较长时间，从中获取投资收益，整体上提高了公司集团的资金流通效率。

（5）可以减轻税收负担。自保公司设立之初的重要动机，在于获得税收方面的优惠。一般来说，自保公司可享受离岸注册地点对承保准备金的税收优惠待遇。因此，许多自保公司都设在不同于母公司总部所在地的离岸金融市场。目前，世界各国在各地所设立的专业自保公司中，70%皆位于大西洋中素有"租税天堂"之称的百慕大。当地法规规定，凡缴付于自保公司的保险费，可自所得税中扣减；自保公司所有的保险收益可免缴或缓缴所得税等。基于这些优惠措施，母公司可凭借税收筹划，将利润转移到其离岸自保子公司上，通过子公司充分享受离岸自保中心优惠的税收政策，有助于公司集团的资金积累。

3．自保公司的缺点

自保公司并不能确保风险的完全转移。即使存在着潜在获益的可能，自保公司与企业保险公司相比，有时可能也并无竞争优势可言。由于传统的企业保险公司其承保风险具有多样性，且企业保险公司具有规模经济、范畴经济、税收优惠等诸多优势，这些原因综合在一起，使得办理一般保险、拒绝自保的呼声越来越高。

五、承保人协会

从市场主体看，承保人协会是保险公司为了承保某种特殊风险而成立的组织。这些合作的承保组织通常符合下列一个或多个条件：（1）有独立的或专门的风险（风险暴露），如核电风险；（2）保险（金额）上限非常高；（3）需要某种专门的承受能力。在美国，工业风险保险公司是一个由43%的主要股份制保险公司组成的，它的主要业务是承保受到高度保护的财产。工业风险保险公司直接签发保单，其保险责任在成员保险公司之间进行分摊。再有，核反应堆经营者的财产和责任保险由两个协会来提供，这两个协会是美国核能保险公司（股份制保险集团）和互助原子能再保险集团。后者对六个互助原子能责任保险公司的风险进行再保险。美国飞机保险集团处理其股份制成员的航空业务。保险公司也组织协会来提供再保险。大多数再保险协会，如劳工报酬再保险局和互助再保险局，只对成员提供再保险。再保险协会在财产和责任保险中比在人寿与健康保险中更普遍[1]。

中国核保险共同体其性质也属承保人协会，其成员包括境内多家保险公司。核共体执行机构是中国核保险共同体的业务运作中心，代表境内各大财产保险公司和中国再保险（集团）公司经营境内和境外核保险业务。该机构设在中国再保险（集团）公司内，主要承保核电站运营期间保险，包括核材料的贮存、运输以及其他科研民用核设施的核物质损失险、利损险、责任险，及其他非军事目的核保险业务。

第三节 保险市场结构与市场竞争

保险业是保险机构的集合。保险业中重要的理论与实践问题是保险业中各保险公司之间的市场关系，即竞争与垄断关系[2]。

一、保险市场结构

（一）保险市场结构定义

1. 市场结构

市场结构是指在特定的市场中，企业之间在数量、份额、规模上的关系，以及由此决定的竞争形式，它主要包括市场份额、市场集中度、进入壁垒等要素。其中市场份额和集中度的研究，主要涉及特定市场内的企业之间的相互关系，进入壁垒的研究主要涉及市场内企业与市场潜在进入者的关系。其中市场份额与市场集中度是两个相互关联的概念，市场份额反映了单个企业的销售额占市场总销售额的比重，市场集中度反映了在一个特定市场中少数几个最大企业所占的销售份额。一般而言，单个企业的市场份额越大，其对市场的支配能力越强；一个行业的市场集中度越高，几个最大企业对市场的支配能力越强，市场竞争程度越低。

2. 保险市场结构

---

[1] C. 小阿瑟·威廉斯等著，马从辉等译：《风险管理与保险》，经济科学出版社，2000 年，第 390 页。

[2] 保险业与保险市场的研究重点不同的。保险市场更多的是研究市场的供求平衡或主要研究保险需求。长期以来，我国理论界对此并没有一个明确的区分或说明。当然，也有其客观原因，即长期以来我们执行的是计划经济体制，我们可能强调需求，但不会研究竞争。

依照市场结构的定义，保险市场结构是指在保险市场中，保险企业①之间在数量、份额、规模上的关系，以及由此决定的竞争形式，它主要包括保险市场份额、保险市场集中度、保险市场进入壁垒等要素。

保险市场结构中的关键因素包括：第一，保险企业的数量及它们可能对保险市场产生的影响。保险人的集中程度、投保人的集中程度越高，则越易形成保险市场的垄断。第二，保险产品的差异程度。如果市场上不同的保险企业提供的同类产品不存在可以被消费者明显识别的差异性，这些企业很难通过产品来形成对消费者的支配，进而不易形成市场的垄断。这时的市场竞争程度相对就高。如果某些保险企业的产品具备了可识别的差异性，它们就在这个差异范围内形成对市场的垄断。第三，企业进入或退出保险市场的便宜性程度。企业进入或退出保险市场的便宜性程度越高，这时的保险市场的竞争程度也就越高。企业进入或退出保险市场的各种障碍本身就构成了垄断的因素。此外，保险市场需求的增长率、价格弹性因素也会影响保险市场结构。

（二）保险市场结构判定方式

保险市场结构的判定主要根据市场集中度和进入壁垒两个因素，其中市场集中度是定量判定指标，而进入壁垒是定性判定指标。

1. 市场集中度

产业组织理论对市场集中度的研究方法主要分为两种，即绝对法和相对法。

（1）绝对法。常用的绝对法计算指标有两个：一是市场集中度指数，即 CR_n 指数（*Concentration Ratio*）。其计算公式为：

$$CR_n = \sum_{i=1}^{n} X_i / \sum_{i=1}^{N} X_i$$

其中，CR_n 为产业中规模最大的前 n 位企业的市场集中度。X_i 为 X 产业中第 i 位企业的生产额或销售额、资产额、职工人数。N 为 X 产业的全部企业数。$\sum_{i=1}^{n} X_i$ 表示前 n 位企业的生产额、销售额或职工人数之和。

二是赫芬达尔指数（Herfindahl Index），简称为 H 指数，其计算公式是：

$$H = \sum_{i=1}^{n} (X_i / T)^2$$

---

① 此处讨论的保险企业不包括中介机构，因此这里的保险市场可以界定为保险企业的组合，其生产的保险产品具有较高的替代率。

其中，X_i 为 X 产业中第 i 位企业的生产额或销售额、资产额、职工人数，T 为整个产业所有企业生产额、销售额或者职工人数的总和。

H 与市场中企业数目 N 相关，N 越大则 H 越小。在完全竞争条件下，H 指数等于 0；在完全垄断的条件下，因为只有一家企业，所以 H 指数等于 1；如果市场中所有企业规模相同，H 指数将等于 $1/N$。由于它使用平方和的计算方法，实质上是给了大型公司更多的权重，在很大程度上它所反映的垄断特征更加显著。它的量值随着公司数量的增加而减少，随着市场份额分布的差异拉大而增加。

上述两种方法各有优劣。CR_n 指数能够形象地反映市场的集中程度，缺点是无法揭示最大的几个企业规模差异对市场集中度的影响。H 指数对企业之间市场份额的非均等分布比较敏感，但指数的直观性较差，不够一目了然。

（2）相对法。相对法主要包括两种，分别是洛伦茨曲线（Lorenz Curve）和基尼系数（Gini Coefficient）。相对法更多地体现了全部厂商的规模差异，规模差异越大，洛伦茨曲线对平均分布曲线的离散程度越大。相对法的主要缺陷是未能反映最大几个企业对市场集中度的影响。

典型的洛伦茨曲线如图 8-10 所示。图中横轴和纵轴均以百分比为单位。纵轴是有关数值（销售额、增加值等）的累计百分比，而横轴则是按规模由小到大的企业数目累计百分比。当行业内所有企业规模都相同时，洛伦获曲线与对角线重合。一般说，曲线越凸向右下角，表明市场集中度越高。洛伦茨曲线与集中度指标的差别仅在于，前者用绝对数表示，后者用相对数表示。因此，二者的共同之处是，当行业只有极少几家规模相同的企业时，本行业至少应属寡头垄断市场结构，但这两种曲线（或指标）却根本反映不出来。

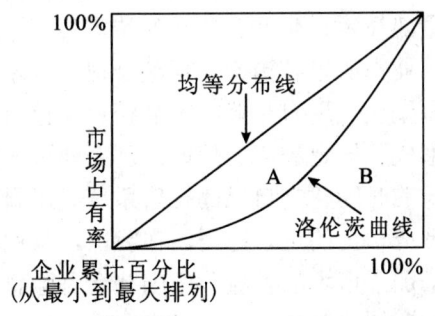

图 8-10　洛伦茨曲线

基尼系数也是一种相对集中度指标，其公式为：

$$基尼系数 = \frac{洛伦茨曲线与均等分布线围成的面积}{均等分布线以下的三角形面积} = \frac{A}{A+B}$$

洛伦茨曲线和基尼系数本来是经济学家用以反映收入分配不均的一对指标。产业组织学家则利用它们来反映行业内部企业规模的不均。如果说前面的集中度指数既反映企业数目，又反映企业规模分布的话，那么基尼系数则主要反映企业规模分布的不均。基尼系数的数值在 0 与 1 之间变动。若 A＝0，则基尼系数等于 0，企业规模分布均等；若 B＝0，则基尼系数等于 1，产业内只存在一家企业，市场处于完全垄断状态。基尼系数越小，企业规模分布越接近于均等；基尼系数越大，市场集中程度越高。

2. 进入壁垒

进入壁垒是指某一特定市场外的企业进入市场所遇到的经济、技术、政策、法律、文化等方面的障碍，主要包括规模经济壁垒、许可证制度壁垒、消费者偏好等。一般认为，壁垒越高，市场既有企业对市场的支配能力越强，竞争程度越低，市场创新能力较弱。保险市场一般有下面几类进入壁垒：

（1）规模经济壁垒。在规模经济显著的产业，企业一般都按经济规模生产。这时新企业会遇到一个两难的问题：或者进行小规模生产，这样生产的成本费用高，企业没有竞争力；或者就按经济规模生产，但由于初期难以获得与发挥经济规模生产能力相适应的市场份额，同样难以进入市场。保险产业是规模经济较显著的产业，尤其人身保险的规模经济更加明显。不断增设经营分支机构，扩大经营网络将对保险投资者和经营者提出更高的要求。在我国保险产业规模经济效益不明显，潜在的保险需求非常大，所以，规模经济所形成的进入壁垒的作用并不明显。

（2）必要资本量壁垒。必要资本是指进入市场所需的生产和销售投资。在不同产业，必要资本量随技术、生产、销售的特点不同，差异很大。由于保险业是经营风险的特殊行业，所以各国都对保险公司的资本量有较高的规定。

（3）市场饱和状态壁垒。现有企业在产品销售上已经占据有利的地位。消费者对原有的产品已形成了一定程度的偏好，新企业进入后要把原有消费者吸引过来，必须花费很长的时间建立自己的销售系统，还要花费大量的资金进行广告宣传，这无疑会形成一定的进入障碍。在我国，虽然经济的不断发展，扩大了保险潜在需求，增加了市场的容量，但因社会保险意识不强，所以在短期内，保险的实际需求不会持续增长，进而扩大市场容量。另一方面，由于历史和传统的原因，人们一直对国有保险公司的产品有特殊的偏好，或者说因市场的开放及进入程度不高，早先成立的保险公司在市场上已形成一定的规模并成为市场的领导者，从这个意义上说，形成了一定程度的壁垒，并加剧了市场的竞争程度。

（4）产品差别壁垒。产品差别是形成市场壁垒的重要因素之一。因为在产品差别显著的产业，如果新企业没有独特的新技术，没有较完善的销售服务系统和促销手段，则其进入必然会遇到产品差别的壁垒。现阶段中国的保险产业，产品差别不大，新技术应用不多，促销手段如代理人制度也很容易就能建立起来，因此产品差别壁垒在我国保险市场中并不十分明显。

（5）政策法律制度造成的壁垒。比如某些行业的企业开业须获许可证，以及关税、非关税壁垒，资金的筹措也要受到政策制度的制约等。这些壁垒是难以用降低成本、广告宣传等办法来克服的。在我国保险市场上，政策法律制度造成的壁垒在各种形成进入壁垒的因素中是最明显也是最主要的。　从理论上说，进入壁垒对市场结构的影响是直观的，一般低壁垒产业的市场集中度较低，反之亦然。进入壁垒排斥了垄断企业之外的其他企业进入该市场，抑制了企业之间的竞争，使这些产业内部的企业组织结构在一定程度上保持了稳定性。但是从资源配置的角度来看，由于生产效率低下和浪费现象大量存在，很难达到提高社会资源配置效率的目的。

专栏 8-8 介绍了我国保险市场结构的演变。

专栏 8-8

我国保险市场结构的演变

我国保险市场结构大致经历了以下三个阶段，即人保公司独家经营阶段、三足鼎立阶段和多元竞争阶段。

第一阶段，从 1980 年到 1991 年。此阶段我国保险市场是典型的完全垄断市场。1979 年 11 月，全国保险工作会议决定从 1980 年起恢复已经停办 20 多年的国内保险业务，同时大力发展涉外保险业务。自 1980－1985 年这一阶段，在全国范围内开展保险业务的只有中国人民保险公司一家，所以一直是中国人民保险公司独家垄断中国保险市场。随着改革开放步伐加速，市场发生了变化。1986 年 7 月，中国人民银行首先在新疆批设了"新疆生产建设兵团农牧业生产保险公司"（该公司在 2002 年被批准成为全国性财产保险公司，更名为"中华联合财产保险"）。1987 年，恢复了交通银行保险部（其前身是国民政府统治时期的太平洋保险公司）。在 1991 年，交通银行将其组建成中国太平洋保险公司，这是继中国人保公司之后的第二家全国性商业综合保险公司。第三家全国性的保险公司是 1988 年在深圳设立的平安保险公司,它是新中国第一家股份制保险公司。虽然市场主体增加,但是人保公司占据绝对市场份额,市场结构仍然处于独家垄断格局。

第二个阶段从 1991 年到 1996 年。在这一阶段,我国保险市场主要有人保、太保和平安三家全国性的保险公司。人保、太保、平安三巨头的形成使我国保险市场竞争格局基本呈现。虽然在此时期已有天安、新疆兵团、大众保险公司,还有美国友邦、日本东京海上等外资保险公司,但他们都是区域性的保险公司,且业务量较小,在当时对全国保险市场的影响不大。太平洋保险和平安保险公司两家全国性保险公司的成立打破了中国人民保险公司独家垄断的市场格局,促进了保险市场的竞争。

第三个阶段开始于 1996 年。这一年是中国保险市场发生重大变化的一年。根据《中华人民共和国保险法》中关于产寿险分业经营的规定,一方面是中国人民保险公司改建为集团公司,下辖三个独立法人性质的子公司,即中保财产保险公司、中保人寿保险公司和中保再保险公司。另一方面,1996 年,新华人寿、泰康人寿、华泰、华安及永安等五家在《保险法》实施后的首批商业性、股份制保险企业成立。此时,一批外资财险公司也相继开业发展。在保险市场百花争艳之时,占主导地位的中国人民保险公司开始酝酿机构体制改革。1996 年,公司改制成立中国人民保险(集团)公司,实行产、寿险分业经营。到 1998 年,与中国保监会筹备相对应,中保集团完成历史使命,其属下三个子公司脱离母体,成为独立法人,更名后分别为中国人民保险公司、中国人寿保险公司和中国再保险公司,这些举措更进一步促进了保险市场垄断的打破和竞争的形成。截至 2005 年底,我国共有保险公司 82 家,集团 6 家,资产管理公司 5 家,保险法人机构 93 家,其中中资保险公司 42 家,外资保险公司 40 家,初步形成了国有控股(集团)公司、股份制公司、政策性公司、专业性公司、外资保险公司等多种组织形式、多种所有制成分并存,公平竞争、共同发展的市场格局。

至此,一个以国有制为主体,中外保险公司并存,多家保险公司竞争的保险市场多元化格局初步形成。

二、保险业竞争

（一）竞争的概念

1．竞争的含义

竞争是指不同的经济实体，为了各自的经济利益，在市场上互相争夺胜利的一种活动。在市场经济中，竞争就是市场中的一方经济行为主体基于自身利益，不断增强自己的经济实力，排斥对方相同行为的表现。

在市场经济中，竞争机制是市场机制的最基本机制。市场机制的作用一般要通过竞争的机制来实现。市场中的竞争包括生产经营者之间为了追求利润最大化而展开的销售竞争，也包括消费者之间为了争取使用价值最大化而展开的购买竞争，还包括生产经营者和消费者之间的竞争。

2．竞争的特征

竞争具有的基本特征主要是：竞争主体是自主经营、自负盈亏的企业或其他经济组织；竞争的核心是为了争夺市场和占有市场；竞争的目标是实现企业利润最大化；竞争的手段要合法正当，保证竞争的公平性，杜绝恶性竞争。

3．国际市场与国内市场竞争

随着市场经济的发展，产生了国内市场和国际市场，竞争的范围也逐步由部门内部的同行业竞争，延伸到部门之间的不同行业竞争，甚至向国际市场扩展。同行业竞争是生产同种产品的不同企业之间的竞争，这是最原始、最普遍的一种竞争形式。不同行业之间的竞争是一种间接竞争，这种竞争主要是围绕资金利润率的大小展开。国际竞争则是在各国之间政治制度、经济水平、法制建设、社会文化等存在区别的基础上的竞争，竞争形式也多种多样，竞争更加激烈，远非国内市场可比。

4．市场竞争有多方面的经济意义

首先，竞争可以使市场经济主体对市场各种信号作出比较灵敏的反应，促进企业改进经营管理，不断调整生产结构，促进生产力迅速发展。其次，竞争可以促使社会资源在各部门之间自由流动，更好的适应市场需求，使得社会资源得以合理配置。第三，市场通过竞争机制，实现优胜劣汰，这会对企业形成一种动力，从而促使企业提高效率。第四，竞争的发展必然引起资本的聚积和生产的集中，形成经济规模强大的企业集团，可以充分发挥规模经济的效益，有利于现代化企业的发展和参与国际竞争。

（二）保险竞争

1．保险竞争的含义

保险业是可竞争行业。保险竞争是指保险产业内不同的经济实体（主要是保险公司），为了各自的经济利益，在市场上互相争夺胜利的一种活动。从国际保险市场看，市场经济的国家一般将保险经济视为竞争型经济。具体体现在，保险公司的资本属私营资本，保险公司的数量较多，政府虽对保险公司的市场行为监管，但保险公司的竞争还是具有一定的空间，所以保险业的竞争机制作用较明显。

在我国，在改革开放前的计划经济条件下，保险属于国家保险范畴，保险经营属国家垄断经营，自然不存在市场竞争。二十多年来，随着经济体制改革的深入，保险业按照与建立社会主义市场经济体制相适应的要求，不断进行保险体制改革和保险市场的建设。从二十多年的保险改革过程看，基本属于按照市场化改革的要求来推进保险业的市场化，保险改革的成就或成败的标准也主要是看保险业的市场化程度。也就是说，是将保险业视为竞争性的行业而进行保险体制改革的。

2. 保险产业特性与保险竞争特点

在市场经济条件下，保险竞争本质上与其他行业的竞争是没有区别的。但由于保险行业具有一定的特殊性，导致保险竞争的方式或范围等也具有其自身的特点。

（1）保险产业属性。在产业经济理论中，有一种特殊的产业范畴，称之为自然垄断产业。从保险经营的特性看，保险产业应归属于国民经济中第三产业的金融服务业。但保险产业具有自然垄断产业的属性，这更能体现保险产业的特征。自然垄断通常是指存在规模经济和范围经济的情况下，最有效率的方法是由一家厂商来组织生产，此时就称之为完全自然垄断。若存有两三家或更多的厂商，这就是所谓的寡头自然垄断。而所谓的自然垄断产业，则是指因规模经济和范围经济等原因，致使提供产品和服务的企业数仅被限定为一家或少数几家的产业。也就是说，如果效率随着行业总产出规模的增加而递增，则"最小效率规模"与市场规模高度相关，以致只能有一个厂商进行有效的经营，该行业可称之为自然垄断产业。例如，电力、煤气、自来水、电话通讯、广播电视、铁路、航空等。自然垄断主要具有如下特征[①]：规模经济效益显著；具有较大的范围经济；具有资本的沉淀性；基本技术经济标准统一；这些行业中的

---

① 参考黄继忠主编：《自然垄断与规制：理论和经验》，经济科学出版社，2004年。

多数是公众所需要的基本服务；没有特别相近的替代品①。

　　根据自然垄断产业的含义，对保险行业进行分析可以得到如下认识：保险的大数法则客观上要求保险经营主体必须具备一定的规模，而且该规模还不能太小，因为只有充分的承保大量标的才能实现分散风险的目的。保险产业作为第三产业中的金融服务业，可以以主险和附加险以及其他附加服务等形式向消费者同时提供多种保险及附属产品，这具有范围经济的特点，在达到一定范围的情况下同时提供多种产品有利于保险公司节约成本和费用。保险行业特别是寿险产业资本的沉淀性较强，但非固定资本的沉淀性，而是具有相对稳定的大量沉淀的资金。而且除了数额上的巨大之外，保险行业盈利时间滞后的特点也是资本沉淀性强的重要原因，一旦投入，短时期内很难收回。保险产业的基本经济技术标准是统一的，产品和准备金的精算规定是每一家公司都要严格遵守的，而且我国保险业正在积极推进行业标准化的进程②。此外，从替代性看，虽然随着保险产品逐步发展，从保障功能衍生出其他的许多功能，造成了保险产品与其他金融产品之间的替代性增强。但就保险保障特点而言，即保险的"精巧的社会稳定器"特点并没有其他产品能替代。通过上述分析我们可以发现，保险业不能算作严格意义上的自然垄断行业，但是保险业的很多特点也符合自然垄断产业的要求。因此我们说保险业是具有自然垄断属性的产业，但不是自然垄断产业。

　　需要指出的是，自然垄断产业与市场结构的垄断模式是两个不同的概念③。自然垄断产业一般采用寡头自然垄断或完全自然垄断模式（有的国家保险产业也有采用垄断竞争或完全竞争模式），所以从形式上看自然垄断产业与寡头垄断竞争或垄断竞争市场结构相同，企业数量可能不多，或仅一家，产品的价格缺乏竞争性。但自然垄断产业与寡头垄断竞争或垄断竞争市场结构模式有本质上的差别：

　　首先，自然垄断产业的形成一方面是源于该产业的技术经济特点，另一方面更重要的是政府的作用。政府之所以允许自然垄断产业的存在，是为了提高

　　① 有人认为，即使是自然垄断产业也可以或可能存在使用不同技术生产或提供相似产品产业的竞争，比如自然垄断性很强的铁路垄断面临公路、水运和航空等的竞争。如果将这种思路运用分析保险业和金融、证券等行业间的竞争，好像不违背自然垄断的要求。由于这种分析现期还不是主流，因此放在脚注里讨论并不作为正文结论。参考曲文轶：《转轨国家自然垄断产业的改革：以俄罗斯为例》。

　　② 这是一个多方面推动的进程，首先，保险行业本身随着业务的发展和国际竞争的加强，迫切需要使用统一的行业标准开展业务；另一方面，我国工商管理部门由于不理解或其他原因经常将保险条款视为霸王条款，重要原因之一就是各家保险公司的口径不统一，在相对一致的标准下，这种问题会逐渐得到解决。

　　③ 目前，关于国内产业组织理论和保险理论，业内对两者的认识还存在误区。

资源配置效率，增进社会福利。而寡头垄断竞争或垄断竞争市场结构的形成则是由于市场竞争、追求规模经济的结果。

其次，在自然垄断产业内市场的价格一般是由政府管制，或者政府对企业监管较严。其原因是由于自然垄断产业经营上具有明显的垄断性，可能获取垄断超额利润，并滥用市场权利导致消费者权益受到损害，所以政府往往对自然垄断产业采取直接管制政策。而在寡头垄断竞争或垄断竞争市场结构中，是一家企业或少数企业对市场价格具有很强的支配力或影响力。

最后，从市场进入壁垒看，自然垄断产业的进入壁垒主要是由于固定资本的沉淀性和政府管制，即特许垄断导致的。而在寡头垄断竞争或垄断竞争市场结构中，市场进入壁垒则是由于技术垄断、资源垄断、规模经济垄断原因造成的。

（2）保险业的竞争。长期以来，无论在国内或国外，对自然垄断的产业一般采取管制方式，防止企业滥用市场权利而损害消费者权益。但是实践证明，自然垄断产业的垄断经营会使企业缺乏竞争活力，导致经济效率低下，旨在保护消费者利益而制定的限制竞争的政府管制政策，实际上是损害了消费者的利益。所以现代产业组织理论和实践都主张，对自然垄断产业应运用市场竞争机制。但这种变化并没有完全消除自然垄断的特征。也就是说，即使是自然垄断产业也可以或可能存在使用不同技术生产或提供相似产品产业的竞争，比如自然垄断性很强的铁路垄断还面临公路、水运和航空等产业的竞争。所以，目前许多国家或地区对于保险业，及其他行业如电力业、能源业、交通业等都采取放松管制，鼓励竞争的政策。从这种意义上说，在保险业内引入市场竞争机制，并不违背自然垄断的要求。

保险竞争的特点主要源于：

第一，保险经营的特殊性。一般地说，保险经营的特殊性主要表现为要求按照大数法则和收支平衡原则来定价及经营保险业务，并要求加强偿付能力，控制保险经营风险，从这一特征看，似乎是要求政府加强对保险经营的监管，而不应提倡市场竞争，至少保险业的市场化程度应低一些。

第二，保险特殊的地位。保险业是金融业的重要组成部分，保险公司是非银行金融机构。而无论是银行还是非银行的保险公司，其经营的稳定性则必然涉及到国家金融安全。此外，商业保险业还是国家社会保障的重要组成部分，国家积极发展商业保险的目的之一就是要发挥商业保险对社会保险的补充作用。

第三，保险业务的差异性。现代商业保险，其经营行为并非都是商业行为。

因此可根据业务的不同性质将保险业务分为竞争型业务和非商业性（行政性或垄断型）两类。因此，如车险、企财险、普通寿险等业务属于竞争性业务；而对如进出口信用保险、农业保险等属于非竞争性业务。《保险法》第一百五十五条规定："国家支持发展为农业生产服务的保险事业，农业保险由法律、行政法规另行规定。"其含义显然是有专门的法律法规对农业保险加以规定，而规范商业保险行为的保险法是不适用的。至于再保险业务，理论上说，同样是商业行为，我国加入 WTO 后取消法定再保险也证明了这一点。但一国或地区的再保险对当地保险市场具有稳定的作用，限制资金外流的作用，决定了再保险并非完全的商业行为。我国《保险法》第一百零二条规定："保险公司应当按照保险监督管理机构的有关规定办理再保险。"第一百零三条规定："保险公司需要办理再保险分出业务的，应当优先向中国境内的保险公司办理。"第一百零四条规定："保险监督管理机构有权限制或者禁止保险公司向中国境外的保险公司办理再保险分出业务或者接受中国境外再保险分入业务。"

3．保险市场结构与保险竞争

保险业竞争程度与保险市场结构有很大的关联。一般把保险市场结构也分为四类：完全竞争型保险市场、垄断竞争型保险市场、寡头垄断型以及垄断型保险市场。根据这四种不同的保险市场结构，保险业的竞争从激烈向缓和过渡，竞争行为的激烈程度逐渐递减。现将这四种保险市场结构的主要特点以及对保险竞争的影响概括如下。

（1）完全竞争型保险市场与保险竞争。完全竞争型保险市场是指在该市场上存在众多保险公司，每个保险公司都能提供同质无差异的保险商品，任何公司都能自由进出市场，所有公司都是价格的接受者，并掌握充分信息。在这种市场条件下，价值规律充分发挥作用，各种保险资源完全由市场配置。政府对保险业的监管力度较小，主要是保险行业组织在市场管理中起重要作用。

完全竞争型保险市场是一种理想状态的市场，它能使各种保险资源配置达到最优化。但由于其所要求的条件十分严格，所以，真正意义的完全竞争型保险市场并不存在。在保险业发展的早期，类似于这种类型的市场曾在西方国家出现过，而当今现实保险市场中，完全的自由竞争已不复存在。

（2）垄断型保险市场与保险竞争。垄断型保险市场是指细分的市场由一家保险公司操纵，市场价格由该公司决定，其他公司无法进入保险市场，在这种市场中，没有任何竞争，消费者没有选择余地，只能购买垄断公司的保险产品，垄断公司可以轻易获得超额利润。

垄断型保险市场还可分为两类：一类是专业型完全垄断模式，这是指在某一地区内，存在两家或两家以上的保险公司。每个公司专营一种业务，各业务间不交叉，以保证其在细分市场上的垄断地位；另一类是地区型完全垄断模式，是指在一国保险市场上，存在着两家或两家以上的保险公司，每个公司垄断该国内某一地区的保险业务，各保险公司的业务不得向彼此地区渗透。

在垄断型保险市场上，价值规律无法充分发挥其作用。各种资源配置扭曲，市场效率低下，投保户远远不能达到效用最大化。因此，只有经济落后的国家，出于控制的需要，才选择这种市场模式。

（3）垄断竞争型保险市场与保险竞争。完全竞争型保险市场和垄断型保险市场是两种极端的形式，在当今世界上很少存在。通常所见的保险市场是指垄断竞争型市场和寡头型保险市场。

垄断竞争型保险市场和完全竞争型保险市场比较接近，在这种市场中，存在着若干处于垄断地位的大公司和大量的小公司。各公司提供有差别的同类产品、保险公司能够较自由地进出市场，各公司之间竞争激烈。但由于大公司的存在，市场中仍有较强的垄断势力。总之，在垄断竞争型保险市场中，垄断因素和竞争因素并存。

（4）寡头垄断型保险市场与保险竞争。寡头垄断型保险市场比垄断竞争型保险市场的垄断程度要高。在这一保险市场中，只存在着少数几家相互竞争的保险公司，其他保险公司进入市场较难。这种竞争是不充分的，通常是国内几家大保险公司展开竞争，在寡头型保险市场上，垄断势力强大。目前，这种类型的保险市场普遍存在于世界许多国家中。

4. 保险竞争的表现形式

（1）保险产品的竞争。保险公司的保障服务如果有特色，保险市场上的保险产品就会产生自身具有的、独特的竞争优势，这是保险产品的差异化形成的。但是，保险产品从根本上说又是源于被保险人的风险或被保险标的一致性，因为所有对保险有需求的个体或群体都会进入保险市场寻求保障。国际保险业发展的经验显示，尽管各国保险产品的发展轨迹各不相同，但是某一国家在一定时期内，不同保险公司提供的保险产品定价的基础都是极其相近的。因此某一种具体的保险产品有趋同的趋势，如国外几十年来主打的也就是固定几个险种。但是，通过组合销售不同的保险产品可以降低消费者的交易成本并提高自己的产品竞争力。

一般地说，产品的竞争可以分为两方面，即价格的竞争与质量的竞争。由于保险公司在对其产品定价时采用精算方法，并在承保时根据被保险人或保险标的风险暴露情况进行，保险保障作为一种相对主观的产品对消费者在质量上是不存在差异的。因此保险产品的竞争本质上为费率与价格的竞争。

目前，我国保险业正从费率管制向费率市场化方向发展。从这几年的经验来看，费率严格监管在保险公司风险防范意识差、精算技术薄弱、内控能力不强的情况下发挥了重要的作用。它防止了保险公司之间的恶意价格竞争，使得保险公司能够获得合理的利润，同时解决了行业在低利率环境下生存和发展的问题。客观地说，费率严格监管是寿险业这几年没有出现大的危机的重要原因之一。但是，市场的新变化使原有的保费监管模式很难适应市场经营主体的新需求，也很难满足百姓对保险产品多样化和保险服务持续提高的新要求。随着国内保险业与国际往来增多，保险业与国际接轨的要求越来越强烈，严格的费率监管逐渐暴露出了各种问题。这些问题不仅仅停留在不适应市场发展要求的层面上，而且还占用了大量监管资源。同时，费率严格监管不利于保险行业风险管控水平提高的问题也开始凸显。

（2）保险资源的竞争。保险资源就是各家保险公司面临的能够形成保险市场的资源总合。保险资源的竞争是保险业竞争的关键内容之一，而掌握各种保险资源的是具有各种不同保险需求的消费者。所以，保险资源的竞争就是吸引或争夺更多消费者的竞争，而为赢得更多消费者的竞争行为即为保险营销。

（3）保险业发展空间的竞争。保险产品从其本质上讲属于一种金融资产，而银行存款、各种股票、债券以及衍生工具等等，也都是金融资产。金融一体化下的消费者面临的不再是一个个独立的分割市场，而是相对统一的包含各种金融资产的金融市场。这样一来，保险业面临的竞争就更加激烈。但是，不难发现，金融混业经营的同时伴随着传统业务界限的淡化。通过集团等模式，很多金融机构可以开展保险业务，或直接拥有保险公司。这一领域的竞争尽管激烈，但是却并不会出现恶性竞争的情况，因为极可能出现的是同一家集团下的金融机构的竞争，二者显然并不构成恶性竞争的威胁。

社会保障和保险一样，可以提供消费者一种具有保障的主观感受。而消费者选择何种保障以获得满足是受相当多因素制约和影响的。消费者用于支付保障这一"商品"的资源是相对稳定的，于是社会保障与保险业存在此消彼长的关系，尽管在功能上，保险确实实现了对社会保障的补充。除非在社会快速发展变革时期，保险会完全补充社会保障，否则在一般情况下，二者之间的抵牾无法彻底去除。

三、保险公司的并购与退出

保险公司的并购与退出是保险市场竞争的最终形式。

（一）保险公司的并购

1. 兼并与收购

企业兼并是指具有独立的或相对独立的产权的法人通过购买或其他有偿转让的形式获得其他企业法人的资产，从而实现产权转移的组织调整行为。兼并企业获得了被兼并企业的产权，被兼并企业丧失了独立的法人资格，兼并企业成为其存续企业。企业兼并的根本标志是企业法人地位的丧失和转移。而收购是指一个企业取得对其他企业的一定控股权的一种行为。但在收购中，收购方取得被收购企业的控制权后，可将被收购企业解散，也可不解散，保留其法人地位，让其作为收购方的子公司继续存在。在这一点上，兼并与收购是不同的。由于兼并与收购有着相同的动机，都涉及企业所有权的改变，而且收购又是兼并的一种重要手段和措施，可以认为收购是兼并的一种形式，即控股式兼并，因此，通常把兼并与收购并提（Merger & Acquisition，即 M&A），简称并购。需要指出，并购是资产重组一种形式（且是重要的形式），企业资产重组的形式还包括：联合、拍卖、合资、改制、剥离、破产等多种多样。

2. 国际保险产业并购的原因

从实践看，八十年代以来，收购与兼并在全球渐成潮流。如美国的通用再保险公司收购了德国科隆再保险公司，德国墨尼黑再保险公司收购了美国的美国再保险公司，瑞士再保险公司收购美国的 M&G 再保险公司，美国的太阳联盟公司收购了美国的皇家保险公司，美国的 AIG 集团收购了美国的美国太阳公司等等。根据美国宾州大学沃顿商学院专家从实证的角度分析美国寿险业的发展所得出的结论，在美国寿险业，被收购的企业比没有收购的企业具有更高的效率。美国寿险业的并购对于市场和企业的运作效率都起到良好的作用[①]。并购的原因：

（1）并购会产生规模经济效应和范围经济效应。保险企业通过并购形成较大的保险集团，使有限的金融资源得到更合理的配置和使用，从而降低成本、减少经营费用，这就是所谓的规模经济效应。规模经济是指市场中企业达到一定的规模，从而使其成本最小化的情况。并购使公司在更大的地域范围内优化分支机构的调整，关停并转一些不必要的网点，裁减人员；开辟新的有效的营销渠道，共享技术和信息资源，减少在广告和设备上的巨额花费，省却了开拓新市场所需要的前期的大量投入，这就是所谓的范围经济效应。

（2）并购会产生名牌效应。保险企业独特的资产负债结构使其往往依赖于

---

① 见马明哲：《挑战竞争》，北京：商务印书馆，1999 年 12 月，第 319 页。

公众的信心而生存,"大则不倒"的心理作用赋予规模以至关重要的意义。因此,并购在公司有形资产急剧增加的同时,也大大增加了公司的无形资产,即提高了公司的美誉度和知名度,于是,公司就有可能以名牌效应赢得和超越竞争。

（3）并购还有助于维护保险业的稳健运行,它有助于挖掘陷入危机的保险公司的生存价值,不会给政府和其他企业增加负担,也切断了企业心理依赖的多米诺骨牌效应的链条。

（4）并购会产生管理协同效应。保险公司不仅是技术密集型产业,也是知识密集型产业,在其成长和发展过程中许多企业都形成了一套行之有效独具特色的管理诀窍。迫于自我生存、竞争和发展的需要,它们都有着严格的保守商业秘密的制度,公司对外主动形成自我封闭的系统。因此对某家保险公司的管理技术和管理经验,其他公司只能是"隔岸观火"不能直接获取。通过并购,竞争对手成为合作伙伴,则这种商业秘密不复存在,管理技术和管理经验会得到充分的发挥。另外,保险公司之间也可能在总体上或在某一方面存在着管理效率的差别,如果某一家保险公司之间有一支效率高的管理队伍,其能力超过日常管理需要,那么通过收购另一家效率低的企业,其额外的管理资源将得到充分利用。

（5）并购还有助于实现金融服务一体化。在当今知识经济时代,在知识和技术积极创新的条件下,银行,保险公司,证券公司作为整个金融体系中的"三驾马车"互为条件,互为补充,三者供给已久的金融产品和服务,将相互融通,呈现金融服务一体化趋势。由于目前顾客的金融需求跨越了传统的部门界限产生复合需求,需要开办"金融超市"提供一揽子服务,银行、证券、保险的合作也相应地由目前松散型发展到随经济、法律环境的优化和风险控制能力和风险监管能力的提高后的合作,甚至融合。银行、证券公司和保险公司供给的产品和服务逐渐融为一体。

（二）保险公司退出（破产）

1. 退出与破产的概念

所谓退出指的是一个厂商从原来的业务领域撤出来,即放弃生产或提供某一特定市场的产品或服务。从实践看,退出的含义较广,包括:企业经营不成功的厂商主动放弃生产或提供某一特定市场的产品或服务,从原来的业务领域退出,收回资金再作新的投资;企业经营不成功,以致严重亏损而不得不放弃生产或提供某一特定市场的产品或服务。退出的形式一般有解散、撤消、破产等,但从经济角度看,保险公司退出的核心问题是保险公司的破产。所以,本书所指的退出主要是指破产。

　　所谓破产是指债务人不能清偿到期债务的事实状况，即债务人处于资不抵债的状况。这是经济上的"破产"含义。事实上，法律上对"破产"有更严格的定义，一般是指债务人不能清偿到期债务时，以将债务人所有财产公平清偿所有债权人为目的的一种审判上的程序。法律意义上的"破产"并不以"资不抵债"为要件。一个债务人如果有良好的信誉，可以借到新债来还到期旧债，即使债务人的债务已经超过了资产，也不至于破产。本文所研究的破产是指经济意义上的破产。

　　2. 国际上保险公司破产的原因

　　从国际保险市场实践看，保险公司的破产的原因有许多相同或相似之处。根据美国《财产保险公司破产报告》所例举的有：保险公司迅速扩张、对经营总代理的过分依赖、广泛和复杂的再保险安排、产品定价太低、承诺的投资回报无法兑现、分红过于慷慨、高回报率险种过多、资产负债结构不合理、责任准备金提起不足、欺诈行为等，此外保险监管不力也是重要的原因，美国保险公司破产原因见表8-2。

表 8-2　　美国保险公司破产的原因分析表

原因	公司数量	百分比（%）
责任准备金不够	86	28
业务快速增长	64	21
被指称有欺骗行为	30	10
夸大资产数目	30	10
企业的重大变化	26	9
再保险安排的失败	21	7
灾难性损失	17	6
其他	28	9
合计	302	100

资料来源：裴光著：《中国保险业监管研究》，北京：中国金融出版社，2001年第273页。

　　据 Sigma 资料统计，1978～1994 年，全世界共有 648 家保险公司破产，而美国占其中的 2/3 左右，其破产比例每年达 0.5%～1.5% 之间。另有资料显示，美国 1969～2002 年，已有 871 家财产保险公司及意外保险公司破产，1978～2001 年有 279 人寿保险公司破产。在日本，1997～2001 年，有日本生命等 7 家寿险公司和 1 家财险公司破产，参见表 8-3。在韩国，1998～2002 年有韩国第一生命等 15 家保险公司破产①。

表 8-3　日本破产保险公司情况一览

公司名称	成立时间	破产时间	债务总额（亿日元）	契约者保护基金援助金额（亿日元）	由其他公司接收后责任准备金下调幅度（%）	预定利率下调幅度（%）
日产生命	1909	1997.4	3000	2000	0	2.75
东邦生命	1898	1999.6	6500	3663	10	1.5
第百生命	1914	2000.5	3200	1450	10	1
大正生命	1913	2000.8	365	267	10	1
千代田生命	1904	2000.10	3119	0	10	1.5
协荣生命	1935	2000.10	6895	0	8	1.75
东京生命		2001.3	325	0	0	2.6
第一火灾		2000.4	1400	400	—	最高达5.7

资料来源：根据［日］植村信保著、陈伊维等译《日本财产保险业的变化及对策》整理得到。

　　由于保险经营的特殊性，保险公司的破产同样对保险产业、对社会带来重大的影响。一是投保人可能得不到有效的补偿；二是其他保险公司需要分担破产公司造成的损失；三是破产公司的员工失去工作机会，股东失去了投资；四是保险公司的破产会影响公众对保险业的信心；五是保险监管机构受到更大的压力。在美国，从表 8-4 中可以看出，虽然保险公司的破产所造成损失不及其他金融机构，但同样对社会造成巨大破坏。

　　现阶段我国保险产业还没有发生保险公司的退出和保险公司破产的情况，并非表明在保险产业就不存在个别保险公司有偿付能力危机问题，并非保险公司没有破产的风险。此外，现阶段我国对保险公司的退出虽有一些规定，但保险市场的退出机制不健全，包括对有问题保险公司缺乏量化判断标准、救助有问题保险公司的条件不明确等。随着我国保险业的发展和体制改革，完善我国保险市场的退出机制是非常必要的。退出机制是市场经济的手段，与我国计划经济时期的"关停并转"有本质的区别。退出机制使企业能够以破产还债的形

---

　　① 见王少群《发达国家保险公司破产原因及其对我国的启示》，《保险研究》2007 年第 8 期。

式来承担正常经济竞争所带来的后果。在我国完善退出机制，应确定保险公司退出的原则：国家干预原则、公平原则和保护保险债权人利益原则。

表 8-4　　美国金融业破产企业经济损失比较

单位：10 亿美元

年度	储蓄和贷款机构	商业银行	财产及责任保险公司
1983	0.3	1.4	0.04
1984	0.7	1.5	0.1
1985	1.0	1.1	0.3
1986	3.1	1.7	0.5
1987	3.7	2.0	0.9
1988	31.2	6.7	0.4
1989	5.4	6.3	0.7
1990	37.5	2.6	0.5
1991	34.4	6.7	0.4
1992	90	4.7	0.4
1993	47	0.6	0.5
合计	254.3	35.3	4.74

资料来源：裴光著，《中国保险业监管研究》，北京：中国金融出版社，1999 年，
　　　　　第 273 页。

思考题

1. 为什么说保险业是人力密集型兼具科技密集型产业？

2. 简述保险业与金融业融合的背景和原因。

3. 分析我国金融混业经营的前景，并说明金融控股集团的组织形式是否适合我国当前的金融市场状况。

4. 举例说明保险证券化的形式和优势有哪些？

5. 结合我国的实际情况说明保险市场的进入壁垒有哪些？

6. 简述我国保险市场结构状况，并说明当前我国所处的保险市场竞争状态。

参考文献

1. 刘茂山、江生忠编著：《保险学原理》，天津：南开大学出版社，1998 年。

2. 魏华林、林宝清编著：《保险学》，北京：高等教育出版社，1999 年。

3. 江生忠著：《中国保险产业组织优化研究》，北京：中国社会科学出版社，2003 年。

4. 赵春梅、陈丽霞、江生忠编著：《保险学原理》，辽宁：东北财经大学出版社，1999 年。

5. 张洪涛、郑功成编著：《保险学》，北京：中国人民大学出版社，2000 年。

6. [美]小哈罗德·斯凯博（Harold D. Skipper，Jr）等著，陈欣等译：《国际风险与保险（环境——管理分析）》，北京：机械工业出版社，1999 年。

7. C.小阿瑟·威廉斯等著，马从辉等译：《风险管理与保险》，北京：经济科学出版社，2000 年。

8. [日]植村信保著，陈伊维等译：《日本财产保险业的变化及对策》，北京：机械工业出版社，2005 年。

9. 江生忠、王成辉：《论相互保险公司在中国的发展》，《保险研究》，2006 年第 10 期。

10. 江生忠、邵全权：《保险企业组织形式的制度变迁研究》，《保险职业学院学报》，2006 年第 3 期。

11. 史炳军：《借相互保险改造股份制保险公司》，《中国保险报》，2000 年 11 月。

第九章　保险公司经营

第一节　保险公司组织结构

保险企业组织结构是指保险企业全体成员为了有效履行其职能，实现其企业经营的目标，在职务范围、责任和权力等方面所形成的结构体系。

一、按照组织结构的内容和性质划分

（一）直线制

直线制的组织结构是一种最简单的组织结构形式。这种组织结构的特点是：组织中各种职务按垂直系统直线排列，各级主管人员对所属下级拥有直接的一切职权，包括行政领导权和业务领导权。组织中每一个人只能向一个直接上级报告。在这种结构形式下，要求管理者承担多种管理职能，必须通晓多方面的专业管理知识，否则顾此失彼，难于应付。

（二）职能制

职能制的组织结构是以各项专业职能作为划分部门的基础，根据人们共同的专业知识、经验或使用共同的资源而将其组合在一起的一种组织结构。

（三）直线职能制

直线职能制综合了直线制和职能制的优点，在坚持直线指挥的前提下，为了充分发挥职能部门的作用，直线主管在某些特殊的任务上授予某些职能部门一定的权力。直线部门和人员在自己的职责范围内有决定权，能对其所属下级公司的工作实行指挥和命令，并负全部责任。在有关专业事务上，职能部门负有对下级公司进行指导的责任，并在职责范围内可对下级公司提出业务要求，实施监督控制。这种组织结构比较适用于规模较大、经营网点较多、竞争压力和产品创新压力相对较小的保险公司。

多年以来，我国保险公司的组织形式多采用直线职能制形式，其具体格局是：总公司、省市区分公司、地区分公司、县区支公司，有些再往下设办事处或营业所。在上下级公司之间是直线管理关系，即领导与被领导的关系。上级公司的职能部门对下级公司的职能部门只能是业务指导关系，而不能是直接的领导关系。各部门成员直接服从其经理的领导，而部门经理又直接接受总经理的指挥和部署。

（四）事业部制

事业部制组织结构是在总公司（或集团）领导下设立若干个自主营运的业务单位。这些营运单位可以按产品进行划分，也可以按市场进行划分。但无论按何种标准进行划分，这些事业部都必须具有三种要素：第一，具有独立的产品和市场；第二，可以实行独立核算；第三，是一个分权单位，具有足够的经营决策权。这种组织结构的最突出特点是"集中决策，分散经营"，即总公司集中决策、事业部独立经营。这种组织结构适用于集团化、多元化或跨国经营的保险公司。这种组织结构目前被美国90％以上的大公司所采用。

（五）矩阵制

矩阵制组织形式是把按职能划分的部门和按产品（或项目，服务等）划分的部门结合起来组成一个矩阵，使同一名员工既同职能部门保持组织与业务上的联系，又参与产品或项目小组的工作。为了保证完成一定的管理目标，每一产品或项目小组都设有负责人，在组织的最高主管直接领导下进行工作。矩阵制的组织结构既需要某职能领域的技术专长，又需要各部门之间的横向协作。

二、按管理层次和管理幅度划分

不论是直线制、职能制，还是事业部制、矩阵制组织结构，都是采用了纵向划分（也叫垂直划分）的方法（将公司从最高层到最低层分为若干个管理层级），和横向划分（也叫水平划分）方法（将每一个层级又分为若干个职能或经营单位）。纵向划分决定着公司的管理层级；横向划分决定着公司的管理幅度。按管理层次和管理幅度划分，可将组织结构划分为高长式和扁平式。

（一）高长式

管理层次较多、管理幅度相对较窄的组织结构称为高长式组织结构。高长式是比较传统的组织结构，随着社会的不断发展，高长式结构的一些缺点逐渐暴露出来：较多的层次管理妨碍各个层次的沟通和协调；层次较多，指挥链较长，信息容易出现扭曲；管理人员的薪金、福利等开支比较大；管理者的职权量下降等。因此，高长式组织结构越来越受到挑战。

（二）扁平式

管理层级较少、管理幅度较宽的组织结构称为扁平式组织结构。扁平式组织结构具有决策迅速、弹性大的特点，它压缩了管理层次，弱化了中级管理人员的作用，减少了官僚成本，而且最重要的是拉近了最高管理层与一线的距离，使上下级的联系更加自由、快捷、准确。但是，扁平式组织结构也有不足，一是管理宽度较大，使上下级的人际关系数增加，同时也加重了同级间相互沟通和联络的困难；二是不能严密地监督下级，上下级协调较差。

三、保险公司部门的划分

部门划分是保险公司进行组织结构设计的一项重要的内容。部门划分的目的在于确定保险公司各项任务的分配与责任的归属。部门划分可以从不同的角度进行。

（一）按照职能划分部门

按照相互关联的业务活动分工，是组织业务工作最基本的划分方法。保险企业的基本职能是承保、核保、理赔、防灾防损，所以公司的业务部门通常按照这样的类别划分。同时，公司也必须有行政管理、内部控制等职能部门，根据以上职能，公司应设立财务部、人事部、企划部、稽核部、监督部门等。这种方法适用于规模较大的保险公司，能充分反映专业化管理原则，有利于提高各职能部门的工作效率，培养专业人才；但部门的局部利益有可能导致部门间的协调困难，从而降低公司的整体效能。

（二）按照险种划分部门

这种划分方法是将同一险种的各个经营环节联结在一起，由一个部门统一负责经营管理。如按照火险、水险、汽车险等险种划分业务部门，将该险种的承保、核保、防灾、理赔等活动集中在一个部门。一个寿险公司可以设立个人寿险部、养老保险部、团体保险部等。这种划分方法适用于中小型的保险公司，有利于实行险种的分类核算或单险种核算，但各险种管理部门的独立性比较强而整体性则比较差。

（三）按管理类别划分部门

这种方法是以管理分类为基础划分部门。如将公司的管理分为营销管理、业务管理、客户服务、财务管理、信息技术管理、资产管理、监控管理、行政管理等，分别以此为基础设置相应部门。这种划分类似于按职能划分部门的方法，但没有按职能划分方法划分得细。

四、保险公司的常设部门

虽然有以上三种部门划分方法，但在保险实务中，一般保险公司不论其组织形式如何，一般都会都设立以下一些职能部门：

（一）市场营销部

市场营销部的主要职能是确定目标市场和目标客户，制定销售政策，确定销售渠道和销售管理制度，组织和管理保险公司的各种销售活动，满足客户的保险需求。同时营销部还要负责销售人员的培训，从事市场调研，配合公司其他部门进行新险种开发、提供售后服务等。

（二）精算部

精算部的人员是从数理基础上观察公司的业务经营活动，制定风险选择原则，计算各险种的费率、准备金、红利、投保金、保险单抵押贷款额度等，考核公司的财务成果，调查和统计公司被保险人的死亡率和疾病发生率数据，协同其他部门设计和修改险种，并对公司的新险种作可行性研究。精算部还参与公司长期经营计划的制定。

（三）承保部

承保部负责制定与公司目标相一致的承保方针和编制承保手册，在综合各种信息和经验判断的基础上决定是否接受投保人的投保申请。为了作出准确、合理的承保决策，承保人必须从各个方面获取信息，以便分析和评价投保人面临的风险。

（四）理赔部

在保险事故发生时，理赔部人员要按照保险合同的规定处理保险赔偿和保险金给付申请。为了正确、及时、迅速、合理地处理给付申请，理赔部必须配备专职人员进行调查和审核。同时，理赔部可以协助核保与工程部门开展防灾防损工作，共同致力于恢复或减少损失的程度。

（五）法律部

保险公司签发的保险合同，常常牵涉到一些法律问题。所以，一般保险公司都设立法律部，该部的主要作用是：对保险主管机关提出的控诉进行抗辩，或在保险投资案件中以原告地位提出控诉，以帮助投资部门审查不动产权、债务证书、公司执照以及帮助取得抵押物等；为承保部门准备保险单、附加条款及特种保单等；为理赔部门调查与抗辩赔偿案件；为代理部门草拟代理合同等。

（六）投资部

投资部的任务是将保险公司的资本金、准备金以及盈余现金妥善投资以赚取利息，该部门负责股票、债券、抵押放款、不动产等投资。当公司合并或收购其他公司时，投资部要担任董事会和总经理的顾问。随着保费收入的不断增加，保险公司汇集了巨额的资金，资金运用是否安全、合理、有效，不仅影响公司的经济效益，而且也影响到了被保险人的经济利益，因此，保险公司大多设有投资部，专门从事投资业务的经营和管理，有的大型保险集团还设立了资产管理公司来加强投资管理。

（七）财务部

财务部的主要职能是负责保持公司的全部财务记录，编制财务报表，控制公司的收支差额，监督公司预算的执行，核定公司的工作金额，并协同法律部确保公司的一切财务活动符合法律法规的要求。

（八）再保险部

保险公司为了分散风险，往往将超过自己负担能力的保险责任转让给其他公司承担。同时，为了增加收入，也可接受其他公司的分保业务。处理这些业务的部门就是再保险部。

（九）信息部

信息部专门从事公司信息系统的开发和维护工作，这些信息系统包括业务处理系统、办公自动化系统等。信息部还负责公司计算机硬件、软件的采购和维护、业务数据的收集、统计、备份等工作。

第二节　保险公司经营的目标、社会责任和原则

一、保险公司经营的目标

（一）保险公司经营的经济目标

保险公司经营的经济目标是指保险企业经营所要实现的经济结果，它主要表现为以下两个方面：

1. 保险公司的利润最大化

在一般的情况下，保险企业的利润量越多，表明企业经营管理水平越高。在市场经济条件下，商业保险公司是自主经营、自负盈亏的市场主体，实现公司的利润最大化是保险企业经济目标的集中体现。保险公司在这个目标的激励和约束下，根据市场价格和收益的变动调节经营，开发保险产品、制定条款、调整费率和承保条件，积极地参与市场竞争。

2. 实现公司的可持续发展

保险公司的经营具有长期性，为实现公司的长期、健康发展，保险公司应树立科学的发展观，实施可持续发展战略，统一协调利润目标和发展目标的关系。保险公司应从长远发展的角度来确立公司的发展规划。从内部管理、产品开发、销售策略、资金运用等方面贯彻可持续发展观，防止短视行为，避免采取掠夺性开发市场和破坏保险生态平衡的竞争行为。

（二）保险公司经营的社会目标

保险公司作为社会的一员，其经营不仅有经济目标，还有特定的社会目标，即保险经营所达到的社会效果。主要有以下几项：

1. 提高风险管理意识

一方面保险公司在承揽保险业务时，要主动控制风险责任，开展保险宣传和咨询活动。另一方面，保险公司也应积极主动进行有利于社会提高社会风险管理意识的活动，将其作为保险公司经营的一项重要内容。

2. 降低灾害事故和人身伤亡率，减少社会的净损失

保险公司虽然不是专门的防灾防损部门，但保险公司常年与各种灾害事故打交道，积累了丰富的风险管理经验，不仅可以向企业提供各种风险管理经验，而且通过承保时的风险调查与分析、承保期内的风险检查与监督等活动，尽可能消除风险的潜在因素，降低灾害事件的发生率和人身伤亡率。

3. 安定社会生活

保险公司通过经济补偿和给付，保证受灾保户的生活安定，为社会生活的稳定提供物质保障。从而对社会起到"稳定器"的作用，这也是保险经营的一项重要的社会目标。

二、保险公司的社会责任

与社会目标相辅相成的概念是企业的社会责任。保险公司的社会责任，不仅有对外责任，也包括对内责任；不仅要通过保险赔付体现其社会责任，而且通过经营的各个方面体现其社会责任。也就是说，企业的社会责任是指企业在创造利润、对股东利益负责的同时，还要承担对员工、消费者、社区和环境等利益相关者的社会责任。具体而言，就是应该遵守商业道德、生产安全、职业健康、保护劳动者的合法权益、保护环境、支持慈善事业、捐助社会公益、保护弱势群体等。

企业社会责任是企业重要的"软实力"。当今世界的企业竞争已从产品竞争、价格竞争、质量竞争、服务竞争、形象竞争发展到声誉竞争。国外企业实行声

誉管理已日益突出并为大众所接受。名列世界 500 强的西方企业都建立了企业
伦理宪章，将诚信、企业社会责任作为企业品牌和企业竞争力的基础①。

三、保险经营的原则

保险经营的原则是指保险企业从事保险经济活动的基本行为准则。由于保
险经营是一种商品经营，它既有一般商品经营的共性，又有保险商品经营的特
性。因此，保险经营原则也有一般性和特殊性之分。本书主要介绍保险经营的
特殊原则。

保险经营的特殊原则的含义，主要是指从经济技术角度保险公司在经营中
应遵循的原则，主要包括风险大量原则、风险选择原则和风险分散原则。

（一）风险大量原则

风险大量原则是指保险人在可保风险的范围内，应根据自己的承保能力，
争取承保尽可能多的可保风险和标的。风险大量原则是保险人经营的首要原则。
因为：第一，保险经营是以大数法则为基础的，大数法则要求保险人所承保的
标的数量应达到一个最低限度的数量，这样才能使实际保险责任事故的发生频
率接近于损失期望值，从而保证保险经营的稳定。第二，保险的经营过程实际
上就是对风险的管理过程，而风险的发生是偶然的、不确定的。保险人只有承
保尽可能多的风险单位，才能建立起雄厚的保险基金，以保证保险经济补偿职
能的履行。第三，扩大承保数量是保险企业提高经济效益的一个重要途径。在
一定价格水平和保单获取成本条件下，承保的标的越多，保费收入就越多，经
营费用则相对摊薄，从而提高保险经营的经济效益。

（二）风险选择原则

为了保险经营的稳定性，保险人在承保时不仅要遵循保险大量原则，承保
大量保险标的，还需对所承保的风险进行必要的选择。风险选择原则要求保险
人对投保人所投保的风险种类、风险程度和风险金额，应有充分和准确的认识，
并作出选择，尽量使保险标的的风险性质相同。保险人对风险的选择主要表现
在两方面：一是尽量选择同质风险的标的进行承保，从而使风险能从量的方面
进行测定，实现风险的平均分散；二是淘汰那些超出可保风险条件或范围的保
险标的。风险选择原则强调了保险人对投保标的选择的主动性，使集中于保险
保障之下的风险单位趋于同质，有利于承保质量的提高，增加保险公司经营的
稳定性。

---

① 该部分参考《保险企业的社会责任》，《中国保险》，2007 年第 7 期。

保险人选择风险的方式分为事先选择和事后选择。

1．事先风险选择

事先风险选择是指保险人在承保前决定是否接受承保，它包括对人和物的选择。对人的选择，就是对投保人或被保险人的评价与选择。例如，在人寿保险中，应了解被保险人从事的职业、健康状况、年龄等。在财产保险中，应了解被保险人的信誉、经营能力、安全管理和道德品质等情况。对物的选择，是指对保险标的物的评价与选择。例如，对投保的房屋，应了解和检查其结构、使用情况和位置等。对被保险人和保险标的物的风险已超出可保风险的条件和范围的，保险人应拒绝承保。拒保是常见的一种事先选择风险的方法。

需要指出的是，有些保险标的虽然存在较大的风险，但保险人可以通过与投保人协商和调整保险条件实行有条件地承保，如拟订提高保险费率、提高免赔额、附加特殊风险责任或有条件地赔偿等限制性条款。总之无论是拒保还是有条件地承保，目的都在于使保险人能够根据公平合理的原则承保风险，以保证对承保风险的有效控制。

2．事后风险选择

事后风险选择是指保险人在承保后若发现保险标的有较大风险存在，而对保险合同作淘汰性选择。保险合同的淘汰通常有三种方式：第一，等待合同期满后不再续保；第二，按照保险合同规定的事项予以注销合同，如我国远洋船舶战争险条款规定，保险人有权在任何时候向被保险人发出注销战争险责任的通知，通知在发出后7天期满时生效；第三，保险人若发现被保险人有故意不履行如实告知义务或欺诈行为，可以中途终止承保，解除保险合同。我国《保险法》的第十七条和第二十八条对上述情况作出了明确规定。

保险人进行风险选择时，还要防止投保人的逆选择。由于潜在的投保人总是比保险人更清楚自己会在哪些方面遭受损失，这种信息的不对称性使保险购买者往往试图利用其掌握更多的信息，以低于精算合理保费的价格取得保险，这种倾向叫做逆向选择（Adverse Selection），简称逆选择。逆向选择使保险人无法判定每种人适合什么水平的保费，例如，知道自己可能生病的人投保健康保险的可能性更大些；医术高超的大夫遇到的医疗事故索赔一般比医术较低的大夫少，而医术较差的医生更倾向于购买医疗责任保险。如果保险人能够准确地分清大夫水平的高低，就能相应地收取适当的保费。保险人不能分清时，问题就会随之而来。通常情况下，逆选择总是存在的。这种对于投保人个人来说有利的选择，对保险公司显然是一种很不利的选择。所以保险公司坚持风险选择原则，可以减少由逆选择所带来的不利影响。

（三）风险分散原则

风险分散原则是指保险人为保证经营稳定性，对所承保的风险尽可能地加以分散，避免风险集中。如果保险人承保的风险过于集中，一旦发生保险事故，就可能产生责任累积，从而使保险人无力承担保险责任。所谓责任累积是指当保险人承担的各部分财产（同属于一个风险单位，或各部分财产在空间上相对集中或接近）的保险金额超过其规定的自留额（或分保合同的总限额）时，发生保险事故后所产生的保险责任。例如，虽然保险公司同时承保几个风险单位，但由于多个风险单位的保险标的相互距离较近，当发生火灾时，这些保险标的极易燃烧蔓延，就产生责任累积。保险人对风险的分散一般采用核保时的分散和承保后的分散两种手段。

1. 核保时的风险分散

核保时的风险分散主要表现在保险人对风险的控制方面，即保险人对将承保的保险责任要适当加以控制。控制风险的目的是为了减少被保险人对保险的依赖性，同时也是为了防止因保险而可能产生的道德风险。保险人控制风险的方法主要有以下几种：

（1）控制保险金额。保险人在核保时对保险标的要合理划分危险单位，按照每个危险单位的最大可能损失确定保险金额。例如，对于市区密集地段的建筑群，应按风险相对独立的情况，分成若干地段，并科学估测每一地段的最大可能损失，从而确定保险人对每一地段所能承保的最高限额。如保险金额超过保险人的承保限额时，保险人对超出部分不予承保。这样一来保险人所承担的保险责任就能控制在可承受的范围内。

（2）规定免赔额。即对一些保险风险造成的损失规定一个额度或比率，由被保险人自负这部分损失，保险人对于该额度或比率内的损失不负责赔偿。例如，在机动车辆保险中，对机动车辆每次事故规定有免赔额，只有超过免赔额的部分才由保险人承担赔偿责任。

（3）实行比例承保。即保险人按照保险标的实际金额的一定比例确定承保金额，而不是全额承保。例如，在农作物保险中，保险人通常按平均收获量的一定成数确定保险金额，如按正常年景的平均收获量的六至七成承保，其余部分由被保险人自己承担责任。

2. 承保后的风险分散主要是采取再保险的方法

保险人将其所承保业务中超过自身承保能力的风险转嫁给其他保险人来承担。

第三节　保险产品的定价

一、保险产品的定价基础与市场定价

保险人常常凭借过去的经验和过去的资料而获得某种风险的损失概率，并以此作为保险费率制定的基础。

（一）风险测定

风险测定即在一定时间单位内，对某种损失发生及其结果出现概率的估量。风险的测定需要专门技术，对于不同的保险种类，所需要的技术也不同。一般而言，财产保险比人身保险面临更多的风险因素，因而风险测定也相对更加复杂。

（二）风险分类

在计算保险费率之前，应先将风险进行分类，再根据各分类的实际经验资料编成统计资料；为了使作为保险费率计算基础的损失概率更为准确，还应统计调查各种有明显标志的风险因素，并将各因素分成若干风险集合，再分别就各个风险集合测算损失概率。例如，健康保险中，对发病率的计算，以年龄、性别及职业三者为标准，假定 30 岁到 60 岁，每 10 岁为一级，分为三个等级，再就职业分为四个等级，性别分为两个等级，共分为 24 个集合，然后就各集合计算损失概率。

（三）费率调整

经过风险分类，按风险大小算定的费率，就可编成费率表。费率表中的项目随着考虑的风险因素增多而增加。在只考虑主要风险因素的基础上做成的费率表叫基本费率表，而对于较为次要的风险因素则依照基本费率给予适当增减，从而算定个别保险费率，使之适应实际情况。当然，保险费率的计算与调整，也会因保险种类和业务性质的不同而不同。

需要指出，在市场竞争环境下，保险产品的定价不仅要以风险损失为基础，同时还要考虑保险市场的供求关系，保险公司之间的竞争状况，以及保险业发展的外部环境等因素，因此，保险产品定价，可以从技术、方式、主题、层面等不同角度分为精算定价、公司定价、政府定价、市场定价等。

二、保险产品定价的目标

在保险公司可以自由定价的体制下，保险公司的产品定价目标是与其经营目标相关的。综合而言，定价目标主要有：

（一）利润导向型定价目标

利润导向型定价目标即以经营者利润为中心确定定价目标，可做如下细分：

1. 短期利润最大化目标

即通过所定价格尽快实现最大限度的利润和投资收益。选择短期利润最大化目标必须满足一定条件：保险人所经营的保险商品性能较好，替代品较少；或者这种保险产品的弹性小，不致因价格高而引发销售量锐减；或者市场供不应求，采取高价虽在一定程度上抑制销售，但不影响经营者的目标销售量，否则，经营者就应采取较为稳健的长期利润最大化目标。

2. 获得适量利润目标

适量利润又称满意利润，是指与保险人的投资额及风险程度相适应的平均利润。有的保险人由于经营条件有限(如资本有限、资金来源困难)，或者考虑到利润丰厚可能引起激烈竞争，这些保险人往往把获得适量利润作为定价目标。

3. 获得预期收益定价目标

预期收益为预期的总销售额减去总成本。保险人定价时，常以预期的投资收益率或销售收益率作为确定保费构成中利润水平的依据。以预期收益为定价目标要求保险人能较为准确地预测市场需求的变动趋势、自身经营能力以及成人变动情况，并在此基础上成功地确定投资收益率和销售收益率。

（二）销售导向型定价目标

销售导向型定价目标可以细分为以下几种：

1. 达到预定销售额目标

当保险人推出某种新产品时，其定价目标主要围绕实现预定的销售额或销售量，而不是利润或其他目标，保险人通过适当的试销价格，达到预定的试销目标，以扩大新产品的影响力。

2. 保持和扩大市场份额目标

市场份额又称市场占有率，包括两种含义：一是指经营者自身商品的销售量占本行业同类商品销售量的百分比，即绝对市场份额；二是指自身商品市场份额与同行业中居统治地位经营者的市场份额之比，即相对市场份额。市场份额能够直接反映经营者在市场上的竞争地位，保持较高市场份额的经营者，往往能形成对市场一定程度的控制和对价格的左右能力。

3．促进销售增长目标

以促进销售量或销售额的增长为定价目标，试图在大量经营保险产品的情况下，为企业的发展创造良好的市场条件。保险人在选择定价目标时，应事先通过对量、本、利的分析来测算销售增长与企业利润之间的关系，同时注意市场份额的变化，使销售的增长有利于市场份额的扩大和利润的增加。

（三）竞争导向型定价目标

这类定价目标主要有以下几种：

1．稳定价格目标

激烈的价格竞争常使竞争双方"两败俱伤"，破坏经营者经营活动的正常环境。商品价格越稳定，经营风险就越小。因此，一些规模大、实力雄厚的保险人，常以稳定价格作为定价目标，以避免剧烈的价格竞争造成的损失。同时也可通过稳定本身产品价格来稳定行业竞争态势，保持其优势地位，获得稳定收益。

2．应付或避免竞争目标

在市场竞争中，价格是最有效而又最敏感的竞争手段，运用价格竞争手段，常会遭到对手的报复，因此，许多保险人在这种价格目标导向下，根据竞争者的价格变化来决定自身产品价格。作出这一选择的保险人，有些是对自身所处地位比较满意，无意与竞争对手竞争更为有利的市场地位；有些则是在遇到激烈的价格竞争时，无法主动控制对产品的定价，只能随行就市。

3．战胜竞争者目标

一些经营规模大、经营效率高、资金雄厚、竞争力强的保险人，有时通过大幅度地降低价格，将竞争者挤出市场或防止竞争者进入市场。这种定价目标的选择一般是短期的。同时要注意防止"价格战"可能产生的两败俱伤，以及有可能违反有关法规而产生的法律风险。

三、保险产品定价技术

（一）基本概念

保险费率是每单位保险的价格[①]。损失风险单位（Exposure Unit）是保险定价中使用的计算单位。损失风险单位在不同的险种中有不同的含义，例如，在火险中，损失风险单位是 100 元保险金额；在产品责任险中，它是 1000 元销售额；在汽车碰撞险中，它是一辆汽车被保险一年。但一般来说，损失风险单位

[①] 该部分主要是介绍财产保险产品定价的有关概念。

可以以保险金额加以计量，故保险费率一般表示为保险费与保险金额的比率，即

$$保险费率 = \frac{保险费}{保险金额} \times 100\%$$

保险金额一般是以 1000 元或 100 元为单位进行计量的，因此保险费率实际上是每 1000 元或每 100 元保险金额缴付的保险费，通常以‰或%表示。例如，某险种每 1000 元保险金额收保险费 1.5 元，则费率表示为 1.5‰。保险费率的高低，是保险人根据保险标的的风险状况和经营费用等因素确定的。

1. 公平保费

如果保费收入能够为保险人的期望成本提供充分的资金，并且能够为保险公司的所有者投入的资本带来公平的回报，我们就称之为公平保费，与公平保费对应的保险费率称为公平费率（也称毛费率）。公平保费就是在一个完全竞争的保险市场环境下应该收取的保费，其主要组成部分包括纯保费（也称为期望索赔成本）和附加保费，附加保费主要指管理费用和公平利润等，具体情况如图 9-1 所示。

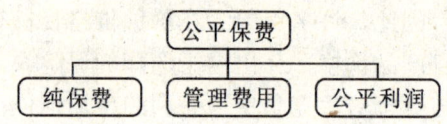

图 9-1　公平保费的主要组成部分

2. 纯费率

纯费率是保险费率的基本部分，以其为基础收取的保险费即纯保费，用于保险赔偿或给付。在财产保险产品费率中，纯费率根据保额损失率和稳定（安全附加）系数确定。保额损失率是指一定时期内保险赔付总额与总保险金额的比率。它取决于四个因素：

（1）事故发生频率，即保险标的发生保险事故的次数与全部承保标的的件数之比；

（2）保险事故损毁率，即受损保险标的的件数与保险标的的发生保险事故的次数之比；

（3）保险标的的损毁程度，即保险赔付总额与受损保险标的的总保险金额之比；

（4）受损保险标的的平均保险金额与全部保险标的的平均保险金额之比。

将以上四项指标相乘，即可得出财产保险产品的保额损失率。保险人正是

根据历年的大量统计资料，计算出一定时期（至少 5 年）内的平均保额损失率，以估计未来单位保险金额的有效索赔额，进而确定纯费率水平。

　　然而，由于以下的原因还需对平均保额损失率进行调整：①保额损失率是根据以往的历史资料计算的，而保险标的未来的风险状况可能会发生变化，因此预计的保额损失率有偏离实际水平的可能；②以相对有限的空间和时间范围的历史资料作出的统计估计，可能会存在误差；③历史数据中不一定反映了巨灾损失情况，若未来发生巨灾，则依平均保额损失率得出的费率计收的保费，就难以保证赔付了。所以，为保障保险人有足够的偿付能力，必须在平均保额损失率的基础上考虑安全附加，这种附加一般以若干单位的标准差表示。附加的标准差倍数越大，则实际损失超过修正保额损失率（考虑了安全附加）的概率越小。假定保额损失率服从正态分布，则有安全附加与保险人赔付风险的关系如表 9-1 所示。

表 9-1　安全附加与保险人赔付风险的关系

安全附加（N 倍标准差）	赔款超过纯保费的概率
$N=1$	0.15866
$N=2$	0.02275
$N=3$	0.00135
$N=4$	0.00003

　　可见，附加标准差次数越多，赔款超过纯保费的可能性越小，保险人的经营越安全，但这也意味着投保人的负担越重。为此，确定安全附加时，必须兼顾保险人和投保人双方的利益。一般认为，安全附加取平均保额损失率的 10％～20％为宜。在开发新险种时，保险人若没有自己的经验数据，可通过对社会平均损失统计资料的利用和调整计算纯费率，或通过判断法计算纯费率。

　　3．附加费率

　　保险人经营保险业务时，必然要支出各种费用，同时要取得合理利润，因此，作为风险集聚与分散功能的承担者，其费用和利润都必须由全体投保人分摊，即除纯费率外，还必须通过附加费率来反映保险人的营业成本和利润。附加费率是保险人经营保险业务的各项费用和合理利润与纯保费的比率。按附加费率计收的保费即是附加保费，对应于员工工资、管理费、代理手续费、税金、利润、意外准备金等项目。附加费率在保险费率中处于次要地位，但附加费率的高低，对保险企业开展业务，提高竞争能力有很大的影响。综上所述，公平费率可表示如下：

公平费率＝纯费率＋附加费率

＝平均保额损失率×（1＋安全附加系数）＋附加费率

（二）财产保险的定价方式

1. 判断法（Judgement Rating）

判断法也称个案法（Individual Rating），是一种通过对保险标的的观察或判断来厘定费率的方法。也就是说，在承保过程中，业务人员采取个案分析法，根据每笔业务承保标的的风险情况和个人经验，直接判断出险频率和损失，进而制定适合特定情况的个别费率。当然，用判断法厘定费率时，通常也要利用相关统计资料，只是较为粗略而已。

在实际操作中，当损失风险形式多样且多变，不能使用分类法时，或者当不能取得可信的损失统计资料时，就会采用这种方法。例如，宇航员作首次月球登陆飞行时购买了人寿保险，但当时没有外层空间的死亡损失数据，只能使用判断法厘定费率。在海上运输保险和一些内陆运输保险中也广泛使用判断法，这是因为各种船舶、港口、货物和危险水域的情况错综复杂，各不相同。

2. 分类法（Class Rating）

分类法是现代保险经营中最常用的费率厘定方法，它是把具有类似特征的损失风险置入同一承保类别，收取相同费率。收取的费率反映该类别的平均损失经验数据。分类法是基于这种假设：被保险人将来的损失在很大程度上是由一系列相同因素决定的。以分类法制定的费率须结合费率规章（或分类规则）使用，实践中往往将两者统一载入费率手册，故分类法又称为手册法（Manual Rating）。其主要优点是便于应用，费率在手册中能很快查到。正因为如此，分类法对个人保险业务尤为适合。确定分类费率有两种基本方法。

（1）纯保费法（Pure Premium Method）。纯保费法的计算公式是：

$$纯保费＝\frac{已发生的损失和理赔费用}{损失风险单位数}$$

已发生的损失包括会计期所有已付赔款和同一时期已发生但尚未赔付的赔款准备金。假定在汽车碰撞保险中，某承保类别的 50 万辆汽车在一年期内已发生的损失和理赔费用合计为 3000 万元，使用上式计算的纯保费是 60 元。

$$纯保费＝\frac{30,000,000}{500,000}＝60$$

再考虑附加费用、承保利润和意外准备金，附加费用一般包括佣金、期初承保费用、管理费和保费税。附加费用、承保利润和意外准备金一般以毛保费的一个百分比表示，被称为费用率（Expense Ratio）。计算毛保费的公式是：

$$毛保费 = \frac{纯保费}{1-费用率}$$

假定费用率是 40%，毛保费则是 100 元。

$$毛保费 = \frac{60}{1-0.40} = 100（元）$$

纯保费法得到的费率被称为指示费率（Indicated Rates），即能弥补期望索赔损失与费用支出，并提供期望利润水平的费率。以纯保费法得到的费率计算公式为：

$$R = \frac{P+F}{1-V-Q}$$

其中：R =每风险单位的（指示）费率；P =纯保费；F =每风险单位的固定费用

V =可变费用因子；Q =利润因子。

（2）损失率法（Loss Ratio Method）。按照损失率法，要把实际损失率与预期损失率加以比较，然后对费率作相应的调整。计算方法如下：

实际损失率是已发生损失和理赔费用与已赚得保费（Earned Premium）的比率。预期损失率是保费中预定用来赔付的比例。它等于（1－费用率）。假定某险种已发生的损失和理赔费用是 80 万元，已赚得保费为 100 万元，因而实际损失率是 0.8，再假设预期损失率是 0.7，则费率应提高 14.3%。

$$费率调整比例 = \frac{A-E}{E} = \frac{0.8-0.7}{0.7} = 14.3\%$$

式中：A 为实际损失率，E 为预期损失率。

3．增减法（Merit Rating）

增减法是在分类费率的基础上，根据损失经验数据对分类的费率作向上或向下的调整。它是基于这种假设：一个特定的被保险人的损失经验数据会与其他被保险人的损失经验数据明显不同。增减法费率计算方法有以下几种。

（1）表定法（Schedule Rating）。按照表定法，对每个风险单位分别计算费率，首先对每种风险单位确定一个基本费率，然后再根据客体特征作增减修正。表定法是基于这种假设：被保险人某些经营和操作的客体特征将影响到被保险人将来的损失。对大的厂房、商业办公大楼和公寓的火灾保险普遍使用表定法，每栋建筑物按下列因素分别计算费率：

①建筑结构。一栋建筑物可以用木板、砖或耐火的材料建造。对木屋收取

的费率自然要高于砖屋和防火的建筑物。对高层建筑物也要收取较高费率，这是灭火困难所致。

②占用。火灾的概率在很大程度上受其占用情况影响。例如，焊接发出的火星能迅速酿成火灾，建筑物内堆放的易燃品使火势难以控制。

③消防。这是指城市供水和消防的质量，也包括建筑物内安装的消防设施。美国保险事务所拟订了一份市政防火的分类表，根据城市供水和消防的质量把市镇分为一到十级，级别数愈高，消防质量愈差。表定法也考虑了私人或单位的消防设施，对于安装火灾报警器、灭火器、自动喷水灭火系统和配备看管人员的保户给予费率优惠。

④周围环境风险。又称险位，这是指被保险的建筑物受邻近建筑物着火而遭殃的可能性。来自周围建筑物的火灾损失风险愈大，收取的费率也就愈高。

⑤保养。这是指建筑物的管理和保养。如果油腻的破布散满地上，就要提高费率。

表定法在责任保险中也得到了广泛的应用，表 9-2 是美国责任保险费率调整表。

表 9-2　美国责任保险费率调整

风险因素	调整幅度（%）
A．位置	
a．室内风险	-5～5
b．室外风险	-5～5
B．房屋——条件、屋主谨慎程度	-10～10
C．设备——型式、条件、使用者谨慎程度	-10～10
D．特殊情况	-10～10
E．雇员——选择、训练、监督、经验	-6～10
F．外力合作	
a．医药设备	-2～2
b．安全措施	-2～2

表定法的主要优点是识别保险标的出险的客体特征，从而使保险费能反映被保险人的损失经验，此外也能促进防损工作。表定法的不足之处有：首先，它需要较高的管理费用；其次，由于同业间的竞争，给予保户不合理的费率优惠，表定法有可能失效；最后，如果人为因素在造成损失方面起主导作用，表定法并非是一种有效的方法。

（2）经验法（Experience rating）。这是根据以往的损失经验调整分类的费率。经验法最显著的特点是，被保险人以往的损失经验被用来确定下一个保险期的保险费，一般使用以往三年的损失经验数据确定下一个保险期的保险费。假如被保险人的损失经验数据低于同类别的平均数字，就降低对被保险人收取的分类费率；反之，就提高费率。在确定费率调整幅度时，实际的损失经验数据要根据可靠比数（credibility factor）修正。假定一个零售企业购买了用经验法厘定费率的普通责任保险单，年保险费是 3 万元，预期的损失率是 30%，再假设以往三年的实际损失率是 20%，可靠比数是 0.29，该企业的保险费将减少9.67%。

$$保费调整比例 = \frac{A-E}{E} \times C = \frac{0.20-0.30}{0.30} = -9.67\%$$

因此，下一个保险期新的保险费调整为 27099 元。可见，经验法对减少损失有经济刺激，但经验法一般只限于对较大企业使用，它们有较高的保费和可靠的经验数据。在普通责任保险、劳工保险、企业汽车责任保险和团体健康保险中经常采用经验法计算费率。

（3）追溯法（Retrospective Rating）。根据这种方法，由被保险人在本保险期内的损失经验决定该期实际缴付的保险费。在实际操作中，保险人首先规定一个最低保费和最高保费，然后保险人按标准保险费（根据分类法确定的保费）向投保人预收基本保险费，在保险期满时，根据保险期内各投保人的损失经验对基本保险费进行调整，得出应缴的保费，多退少补，故名"追溯法"。具体地说，如果在本保险期内实际损失额小于某一数额，被保险人缴付最低保费；如果实际损失额大于某一数额，被保险人则缴付最高保费；实际损失介于前述两个数额之间时，实际缴付的保险费在最低和最高保费额之间，具体数额取决于被保险人在本期的损失经验。劳工保险、普通责任保险、汽车责任和车损险、盗窃和玻璃保险经常使用追溯法计算保险费。

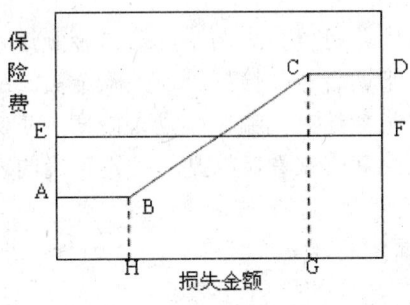

图 9-2　追溯法的应用

图 9-2 简要说明追溯法的应用。ABCD 表示追溯法的保费。AB 表示最低保费额，适用于索赔金额不超过 H 的被保险人。CD 表示最高保费额，适用于索赔金额等于或超过 G 的被保险人。BC 表示保费随索赔金额变化（B 和 C 之间）。EF 表示标准保费，即使用分类法确定的保费。可见，追溯法对防损有很大的经济刺激作用。

（三）人寿保险产品的定价

1. 人寿保险费的构成

人寿保险费又称营业保费，它由纯保险费和附加保险费两部分构成，纯保费是用于将来保险金给付的，附加保费是用于寿险公司的日常开支的。由于人寿保险大部分采用均衡保险费的方式，因此投保人缴纳保费中的纯保费部分，又可以分为危险保费和储蓄保费。危险保费是用于当年保险金给付的，储蓄保费是纯保费中扣除危险保费后的剩余部分，这部分保费逐年以复利累积，用于将来保险金的给付。

图 9-3 清晰地表明，储蓄保费（准备金）逐渐增加，到 100 岁时等于保险金额，而危险保费（风险净额）逐渐减少，到 100 岁时为零。

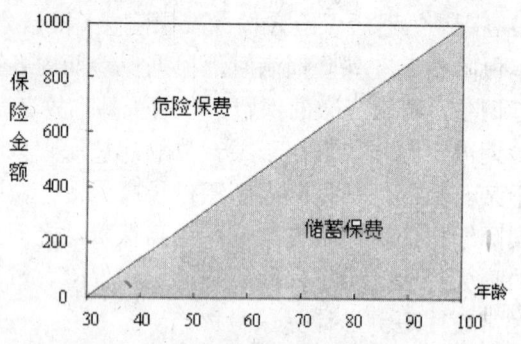

图 9-3　储蓄保费与危险保费的关系

上述分析说明人寿保险可以分为两个部分：金额递减的定期死亡保险和金额递增的储蓄或投资，把两者相加恰好等于保险金额。这种比喻适用于所有种类的均衡保险费方法。虽然这种比喻在鼓励人们把人寿保险作为一种储蓄手段方面是有用的，但从法律观点来看，这是一种不正确的表述，因为终身寿险保单是一种保障性合同。

2. 人寿保险费率厘定的要素

人寿保险费率厘定考虑以下三个要素：

（1）死亡或生存因素。由于人寿保险是以被保险人生命作为保险标的，保险事故是被保险人的生存与死亡，因此保险费厘定必须依据被保险人的死亡率或生存率。

（2）利息因素。由于人寿保险的长期性，保费的收取与保险金的给付之间存在着很长的时间差，因此保险费厘定时还应考虑利息因素。

（3）附加费用因素。由于经营寿险业务的保险公司所必须的各项费用开支都必须由被保险人负担，因此保险费厘定时还必须考虑费用因素。

由此可见，人寿保险费是依据预定死亡率或生存率、预定利息率和预定营业费用率来计算的，这三项构成了人寿保险费率厘定的三要素。

人身意外伤害险费率的厘定一般不考虑被保险人的年龄，不以生命表为厘定费率的依据；同时由于意外伤害保险大部分为短期性合同，厘定费率时也不考虑利息因素。人身意外伤害保险费率厘定的主要因素是被保险人的职业以及所从事工作的性质。

3. 生命表

生命表又称死亡表，是根据一定时期、一定的国家或地区、一定的人口群体（男性与女性）作为统计基础，计算出某一人群中各种年龄的人的生存和死亡概率，并将其汇编而成的一种表格。在人寿保险中，不管以死亡作为给付条件的定期寿险，还是以生存作为给付条件的年金保险，都与生命表中的死亡率和生存率密切相关。因此，生命表上所记载的死亡率、生存率是厘定人寿保险费率的重要依据。自从人寿保险应用生命表进行保险费的计算，才奠定了其科学的基础。

一张完整的生命表由 6 个栏目组成：x 表示年龄；l_x 表示 x 岁人年初生存人数；d_x 表示 x 岁的人在一年内的死亡人数；q_x 表示 x 岁人在到达 $x+1$ 时一年间的死亡率；p_x 表示 x 岁的人在到达 $x+1$ 时一年间的生存率；e_x 表示平均余命，即 x 岁的人以后还能生存的平均年数。

生命表中各项生命函数的关系如下：

① $l_x - l_{x+1} = d_x$ $l_x - l_{x+N} = d_x + d_{x+1} + \cdots + d_{x+N-1}$

② $q_x = \dfrac{d_x}{l_x} = \dfrac{l_x - l_{x+1}}{l_x}$ $_nq_x = \dfrac{l_x - l_{x+n}}{l_x}$

③ $p_x = \dfrac{l_x - d_x}{l_x} = \dfrac{l_{x+1}}{l_x}$ $_np_x = \dfrac{l_{x+n}}{l_x}$

④ $p_x + q_x = 1$

生命表可分为国民生命表和经验生命表。国民生命表是以全体国民或特定地区的人口统计资料编制的生命表；经验生命表是根据人寿保险、社会保险以往的死亡记录编制的生命表。为了保证费率计算的合理性和准确性，保险公司必须根据业务性质选择合适的生命表。例如，经营人寿保险业务应选用经验生命表，而不是国民生命表，因为国民生命表没有经过保险公司的风险选择，它的死亡率要高于经验生命表的死亡率。又如，年金保险的生命表应有别于死亡保险的生命表，因为年金保险与死亡保险的死差损益（即预期死亡率与实际死亡率之间的差异产生的损益）正好相反。因此，年金保险费率计算时采用年金生命表，年金生命表的死亡率要比死亡保险使用的生命表的死亡率低。

专栏 9-1 介绍了中国人寿保险业经验生命表。

专栏 9-1

《中国人寿保险业经验生命表（2000～2003）》正式发布

中国保监会昨日对外宣布，保监会已于近日向全行业正式发布了《中国人寿保险业经验生命表（2000～2003）》（简称"新生命表"）；并同时下发《关于修订精算规定中生命表使用有关事项的通知》，出台了有关新生命表使用的配套政策。

《通知》明确规定：保险公司进行法定准备金评估，必须采用新生命表；而保险公司定价可以新生命表为基础，也可以其他生命表为基础，即自行决定定价用生命表。上述政策将于 2006 年 1 月 1 日起生效。

这意味着，从 2006 年起，新生命表将正式作为我国寿险监管以及寿险公司责任准备金评估的标准表和寿险产品定价的参考表。也就是说，以后保监会只管"评估生命表"，盯住保险公司偿付能力这条安全线，而"定价生命表"将放开。

生命表又称"死亡率表"，反映的是社会平均年龄及不同年龄人群的生存概率和死亡概率。广泛应用于寿险产品定价、现金价值计算、准备金评估、内含价值计算、风险管理等各个方面。因此对保险行业而言，科学、准确的生命表是防范风险的重要手段和条件。

1995 年由中国人民银行颁布的《中国人寿保险业经验生命表（1990—1993）》是我国第一张经验生命表。这张表是根据原中国人民保险公司一家公司1990 年到 1993 年的数据编制的。近年来，随着生活水平提高和医疗技术进步，保险消费者群体的寿命呈延长趋势，同时，国内保险公司数量不断增多，核保制度逐步建立，原生命表已经不能适应行业发展的要求。

2003 年 8 月，保监会牵头正式启动了我国第二张经验生命表的编制工作。这是第一次在保险全行业范围内进行经验死亡率调查。所用经验数据 98% 以上来源于国内经营时间较长、数据量较大的六家寿险公司：中国人寿、平安、太平洋、新华、泰康和友邦。

保监会人身保险监管部主任陈文辉说，由于这次保监会放开了定价生命表，寿险产品定价市场化是一个明显趋势。整体而言，新生命表比原生命表的寿命延长了，死亡率降低了。如果寿险公司的定价遵循这一趋势，那么，以定期寿险为代表的保障类产品的价格应该下降；以终身年金为代表的年金类产品应该涨价；而现在市场上很多储蓄类产品，价格对死亡率并不敏感，这些产品的价格变化将很小。

陈文辉提醒消费者注意两点：一是不要轻信市场涨价传言，抢在新生命表实施之前，买了自己不需要的产品；二是在新生命表实施之后，购买保险产品时，要货比三家，要综合考虑公司信誉、服务和价格。

（2005 年 12 月 23 日新华社）

4. 利息率

由于人寿保险的长期性，投保人缴纳的纯保费中的储蓄保费累积成责任准备金一直留存在保险人那里作为将来给付的保险金，这部分保险费具有时间价值，保险人必须按照保单订立时的预定利息率支付给被保险人利息作为保险人暂时占用被保险人储蓄性保险费的代价。因此，在人寿保险费率厘定时，利息率与死亡率一样是纯费率厘定的要素之一。

利率假设对于寿险公司的定价十分重要，特别是对于传统寿险，由于它们在保单有效期内是固定不变的，因此这些险种的利率风险很高。当社会经济处于高速发展阶段或者处于衰退和动荡阶段，往往伴随着市场利率的大幅度调整和变动，这必将对寿险业产生极大的影响。因此，寿险公司在进行利率假设时都是十分谨慎的，常常采用较为保守的态度，但过于保守的态度必然会损害被保险人的利益或丧失市场竞争能力。

（1）复利终值。在人寿保险中，已取得的利息会留存在保险公司，把利息和本金合在一起再用于投资，再取得利息。因此，人寿保险的利息是按复利计算的。复利终值是一定的本金按一定的利息率，经过一定的时间后的本利和。计算公式为：

$$S = P(1+i)^n$$

其中，S 是复利终值，P 是本金，i 是利率，n 是时期数。

（2）现值。为了在一个特定时期末取得一定金额而现在所需要投资的本金称为现值。计算公式为：

$$P = \frac{S}{(1+i)^n}$$

在精算学中，可以看到根据不同的利率编制的复利终值表、复利现值表、年金终值表、年金现值表等以备查用。在复利现值表中，$\frac{1}{1+i}$ 用 V 表示，$\frac{1}{(1+i)^n}$ 用 V^n 表示。

5. 失效率

保单失效率也是人寿产品定价时需要考虑的重要因素。

（1）影响失效率的因素。第一，保单年度。保单失效率随保单年度的增加而迅速降低。当然，也有例外情况，如保费递增的定期寿险的失效率，常常是随保单年度的增加而提高，而个人年金各年的失效率基本保持不变。第二，被保险人投保时年龄。十几至二十几岁的人口保单失效率较高，而 30 岁以上的被保险人随年龄增大保单失效率会降低。第三，保额。大额保单的失效率通常较低，但对保费递增的大额保单，失效率可能会随时间推移而升高。第四，保费支付方式的频率。每年直接缴费一次与每月预先从工资中扣除保费的保单失效率较低，而每月直接缴费的保单的退保率就较高。第五，性别。当其他情况相同时，女性的保单失效率要比男性的低。第六，保单类型。如保费递增定期险、均衡保费定期险、保费递减定期险、个人年金、直接信函推销的保单、前几年现金价值高的保单及其他终身险种等险种，由于保单类型不同，其失效率也各不相同。

（2）确立失效率假设。一般而言，失效率假设应基于本公司的经验数据，而各公司之间由于各种差别而使失效率大相径庭。如果公司经验数据有限，可以找与公司经验状况相类似的公司的经验数据，再根据年龄、性别、保额等因素进行调整。即使是本公司的经验数据，在使用时仍需做适当的调整。险种变化、销售人员的变化、外部环境的变化等等都会对未来的失效率产生影响。寿险公司对所推销的保单失效率高的代理人的处理办法（如终止其代理行为）也可对未来保单失效率产生影响。理论上可以找到多种减少失效率的方法，但实际上运作起来却比较困难。

许多寿险产品按法定计算方法计算首年是亏损的，这种亏损要在以后若干年内弥补，前几年高退保率意味着有效保单将负担失效保单的部分新契约费。在定价时假定了较高的失效率，又会使该险种无利可图。对某些新的险种，失效率假设就只能基于精算人员的判断估计了。这种判断、估计越多，就越需要对该险种在各种不同情况下的失效率进行检验；而且要对失效率进行经常性调整，当失效率太高时，甚至有必要对产品的价格重新计算。

第四节　保险产品营销

一、保险产品营销概述

（一）保险产品营销的概念

保险产品营销就是以保险产品为客体，以消费者的需求为导向，运用各种销售、渠道、策略、将保险产品转移给消费者并实现保险公司长远经营目标的一系列活动。具体而言，保险产品营销是关于保险产品的构思、开发、设计、分销、促销及售后服务等项业务的计划与实施，以满足消费者保险需求，实现保险公司价值最大化目标的交换过程。

保险营销是现代市场营销学在保险公司经营中的应用。保险营销的内容包括保险市场营销环境的分析、营销目标市场的选择和保险营销策略的制定等。

从保险公司的经营角度看，保险营销与所谓的保险的展业、承保等环节是相联系的。保险展业实质体现了保险营销中的目标市场的选择要求，以及保险市场环境变化的要求，而保险承保则体现了保险营销的策略上的要求。在我国，传统上的实践做法及理论上对保险营销的忽视，是简单地将保险经营环节定位于展业、承保、防灾和理赔，这主要是由于长期以来我国保险体制和保险公司经营体制受计划经济体制的影响所造成的。

此外，保险营销的含义与保险销售的含义是有区别的。保险营销的含义正如前所述，包括的内容较广，而保险销售的含义则相对较狭，主要指保险产品的推销行为或过程。这也是保险营销最核心和最主要的内容。所以，我们有时通常说的保险营销，实质上指的是保险销售。在实践中，保险营销任务是由保险公司多个部门来完成的，而保险销售则是一个明确的销售部门来执行的。

（二）保险产品销售的特点

保险销售所运用的原理及其目的，与一般市场销售一样，即了解消费者的需求，设计一套完整且有效的系统性销售计划，运用科学的方法，有效地执行和适当控制，以达到以最低的成本获得最大且合理的利润的目的。但是保险是一种承诺式的保障性服务行业，保险企业经营的对象是看不见摸不着的风险，"生产"出来的商品仅仅是对保险消费者的一种承诺，而且这种承诺的履行只能在约定的事件发生或约定的期限届满时，而不像一般商品或服务能立即有所感受。此外，由于保险商品过于抽象，保险单过于复杂，而人们的保险意识比较差，一般不会主动的购买保险商品。正是由于以上原因，使得保险推销成为保险销售活动中极其重要的一环。

此外，保险销售更适用于非价格竞争的原则。首先，优质的服务是保险销售的坚实基础。保险服务不仅表现在消费者购买保险之前，而且表现在他们购买保险之后，即应根据投保人保险需求的变化和新险种的出现，帮助调整保险方案，或在损失发生时，迅速合理地进行赔付。其次，保险推销人员的丰富的专业知识是保险销售的根本前提，保险销售需要高素质的专业推销人员。对于被保险人来说，购买保险不仅是一种消费行为，更是一种风险管理计划和财务保障计划，因而保险推销人员不仅要具备保险专业知识，还应具备其他知识，如经济、法律、医学、心理学、社会学等知识。这样保险推销人员可以运用自己丰富的知识，根据保险市场的行情，结合不同客户的心理特征，帮助其购买合适的保险产品。

（三）保险产品营销管理程序

保险营销活动涉及公司的健康发展和目标的实现程度，并由多个部门来完成的。但从执行上看，应有一个管理程序。

1. 分析营销机会

分析市场环境，寻找销售机会，是保险销售活动的立足点。所谓机会，是指在销售环境中存在的对保险企业的有利因素。一个市场机会能否成为保险企业的销售机会，要看它是否符合保险企业的资源和目标。保险企业通过环境分析发现机会，并利用机会。

2. 保险市场调查与预测

在分析销售机会的基础上，保险企业要对保险市场进行调查和预测。市场调查就是要弄清各种保险需求及其发展趋势，预测目标市场的容量，作出相应决策。

3. 保险市场细分与目标市场选择

任何一个保险企业都不可能满足整个保险市场的需求，每个公司只能根据自身优势及不同的市场特点来占领某些市场。这就需要保险企业对市场进行细分并确定目标市场。所谓保险市场细分是指根据保险市场上消费者的不同偏好及购买行为的差异性,把整个保险市场划分为若干个消费者群体的市场分类过程。在市场细分的基础上,保险企业可以根据自身的状况选择合适的目标市场。

4.制定保险产品营销策略

保险产品销售策略主要有保险产品销售组合策略、竞争策略、保险服务策略。

5.组织实施和控制营销计划

销售管理程序的最后一个步骤就是组织实施和控制销售计划。首先,保险企业应设立一个能够执行市场销售计划的市场销售组织。其次,保险企业要用各种控制手段来保证销售计划的实现。

（四）保险产品营销环境分析

保险营销环境是指与保险公司有潜在关系、能够影响到保险公司的发展和维持的、目标市场所涉及的一切外界因素和力量。

1.最密切的环境

最密切的环境包括本企业各部门,及保险行业内的保险代理人、经纪人、购买者、竞争者、政府机构和社会公众等因素。这些因素直接影响企业的市场销售活动,而且企业在制定销售策略时,首先要考虑这些最密切的环境因素。

2.经济环境

任何市场销售活动都受经济环境所左右,保险市场销售活动也不例外。一般来说,保险业务收入与经济发达与否成正比。经济环境主要包括下列一些因素:国民收入水平、个人收入水平及国际贸易等。

3.社会文化环境

保险市场销售活动是在一个非常广阔且复杂的社会文化背景下进行的。不同社会层次、不同文化层次的人们,其保险需求也不一样。保险产品销售者必须了解和熟悉各种不同的社会文化环境,才能做好保险销售工作。

4.国内外政治法律环境

世界各国都制定法律法规来规范保险销售者的活动,保险销售者一方面可以凭借这些法律来保护自己的正当权益,另一方面也应当依据法律规定开展保险销售活动。总之,任何国家的国内政治局势和政策法规与国外的政治局势和政策法规的变化,都会给保险销售带来一定的影响,无论是挑战还是机遇,保险企业都应认真对待。

二、目标市场选择

（一）选择目标市场的步骤

选择目标市场包括三个步骤：第一，细分市场。按照消费者对险种和销售组合的不同需求，将市场划分为不同的消费群体。第二，选择目标市场。制定衡量细分市场的标准，选择一个或几个要进入的细分市场。第三，选择目标市场策略。即确定保险企业向每个目标市场提供的险种和销售组合策略，以保证企业在市场上的竞争地位。

保险企业在细分保险市场时要注意其有效性和实用性。有效性表现在细分后的市场能为保险企业制定销售组合策略提供依据，实用性则以细分市场能否成为保险企业的目标市场为条件。保险市场细分的依据是保险消费者对保险需求的差异。每个保险消费者都会因其居住地区、生活习惯、经济状况、购买保险的动机和方式等情况不同而影响其对保险的需求。因此，在细分保险市场时应充分考虑这些因素。

（二）选择目标市场的依据

保险企业在选择目标市场时，必须考虑三个因素，即目标市场的规模与潜力、目标市场的吸引力、保险企业的目标和资源。

1. 目标市场的规模和潜力

潜在的目标市场必须具有适度规模和潜力。因为只有具有一定的规模，目标市场才具有开发的价值。但"规模"是个相对的概念，大的保险企业重视销售量大的细分市场，往往忽视销售量小的细分市场，认为不值得为它苦心经营。同时，小的保险企业也避免进入大的目标市场，因为过大则需要投入的资源过多，并且对大企业的吸引力过强。此外，目标市场的潜力也是一个理想的特征。保险企业在选择目标市场时，要考虑是否有尚未满足的需求和尚未充分发展的潜力。例如，某寿险公司准备开发女性寿险市场，该公司一定要考虑市场的潜力，同时会不会影响公司其他产品的销售。因为保险企业一般都想通过扩大市场份额，来增加利润收入。

2. 目标市场的吸引力

目标市场可能具备理想的规模和潜力，但从赢利的观点来看，它未必有吸引力。目标市场的内在吸引力受下列五种力量的影响：

（1）同行业竞争者的影响。如果某个细分市场已经有了为数众多的、强大的或者竞争意识强烈的竞争者，该细分市场就会失去吸引力。如果出现细分市场过于稳定或萎缩状态，固定成本过高，撤出市场的壁垒过高，保险企业要想坚守这个细分市场，就会出现价格战、广告争夺战。

（2）潜在的新竞争者的影响。如果新的竞争者进入某个细分市场时遭遇森严壁垒，并且遭受到细分市场内原有企业的强烈报复，这个细分市场就最具有吸引力。反之，保护细分市场的壁垒越低，原来占有细分市场的保险企业报复心理越弱，这个细分市场就越缺乏吸引力。

（3）替代商品的影响。如果某个细分市场现已出现存在着替代产品或者有潜在的替代产品，该细分市场就失去吸引力。因为替代产品会限制细分市场内价格和利润的增长。

（4）购买者议价能力的影响。如果某个细分市场内购买者议价能力很强或正在加强，该细分市场吸引力就小。因为购买者会设法压低价格，对产品质量和服务提出更高的要求，并且使竞争者相互争斗，使保险企业的利润受到损失。

3．保险企业的目标和资源

任何时候保险企业均应将其自身目标与所选择的细分市场结合考虑，如某一细分市场有较大的吸引力，但不符合保险企业的长远目标，也应该放弃。对于符合保险业目标的细分市场，保险企业在进入时也要考虑自己是否具备必要条件，如是否具有足够的竞争能力，或者能否充分发挥自己的优势等，否则也不应该贸然进入。此外，保险企业还应考虑是否具有足够的资源来进入这一细分市场。

（三）目标市场策略的选择

保险公司在细分市场和选择目标市场基础后，就可根据自己的资源和能力选择目标市场策略。

1．无差异性市场策略

这种策略是保险公司把整体市场看作是一个目标市场，只注重保险消费者对保险需求的同一性，而不考虑他们对保险需求的差异性，以同一种保险条款、同一标准的保险费率和同一销售方式向所有保险消费者推销同一种保险。保险企业的许多险种都是适用于无差异性销售的。如汽车第三者责任保险，可在同一国家的任何地区用同一销售方式和保险费率进行推销。无差异性市场策略适用于那些差异性小、需求范围广、使用性强的保险险种的推销。

2．差异性市场策略

差异性市场策略是指保险企业选择了目标市场后，针对每个目标市场分别设计不同的险种和销售方案，去满足不同保险消费者需求的策略。采用这一策略的企业通常实力雄厚、选择能力强、所能提供的险种和服务多样，并能结合个人销售和团体销售、银行代理、网点代理等手段求得发展。随着对消费者个性化、差异性的认识与关注，采用差异性市场策略不仅必要而且有效。

3. 集中性市场策略

集中性市场策略就是，把整个市场划分为若干个细分部分后，只选择一个或两个细分市场作为自己将要为之服务的目标市场，集中力量搞专业化生产和经营。它所追求的不是在较大的市场上占有较小的市场份额，而是争取在较小的市场上占有较大的市场份额。适用于一些资源有限、实力不够雄厚的新进入市场的保险企业。

三、保险产品营销策略

保险产品营销策略主要包括保险产品营销组合策略和竞争策略。

（一）保险产品营销组合策略

保险产品营销组合策略是指用来满足目标市场内保险消费者需求的综合销售手段，包括险种策略、费率策略和促销策略。

1. 险种策略

险种策略主要有险种开发策略、险种组合策略和险种生命周期策略等。

（1）险种开发策略。随着市场竞争的日益激烈，保险企业必须适应消费者需求的变化而不断开发新险种。新险种是指整体险种的其中一部分有所创新和改革，能给保险消费者带来新的利益和满足的产品。新险种应具有新的用途或者在使用性能和经济性能方面优于原有产品。新险种的开发有下列三种方式：①完全创新。指保险公司开发新产品以满足客户新需要。如核电站保险。②模仿。指保险公司借鉴其他国家、地区、公司的产品，改良后进行销售。③改进。指保险公司对原有产品的特点和内容等方面进行更改，赋予老产品新的特点。

（2）险种组合策略。险种组合策略包括扩大险种组合策略、缩减险种组合策略和关联性小的险种组合策略。

①扩大险种组合策略是指增加险种组合的广度和深度。扩大险种组合可以充分利用保险公司的人力、物力、财力，客户在购买主险的同时只需再缴纳少量保费就可以获得几种附加险，从而既满足了客户的多样化需求，也增强了保险公司经营的稳定性。

②缩减险种组合策略是指缩减组合的广度和深度，即放弃一些利润低、无竞争力的险种，以提高保险公司的经营效率。

③关联性小的险种也有组合的可能，并能形成一些特色险种，更能满足客户的需要。如房屋的财产保险与分期付款购房人的人寿保险的组合，这就是关联性小的产品组合策略。

（3）险种生命周期策略。险种生命周期是指一种新的保险商品从进入保险市场开始，经历成长、成熟到衰退的全过程，险种的生命周期包括投入期、成长期、成熟期和衰退期共四个阶段，不同阶段需要不同的销售策略。

①投入期是指险种进入保险市场的开始阶段。在此期间，消费者对新产品尚未接受，产品销售费用高而销售额增长缓慢，保险公司利润很少，甚至会出现亏损，可以采取的策略有快速掠取策略、缓慢掠取策略、迅速渗透策略和缓慢渗透策略，这需要根据保险公司实力和目标市场状况而定。

②成长期是指新的险种经过宣传促销，销路已经打开，销量迅速增长的阶段。这一时期保险公司已掌握风险的出险规律，险种条款更为完善。保险费率更为合理，保险需求日益扩大，风险能够大量转移，承保成本不断下降等。因此，这一期间保险企业的策略应该是不断完善保险产品，根据消费者需求的变化作出调整，开拓新的销售渠道，建立广泛的销售网点并做好售后服务。

③成熟期是指险种销售量的最高阶段，其特点是险种的利润达到最高峰，销售额的增长速度开始下降，市场呈饱和状态，潜在的消费者减少，更完善的替代险种开始出现。这一期间保险公司的策略应该是开发新的保险市场，改进险种并争夺竞争者的客户。

④衰退期是指险种已不适应保险市场需求，销售量大幅度萎缩的阶段。这一阶段的特点是，保险供给能力大而销售量迅速下降，保险企业的利润也随之下滑，保险消费者的需求发生了转移。保险公司在放弃该产品的同时还要为已投保该产品的客户做好服务，并且有预见性地、有计划地开发新产品或将精力转移到其他目标市场。

2. 费率策略

费率策略是保险销售组合策略中最活跃的策略，它与其他策略存在者相互依存、相互制约的关系。保险费率策略包括以下几种：

（1）低价策略。是指以低于原价格水平而确定保险费的策略。实行这种策略的目的是为了迅速占领保险市场或打开新险种的销路，更多地吸引保险资金。但是保险企业要注意严格控制低价策略使用的范围，如只用于与人们生活密切相关的险种——家庭财产保险。过分使用这一策略会导致保险公司偿付能力降低或丧失，并损害保险公司的信誉。

（2）高价策略。是指以高于原价格水平而确定保险费率。保险公司通过实行高价策略获得高额利润，有利于提高自身的经济效益，同时也可以利用高价策略拒绝承保高风险项目，有利于自身经营的稳定。但是保险企业要谨慎使用高价策略。因为保险价格过高，会使投保人支付保险费的负担加重而不利于开拓保险市场；此外，定价高、利润大、极容易诱发激励竞争。

（3）优惠价策略。这是指在现有价格的基础上，根据销售需要给投保人以折扣费率。其目的是刺激投保人大量投保、长期投保、并按时缴纳保险费或是为了加强防灾防损工作。

（4）差异价策略。这一策略包括地理差异、险种差异和竞争策略差异等。地理差异价是指保险人对位于不同地区相同的保险标的应采取不同的保险费率。险种差异价是指各个险种的费率标准和计算方法都有一定的差异。竞争策略差异的主要做法有：第一，与竞争对手同时调整费率，以确保本企业在保险市场占有的份额；第二，在竞争对手调整费率时，保持原费率不变，以维护本企业的声誉和形象；第三，采取跟随策略。已知竞争对手调整费率时，先不急于调整本企业的费率，待竞争对手的费率对市场销售产生较大影响时，才跟随竞争对手调整相关费率。

3. 促销策略

在保险营销活动中，促销策略起着十分重要的作用。由于各家保险企业提供的险种差别甚微，因此，谁的促销策略高明，谁将夺得竞争的主动权。

（1）广告促销策略。广告是通过大众媒介向人们传递保险商品和服务信息，并说明其销售的活动。广告是保险促销组合中的一个重要方面，是寻找保险对象的有效手段。广告的作用主要有：第一，传递信息、沟通供求；第二，刺激需求、增加销售；第三，介绍知识，引导人们投保。

人寿保险公司多采用商品广告和企业广告。商品广告的目的主要是将特定的保险商品介绍给保险消费者。由于人寿保险商品具有无形性，所以广告词应着重强调保险商品的特点，刺激保险消费者认识商品，并接受销售员的拜访。企业广告主要是宣传保险公司的实力和资信，达到建立良好社会形象的目的。

财产保险公司采用广告的做法较之寿险公司少，其原因是财产保险所承保的均为灾害事故，以此打广告难让保险消费者接受。但是近年来，财产保险公司采用公益广告，以宣传防火、谨慎驾驶等防灾防损的观念，获得社会的好评。

（2）公共关系促销策略。公共关系对保险销售能够产生积极的作用。保险企业在保险销售中可运用的公共工具有新闻宣传、事件创造、公益活动、书刊资料、视听资料、电话等等。

①新闻宣传是指利用报纸、杂志、广播、电视等媒介对新闻的传播活动。新闻宣传具有社会影响面广、公众容易理解和信任、传播成本低的特点。保险企业应更多地利用新闻宣传的方式提高保险及保险企业的知名度和美誉度。

②事件创造就是利用机会安排一些特殊事件，来吸引公众对保险服务的注

意，以提高保险企业的公众信誉。此外还有新闻发布会、保险知识竞赛、保险咨询日、周年庆典活动等。

③公益活动就是保险企业通过投入一定资金和人员用于社会公益事业，以有利于保险企业树立良好的企业形象。例如，举办音乐会、儿童趣味比赛、老年人旅游等活动时，由保险销售员邀请一些准保户参加，举办后再对这些活动情况进行调查。这样不仅增进了主办单位与客户的关系，而且给销售人员带来一连串拜访机会，使得准保户对公司加深了解。

④书刊资料与视听资料。保险企业可以借助保险报刊、宣传小册子等一些书刊资料来影响公众。此外，电视、电影、录像带和录音带等视听资料也可以用来做公关工具，其影响力较大，效果也很好。

⑤电话公关。通过打电话，潜在的客户和已购买保险的客户可从保险企业那里获得更多的信心和良好的服务，从而促使他们购买保险。电话最好是在电视、报刊、杂志和邮寄保险广告之后使用，当准保户收到有关的保险广告之后，保险人及时用电话与他们联系，就能促使他们更快地产生购买保险的欲望。在美国，约有70%的人身保险是用电话推销出去的。

（3）人员促销策略。人员促销是指保险销售员直接与客户接触，宣传、介绍销售保险商品的活动。人员促销在保险销售组合中，起着不可取代的重要作用，尤其是人寿保险公司，人员促销是其主要的销售手段。因为通过人员促销，保险消费者可以直接获得有关保险企业和保险商品的详细信息，销售人员也可以直接了解潜在客户的购买意图和态度。可见，人员促销帮助保险企业与客户之间建立了一座桥梁，有利于双方的沟通。销售人员的主要任务有：①招揽新保险业务；②做好售后服务；③收集信息，提供保险公司资信和挖掘潜在的客户资源。

（二）保险营销的竞争策略

制定保险企业的竞争策略，需要考虑的因素很多，如在行业中的竞争地位、企业目标、经营实力、市场机会。从竞争地位及其与竞争策略的关系看，处于不同地位的保险竞争者，选用不同的竞争策略。

1. 市场领导者的策略

市场领导者是指在保险市场上占有市场最高份额的保险企业。它通常在保险产品开发、保险费率变动、保险促销强度等方面领导其他企业。无论领导者是否受到赞赏或尊敬，其他企业都不得不承认它的领导地位。但是领导者也必须随时注意其他企业的动向，不使自己轻易丧失良机，失去领导地位。因此，市场领导者通常采取的策略是：扩大总市场，即扩大整个保险市场的需求；适时采取有效防守措施和攻击战术，维持其现有的市场占有率；在市场规模保持不变的情况下，提高市场占有率。

市场领导者扩大整个保险市场，是因为它在现有市场上占有率最高，只要市场的销售量增加，它就是最大的受益者。市场领导者既可以采取扩大销售的方式来提高其市场占有率，又可以采用各种防守措施来维持其市场占有率。

2. 市场挑战者策略

市场挑战者是指在行业中名列第二或第三名的公司。它们以市场领导者、经营不善者或小型经营者为攻击对象，以扩大市场占有率为目标，选择进攻策略。市场挑战者最常用的策略是正面攻击、侧翼攻击、围堵攻击、游击战。进入市场领导者占有率最高的细分市场就是正面攻击，遭受的反击往往也最大。侧翼攻击是指进入市场领导者竞争力和服务较弱的细分市场。在围堵攻击情况下，市场挑战者不与市场领导者展开正面冲突，而转而开发新的目标市场。游击战是指市场挑战者无法对市场领导者提出正面挑战，向对方的某个细分市场发动小规模的、断断续续的攻击，这种方式包括有选择的降价、猛烈地爆发式的促销行动，它是小公司对付大公司的常用策略。总之，市场挑战者的目的旨在争夺领导者地位和吞并弱小者。

3. 市场跟随者策略

市场跟随者是指那些不想扰乱市场现状而想要保持原有市场占有率的保险公司。市场跟随者并非不需要策略，而是谋求用其特殊能力参与市场的发展，有些市场跟随者甚至能够获得比本行业的领导者更高的投资报酬率。因此，市场跟随者必须懂得如何保持现有的客户，如何争取一定数量的新客户，每个跟随者都力图给目标市场带来某些独特的利益，如地点、服务和融资方面予优惠或方便。市场跟随者必须保持低廉的成本和优秀的产品质量与服务，当新市场开放时，市场跟随者也必须很快打进去。跟随的策略有三种，即紧随其后策略、有距离跟随策略和有选择跟随策略。

4. 市场拾遗补缺者策略

拾遗补缺者是指一些专门经营大型保险公司忽视或不屑一顾的业务的小型保险公司。成为拾遗补缺者的关键因素是专业化。有些专业化经营程度较高的保险公司，尽管在整个市场上占有率较低，但他们仍有利可图。

四、保险销售渠道及选择[①]

（一）保险销售渠道及其种类

保险销售渠道是指保险商品从保险企业向保户转移过程中所经过的途径。对于保险企业来说。如果不能使保险消费者在想买的时间和地点买到自己需要的保险商品，就不能达成最终的销售目标。因此，保险销售渠道的选择直接制约和影响着其他销售策略的指定和执行效果。选择适当的销售渠道，不仅会减少保险企业经营费用的支出，而且还会促进保险商品的销售。

按照有无中间商参与的标准，可将保险销售渠道划分为直接销售渠道和间接销售渠道[②]。直接销售渠道是指保险公司利用支付薪金的业务人员对保险消费者直接提供保险商品的销售和服务。这种方式适用于实力雄厚、分支机构健全的保险公司。间接销售渠道是指保险公司通过保险代理人和保险经纪人等中介机构推销保险商品的方法。保险中介人不能真正替代保险人承担保险责任，只是参与或代办各种保险活动，从而促成保险商品销售的实现。

在保险市场不健全的时期,保险企业大都采用直接销售渠道进行保险销售。但随着保险市场的发展，保险企业仅仅依靠自己的业务人员和分支机构进行保险销售是远远不够的，同时也是不经济的。无论保险公司的资金实力多么雄厚，都不可能建立一支足以包容整个保险市场的销售队伍，即使可能，庞大的工资支出和业务费用势必提高保险经营的成本。因此，在现代保险市场上，保险公司在依靠自身的业务人员进行直接销售的同时，更广泛地利用保险中介人进行间接销售[③]。

（二）保险销售渠道的利弊分析

1. 直接销售渠道的利弊分析

（1）直接销售渠道的优势。在这种销售方式下，保险企业可有效地控制承保风险，保持业务量的稳定。其主要优势表现在以下两个方面：

①保险公司的业务人员由于工作的稳定性强而又比较熟悉保险业务，有利于控制保险欺诈行为的发生，同时不容易出现欺骗投保人的道德风险，给保险

---

① 从渠道概念看，本书认为将渠道定为销售渠道更加确切些。在实践中，一般也称为销售渠道。

② 目前在国内外出现一种营销创新方式叫交叉销售或叫共同行销。通常是在一个集团内各子公司之间互为代销，或者说向同一个客户同时提供集团各子公司的产品，以满足客户多样化的需求。读者可参考《论我国保险营销渠道运营模式创新策略》，《保险研究》2007 年第 7 期。

③ 在我国，一些保险公司为了弱化对中介渠道的依赖，现在更强调直接销售，如华安财产保险公司计划用 3~5 年时间，把直销网点增加到 1000 多家，属于多连锁式营销服务部（直销门店）。《保险资讯》2007 年第 19 期。

消费者增加了安全感。

②如果保险公司业务人员在完成或超额完成预期任务的情况下，则维持销售系统的成本较低。因为公司员工享有固定的工资和福利，其收入不会因其业务超额完成时大量增加。同时员工的培训费用也少于代理人员的培训费用。

（2）直接销售渠道的弊端。由于保险服务需要与大量的目标客户进行长时间的接触，而保险企业的直销人员总是有限的，因此，从保险市场发展的需要看，直接销售渠道的弊端是显而易见的。

①不利于保险企业争取更多的客户。因为有限的业务人员只能提供有限的服务，无法与所有客户建立较为密切的关系，许多保户的潜在保险需求无法转化为现实的购买能力，使保险企业失去了很多潜在的客户。

②不利于扩大保险业务的经营范围。由于直销人员数量有限，他们只能侧重于进行某些大型险种的销售活动，如企业财产保险、团体险等业务，而对于某些极有潜力的业务领域都无暇顾及，如家庭财产保险、个人寿险等业务。这也导致保险企业对市场需求的变化不能作出充分合理的预测而错失发展良机。

③由于在直接销售方式下业务人员的收入与其业务量不发生必然的联系，不利于发挥业务人员的工作积极性。

2．间接销售渠道的利弊分析

（1）保险代理人制度的利弊分析。①保险代理制度的优点。自保险问世以来，保险代理人便随着保险业的发展而发展，保险代理人对推动整个保险业的发展起到了十分重要的作用。保险代理制度的优势主要表现在以下几个方面：

第一，有利于保险企业降低经营成本，提高经济效益。由于保险代理人是按劳取酬，保险企业只需向代理人支付代理手续费，这样就节约了在直销制下必须支付的各项费用，如员工管理费、宣传费和员工福利等等，从而大大降低了保险成本。

第二，有利于提高保险企业的供给能力，促进保险商品销售。保险代理人弥补了保险企业营业网点少、销售人员不足的状况，拓展了保险人在保险市场上的业务空间，从而提高了保险企业的供给能力。事实证明，我国的保险企业利用保险代理人在争取分散保险业务方面是十分成功的。

第三，有利于保险企业迅速建立和健全更为有效的保险信息网络，提高保险企业的经营水平。保险代理人在销售过程中，由于接触的客户多，信息灵通，这将有助于保险企业全面、迅速地了解整个保险市场的发展趋势，从而使保险企业在激烈的竞争中站稳脚跟，求得发展。

②保险代理制度的缺点主要表现在以下几个方面：

第一，保险人与保险代理人之间始终存在着核保与销售之间的冲突。由于保险代理人的个人收入与保险费挂钩，代理人为了追求更多的手续费，力求销售更多的保险单，而对承保质量不甚关心；而保险人的任务则是在扩展业务的同时更要注重提高承保质量，显然两者之间的矛盾是不可避免的。

第二，保险代理人滥用代理权，从而有损于保险人的利益。由于代理人和保险人利益的不一致，一些代理人在保险销售中擅自变更保险条款，提高或降低保险费率，或挪用侵占保险费等，从而损害了保险人的利益。尤其是一些保险代理人出于恶意，与他人勾结骗取保险金，结果不仅造成保险企业自身的经济损失，而且还极大地损害了保险企业的信誉。

（2）保险经纪人制度。保险经纪人制度的优势主要表现在以下几个方面：

第一，保险经纪人提供服务的专业性强。保险经纪人一般都具有较高水平的业务素质和保险知识，可以帮助投保人选择合适的保险产品，并根据投保方的需求选择最合适的保险公司，使投保方支付较低的保费而获得较高的保障。

第二，保险经纪人作为投保方的代表，独立承担法律责任。根据法律规定，保险经纪人应对投保方负责，有义务利用自己的知识和技能为其委托人安排最佳的保险。如果因为保险经纪人的疏忽致使被保险人利益受到损害，经纪人要承担法律责任。这一点与保险代理人不同，代理人是保险人的代表，在所授权范围内从事的业务活动由保险人承担法律责任。

第三，保险经纪人的服务不增加投保人或被保险人的经济负担。保险经纪人虽然是投保方的代理人，但其佣金却是由保险人提取。一般来讲，保险人从被保险人所缴纳的保险费中按一定比例支付佣金给保险经纪人，作为其推销保险业务的酬劳。因此，利用保险经纪人不会给投保人或被保险人增加额外开支。

（三）保险销售渠道的选择

1．保险产品本身的因素

保险产品本身的因素对市场销售渠道决策的影响，主要体现于保险企业所提供的不同险种对销售渠道的要求有所不同，诸如各险种所对应的承保对象的范围、责任范围以及费率水平等。（1）对于承保对象的范围极广的险种，通过选择间接的销售渠道可以大大地减轻保险企业自身的工作负荷，并且可以通过中间环节对承保对象进行选择管理。（2）各个不同的险种对应的责任范围有所不同，相同的险种也可能因承保对象的不同情况而对应不同的责任范围。对于责任范围较为普遍且常见的一些险种，保险产品的自身因素对销售渠道决策产生的影响不显著，而是体现在其他因素方面。但是对于所对应的责任范围较为特殊且不常见的险种，销售时则应多侧重于选择直接销售渠道，以实现对承保对象的直接管理。(3)不同的费率水平也会对销售渠道的决策产生一定的影响。费率水平的高低与出险的概率大小及损失程度的大小成正比，费率水平越高，保险企业与投保人越为关注，在销售中，保险企业应主要采用直接销售渠道；而对于费率水平较低的险种，则可以采用间接销售渠道的策略。

　　2. 保险市场的状况

　　保险市场销售渠道的选择，很大程度上是为了能够满足市场上的要求。因此，保险市场的状况，对保险市场销售渠道的选择是至关重要的。保险市场的状况主要包括市场需求的情况、投保人的地理分布情况以及有关竞争者的销售渠道的选择情况。(1)保险市场的需求情况。在市场需求量较大的情况下，保险企业采用间接的销售渠道策略比较有效，其庞大的队伍可以更好地满足市场的需要。而对于保险市场上的需求量较小的险种，保险企业则没有必要动用过多的人力、物力进行间接销售，只需采取直接销售渠道即可。(2)投保人的地理分布状况。如果保险企业面临的投保人分布范围较广且分散，那么采用直接销售渠道就会造成相当一部分投保人有投保动机，但受地理条件的限制而无投保行为，或者产生漏保等现象。同时，分散的投保人，又会给保险企业在核保、理赔等工作上带来不便。因此，对于分布较广且分散的投保人，保险企业应采用间接销售渠道的方法，使销售渠道的中间环节深入到各地的投保人中。而对于投保人较为集中的情况，保险企业则可以采用直接销售渠道的策略。(3)有关竞争者销售渠道的选择问题。一个保险企业选择销售渠道的过程其实也就是与对手竞争的过程。保险企业要根据所处的环境，并在分析竞争者所采用的销售渠道利弊的基础上，选择优于竞争对手的销售渠道，为自己的保险产品到达投保人手中创造最佳的条件。

　　3. 保险企业的自身因素

　　保险企业的自身条件包括企业销售管理的技能和经验、资信实力以及对销售渠道的控制能力等。如果保险公司自身条件好，就可能采取直接销售渠道，反之则愿意采用间接销售渠道。一般地说，对于财产保险公司，宜采用直接销售渠道，以便于保险企业减少销售成本，并加强承保控制；而对于人寿保险公司而言，则宜采用代理制，以便于保险企业争取更多的客户，从而不断扩大市场占有率，增强企业的竞争力。

　　如上所述，影响保险企业市场销售渠道的因素很多，这就要求保险企业在具体的销售渠道选择中，必须全面考虑所面临的各种影响因素，同时对可供选择的各种渠道的费用、风险和利润进行全面的分析、评价和比较，从而选择出最有效的保险销售渠道。

第五节 保险业务经营环节

一、投保

通常，投保人愿意向资金雄厚、管理良好、保单和服务都能满足自己需要的保险公司投保。投保人衡量保险企业是否提供良好服务的标准之一，就在于它是否能为投保人提供许多可能选择的机会。在保险活动中，投保人需要保障的基本权利有：（1）得到准确保险信息的权利；（2）保证安全的权利；（3）可自由选择保险险种的权利；（4）有申诉、控告所遭受不良待遇的权利；（5）要求开发和改进险种的权利；（6）获得良好售后服务的权利；（7）要求提供的服务不得违反社会公共道德。

在一定意义上说，投保人的权利就是保险人的义务。保险人为投保人提供的投保服务包括：

（一）帮助投保人分析自己所面临的风险

不同的风险需要有不同的保险计划。每个人或每个企业的生产状况、工作生活状况以及健康状况都会不同，所面临的风险也会不同。例如，投保人面临着财产损失风险、责任风险、意外伤害风险、疾病风险、残疾风险、死亡风险、退休后的经济来源风险等，保险人就要指导投保人分析哪些风险是足以导致企业或家庭经济生活陷入困境的，哪些风险是有可能减少投保人资产和收入的，对于这些风险，投保人应购买哪些合适的保险。

（二）帮助投保人确定自己的保险需求

投保人确认自己所面临的风险及其严重程度后，需要进一步确定自己的保险需求。保险人应当将投保人所面临的风险分为必保风险和非必保风险，那些对生产经营和生活健康将会产生严重威胁的风险，应当属于必保风险。

一般来说，投保人确定保险需求首要原则是"高额损失原则"，即某一风险事故发生的频率虽然不高，但造成的损失严重，应优先投保。

（三）帮助投保人估算可用来投保的资金

对于投保人来说，确定保险需求后，还需要考虑自己究竟能拿出多少资金来投保。资金充裕，便可投保保额较高、保障较全的保险险种；资金不足，就先为那些必须保险的风险投保；资金紧张，就量力而行购买那些保险金额可以修改的险种。保险人还应当了解投保人可用于投保的资金并不完全在于个人收入的数额，更重要的是在于个人的生活方式，在于个人对未来风险预防的认识。有些人的实际收入并不低，但将主要部分用于提高和丰富现实的生活，这样就使能用于保险的资金大为减少。对于这种人，保险人应帮助他们处理好维持现时生活与获得风险保障这二者之间关系。

（四）帮助投保人制定具体的保险计划

保险人替投保人安排保险计划时确定的内容应包括：保险标的情况、投保风险责任的范围、保险金额的多寡、保险费率的高低、保险期限的长短等等。在制定保险计划时一般要注意处理好以下几个问题：

1．综合投保与单项投保

如果投保人需要保险的项目较多，且资金也充裕，保险人应当尽量安排综合性保单，或一揽子保险方式投保。这样做有两大好处：一是可以避免各个单独保单之间可能出现的遗漏，从而导致保障不全；二是保险单的费率要比各个单项保险单费率的总和优惠得多，有利于投保人用较少的资金获得最佳的保障。

2．保障与收益

对投保人而言，保险不是一种以谋利为目的商业投资。保险人要提醒投保人注意买保险不是为了赚钱，而是为了获得保障，尤其是在投保人身保险时。如果投保人一味追求收益去投保某些具有较高保额的险种，就会破坏保险的保障功能，使自己在一些关键方面失去必要的保障，一旦这些风险发生，就会遭受到大大超过收益的损失。

3．保额与免赔额

保险人与投保人协商确定保险金额时，应提醒他在尽可能适当的范围内根据财产的实际价值选择保险金额的额度。因为保险金额适度可以使投保人得到最充分的保障，如果保险金额太低，会使投保人在出险时得不到充分的赔偿，如果保险金额太高，则会使投保人多承担保险费。对于投保人来说，还可以接受免赔额规定的办法来减少保险费的支出。

二、承保

承保是指签订保险合同的过程，即投保人和保险人双方通过协商，对保险合同的内容取得一致意见的过程。从广义上讲，承保包括保险的全过程。保险人承保的目的主要有三个：一是安全地分散风险；二是保证通过风险分散获得利益；三是保证所有的保单持有人之间的公平。同时，承保也是保险经营的一个重要环节。承保质量如何，关系到保险企业经营的稳定性和经济效益的好坏，同时也是反映保险企业经营管理水平高低的一个重要标志。

（一）承保的内容

1. 审核投保申请

对投保申请的审核主要包括对投保资格的审核、对保险标的的审核、对保险费率的审核等项内容。

（1）审核投保人的资格。即审核投保人是否具有民事权力能力和民事行为能力及对标的物是否具有可保利益，也就是选择投保人或被保险人。根据我国《保险法》的规定，投保人必须具备两个条件：一是具有相应的民事权利能力和民事行为能力；二是投保人对保险标的应具有法律上承认的利益，即可保利益。审核投保人的资格主要是审核后者，即了解投保人对保险标的是否具有可保利益。一般来说，在财产保险合同中，投保人对保险标的的可保利益来源于所有权、管理权、使用权、抵押权、保管权等合法权益；人身保险合同中，可保利益的确定是采取限制家庭成员关系范围并结合被保险人同意的方式。保险人审核投保人的资格，是为了防止投保人或被保险人故意破坏保险标的，以骗取保险赔款的道德风险。

保险人不会接受所有的投保请求的原因是：第一，保险人只选择那些从整体上看损失风险与他们所收保险费相称的投保请求。换句话说，保险人要尽量避免逆选择。第二，保险人签发新保险单受其承保能力的限制。

（2）审核保险标的。一方面对照投保单或其他资料核查保险标的使用性质、结构性能、所处环境、防灾设施、安全管理等情况。例如，承保企业财产时，要了解厂房结构、占用性质、建造时间、建筑材料、使用年限以及是否属于危险建筑等情况，并对照事先掌握的信息资料核实，或是对保险标的进行现场查验后，保险人方予以承保。另一方面，保险人通过选择保险标的，承保不同类型或不同地区的保险标的将风险分散。也就是说，保险人必须使其承保标的多元化，保险单要覆盖不同的险种和不同的地理区域。例如，台风可能会使保险人在一个地区的赔偿金额大量的增加，但是这些索赔将由那些同年没有发生台风的其他地区的保险费来平衡，或是将承保其他险种所获的保险费用来赔付这个地区的台风损失。

（3）审核保险费率。审核保险费率的目的是按照保险人承担的风险收取合适的保险费。

一般的财产和人身可能遭遇的风险基本相同，因此可以按照不同标准，对风险进行分类，制定不同的费率等级，在一定范围内使用。例如，承保建筑物的火灾保险，确定费率要考虑因素有：①房屋的建筑类别，是砖结构还是木结构；②房屋的占用或使用性质，是商用还是民用；③周围房屋的状况；④房屋所在区域所能提供的火灾防护设施；⑤与房屋相关的任何安全保护设施，如是否安装自动洒水灭火装置或警报器等。保险人承保时只须按风险程度将建筑物划分为不同的等级，套用不同的费率即可。但是，有些保险业务的风险情况不固定，如海上保险，因航程不同，运输工具不同，气候变化不同，承保的每笔业务都需要保险人根据以往的经验，结合风险的特性，制定单独的费率。因此，承保这类业务时应对每一笔业务的实际情况与它所适用的费率条件进行核查，以保证保险费率的合理性。

2．控制保险责任

控制保险责任就是保险人在承保时，依据自身的承保能力进行承保控制，并尽量防止与避免道德风险和心理风险。控制保险责任包括：

（1）控制逆选择。保险人控制逆选择的方法是对不符合承保条件者不予承保，或者有条件地承保。例如，投保人就自己易遭受火灾的房屋投保火灾保险，保险人就会提高保险费率承保；又如投保人患有超出正常危险的疾病，保险人就会不同意他投保定期死亡保险的要求，而劝他改为投保两全保险。这样一来，保险人既接受了投保，又在一定程度上抑制了投保人的逆选择。

（2）控制承保能力。承保能力是指保险人能够承保业务的总量。保险人承保能力通常用的度量方法是承保能力比率，即用承保保险费除以偿付能力额度。保险人的承保能力限制了保险公司签发新保险单的能力。因为卖出的新保险单会增加保险人的费用，从短期来看，会降低保险公司的偿付能力。但是从长期来看，如果新保险单所产生的保险费超过了损失和费用的支付，新保险单会增加保险公司的偿付能力。因此有计划的增长新保险单的销售，能够保障保险公司承保能力的稳定而有序增长。

保险人保证承保能力的主要途径有：一是保持风险分散。只有通过风险分析与评估，保险人才能确定承保责任范围，才能明确对所承担的风险应负的赔偿责任。二是用特殊的承保技术和经验满足某些险种的承保要求。一般来说，对于常规风险，保险人通常按照基本条款予以承保，对于一些具有特殊风险的保险标的，保险人需要与投保人充分协商保险条件、免赔额、责任免除和附加条款等内容后特约承保。特约承保是根据保险合同当事人的特殊需要，在保险合同中增加一些特别约定，满足被保险人的特殊需要，并以加收保险费为条件适当扩展保险责任；或者是在基本条款上附加限制条款，限制保险责任。通过特殊的承保控制，将使保险人所支付的保险赔偿额与其预期损失额十分接近。三是安排再保险。通过再保险，保险公司可以将部分保险费和风险转移给再保险人来增加承保新保险单的数量，再保险对保险公司的承保能力有直接的影响。

3．分析风险因素

从承保的角度来看，避免和防止逆选择和控制承保能力是保险人控制承保风险的常用手段。但是保险人对实质风险、道德风险、心理风险和法律风险，在承保时也要作出具体的分析。保险在承保时必须评估以下四种风险因素。

（1）实质风险因素。在评估投保单时，保险人会考虑各种实质风险因素，如建筑物的结构、占用性质、防火措施、外部环境等。

（2）道德风险。道德风险是指人们以不诚实或故意欺诈的行为促使保险事故发生或夸大索赔金额，以便从保险中获得额外利益的风险因素。投保人产生道德风险的原因主要有两点：一是丧失道德观念；二是遭遇财务上的困难。从承保的观点来看，保险人控制道德风险发生的有效方法就是将保险金额控制在适当额度内。因此，保险人在承保时要注意投保金额是否适当，尽量避免超额承保。

在人寿保险的承保中，如果投保人为他人购买保险，而指定自己为受益人时，也应注意保险金额的大小是否与投保人的财务状况相一致。例如，一个月收入为 3000 元的投保人，为他人购买了保险金额 100 万的人寿保险，除了要查清投保人与被保险人之间是否具有保险利益外，其保险金额还应征得被保险人书面同意，并且还要对投保人收入来源和以往的保险史进行调查，保险人才能决定是否承保。

需要指出，道德风险或保险欺诈，并非无足轻重。从国际经验看，所有保险赔付中的 20%—30%可能是付给了欺诈者。韩国产险协会一项调查显示，2000 年以来，警方查出的保险犯罪数量呈上升的趋势。到 2003 时，该保险欺诈数量已比 2002 年增长 61%，2004 年同比增长 80%，2005 年同比增长 43%。据保险监管机构保守计算，2005 年韩国保险业赔付总额近 150000 亿韩元，其中对欺诈保险的赔付金额就约为 16000 亿韩元。但谁为保险欺诈买单呢？将是支付更高保费的投保大众，他们是受害者[①]。

（3）心理风险。心理风险也称行为风险或态度风险，是指由于人们的粗心大意和漠不关心，以致增加了风险事故发生的机会并扩大损失程度的风险因素。例如投保了火灾保险，就不再小心火烛；投保了盗窃险，就不再谨慎防盗。从某种意义上说，心理风险是比道德风险更难以控制的问题。任何国家的法律对道德风险都有惩罚的办法，而且保险人对道德风险尚可在保险条款规定，凡被保险人故意造成的损失不予赔偿。但心理风险既非法律上的犯罪行为，而保险

---

① 杨林译自《韩国日报》：《打击保险欺诈是一种原则》，《中国保险报》，2006 年 9 月 11 日。

条款又难以制定适当的规定限制它。因此，保险人在承保时常采用控制手段有：第一，实行限额承保。即对于某些风险，采用低额或不足额的保险方式，规定被保险人自己承担一部分风险。保险标的如果发生全部损失，被保险人最多只能获得保险金额的赔偿；如果发生部分损失，被保险人只按保险金额与保险标的的实际价值的比例获得赔偿。第二，规定免赔额（率）。免赔额有绝对免赔额和相对免赔额之分。前者是指在计算赔偿金额时，不论损失大小，保险人均扣除约定的免赔额。后者是指损失在免赔额以内，保险人不予赔偿，损失超过免赔额时，保险人不仅要赔偿超过部分，而且还要赔偿免赔额以内的损失。这两种方法都是为了激励被保险人克服心理风险因素，主动防范损失的发生。

（4）法律风险。法律风险是指影响保险人收取与损失风险相称的保险费的法律环境或监管环境。法律风险主要表现有：主管当局强制保险人使用一种过低的保险费标准；要求保险人提供责任范围广的保险；限制保险人使用可撤销保险单和不予续保的权利；法院往往作出有利于被保险人的判决等等。

（二）保险承保工作的程序

承保决定是在审核投保申请、适当控制保险责任、分析评估保险风险的基础上作出的。承保的程序包括接受投保申请、审核验险、接受业务、缮制单证等步骤。

1. 接受投保申请

投保人购买保险，首先要提出投保申请，即填写投保单，交给保险人。投保单是投保人向保险人申请订立保险合同的依据，也是保险人签发保险单的凭证。

2. 审核验险

审核是指保险人收到投保单后，对其进行的审定和核实。审核投保单的内容包括保险标的及其存放地址、运输工具行驶区域、保险期限、投保明细表、对特殊要求的申请等。验险是对保险标的的风险进行查验，以便对风险进行分类。验险的内容，因保险标的的不同而有差异。

（1）财产保险的验险

第一，查验投保财产所处的环境。例如，对所投保的房屋，要检验其所处环境是工业区、商业区还是居民区；附近有无易燃易爆的危险源；一旦发生火灾，有无蔓延的可能；附近救火水源如何，距离最后的消防队有多远，房屋周围是否通畅，消防车是否能开近；是否属于高层建筑等等。

第二，查验投保财产的主要风险隐患和重要防护部位及防护措施状况。首先，要认真查验财产可能发生损失的风险因素，如查验投保财产是否属于易燃易爆或易损物品，对温度和湿度的敏感如何；机器设备是否常常超负荷运转，使用的电压是否稳定；建筑物的材料结构状况，等等。其次，要重点查验投保财产的关键部位，如建筑物的承重基底是否牢固；船舶、车辆的发动机保养是否良好。再次，要严格检查投保财产的防护情况，如有无消防设施、报警系统、排水通风设施；机器有无超载保护、降温保护设施；运输货物有无符合要求的包装；运输方式是否合乎标准等等。

第三，查验有无正处在危险状态中的财产。正处在危险状态中的财产意味着该项财产必然或即将发生风险损失。如果保险人承保必然或确定发生的风险，就会造成不合理的损失分摊，这对于其他被保险人不公平。

第四，查验各种安全管理制度的制定和落实情况。健全的安全管理制度是预防和降低风险发生的重要保障。因此，保险人要检查投保人是否制定了安全管理制度及其实施情况，若发现问题，督促其及时改正。

（2）人身保险的验险

人身保险的验险包括医务检验和事务检验。

①医务检验。医务检验的内容包括：

第一，健康状况。健康状况是医疗风险因素中重要组成部分，体格是健康状况确定因素之一，包括身高、体重和体重的分布。除了体格以外，申请人的其他健康状况仍很重要。经验表明人的未来的死亡率大小在不同程度上取决于人体一个或多个重要系统是否正常，如神经系统、消化系统、循环系统、呼吸系统、排泄系统及内分泌系统等。这些系统问题往往引起死亡率的提高，因此对于人体的健康状况保险公司往往有各种对照指标。

第二，个人病史。被保险人的身体背景及其以往病史对于保险公司的核保来讲是非常重要的内容，它往往直接影响到被保险人的死亡率。健康记录是个人病史最为重要的因素，如果某个人在过去曾患过严重疾病或遭受意外事故，则很有可能对未来生命的长短造成一定的影响。保险的历史也是一个非常重要的因素，被保险人也许曾被某些保险公司拒保或者按特殊情况承保，这说明该申请人很有可能有较高的风险因素存在，应对其进行必要的调查。在任何情况下，保险公司都应尽可能审查被保险人的可保性，很显然，如果申请人已拥有许多份有效保单，且保额较大，在其财务允许情况下可以认为该被保险人的风险程度较低。

第三，家庭病史。申请保险的被保险人的家庭病史对于确定被保险人目前和潜在健康损害是非常重要的，这是由于某些特征的遗传性造成的。特别是当家族病中某些特征在被保险人身上有所反映时，则更会引起承保人的注意．如果家庭病史中表明家庭中的大部分成员活到很大年龄且没有发生心脏病、癌症、糖尿病或其他严重的疾病，则可以推断该被保险人发生这些疾病的可能性是很小的。

②事务检验。事务检验的内容包括：

第一，年龄。未来预期死亡率与年龄有很大的关系。在寿险中，年龄因素是测算费率最为主要的因素。年龄是一个极其重要的选择因素，一般只对于非常年轻的申请人投保的一些种类的寿险可以放松对年龄的严格限制。有时候保险人对于年龄较大者进行限制或拒绝参加某些种类的寿险。

第二，性别。性别是寿险核保的重要因素，只是性别仅用作个人寿险的分类因素以确定费率。相同年龄的女性死亡率小于男性死亡率，因此，大部分保险公司对于以死亡为保障的保单向女性收取较低的保费，对于男性则收取较高的保费。

第三，财务状况。财务状况要素是用来考虑投保人的保险愿望是否与其保险相一致。财务状况要素应该考虑的问题，一是可保利益。如果投保人申请的保险金额超过了他的相对收入水平，则有可能出现逆选择行为和可保利益问题。承保人必须将投保申请人和受益人的利益与合理的需要及可能的财务损失相联系，以确定购买保险的目的。二是承受能力。考虑投保人的财务状况另外一个目的是看其能否负担起他所申请的保险金额所应支付的保费，如果投保人在保险有效期内不能按期缴纳规定的保费则会导致合同失效从而影响投保人的利益。

第四，职业。概括起来讲，职业至少有三种不同的方式提高死亡风险，A. 职业可使被保险人置身于高风险的环境之中，如经常面对暴力活动，不规则的生活或受到毒品和酒的诱惑等。B. 工作环境对身体健康造成的影响，例如工作在封闭、脏乱或空气流动较差的环境中，或者工作环境容易受到化学元素的侵害等。C. 由于职业关系容易发生意外事故，如专业驾驶人员，建筑工人等。由于某些职业在本质上较其他职业具有危险性，且不同的危险职业的死亡率也有所不同，因此如何分类危险职业，如何制订费用，都具有一定的核保技术性。

第五，吸烟。目前，某人是否吸烟、雪茄、烟斗都是重要的风险因素。过去，对于吸烟，保险公司都予以关注但并没有认为十分严重，没有作为独立的重要因素。随着医疗技术的提高，医学已经证明任何形式的吸烟，即使是在没有任何其他不良因素的前提下同样会使吸烟者的未来死亡率高于平均死亡率，而这种偏差程度足以引起保险公司的重视并在核保过程中对吸烟与否进行严格的分类。同时医学还证明，吸烟女性的死亡率高于同年龄不吸烟男性的平均死亡率。正因为吸烟可以引发身体健康方面的许多其他病症，大多数保险公司将吸烟与不吸烟者的费率分别计算，以实现风险管理的目的。

第六，酗酒和吸毒是核保的重要因素之一，因为酗酒和吸毒会严重危害一个人的身体而导致死亡率的提高。同时，酗酒和吸毒往往比无此嗜好者更容易引起暴力。如果某人大量酗酒，他很可能被拒保或者被认为是次标准体，吸毒者通常都被拒保。过去曾根据吸毒者吸毒的时间长短来确定费率附加的大小。对于已经戒毒的人的有关规定，各保险公司的做法有所不同。

第七，高风险运动和度假。生活水平的提高会使人们有很多闲暇时间从事一些较为危险的运动和度假活动，如赛车、爬山、竞技运动、潜水、跳伞、滑水、探险等都可能引起较大的附加风险，是核保过程不可忽视的内容。如果有这些附加风险的人申请保险且在一定基础上可承保，则这些人会被收取额外的保费。或者有些国家或地区规定了附加条款，将由于参与高风险活动而造成的死亡列为除外责任。

第八，航空风险。在投保书中有一个问题是核定被保险人是否从事飞行活动。如果被保险人是正常航班的乘客则不会对核保产生太大影响，如果被保险人是飞行员，则飞行的形式是核保分类的重要因素。如果飞行员从事正常航班的飞行，则属于标准风险；如果是突然行动，则不属于标准风险。由于航空风险造成后果的严重性，不论被保险人飞行是因为商务的、军务的、还是个人的原因都应填写有关附录以说明此事。保险公司则会收取一定的附加保费，或者在合同中说明由此引起的死亡属于除外责任。如果航空作为除外责任且被保险人因航空死亡，则保险公司退还保险费收入，或保险准备金积累值，或者两者之中最大者。

第九，居住环境。居住环境对于死亡率的影响是存在的，经验表明，发达国家的死亡率低于发展中国家的死亡率，主要是因为气候和一般居住环境。在核保中，要获得居住的全部信息是很困难的，因为获得被保险人在一定时期的居住调查报告、身体健康状况报告和其他核保信息是不容易的，特别是居住在其他地区或外国的被保险人。

第十，保险利益。核保人员必须评估每个申请人在可能损失中的可保利益，即如果被保险人发生事故，保单持有人将遭受的感情和财务上的损失为多少。当被保险人和保单持有人不是同一个人时，保险利益问题尤为重要。为了能够保证合同保险利益存在，避免道德风险和逆选择，核保人员需要考虑的非死亡因素有保险金额的大小、保险合同种类、保费的缴纳方式以及受益人情况等。

3. 接受业务

保险人按照规定的业务范围和承保权限，在审核验险之后，有权作出拒保或承保的决定。如果投保金额或标的风险超出了保险人的承保权限，他只能向上一级主管部门作出建议，而无权决定是否承保。

4．缮制单证

缮制单证是在接受业务后，填制保险单或保险凭证等手续的过程。保险单或保险凭证是载明保险合同双方当事人权利和义务的书面凭证，是被保险人向保险人索赔的主要依据。因此，保险单质量的好坏，往往影响保险合同能否顺利履行。填写保险单的要求有以下几点：

（1）单证相符。要依据投保单、验险报告作为原始凭证，填制保险单。所谓单证相符是指投保单、保险单、批单、财产清单、人身保险的体检报告及其他单证都要符合制单要求，其重要内容如保险标的的名称、数量、地址等都应相符。

（2）保险合同要素明确。保险合同的要素是指保险合同的主体、客体和内容。保险合同的主体包括当事人和关系人，即保险人、投保人、被保险人和受益人等，他们是合同中权利的分享者和义务的承担者。因此，保险单中要正确填写被保险人的姓名、单位名称和负责人姓名及详细地址。若是人身保险合同，还需填上受益人姓名、地址及其与被保险人的关系。保险合同的客体是保险合同中权利义务所指向的对象，即保险标的的保险利益。因此，保险单中应标明保险标的范围及地址、保险利益内容。保险合同的内容包括保险责任、保险金额、保险期限、保险费、被保险义务以及其他特约事项。

总之，明确保险合同要素是保证保险单质量的依据，否则将影响保险合同的法律效力和保险人的信誉，损害保险合同双方当事人的合法权益。

（3）数字准确。填制保险单时，每一个数字都代表着保险人和被保险人的利益。在这些数字上的微小疏忽，都可能给保险合同双方当事人造成重大损失，或导致不该发生的纠纷。

（4）复核签章，手续齐备。保险人签发的保险单是保险合同成立的依据，其他单证也是保险合同的重要组成部分。因此，每一种单证都应要求复核签章，如投保单上必须有投保人的签章；验险报告上必须有具体承办业务员的签章；保险单上必须有承保人、保险公司及负责人的签章；保险费收据上必须有财务部门及负责人的签章；批单上必须有制单人与复核人的签章等等。

（三）续保

续保是在原有的保险合同即将期满时，投保人在原有保险合同的基础上向保险人提出续保申请，保险人根据投保人的实际情况，对原合同条件稍加修改而继续签约承保的行为。

续保是以特定合同和特定的被保险人为对象的。在保险合同的履行过程中，经常与被保险人保持联系，做好售后服务工作，增强他们对保险企业的信心，是提高续保率，保持业务稳步增长的关键。

对投保人来说，通过及时续保，不仅可以从保险人那里得到连续不断的、可靠的保险保障与服务，而且作为公司的老客户，还可以在体检、服务项目及保险费率等方面得到公司的通融与优惠。对于保险人来说，续保的优越性不仅体现在可以稳定公司的业务量，而且还能利用与投保人建立起来的老关系，减少展业工作量与费用，因为续保比初次承保手续要简便一些。

保险人在续保时应注意的问题有：第一，及时对保险标的进行再次审核，以避免保险期间中断；第二，如果保险标的的危险程度有增加或减少时，应对保险费率作出相应调整；第三，保险人应根据上一年的经营状况，对承保条件与费率进行适当调整；第四，保险人应考虑通货膨胀因素的影响，随着生活费用指数的变化而调整保险金额。

三、防灾

防灾是保险经营过程中不容忽视的重要环节。实施防灾防损，维护人民生命和财产安全，减少社会财富损失，既是提高保险企业经济效益和实现社会管理功能的重要途径，又是强化社会风险管理和安全体系的必要措施。

（一）保险防灾的概念

保险防灾是保险防灾防损的简称，是指保险人与被保险人对所承保的保险标的采取措施，减少或消除风险发生的因素，防止或减少灾害事故所造成的损失，从而降低保险成本，增加经济效益的一种经营活动。

防灾防损，减少社会财富损失，是一项社会性活动。但是保险防灾只是社会防灾工作的一部分，二者有着明显的区别。保险防灾与社会防灾的区别主要表现在以下几个方面：第一，防灾的主体不同。保险防灾的主体是保险企业；社会防灾的主体则是社会专门防灾部门或机构。第二，防灾的对象不同。保险防灾的对象是保险企业所承保的保险标的；社会防灾的对象则是遍及社会所有团体和个人。保险防灾的对象是特定的，与社会防灾相比，它的覆盖面要窄。第三，防灾的依据不同。保险公司是企业形式的经济组织，它是根据保险经营的特点，依据保险合同关于权利和义务对等关系的规定开展防灾工作的；社会防灾部门则是各级政府主管防灾工作的行政或事业单位，它可根据国家法令和有关规定，对防灾对象的防灾工作提出要求，督促检查。第四，防灾的手段不同。保险企业是向被保险人提出防灾建议，促使其采取措施进行风险防范，否则不予以承保或不承担赔付责任。社会防灾部门则在开展防灾活动时，可以运用行政手段促使单位和个人采取措施消除危险隐患，对不执行或违反规定的单位和个人可以给予一定的行政或经济处罚。

同时，保险防灾与社会防灾又密切相关，互为补充，其共同之处表现在：第一，两者都是处理风险的必要手段；第二，两者都是为了减少损失，达到保护社会已有的财富、保障社会安定的目的。可见，要使保险为社会生产提供全方位的服务，不仅要做好事后理赔，还要做好事前的防灾防损。

（二）保险防灾的内容

1. 加强同各防灾部门的联系与合作

保险企业作为社会防灾防损组织体系中的重要一员，以其特有的经营性质和技术力量，受到社会各界的重视，发挥着越来越大的作用。因此，保险人一方面要注意保持和加强与各专业防灾部门的联系，并积极派人参加各种专业防灾部门的活动，如公安消防部门对危险建筑的防灾检查；防汛指挥部对防汛措施落实的检查；商检部门对进出口货物的商品检验等。另一方面要充分利用保险企业的信息和技术优势，向社会提供各项防灾防损服务，例如，防灾技术咨询服务、风险评估服务、社会协调服务、事故调查服务、灾情信息服务和安全技术成果推广服务等。

2. 进行防灾宣传和检查

目前，人们对风险的防范意识还比较薄弱，保险人应运用各种宣传方式，向投保人和被保险人宣传防灾防损的重要性，提高安全意识，普及防灾防损知识。保险防灾宣传的内容包括：保险与防灾的关系、消防条例和有关法律规定、防灾防损的基本常识，如救火、抗洪、防震的常用措施。

保险防灾的检查应以所承保的单位和个人为主要对象，具体的做法有：第一，借助防灾主管部门的行政手段，对投保人提出切实可行的整改建议；第二，配合行业的主管部门，根据该行业的特点，进行针对性的风险防范检查；第三，聘请专家和技术人员对某些专业性强、技术要求高的投保单位进行重点防灾检查；第四，保险人在承保前和出险时应对投保单位进行风险查验，尤其是对一些重点防灾企业。例如，有些保险公司规定，保险金额在1亿元以上，保险费超过10万元以上，或是五六级工业的企业都属于防灾检查的重点单位。

3. 及时处理不安全因素和事故隐患

通过防灾防损检查，发现不安全因素和事故隐患时，保险人要及时向被保险人提出整改意见，并在技术上予以指导和帮助，将事故隐患消灭在萌芽状态。

同时保险人在接到重大保险事故通知时，应立即赶赴事故现场，直接参与抢险救灾。抢险救灾主要目的在于防止灾害蔓延并妥善处理好残余物质。

4．提取防灾费用，建立防灾基金

保险企业每年要从保险费收入中提取一定比例的费用作防灾专项费用，建立防灾基金，主要用于增强社会防灾设施和保险公司应付突发性的重大灾害时的急用。例如，用于资助地方消防、交通、航运、医疗卫生部门，帮助它们添置公共防灾设备，奖励防灾部门和人员。

5．积累灾情资料，提供防灾技术服务

保险企业除了搞好防灾工作以外，还要经常对各种灾情进行调查研究并积累丰富的灾情资料，掌握灾害发生的规律性，提高防灾工作的效果。例如，有的保险公司要求对资产在 500 万元以上的投保人建立防灾档案。此外，保险人还应开展防灾技术服务活动，帮助事故发生频繁、损失额度大的投保人开展防灾技术研究。

（三）保险防灾的方法

1．法律方法

法律是保险防灾管理的方法之一。它是指通过国家颁布有关的法律来实施保险防灾管理。例如，有些国家的法律规定，投保人如不加强防灾措施，保险人不仅不承担赔偿责任，而且还要追究其法律责任。我国《保险法》第三十五条规定，投保人、被保险人必须按约定履行其对保险标的的安全应尽的责任，否则，保险人有权增加保险费或解除合同。

2．经济方法

经济方法是当今世界普遍运用于保险防灾的重要方法。保险人在承保时，通常根据投保人采取的防灾措施情况而决定保险费率的高低，从而达到实施保险防灾管理的目的。换句话说，在相同的条件下，保险人通过调整保费来促进投保人从事防灾活动。对于那些防灾设施完备的投保人采用优惠费率，即少收保险费，以资鼓励。反之，对那些懈怠于防灾，缺乏必要防灾设施的投保人则采用较高的费率，即多收保费，以促进其加强防灾。

3．技术方法

保险防灾的技术方法可以从两个角度来理解：一是通过制定保险条款和保险责任等技术来体现保险防灾精神；二是运用科学技术成果从事保险防灾活动。前者表现在三方面，首先，在设计保险条款时订明被保险人防灾防损的义务。例如，我国现行的许多险种的保险条款中，均规定被保险人必须保证保险财产的安全。其次，在保险责任的制定上，也有防止道德风险的规定。例如现行的保险条款中，都订有凡属被保险人的故意行为所造成的损失，保险人不负赔偿责任。再次，在保险理赔上提出了抢救和保护受灾财产的要求。例如，财产保险合同中规定，如果灾害事故发生在保险责任范围内，被保险人应尽可能采取必要的措施进行抢救，防止灾害蔓延，对未被破坏和损害的财产进行保护和妥善处理。倘若没有履行这一义务而加重损失的部分，保险人不负赔偿责任。后者通常是指保险企业专门设立从事防灾技术研究部门，对防灾进行技术研究的方法。防灾部门运用有关的技术和设备对承保风险进行预测，对保险标的进行监测，研制各种防灾技术和设备以及制定相关的安全技术标准。这些防灾活动不仅使保险企业获得良好的经济效益，而且在社会上也获得了良好声誉。由于这些保险防灾技术领先于社会防灾技术，从而又促进了社会防灾技术的发展。

四、理赔

在保险经营中，理赔是保险补偿职能的具体体现。理解保险理赔的含义，揭示理赔的本质和规律，可以帮助我们更好地掌握保险这个经济机制，充分发挥保险的作用。

（一）保险理赔的含义

保险理赔是指保险人在保险标的发生风险事故后，对被保险人提出的索赔请求进行处理的行为。被保险人发生的经济损失有的属于保险风险引起的，有的则属于非保险风险引起的。即使被保险人的损失是由于保险风险引起的，因多种因素和条件的制约，被保险人的损失不一定等于保险人的赔偿额或给付额。所以说，保险理赔涉及到保险合同双方的权利与义务的实现，是保险经营中的一项重要内容。

投保人投保的主要目的就是为了在发生保险事故的时候得到保险保障，所以保险事故发生后，保险人应及时履行赔偿和给付保险金的责任。保险理赔的意义在于：第一，保险理赔能使保险的基本职能得到实现。理赔是保险人依保险合同履行保险责任、被保险人享受保险权益的实现形式。第二，保险理赔能及时恢复被保险人的生产，安定其生活，促进社会生产顺利进行与社会生活的安定，提高保险的社会效益。第三，保险理赔还可以发现和检验展业承保工作的质量。例如，保险人可以发现保险费率、保险金额、保险价值的确定是否合理，防灾防损工作是否有效，从而进一步改进保险企业的经营管理水平并提高其经济效益。

保险理赔工作主要靠理赔人员来做。专门从事保险理赔工作的人员可以分为四种类型：一是保险公司的专职核赔人员，是指直接根据被保险人的索赔要求处理保险公司的理赔事务的人；二是保险代理人，是指接受保险公司的委托从事理赔工作的人；三是理赔服务机构，是指某一地区保险公司联合组织的专门处理赔案的机构，如美国的理赔局；四是独立理赔人，是指有专业技术和经验的独立的理赔人员，如检验机构、保险公估行、律师行等。

（二）保险理赔的原则

为了更好地贯彻保险经营方针，提高理赔质量，杜绝"错赔、乱赔、滥赔"的现象，保险理赔应遵循以下原则：

1. 重合同、守信用的原则

保险理赔是保险人履行保险合同义务的具体体现。在保险合同中，明确规定了保险人与被保险人的权利和义务，保险合同双方当事人都应恪守合同约定，保证合同顺利实施。对于保险人来说，在处理各种赔案时，应严格按照保险合同的条款规定，受理赔案、确定损失。理算赔偿金额时，应提供充足的证据，拒赔时更应如此。

2. 实事求是的原则

被保险人提出的索赔案件形形色色，案发原因也错综复杂。因此，对于一些损失原因较为复杂的索赔，保险人除了按照条款规定处理赔案外，还须实事求是、合情合理地处理，既要符合条款规定，又要尊重客观事实。

此外，实事求是的原则还体现在保险人的通融赔付方面。所谓通融赔付，是指按照保险合同条款的规定，本不应由保险人赔付的经济损失，由于一些其他原因的影响，保险人给予全部或部分补偿或给付。当然，通融赔付不是无原则的随意赔付，而是对保险损失补偿原则的灵活运用。具体来说，保险人通融赔付时应遵循：第一，有利于保险业务的稳定与发展；第二，有利于维护保险公司的信誉和在市场竞争中的地位；第三，有利于社会的安定团结。

3. 主动、迅速、准确、合理的原则

这一原则的宗旨在于提高保险服务水平，争取更多客户。我国《保险法》第二十三条和二十五条规定："保险人与被保险人或受益人达成赔偿协议或给付保险金额协议的情况下，应在达成协议后十日内履行赔偿或给付义务。""如果保险人在收到被保险人、受益人的索赔请求和证明资料六十日内，对赔偿或给付数额仍不能确定的，应当根据已有的证明和资料可以确定的最低数额先予支付；保险人最终确定赔偿或给付保险金额后，支付相应的差额。"《保险法》的上述规定就指出了保险人应当在法律规定和保险合同约定的期限内及时履行赔偿或给付保险金的义务，即应在理赔中坚持"八字"方针。主动、迅速，即要求保险人在处理赔案时积极主动，不拖延并及时深入事故现场进行查勘，及时理算损失金额，对属于保险责任范围内的灾害事故所造成的损失，应迅速赔付。准确、合理，即要求保险人在审理赔案时，分清责任，合理定损，准确履行赔偿义务。对不属于保险责任的案件，应当及时向被保险人发出拒赔通知书，并说明不予赔付的理由。

在国际上，保险公司大多遵循国际理赔协会制定的理赔准则，其主要内容有：

（1）任何申请理赔的人都有权利得到公平公正的待遇，并在合理的时间内迅速地得到理赔答复。

（2）保险公司对于每一件理赔申请案件，都要迅速地作出事实调查和客观的评价，并在责任相对确定时，立即进行公平、合理的处理。

（3）被保险人必须获得平等待遇，保险公司不得用保险合同条款以外的内容来衡量。

（4）被保险人无须提出诉讼，即可获得应得的保险赔偿；保险公司也不得以牺牲保险合同的全部或一部分为条件，而影响另一保险合同的赔偿处理。

（5）保险公司必须了解自己对所有应得保险金给付的保险单负有迅速理赔的义务，同时也要了解自己还对所有的被保险人负有对等的义务，即不能作不当的理赔给付，以避免保险费的增加。

（6）建立理赔程序和规则，以避免事实不明和误用保险合同条款的情况，并优先维持正确的理赔记录。

（7）为了达成有效的理赔工作，必须建立合理的人事、组织和程序规则。这些规则乃为消除不必要的延误、或对专业知识过分的坚持及过度的查验工作。同时保险公司应该鼓励、支持理赔人员的专业化，要求他们扩展理赔的专业知识。

（三）保险理赔的程序

保险理赔的程序包括接受损失通知书、审核保险责任、进行损失调查、赔偿给付保险金、损余处理及代位求偿等步骤。

1. 损失通知

保险事故发生后，被保险人或受益人应将事故发生的时间、地点、原因及其他有关情况，以最快的方式通知保险人，并提出索赔请求。发出损失通知书是被保险人必须履行的义务。发出损失通知书通常有时限要求，根据险种不同，对被保险人的要求也不同。例如，盗窃险的条款规定，被保险人在保险财产遭受保险责任范围内的盗窃损失后，应当在24小时内通知保险人，否则保险人有权不予赔偿。有的险种虽然没有明确的时限规定，但也要求被保险人在其可能做到的情况下，尽快将事故损失通知保险人。如果被保险人在法律规定或合同约定的索赔时效内未通知保险人，可视为其放弃索赔权利。例如我国《保险法》第二十六条规定："人寿保险以外的其他保险的被保险人或者受益人，对保险人请求赔偿或给付保险金的权利，自其知道保险事故发生之日起二年内不行使而消灭。人寿保险的被保险人或者受益人对保险人请求给付保险金权利，自其知道保险事故发生之日起五年内不行使而消灭。"

被保险人发出损失通知的方式可以是口头的，也可用函电等其他形式，但随后应及时补发正式书面通知，并提供各种必需的索赔单证，如保险单、账册、发票、出险证明书、损失鉴定书、损失清单、检验报告等等。如果损失涉及到第三者责任时，被保险人还需出具权益转让书给保险人，由保险人代为行使向第三者责任方追偿的权益。

接受损失通知书意味着保险人受理案件，保险人应立即将保险单与索赔内容详细核对，安排现场查勘等事项，然后将受理案件登记编号，正式立案。

2．审核保险责任

保险人收到损失通知书后,应立即审核该索赔案件是否属于保险人的责任，其审核的内容可包括以下几方面：

（1）保险单是否仍有效力。例如， 我国财产保险基本险条款规定，被保险人应当履行如实告知义务，否则，保险人有权拒绝赔偿，或从解约通知书送达15 日后终止保险合同。又如，人身保险合同中，投保人在规定的时期（ 包括宽限期）内未交纳保险费，保险合同的效力将中止， 除非投保人在两年内补交保险费及其利息，否则，保险合同将永久失去效力。因此，保险人在处理赔偿问题时，不可忽视这些条款的规定。

（2）损失是否由所承保的风险所引起。被保险人提出的损失索赔，不一定都是保险风险所引起的。因此，保险人在收到损失通知书后，应查明损失是不是保险风险所引起的。如果是，保险人才予以承担赔偿责任。

（3）损失的财产是否为保险财产。保险合同所承保的财产并非被保险人的一切财产，即使是综合险种，也会有某些财产列为不予承保之列。例如，我国财产保险综合险条款规定，土地、矿藏、水产资源、货币、有价证券等就不属于保险标的范围之内；金银、珠宝、堤堰、铁路等应要通过特别约定，并在保险单上载明，否则也不属于保险标的范围。可见，保险人对于被保险人的索赔财产，须依据保险单仔细审核。

（4）损失是否发生在保单所载明的地点。保险人承保的损失通常有地点的限制。例如，我国的家庭财产保险条款规定，只对在保单载明地点以内保险财产所遭受的损失，保险人才负责赔偿。

（5）损失是否发生在保险单的有效期内。保险单上均载明了保险有效的起讫时间，损失必须在保险有效期内发生，保险人才能予以赔偿。例如，我国海洋货物保险的保险期限通常是以仓至仓条款来限制的，即保险人承担责任的起讫时间，是从保险单载明的起运地发货人的仓库运输时开始，直到保险单载明的目的地收货人仓库为止，并以货物卸离海轮后 60 天为最后期限。又如责任保险中常规定"期内发生式"或"期内索赔式"的承保方式，前者是指只要保险事故发生在保险期内，而不论索赔何时提出，保险人均负责赔偿；后者是指不管保险事故发生在何时，只要是在保险期内提出的索赔，保险人即负责赔偿。

（6）请求赔偿的人是否有权提出索赔。要求赔偿的人一般都应是保险单载明的被保险人，就人寿保险合同而言，应是保险单指定的受益人。因此，保险人在赔偿时，要查明被保险人或受益人的身份，以决定其有无领取保险金的资格。例如，在财产保险合同下，要查明被保险人在损失发生时，是否对于保险标的具有保险利益。对保险标的无保险利益的人，其索赔无效。

（7）索赔是否有欺诈。保险索赔的欺诈行为往往较难察觉，保险人在理赔时应注意的问题有：索赔单证的真实与否；投保人是否有重复保险的行为；受益人是否故意谋害被保险人；投保日期是否先于保险事故发生的日期等等。

3．进行损失调查

保险人审核保险责任后，应派人到出险现场进行实际勘查，了解事故情况，以便分析损失原因，确定损失程度。

（1）分析损失原因。确定损失原因是调查需要进行的最重要的工作。在保险事故中，造成损失的原因通常是错综复杂的。例如，船舶发生损失的原因有船舶本身不具备适航能力，船舶机件的自然磨损，自然灾害或意外事故的影响等。只有对损失的原因进行具体分析，才能确定其是否属于保险人承保的责任范围。可见，分析损失原因的目的在于保障被保险人的利益，明确保险人的赔偿范围。

（2）确定损失程度。确定损失程度首先要确定损失发生之前保险财产的实际状况，特别是涉及到不动产的损失时，保险人更需详细调查有关情况。其次，要调查被损坏或损毁的财产是什么，保险人需根据被保险人提出的损失清单逐项加以查证，如对于货物短少的情况，要根据原始单据的到货数量，确定短少的数额；对于不能确定货物损失数量的，或受损货物仍有部分完好或经加工后仍有价值的，要估算出一个合理的贬值率来确定损失程度。

（3）认定被保险人的求偿权利。保险合同中规定的被保险人的义务是保险人承担赔偿责任的前提条件。如果被保险人违背了这些事项，保险人可以此为由不予赔偿。例如，当保险标的的危险增加时，被保险人是否履行了通知义务；保险事故发生后，被保险人是否采取了必要的合理的抢救措施，以防止损害扩大等。这些问题足以使被保险人丧失索赔的权利。

4．估算赔偿金额

损失的估价是处理保险索赔中最困难的一个步骤。保险人在理赔中应回答这样两个问题：第一，保险财产应如何估价？第二，损失财产的价值是多少？通常在财产保险条款中都有损失发生时如何确定保险财产价值的规定，最常见的估价方法是实际价值、重置价值和约定价值三种。在理赔时，保险人应根据保险条款规定的估价办法来确定保险财产的价值。一旦保险人确定了保险财产的估价方法，就可以对损失金额进行估算了。一般在使用实际价值估价方法时，保险人必须对折旧作出估价。因此，保险人是否具有丰富的理赔经验和精湛的专业知识在确定折旧方面是至关重要的。

5．赔偿、给付保险金

保险事故发生后，经调查属实并估算赔偿金额后，保险人应立即履行赔偿给付的责任。对于人寿保险合同，只要保险人认定寿险保单是有效的；受益人的身份是合法的；保险事故的确发生了，便可在约定的保险金额内给付保险金。对于财产保险合同，保险人则应根据保险单类别、损害程度、标的价值、保险利益、保险金额、补偿原则等理算赔偿金额后，方可赔付。

保险人对被保险人请求赔偿或给付保险金的要求应按照保险合同的规定办理，如保险合同没有约定时，就应按照有关法律的规定办理。赔偿的方式通常以货币为多，在财产保险中，保险人也可与被保险人约定其他方式，如恢复原状、修理、重置等。

6．损余处理

一般来说，在财产保险中，受损的财产会有一定的残值。如果保险人按全部损失赔偿，其残值应归保险人所有，或是从赔偿金额中扣除残值部分；如果按部分损失赔偿，保险可将损余财产折价给被保险人以充抵赔偿金额。

7．代位追偿

如果保险事故是由第三者的过失或非法行为引起的，第三者对被保险人的损失须负赔偿责任。保险人可按保险合同的约定或法律的规定，先行赔付被保险人。然后，被保险人应当将追偿权转让给保险人，并协助保险人向第三者责任方追偿。如果被保险人已从第三者责任方那里获得了赔偿，保险人可承担不足部分的赔偿责任。

第六节　保险企业财务

保险企业财务就是保险企业在进行保险经营活动中所发生的资金结算关系。这种结算关系表现为资金的筹集、运用和分配，反映着保险负债业务、资产业务活动和所有者权益。以正确处理保险公司和各方面的财务关系为主要内容，在进行有计划地组织资金过程中所进行的协调、监督方面的工作，就是保险公司财务管理。由于资产业务的有效性及财务稳定的重要性是保险经营中的突出问题，保险投资管理与偿付能力管理成为保险企业财务管理的重要内容。

一、保险企业资金的筹集和占用

（一）保险企业资金的筹集

1. 保险企业筹资的动机

保险企业与其他企业有所不同，由于保单的出售而获得大量现金，在通常情况下，并不意欲筹资。但为满足偿付能力的要求或为最终提供赔付以及分散风险等目的可能从公司内部和外部进行融资。

（1）设立筹资。各国保险法都规定了设立保险公司的最低注册资本要求。如美国纽约州规定：人寿保险股份有限公司的最低资本金为450万美元，相互人寿保险公司的最低资本金为15万美元；日本规定人寿保险公司的最低资本金为10亿日元；新加坡保险法规定，经营保险公司最低资本金不得少于50万新加坡元；我国《保险法》第七十三条规定，设立保险公司，其注册资本最低限额为人民币二亿元，报销公司注册资本最低限额必须为实缴货币资本。

在美国，对股份保险公司来说，一旦监管者签发公司注册证书，公司即可按章程列明的股本金额发行股票。但公司必须得到监管者的许可证后方可公开招股。股份保险公司须在向监管者提交对公司创办费用的预计并获准后方可得到许可证，一旦得到许可证，公司即可公开招股。公司可以开设账簿接受认购的股份直到所有股份认购完毕或已认购股款达到公司最低资本金要求。

此外，股份保险公司可以将收到的认购股款进行法律上允许的投资或用于支付创办费用，但不得超过许可证上规定的费用限额。

我国保险公司设立筹集资本金的方式主要采取国家投资和发起人出资的方式，尚不允许以公开发行股票的形式筹集资本金。

（2）扩张筹资。扩张筹资是保险企业为了扩大经营规模或者开辟新的经济领域而产生的筹资动机。它主要适用于经营前景良好、处于成长期的保险公司。

保险企业业务规模的扩大受资本金的限制。我国《保险法》规定，经营财产保险业务的保险公司当年自留保险费，不得超过其实有资本金加公积金总和的四倍；保险公司对每一风险单位，即对一次保险事故可能造成的最大损失范围所承担的责任，不得超过其实有资本金加公积金总和的百分之十；超过部分，应该办理再保险。为进一步扩大业务范围，增加保费收入，就需要筹集资本金。

同时，在保险业务发展十分迅速时，保险企业往往有增设分支的需求。各国对保险公司分支机构的设立都要求要有一定数量的营运资本，根据我国《保险公司管理规定》，保险公司以最低资本金额设立的，在其住所地以外的每一省、自治区、直辖市首次申请设立分公司，应当增加不少于人民币两千万元的注册资本。同时，开设分支机构本身也需要一定的维持费用，这就促使保险公司考虑筹资的问题。

另一方面，保险企业为了达到扩大经营范围、改善产品结构或进入新行业和新地区，可能会采取购并另一家企业的经营策略，而采取这种策略是需要资金支持的。

（3）规避风险筹资。保险公司为防范偿债能力不足的可能和分散承保的财务风险，会产生筹资的冲动。

偿债筹资是保险公司为了偿还某项已到期的债务而产生的筹资动机。企业生存的一个基本条件是到期偿债。保险公司可能会因亏损不能偿还到期债务，也可能会因资金用不合理，暂时缺乏可周转资金，短期偿债能力不足，而需要筹集资金。

各国对保险公司的偿付能力实行严格监管，采用不同于对其他企业偿付能力监管的方式。一般企业只要其资本市场价值高于其债务即被视为具有偿付能力。但保险公司要求其认可资产减去负债的差额必须大于保险法规规定的金额，否则，即被认为偿付能力不足。当偿付能力不足时，保险监管机构通常会要求保险公司在一定期限内整顿，恢复其正常经营状况；整顿仍未达到预期效果的，保险监管机构可接管该公司，甚至依法向法院申请宣告该公司破产。所以为预防偿付能力不足，保险公司可能产生融资的要求。

另一方面，保险人为限制其经营风险，往往通过财务再保险或其他方式，来降低可能遭遇的财务困境所导致的费用，或从公司外部得到财务支援。

2. 保险企业筹资的主要形式

（1）内部筹资。如果使用保险公司当年的保留盈余来增加资本金，则为内部筹资。内部筹资与股利政策是利润分配这一问题的两个方面，因为利润分成两部分：保留盈余和股利。保留盈余是企业可以利用的资金。当利润一定时，分配多少红利，就决定了有多少保留盈余。所以这种内部筹资决策也就是发放多少股利的决策，即制定股利政策。

（2）发行股票。保险公司可以通过发行股票筹资。发行股票筹资可得到一项永久的资金，因为股本是不必偿还的，而且股票不需要支付像负债利息那样的固定费用。但发行新股涉及现有股东的利益及控制权等问题，而且资本成本较高。

（3）财务再保险。保险公司通过财务再保险的方式，可以转移承保风险，但更多地是转移财务风险，实际上，财务再保险类似于再保险人给原保险人提供资金融通，平衡其财务报表，改善其财务状况，这样使原保险人的偿付能力等符合规定的要求，扩大业务范围，并且减少由于经营风险造成财务困境的可能性。

（4）金融衍生工具。近年来，金融创新蓬勃发展，保险企业也出现了负债和资产证券化的趋势，保险公司的资金来源已不再局限于资本金、保费和其他负债，还可以通过金融衍生工具在资本市场上直接融资来获得。

目前巨灾债券、保险期权、期货的组合等应运而生，给传统保险带来全新的技术。保险人可以利用这些金融衍生工具进行套期保值，使风险从保险市场转移到容量更大的资本市场，可以将风险转移给投资者，具有传统的再保险功能，而所需的风险转移成本却要比再保险方式低许多，同时在一定程度上缓解了保险人和再保险人资本不足的难题。

同时，保单贷款等资产债券化的方式提高了资产的流动性，缓解了保险公司的现金压力。

使用金融衍生工具融资在国外一些成熟的资本市场和保险市场，已经得到蓬勃的发展，由于我国资本市场发展速度较慢，保险市场也不够成熟，在我国这种形式的融资还未出现。

（5）融资租赁。租赁是出租人以收取租金为条件，在契约或合同规定的期限内，将资产租借给承租人使用的一种经济行为。在租赁业务中，出租人主要是各种专业租赁公司，承租人主要是其他各类企业，租赁物大多是设备等固定资产。融资租赁对保险公司筹资也是十分有意义的备选方案。融资租赁可以增加保险公司财务的灵活性，减少保险资产的风险，同时与负债筹资相比，又有较少的限制。

（二）保险企业资金的占用

同其他企业一样，保险企业占用的资金按其使用的性质或其流动周转情况划分，可分为固定资金和流动资金，表现在实物形态上，可分为固定资产和流动资产。除此之外，保险企业还拥有无形资产、递延资产、其他资产等。

1．固定资产

固定资产是企业资金占用的主要形式。所谓保险企业的固定资产，指使用期限在 1 年以上的房屋、建筑屋、机械、运输工具和其他与业务经营有关的设备、器具、工具等。按照保险企业财务规定，不属于主要设备的物品，单位价值在 2000 元以上，并且使用期限超过 2 年的，也应作为固定资产。不具备上述条件的物品，作为低值易耗品。由于保险经营的特殊性，保险企业资产比重中固定资产不能太大。

2．流动资产

保险企业的流动资产在企业经营资产中占有绝大比重，因而也是企业资金占用的重要形式。所谓流动资产是指可以在 1 年内或者超过 1 年的一个营业周期内变现或者运用的资产。保险企业的流动资产，主要是指货币资金和往来款项，包括现金、银行存款、应收保险费、预付赔款、应收及暂付款、应付手续费及其他债券债务款项。

此外，从其形式上看，短期投资也应属于流动资产的范围，因为它能随时变现，而且一般持有时间不超过 1 年。短期投资按投出时实际的或者评估确认的金额计价；分得利润时计入投资收益并按规定缴纳所得税。

3．无形资产、递延资产

（1）无形资产是指企业长期使用但并没有实物形态的财产，包括专利权、著作权、租赁权、土地使用权、非专利技术和商誉等。其特点是：①无形资产是一种没有实物形态的资产，不存在物质实体；②无形资产将在较长时期内为企业提供经济利益或者说有助于企业获得高于一般水平的收益；③无形资产所能提供的未来经济效益具有明显的不确定性；④无形资产除接受捐赠外，一般情况下均通过有偿的方式取得。

（2）企业的递延资产，指现在付出费用但其实际发生时间则在将来的资产。其性质等同于流动资产。企业的递延资产包括：开办费、以经营租赁方式租赁的固定资产改良支出等。

二、保险准备金

保险的基本职能是组织经济补偿。为了保证保险人及时履行经济补偿的义务，确保保险公司的偿付能力，并正确计算损益，根据会计的配比原则，保险公司应按规定从保费收入或利润中提取准备金。由于财产险和人身险的差异，两者在准备金的设置和提取上存在很大的不同。

（一）非寿险准备金

非寿险准备金一般可分为三种：未到期责任准备金、未决赔款准备金和总准备金。

1. 未到期责任准备金

未到期责任准备金是指保险企业在年终会计决算时保险责任期限尚未满，把应属于未到期责任部分的保险费提存起来，用作偿付的一种准备金。保险合同的年度与会计年度通常是不一样的。保险企业在年度决算时，不能把所收取的保险费全部当作营业收入处理，对于保险责任尚未届满，应属于下年度部分的保险费，必须以准备金的形式提存起来，这就是未到期责任准备金。

提取这笔准备金，通常是在年度决算时，就全部保险单，按年或月（季）平均估算法计算出来的。

（1）年平均计算法：这种计算法是假定保险期限为一年，每天承保的业务量和保险金额大体均匀条件下，计算其平均数，其公式是：

未到期责任准备金=全部保单的保费总额×50%

计算式根据见下表：

表 9-3　年平均计算法

保险起期 月、日零时	年终有效天数 （提取准备金天数）	当年责任天数
1 月 1 日	0	365 天
1 月 2 日	1	364 天
1 月 3 日	2	363 天
……	……	……
12 月 29 日	362	3 天
12 月 30 日	363	2 天
12 月 31 日	364	1 天

到年终时，全部保险合同的有效天数（取平均值）应为（364+1）/2=182.5，是一年 365 天的一半，即 50%，所以，未到期责任准备金应是全部保险合同保费总额的 50%。考虑到保险费中含有费用开支，这笔开支在承保和签发保险单时已经支出，理应扣除。

（2）月（或季）平均计算法：保险业务在一年中，可能有淡季、旺季之分，如果采用上述计算法，不能算出正确的准备金提取数，就有用月或季平均计算法的必要。

月平均计算法，适用于保费收入年度不平衡而月度平衡的险种。将每月承保的保单，按该月保险费的 50% 计算未到期责任准备金。如一月份签出的保单，当年负责期限为 11 个半月，跨入下年度的负责期限只有半个月。根据每个月应负的平均保险责任只有 15 天（一个月 30 天的 50%）的原理，则第一个月收入的保险费到年终结算时，已到期的为 23/24，未到期的有 1/24。以此类推。见下表：

表 9-4　月平均计算法

承保月份	当年责任期限		下年责任期限	
	月	以 0.5 月为单位折算	月	以 0.5 月为单位折算
1	11.5 月	23	0.5 月	1
2	10.5 月	21	1.5 月	3
3	9.5 月	19	2.5 月	5
4	8.5 月	17	3.5 月	7
5	7.5 月	15	4.5 月	9
6	6.5 月	13	5.5 月	11
7	5.5 月	11	6.5 月	13
8	4.5 月	9	7.5 月	15
9	3.5 月	7	8.5 月	17
10	2.5 月	5	9.5 月	19
11	1.5 月	3	10.5 月	21
12	0.5 月	1	11.5 月	23

把一年分为 12×2=24 份，一月份提取未到期责任准备金为月保费收入的 1/24，二月份提取 3/24，三月份提取 5/24……十二月份提取 23/24。这种计算法比按年平均计算法更为合理，但须逐月计算，工作量较大。

保险业务若季度内平衡，则可按季平均法计算。见下表：

表 9-5　季平均计算法

承保季度	当年负责期限		下年负责期限	
	季	以 0.5 季为单位折算	季	以 0.5 季为单位折算
1	3.5 月	7	0.5 月	1
2	2.5 月	5	1.5 月	3
3	1.5 月	3	2.5 月	5
4	0.5 月	1	3.5 月	7

按一年四季分为 4×2=8 份，一季度提取未到期责任准备金为季度保费收入的 1/8，第二季度提取 3/8，第三季度提取 5/8，第四季度提取 7/8。

2．未决赔款准备金

未决赔款准备金指在会计年度决算时，已经发生的赔案，但还未处理、赔付，需提存的准备金。包括以下几种情况：（1）被保险人已提出索赔，但在索赔人与保险人之间，尚未对这些案件是否属于保险责任、保险赔付应为多少等事项达成协议，称为未决赔案；（2）对索赔案件已经理算完结，应赔金额也已确定，但尚未赔付，或尚未支付全部款项，称为已决未付赔案；（3）有些损失是在年内发生的，但索赔要在下一年才可能提出，这些赔案因为发生在本年度，仍属于本年度的支出，称为已发生未报告赔案。以上情况，都必须提取赔款准备金，提取方法有两种，即逐案估算法和赔案平均估算法。

逐案估算法，是根据被保险人的损失通知，根据保险标的的保险金额，损毁程度以及实地查勘和调研逐案估算赔款额，提存赔款准备金。这种方法通常在巨额损失的未决赔案中运用。

赔案平均估算法，是根据以往几年资料，推算每案平均的赔偿金额，依次估算赔款准备金。此法为一般赔案所采用。

3．总准备金

总准备金指保险人为以后较长时间内可能发生的特大巨额赔款提取的准备金，是用来满足风险损失超过损失期望以上部分的责任准备金。根据保险业务的特点，为了应付巨额风险赔偿损失，在保险费因素中设有风险安全系数以确保保险业务的顺利进行，这个风险安全系数是附加保费的一部分作为提存总准备金的来源。但在实践中，总准备金不是从保费收入中提取，而是按会计年度，在年终决算时，从年度利润中提存。总准备金主要用于特大灾害事故赔款支出，故又称巨灾准备金。在正常年景下，随着保险公司连续的经营，保险公司的总准备金不断积累。当发生的当年保费收入不能支付当年赔款和给付需要时，才可动用总准备金。

（二）寿险准备金

寿险的基本特点是保险责任的长期性。保险期间短则数年，长则数十年。寿险的责任准备金是把投保人历年缴纳的纯保险费和利息收入积累起来，作为将来保险给付和退保给付的责任准备金。

寿险的责任准备金概念有三个：理论责任准备金、实际责任准备金和平均责任准备金。理论责任准备金是指保险人按照死亡表和利息率计算的纯保险费收入和利息收入之和与保险人承担的当年风险责任之差。理论责任准备金只涉及纯保险费与保险给付之间的关系。在实际保险经营实务中，还有涉及各种业务的费用，以及如何在时间上分配这种费用的问题，于是提出了实际责任准备金这个概念。实际责任准备金是在理论责任准备金基础上，考虑到经营费用后提存的责任准备金。理论责任准备金和实际责任准备金都是按业务年度及足年年份计算的。在实际经营中，保单的起保日期可以是保险会计年度的任何一天。因此，在会计年度决算时，对起保日期不一的保险单，不能按足年年数计算保单的价值，而要采取平均责任准备金作为估价保单价值标准。

三、保险企业成本与利润核算

（一）保险企业成本

1. 成本的概念

成本，一般指生产者和消费者购置商品和劳务的货币价值。对生产者来说，就是企业在一定时期内生产产品和劳务的经营过程中所发生的各种费用。产品成本是衡量企业生产效率的一个重要标志。严格意义上说，成本和费用的概念是有区别的：

（1）成本是生产经营活动中物化劳动和活劳动的货币表现。并且按产品、劳务等计算对象归集摊算的总支出。费用是按支出的用途分类核算的，没有一定的计算对象。

（2）在企业的产品生产和提供劳务中，费用的概念有广义和狭义之分。广义的费用可表述为一定期间内在生产经营过程中发生的各项费用；狭义的费用是指某些方面的费用开支，如管理费用等。

（3）费用支出有的摊入本期有关产品、劳务的成本，有的可能归入以后各期成本。但成本是本期实际发生和应在本期承担的支出。

2. 保险企业的成本

所谓保险企业成本，是指保险企业在一定期间内经营保险业务中所发生的各项支出。保险成本既是制定保险费的依据，也是衡量保险企业经济效益的一个重要经济指标。

保险企业成本大致包括以下 3 类：

（1）业务支出。

①赔款、给付、退保支出。这是保险成本的主要要素，它的成本地位相当于制造业的原材料，在非寿险中，赔款成本一般占成本的 40% 以上。

②手续费支出。在非寿险业中，手续费支出一般占保费收入的 5%—10%。

（2）人工费用。包括职工工资、劳动及待业保险费、劳动保护费、职工福利费、职工教育经费、工会经费等，凡属于对职工的各项支出，均是人工费用。

（3）其他费用。

①营业费用中除各项人工费用外的费用支出：如差旅费、印刷费、水电费等。

②其他营业支出，包括未决赔款准备金、呆账准备金、坏账准备金、投资风险准备金、固定资产折旧费、业务宣传费、防灾费和其他支出。

此外，就保险企业经营角度看，保险企业成本又可分为两部分：一是因承保业务发生风险事故而产生的损失赔偿费用；二是经营过程中发生的营业费用。保险赔款支出由技术方面决定其大小，因为风险事故的发生，受经营方针政策的影响比较小，具有一定的偶然性。而营业费用则与保险公司的经营水平和经营方针有密切关系，保险企业营业费用节约与否，对保险经营合理化、能否取得最大的经济效益，具有重要的意义。

3. 保险企业的费用

由于保险企业经营保险业务的特殊性，它不从事生产和流通业务，也不存在按产品、劳务等计算对象进行成本会计核算问题，所以保险企业的费用有广义和狭义之分。广义的费用是指保险在一定时期内经营保险业务中所发生的各项支出，与保险公司的成本概念是相近的。广义的保险公司费用与成本的区别主要在于：

（1）按成本开支范围，有些费用不能列入成本开支范围。如购置和建造固定资产、无形资产和其他资产的支出、对外投资支出及分配给投资者的利润，被没收的财物、支付的滞纳金、罚款、违约金、赔偿金、企业赞助、捐款支出等。

（2）本期费用可划分为本期成本和下期成本支出。

（3）按比例预提属于本期成本开支的费用。

狭义的保险公司费用支出的概念，则取决于保险监管部门和保险公司自身管理要求，确定其范围和口径。目前，在我国保险实践中，狭义的费用概念有：

（1）费用开支：是指成本开支中扣除赔款支出和各种准备金计提额的余额。

（2）营业费用：是指成本开支中，扣除赔款支出、手续费支出、各种准备金计提额、利息支出、汇兑损失等的余额。

（3）业务管理费：是指营业费用中，扣除折旧费、业务宣传费、防灾费、业务招待费等费用的余额，主要包括邮电费、劳动保护费、外事费、印刷费、低值易耗品摊销、职工工资、差旅费、水电费、职工福利费、工会费等。

4. 保险成本管理应注意的问题

（1）严格遵守成本开支范围，不属于成本范围的开支，不得列入成本；属于成本范围的开支应及时进入成本，以保证成本的真实性。

（2）划分按比例支出和按比例预提的界限。

（3）划分资本性支出和收益性支出的界限。资本性支出不能列入成本。

（4）划分本期与下期的界限。同一计算期内成本与营业收入核算的起讫日期，计算范围口径一致，以贯彻配比原则。

（5）划分营业内与营业外支出的界限，以便正确地计算营业成本。

（二）保险企业利润

保险企业的利润是指保险企业在一定时期内的经营成果，是保险企业的收入减去有关成本和费用后的差额。利润是保险企业生存与发展的必要条件，也是评价保险企业经营状况的一个重要指标。

1. 利润总额

利润总额包括营业利润和营业外收支净额两部分，用公式表示为：

利润总额=营业利润+营业外收入－营业外支出

（1）营业利润

营业利润是保险企业的主要利润来源，是指保险企业在整个经营活动过程中所获得的利润，它包括承保利润、其他业务利润以及保险资金运用实现的投资收益等。营业利润用公式表示为：

营业利润=承保利润+其他业务利润+保险资金运用实现的投资收益+汇兑损益

①承保利润

承保利润是指保险企业从事保险业务取得的利润，用公式表示为：

承保利润=保险业务收入－保险业务支出－准备金提转差

②其他业务利润

其他业务利润是指保险企业除保险业务以及保险资金运用以外的其他业务取得的利润。用公式表示为：

其他业务利润=其他收入－其他支出

③保险资金运用实现的利润

保险资金运用实现的利润是指保险企业将保险资金用于银行存款、贷款、不动产、债券等投资取得的收益。用公式表示为：

保险资金运用实现的利润=投资收益+利息收入+买入返售证券收入－利息支出－卖出回购证券支出

④汇兑损益

汇兑损益是指保险企业因货币兑换、汇率变动等原因而实现的汇兑收益减去汇兑损失后的差额。

（2）营业外收支差额

营业外收入是指保险企业发生的与经营业务无直接关系的各项收入，如固定资产盘盈、固定资产清理净收益、债务重组收益、确实无法支付的应付款项、接受捐赠的现金以及处置接受捐赠的实物资产转入等。

营业外支出是指保险企业发生的与经营业务无直接相关的各项支出，如固定资产盘亏、固定资产清理净损失、债务重组损失、捐赠支出，非常损失等。

2．净利润

净利润是保险企业当期利润总额减去所得税以后的余额，即保险企业的税后利润，用公式表示为：

净利润=利润总额－所得税

3．寿险公司利润来源的分析

人寿保险公司利润来源的分析，也即通常所说的利源分析，是对形成人寿保险业务损益结果进行的分析。从理论上看，人寿保险公司保险业务遵循收支相抵原则，即保费收入的现值等于未来给付的现值，因此没有类似其他行业销售利润之类的利润。但实际上寿险公司在收支相抵后往往能够形成利润。其原因在于，保费计算的三个前提假设，即预定死亡率、预定利率和预定费用率，与实际结果之间往往存在差异，这种差异就是人寿保险业务的利源，即通常所说的"三差损益"。

（1）死差益（损）

死差益是由于实际死亡率与预定死亡率有差异，保险公司按照预定死亡率收取的纯保险费支付实际保险成本后尚有盈余而产生的利益。对于生存保险，当实际死亡率高于（低于）预定死亡率时，将会产生死差益（损）：死亡保险的情况则正好相反，当实际死亡率低于（高于）预定死亡率时，将会产生死差益（损）。

（2）利差益（损）

如果保险企业资金运用的实际收益率（或投资回报率）高于预期利率，由上年末转回的责任准备金加上本年度的储蓄保险费合计生息后，就会超过年末所需的责任准备金，超过部分就是利差益；反之为利差损。

（3）费差益（损）

年度内保费收入中的附加保费大于实际支出费用的差额，成为费差益；反之为费差损。

除了以上三种主要的盈余来源之外，退保损益也是盈余来源之一。退保损益是指在发生退保时，保险公司按保单现金价值支付一定的退保金与该保单退保时的责任准备金之间的差额。计算退保损益。由于一般对保单是否退保很难预料，若在投保后第一年发生退保一般会出现退保损失，因此通常退保损益不作为寿险公司的主要利源。

以上四种损益都来自保险合同本身。另外还有一些利源，如运用责任准备金以外的资金所获得的盈余、由于资产的变卖或重估价差所产生的资本利得等等。

可见，"三差损益"的基础是保险业务自身的特点，它构成寿险公司承保利润的主要方面。除此之外，寿险公司还有其他利润来源渠道。

4．保险公司利润分配的内容和顺序

根据《保险公司财务制度》的有关规定，保险公司取得的利润应按规定进行分配，可供分配的利润包括本年实现的净利润加上年初未分配利润。利润分配的内容和程序如下：

（1）抵补被没收的财物损失，支付各项税收的滞纳金和罚款，利差支出，以及保险监管部门对公司因少缴或迟交保证金的加息。

（2）弥补公司以前年度的亏损。

（3）提取法定盈余公积。根据《中华人民共和国公司法》规定，保险公司应按本年净利润的10%提取法定盈余公积。保险公司提取的法定盈余公积累计额超过其注册资本的50%以上，可以不再提取。

（4）提取法定公益金。保险公司按本年实现净利润的5%—10%提取法定公益金，用于保险公司职工的集体福利设施。

（5）提取总准备金。保险公司按本年实现净利润的一定比例提取总准备金，用于巨灾风险的补偿，不得用于分红、转增资本。

（6）分配给投资者分配给投资者。保险公司提取上述内容后，可以按规定向投资者分配利润。

（7）保险公司如果发生亏损，可以用以后年度实现的利润弥补，也可以用以前年度提取的盈余公积弥补。保险公司以前年度亏损未弥补完，不能提取上述内容。在提取上述内容以前，不得向投资者分配利润。

四、保险企业财务风险

保险企业财务风险主要是从财务角度对保险公司风险进行分类，这些风险可分为六种普通类型：精算风险、系统风险、信用风险、流动性风险、经营风险和法律风险。

（一）精算风险

精算风险是在通过销售保单获得保费时出现的风险。这一风险是因为公司收到的保费相对于将来的支出太少，或反过来说，公司所实际承受风险对于它所应吸收风险来说太多。这一情况的发生可能有两个原因：第一，可能由于统计上的不足或数据的缺少，对支出本身的认识不充分；第二，支出可能在正常经营活动中超出他们的期望，这是因为支出会围绕平均值上下波动。支出偏离平均量的程度要决定于支出分布的特征。

（二）系统风险

即与系统因素相关的资产与负债的价值变化，有时称之为市场风险。系统风险可以被对冲掉，但不能完全地被分散消除。实际上，它可以被看作是固有的风险。只要拥有的资产可能由于主要的经济因素的影响造成其价值的变化，保险公司就必须承担这一风险。系统风险可以表现为许多不同的形式，但就保险而言，有三种形式与之关系最密切：利率的常规变化、基本风险和通货膨胀。

（三）信用风险

即借款人不履行其义务的风险。信用风险可能是由于借款人丧失履行能力或由于借款人不履行而无法按合同预先约定的方式履行义务。这一风险将影响持有债券的投资者或租借合同的贷款者。信用风险是非常多样化的，但却难于完全消除，因为一般违约率表现出很大的波动。这可能是因为违约风险的一部分可能产生于上述的系统风险。

（四）流动风险

它可以适当地被描述为投资危机的风险。流动风险发生时不可避免地会与一个未预期的事件联系起来，比如说一笔大的索赔或资产的降值、信任的失去或是法律危机。保险公司在市场上运营时，会因为自然灾害而接到大量索赔要求，或是因为利率的改变而接到大量的保单收回或退保请求，所以他们的负债在某种程度上是流动的。然而他们的资产有时却不那么具有流动性，尤其是保险公司的长期投资或者不动产投资比例较大时。考虑到这种情况，对于一个保险公司来说，保持充足的流动资金来随意处理任何现金需求是很重要的。否则，保险公司就不得不以较低的价格售出固定资产，这会导致损失，甚至会导致保险公司的破产。

（五）经营风险

它与理赔程序、现金交易过程相关，也会出现在信息系统、营运过程和对各种法律的遵循等方面。对经营良好的企业来说，发生经营风险的可能性很小，但一旦发生就有可能使公司面临高昂的费用。

（六）法律风险

它一方面来自法律法规的修改，新的法规、法庭裁决和规章可以使一项很好的交易搁置起来，即使所有参与方先前都表现良好，并完全可以在未来有很好的经营；另一方面来自于企业管理以及雇员和代理人的行为，欺诈、违反法律法规和其他行为可能会导致灾难性的后果。即使一个保险人已经履行了法律规定的合同义务，也可能会有大量的诉讼。因为如果当保单持有人对保单有不同的期望或理解而又与合同规定不同时，他们就会提出诉讼。

第七节 保险企业的国际化经营

20 世纪 50 年代以来，国际贸易的迅速发展促进了贸易融资和离岸资本市场的发展。而知识经济、国际互联网在信息传递和通讯领域所引发的深刻革命，使金融服务业面临着更多的机遇，国际市场及跨国经营在其竞争中显示出重要的战略意义。越来越多的保险企业致力于对外扩张，即国际化经营，以期在未来的竞争中占据有利地位。

一、保险公司国际化经营的几个基本概念

（一）国际风险与保险

国际风险与国际保险两个术语分别是指跨越国界的出乎意料的风险结果和保险交易。当一个保险人定居在一个与被保险人所在国不同的国家，跨国保险交易就产生了。例如德国的西门子公司从东京海上和火灾保险公司购买保险，

西门子就参与了国际保险交易。同样，环太平洋台风引起的几个国家的财产损失的可能性是国际风险。国际风险也能从国际贸易中反映出来。例如，公司的交易采用非本国货币，可能就面临币值变动给其带来的损失风险。

（二）多国企业

在几个国家设厂经营并具有统一的市场战略思想的公司被定义为多国企业（Multinational Enterprise, MNE）。仅有有限的国际活动的企业不是多国企业。多国公司（Multinational Corporation，MNC）和跨国公司（Transnational Corporation，TNC）两个术语也经常出现在国际商业词典中，并作为多国企业的典型同义词。根据联合国 1995 年的统计显示，全球有超过 38,000 个多国企业控制了 250,000 个外国子公司。90%以上的多国企业是以发达的市场经济国家为基地的，而子公司中的 2/5 在发展中国家。对于跨国公司来说，不断创新是成功的关键。

二、保险公司国际化经营的必要性

（一）保险公司国际化经营的理论意义

保险企业国际化经营在理论上的必要性主要体现在三个方面：即为了获得规模经济、分散风险、获得竞争优势。

1. 规模经济

对于公司的对外扩张行为，常被引用的一个解释就是公司对外扩张是为了获得规模经济。规模经济随寿险、非寿险、再保险种类的不同及其业务环节的不同，其影响程度也有所不同。

（1）非寿险方面。一般来说，在非寿险的投资和索赔处理中明显存在着规模经济，营销、承保、索赔公估，尤其是个人险方面，规模经济的作用相对较小。

（2）寿险方面。据资料分析，寿险经营中规模经济的作用比较小，尤其是相对于一些大型规模的保险企业来说。世界上许多大型综合保险公司和寿险公司都是在规模报酬不变的情况下经营的。

（3）再保险。再保险行业普遍被认为存在着规模经济。再保险人主要通过保险经纪人来与原保险人办理再保险业务，它可以在审慎原则允许的范围内提供尽可能多的风险保障，而且再保险人无须在保险营销和损失勘定上花费大量的费用，因而其业务量越大平均成本越低。

2. 分散风险

保险活动是对未来损失进行预测，并通过损失分摊来经营的，预测损失结果与实际损失结果越接近，就越有利于保险经营。根据大数定理，保险人承保的风险单位数越多，期望结果与实际结果越接近；承保风险越分散，经营越稳定。国际扩张即使对于最大规模的保险公司来说，也能使其风险得到更大范围的分散。

（1）非寿险公司和再保险公司。对再保险公司和非寿险公司来说，由于其承保风险的特点，可能会出现大量的累积风险，因此，尽可能分散风险相当重要。当保险责任在世界范围内分散开时，自然可以减少风险在某一特定地点的波动性。

（2）寿险公司。相对来说，寿险个体差异较小，标的保额相对较小，发生巨灾风险的可能性也比较小，因此在寿险领域，分散承保风险并不像非寿险领域那么重要。

需要注意的是即使对于国际层面上进行的扩张，保险人也需要通过适当的财务分析来区分风险差异，以此来避免由于相同因素及周期造成的风险集中。一个设计合理的可控风险组合可以大大降低保险人的一系列风险责任。但是，无论哪一行业，都须进行有效的管理，这样才能获得分散风险带来的受益。

3. 国家竞争优势

一个国家的竞争优势可能来自于该国家的公司与国外的同行业公司在保险产品的生产和销售的竞争中所获得的竞争优势。因而那些发达的市场经济国家中的保险人、再保险人和保险经纪人在保险业务的许多方面（从风险评估到资产管理）都具有竞争优势。当交易双方其中一方是发展中国家的保险人、另一方是发达国家的保险人时，这种竞争优势表现得要比交易双方同为发达国家的保险人时更为明显。

一国的竞争优势还来自于各国的国别特征。例如一国的居民储蓄率较高，该国的保险业务在寿险业务方面很明显有比较优势，在这些国家，有控制的竞争带来的利润远大于在那些竞争性更高的发达国家市场中所能够获得的利润。类似的，在一些欧洲和拉丁美洲国家，高额利润使得这些国家的市场极具吸引力。

（二）保险公司国际化经营的实践意义

在实践方面，单个保险人进行对外扩张，进行国际化经营的主要原因是：

1. 满足跨国顾客的需要

随着生产企业经营活动的国际化，银行、法律、财会等服务业也随之跟进，走向国际化。这种经济全球化的同时也伴随着保险顾客的全球化。由于许多保险业务自身的一些特性，保险业务只能在顾客的所在地办理，所以为了满足那些在世界各地的顾客的保险需求，保险公司的经营必须国际化。否则，保险人所提供的服务就无法满足这些客户在国际间的保险需求，就会败在那些能够提供这些服务的竞争者手中。因此可以说，被保险人的全球化是保险公司经营全球化的最重要的原因。

2. 国内市场饱和

有些国家（如美国、加拿大）的保险市场被认为是相对比较成熟的，因而对于那些打算进入该国市场的外国保险人，或打算进入该国保险行业的国内投资人来说，进入机会相对较少。这些国家的保险密度或者保险深度已经相当高，除去几个特定的市场"间隙"外，保险人很难获取更多的保费收入。此外，在国内市场饱和的情况下，进一步在国内市场上扩大经营，容易招致其他寡头竞争者的报复或触犯反垄断法。所以，这种类型市场中的许多保险人，尤其是在他们获得垄断地位后，经常会应用国际化战略来寻找无法在国内市场上获得的增长速度和利润率。

与此相反，国外市场的集中度会使得保险人考虑是否应该进行对外扩张。当一个市场由为数众多的小保险公司构建而成时，一般会认为这个市场相对容易进入；而想进入那些由少数几个大型保险公司垄断的市场则比较困难，进入这些市场的公司需要有准确的市场定位策略、足够的投资金额并需要较长的一段时间来发展，这样才有可能获得成功。

3. 放松监管和市场自由化

在一些保险市场上，政府对保险业经营活动的监管呈现逐渐放松的趋势，即所谓的放松监管，保险企业在产品开发、定价策略、市场进入等方面享有越来越大的自由。同时，国内市场日益向国外金融机构开放，保险市场自由化的趋势越来越明显。放松监管和市场自由化，为有些保险公司提供了一个很好的进入那些从前很难进入、或不可能进入的市场的机会，而且为了防止其竞争对手领先进入一些保险市场并取得垄断地位，一些保险公司加快了国际扩张的步伐。

4. 产品生命周期中的投资活动

产品的生命周期通常划分为4个阶段，即市场进入阶段、增长阶段、成熟阶段和衰退阶段。各个阶段所对应的保费收入和利润情况分别是：在市场进入阶段，由于消费者缺乏了解，还难以接受新保单，加上保单的推出要花费大量前期费用，故保费收入较多，利润可能为负值，但很少存在竞争；在增长阶段，保费收入和利润明显增长，逐渐出现竞争者；在成熟阶段，由于该产品的市场开始饱和，保费增长速度减慢，利润总额开始下降；在衰退期，保额和利润继续下降，开始有竞争者退出市场，或者降低自己的市场份额以保持一定的边际利润。一般来说，产品到了成熟阶段，有实力的保险公司为保持竞争实力，就开始寻求海外投资，以降低生产成本，避免国内市场和出口市场的不利情况。

5．维持并提高获利能力

通过保险经营国际化，保险人可以通过参与不同地区的经济活动来使其收入来源多样化。当保险人本国的业务经营不佳时，由国外业务创造的利润就弥足珍贵了，或者保险人在一国经营亏损时，可以由其在另一国经营的盈利来弥补。这样保险人的经济风险和承保的风险都得到了分散。

除去风险分散本身，保险人还可以实现管理活动国际化，这一点可以通过电子通信和其他技术手段的不断发展来完成。比如说，在资产/负债相匹配这一条件的限制下，保险人可以通过采取更具国际化的投资政策来增强其获利能力。

6．其他因素

（1）技术水平。最近20多年来，科学技术的迅速发展已成为了国际保险市场发展的一个至关重要的因素。光纤技术、传真机、电视会议已变得非常普及，跨国旅行既方便又便宜，卫星通讯技术使得电信号在国际间传播和在国内传播一样容易，这就为在不同地区开展业务提供了条件。

（2）对于国际商务活动的新态度。在所有影响保险经营国际化的因素中，一个重要的因素就是保险公司的管理者和投资者对国际化经营的态度发生了变化。这一点有可能是受到了欧盟发展或者是银行及投资管理全球化趋势的影响，保险行业的高级管理活动在其国际机遇中受益的可能比十年前要大得多。保险公司国际化的具体动因还有很多，如专栏9-2所列。

专栏 9—2

保险公司国际化的一些具体动因

- 满足跨国客户的需要
- 放松监管和市场自由化
- 维持并提高市场地位和获利能力
- 占有信息和获得专有技能
- 受目前经济全球化影响
- 国内市场的饱和
- 国际市场上的机遇
- 技术的发展
- 获取融资机会

三、保险公司国际化经营的途径

保险公司国际扩张一般可以通过两种方式来进行：跨境保险业务和在国外创办机构。前一种只适合某几种保险业务，一般实际中的国际化经营通常使用后一种方式来获得该公司在当地市场的商业存在。

（一）跨境保险业务

跨境保险是指向位于另一个国家的保险人或再保险人投保（进口）；跨境保险的常见形式有：

1. 向外国保险人投保并签订相应的合同，形成纯粹的跨境保险业务

展业可通过直销方式（如电话、邮件、报纸、因特网）或经纪人。许多再保险采用这种方式。

2. 被保险人首先与再保险人联系，产生投保人的跨境保险业务

股份公司经常在国外保险，因为这样可得到比在国内保险更优惠的保险条款和保险价格。

3. 国外消费跨境保险

国外消费跨境保险是指被保险人在国外短期居住或旅行而在当地保险公司投保。

4. 跨国企业投保的差异条件保险

它也称差异限额保险，这是跨国公司全球风险管理的一部分。该跨境保险通常在跨国公司母国投保，也可能涉及外国或其他当地保险人的共保。该保险人承保的是母公司和子公司的风险，通常做法是由子公司在当地投保基本险，再由母公司的主保险合同提供超额保险或附加保险。

（二）在国外创办机构

在国外创办机构主要有两种：自身扩张和战略联盟。其中，战略联盟又包括契约式联盟和合资企业。

1. 自身扩张

自身扩张的创办方式是指保险公司在进行国际扩张时，使用公司内部管理的经营方法，公司的业务经营可以通过各代理处、分公司结成的服务网络来完成，也可通过新建成或通过收购得到的母公司完全所有的子公司来完成。

（1）代理处。代理处是进行国际化经营的保险公司在东道国的代理，一般仅从事分销，也有可能从事承保和理赔。代理处不是一个承担风险的机构，既不持有也不管理保险人的资产，具体的保险赔付必须通过保险人在母国持有的基金，其主要的监管责任由母国监管部门来执行。

代理经营的优点在于需要的资金或者其他资源相对来说比较少。但代理处在管理方面的困难是相当多的，因为代理费是事先依据代理人办理保险业务的数量确定，而不是依据利润的多少确定的。

（2）分公司。分公司是母公司的分支机构，它利用母公司的名称和章程，在公司的直接控制下进行经营活动，财产所有权属于母公司，资产与负债直接反映在公司的资产负债表上，而且通常不是法律上独立的法人组织，受到双重监管。由于支持当地准备金的资产通常保留在东道国，东道国常常要求在其当地的保证金等于最低的资本和盈余，因此保险公司的分公司代表了一种相对来说更真正意义上的当地保险。

设立分公司进行国际化经营可以加强管理，但往往也会同时加强资金负担和其他诸如员工工资、营业场所费用和行政管理费用等方面的负担。

（3）子公司。在今天的国际扩张中，最为重要的自身扩张方法是新建或收购完全归母公司所有的子公司。子公司是指经母公司直接投资设立的经济实体。子公司一般是在所在国政府机构注册的法人组织，在法律上独立于母公司，在公司名称、章程、组织结构和资金组成等方面表面上与母公司没有明显的联系，实际上受到母公司的控制和管理。子公司是一家本地企业，完全受东道国的法律管辖。

子公司从事当地保险业务时很少出现保单问题，一般比建立分支机构更为优越。子公司的主要缺点是创建子公司需要有足够的资金，尤其是在投资或投资收益被认为存在纯商业风险以外的风险时，如资产国有化风险和外汇管理风险，风险会更大，而且创建子公司需要丰富的经验。通常只有那些最富有经验的跨国公司才采用全资子公司方式，部分原因是因为这种方式需要大量的资本，最重要的原因是使用这种方式需要大量的管理人才和丰富的经验。

2．战略联盟

战略联盟是指两个或两个以上的跨国公司为了达成某种共同的战略目标而结成的联盟，联盟成员之间相互合作，共担风险。在联盟中，成员仍然保持着本公司的经营管理的自主权，彼此通过达成各种各样的协议结成一个松散的联合体。在保险以外的行业中，战略联盟很多年前就是一条借以进行国际扩张的途径。近年来，战略联盟开始出现国际保险业内。根据联盟成员之间的依赖程度，广义的战略联盟一般可分为两类：一类是非股权式合资经营，也称契约式联盟，指借助契约建立的，不涉及股权参与的合伙形式，如联营协议；另一类是涉及股权参与的股权式联盟，主要指合资。

（1）契约式联盟。保险人在接受跨国风险时面临两个主要问题：一是在某些可保风险存在的地区，遭受歧视性待遇，或根本不被允许经营保险业务；二是缺乏保险事故发生地所在市场的有关信息，或者与保险事故发生地距离过于遥远，导致经营保险业务极为困难。契约式联盟可以解决这些问题：通过联盟，协议一方可承保发生在协议另一方所在国的风险，应用当地的习惯做法在当地办理业务；发生索赔时，直接在当地办理理赔业务。这样保险人就可以有效地满足某些国际保户的需求，就不会发生所谓的漏保。

契约式联盟是处理索赔—理赔业务发展的自然结果，这种方式灵活方便，在临时个案或长期保险中简便易行。契约式联盟还可以包括市场信息和专门知识的交换；互换培训人员，提供互惠的教育计划；增加再保险的业务往来；扩大存在共同利益的领域等。

（2）合资企业。典型的合资企业是在母国公司和东道国的公司或政府之间设立的。从法律地位上看，在东道国注册的合资企业是具有东道国国籍的法人，受东道国法律的保护和管辖。

合资企业的最大优点在于可以方便地创立一家新公司，或者重组一家已有的公司。合资企业含有当地企业的股权，易取得当地企业的配合，在竞争中可得到当地企业在推销和管理技巧方面的协助，减少海外投资风险。合资企业还可以从许多渠道获取资金和其他资产来进行大规模的投资，这对于合资企业内的各单个公司来说是办不到或者说是不经济的。由于合资企业双方来自不同的国家，有着不同的文化、经济和政治背景，在价值观念和对问题的看法上有差异，当双方利害关系不一致时，易导致冲突。

保险公司在选择合作伙伴时，还应注意对方的价值取向、合作态度、财务状况、保险产品、分销体系兼容性与培训情况，考虑对方是否具有互补性技术。

四、保险公司的国际化经营面临的基本问题

由于各个行为主体追求的目标不同，各自的既得利益也不同，即便是最优秀的公司也会在国际扩张中遇到许多困难。每个国家所追求的目标不尽相同，如保护消费者、为达成政府目标采取的投资限制、保护国内产业等。金融服务业的一体化、放松监管和协调各国的法律法规等趋势，事实上减少或消除了金融机构传统上的在监管方面的国界。只有当创造力、灵活性和雄厚的资金资源三者结合在一起时，才能实现金融业在国际间的经营和发展。保险公司在国际化经营中会面临众多的问题，归纳起来，主要有以下一些：

（一）东道国的保险监管和税收管理

保险企业国际化经营中，外资保险企业进入的任何一个国家或地区的市场

都存在着监管和税则的不同，东道国的监管政策和税收的具体规定，如东道国法定的存款、最低的资本和盈余要求、允许何种公司结构、税收种类及税率结构、税收优惠政策、东道国与母国的双边税收协定等，是影响国际化经营策略及收益状况的重要因素。跨国经营的保险公司必须熟悉和遵守东道国保险市场的游戏规则，才能在国际化经营中趋利避害，有效运作。

（二）人力资源的发展

从何处发现胜任的经理人选？如何从全球理念和文化敏感性的角度寻找、培养经理？这些问题对于打算进入其他国家市场的保险公司来说都是巨大的挑战。就像跨国公司必须要将其国内业务和国外业务协调统一，并就世界产品分配状况重新构建其全球的生产体系一样，跨国保险公司要依据其全球不同的顾客来提供各种不同的保险服务或者来创新保险险种。对于许多保险人来说，若希望能够向全球的顾客提供高质量保险服务，就需要该保险人在主要的国际市场中都有所谓的"市场存在"，这对于保证市场的可靠性，使公司灵敏准确地对文化背景、商业惯例、各个市场的价值取向作出反应是不可或缺的。人力资源是保险公司在国际市场上经营成功的前提条件。

（三）各国的会计记账和会计报表的报告实践的不同

国际保险的会计记账和会计报表的报告实践随国家、文化的不同而不同，这不仅是因为各国在公布财务报表的目的上有不同的传统，还因为各国在保险业的实际操作中也各不相同。会计记账和会计报表的报告实践不同，可能会使保险人的账面利润发生扭曲，尤其对一些保险期间较长的险种来说更是如此。这些问题的存在使评价保险人的经营业绩变得十分困难。随着全球化趋势的兴起，为使投资人和投保人能对保险人作出一个可信的判断，会计记账和会计报表报告的实践需要一个更为统一的规则来进行管理。

（四）货币问题

国际间货币币值的变动对于经营国际保险业务的保险人来说具有特殊的重要性，当公司的负债的币种与资产的币种不同时，便可能产生风险。国际化经营中保险人和再保险人所面临的由于汇率所引起的风险主要有三种：一是交易风险。指由于外汇交易产生的盈利与亏损的风险；二是汇兑风险。指以本币为单位，对国外资产进行重新评估引起的盈利或亏损的风险；三是经济风险。预期现金流量的净现值由于汇率的远期不确定性波动而导致的盈利或亏损的风险。通常有两种外汇风险管理策略：一是长期外汇风险管理对策。包括：估计净暴露和净风险、估计汇率变动范围。对预期风险采取保值措施，如对净风险套期保值，有计划地改变货币净流量，以降低或消除净风险。二是日常外汇风险管理。如套期保值、提前或延期支付、货币互换等，同时资产和负债使用同一种币种计算或使用篮子货币，也可降低汇率风险。

（五）保险行业的结构变化

对于保险人来说，保险行业内部的结构变化带来的影响已成为一个十分重要的问题。由于任何类型的保险企业都试图扩大其经营范围和分销网，再加上许多国家有关购并的传统限制性法律刚刚被废除，因而近年来出现了大量的兼并与收购，使得许多银行与保险公司结成一体。

在短时期内，金融服务业的结构性变化对于寿险的影响将会更大。大量的银行—保险公司联合就是出于对人寿保险投资方面的考虑。由于财产责任保险本身在索赔处理方面存在着管理上的特殊性，所以至今还没有多少银行成功办理财产保险或责任保险的案例。但是，这种结构变化最终将会影响到非寿险市场。

思考题

1. 保险公司的组织结构有哪些种类？其相互关系如何？
2. 保险公司经营的原则有哪些？
3. 影响寿险产品定价的因素有哪些？
4. 简述保险产品的营销策略。
5. 保险公司的经营环节主要有哪些？
6. 保险公司国际化经营的途径有哪些？

参考文献

1. 王海柱、江生忠等著：《保险管理学》，成都：西南财经大学出版社，1993年。

2. 江生忠、祝向军主编：《保险经营管理学》，北京：中国金融出版社，2001年。

3. 魏华林主编：《保险学》（第二版），北京：高等教育出版社，2005年。

4. 江生忠主编：《人身保险市场与营销》，北京：中国财经出版社，2004年。

5. 江生忠、邵全权：《论保险公司若干问题的特殊性》，《保险研究》，2005年第5期。

6. 江生忠主编：《保险会计学》，北京：中国金融出版社，2000年。

7. 郑功成、许飞琼编著：《各国保险公司管理与运作》，贵阳：贵州人民出版社，1995 年。

8. 江生忠、钟瑞：《保险条款费率市场化的经济学分析》，《中国商业保险研究》，2006 年第 5 期。

9. 王成辉、江生忠：《我国保险业竞争力诊断指标体系及其应用》，《南开经济研究》，2006 年第 5 期。

第十章　保险市场

第一节　保险市场概述

一、保险市场的概念和意义

（一）保险市场的概念

市场有广义和狭义之分：狭义的市场指进行商品、劳务交换的场所；广义的市场指商品交换关系的总和，是商品供求关系变化的集中体现。保险市场同样可定义为：

定义一：保险市场的传统概念是指以保险当事人为主体、具有固定交易地点和稳定的交易模式的保险业务经营场所。也就是说，狭义的保险市场是指有形的保险市场。有形的保险市场往往以保险经纪人或保险代理人为中介人，并且有固定的交易地点和稳定的交易方式，英国伦敦劳埃德咖啡馆就是较早的专营保险业务的交易场所。

定义二：广义的保险市场是指促进保险交易实现的诸多环节，包括供给者、需求者、中介人、管理者在内的整个市场运行机制①。从这个意义上讲保险市场是保险商品交换关系的总和，或是保险商品供给与需求关系的总和。也就是说，广义的保险市场是指无形的保险市场。其强调的一种商品交换关系。就我国而言，我们正在建立和完善保险市场要素和相关制度，显然是相对于对计划经济体制改革而言的，也就是要建立不同于计划经济体制条件下的国家保险制度。保险市场作为无形商品市场，同样具有完整的市场构成要素，体现市场供

---

① 在实践中，有的将保险市场定义为保险需求，而所谓市场的大小就是指保险需求规模或收入规模的大小。这一说法在实践中虽可以使用，当从严格或规范意义上说这一说法是不准确的。

求关系，遵循市场供求规律。在保险市场上，交易的对象是保险人为保险消费者所面临的风险提供的各种保险保障（产品）及其他保险服务 。在理论与实践上，我们通常讲的保险市场主要是指广义的保险市场。

（二）保险市场的意义

从社会角度看，保险公司的经营行为，实质上是作为风险分摊的组织者或中介人将众多面临相同风险的被保险人组织起来，将个别人发生的风险损失在他们之间进行分摊。但从保险市场角度看，保险公司与投保人之间的行为则属于商品经济原则下的市场交换关系。

保险市场的最基本意义，在于通过保险市场，并根据商品经济的原则能有效实现保险供给或满足需求。保险公司通过保险市场寻找和确定保险需求，开发保险产品，确定保险产品价格，进而将保险产品推销给保险消费者；就保险消费者而言，则通过保险市场将其面临的不确定的风险，通过购买保险的方式转嫁给保险公司。

在我国原计划经济体制下，虽然也存在保险公司和投保人，存在保险制度，但主要是按计划或行政手段进行保险行为，而并非按商品经济的法则运行的，也不存在或不需要保险市场。但随着我国经济体制改革，保险业作为国民经济中的一个行业或部门同样需要改革，保险行为同样应按商品经济的法则来进行。因此，尽快建立和完善保险市场体系和要素是我国保险业进行市场化改革的首要任务。

在市场经济条件下，保险市场又是保险资源配置的基本手段。商品经济条件的保险市场，其主要功能还是实现保险供给或满足需求。在市场经济条件下，一方面要求一切保险经济关系，特别是保险公司间的关系，都要建立在市场的基础上；另一方面在市场机制作用下，保险市场成为配置保险资源的基本手段。保险资源包括保险供给资源、保险中介资源和保险消费资源以及其他相关资源等。从历史发展看，在不同的社会经济体制下，有不同的保险资源的配置方式；就组织形式而言，配置保险资源的保险组织形式也有很多。显然，不同经济体制或形式或不同的组织形式下的保险资源配置，其效率是不同的。也就是说，在小商品经济阶段或在计划经济体制条件下，虽然也能进行保险资源的配置，但效率不高。而在市场经济条件下，在竞争机制作用下，却能有效地提高保险资源的配置效率。

需要指出，衡量保险关系或保险行业的运行是否市场化，是否符合市场经济的要求，并不完全在于是否存在保险市场，或保险市场要素是否完善，而在于社会资源配置过程中，市场机制是否发挥作用，市场机制是否占主体地位。

市场机制是指市场经济运行中形成的以价格、供求和竞争三位一体的互动关系为基础的经济运行和调节的机理。市场机制的构成要素有三个：价格机制、供求机制和竞争机制。在市场机制作用下，市场配置资源的基本特征是：独立的市场主体是资源配置的直接决策者；生产要素在企业间自由流动，生产的规模和结构决定于市场需求；资源配置是通过市场价格与竞争机制进行调控的[①]。因此，在我国经济体制改革中，不仅要完善保险市场的要素和保险市场体系，更重要的是要完善市场机制。

此外，我们同样应看到，市场要发挥经济运行和调节手段的功能，要有一定的经济制度作载体。认为"市场经济仅仅是一种手段，与经济体制毫不搭界的观点未必是正确的"[②]。在特定意义上，市场经济也可以理解为经济体制或经济体制模式。从这个意义上讲，市场经济则往往是指某一特定经济体制下的市场经济，如资本主义市场经济、社会主义市场经济。就市场经济基本要求看，资本主义市场经济和社会主义市场经济有其共同点。但由于其所有制基础不同，使二者在发展目标、目的、后果等方面呈现出制度特征的一些不同特点[③]。所以，在我国社会主义市场经济条件下，如何把握保险业的特征并保险市场机制的作用是保险理论和实践中一个重要的课题。

（三）保险市场构成要素

通常商品市场的要素由主体和客体组成，商品价格也是构成市场的重要环节，保险市场也不例外。

1. 保险市场主体

保险市场的主体是指保险市场交易活动的参与者。由保险市场的定义可知，一个完整的保险市场，主体应该包括：（1）保险商品供给方，即保险公司、再保险公司等[④]；（2）保险商品需求方，即投保人；（3）保险市场中介方，即保险代理人、保险经纪人、保险公估人等；（4）保险市场监管方，即保险监管机构、保险行业协会等[⑤]。

（1）保险商品供给方。保险商品的供给方是指在保险市场上，提供各类保

---

① 逄锦聚等编：《政治经济学》，北京:高等教育出版社，2002年，第47页。
② 逄锦聚等编：《政治经济学》，北京:高等教育出版社，2002年，第316页。
③ 逄锦聚等编：《政治经济学》，北京:高等教育出版社，2002年，第317页。
④ 保险市场的保险公司可以细分为集团公司、控股公司等。
⑤ 对于保险市场组成的划分不是绝对的，例如有的教材把被保险人、保单持有人和受益人也作为保险商品需求方，我们认为也有一定的道理。

险商品，承担、分散和转移他人风险的各类保险人①。如前所述，他们以各类保险组织形式出现在保险市场上，如国有保险人、私营保险人、合营保险人、合作保险人等。通常他们必须是经过国家有关部门审查认可并获准专门经营保险业务的法人组织。根据保险法的规定，保险人的组织形式通常只能是法人组织，不允许个人经营保险。目前世界上唯一一家经营保险业务的自然人保险组织，就是英国的"劳合社"承保人。

（2）保险商品的需求方。保险商品的需求方是指保险市场上所有现实的和潜在的保险商品的购买者，即各类投保人或被保险人。他们有各自不同的保险保障需求，也有各自特有的消费行为。根据保险消费者不同的需求特征，可以把保险商品需求方划分为个人投保人、团体投保人、农村投保人、城市投保人等。

（3）保险市场中介方。保险市场中介方既包括活动于保险人与投保人之间，充当保险供需双方的媒介，把保险人和投保人联系起来并建立保险合同关系的人，也包括独立于保险人与投保人之外，以第三者身份处理保险合同当事人委托办理的，有关保险业务的公证、鉴定、理算、精算等事项的人。保险市场中介方包括保险代理人或保险代理公司、保险经纪人或保险经纪公司、保险公证人（行）或保险公估人（行）、保险律师、保险理算师、保险精算师等。保险市场可以分为直接保险市场和再保险市场。保险中介既存在于直接保险市场，也存在于再保险市场。一般地说，在再保险市场上，保险经纪人发挥较大的作用。保险中介的服务内容主要包括：为保险人代销保单、代收保费，代为查勘、理赔等；为投保人提供咨询与招揽、风险管理与保险计划安排、财产价值衡量与评估、损失鉴定与理算；为直接保险人安排分保计划等。

（4）保险市场的客体。保险市场的客体是指保险市场上供求双方具体交易的对象，即保险公司提供的保险产品。从经济学角度看，保险市场的客体是一种无形的服务商品。保险公司经营的是看不见摸不着的风险，"生产"出来的商品仅仅是对保险消费者的一纸承诺，而且这种承诺的履行只能在约定的事件发生或约定的期限界满时，不像一般商品可以实质性地感受其价值和使用价值。

（5）保险监督管理者。由于保险经营涉及众多被保险人和社会公众的利益，而且保险经营中的交易方式是一种特殊的交易方式，所以，在完善的保险市场中，应设立保险监管部门，并作为保险市场的要素之一。虽然各国保险监管方

---

① 在现代保险市场上，保险公司提供的保险服务已不限于承担、分散和转移他人的风险，如保险资产管理公司提供的资产管理服务；提供保险服务或间接提供保险服务的主体也不限于保险公司，如在实施保险产品证券化过程中所涉及到的证券公司等。

式不同，保险监管部门的存在形式也不同，但具有保险监管职能的机构必须建立和存在。在我国，保险监管部门是指中国保险监督管理委员会（简称保监会，以下同）。保险监管部门监管主要目的是维护保险市场的秩序，保护被保险人的利益。

需要指出，在我国，保监会虽是保险市场的直接监管者，但在保险市场上还有一些政府监管机构也对保险市场实施监督管理，如：工商管理机构、劳动管理机构、税务管理部门等。但是这些政府部门不是保险监督管理部门，他们对保险公司的监管不属于保险监管。此外保险监督管理部门与其他政府管理部门对保险市场的监管重点也应是不同的。例如，工商管理部门是综合性执法，其工作重点是对保险机构的资质审查和执行有关法律法规上的审查。当然，保险监督管理部门应与其他政府管理部门合作，从而形成保险市场监管的合力。

2. 保险商品价格

在市场经济条件下，价格起着不容置疑的重要作用，主要表现在以下两个方面：其一，传递信息的作用，商品价格的高低反映了其供求状况。价格高，说明供不应求；反之，则说明供大于求。其二，激励作用。价格上涨，将刺激生产者扩大生产；价格下跌，消费者将会增加购买，生产者则减少供给。在保险市场上，除非个别属于国家管制的保险产品，在竞争的产品领域内，保险价格是调节市场活动的经济杠杆，是构成保险市场的基本要素。

所谓保险价格，就是指保险费。保险价格有理论价格和市场价格之分，理论价格是单纯以影响保险供给的内在因素如成本等为基础而形成的价格。市场价格则是通常所说的交易价格，它还受市场竞争、货币价值、保险标的、国家有关政策及替代品的价格等诸多外部因素的影响。在竞争的保险市场上，交易价格是最敏感的因素，它会深刻地影响供求双方。价格竞争同样是保险公司最基本的竞争手段。

二、保险市场的特征

保险市场的特殊性可以从市场商品、市场交易和市场监管三个方面分别体现。

（一）市场商品的特殊性

1. 保险商品的无形性

保险商品是一种劳务商品，是一种以风险为对象的特殊商品，是一种无形商品。目前，保险产品虽然发生了一些变换，出现具有投资功能的保险产品，但依然是依各种风险为基础的，并保持无形商品的特点。

2．保险商品的"非渴求"性

营销学把产品分为便利品、选购品、特殊品和非渴求品四类，所谓非渴求商品是指消费者不会想到主动去购买的商品。由于保险商品给予消费者的是一种风险事故发生后的经济补偿，风险虽然是客观存在的，但是风险是否发生，何时发生，发生的方式、状态，造成损失的严重程度都是不确定的。因此，很多人在风险事故发生前存有侥幸心理，一般不会主动购买保险，除非法律有强制性的规定。保险商品与其他金融商品相比较，多数产品不是一种顾客对此具有明显需要的商品，而是一种需要推销的商品。

3．保险商品定价的特殊性

一般商品的定价，是在产品生产出来之后，根据实际成本测算而成。保险商品定价的基本前提是对保险标的的损失分布包括损失的频度和每次损失的额度大小进行预测，即保险商品的价格是在实际成本发生之前，根据损失概率事先确定的。有关保险商品定价的内容见第八章。

（二）市场交易的特殊性

1．保险市场交易的对象是风险

由于认识能力所限和信息不对称，任何市场交易都存在风险，保险市场也不例外。一般商品市场的交易对象可能存在质量风险，但对象本身并不表现风险，市场上的风险来自于交易行为，且交易既可能招致损失，也可能带来盈利。同样，保险市场的交易行为也存在经营风险，即亏损和盈利，但保险企业的经营对象直接表现为风险。保险商品的交易过程，本质上就是保险人聚集与分散风险的过程。

2．保险市场是非即时结清市场

所谓即时结清的市场是指市场交易一旦结束，供需双方立刻就能够确切知道交易结果的市场。一般商品市场，都是能够即时结清的市场。即使银行存款，由于利率是事前确定，交易双方当事人在交易完成时就能够立即确切知道交易结果。而保险交易活动，虽在总体上能对保险经营结构存在一个大致的估计，但因风险的不确定性和保险合同的射幸性，使得某个个体投保人与保险人都不可能确切知道交易结果，因此，不能立刻结清。因而，保险单的签发，看似保险交易的完成，实则是保险保障的刚刚开始，最终的交易结果则要看双方约定的保险事件是否发生。

3．保险市场交易需要更多要件

保险产品消费者在购买保险产品时具有一定的条件，即投保人不仅具有支付能力，而且对保险标的应具有保险利益。而购买一般企业的产品，购买者只要具有货币支付能力就可以了。所以，保险公司应避免和防止保险消费者的道德风险是保险经营中的内容。

（三）市场监管的特殊性

保险业是金融体系的重要组成部分，是一个经营风险的特殊行业，同时也是社会性、公众性很强的行业。因此，在目前的各国实践中，国家、政府对经济社会的各行各业都实行不同程度的监管和调控，相对而言，保险业的监管更为严格，不仅颁布专门的监管法规，设立专门的监管机构，同时也形成了一系列的监管制度体系。有关保险监管的特殊性及意义将在第十三章介绍。

三、保险市场的分类

（一）依据保险标的分类

按保险承保的标的划分，保险市场可分为财产责任保险市场和人身保险市场。需要指出，由于财产保险市场和人身保险市场主要是由保险交易双方构成的，所以财产保险市场和人身保险市场分类含义，与财产责任保险业务与人身保险保险业务分类是不同的。保险市场的分类，更多是在该市场上经营不同业务的保险公司来进行的。也就是说，对于财产责任保险市场和人身保险市场的分类，更多是从保险公司的角度以及按保险公司的业务收入来划分的。这与保险分类是不同的。

（二）依据保险活动范围分类

按照保险活动范围来划分，保险市场可分为国内保险市场和国际保险市场。国内保险市场的发展程度和本国经济状况息息相关。此外，国内保险市场可再分为地区性保险市场和全国性保险市场。国际保险市场是指由于保险人跨国经营保险业务而形成的市场。在国际市场上经营保险业务，面临的竞争会更激烈，当然，发展的空间也更大。目前，随着经济一体化和全球化，保险市场国际化已成为一种趋势，许多保险公司正实施全球化战略，以期占领更大的国际保险市场份额。国际保险市场可细分区域性保险市场和全球性保险市场。

（三）依据保险交易的层次分类

按照风险交易的层次，保险市场可分为原保险市场、再保险市场和保险证券市场。原保险市场是保险人和被保险人之间从事风险交易、实现风险分散和经济补偿保障的市场。再保险市场是保险人之间实现承保风险再分散、再交易的市场。它对于化解保险企业的经营风险、扩大保险人的承保能力具有重要的作用。保险证券市场是在承保风险证券化的基础上所形成的各种保险证券发行和交易的市场。它利用证券和衍生工具的表达形式，按照再保险经营的分保技术，将原保险和再保险的风险加以组合，形成标准化的保险证券工具，在广阔的金融资本市场上销售转让，借以实现承保风险的再转移和再分散。保险证券市场是再保险活动在资本市场的一种延伸。作为保险市场创新的重要结果，它将发展成为现代保险业不可缺少的市场。它对于扩大保险风险的分散范围、提高风险防范的能力将会产生重要的影响。

第二节　保险供给

一、保险供给的含义

保险供给，是指各种形式的保险经济组织在社会发展的一定阶段和一定时期内，以商业保险形式向社会提供的特定的经济保障的数量。保险供给有两种形式：一是实物形式，即保险人对遭受损失或损害的投保人，按照合同规定的责任范围，给予一定数量的补偿或给付，这是保险供给的有形形态[①]；另一种是心理形式，即对包括没有保险事件发生从而没有得到补偿或给付的投保人在内的所有投保人提供的安全保障。

需要指出的是，保险供给的量是个比较模糊的概念，无论定义为保险金额还是保单的数量都不恰当。所以，在任何情况下，保险供给都无法进行直接的测算，因为保险产出无法进行精确的定义或衡量[②]。不过，我们知道保险供给无论如何定义都与保险人的风险承担能力正相关。风险承担能力反过来又取决于保险人资本和盈余承保能力[③]。因此，一国市场的承保能力是投资人愿意拿出来承担风险的总资本和资本承担风险的密度的某种函数。如果投资者不愿提供额外的资本或经理人员不愿让一定的资本水平承担额外的风险，会产生所谓的承保能力危机（或困境）。非寿险领域隔一段时间就会出现这样一次危机，结果有些险种变稀缺乃至绝迹，这就是所谓的卖方市场。随着这种市场状况的深化，保险公司可以提价，利润上升。盈利机会增加会吸引更多的资本投入该保险业务，会使经理人员按照其具有的资本水平承保更多业务。于是买方市场出现，通常 5~8 年后又出现一个卖方市场。这种利润周期在非寿险领域还未发现，

---

① 保险商品是无形的，但保险的赔付和给付，或履行保险责任则是有形的。

② 引自[美]小哈罗德·斯凯博（Harold D. Skipper，Jr）等著，陈欣等译：《国际风险与保险（环境——管理分析）》，北京:机械工业出版社，1999 年，第 53 页。

③ 引自 McCabe and Witt，1976。

也不是在所有国家都存在[①]。周期的原因主要包括制度差异、监管、利息率和总经济周期是影响因素。无论什么原因，周期影响着世界保险和再保险能力。其他被认为影响非寿险供给的因素包括一国的识字率（文盲比率越低，供给就越高）和一国是否允许无当地执照保险人经营（市场越开放——允许无当地执照保险人展业——保险供应越大）。

在现实中，我们可以认为保险供给量至少也包括两方面的内容：一方面，指某一种保险品种所提供的经济保障的额度；另一方面，指全社会所提供的保险供给的总量。

二、保险供给的影响因素

目前，对保险供给的性质和决定因素我们了解得很少。理论分析假定保险供给是预期利润的函数。这种假定有一定道理，但是既不深入实际也没有什么用处。不过，保险供给无论如何定义都与保险人的风险承担能力正相关，而风险承担能力则取决于保险人的资本和盈余状况。[②]所以，决定保险商品供给的主要因素是保险人的资本和盈余状况。

（一）保险企业的资本和盈余状况

保险公司同其他企业一样，为了保证经营的安全性而需要一定量的资本，保险公司经营的是风险。"保险交易给个人财产极大的安全……然而，为了给予这种安全，保险人必须拥有很雄厚的资本"（亚当·斯密《国富论》）。即保险公司应该拥有比一般企业更多的资本。[③]保险公司的资本实力表现在两个方面，一方面是绝对的资本实力，另外一方面是相对的资本实力。绝对的资本实力表现在公司的资本规模上，相对的资本实力主要表现为保险公司的偿付能力（有关偿付能力的内容我们将在保险监管一章详细介绍），世界上所有的国家对保险经营的资本金或者偿付能力都有严格的要求，资本金或者偿付能力不足，保险企业就不能正常供给保险产品。盈余状况反映了保险业的资本积累，从本质上说也是资本状况。因此，可用于经营保险业的资本量，宏观上制约着保险供给的总规模，在一般情况下，经营保险业的资本量与保险供给成正比例关系。

（二）保险企业的利润状况

现代保险业的利润主要来自承保收益和投资收益。承保收益依赖于保费收

---

① 引自 Cummins and Outreville, 1987。

② 引自[美]小哈罗德·斯凯博（Harold D. Skipper, Jr）等著，陈欣等译：《国际风险与保险（环境——管理分析）》，北京：机械工业出版社，1999年。

③ 江生忠、祝向军：《保险公司上市问题的理论分析》，《保险研究》，2001年第3期。

入的多少和承保质量的高低，保费收入和承保质量都与确定合理的保险价格紧密相关，保险价格处于较高价位时，保费收入较高且承保质量相对较好。[①]因此，保险价格与承保收益呈正相关关系。如果保险价格低于合理的价格，保险企业就会减少保险供给或者调整保险价格。可见，保险价格是影响保险供给的一个重要因素。投资收益则取决于资本市场的收益状况。投资收益高即保险企业盈利状况好的情况下，保险供给也会相应增加。

（三）保险人才的数量和素质

保险经营活动所需要的劳动，是具有特殊的专业性的保险人才的劳动，保险人才的素质状况对保险供给有很大的影响。例如，当社会生产和生活中一个新的风险出现后，保险公司若要提供保险供给，则必须对这种新风险的性质、特点、出险概率、出险损失率以及对这种风险的防灾防损知识和技术，有较为全面的了解，从而才有可能为这种风险提供保险供给。因而，从事保险经营的人才的数量和素质，制约着保险供给的规模，它与保险供给成正比例关系。

（四）保险业的经营技术和管理水平

保险业的经营是一种技术性、专业性很强的业务活动。一个新保险品种的推出需要长时间的经验积累，一套技能和各项条款、法律等。如保险产品的定价技术、准备金提取技术，以及承保技术等。经营技术管理水平与保险经济供给成正比例关系。

（五）监管环境对保险业的影响

保险业的制度、政策环境对保险供给的影响主要表现在市场准入要求、市场行为以及税收等方面。其中，监管环境对保险业的影响还是比较显著的。

各国政府都对保险市场实行干预。干预的方式有所不同，有的采取直接形式，有的采取间接形式。不同的方式，对保险业的影响自然就不同了。此外，保险监管通常会涉及到市场支配力问题，特别是规模经济问题。保险人或某些险种被看作公共设施，其中的利润和产品标准通常受到严格的监管。严格监管经常伴随着政府接管，它的目的在于防止破坏性竞争或创造一个规范的市场。这并不是从针对垄断优势的担心引出的。有些市场存在费用和佣金限制。很多国家的政府实行保险定价控制。在有些市场中，由政府认可的行业组织制定所有保险人必须遵守的价格，由此，监管就创造了市场支配力。另外一种极端情况下，一些国家的保险人可以自由制定他们认为合适的价格。并由它来生产某

---

① 保险价格较高，则保费收入足够偿付其承担的保险责任，相当于减少了保险企业的风险，因此可以认为承保质量也相对较好。

些市场无法提供的保险产品，如提供洪水、地震、犯罪和核责任保险。

政府通常也会使用（鼓励）竞争法或反托拉斯法，以限制保险市场通过兼并、收购或其他试图不正当限制竞争的活动进行不适当的势力集中。（鼓励）竞争法还确立了禁止垄断地位和价格共谋行为的规定。这些法律是经济监管的一种，通常会平等地适用于本国和国外的保险人。在很多市场上，共谋定价是非法的，但是允许共享损失统计资料。

保险监管的力度依产品市场不同而有所区别。所有的市场对个人购买的保险产品的监督最强，其中与公共政策有关的产品更是如此。购买者的规模越大，信息越多，监管越弱。图 10-1 解释了这种关系。

险种	监管程度
个人机动车保险	严格
个人人寿保险和健康保险	
雇主保险	
团体人寿保险和健康保险	
小企业保险	
工商企业保险	
海上保险、航空保险和运输保险	
再保险	宽松

图 10-1　购买者规模与监管强度的关系

三、保险供给弹性①

（一）保险供给弹性的含义

由于对保险供给的概念等理论基础还存在诸多难题，因此，我们无法对保险供给进行定量研究，此处只能对保险供给弹性进行简单的定性叙述。按照经济学的一般研究方法，保险供给函数研究的是保险供给总量与影响保险供给总量诸因素即各种自变量的关系；保险供给曲线研究的是假定在影响保险供给的诸多自变量中，只有一种自变量发生变化，而其他自变量因素不变的情况下，某一种因素与保险供给量之间的关系；保险供给弹性研究的是影响保险供给的某一种自变量的值每变动 1% 所引起的供给量变动的百分率。

---

① 由于对保险供给不能准确定义，因此客观上影响了对保险供给弹性的讨论和价值，但作为教材，我们还是试图对此进行讨论，以保持教材的完整性。

（二）保险供给弹性的种类

保险供给弹性可以依据影响保险供给的各种因素的不同而加以区分。一般地说，有多少个影响保险供给的因素，就有多少种供给弹性。例如保险供给价格弹性、资本弹性、人才弹性、物力弹性、管理弹性和利润弹性，等等。其中最主要的有以下几种供给弹性。

1. 保险供给的价格弹性

保险供给的价格弹性表明某种保险商品价格每提高 1％所引起的该种保险商品的保险供给量变化的百分率，这个百分率需要通过对大量的保险实践数据进行统计分析才能得出。　一般地说，保险供给量与保险价格成正比例关系。价格每提高或降低 1％，就会使保险供给增加或减少一定的百分率。由于保险供给的不是一般商品，而是一种特殊劳务，但其价格弹性的道理与一般商品相似。凡是人们必需的险种，保险供给的价格弹性就小；反之就大。

2. 保险供给的资本弹性

保险供给的资本弹性表明保险资本每变动 1％所引起的保险供应量变动的百分比。这个百分比要靠大量的数据和统计分析才能得到。一般地说，保险供给的资本弹性是正值，也就是说，资本增加，保险供给就增加。但不同的保险品种，保险的资本弹性又不相同。对于社会所必需的保险品种，资本供给弹性小，反之就大；对于可替代性强的品种，保险供给的资本弹性就强，因为资本可随时投向不同的险种。

第三节　保险商品需求

一、保险商品需求概述

（一）保险商品需求的含义

经济学中的需求是指在一定时期内和一定条件下，消费者愿意购买某种商品或某种劳务的总量。所谓一定的条件下，主要是指一定的有购买能力的现实需求和可替代商品的竞争情况。保险需求，是指在一定的保险价格下，一定时期内社会需要得到偿付的保险保障总量。研究保险需求，可将其分解为自然需求和有效需求。所谓保险自然需求，是基于风险的客观存在而产生的对保险保障的本能需要。不过，人们的保险愿望的满足，受到其货币支付能力的制约。这也就是我们通常所提出的保险的有效需求，即有货币购买能力的保险需求，它应该满足三方面条件：一是有投保意愿，即投保者内心产生了投保要求；二是对保险标的具有可保利益；三是必须是有购买能力的需求，即有能力支付保险费。

（二）保险需求量

保险需求的量的方面，指的是对各种不同保险种类所提供的经济保障需求的量的额度。在一定的经济条件下，人们对各类保险经济保障需求的量也是确定的。与对保险供给的量的衡量一样，对于保险需求的量的衡量现在也存在不同的观点，有人认为应该以人们对保险金额的需求量来衡量①，有人认为应该用收取保费的量来衡量。不过，无论如何衡量我们都可从个人和社会两方面对保险需求的量进行研究。

1. 单一个体的保险需求衡量

保险需求的个量水平是指居民或企业的个体保险需求水平。对它的分析，有助于保险人针对投保人的需求状况，调整保险商品供给和内容。通常采用平均保险倾向和保险需求收入弹性来评价和衡量。平均保险倾向即居民或企业的保费支出占其全部收入的百分比；保险需求收入弹性即居民或企业保费支出增长比率与全部收入增长比率之比。一般地，个量保险需求水平与平均保险倾向成正比，而保险需求收入弹性则反映保险需求变动速度的快慢，即弹性大，需求旺盛；弹性小，需求相对减缓。一个国家个人保险消费水平的高低，既反映这个国家人民消费水平的高低，也反映人民消费观念的差异。

2. 社会的保险需求的总量衡量

保险需求总量水平是指一个国家或地区的保险需求总水平。从总量上考察保险需求，有助于进行该国保险总量的横向比较分析，有助于找出本国保险业的差距、存在的问题或优势。保险需求总量水平的衡量指标是平均保险倾向、保险需求收入弹性。除此之外，保险需求还可由边际保险倾向来衡量，它表示保费收入增加值与国内生产总值增加值之比。

二、保险需求的影响因素

（一）对寿险和非寿险需求均有影响的因素

1. 风险及风险意识

风险的客观存在是保险需求存在的前提。保险需求总量与可保风险程度呈

---

① 该观点认为，由于保险的主要职能是获得经济保障，而保险金额是获得经济保障程度的度量，那么保险需求量就应该是投保人对保险金额的需求量。

正相关的关系。

2．国民收入水平和消费结构的变化

社会公众缴纳的保险费是其可支配的货币收入的正函数，企业缴纳的保险费是其利润的正函数，而社会公众的货币收入和企业的利润又是国民收入的正相关函数，因此，国民收入水平的高低决定着保险需求量的大小。国民收入水平越高；社会对保险费的承受能力越强，保险需求会增加。反之，保险需求会减少。同时，随国民收入的增加，公众个人收入也相应增加，消费结构会发生变化。

3．价格因素

一般地说，人们总是希望以较少的保险费支出获得较大的保险保障。保险费率低，有可能刺激保险需求量的增大。保险需求量与保险价格成负相关关系。价格对需求量的影响通常以价格弹性来衡量。需求的价格弹性是一定百分比的价格变动导致的商品或服务的需求量变动的百分比。价格弹性理论上可以是 0（完全无弹性）到负无穷之间的任何值。实际上大体在 0 到-2 之间变动。当然，价格弹性是负数，因为需求量随价格上升（下降）而减少（增加）。因此-1.0 的弹性意味着价格的一定变动可望引起需求量完全同比的反向变动；即价格上升（下降）1%应该引起需求量下降（增加）1%。价格弹性为-0.2 意味着价格下降（上升）1%可望引起需求量上升（下降）0.2%。

在下表 10-1 里[①]，我们不应把弹性看作精确的数值，而是看作说明一种程度的对比。基于这种方法会发现价格对非寿险需求具有重要影响。对于有些国家的某些险种来说，价格有着相当的影响力。

表 10-1　部分险种的价格和收入弹性

	价格弹性	国民收入（GDP）弹性
德国		
工业火险	-0.2～-0.3	2.5～2.0
智利		
火险	-0.9～-1.2	3.0～4.0
地震险	-1.0	3.0
水险	-1.0	2.0～2.5
汽车险	-0.8	2.8
日本		
火险	-1.0	1.7
美国		
团体寿险	-0.7	2.0～2.5

---

① 引自 Swiss Reinsurance Co.：《SIGMA》，1993a。

4．保险供给质量和服务水平

作为保险产品的提供者，保险公司的工作质量和服务水平也是影响保险需求的重要因素，工作质量越好，服务水平越高，必然刺激保险需求的增长，反之，则会促使保险需求的萎缩。保险人的服务质量主要表现为展业质量和理赔质量。

5．经济制度和经济体制

经济制度对保险需求的决定主要是集中于社会保障制度。社会保障支出用于救助因遭灾受损，基本生活水平不能维持的居民费用部分，实际上构成了保险商品的替代品。这样保险需求就会自然减少。对寿险来说，社会保障程度越高，寿险的需求程度就越低。

6．政治和社会环境

政治经济的稳定程度会影响保险的需求。动荡环境中的国民常常避免购买本地保险，因为他们担心会发生有法不依的情况，不敢轻易信任保险人会履行承诺，大都向有经济实力的外国公司购买用外国硬通货标价的保单，甚至即使有国内禁令，他们也会购买。当然，国际间的暴力、恐怖、战争及相互制裁，也会直接影响国际间的保险需求。

7．法律环境

保险需求受国家立法制度的影响，源于保险与法律的极其密切的亲缘关系。规范的、适于市场需求的合同法，会给保险合同的订立创造良好的空间。适合本国发展状况的保险立法，是保险业发展的必备条件。同时，健全的民法诉讼体系，将促使责任保险迅速发展。

8．其他影响因素

教育水平和宗教传统对保险需求也有很大的影响。国民的教育水平越高，对保险的需求量越大。

（二）寿险需求影响因素

1．利率

利率不仅影响报酬产品的定价及供给，而且影响保险的需求。现代保险中有相当大的部分是投资型保险，特别是人寿保险。投资人的闲置资金是投向保险公司还是投向银行，取决于投资收益的高低。如果银行利率高于保险公司获利水平，他们便会把保险资金投入银行，从而使保险需求减少，反之，人们就会把资金由银行转向保险公司，甚至会向银行贷款投向保险公司投保，从而扩大保险需求。

2．人口因素

相对而言，人口因素对人寿保险需求影响尤为重要。第一，人口总量对保险需求的影响。一个国家的人口总量是保险潜在的需求市场。在保险需求其他影响因素已形成的条件下，人口总量越大，对保险需求的总量就越大。第二，人口结构对保险需求的影响。人口结构包括年龄结构、总人口的文化程度结构。年龄结构对保险需求的影响，体现在随人口不断老龄化，老年人口越来越多。老年人的特点是生理机能不断下降，迫切希望得到保障，人口老龄化趋势刺激了保险需求的扩大。总人口的文化程度结构对保险需求的影响，主要体现在人口文化程度的构成，体现着人口素质的高低。人口素质不同，人们的消费心理、消费习惯及消费偏好就有所不同。人口素质高，比较容易接受保险保障这种消费方式，客观上刺激了保险需求的增长。另外，人口出生时预期寿命越高，对寿险作为储蓄工具的需求就越强烈。长寿意味着寿险价格较低[①]。

3．文化传统

中国、韩国和日本等亚洲国家受到传统儒家文化的影响比较大，因此这些国家都有大量储蓄的倾向，而且政府对此也加以鼓励，推动了以储蓄和理财为目的的寿险需求。

4．其他影响因素

城市化程度、工业化程度、抚养率等。城市化程度和工业化程度越高，寿险需求量越大。依靠工作年龄人口抚养的人数越多，寿险需求越多。

（三）非寿险需求影响因素

1．强制保险的实施

强制保险是国家和政府以法律或行政手段强制实施的保险保障方式。强制保险的实施人为地扩大了保险需求。除此以外，保险环境以及保险公司的承保和理赔质量、责任范围、通货膨胀等因素，都在不同程度上影响保险需求量。

2．科学技术

科学技术是强大的生产力。它的运用会不断开拓新的生产领域和人类发展领域，从而产生新的风险，增加新的保险需求。科技不仅在运用到生产、生活中会有风险，光是研发阶段就开始有风险伴随，即科技项目的投资风险。投资风险属于商业风险，目前尚不在常规保险的可保风险之列。科技项目转化为生产力的过程中也存在着一定的风险，包括商业和技术上的风险，如市场情况的变化，其他类似新技术、新成果的诞生以及仿冒行为的出现等，这种风险无论

---

① [美]小哈罗德·斯凯博（Harold D. Skipper, Jr）等著，陈欣等译：《国际风险与保险（环境管理分析）》，北京:机械工业出版社，1999年，第51页。

对科技成果的转让者还是科技成果的购买者都同样存在。另外，科技运用过程中也存在着风险，如通过网络进行诈骗，通过电脑手段窃取别人信用卡密码盗取钱财等等，都是人们不得不面对的问题。正是新风险的增加，新的保险需求也不断上升。

三、保险需求弹性

（一）保险需求弹性的含义

经济学上的需求弹性是指一个自变量的值每变动 1% 所引起的需求量变化的百分率。保险需求弹性，是指影响保险需求的诸多因素中某一因素的变动所引起的保险商品需求量的变化程度。

（二）保险需求弹性的种类

一般情况下，有多少影响保险商品需求的因素，就有多少种需求弹性。不过，与保险供给弹性一样，我们对保险需求弹性的了解还很少，因此这里仅从理论层面简单介绍三种保险需求弹性。

1. 保险需求的价格弹性

保险需求的价格弹性表明某种保险商品价格每提高 1% 所引起的该种保险商品的保险需求量变化的百分率，其表达式如下：

$$E_d = -\frac{\Delta Q}{Q} \bigg/ \frac{\Delta P}{P}$$

其中，E_d 是保险需求的价格弹性系数，Q 和 P 分别是保险商品需求的量和价格，ΔQ 和 ΔP 分别是保险商品需求量和价格的变化量。显然，$E_d > 0$。如果 $E_d < 1$，说明保险商品需求缺乏弹性，即保险商品需求的变化量小于价格的变化量；如果 $E_d > 1$，说明保险商品需求富有弹性，即保险商品需求的变化量大于价格的变化量；如果 $E_d = 1$，说明保险商品需求具有单位弹性，即保险商品需求的变化量等于价格的变化量。

在经济学中，需求对价格变化的反应程度上要由替代品的可用性决定。保险的需求也是这样。决定需求价格弹性的因素主要有三个：一是商品被消费者视为必需品的程度；二是可替代商品的范围和程度；三是消费者可用于购买这种商品的收入额。保险需求的价格弹性也受上述三种要素的影响和制约。

首先，人们对保险的需要程度与价格弹性成反比。人们对保险的需求程度越高，保险价格（费率）对保险需求量的影响就越小，价格弹性也就越小。例如，在美国、英国、法国和日本等国家，保险成为社会经济活动和人们生活的必不可少的要素，保险价格对保险需求的影响就小，价格弹性就弱。相反，在保险尚未被视为社会生产和人们生活的必不可少的要素的国家，保险费率的高低对保险经济需求的影响很大，价格弹性很强。就每个保险种类的需求量来说，也是这样。人们对火灾保险和失窃保险的需要程度，远远高于对地震险、飓风险的需要程度，因而，价格对火灾险和失窃险需求量的影响程度，远远小于对地震险和飓风险需求量的影响程度。

其次，可替代保险职能的劳务活动发展的程度及其可能性，也制约着保险经济需求的价格弹性。如果某个国家的社会保险、财政补贴、民政救济、企业和个人自保活动发展较好，人们对保险的需要程度就会减弱，在可保可不保的情况下，价格的弹性就很大。如果上述各类事业很少，人们对保险的需要程度就会提高，价格的变动对保险需求的影响就会减少，价格弹性就会减弱。此外，普通人寿保险具有较相近的替代品，尽管在人寿保险的保障性方面不存在任何替代品，但从其储蓄功能来看，它有很多同类金融机构竞争者。

最后，能用于购买保险的货币收入量与保险价格弹性成正比。无论是对于保险总需求，还是对每个险种的需求，都是如此。用于购买保险劳务的收入量越大，保险经济需求的价格弹性就越强；反之就越弱。

保险需求的弹性在不同险种市场上有所不同：一方面，法律强制要求参加的保险，总是具有较低的弹性；另一方面，需求又不会是完全无弹性的，例如，机动车辆保险，该项费用属于汽车使用费的一部分，如果机动车辆第三者责任保险的价格上升，必然增加汽车使用的总费用，于是，有些司机就会考虑转向其他形式的运输方式。同样，国家保险和工薪保险会增加企业的劳动费用，它使厂商去寻求资本密集型生产方法，而不愿为此支付高额保险费来避免风险。因此，即使没有很接近的替代品，保险费率增长仍会引起需求下降。对于非强制性保险来说，需求对保险费变化的反应程度较强，因为公众对风险处理有更大的选择权。例如，如果保险人提高保险费率，那么，有些被保险人就会认为，自己承担部分或全部风险也许更经济。

2. 保险需求的收入弹性

保险需求的收入弹性是衡量保险需求量对收入变化的反映程度的一个指标，这里的收入可以是 GDP、GNP、NI 等，其表达式为：

$$E_I = \frac{\Delta Q}{Q} \bigg/ \frac{\Delta I}{I}$$

其中，E_I 为保险需求的收入弹性系数，Q 和 I 分别表示保险需求量及消费者的收入量，ΔQ 和 ΔI 保险需求量及消费者的收入量的变动量。显然，$E_I > 0$。如果 $E_I < 1$，说明保险需求的变化量小于收入的变化量；如果 $E_I > 1$，说明保险需求的变化量大于收入的变化量；如果 $E_I = 1$，说明保险需求的变化量等于收入的变化量。

影响保险需求收入弹性的因素可以从影响国民收入的因素加以考察：

（1）储蓄倾向。储蓄是收入的函数，当收入上升时，边际储蓄倾向就会上升。因此，当人均国民收入上升时，可以断定，人寿保险需求和年金合同的需求将增长，甚至其增长的幅度会很大。

（2）消费结构。收入增加通常伴随着耐用消费品（如更好的住房、更多的汽车、电视机、洗衣机等等）的消费上升，以及对文化娱乐活动的更多需求，这反过来将增加对保险的需求。

（3）资本密集程度。在生产资源充分利用的经济中，人均收入的增长只能通过提高效率或增加所用资本来取得，后者将增加对财产保险的需求。效率的提高，可以通过提高专业化水平，甚至是国际规模的专业化实现，它又会增加对海上保险和其他运输保险的需求。

（4）经济发达程度。在低收入的发展中国家，保险对大多数人来说属于奢侈品，但当这些国家经济起飞、国民收入增加时，将创造保险的有效需求。如果我们假定所有国家的保险业发展道路是相同的，就可以从研究中得出一条合理的结论，即保费的收入弹性大于 1，瑞士再保险公司的研究发现总体的收入弹性是 1.35，即 GDP 增长 1.0%可以使世界保费收入平均增长 1.35%。[①]

3. 保险需求的交叉价格弹性

保险需求的交叉价格弹性描述的是相关商品的价格变化所引起的保险商品需求量的变化，可以用来量度保险需求对其他商品和服务价格变化的反应方向和程度，其表达式如下：

$$E_{12} = \frac{\Delta Q_1}{Q_1} \bigg/ \frac{\Delta P_2}{P_2}$$

其中，E_{12} 为保险需求的交叉价格弹性系数，Q_1 和 ΔQ_1 分别是保险需求量和需求的变化量。P_2 和 ΔP_2 分别是相关商品的价格和价格的变化量。

保险需求的交叉价格弹性系数可以为正值，也可以为负值，当保险商品与其相关产品是替代关系时，E_{12} 就为正值；当保险商品与相关产品是互补关系时，

[①] [美]小哈罗德·斯凯博（Harold D. Skipper, Jr）等著，陈欣等译：《国际风险与保险（环境管理分析）》，北京:机械工业出版社，1999 年，第 51 页。

E_{12} 就为负值。比如,某些金融理财产品和投资型人寿保险单具有很强的替代性,前者的收益率很高时,会使某些人寿保险产品的需求下降。因此, 相对金融理财产品来说,保险需求的交叉弹性为正值。但是, 人寿保险具有一个优势:他们的合同大多数是长期性的,并且, 在保险期限中退保通常会使保单持有人蒙受损失。因为保险费中包括需补偿保险人在出具保单时的高额附加费,这会使保单持有人在保单生效最初几年里所收到的解约退还金额会大大少于他已付出的保费。因此, 在一定时期内其他理财方式的收益率的变化,虽然总会影响对新保单的需求,但不会导致全部保险业务的转移。这个例子实质是反映了利率对保险需求的影响,利率对于人寿保险的需求具有特别重要的影响。再如, 汽车和汽车保险也属互为互补品,当汽车的价格上升时,人们对汽车的购买量将减少,对汽车保险的需求量也会缩减。此时, 汽车的价格与汽车保险的购买量呈反方向变动,其交叉弹性系数为负值。

四、保险需求主体

保险需求主体可以分为三类：自然人、非保险类法人和保险公司,下面主要介绍非保险类法人。

股份制公司由于产权的特殊性使得其与一般的非保险类法人机构有所不同,对于股权比较集中的企业或者企业所有者的资产集中投资于该企业的情况来说,企业购买保险就会降低所有者的风险,降低风险是公司进行保险的重要原因,从这个意义上来说股份制企业购买保险与个人购买保险没有什么差别,因此, 大多数的小型企业和私人企业会发现商业保险对于降低风险来说是有益的。

需要指出,所有权高度分散的大型企业能利用资本市场有效地消除企业特有的风险,同时股东可以在股票市场上分散风险,他们并不关心单个企业收入的变化情况。因此, 这些企业购买保险的动力并非由于股东倾向回避风险。经验数据表明, 所有权分散的企业对保险产品的需求低于所有权集中的企业[1]。然而, 股权分散的企业购买保险对股东仍然是有益的,其原因主要有:

1. 保险公司在承担风险方面具有优势

所有权集中的企业的所有者可能无法在资本市场上有效地分散可保风险。在这种情况下,购买保险对股东来说是一种有效的转移风险的手段。相应地,

---

[1] [美]小哈罗德·斯凯博（Harold D. Skipper, Jr）等著, 陈欣等译:《国际风险与保险（环境管理分析）》, 北京:机械工业出版社, 1999 年, 第 31 页。

保险公司可以通过保险分散机制或者自己在资本市场上的渠道来分散风险。在资本市场不太有效的新兴市场上，保险公司，尤其是外资保险公司，可能会在承担风险方面具有相对的优势。投资者仅对他们无法通过资本市场分散的风险要求较高的回报。但如果股东个人无法在资本市场上把这些公司特有的风险分散出去的话，购买保险就是一种更有效的风险分散工具。

除了股东之外，其他的相关利益方也可能要求公司对他们的投入给予回报，因此会增加公司对保险的需求。比如，某个高级管理人员可能已在某家企业上投入了相当多的时间和精力（人力资本），但一旦该企业倒闭或该高级管理人员被迫离开时，这些付出就无法转移到别的公司。由于人力资本投资很难分散，这种投资的存在就会使企业增加对保险的需求。

2. 购买保险能够解决信息不对称的问题

购买保险标志着公司对它的其他权利持有人的承诺。例如，债券持有人和企业签订了一个明确的合同，同意在企业支付利息的情况下给予企业贷款。债券持有人收取的利息率是他们所认为的收回利息和本金的可能性（即企业的风险程度）的函数。那些被认为违约风险较高的企业支付的利息率也比较高。确定特定企业的风险水平对债券持有人来说可能会比较困难，有时还要付出高昂的代价。但是，由于保险人在承保过程中收集了与企业有关的大量信息，企业购买保险对潜在的债券持有人来说就意味着企业的风险较低，违约的可能性较小，因而债券持有人就会收取较低的利息。此外，企业的其他权利持有人，包括顾客、供货方以及其他业务伙伴也把企业的投保行为视为企业经营状况良好的信号。

3. 公司对保险的需求能够降低财务困境的费用

当企业在财务上处于困境时，它就要承担一些费用。财务困境（financial distress）是指企业面临的破产的威胁。只要保险成本低于财务困境导致的预期成本，即使按照非公平精算费率投保也是划算的。比如，假定一家家俱制造企业的所有工序都在一家大型加工厂进行。该工厂有可能发生火灾。如果企业所有的工序都集中于一家工厂，火灾的破坏性尤其大。该企业要么通过购买保险为火灾的潜在损失提供保障，要么制定计划在火灾发生后在借贷市场上借款重建工厂。假定根据该企业的资产负债表和盈利能力，该企业可以按 8% 的利率借到资金。但问题在于，如果企业的厂房由于火灾而发生全损，它还能按 8% 的利率贷到款吗？结果很可能是否定的。全损不仅会对企业的资产负债表产生不利影响，而且还会严重影响其未来的现金流量，因为除非新工厂建好，否则该企业无法产销任何家俱。

在现实中，财务困境带来的额外成本还不只是借款利率的增加。有些成本可能是监管者强加的。这些花费包括要求企业承担的审计费，以及企业管理人员花在解决监管问题而非经营问题上的时间成本。即使企业破产，也会有大量的直接和间接费用。直接破产费用包括支付给律师、会计师和其他解决争端的专业人员的费用，以及企业的管理层花在管理破产程序上的时间的价值。间接破产费用种类繁多。比如，企业将要破产时，潜在的顾客会转向财务状况良好的竞争者购买类似的商品或服务，从而导致企业销售额的下降，引起企业利润的损失。债权人会由于债务人的破产而延迟收回本金，这也会产生费用。所有这些费用都属于间接破产费用，它们减少了企业本应留给利害关系人的价值。因此，从某种意义上说，用来购买保险的保费和企业财务困境的费用相互抵消了。

4. 保险人具有实际的服务效率

保险不仅提供损失赔付，还为被保险人提供大量的行政服务和索赔管理服务，否则被保险人就要自行承担或者雇用第三方来完成这类服务。例如，某些国家的责任保险保证在被保险人被起诉时提供法律辩护。而且，保险公司的索赔管理也更有效率。在某些企业保险中，风险管理服务是保险合同的一部分。在承保阶段，保险人对保险标的进行检查，估算损失发生的可能性，并提出控制损失建议。那些力图进行自保的公司也许不具备减少风险成本的经验或知识，因而不得不聘用顾问。另外，保险公司有直接的经济动力去减少损失或防止损失。由于保险公司承担风险，至少是部分风险，他们迫切希望降低风险成本，这可能就是企业可以从保险公司获得风险管理服务的原因。

5. 公司对保险的需求能够降低企业的预期税负

当公司的税率是累进制时，增加支出购买保险可以降低期望纳税额。累进税率意味着公司盈利较高时税率会增加。比如，如果利润在 10，000 元以下时税率是 20%，利润高于 10，000 元时税率是 30%，税率就是累进的。经营利润要按照 33% 的税率纳税，经营损失（负利润）可能无法使过去的和未来利润享受完全的减让。可以证明累进税率使得企业可以通过降低公司利润的变动性减少期望纳税额，税法中其他各种规定也能促进公司对保险的需求。尽管公司经理人员在制定决策时可能会采取风险中立的态度，追求企业利润的最大化，但税法的规定会促使公司投保。

6. 受管制行业对保险的需求更高

在受管制行业中，监管人员往往规定出公司对顾客的收费标准。在制定收费标准时，受管制的公司要提交其预期成本估计，包括对所有损失成本的估计。

由于保险公司精于估测损失分布，许多受管制的公司都认为，直接投保比自己估算损失更省事，更何况监管人员有时还会对他们提交的损失估算持怀疑态度。另外，任何保费加成都将被摊进所收费用。可以想见，这些成本将直接转嫁给顾客。

7. 强制性的保险法

许多国家都要求公司购买某些种类的保险，一般是责任保险。这些强制性的保险法有效地增加了企业保险的需求。表 10-2 列出了一些国家中的强制性的企业保险险种。

表 10-2　部分国家或地区保险法规定的强制性保险

险种	巴西	加拿大	中国	德国	日本	韩国	台湾地区	英国	美国
汽车三责险	✓	✓	✓	✓	✓	✓	✓	✓	✓
飞机	✓			✓	✓	✓	✓	✓	
船舶油污	✓			✓	✓	✓	✓	✓	✓
核反应堆	✓			✓	✓	✓	✓	✓	
火险	✓						✓	✓	
员工赔偿	✓			✓	✓				✓

资料来源：转自[美]小哈罗德·斯凯博（Harold D. Skipper, Jr）等著，陈欣等译：《国际风险与保险（环境管理分析）》，北京：机械工业出版社，1999 年，第 33 页表 2-3。

第四节　保险商品价格

一、保险商品价格概述

（一）保险商品价格的含义

保险市场上的供求关系是保险市场中最基本的经济关系。而保险市场的供求关系主要是通过保险商品价格表现出来，并通过保险商品价格来实现的。因此，保险商品价格是构成保险市场的另一项基本要素。

通常，在保险市场中，保险商品的价格总是表现为一定的数值，而且在不同的保险产品中，保险商品的价格表现出不同的形式。例如，航空意外伤害保险的价格表现为每份 20 元，其所承担的多种责任的总保险金额为 40 万元；企业财产保险的价格表现为 2‰的费率；责任保险的价格则表现为一定赔偿限额档次下的保险费；而机动车辆保险则表现出两种价格的形式等。同时，在保险市场中，保险商品的价格又表现出不同的类别。按照保险商品的类别，保险商品价格可以分为财产保险价格和人身保险价格；按照保险商品价格的形成方式，保险商品价格又可以分为管制价格和市场价格，而管制价格下保险商品价格又分为名义价格和实际价格，市场形成价格的机制下保险商品价格又分为理论价格和市场价格。

在现实中，保险商品价格能客观反映保险商品成本和经济效果。保险商品价格就成为保险企业核算成本、利润、税金、评价经济效果、计量和核算保险经营的经济效益的主要工具。此外，保险商品价格具有资源分配作用，一方面表现为价格在保险市场中自动调节保险双方的经济活动，促进保险资源合理流动的作用；另一方面，还表现为政府利用价格手段规范和约束保险双方行为，调节保险资源配置，推动保险业发展的作用。再次，保险市场中，保险商品价格本身就是一个信息载体，通过价格的波动可以反映和传递各种经济信息。进而，保险商品价格可以成为保险人、投保人，以及政府根据市场情况进行科学决策的依据。

（二）保险商品价格的特征

在保险市场中，保险商品价格是保险商品的核心要素，是调节保险市场活动的主要经济杠杆。

1．同一性

同一保险商品，只要其承担的风险责任是同量的、同质的风险，那么，该类保险商品在同一市场中的价格就会趋于一致。

2．预估性

一般商品的价格，是在产品生产出来之后，根据实际成本测算而成的。但是，保险商品，无论是财产险还是人寿险，其价格却是在实际成本发生之前，根据过去的损失率经验事先确定的。因而实际的损失或支付发生在保险商品价格确定之后。那么，按照过去的经验概率是否能够补偿未来发生的实际损失，这就要求保险商品价格必须按照科学的数理基础——大数法则来确定。

3．综合反映性

保险商品价格的形成和变动，不仅反映保险人、保险中介人与投保人之间的经济关系，而且还反映了保险人之间通过共保和分保所建立的共同承担和分散风险的利益一致关系，以及投保人之间共同承担和分散风险的互助合作关系。保险商品价格的形成和变动，不仅反映了保险经济关系，还通过保险商品价格与劳动力价格、资本价格、税收等多种影响因素的关系反映了国民经济特性。

二、保险商品的定价

在保险市场中，保险商品价格一般是由政府、保险公司或保险行业协会制定的，由此决定了市场中有以下三种保险商品的定价方式：

第一，保险公司定价方式。在保险行业属于竞争性行业的条件下，保险公司自然具有制定保险商品价格的自主权，而且保险商品价格就成为各保险公司之间竞争的重要手段。在经济一体化及各国不断放松保险监管的条件下，保险公司定价方式成为重要的定价方式。

第二，政府定价方式。即政府有关管理部门来确定保险价格的方式。政府定价的原因主要是为防止各保险公司间保险费率的恶性竞争，保护社会公众利益及保证强制保险的实施等。在实践上，政府定价有两种具体形式；一是直接定价。如对强制保险或政策性的保险产品。二是政府指导价方式。政府指导价方式是指保险商品价格由政府和保险经营者共同制定的定价方式。其主要表现保险监管部门对保险商品规定基准价及浮动幅度；或者政府对保险商品规定最高限价、最低限价；或者政府通过限制费用率、利润率、预定利率等方式控制价格；而保险公司在监管部门规定的价格范围内或在政府规定的费用率、利润率、预定利率等因素下确定价格。但是，在政府指导价方式下，保险公司虽可以自由定价，还往往要求实行备案制，即保险公司要向保险监管部门申报，保险监管部门备案。目前，根据我国《保险法》第一百零七条的规定："关系社会公众利益的保险险种、依法实行强制保险的险种和新开发的人寿保险险种等的保险条款和保险费率，应当报保险监管机构审批。保险监督管理机构审批时，遵循保护社会公众利益和防止不正当竞争的原则。""其他保险险种的保险条款和保险费率，应当报保险监管机构备案。"

第三，保险行业协会定价方式。保险行业协会定价方式也称公定价格方式，就是指由政府和保险公司以外的第三方即保险行业协会通过各协会会员之间的协商，利用行业资源、数据，在精算的基础上确定价格的方式。保险行业协会定价实际上是介于政府指导价和各保险公司共谋定价之间的一种定价方式。如果政府委托保险行业协会，例如精算协会，对某些保险商品进行定价，那么这种公定价格就成为政府指导价的基础。而如果价格的确定是各保险公司为了维护垄断利润而协商的结果，就成为保险公司的共谋定价方式。《保险公司管理规定》第七十六条规定："保险行业协会可以根据实际情况，公布指导性保险费率。"

关于保险商品定价的原则、基础和技术等见本书的有关章节。

第五节　保险中介

一、保险中介概述

在保险业发展初期，由于公众媒体较少，保险供求信息的流通性较差，市场效率低下，保险市场只有投保人和保险人两个市场主体，交易双方通过直销渠道购买或推销保险产品，一般都是直接参与成交。因此，最初的自保或相互保险状态中，"保险人"本身就是被保险人，无需借助于中介。随着经济和保险业的发展，原来只有买卖双方的直接交换已经适应不了承保技术日趋复杂、市场竞争日趋激烈的需要。在保险市场一系列复杂的运作过程中，保险人需要借助中介人推销保险，投保人则可借助中介人选择保险，具有专业技术、保险信息灵通的保险中介人便应运而生了。

保险中介人从保险经营中分离出来后，保险人将重要的资源集中于设计、提供更高质量的保险产品，而逐渐将销售的任务交由保险中介去完成。随着市场细分和专业化程度的提高，人才、技术、资本等市场要素逐渐流入这一行业，保险中介由此发展演变成保险经营中的重要角色，对协调双方关系、加速信息流通、提高专业化水平等方面起着重要的作用，保证了保险市场正常、有序地运转。可见，保险中介是商业保险发展到一定程度后的产物，它是在保险业的发展中逐步专业化和细化分离出来的。保险中介是保险市场不可缺少的要素。

二、保险中介形式

（一）保险代理人的形式[①]

1. 保险代理公司

保险代理人的主体形式分为个人和单位。根据我国现行法律法规的规定，保险代理人分为专业代理人、兼业代理人和个人代理人。专业代理形式的保险代理人主要是指保险代理公司。保险代理公司具有不同于其他代理人的特点：

第一，组织机构健全。保险代理公司必须依照有关法律法规的规定设立，经保险监督管理机关资格审查，领取经营许可证，并向工商行政管理部门注册登记。它有自己的名称、财产、银行账户和营业场所，有自己的财务管理和人

---

① 关于保险代理人的含义及法律地位，见本书的有关章节。

事制度，独立对外进行意思表示，承担各种经济责任，自主经营、自负盈亏，照章纳税。国外保险代理公司的组织形式分为个人型、合伙型和公司型。

第二，专业技术人才集中。保险代理公司作为专业代理人，将是中国未来保险代理市场的主体，是市场规范发展的核心所在。保险代理公司利用其业务专长和技术优势，可以有针对性地推动保险业务向纵深发展，不仅为投保人和被保险人提供更加完备的服务，也降低了保险公司的营运成本，使保险公司的经济效益相应提高。

第三，经营管理专业化、规范化程度高。保险代理公司是基于保险公司的利益，代表保险公司与被保险人办理保险业务、提供中介服务的。保险代理公司代表保险公司宣传推销保险产品，收取保险费，协助保险公司进行损失的勘察和理赔。由于保险代理公司与客户的接触，需要了解客户的风险，承担解决客户风险管理的任务，因而要求保险代理公司拥有高度专业化、规范化的经营管理水平。

第四，节省保险公司经营成本。即节省保险公司招聘、培训、管理保险代理人的成本，有利于保险公司有效发挥其有限的资源。

2. 兼业代理人

兼业代理人是指接受保险人的委托，在从事自身业务的同时，指定专人为保险人代办保险业务的单位。兼业代理人的业务范围是代理销售保险单和代理收取保险费。兼业代理人具有建立机构简单、易于开展业务、适应性强等特点。目前在国内，常见的兼业代理人主要有银行代理、行业代理和单位代理三种。保险人利用银行与社会各行各业接触面广的特点，通过银行代理向企业和个人进行保险宣传，可取得十分显著的效果。行业代理就是利用某一行业对保险的特殊需求以及该行业业务开展的便利条件为保险人代理保险业务。所以，行业代理的保险业务一般为专项险种，如由货物运输部门代理货物运输保险业务，由航空售票点代理航空人身意外伤害保险等。单位代理主要是由各单位工会、财务部门代理，办理一些与职工生活关系密切的保险业务，方便群众投保。

3. 个人代理人

个人代理人是受保险人的委托，向保险人收取代理手续费，并在保险人授权范围内代理保险业务的个人。个人代理人经保险人的授权，可以代理销售保险单和收取保险费。目前在我国，个人代理人统称为保险营销员①。保险营销

---

① 我国目前经营人身保险业务的保险公司的个人寿险业务，一般使用寿险营销体制，通过"寿险营销员"进行销售。"寿险营销员"并不是统一的规范的称呼，有的公司称为"个人代理人"，有的公司称为"寿险营销业务员"或"业务员"，这些都属于"寿险营销员"的范畴。

员是指取得中国保险监督管理委员会颁发的资格证书，为保险公司销售保险产品及提供相关服务，并收取手续费或者佣金的个人。随着保险营销制度的广泛应用，保险营销员的保费收入占保险中介总保费的比重一直很高，2006 年保险营销员的保费收入为 2651 亿元，保险中介总保费收入为 4477 亿元[①]，保险营销员的保费占中介总保费的比重接近 60%。

（二）保险经纪人的含义和特点

在我国，保险经纪人主要是指保险经纪公司。按我国有关法律法规，成立保险经纪公司具有一定的条件，此外对从事保险经纪业务的人员的资格要求作了具体规定，从事保险经纪业务的人员，必须参加保险经纪人员资格考试。考试合格者，由保险监管机构或其授权机构核发《保险经纪人资格证书》。该证书不作执业证明文件使用。保险经纪公司的特点：

1．保险经纪公司提供的服务专业性强

保险经纪人一般都具有较高水平的业务素质和保险知识，是识别风险和选择保险方面的专家，可以帮助投保人及时发现潜在风险，能够提出消除或减少这种潜在风险的各种可能办法，并帮助投保人在保险市场上寻找最合适的保险公司等。

2．保险经纪公司作为被保险人的代表，独立承担法律责任

在保险市场上，保险经纪公司代表投保人或被保险人的利益，为其与保险公司协商保险事宜，办理投保手续，充当了保险顾问的角色。因此，根据法律规定，保险经纪公司应对投保人或被保险人负责，有义务利用自己的知识和技能为其委托人购买最佳的保险。如果因为保险经纪公司的疏忽致使被保险人利益受到损害，保险经纪公司要承担法律责任。应当注意的是，保险代理公司是保险人的代表，在授权范围内所从事的保险业务活动由保险公司承担法律责任；而保险经纪公司是被保险人的代表，他在办理保险业务中的过错，应由他自己独立承担法律责任。

3．保险经纪公司的服务不增加投保人或被保险人的经济负担

保险经纪公司虽然是投保人或被保险人的代理人，但其佣金却是向保险公司提取。一般来说，保险公司从被保险人所交纳的保险费中按一定比例支付佣金给保险经纪公司，作为其推销保险业务的报酬。因此，利用保险经纪公司不会给投保人或被保险人增加额外开支。

---

① 数据来源：中国保监会《2006 年保险中介市场发展报告》。

（三）保险公估人的特性与分类

保险公估人是指经保险当事人委托，专门从事保险标的的评估、勘验、鉴定、估损、理算等业务，并据此向保险当事人合理收取费用的单位，也称保险公估行或保险公估公司。保险公估人具有以下的性质：

1. 独立性。保险公估人是一种中介服务机构。它既不属于保险人一方，也不属于被保险人一方，而是为保险当事人提供公估服务的中介机构。保险公估人与保险代理人和保险经纪人相比，其地位显得更为独立。保险公估人是处理保险理赔业务的第三者，独立于保险合同当事人之外，他既可以接受保险人的委托，也可以接受被保险人的委托，以"独立、公正"的身份参与保险事故处理，以科学为依据作出评估鉴定，不偏袒任何一方，缓解保险合同双方当事人的矛盾，维护了保险人与被保险人双方的合作关系。

2. 保险公估人服务贯穿于保险业务的始终。保险公估人不仅从事保险理赔业务，而且还从事保险标的承保时的价值和风险评估、鉴定、估算以及保险事故发生造成保险标的损失勘验和损失理算，保险公估人的业务贯穿保险经营的始终。尽管保险公估最初产生于保险理赔环节，但随着社会经济各部门和保险业的迅猛发展，保险公估已不再完全是单纯的损失理算的涵义了，而是贯穿保险业务的始终。目前，保险公估已由单一的损失理算发展为包括验资、评估、风险管理、查勘、理算等一系列综合性保险中介行为在内的行业。服务对象也涵盖了保险人和被保险人双方。它既可以接受保险人的委托，对保险标的进行评估和查勘，也可以接受被保险人的委托，对保险标的的实际损失作出科学公正的判断。保险公估人由于其独立性，站在公正、公平的立场上出具公估报告，更易于为被保险人接受。同时，由于保险公估人自身的技术优势，保险人也或多或少的依赖保险公估人。随着高新技术的发展，电子网络的兴起，其他领域的保险变得越来越复杂。巨灾风险的发生、尖端技术的滞后以及复杂多变的环境令保险人望而却步，裹足不前，越来越多地需要保险公估人的帮助，保险公估人的高新技术手段使保险人的承保有了坚强的后盾。为了更好地服务于保险人，发挥自身的优势，保险公估人扩大了业务范围，增加了业务种类，目前，保险公估人的业务从承保标的的资产评估、风险识别与衡量到防灾防损、灾后理赔，从原来的建筑物火灾保险到普通财产保险、海上保险、特种保险、责任保险，不一而足，并将继续在深度和广度上延伸下去。保险业的横向及纵深发展为保险公估业的发展提供了广阔的空间，带来新的契机。

通常，保险公估人的分类有：

1. 按业务活动顺序分类。根据保险公估人在保险公估业务活动中先后顺序的不同，保险公估人可以分为承保公估人和理赔公估人两类。承保公估人在投保时对保险标的进行价值评估和承保风险评估，保险人依据承保公估人提供的公估报告，评估保险标的风险，审核其自身承保能力。理赔公估人是在保险公司约定的保险事故发生后，对保险标的进行检验、估损及理算的专业公估人。保险理赔公估人包括损失理算师、损失鉴定人和损失评估人。损失理算师指在保险事故发生后，计算损失赔偿金额，确定分担赔偿责任的理算师，主要确定保险财产的实际价值。例如，海损理算师专门处理海上保险标的理赔事项。损失鉴定人是在保险事故发生后，判断事故发生的原因和责任归属的保险公估人。损失评估人是指接受被保险人委托，办理保险标的的损失查勘、计算的人，他们通常只接受被保险人单方面的委托，代表被保险人的利益。

2．按业务性质分类。按照业务性质的不同，保险公估人可以分为保险型公估人、技术型公估人和综合型公估人三类。保险型公估人侧重于解决保险方面的问题，这类公估人精通保险、经济以及金融方面的知识，但对其他专业技术知识相对较为欠缺，对于技术型问题的解决只能作为辅助。技术型保险公估人侧重解决保险业务中技术方面的问题，而有关保险方面的问题涉及较少。综合型公估人解决保险型问题，和解决保险业务中的技术问题并重。综合型保险公估人知识全面，经验丰富，社会对此类保险公估人的需求越来越多。

3．按委托关系分类。从保险公估人与委托方的关系来看，保险公估人可以分为雇佣保险公估人和独立保险公估人。雇佣保险公估人长期受聘于某一家保险公司开展工作，按该公司的委托或指令处理各项理赔业务，一般不能接受其他保险公司的委托业务。独立保险公估人可以同时受聘于多家保险公司开展业务，他们之间的雇佣关系是暂时的，一旦公估人完成保险公司委托的业务后，这种雇佣关系即将结束。

4．按委托方分类。根据委托方的不同，可以分为接受保险公司委托的保险公估人和只接受被保险人委托的保险公估人。接受保险公司委托的保险公估人，受保险公司委托，但必须站在中立的立场上，公正、公平地处理保险承保和保险理赔业务。接受被保险人委托的保险公估人，只接受被保险人的委托处理索赔和理算，而不接受保险公司的委托。

（四）精算师事务所

精算师事务所是依法设立的专门为客户提供各种精算服务的机构。按照组织形式的不同，精算师事务所可分为个人型、合伙型和公司型。精算师事务所主要由精算师和部分管理人员组成，精算师是受过高等教育，通过专门机构的资格考试，获得精算师资格证书，并在保险、投资理财、财务管理、证券等方面具有专长的专家型人才。

以中介形式出现的保险精算机构，主要是保险精算师事务所。保险精算师事务所的主要从业人员是注册精算师。根据从业的性质或范围，注册精算师分为寿险精算师和非寿险精算师两大类。保险精算师事务所的主要职能是为客户提供各种保险精算服务，按照有关规定出具专业水准的精算报告。保险精算事务所的主要服务对象是保险公司或其他保险组织。它既为保险需求者服务，又为保险供给者服务，是联结保险供需双方的中间环节。精算师所做的计算和预测对保险公司的政策及实践有重要影响，常涉及保险公司的经营管理活动，例如管理、展业、核保、投资、财务以及长期规划等，对保险公司具有长期性的影响。精算师参加设计保险和年金计划，并协助保险公司测算由于出售保单或提供年金项目而承担的风险。精算师事务所可以就某一项业务按客户委托进行专项精算服务，也可以接受客户委托担任其常年投资、财务顾问。目前，精算师事务所在我国还很少见到。一般保险公司（主要是寿险公司）都内设精算部门，聘请保险监管部门认可的精算人员从事公司内部的各种精算事务。

精算师事务所除为保险公司服务外，还为银行、证券公司、信托投资公司、大型工商企业等客户提供专业的数理计算等服务，以供客户在投资、业务运作过程中作为决策的参考和依据。一些大型的银行、证券公司、财务公司等金融企业内部也有各种不同类型的投资理财专家，但并不一定具有精算师的职业资格。有些投资咨询公司为客户提供各种投资决策参考和服务，事实上也部分履行了精算师事务所的职能。此外，精算师事务所还为某些特定客户提供咨询建议。这些客户包括保险公司、福利基金、医院、工会、地方政府等。咨询内容主要是年金计划、社会保障产品计划、职工福利计划以及医疗健康保险计划的制订等。

（五）律师事务所

律师事务所是依法设立的专门为客户提供法律服务的专门机构。律师事务所介入保险事务主要有三种情况：一是当巨额保险合同签订时，保险双方当事人聘请律师给予法律帮助和见证，使保险合同更具法律的规范性，其委托人可以是保险公司，也可以是投保人；二是律师事务所受聘担任保险公司或者规模较大的保险代理公司、经纪公司的常年法律顾问，对委托人业务经营过程中的有关事务提供经常性的法律咨询，对特定的保险纠纷事务提供法律服务；三是在保险责任事故发生后，保险人和被保险人对责任归属和赔付金额发生分歧和纠纷，在经过调解后双方仍不能达成一致意见并相互对立时，委托律师给予法律帮助，并为进入仲裁和诉讼程序做好准备，以及在诉讼过程中提供辩护服务，这种情况最为常见。

三、保险中介存在的理论基础

保险中介存在的理论基础主要是信息不对称理论。微观经济学理论是以一定的假设条件作为前提的，其中合乎理性的人以及完全信息这两个假设是微观经济学的基本假设条件。在此假设前提下，价格可以传递市场交易中的一切信息，以信息成本为主要组成部分的交易成本为零。经济行为人在追求自身效用最大化过程中，市场通过交易达到一般均衡，实现帕累托最优。然而，现实生活中，信息是不完备和不对称的，每个人都对其他人有信息优势。信息是具有价值的，行为人花费成本才能获得信息。因此信息的不完备决定了交易成本的存在。

信息不对称理论是信息经济学的核心概念之一[①]，是指在日常经济活动中，由于某些参与人拥有另一些参与人不拥有的信息，由此造成的不对称信息下交易关系和契约安排的经济理论。在市场交易过程中，如果存在非对称信息，那么我们就称这种现象为信息不对称，即市场参与者对于与交易有关的信息的掌握是不对称的。当交易的一方掌握另一方所不知的信息时，交易便处在不对称信息结构中。显然，掌握信息的一方会利用对方的"无知"，侵害对方的利益而谋取自己的利益。而处于信息劣势的一方，也并不一定轻易地被欺骗，他知道对方在乘机谋利，因此对任何交易持怀疑态度。这样，本来有利于对方的交易便难以达成，或者即使达成，效率也不高。这就是不对称信息对市场机制的破坏作用，也是研究信息不对称现象的意义所在。

在保险市场中同样存在信息不对称的形式。保险信息不对称涉及到保险知识、保险技术、主客体特质、业务经营情况等多方面信息，由于不对称，使保险关系的双方诚信基础受到损害，从而影响保险关系的确立和确立后的牢固程度，进而对保险业存在和发展的基础产生影响。总结起来，保险市场中的信息不对称主要表现在以下两个方面：

1. 保险供求双方关于保险供给方信息的不对称。在大量的保险交易活动中，保险双方之间不可能有相同的信息，某些信息具有单方信息的性质。保险公司比投保人和被保险人更加了解自己和自己的产品。

---

① 信息经济学启蒙思想最早出自凡勃伦《资本的性质》（1919）。在此之后的 40 年（1919—1959）中，奈特、米塞所和哈耶克从市场信息角度，马尔萨克、阿罗和西蒙从统计决策和管理决策角度，鲍莫尔从福利经济学角度，里斯曼和皮克勒从信息论角度，分别对信息经济学的思想启蒙作出了贡献。1959 年马尔萨克《信息经济学评论》一文的发表，标志着信息经济学的诞生。

首先，投保人和被保险人对于保险的了解和认识落后于保险公司。保险商品是一种知识含量较高、涉及多方面要素的特殊商品，而具备从业经验的保险人对于该商品的了解和认知程度要远远高于保险消费者，因而信息不对称现象在保险商品的交易和消费过程中表现得尤为突出。保险公司作为保险业务的经营者，拥有大量具有专业知识和实践经验的人才，因而在保险交易中对保险知识的拥有具有绝对的优势；相对于保险公司而言，投保人和被保险人在保险知识方面处于劣势，往往对保险只有直观、肤浅和片面的了解。随着当今社会保险商品功能的不断增加，保险商品的知识含量更高，这就使保险人掌握的保险信息更加多于消费者所掌握的信息，信息不对称现象表现得愈加明显。

其次，投保人和被保险人对于保险技术和实务的了解也要落后于保险公司。从条款设计、费率厘定到承保、理赔等环节，无不包涵着复杂的技术性和专业性，没有深厚的理论基础和丰富的实践经验，是不可能深刻理解的。

最后，投保人和被保险人对于保险公司经营信息的了解要落后于保险公司。保险产品是无形产品，建立在诚信基础之上，特别是延续时间长的寿险产品，对诚信的要求更高。因此，保险公司会通过条款的各种规定限制等办法选择客户，客户也会根据自身的判断选择保险公司。客户在选择保险公司时，关心的不仅是条款、费率、回报等看得见的内容，保险公司的商誉也是必须关注的一个重要方面，而商誉的高低与经营管理水平高度正相关。保险公司的实际经营状况，投保人几乎无从知晓。姑且不论各种粉饰会计报表和夸大宣传等人为因素，单从会计制度、内控制度、信息公开规则来看，远远没有达到完备的程度，存在很多漏洞，使投保人通过公共渠道获取的信息不充分甚至得到虚假信息。

2. 保险供求双方关于保险需求方面信息的不对称。关于保险需求方面信息不对称的表现形式比较简单。在交易过程中，保险人比投保人和被保险人更了解保险产品的条款内容、价格构成，而被保险人对自己的财产或身体状况的了解要优于保险人。由于保险公司不知投保人的真实情况，投保人投保后风险意识降低，甚至诈保、骗保。往往会造成保险公司因为居高不下的赔付率而陷入困境。在保险经营活动中投保人或被保险人拥有保险公司所不具备的信息，这对保险经营活动的影响表现在两个方面：一是在保险合同签订前的逆向选择；二是投保人购买保险后的道德风险。将上述两个方面的保险市场信息不对称情况可以总结为表 10-3。

表 10-3　保险商品交易中的不对称信息

		隐瞒信息	隐瞒行为	模型
事前	保险公司	实际偿付能力、内部经营管理状况		信号传递
		损失概览、保险条款		逆选择、信号传递
	投保人	风险状况、保险标的状况		逆选择
事后	保险公司		违规操作	道德风险
	投保人	风险程度增加		道德风险
			疏于防范	道德风险

资料来源：祝向军著，《保险商品价格形成的经济学分析》，北京：中国金融出版社，2004年，第 132 页。

在保险交易中，交易双方的信息不对称问题对保险市场交易的效率产生极大的影响。尽管监管部门从维护市场稳定的大局出发，会及时公开或发布一些监管信息，但并非完全信息，信息不对称现象不能完全消失。而且，保险公司相对于投保人来说，获得的监管信息要全面。而投保人和被保险人要了解一些监管信息特别是保险公司经营规范、如何保护自身保险权益等方面的信息，一般只能通过公开的或私下的渠道获取，这在一定程度上影响了投保人的选择，投保人的利益因此处于不确定性之中，有可能因为信息的缺乏而受到损害。保险业的行业特征、产品特性等因素决定，在信息披露缺乏的情况下，投保人很难对保险公司的财务实力、资信等级、经营状况、服务质量和发展前景作出正确的评价，同时保险合同是附合合同，条款由保险公司单方面拟定，投保人只能被动地接受或拒绝"格式化"的保单，存在着严重的信息不对称。加之绝大部分保单的条款在表述上专业词汇过多，或晦涩难懂或模糊不清，致使投保人看不懂合同条款。保险公司就有可能利用其掌握的信息优势和专业知识在合同条款、理赔和给付上做文章，损害投保人的利益。这样对投保人来说，可能造成以下结果：一是投保人因为不能真正了解产品的功能而放弃；二是投保人充分信任保险中介最终达成合约，但由于合约是建立在没有充分了解合同内容的基础之上，所以购买的产品可能并非切合投保人的需要，或投保人受中介误导而购买，于是退保、要求赔偿等纠纷不可避免。如果因为误导等产生的纠纷频繁发生，就会严重影响保险公司的信誉，伤害投保人的感情和对商业保险的信心，给保险公司甚至整个保险业造成难以挽回的损失。

为解决保险市场中信息不对称的问题（保险市场中的信息不对称虽然不可能完全消失），所采取的解决方法，除了加强保险业诚信建设和行业自律；加强保险知识普及；加强保险业监管，对保险公司的行为进行有效地监管，定期向社会披露保险公司的经营状况、财务状况，增加透明度，减少信息不对称，另一个重要方面就是加强保险中介市场的建设。

四、保险中介的作用和遵循的原则

（一）保险中介的作用

从世界保险业的发展以及我国保险实践的情况来看，保险中介制度的作用主要有：

1. 优化保险资源配置。保险中介制度的形成和完善，能够有效地促进保险市场资源的优化配置及结构的合理调整，促使保险公司致力于保险险种的开发，加强保险管理。保险代理人代表保险公司的利益，进行展业宣传，最大限度地开发保险需求。保险经纪人利用其专业技术及熟悉保险市场的优势，向投保人推荐服务质量上乘、经营稳健的保险公司，保护客户利益，帮助投保人作出正确的购买选择。保险公证人则以真正的中立人身份协调保险买卖双方的矛盾，保护双方的利益。

2. 有利于降低保险交易成本。保险中介制度有利于沟通保险信息和有效抑制保险中介人的机会主义风险，发挥降低保险交易成本的功能。保险中介制度的制定，保证了保险代理人在展业过程中，利用接触面广、信息来源快的优势，成为保险人了解保险市场需求和保险标的的危险状况的重要渠道。保险人通过保险代理人获得市场信息，并对保险市场进行分析，适应市场变化的要求，不断完善各项交易条款和经营策略，节约管理成本，极大地降低保险人的交易成本。保险经纪人则利用其中介身份和专业技术，帮助投保人作出正确的购买决策，避免了保险市场信息不对称给投保人带来的负面影响，从而降低了投保人的交易成本。保险公估人以第三者身份出现，有利于消除保险买卖双方的矛盾，促进保险市场稳定发展。

3. 有利于保险市场可持续发展。保险中介制度的制定，可以协调安排保险中介人之间的关系，实现保险中介内部、保险业内部、保险业与其他行业之间的合作，推进保险业规范化发展。保险人将展业、承保及部分理赔业务交给保险中介人，实现了专业化分工协作，有利于提高保险经营的规模效益。保险业的规范化需要建立一整套法律法规及辅助制度。随着保险市场日益发展，人们法律意识的逐步提高，保险理赔诉讼也日益增多和复杂化，客观上要求公正、客观的中介机构技术人员参与理赔，保险公估人正好满足了这一要求。

4. 激励和约束保险中介人，规范健全保险市场。保险中介制度的制定，可以激励保险中介人不断进行自我发展、自我规范。保险中介制度的激励机制相对完善，其激励收益大于激励成本。在代理、经纪以及公估活动中，当事人业绩与报酬有直接的联系。保险市场机会主义与道德风险是导致保险市场机制失灵、效率低下的重要原因。建立与完善保险中介制度，可以改善保险市场信息不完全、不对称的状况，在一定程度上减少和抑制保险市场的机会主义和道德风险。另外，寻租现象是竞争机制不健全的表现，加强保险中介制度建设可以防范这一现象的出现。保险中介领域的寻租活动，主要是指一些人通过权利之便从事保险中介活动，造成保险中介市场利益分配机制失调，加剧了保险市场的混乱局面，降低了保险中介制度的资源配置效率。寻租是一种直接性的、非生产性的寻求利润的活动，从总体上来说，保险市场存在寻租活动，保险市场整体利益在从一方转移到另外一方时，一部分资源被白白浪费，这种情况不但不会增加保险市场的财富，反而使保险市场整体利益受损。如果寻租成本过小，会导致寻租活动猖獗。保险中介制度的建立与完善，既可以从根本上改变保险中介市场竞争机制不健全的状况，防止保险中介寻租的形成与蔓延，同时，还能加大保险中介寻租的成本，抑制和防范保险中介寻租现象。

5. 促进保险知识的传播和保险意识的提高。在保险意识不强，保险需求不旺盛的发展中国家和地区，完善保险中介制度还具有促进保险知识的传播和保险意识的提高，有助于激发潜在的保险需求。在我国现阶段，保险中介制度的不断完善能够满足广大群众对保险商品和保险知识的需求，他们凭借自身数量众多、经营灵活和直接面对客户的特点，向企业和个人宣传保险的重要性，提高他们的保险意识。

（二）保险中介发展应遵循的原则

为了保证中介市场的健康运行，从各国保险业发展经验看，保险中介人应当遵循以下四项原则：

1. 合法性原则。保险中介行为事关保险业的健康发展，事关保险合同当事人的权益，因此必须符合国家的法律法规。国家通过颁布专门的法律法规，明确保险中介人的权利与义务，确立保险中介行为准则，建立行为考核制度，确保保险中介行为依法而行。

2. 独立性原则。要使保险中介能有效地保护各方的合法权益，得到供需双方的信赖，维护平等、公平的竞争秩序，必须确立保险中介人的独立性原则。在保险中介活动中，保险中介人在委托人委托范围内依法独立从事业务活动，不受其他任何单位和个人的干预。

3. 公平竞争原则。保险中介体系的建立，一方面促进了保险公司的市场竞争，另一方面，也形成了保险中介人之间的竞争。为了保证保险中介行为规范、有序地进行，保险中介人应当遵循公平竞争的原则。保险中介人不得利用行政权利或职业便利引诱或强迫开展业务，不得任意诋毁其他保险中介人的商业信誉，不得为任何利益向客户给付回扣或合同规定以外的其他利益。

4. 资格认证原则。保险中介人进行的是专业性很强的知识、信息服务活动，它关系到合同当事人的利益。依据国际惯例，世界各国一般都对保险中介人制订了明确的资格要求。个人只有在参加并通过保险监管部门指定的资格考试，取得相应的保险中介专业资格并予以登记后，才能成为法定的保险中介人，从事保险中介活动。如英国的劳合社拥有自己的监管组织及劳合社经纪人的特有章程及保险经纪人细则，对劳合社经纪人的资格进行严格管理。此外，很多国家的法律还规定，保险中介人需交存保证金或者投保职业责任保险，以便当保险中介人因自己的过失原因致使其保险合同当事人遭受损害时，能够使受害人的损失得到足够的经济补偿。资格认证原则有助于确保保险市场上的中介主体具有较高的业务素质，从而较好地履行各自的职责，维护保险合同当事人的合法利益。

思考题

1. 与一般市场交易相比，保险市场交易的特殊性有哪些方面？
2. 保险业发展与保险供给有什么联系？
3. 在保险需求主体中，对非保险类法人的保险需求如何理解？
4. 如何有效发挥保险中介对保险市场的促进作用？

参考文献

1. 刘茂山编著：《保险经济学》，天津：南开大学出版社，1998 年。

2. 逄锦聚等编：《政治经济学》，北京：高等教育出版社，2002 年。

3. 王金铎著：《中国区域保险的理论与政策研究》，北京：中国财经出版社，2006 年。

4. [美]小哈罗德·斯凯博（Harold D. Skipper，Jr）等著，陈欣等译：《国际风险与保险（环境——管理分析）》，北京：机械工业出版社，1999 年。

5. 江生忠著：《中国保险产业组织优化研究》，北京：中国社会科学出版社，2003 年。

6. 祝向军著：《保险商品价格形成的经济学分析》，北京：中国金融出版社，2004 年。

第十一章　保险监管

第一节　保险监管概述

一、保险监管的概念

保险监管是指政府的保险监督管理部门为了维护保险市场秩序，保护被保险人及社会公众的利益，对保险业实施的监督和管理。

保险监管不同于保险监管制度。保险监管制度通常由两大部分构成：一是国家通过制定有关保险法律法规，对本国保险业进行宏观指导与管理；二是国家专司保险监管职能的机构依据法律或行政授权对保险业进行行政管理，以保证保险法律法规的贯彻执行。所以，相对于保险监管，保险监管制度的含义要更加宽泛①。

就保险监管概念而言，可以从以下几个方面理解：

（一）保险监管的主体

保险监管的主体是指享有监督和管理权利并实施监督和管理行为的政府部门或机关，亦可称为监管机关。各国保险监管机关，形式多样，名称不一，不同国家有不同的称谓，同一国家不同时期也有不同的监管机构。综观国外保险监管机构的设置，大致分为两种情况：一是部分国家的保险监管机关是财政部，在财政部设立专门的局从事保险监管。二是有的国家设立独立的保险监管机关。如在美国，各州制定各自的保险法，并设立独立的保险监管机关，而由各州保险监管机关组成的全美保险监督官协会，则属于非政府机关，不具有任何监督

---

① 与一国的保险监管制度相对应的是一国的保险监管的体系。保险监管体系应该包括政府对保险业进行的监管、行业协会的自律性监管、保险市场自发的监管。政府对保险市场的监管，主要是通过立法、司法和行政等几个环节综合作用来实现的。本章重点要讲述的是政府对保险市场监管中的行政监管部分。

管理的权利。

目前我国保险监管机构是中国保险监督管理委员会。中国保险监督管理委员会成立于 1998 年 11 月，是国务院的直属事业单位，是全国商业保险的监管机构，根据国务院授权履行行政管理职能，依照法律、法规统一监管中国保险市场。在中国保险监督管理委员会成立之前，我国保险监管机构则是中国人民银行。

中国保险监督管理委员会的任务是：拟定商业保险的注册法规和行业规划；依法查处保险企业违法违规行为，保护被保险人的利益；维护保险市场秩序，培育和发展保险市场；完善保险市场体系，推进保险改革，促进保险企业公平竞争；建立保险业风险的评价和预警系统，防范和化解保险业风险，促进保险企业稳健经营与业务的健康发展。根据其任务，保监会既监管保险公司所从事的保险活动，包括保险公司的设立、业务范围、经营规则、偿付能力、准备金提存和结转、再保险经营等行为，也监管保险中介机构所从事的有关保险业务的活动，包括保险代理人、保险经纪人、保险公估人等的行为。

（二）保险监管行为的性质

对于保险监管行为的性质，可以从两方面理解：一方面保险监管是以法律和政府行政权利为根据的强制行为。保险监管这种强制性的行为不同于以自愿为基础的保险同业公会对会员公司的监督管理，不同于以产权关系为基础的母公司对子公司的监督管理，也不同于以授权为根据的总公司对分支机构的监督管理。对于保险机构和保险中介而言，他们必须接受保险监管部门的监管。保险同业公会、保险公司的母公司、股东会、董事会、监事会等对保险公司的监管，保险公司总公司对分子机构的监管，不能取代保险监管部门对保险业的监管。

另一方面，在市场经济体制下，保险监管的性质实质上属于国家干预保险经济的行为。在市场经济条件下，为防止市场失灵，或市场配置资源失灵，国家具有干预经济的基本职能。具体而言，在市场经济体制下，政府执行的主要经济职能是：（1）确立法律体制；（2）决定宏观经济稳定政策；（3）影响资源配置以提高经济效率；（4）建立影响收入分配的方案。就某一行业而言，国家的干预职能同样表现为规范和调控。就调控而言，国家对行业的调控主要表现为制定产业政策。所谓产业政策是指国家规划、干预和诱导产业形成与发展的一种政策,其目的在于引导社会资源在产业部门之间以及产业内部的优化配置,建立高效益的均衡产业结构。就规范而言，国家对行业的规范主要表现为维护市场秩序。

对于保险市场而言，保险监管部门一方面要体现监督职能，规范保险市场行为，消除"市场失灵"情况，维护保险市场秩序，保护被保险人及社会公众的利益。具体而言，监督职责主要是监督保险公司及其分支机构、保险中介的市场行为，是否合乎法律、法规和部门规章，对于违反者予以查处，此外还要监测保险公司的偿付能力和经营风险，督促保险公司防范和化解经营风险。另一方面要体现管理职能，根据国务院的授权履行行政管理职能，优化保险资源的配置，调控保险业的发展。具体而言，管理职责主要包括批准设立保险公司及其分支机构，审查保险机构高级管理人员任职资格，制定或受理基本保险条款和费率，办理保险许可证颁发和变更事项等。

需要指出，由于现阶段我国保险业的市场化程度较低，市场机制还不完善，需要政府行使部分配置保险资源的职能，以弥补市场机制的不足。因此，在我国保险监管实践中，应当注意把保险监管的这两部分职能有机结合起来，以保证监管达到预期效果。也就是说，应防止出现以下两种倾向：一是干预的范围过宽，妨碍了市场功能的正常发挥。二是过分强调政府的管理职能，而忽视了完善市场机制的任务，使国家监管变成了简单的经济管理方式。

（三）保险监管的领域、对象和内容

保险监管的范围仅限于商业保险领域[①]。由于商业保险与社会保险的性质、经营原则完全不同，世界各国和地区通常对商业保险和社会保险分别立法，由不同的政府部门实施监督管理（参见图11-1）。

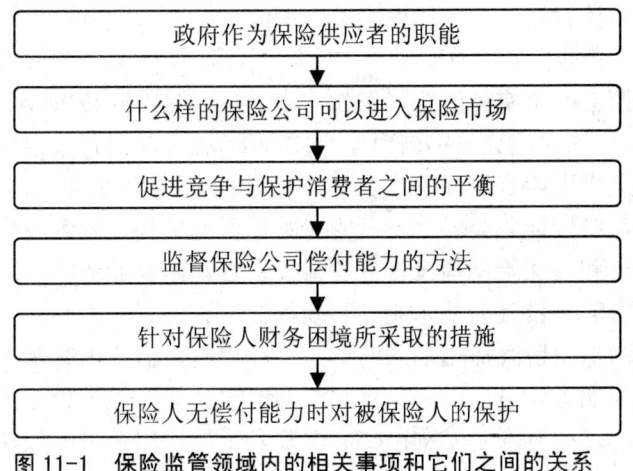

图 11-1　保险监管领域内的相关事项和它们之间的关系

[①] 即使在商业保险领域，政府的保险监管也限制在一定的领域之内。图 11-1 清楚地描述了政府监管商业保险的相关领域。

　　保险监管的对象是保险产品的供给者和保险中介人。保险产品的供给者是指保险人，具体包括保险公司、保险公司分支机构和代表处。保险中介人是辅助保险人和被保险人进行保险交易活动的市场主体，按照国外的惯例也列入保险监管的对象。在我国，按照保险法的规定，保险代理人和保险经纪人属于保险监管的对象。对于保险公估人，保险法中虽未作明确的规定，但按照有关规定也列为保险监管对象。需要指出，虽然投保人、被保险人、受益人也是保险市场不可或缺的主体，是保险合同另一方的当事人，但是投保人、被保险人、受益人不属于保险监管的对象。若投保人、被保险人、受益人发生违法行为，如故意制造保险事故骗取保险金，自然要承担法律责任，但保险监督管理机构无权对投保人、被保险人、受益人予以行政处罚。

　　保险监管的内容是保险经营活动。保险经营活动除了涉及保险组织的有关内容外，主要体现为保险业务经营活动。根据保险的功能，保险公司的生产可以定义为"保险保障的生产"和"风险转移的生产"。随着保险业的发展，保险产品的含义和内容在扩展，现代保险公司的保险产品是通过三个层次来体现的：一是核心产品"保险保障"；二是与此相关的保险公司为业务处理提供的直接服务；三是为顾客的问题而提供的其他服务，可以称之为"功能保险"。与此相关，可以将保险公司的业务分为：风险性业务、储蓄性业务、服务性业务。但其核心业务应当是风险性业务，即生产保险保障产品。虽然在经济一体化、金融一体化的影响下，现代保险公司的业务已不限于传统的承保业务，或风险保障业务，但就保险监管而言，上述保险公司的经营活动或业务同样属于保险监管的内容，只是对有些保险经营活动（如保险资金运用），需要与其他监管部门进行协调（如证监会）来实施监管。例如，为了加强对保险股票投资的管理，2005年2月17日，中国保监会与中国银监会联合下发《保险公司股票资产托管指引》，同时下发《关于保险资金股票投资有关问题的通知》。这两个文件和2月15日中国保监会与中国证监会联合下发的《关于保险机构投资者股票投资交易有关问题的通知》和《保险机构投资者股票投资登记结算业务指南》共同构成了保险机构投资者股票投资的基本制度和政策框架。

　　尽管各国保险监管法规采取的形式不尽相同，但其内容基本一致，主要包括：（1）保险业务许可；（2）保险企业的组织形式；（3）最低偿付能力；（4）保险准备金；（5）再保险安排；（6）保险资金的运用；（7）保险企业的资产评估；（8）会计制度；（9）审计制度；（10）财务报表；（11）破产和清算；（12）保险中介人的管理等法律制度。

（四）保险监管的依据

保险监管的依据是有关的法律、行政法规、规章和规范性文件。在我国，法律主要是指全国人民代表大会及其常务委员会通过的法律，如《保险法》、《公司法》、《海商法》等；行政法规是指国务院制定和发布的条例，如《外资保险公司管理条例》；规章是指中国保监会和国务院有关部委制定和发布的部门规章，如中国保监会发布的《保险公司管理规定》、《保险代理机构管理规定》、《保险经纪机构管理规定》等；规范性文件是指国务院、中国保监会、国务院有关部委发出的通知、指示、命令或制定的办法。这些通知、指示、命令或制定的办法虽然不属于行政法规和部门规章，但具有行政效力，对保险人的业务经营具有普遍的约束力，也是保险监管的依据。

依法监管是保险监管的基本原则。这里的法主要是指保险监管法规。保险监管法规，又称保险业法，是指调整国家对保险业进行管理过程中所形成的权利与义务关系的一种法律规范。保险监管法规是保险法律体系的一个组成部分，一般可以单行法规的形式出现。有些国家按保险监管的不同内容分别订立保险业法和保险合同法，构成保险监管的法规体系，如英国、日本等；有些国家和地区则将保险业法与保险合同法合并立法，如美国的纽约州、中国等。我国于1995年6月30日颁布实施了第一部保险法，并于2002年10月28日对其进行了修订。保险法的一部分内容是保险业法，属于保险监管法规。

（五）保险监管的手段

保险监管的手段，也就是保险监管部门在履行监管职责时采用的行为。在我国，由于保险监管部门属于行政主体，所以保险监管的手段均属于行政行为性质。保险监管手段主要有[1]：

1. 行政立法；
2. 行政许可；
3. 行政处罚；
4. 行政强制；
5. 行政征收。

在上述手段中，日常监管使用的主要是行政处罚手段。根据我国《保险法》和《保险公司管理规定》中的有关规定，我国保险监管的行政处罚的种类主要

---

[1] 参考魏迎宁著《保险监管问答》，广州：广东经济出版社，2002年。2006年在各保监局实施的429家次行政处罚中，具体处罚行为包括责令撤换高管人员、罚款、吊销许可证、责令停止接受新业务和警告灯，此外，其他监管措施包括监管谈话、下达监管涵和通报批评等。见《409家保险机构去年受行政处罚》，《中国保险报》，2007年2月28日。

包括：

1. 警告；

2. 责令改正；

3. 罚款；

4. 没收违法所得；

5. 责令停业；

6. 吊销许可证；

7. 限制业务范围. 责令停止接受新业务；

8. 责令撤换或取消保险公司高级管理人员；

9. 责令停业整顿。

二、保险监管的原因

（一）保险监管的一般原因

在市场经济条件下，保险监管的必要性一方面在于保险市场运行可能出现"市场失灵"；另一方面在于保险经营的特殊性。

当保险业按照市场机制的要求运行和发展时，也会出现"市场失灵"的问题。其主要表现有：（1）市场功能有缺陷。如有些当事人不付代价便可得到来自外部经济的好处；（2）市场竞争有失灵。如市场竞争规律的作用往往导致垄断，而垄断的存在会产生进入市场的障碍，从而破坏市场机制，排斥竞争，导致效率的损失。（3）市场调节本身具有一定的盲目性。因为市场调节是一种事后的调节，从价格形成、信号反馈到产品生产，有一定的时间差。加之，企业和个人掌握的经济信息不足，微观决策带有一定的被动性和盲目性。（4）市场信息的不对称性，导致市场失灵。如与保险人相比，被保险人的信息相对不足，被保险人的经济福利不能最大化，被保险人有时还会由于虚假的信息提供和不公正的交易受到损失。此外，投保人或被保险人可能利用信息不对称进行逆选择。因此，为了弥补保险市场运行本身的弱点和缺陷，为了减少或消除这些"市场失灵"的情况及其影响，保险监管无疑具有必要性和合理性。

（二）保险监管的特殊原因

与其他行业相比，保险业的性质及其经营具有显著的特点。这也是世界上绝大多数国家对保险业均实行严格监管的基本原因。这些特点有：

1. 保险经营的公共性

保险业是一个公共性极强的行业，一向有"社会稳定器"之称。保险经营的公共性是指保险业对整个社会有较大的影响和渗透。这种特征，一方面表现为保险公司的投保人或被保险人是社会上的千家万户，另一方面保险公司能否持续经营将会广泛、长期地影响到其客户的利益。若保险公司经营不善，破产或倒闭退出，因而不能正常履行其补偿或给付职能，使广大被保险人也即社会公众的利益受到损害，其负面的影响将比一般企业大的多，不仅会带来社会福利的损失，还会影响社会稳定。

2. 保险经营的负债性

一般企业的负债指过去的交易、事项形成的现实义务，履行该义务预期会导致经济利润流出企业。而保险公司经营本身就是一种负债经营。所谓负债性，是指保险公司是通过收取保险费建立保险基金来履行其赔偿或给付职能的，而保险基金中的很大一部分是以保险公司未来的责任准备金形式存在的，这些责任准备金是保险公司对其客户的负债而不是其资产。保险公司实质上是风险分散和经济补偿的中介。保险公司的负债与银行等金融机构的负债也不同。以银行为例，银行的基本业务是吸收存款并发放贷款，并取得利率差收入。银行有权利向贷款者定期索要利息并在规定时间收回本金，而且有义务向存款人定期支付利息并在规定时间返还本金，而最重要的是这些数量金额都是事先确定的。但是，保险公司提取责任准备金所形成的负债是确定的，而保险公司未来应承担义务所形成的负债则因风险事故的不确定性而变得不确定。因此，对于保险公司而言，如何对保险公司的负债项目进行评估，如何合理计提准备金，以及如何运用负债准备金进行投资都是非常重要的。保险公司的负债管理显然不同于一般企业的负债管理。

3. 保险合同的特殊性

与一般经济合同相比，保险合同的特殊性在于其本身所具有的附合性和射幸性。保险合同的附合性表现为保险人根据本身承保能力和技术特点，确定承保的基本条件，规定双方的权利与义务。在一般情况下，投保人只能依据保险人设定的不同险种的标准合同进行选择，难以对合同的内容提出变更意见。加之保险合同条款较为复杂，专业性强，一般的投保人或被保险人不易理解和掌握，保险费率是否合理，承保条件及赔偿方式是否苛刻等，投保方是难以了解的。所以，保险合同往往是在一种信息不对称、交易力量不对等的基础上建立起来的。一些国家从保护被保险人权益的角度出发，对保险合同的条款、保险费率等内容进行严格审核，以达到公平合理的目的。保险合同之所以属于射幸合同，是因为保险合同约定的是未来保险事故发生时，由保险人承担赔偿损失或给付保险金责任的合同。保险人所承保的风险事故的发生是不确定的，投保人购买保险时仅支付少量的保费，保险标的一旦发生保险事故，被保险人所能获得的赔偿或给付将是保费支出的数十倍甚至数百倍。从个体保障的角度看，保险人的保险责任远远高于其所收取的保费，这种关系需要通过政府监管的手段确保保险合同交易的公平合理。

4. 保险交易过程的特殊性

从一般企业销售过程看，支付货款和提取货物几乎可以同时进行，客户在交易中能及时对货物的质量进行判断。如果出现商业欺诈或企业破产，遭受损失的客户数量及损失金额都较少。但是保险交易过程具有特殊性：保险公司的生产和销售是在一起的。保险公司的生产时期就是保险产品出售的时刻，也就是签订合同时。此外，在保险交易中，总是先向众多的被保险人收取保费，保险事故发生才向个别被保险人支付赔款或给付保险金。现代商业保险采取的是事前分摊的方式，而不是事后分摊的方式。保险公司无论何时破产，破产的保险公司的客户都会遭受损失。再者，保险交易过程的时间远远长于一般企业的交易过程，对于大部分财产保险而言，保险期限是一年的时间，对于大部分人身保险则可能是 5 年、10 年，甚至几十年的时间。保险交易过程期限的变长，使得保险公司的经营风险具有隐蔽性和累积性，其经营成果更具有社会性。

5. 保险交易中的信息不对称性

在普通行业中，市场中的销售者和购买者都很难具有充分信息，交易双方存在信息不对称。相对而言，保险业是一个技术含量高、业务专业性强的复杂行业，信息不对称和不完全的问题更为突出。保险合同是格式合同，保险产品定价和保险合同内容往往由保险公司单方面拟定，投保人、被保险人对保险费率、保险责任、责任免除、退保等重要事项的了解有限，一般只能就接受或拒绝合同进行选择。因此，如果缺乏外部监管，保险公司可能利用信息不对称和信息透明度较低的优势进行损害被保险人利益的行为。

三、保险监管的目的

保险监管目的是保险监管部门希望通过其监管活动实现并保持的一种状态。

（一）维护保险市场秩序

维护保险市场秩序，为保险业提供公平竞争的机会和环境是保险监管的目的之一。实行保险监管，不仅在于维护保险人与被保险人之间的公平，保护被保险人的利益，而且在于为保险人之间的竞争提供良好的环境。竞争是市场经济的基本规律之一，只有通过竞争才能实现生产要素的优化配置，使市场经济的机制发挥作用。具体地说，竞争能推动保险公司的进步，能够刺激保险人为被保险人提供优质服务。但竞争又必须在公平的基础上进行。不公平的、不合理的竞争，不但不利于促进市场的发展，而且容易增加保险公司的经营风险。

为保险业提供公平竞争的机会主要是针对保险业与社会资源的关系而言的。也就是说，社会上的资本、人才等要素应有公平的机会进入保险业。如果没有公平地进入保险业的机会，就可能使原有的保险公司处于垄断的地位，并依靠垄断地位谋求垄断利润，这样就会阻碍保险业的发展，同时也会损害被保险人和社会公众的利益。此外，为保险业提供公平竞争的机会还包括对保险公司与业务经营的关系而言。也就是说，在保险市场上，只要保险公司符合有关规定或条件，不同的保险公司都应有相同的机会经营相同的保险业务。否则，同样会形成原保险公司在某业务领域的垄断地位，产生垄断利润，损害被保险人和社会公众的利益，阻碍保险业的发展。

为保险业提供公平竞争的环境是指保险监管部门对于保险公司采取不正当的竞争手段的行为，必须采取行政处罚等措施，纠正不规范的竞争行为，从而形成一个使保险公司之间能够公平竞争的市场环境。

（二）保护被保险人的利益

在与保险人进行保险交易时，被保险人处于相对不利的位置。这是因为，被保险人的专业保险知识不及保险公司，保险合同通常是保险公司事先单方面制定的，而且从保险交易方式看，被保险人是先交费，在发生保险事故后向保险人索赔。即使被保险人可以通过保险经纪人办理保险业务，或者拟定协议条款或合同，但与保险公司的地位和能力相比，被保险人还是处于相对不利的地位，属于弱势群体。所以，如果保险公司经营行为不规范、不守信用就会使被保险人的利益受到损害。

四、保险监管的原则

（一）依法监管的原则

依法监管原则指保险监管部门必须依照有关法律或行政法规实施保险监管行为。保险监管行为是一种行政行为，不同于民事行为。凡法律没有禁止的，民事主体就可以从事民事行为；对于行政行为，法律允许做的或要求做的，行政主体才能做或必须做。凡法律、行政法规和国务院未明确授予的职权，都是监管部门并不享有的职权，保险监管部门不得超越职权实施监管行为，保险监管部门超越职权的行为无效。另一方面，保险监管部门又必须履行其职责，否则属于失职行为。依法监管原则是市场经济的客观要求。

（二）独立监管原则

独立监管原则指保险监管部门应独立行使保险监管的职权，不受其他单位和个人的非法干预。当然，保险监管部门实施监管行为而产生的责任（如行政赔偿责任）也由保险监管部门独立承担。

（三）公开性原则

公开性原则指保险监管的各种信息，除涉及国家秘密、企业商业秘密和个人隐私的以外，应尽可能地向社会公开，增加保险监管的透明度。这样既有利于保险监管的效率，也利于保险市场的有效竞争。

（四）公平原则

公平原则是指保险监管部门对各监管对象要公平，监管对象在法律面前平等，在服从监管的问题上平等。市场经济要求公平竞争。保险监管部门对各保险公司和各保险中介人必须采用同样的标准，只有公平监管才能创造公平竞争的市场环境。

（五）保护被保险人合法利益原则

保护被保险人合法利益原则指保险监管的根本目的是保护被保险人利益和社会公众利益。保护被保险人利益和社会公众利益应当是保险监管各项工作的出发点，同时也是评价保险监管部门工作的最终标准。而对于保险行业协会和保险公司及保险中介而言，他们的工作原则或利益原则显然与保险监管部门是不同的。保险行业协会可以进行行业自律维护整个保险业（保险公司、保险中介）的利益，个别保险公司和保险中介可以通过协商、诉讼等手段保护自己的合法权益。

（六）不干预监管对象的经营自主权的原则

保险公司、保险中介等监管对象是自主经营、自负盈亏的独立企业法人。在市场经济条件下，保险对象有权在法律法规规定的范围内，独立决定自己的经营方针和政策。企业法人如果不能享有经营自主权，也就难以承担自负盈亏的责任。保险监管部门对监管对象享有实施监管的权利，负有实施监管的职责。但是，保险监管部门不干预监管对象的经营自主权，也不对监管对象的盈亏承担责任。这是社会主义市场经济体制的要求，也是保险监管部门依法监管应当遵循的基本原则。我国《公司法》第十四条规定："公司的合法利益受法律的保护，不受侵犯。"这里所说的合法权益，应当包括合法的经营自主权。

需要指出，在我国，保险监管部门对于国有或国有控股的保险公司经营行为同样不能干预。因为，国有或国有控股的保险公司同样是保险市场的主体，是一个独立的企业法人，它同其他组织形式的保险公司一样，在市场上享有同等的权利，并承担同等的义务。

五、保险监管的方式和监管目标模式

由于各国经济、法律环境不同，对保险业实施监督管理的方式并不完全相同，大致可分为以下三种方式：

（一）公告管理

公告管理亦称公示主义，它是政府对保险市场进行监督管理的各种方式中最为宽松的一种。它的主要含义是，政府对保险业的经营不作直接监督，仅规定保险人必须按照政府规定的格式及内容定期将营业结果呈报政府的主管机关并予以公告。对保险人的组织、保险公司的规范、保险资金的运用，均由保险人自我管理，政府不对其多加干预。保险人经营的好坏，是由被保险人及一般大众进行评判的。这样一种监督管理方式将政府和大众结合起来，有利于保证保险人在较为宽松的市场环境中自由发展。1994 年以前，英国采用这一管理方式，随着现代保险业的发展，这种方式因不利于切实有效地保证被保险人的利益而被许多国家放弃。

（二）规范管理

规范管理亦称准则主义，它是指国家制订出一系列有关保险经营的基本准则，并监督执行。在此种管理方式中政府对保险经营的若干重大事项，如最低资本金的要求、资产负债表的审核、资本金的运用、违反法律的处罚等，都有明确的规范；但政府对保险人的业务经营、财务管理及人事等方面，则不加以干预。这种管理方式只注重保险经营形式上的合法，但未触及保险业经营的实体。目前有不少国家采用这种方式。

（三）实体管理

实体管理亦称批准主义，它是指国家订立完善的保险监督管理规划，政府的保险监督管理机关根据法律赋予的权力，对保险市场尤其是对保险企业进行全方位的、全过程的有效监督和管理。通过立法明确规定保险人从设立到经营直至清算所应遵循的批准和审查制度。实体管理方式是由瑞士创立的，较之上述两种管理方式最为严格、具体。

上述三种不同的保险监管方式，实质上体现了现代国际保险市场上不同的保险监管的目标模式。所谓保险监管的目标模式是指保险监管的核心或重点。目前世界各国的保险监管模式大致分为三种：一种是重点监管保险公司的偿付能力，主张承保费率、承保条件自由竞争，可由保险经纪人起草保险条款，拟定保险费率，如英国。但保险监管部门对保险公司的偿付能力不仅有一套详细、完整的评估方法，而且对偿付能力不足的保险公司进行严格的处理；另一种模式是主要监管保险公司的市场行为，如亚洲金融危机前的日本，政府对保险费率控制得很严，在保险市场上几乎不存在价格竞争，而对偿付能力缺乏一套评估和处理的办法。还有一种是既监管市场行为，也监管偿付能力，但以对偿付能力监管为主，如美国。

根据我国保险市场发展的具体情况，结合世界保险监管发展的先进经验，我国探索建立了以偿付能力监管、市场行为监管和公司治理结构监管为三大支柱的现代保险监管体系框架。

自 20 世纪 80 年代我国保险业复业以来，保险监管框架的发展可以分为三个阶段。第一个阶段是从 1995 年《保险法》颁布至 1998 年中国保监会成立以前，我国保险监管是以市场行为监管为主，并开始探索偿付能力监管。第二个阶段是从 1998 年中国保监会成立至 2003 年，我国保险监管进入市场行为监管和偿付能力监管并重时期。第三个阶段是从 2004 年以来，我国保险监管开始构建以偿付能力监管、公司治理结构监管和市场行为监管为三大支柱的现代保险监管体系。

第二节　保险监管的内容

在保险监管的三大支柱体系中，偿付能力监管、公司治理结构监管和市场行为监管是相互补充的统一整体，其中，偿付能力监管是监管体系的核心，公司治理结构监管和市场行为监管是监管体系的基础和保障。

偿付能力监管是"三支柱"监管的核心。由于保险公司的平稳健康运行在很大程度上涉及社会公众利益，保险公司必须具有足够的偿付能力，才能保障被保险人的利益，增进社会对保险业的信心。因此，尽管不同国家地区、不同时期的保险监管侧重点和监管方式各有差异，但现代保险监管体系的核心还是保险公司的偿付能力。

公司治理结构监管是"三支柱"监管的基础。保险公司是保险市场的微观主体，保险公司的健康发展是保险市场健康发展的基础和保障。特别是在我国市场经济发育尚不成熟，各项法律、法规还不健全，保险业发展还处于初级阶段，保险职业经理人市场还没有形成的情况下，保险业在发展中很容易因为公司治理结构缺陷而积累风险。规范的公司治理结构有利于在公司经营决策中形成有效地监督制衡，从源头上防范化解风险。因此，对保险公司治理机构的规范和监管显得尤为重要。此外，将公司治理结构监管作为我国现代保险监管体系的三大支柱之一，符合国际保险监管发展的潮流。国际保险监督官协会和经济合作与发展组织等国际组织，以及许多国家和地区先后颁布了完善保险公司治理结构的指导性文件。2004 年国际保险监督官协会约旦年会提出，把公司治理结构监管作为保险监管体系的重要内容。2005 年召开的国际保险监督官协会维也纳年会，又进一步将公司治理结构监管确立为与偿付能力监管、市场行为监管并列的保险监管三大支柱之一。加强公司治理机构监管已经成为国际保险监管的新趋势。

市场行为监管是"三支柱"监管的保障。市场行为监管主要针对保险公司的具体经营行为，检查他们是否违反有关法规，是否损害被保险人利益，是否影响保险公司偿付能力，是否有碍保险市场发展，通过逐步建立完善市场行为准则，支持合法经营和公平竞争，促进保险业可持续发展。只有市场行为监管得到加强，保险市场的各项规章制度才能够被切实有效地加以执行，偿付能力监管才能够落到实处。

一、偿付能力的监管

（一）偿付能力概念[①]

1. 偿付能力与偿付能力额度

保险公司的偿付能力是指保险公司对所承担的风险在发生超出正常年景的赔偿和给付数额时的经济补偿能力，它表示为保险公司的资产与负债之间的关系。偿付能力大小以偿付能力额度表示。偿付能力额度等于保险人的认可资产与实际负债之间的差额。一般以资本金、保险保障基金、总准备金、公积金之和为代表。偿付能力额度越大，表明保险公司的偿付能力越强，经营越稳定。如果用 t 表示时刻，A(t)表示时刻的资产，L(t)表示 t 时刻的负债，Z 表示时刻的偿付能力额度，则有：

$$Z(t)=A(t)-L(t)$$

保险公司在某段时间内具有的偿付能力，可以表述为：在此段时间内的任何时刻 t,保证公司的资产大于负债。即，在此段时间内的任何时刻 t，有：

$$Z(t)\geqslant 0$$

换而言之，在此段时间内，不论保险公司经营状况如何，即使发生超出正

---

① 偿付能力的概念最早出现在 1946 年的英国。当时规定非寿险保险人的总资产与总负债之间的差额应高于承保保费的 20%。这种规定后来又被澳大利亚、马来西亚、新加坡和泰国等采用。

常年景的赔偿与给付，保险公司的资产足以抵付负债，使得偿付能力额度大于0，则此保险公司在此段时间内具有偿付能力。

保险公司的业务经营过程，实际是风险的集中和分散过程。保险公司根据过去长期大量的、同类的损失和赔款资料，按照保险的数理原理，并假设"过去同类责任赔款或给付的损失与未来情况大致相同"，从而计算出损失概率，并以此来确定保险的纯保费。从理论上讲，纯保费应该正好满足赔偿与给付的需要。因此，保险公司只要将总资产维持在与保险责任准备金相等的规模上，就足以偿付全部债务。但在实际经营过程中，由于影响保险公司的赔款和给付数额的因素过于复杂，保险公司实际收取的保费与实际发生的赔偿之间不可避免地会有一定的偏差。为了应付可能发生的实际索额大于期望索额时的赔款和给付责任，保险公司必须在总资产与由保险责任准备金构成的负债之间保持一个足够大的资金量，以保证保险公司的偿付能力。

2. 偿付能力概念的分类

从不同的管理需要出发，对偿付能力又可分为以下几个概念：

（1）法定偿付能力。它是保险监督管理机构规定的保险公司必须具备的最低偿付能力。我国《保险公司管理规定》第八十一条明确指出："保险公司应具有与其业务规模相适应的最低偿付能力。"

（2）实际偿付能力，是指保险公司是既具备的偿付能力，是其会计年度末实际资产减去实际负债的差额。或者说，保险公司的实际偿付能力即在某一时点上保险公司认可资产与认可负债的差额。而保险公司实际具备的偿付能力额度就是在某一时点上资产与负债的差额，一般将可立即变现的资产称为认可资产，一般不包括那些不能立刻变现的动产和不动产。这主要是因为许多资产特别是固定资产在发生超常年景的赔款时，难以立即兑换成现金用于支付赔款，起不到偿付的作用。

（3）最低偿付能力，它是保险公司为了承担对保险客户所负的责任，从理论上讲应当保持的偿付能力。

一般来讲，上述三个概念有如下的特点：

（1）实际偿付能力应高于法定偿付能力。当实际偿付能力低于法定偿付能力时，并不意味着该保险公司会立刻破产。但保险管理机构会责令其采取补充资本金、办理再保险、业务转让调整资产结构等方式改善其偿付能力状况。

（2）实际偿付能力应高于最低偿付能力。最低偿付能力是理论上测算的保险公司应该具备的最低偿付能力，保险公司若要保证保险业务经营的稳定性，应该是自身的实际偿付能力始终高于最低偿付能力。

（3）最低偿付能力是运用数理科学得出的比较精确的理论结果，在一定程度上揭示了偿付能力的内在规律性。

（4）法定偿付能力是保险监督管理机关在长期内充分考虑最低偿付能力的基础上制定的综合性指标，是适用于众多保险公司的标准。

（5）实际偿付能力并不是固定不变的，保险公司可通过增加资本金和准备金，提高自己的实际偿付能力。但是过高的偿付能力会影响公司的资金使用效率，降低公司的竞争力。

保险公司必须满足的偿付能力要求。如果保险公司认可资产与负债的差额低于这一规定的金额，即被认为是偿付能力不足。由于偿付能力在保险公司的经营中具有举足轻重的地位和作用，因此，各国保险法都对保险公司的最低偿付能力有详细规定。我国保险法第九十八条规定："保险公司应当具有与其业务规模相适应的、最低的偿付能力。保险公司的实际资产减去实际负债的差额不得低于保险监督管理机构规定的数额；低于规定数额的，应当增加资本金，补足差额。"

另外，有关保证金的提存、最低偿付能力的确定和法定再保险业务的安排等方面的规定，都是对保险公司偿付能力进行监督管理的重要措施。

3．偿付能力的经济内容

保险公司的偿付能力的经济内容一般是指保险公司偿付准备金。

（1）偿付准备金的构成。保险公司的业务经营具有极大的不稳定性，尤其是在赔款和给付额超出正常年景时，保险公司的保费收入会与赔款支出发生较大的负偏差。当保险公司保费收入与赔款支出发生负偏差时，为了保证保险公司业务的持续进行，就必须有充分的偿付准备金。保险公司的偿付准备金就是实际资产减去实际负债的净值，即：

$$偿付准备金 = 实际资产 - 实际负债 = 净值$$

保险公司的资产主要是由资本金、保费收入以及他们的投资收益构成，负债主要是由各种赔款准备金构成，例如未到期责任准备金和未决赔款准备金等，而偿付准备金则主要以资本金、保险保障基金、总准备金、公积金和未分配盈余的形式存在。

（2）偿付准备金的资金来源：①资本金。资本金不但使保险公司设立时的开业资金，也是备用资金。②总准备金。③公积金和未分配盈余。公积金，是指保险公司依照法律和保险公司章程规定，从营业盈余中提取的积累资金。公积金又可分为法定公积金和任意公积金两种。法定公积金根据来源不同，又可分为资本公积金和盈余公积金。资本公积金是直接由资本或者其他原因所形成的，盈余公积金是从公司盈余中提取的公积金。任意公积金的提取是根据公司股东大会或者公司章程提取的。任意公积金的提取必须在提取法定公积金之后进行。未分配盈余是指公司留存的未向股东或投资人分配的利润。提取的公积金可以用来补充公司资本，弥补公司经营亏损，也有助于提高保险公司的偿付能力。

（二）保险公司偿付能力监管

1. 偿付能力监管的含义

所谓偿付能力监管，是指保险监管部门对保险公司的偿付能力实行的监督和管理，它包括偿付能力评估和偿付能力不足两个处理环节[①]。其意义是可以确保被保险人的利益，保证保险公司的财务稳定性，并是保险公司生存和发展的重要保证。

需要指出，在保险监管实践中，偿付能力监管的实际内容远大于偿付能力额度监管，它涉及到保险公司的许多方面。或者说，虽然在理论上将偿付能力监管与费率监管、产品监管、机构监管等并列来讨论保险监管的内容，但保险偿付能力监管的实际内容是与费率监管、产品监管、机构监管紧密相关的。因为，影响偿付能力的因素很多，或者说产生保险公司偿付能力不足的原因很多，包括：

（1）资本额和盈余。保险公司必须符合法定的最低资本金要求，如果保险公司的资本不充足，会直接影响保险公司的偿付能力。

（2）定价和产品，如保险费率确定过低，在未来保险经营中就可能发生时入不敷出，形成亏损。

（3）保险资金运用。

（4）再保险。

（5）保险准备金。如果准备金计算错误或估计方法不当，就会出现保险准备金与实际承担的保险责任不匹配的情况，这样也会形成亏损。

（6）资产负债匹配。

（7）与子、支公司的交易。

（8）公司管理。

因此，如果简单将偿付能力监管视为偿付能力额度监管，而忽视影响偿付能力的其他因素，实质上是将偿付能力监管变为事后监管，这样偿付能力监管

---

① 保险公司自身对偿付能力的管理是指：保险公司为实现自身经营的连续性、财务稳定性而对影响偿付能力的诸因素进行的内部控制的活动过程，使其自身的偿付能力随时符合保险监督机关的要求，并能满足可能发生的赔款和给付义务。

就会丧失它的有效性。所以，我们可以认为，偿付能力是整个保险监管的核心内容。

2. 偿付能力评估的含义与内容

所谓偿付能力评估，就是对每个保险公司偿付能力是否充足进行的评估、检测。

（1）预防性的保险偿付能力指标监管。为了评估和监控保险公司的偿付能力，许多国家都制定了保险偿付能力监管指标。保险偿付能力监管指标的性质属于监管中的预防性指标，而不是强制性的指标。在我国，按照保监会 2003 年 1 号令《保险公司偿付能力额度及监管指标管理规定》，保监会可通过预警指标体系对保险公司的偿付能力状态和变化趋势进行监测，对超过正常范围的指标个数达到 4 个以上的公司，保监会将要求公司进行解释、提交改进报告，或者实施进一步的检查以评估其偿付能力。

（2）强制性的偿付能力额度监管。具体包括最低偿付能力额度的计算和实际偿付能力额度的确认。一般地说，偿付能力监管直接表现为偿付能力额度的监管。

我国《保险公司偿付能力额度及监管指标管理规定》明确指出，保险公司应当根据保障被保险人利益、保证偿付能力的原则，稳健经营，确保实际偿付能力额度随时不低于应具备的最低偿付能力额度。

按照该规定，财产保险公司应具备的最低偿付能力额度为下述两项中数额较大的一项：（1）最近会计年度公司自留保费减营业税及附加后 1 亿元人民币以下部分的 18% 和 1 亿元人民币以上部分的 16%；（2）公司最近 3 年平均综合赔款金额 7000 万元以下部分的 26% 和 7000 万元以上部分的 23%。

人寿保险公司应具备的最低偿付能力额度为长期人身险业务最低偿付能力额度和短期人身险业务最低偿付能力额度之和：（1）长期人身险业务最低偿付能力额度为下述两项之和：① 投资连结类产品期末寿险责任准备金的 1% 和其他寿险产品期末寿险责任准备金的 4%；② 保险期间小于 3 年的定期死亡保险风险保额的 0.1%，保险期间为 3 年到 5 年的定期死亡保险风险保额的 0.15%，保险期间超过 5 年的定期死亡保险和其他险种风险保额的 0.3%。（2）短期人身险业务最低偿付能力额度的计算适用财产保险公司的规定。

为配合对偿付能力的监管，保险监管部门还应建立及时的财务报告制度。保险监管机构定期检查保险企业的财务报告，发现有问题的企业，及时进行处理。对此，保险法第一百一十九条和第一百二十条做了明确规定，"保险公司应当于每一会计年度终了后三个月内，将上一年度的营业报告、财务会计报告及有关报表报送保险监督管理机构，并依法公布。""保险公司应当于每月月底前将上一月的营业统计报表报送保险监督管理机构。"

按照我国《保险公司偿付能力额度及监管指标管理规定》，凡是实际偿付能力额度低于法定最低偿付能力额度的，保监会将根据其严重程度分别采取责令提出整改方案、责令分保、限制经营费用规模、责令拍卖不良资产、限制高级管理人员薪酬水平和在职消费水平直至责令停止新业务和依法接管等措施。同时，保监会还将把对保险公司的产品、业务范围、增设分支机构、资金运用渠道等审批事项与公司的偿付能力状况挂钩，将偿付能力是否充足作为一项基本条件。

3. 偿付能力不足处理

偿付能力不足处理是对偿付能力不足的保险公司所作的处理决定，包括责令保险公司补充资本金、办理再保险、转让业务、停止接受新业务、调整资产结构等措施直至对保险公司接管。

4. 偿付能力监管体系

为了保证保险公司偿付能力，各国都在研究探索偿付能力监管手段。一个完善的偿付能力监管体系包括：完整准确的数据收集系统、合适的偿付能力边际、资产负债的适当评估以及风险预警体系。美国的偿付能力监管体系较为典型，它包括三个部分：保险监管信息系统（IRIS）、财务分析和偿付能力跟踪系统（FAST）和法定风险准备金监控（RBC）。保险监管信息系统（IRIS）是在美国保险监督官协会（NAIC）的早期预警系统的基础上发展而来的，其主要目的是协助各州的保险署依法监控在本州营业的保险公司的财务状况。保险监管信息系统由两个阶段组成：第一个阶段是统计阶段，即利用保险公司依法报送的年度报表计算其财务比率；第二个阶段是分析阶段，由有经验的分析员对保险公司的财务报表和财务比率进行分析。财务分析和偿付能力跟踪系统（FAST）的分析则依赖于各保险公司在前三年中所提交的年度财务报告和季度财务报告，FAST 系统通过两项分析来审查保险公司的财务报告，即保险公司最近的财务报告的比率分析和保险公司财务报告中特别专项的五年历史分析。法定风险资本监控（RBC）分别为寿险公司和财险公司衡量四种风险，利用风险资本公式将各种因素应用于年度财务报表中的数据以确定每类风险所需的风险资本定额。对累积风险资本定额通过均方差调整可以消除主要风险资本定额之间的分散化。将调整后的风险资本总额与保险公司调整后的实际资本总额进行对比，即可反映出保险公司的风险资本状况。

专栏 11-1 介绍了美国的风险资本金要求。

专栏 11-1

美国的风险资本金要求

美国全国保险监督官协会（NAIC National Association of Insurance Commissioners）开发了"风险资本金标准"（RBC risk-based capital standards），力求更好的判断保险人资本的充分性。NAIC 依据一定的公式计算出保险人能够赖以安全的承担其资产、负债和承保保费中存在的风险的"隐含资本水平"或称"强行控制资本水平"（ACL authorized control level）。保险人经营中的风险越高，其相应的权数越大，强行控制资本水平越高。

监管者将强行控制资本水平与保险人调整后的总资本（total adjusted capital）进行比较，这里的总资本是经过任意准备金和其他可以被视为盈余的项目的调整之后的法定资本。如果一个公司总资本与强行控制资本水平的比值超过 200%，该公司将不会受到监管者的主意。如果一个公司的该项比值处于 150%-200%之间，它将被要求向其所在州提供一个风险资本金计划，具体说明拟将采取的矫正措施。

如果该项比值处于 100%-150%之间，保险公司须提出风险资本金计划，提交监管者分析或审查，监管者在审查或分析之后会提出具体的矫正措施。如果比值处于 70%-100%之间，可能导致监管者接管该公司。如果比值低于 70%，则监管者将接管该保险公司。

资料来源：小哈罗德·斯凯博 等著，《国际风险与保险——环境管理分析》陈欣等译，北京：机械工业出版社，1999 年。

二、公司治理结构监管

（一）保险公司治理的概念

保险公司治理是指保险公司建立的以股东大会、董事会、监事会、高级管理层等责任明确、相互制衡的组织架构，以及一系列维护股东、高管人员、被保险人等相关利益者利益的内外部机制。

基于不同的政治法律制度、经济体制和历史文化传统，各国形成了不同的公司治理结构。主要有两种模式，一是英美模式，主要特点是公司治理机构只设股东会和董事会，董事会是公司核心，由占少数的执行董事（内部董事）和占多数的外部董事或独立董事组成，在董事会内部形成决策、执行和监督相互制约的机制。二是德国模式，主要特点是公司治理机构由股东会、监事会、董事会组成。监事会在董事会之上，有权任免董事、决定董事报酬和批准重大业务等。

（二）保险公司治理的本质

保险公司治理本质上是一种风险汇聚安排机制，保险公司治理也必然存在着不同于一般公司治理的本质特征。保险公司治理从本质上讲就是要规范风险汇聚安排的参与者（保单持有人）与其组织者（包括股东、经营者）之间的交易关系，以最低的成本实现风险的分散，并获得相对其他组织或风险汇聚安排形式的比较优势。它有着以下几个方面的本质特征：

1. 保险公司治理随着其规范的交易关系的复杂程度不同而呈现出不同特点

对于相互制保险公司而言，其保单持有人即为公司所有者，交易关系相对简单，治理结构主要关注的是对管理层的激励约束机制问题。而对于股份制保险公司而言，股东作为专门的出资者，与保单持有人并不一致，这就涉及到所有者、经营者、保单持有人等多方利益的协调，其治理侧重多方利益的平衡，其经营能力来自诸多利益相关者之间的合作。而且公司规模越大，这种平衡和协作及制约越重要。

2. 保单持有人的利益在保险公司治理结构中具有重要地位

保单公司治理所要规范的正是作为风险汇聚安排参与者的保单持有人与作为组织者的鼓动和经营者之间的交易关系，它不仅要求以合理的价格承保，还要求在保险期间为保单持有人提供有效的风险服务以及一旦发生保险事故能及时、足额赔付。这种交易关系是否有有效的制度保证、是否规范，以及能否赢得相对其他公司的优势，直接影响着保单持有人对公司的信任，决定着公司的发展前景。保险是负债经营，保单持有人利益的维护是股东利益和经营者利益实现的前提。

3. 保险公司治理结构是一种风险制度安排

保险公司治理结构规范的是风险汇聚安排的参与者与其组织者之间的交易关系，风险的集合和分散是这种交易关系的核心。如何最大限度地集合风险，然后以最有效的方式实现风险的分散正是体现保险公司经营管理能力的重要方面。保险公司治理结构作为一种制度安排，是对风险集合和分散过程的一种规范，因而是一种风险制度安排。

4. 完善的保险公司治理结构表现为各方对风险文化的认同

保险作为一种风险汇聚安排机制，保单持有人、所有者和经营者等共同参与其中，有着共同的利益和理念。保险公司处处与风险打交道，其经营的是风险。而经营本身又有一定的风险。一定意义上讲，保险文化就是有关风险的文化，完善的保险公司治理需要协调各方的利益，而取得各方对风险文化的认同是其重要方面之一。

（三）保险公司治理结构监管的内容

随着经济全球化，不同的公司治理结构模式不断交流和融合，使公司治理机构为全球所关注，公司治理结构的重要性也越来越突出。目前国际上对加强保险公司治理结构建设和监管主要有以下四个方面的内容：

1. 强化董事会职能

国际保险监督官协会颁布的《保险公司治理结构核心原则》和经济合作与发展组织（OECD）颁布的《保险公司治理结构指引》都明确要求董事会要确保公司的审慎经营并对公司的经营管理进行有效监督，要对内控制度和风险控制负最终责任，确保保险公司建立与业务规模和业务性质相适应的内控和风险防范体系。这实际上是要求董事会在公司治理和内控中起到核心作用。为了使董事会能够真正承担其这些职能，必须加强董事会建设，主要包括以下几个方面：一是健全董事会组织机构；二是提高董事的专业水平，主要是通过资格审查和教育培训来实现；三是健全董事会运作机制；四是加强董事会与监管机构之间的沟通和交流。

2. 严格追究责任

美国《萨班斯·奥克斯法案》要求 CEO 和 CFO 对公司定期报告（年报和季报）进行个人书面认证，确认报告不存在有关重要事实的虚假陈述、遗漏或误导，并符合有关法律要求。如果弄虚作假，可能被判处不超过 500 万美元的罚款和不超过 20 年的监禁。国家保险监督官协会和经济合作与发展组织的两份文件也特别强调了明确责任的重要性。

3. 加强信息披露

西方国家推崇"阳光是最好的消毒剂"的理念，所以特别强调信息披露在公司治理结构中的作用。《萨班斯·奥克斯法案》不惜增加公司的运行成本，要求公司进行详尽的信息披露。OECD 的《指引》也明确要求保险公司应当及时、准确披露信息，使被保险人、股东、监管机构能够对保险公司的经营状况、财务状况以及面临的主要风险状况有所了解。

4. 控制关键岗位

前述三份文件都强调精算师、审计师和 CFO 等关键岗位在保险公司治理结构中的重要性。如 IAIS《核心原则》规定，要对关键职位任职资格进行审查，精算师应当能够直接与董事会沟通，在公司董事长和首席执行官一人担任时，监管当局应当有适当的控制措施确保管理层能够充分向董事会负责等。OECD《指引》规定，如果精算师发现保险公司违反法律以及公司自身规定，应向公司董事会、经营层甚至监管机构报告。

三、市场行为的监管

保险市场行为监管是指对保险公司经营活动所进行的监管，包括保险机构的设立、高级人员的任职资格，以及对保险费率、保单条款、保险资金运用和再保险等经营行为的监管。保险市场行为监管的核心是保险费率监管。

（一）保险机构监管

1. 对保险人的组织形式的限制

保险人以何种组织形式进行经营，各个国家和地区根据本国国情均有特别规定。根据我国保险法第七十条的规定，保险人应当采取股份有限公司和国有独资公司的形式。

2. 保险公司申请设立的许可

根据保险业专营的原则，创设一家保险公司保险必须得到主管机关的批准。任何机构和个人未经政府批准不得经营保险业，这是当今世界各国的普遍做法。在保险市场准入的处理原则上，目前各国大致有两种制度，一种是登记制，即法律规定进入保险市场的基本条件，申请人只要符合条件，就可以提出申请，经政府主管机关核准登记后进入市场。对于符合条件的申请，政府主管机关必须予以登记。另一种是审批制，即申请人不仅必须符合法律规定的条件，而且还必须经政府主管机关审查批准后才能进入市场。对于符合条件的申请，主管机关不一定予以批准。我国保险法第七十二条规定，保险监督管理机构审查设立申请时，应当考虑保险业的发展和公平竞争的需要。这意味着，对于每一保险公司的设立申请，不一定都会予以批准。显然我国对于保险市场的准入采用的是审批制。

需要指出，批准设立保险公司是保险监管中行政许可的重要内容。保险监管中的行政许可是保险监管部门通过颁发许可证、资格证等形式，允许特定的组织或公民从事保险业务经营活动、保险中介业务经营活动和与保险有关的其他活动，以及担任某种职务的行政行为。保险监管中行政许可的主要内容包括：批准设立保险机构；批准设立保险中介机构；授予从事有关保险业务的资格，如对参加保险代理人资格考试合格者发给资格证书。

（1）设立保险公司的基本条件。保险法第七十二条规定："设立保险公司，应当具备下列条件：①有符合本法和公司法规定的章程；②有符合本法规定的注册资本最低限额；③有具备任职专业知识和业务工作经验的高级管理人员；④有健全的组织机构和管理制度；⑤有符合要求的营业场所和与业务有关的其他设施。"保险法第七十三条还规定："设立保险公司，其注册资本的最低限额为人民币二亿元。保险公司注册资本最低限额必须为实缴货币资本。"

（2）设立保险公司的基本程序。我国对保险公司实行较为严格的审批制度，根据保险法及《保险公司管理规定》，设立保险公司需经过申请、筹建和开业三个阶段。

申请设立保险公司，申请人首先要向保险监督管理部门提出申请，经批准后进行筹建。筹建就绪，经验收合格，由保险监督管理部门颁发经营保险业务许可证和法人机构许可证，并向工商行政管理机构办理企业登记，领取营业执照，然后才能开业。

保险法第七十四条规定："申请设立保险公司，应当提交下列文件、资料：①设立申请书，申请书应当载明拟设立的保险公司的名称、注册资本、业务范围等；②可行性研究报告；③保险监督管理机构规定的其他文件、资料。"《保险公司管理规定》规定："中国保监会应当对设立保险公司的申请进行审查，自收到完整的申请材料之日起 6 个月内作出批准或者不批准筹建的决定。决定不批准的，应当书面通知申请人并说明理由。""申请人经中国保监会批准筹建保险公司的，应当在 1 年内完成筹建工作。在规定期限内未完成筹建工作，有正当理由的，经中国保监会批准，筹建期可延长 3 个月。在延长期内仍未完成筹建工作的，中国保监会作出的原批准筹建文件自动失效。"筹建完成后，申请人应当向中国保监会提出开业申请，并向保监会提交相关文件资料。"中国保监会应当自收到完整的开业申请文件之日起 60 日内，作出核准或者不予核准的决定。决定核准的，颁发经营保险业务许可证；决定不予核准的，应当书面通知申请人并说明理由。经核准开业的保险公司，应当持核准文件及保险许可证，向工商行政管理机构办理登记注册手续，领取营业执照后方可营业。"保险法第七十八条规定："保险公司自取得经营保险业务许可证之日起六个月内无正当理由未办理公司设立登记的，其经营保险业务许可证自动失效。"

3．保险公司停业解散的监管

政府对保险企业监管的基本目的是为了保证保险公司稳健经营，始终具备充足的偿付能力和避免保险企业破产，以保障被保险人的合法权益。如发现保险公司存在某些违反保险法的行为时，可以责令其限期改正，若保险公司在期限内未改正，保险监管机关可以决定对保险公司进行整顿；对于违法、违规行为严重的公司，保险监管机关可对其实行接管；被接管公司已资不抵债的，经保险监管机关同意，由人民大院依法宣告破产。

4. 外资保险企业的监管

外资保险企业是指外国保险公司在本国设立的分公司和合资设立的保险公司。对外资保险企业的监管，是以本国保险市场对外开放为前提的，而本国保险市场是否开放，又取决于各国社会制度、经济发展水平和民族保险业发展程度等因素。一般发达国家对此限制较少，而发展中国家为维护本国利益，对外资保险企业的开业条件、经营业务范围、投资方向及纳税等都有严格要求。对外资保险企业的监管一般体现在保险人的设立方面，以确保其经营基础的稳固和人员的合格，而对经营内容和条件，则不应多加干预，按国民待遇准则应与本国保险企业相同。

5. 保险中介人的监管

由于保险业务很大一部分是通过保险中介机构和中介人开展的，因此，对保险中介机构和个人进行监管是各国政府对保险业监督管理的一项特别重要的内容，保险中介包括代理人、经纪人和公估人，对其监管主要从以下三个方面进行。

（1）资格监管。多数国家的保险立法都规定，保险中介机构和个人开展业务必须取得经营执照，在取得执照之前要通过有关资格考试，在从事保险中介工作期间，还应接受继续培训方可维持更新其营业执照。

（2）业务监管。各国保险法都规定，保险中介人在开展保险业务时不得采取不良手段从事非法经营，不良手段包括越权和超范围代理业务、误导陈述、恶意招揽和保费回扣行为。误导陈述是指代理人在向投保人介绍公司业务时，有意欺骗或误述有关保险人和保险合同的重要情况。恶意招揽是指保险中介人诱使投保人无故取消已存在的保险合同，而购买其推销的保险合同，使投保人蒙受经济损失，它还包括采用诽谤手段肆意攻击其他保险人或中介人的行为。保费回扣是指中介人许诺投保人可享受保费返还为条件而诱使其投保。在实践中，保险中介违规经营的问题主要有：虚开中介发票、虚假退票；财务数据弄虚作假，如少计收入、虚列成本、提供虚假财务报告；违规开展业务，如与无资格的机构发生业务往来、异地展业等①。

（3）报表账簿监管。由于保险中介人代办业务时向投保人收取大量保险费，直接关系到保险合同的成立时间、保险业务的数量和财务数量的核算，所以必

---

① 见《409 家保险机构去年受行政处罚》，《中国保险报》，2007 年 2 月 28 日。

须对其实行财务监督管理。我国《保险法》规定，保险代理人和保险经纪人应当设立专门的账簿，记载保险代理业务或者经纪业务的收支情况，并接受中国保险监督管理委员会的监督管理。

专栏 11-2 介绍了欧盟关于保险中介的建议书。

专栏 11-2

欧盟关于保险中介的建议书

范围：本建议书的目的在于建立包括欧盟全体成员国的保险中介人一般的职业标准和注册规范。它不仅适用于独立承办人，也适用于雇员。欧盟委员会建议欧盟成员国政府修订其有关法律、法规和惯例，同本建议书保持一致。

中介类型划分：本建议书建议在保险代理人和保险经纪人之间进行严格的划分。消费者应该知道与之交易的中介人的类型。对于保险经纪人应当加以特别的限制，包括保证其独立性和投保职业责任保险。

职业资格：中介人应该具有"通常的、商业性的职业知识和能力"。建议书将此项忠告的解释权和实施权交各个成员国。

注册：各国应该按代理人和经纪人分别集中注册所有获得资格的中介人的姓名。只有列入该纪录的中介人才能够执业。

罚则：各成员国应当建立罚则，以防止未经注册的个人以中介人身份活动，并注销不称职的中介人的资格。

资料来源：小哈罗德·斯凯博等著，陈欣等译：《国际风险与保险——环境管理分析》，北京：机械工业出版社，1999年。

（二）经营范围的监管

经营业务范围的监管，是指政府通过法律或行政命令，规定保险企业所能经营的业务种类和范围，一般表现在两个方面：一是保险人可否兼营保险以外的其他业务，非保险人可否兼营保险或类似保险的业务，即兼业问题；二是同一保险企业内部，是否可以同时经营性质不同的保险业务，即兼营的问题。保险公司的经营范围由保险监督管理部门核定，保险公司只能在被核定的经营范围内从事保险经营活动。

（三）保险条款的监管

保险条款是保险人与投保人关于保险权利与义务的约定，是保险合同的核心内容。保险主管机关对保险合同及其条款进行审定，对保险关系双方都会产生积极的影响，一方面可以避免投保人接受不公平的条件，保护被保险人或受益人的权益；另一方面可以避免保险人因竞争压力而被迫对投保人作出不合理的承诺，确保保险人的偿付能力。对保险条款的规范，各国一般通过保险合同法来进行。鉴于保险的专业性以及保险合同的附合性，所以有的国家保险监督管理部门对于保险条款进行比较严格的监管。

对保险条款的监管，首先是对保险条款内容的监管，即对于保险标的、保险责任与责任免除、保险价值与保险金额、保险费率、保险期限等的监管。除此之外，不少国家还对保险条款的格式、字体和用词都有严格的规定。

对于保险条款的监管，主要是通过保险条款的审批和备案进行操作。具体方式有以下几种：

（1）由保险监督管理部门制定，经营该项保险业务的保险公司必须执行该条款；

（2）由保险公司自行拟定条款，报经保险监督管理部门审批或备案；

（3）由保险公司拟定并使用，但在使用后一定时间内，需报保险监督管理部门备案，保险监督管理部门在接到备案后对条款进行审查，如发现条款中有法律禁止项，或有危害社会公共利益项或显失公平项，有权要求保险公司修改该条款，或终止执行该条款；

（4）在法律允许的情况下，由保险同业公会依法制定条款。

我国《保险法》修改以前主要采取的是第一种方式，2002年修改后的《保险法》赋予了保险公司制定某些保险条款的权限，在一些保险合同中允许采用第二种方式，体现了保险合同自由订立的原则。

（四）保险费率的监管

保险费率的监管是国家对保险市场进行监管的重要内容之一，其目的在于确立保险费率管理的政策及其厘定的原则，规范保险费率的管理范围；引导保险市场向合理竞争与健康方向发展；促使保险人致力于费用管理，提高经营效率；避免保险公司偿付能力不足的情况发生，维护被保险人的权益。

保险费率的监管方式因保险业务性质的不同而不同。即使同一性质的保险业务，不同国家也有不同的做法。归纳起来，保险费率的监管方式大致可以分为强制费率、规章费率、事先核定费率、事先报批费率、事后报批费率和自由竞争费率等。多数国家对人寿保险费率并不直接管理，每个保险企业之间因竞争而存在费率差别是正常的，但间接控制还是普遍存在的。例如对保险公司红利分配；相互保险组织盈余累积最高比率的限制；保险费中费用部分使用的规定；费率计算时所采用的生命表及预定利率的报批等。因此，人寿保险费率虽然可以由保险公司自由决定，但保险市场上公司相互之间的费率差异并不太大。至于财产保险费率的厘定和调整，各国政府大都规定必须先经核定，方可使用。只是由于政府的核定工作需要一定的时间，使得费率的调整与市场的实际需要不能有效配合。为了解决这种时间差问题，有些国家规定，财产与责任险费率的采用不必事先报批。在他们看来，保险市场中的竞争规律可以对保险费率产生自发调整的作用。另外一些国家采取折衷的办法，规定费率的决定，一方面必须报经政府主管部门核定，另一方面可以先行实施，报批与实施并行。但就大多数国家情况而言，仍采用事先报批的办法。我国保险法第一百零七条规定："关系社会公众利益的保险险种、依法实行强制保险的险种和新开发的人寿保险险种等保险条款和保险费率，应当报保险监督管理机构审批。保险监督管理机构审批时，遵循保护社会公众利益和防止不正当竞争的原则。审批的范围和具体办法，由保险监督管理机构制定。其他保险险种的保险条款和保险费率，应当报保险监督管理机构备案。"　在实践中，保险机构不严格执行条款费率的问题主要表现为：通过非正常批单退费等手段变相降费；擅自修改报备条款，变更承保条件，扩大保险责任，降低保险费率；滥用无赔款优待等费率调节系数或违规协议承保，变相下调承保费率①。

（五）资金运用的监管

资金运用是保险企业收入的一项重要来源，也是壮大和保证保险企业偿付能力的重要手段。保险公司可运用的资金总体来讲有资本金、准备金（包括未到期责任准备金、未决赔款准备金、寿险责任准备金、长期责任准备金、长期健康险责任准保金和保户储金等）和其他资金三部分。保险公司资金存在的形式是各种资产。保险公司的资产按用途的不同，可以分为两大类：一是投资性的资产，其目的在于保值增值；另一类资产属于保险公司营业用资产。在比较成熟的保险市场上，在保险公司的总资产中，投资性的资产一般占绝大部分。对于保险公司来说，通过资金运用，实现资产的保值增值，是保险业务经营和保险市场竞争的重要要求。对于寿险公司而言，如果资金运用收益率达不到寿险保单的预定利息率就会发生利差损，导致保险公司的亏损，影响保险公司的市场竞争力。此外，如果保险资金运用失败，不仅会使保险公司遭受损失，而且因为属于对被保险人负债的保险资金变成了不良资产，将使保险公司无法履行保险责任，进而影响被保险人的利益。所以，保险监管部门必须对保险公司

---

① 资料选自《409 家保险机构去年受行政处罚》，《中国保险报》，2007 年 2 月 28 日。

的保险资金运用进行监管。

保险资金的运用应遵循的基本原则是：安全性原则、多样性原则、流动性原则和收益性原则。这也是各国对保险企业资金运用进行监督管理的宗旨所在。但由于各国经济体制和金融市场的发育状况的不同，对保险公司资金运用的监管也各有特点。一般来说，保险资金运用监管的主要内容，就是规定资金运用的范围，形式及各种投资形式的比例限度等。

我国保险法第一百零五条对保险企业的资金运用作了规定："保险公司的资金运用必须稳健，遵循安全性原则，并保持资产的保值增值。保险公司的资金运用，限于在银行存款、买卖政府债券、金融债券和国务院规定的其他资金运用形式。保险公司的资金不得用于设立证券经营机构，不得用于设立保险业以外的企业。保险公司运用的资金和具体项目的资金占其资金总额的具体比例，由保险监督管理机构规定。"相对于修改前的保险法相关条款来说，此项规定在一定程度上扩展了我国保险公司资金运用的渠道，为其增加盈利提供了更多政策上的便利。

目前，我国保险资金运用的形式与规定如下：

（1）银行存款。保险监管部门对此没有比例限制。

（2）买卖政府债券。保险监管部门对此没有比例限制。

（3）买卖金融债券。保险监管部门对此没有比例限制。

（4）买卖中央企业债券。中央企业债券是指国家部、委一级批准发行，债券信用评级达到 AA+ 以上的铁路、三峡、电力等中央企业债券。债券由保险公司总公司统一购买、自愿购买，中国保监会向保险公司分别下达每期发行债券的购买额度，作为最高限额。保险公司持有的各种债券余额一般不得超过本公司总资产的 20%，持有的同一期债券余额一般不得超过该期债券发行额的 10% 或本公司总资产的 3%，两者以低者为限。

（5）长期大额协议存款。长期大额协议存款指存款期超过 5 年（含 5 年）、每笔起存金额超过 3000 万元的存款。长期大额协议存款仅限于中资保险公司法人机构（总公司）向商业银行法人机构（总行）办理。长期大额协议存款的利率水平、存款期限、结息和付款方式、违约出发标准等由双方协商确定。

（6）投资银行次级债券、银行次级定期债务。保险公司投资的银行次级债券应当是经中国人民银行和中国银行业监督管理委员会批准发行，符合《商业银行次级债券发行管理办法》规定的银行次级债券，并纳入金融债券管理。保险公司投资次级债券的余额按成本价格计算不得超过该保险公司上月末总资产的 15%，投资一家银行发行的次级债券比例累计不得超过该保险公司上月末总资产的 3%，投资一期次级债券的比例不得超过该期次级债券发行量的 20%。保险公司投资一家银行发行的次级定期债务累计占该保险公司上月末总资产的比例为 2%。

（7）买卖证券投资基金。保险公司买卖证券投资基金，应由总公司统一进行，分支机构不得买卖证券投资基金。此外，保险公司买卖证券投资基金必须向中国保监会申请，经批准后才能买卖证券投资基金。保险公司持有的证券投资基金总额占总资产的比例，由中国保监会根据各保险公司资产负债率、资产结构、资产质量、资金运用收益率等因素，并以上年末的总资产为基准来核定。保险公司持有的单一基金按成本价计算，不得超过保险公司可用于购买证券投资基金的资产的 20%。

（8）债券回购。作为全国银行间同业市场成员的保险公司可与其他全国银行间同业市场成员在银行间同业市场上进行债券回购交易。交易的券种为中国人民银行批准交易的国债、中央银行融资债、政策性银行金融债券等债券。保险公司在全国银行间同业市场交易的债券必须在中央国债登记结算有限责任公司托管和结算，不得转托到证券交易所。

（9）直接股票投资。2004 年 10 月，经国务院批准，中国保监会联合中国证监会下发了《保险机构投资者股票投资管理暂行办法》。允许保险公司直接投资股票，这是我国保险资金运用管理体制上的一个重大的改革。保险资金直接投资股票市场是保险机构投资者有效分散资金运用风险，增加市场投资机会，促进保险盈利模式改革的重要途径之一，对加强保险市场与资本市场互动发展具有重要而深远的意义。为加强风险管控，中国保监会借鉴国际通行做法和国内成功经验，引入了专业的第三方托管，确定了托管银行的外部监督职责，建立了分工明确和相互制衡的体制机制，并充分发挥托管银行的信息优势，解决监管部门实时监管的数据来源问题，提高监管效能。此外，为加强市场监管，我国金融监管部门将建立对保险资金直接投资股票市场的协同监管机制，加强对有关金融机构从事保险资金运用相关业务的监管协调，共同防范系统性金融风险。

在实践中，保险机构的违规行为可能难以明确归到上述某一方面，但的确属于违规行为并应是保险监管机构监管的内容，如业务数据不真实，表现为虚假注销保单、制作阴阳保单、违规批单退费、夸大赔案损失；财务数据作假，表现为虚增保费、虚列佣金支出、虚增费用支出；资金账外运行，表现为设立账外账、小金库、坐扣、截留保险费等。

（六）再保险监管

由于再保险业务的特殊性，世界各国对于再保险监管的认识、再保险监管的方式和内容均存在差异，但其最终目的都是要在分散风险与抑制保费外流之间谋求平衡。我国再保险监管的内容和范围主要有以下一些：

1. 再保险人的准入和退出

对市场主体资格的监管是再保险市场监管的主要内容。随着法定分保商业化运作的推进，规范经营再保险业务主体的资格，建立完善的准入和退出机制成为保证再保险市场健康运行的关键。

对专业再保险人在准入原则上应该视不同的主体类型而有所区别：对于国内再保险公司的准入，原则上应与直接保险公司相同，参照《保险法》和《公司法》的规定进行审批。但由于再保险技术的难度和经营的风险的性质对资本金和高级管理人员的要求应高于直接保险公司；对于国外再保险公司的准入，则不能以其在当地的资产衡量所具有的资金实力，而应以其总公司在全球范围内拥有的资产为衡量标准，否则会极大地降低跨国再保险集团的承保能力，因为它放到每一个国家的资产毕竟是有限的，而当最终偿付时会调动总公司的资产以保证其偿付能力；对其信用状况，则可以参考国际上对再保险公司的信誉评级。

专业再保险人的组织形式应该采用股份制。另外还可以成立国内分保集团。组建分保集团的目的是集中处理高风险业务，如核能风险、航空航天风险等。这种分保集团有一定的政策性，用以满足法定分保不能解决的巨灾风险分保的需求。

对于已有的保险公司扩展其再保险业务的资格核准，其实是对公司经营新业务的资格核准。这比专业公司主体资格的审批要简单得多。对于这些公司经营商业化的再保险分入业务资格审核时监管部门应主要考核其资本金的实力和经营再保险的技术水平。而对其经营法定分保业务的资格评定则要全面考核其经营绩效、信用等级和技术水平。

对于跨国专业再保险公司的准入条件没有直接保险公司严格。一般的，跨国专业再保险公司的准入条件包括如下几点：总公司的资本金要求；在国内设立代表处的年限；法人代表的资格要求，如无犯罪记录、具有居民身份或长期居住中国等；营业范围的要求，如不做直接业务；组织形式的要求，即必须是分公司（因为是子公司的话，其偿付能力会受到限制）；保证金要求，即在中国必须保有与在国内因再保险业务引起的负债相等数额的资金，但可以采用多种形式，如现金、合格的信用证等。

2. 偿付能力监管

就再保险的监管范围来说，偿付能力也是最重要的一项内容。再保险的偿付能力监管还必须从分出公司和分入公司两方面考虑。在对再保险的偿付能力进行监管时，需要注意的是分出公司的自留额和准备金问题。原保险公司自留额的监管是对原保险人进行偿付能力监管的内容之一，在对公司进行财务绩效考核时有一个指标专门分析再保险对原保险公司偿付能力的影响：本期分保费支出/盈余。该比率衡量再保险在原保险公司的净资产中所占的比重，考察资本依赖于再保险的程度和资本结构的合理性。如果比率较高，换一个角度，表明资本相对不足，偿付能力对再保险依赖性增强。本期分保费支出和自留额是相互消长的关系：分保费支出增加意味着自留额减少。由此可见，减少自留额虽然可以在账面上保证公司的偿付能力，但在综合评价公司的盈余能力时，过多地依赖再保险仍然被视为偿付能力潜在不足。此外，自留额与分出额的比例关系反映了原保险人对风险的评估和与再保险人共担风险的诚意。对自留额的监管只有上限的规定是不够的，还应该对特定的再保险合同的自留额下限做一定的要求。在再保险业务商业化运作的条件下，对于自留额的上限、下限标准可以根据实际的再保险合同内容和风险性质、大小以及原保险人和再保险人的接受能力来进行，而不只是简单执行法规的统一规定。

分出公司利用再保险可以减少公司提存准备金的额度，分出业务所需的巨灾风险的准备金可以转移给再保险人由其提存，从而减少公司的负债，达到偿付能力的要求。在美国，符合法律规定的再保险计划可以为原保险公司获得许多税收和准备金提取监管要求上的优惠和放宽。然而，如果再保险分入业务存在准备金提取不足，这无疑使分出业务的风险没有因为再保险人的介入而获得保障。所以，监管部门一是要监督原保险人足额扣提准备金，二是在再保险人的准备金不足的情况下对原保险人的偿付能力进行新的调整，增加其提存准备金的责任以保证保单持有人的利益。

对于再保险人的偿付能力监管我国目前还没有专门的规定。我们可以参照对原保险公司偿付能力监管的模式进行设计。第一层次：日常的偿付能力监管，包括：价格，投资，准备金，信息披露，设立日常规范的再保险人财务报表制度，坚持对各种财务报表的审核，如资产—负债估价、年度会计报表披露、注册精算师关于损失准备金的意见、再保险人提存保险准备金和赔款准备金的报告等。

第二层次：最低偿付能力额度。由于再保险业务的高风险性，监管部门应该为其设立较原保险公司更为严格的额度标准。同时对公司实际资产和实际负债的核定要进行明晰地规定，其估价要经过注册会计师的认可。我国《保险法》规定："经营财产保险业务的保险公司每一会计年度的自留保费不得超过其实有资本金加公积金（资本公积、盈余公积）总和的四倍。""保险公司对每一危险单位，即对一次保险事故可能造成的最大损失范围所承担的责任，不得超过其实有资本金加公积金总和的 10%；超过部分，应当办理再保险。"

此外，对再保险人进行信用评级也是国际上通行的偿付能力监管方式。

3. 再保险合同监管

鉴于再保险业务的专业性及其对稳定整个保险市场的特殊作用，再保险的分保条件不能完全由合同双方根据供求关系通过讨价还价来确定，必须对其进行一定程度的监管。这和对其他保险险种费率的监管缘出一辙。另外合同中对双方在财务关系上的特殊条款反映了再保险技术在具体业务中的运用，这些也是监管部门在审核长期、业务量大的再保险合同时要十分注意的。

4. 再保险中介监管

目前我国的再保险中介还没有发展起来，但其成长的趋势却是显而易见的。在发展之初就先制定规范可以收到更好的监管效果。对于再保险中介的要求应该比保险中介的要高，尤其是对专业再保险中介公司的资本金和技术水平更要严格把关。同时随着市场的开放，我们还面临着对国际再保险辅助人的核准问题。制定再保险中介法规和举办再保险中介资格考试是可行的监管方法。对再保险业务进行监督管理，有利于保险公司及时分散风险，保持经营稳定，有利于限制保险费外流，保护本国保险业的发展。一般在发达国家，由于其保险公司经营实力雄厚、管理技术先进、保险市场的自由化和商业化特点显著，对再保险很少直接进行行政干预，也无具体的法定分保内容，但在发展中国家和地区，一般都由政府出资成立了官方专业再保险公司或开展半官方的政策性再保险业务，并对再保险进行监管。

第三节　保险监管的方法

一、现场检查

保险监督管理部门对保险监管对象进行检查的方式主要有两种：一种是非现场检查，即建立保险监管信息系统，利用监管指标体现监管偿付能力的变化。主要是估计保险公司上报的各种报告、报表和文件，检查保险公司经营活动是否合法、合规，风险性如何等。另一种是现场检查，主要是保险监督管理部门的人员根据需要对保险公司进行实地现场检查，以判断保险公司所提供数据的准确性，检查保险公司的各项财务指标是否符合有关法规的规定。这两种方式各有其优点，相互配合，使得保险监管管理更加完善有效。

现场检查是指保险监督管理机构及其分支机构派出监督管理小组到各保险机构进行实地调查。现场检查有定期和临时检查两种，临时检查一般只对某些专项进行检查，定期检查要对被检查机构作出综合评价。现场检查的重点是被检查保险机构内部控制制度和治理结构是否完善，财务统计信息是否真实准确，保险投诉是否确实合理。现场检查的内容包括：被检查保险公司的报告和报表的准确性，被检查保险公司的总体经营状况，内部控制制度的完善程度，承保和理赔情况，以及各项责任准备金提取数额，财务统计信息的完善程度，非现场或以前现场检查过程中发现的问题，执行保险法律法规的情况。为保证现场检查管理的质量，保险监督管理机构要建立清偿的、与检查频率和范围有关的规定，同时制定必要的检查程序和处理方法，以确保工作的严格进行，保证既定目标和检查结果相统一。

现场检查一般分为以下几个阶段：

1. 检查准备阶段，包括对相关材料初步审核、确认、制定现场检查方案、确定人员及下发检查通知书；

2. 检查实施阶段，包括出示授权检查文件，说明检查目标，听取汇报，查阅有关账册、报表、文件或其他档案材料，整理现场记录及与被检查单位交换意见，核对事实材料等；

3. 报告与处理阶段，包括编写检查报告，起草检查结论和处罚决定，送领导审批报告和决定等；

4. 执行决定与申诉阶段，包括编写检查报告，起草检查结论与决定，送领导审批报告和决定等；

5. 后续检查阶段。

我国《保险公司管理规定》第八十九条规定："中国保监会对保险机构的监督管理，采取现场监管与非现场监管相结合的方式。"保险法第一百零九条规定："保险监督管理机构有权检查保险公司的业务状况、财务状况及资金运用状况，有权要求保险公司在规定的期限内提供有关的书面报告和资料。保险公司依法接受监督检查。保险监督管理机构有权查询保险公司在金融机构的存款。"《保险公司管理规定》第九十一条明确规定了保监会现场检查的具体事项，包括：

1. 机构设立或者变更事项的审批或者报备手续是否完备；

2. 申报材料的内容与实际情况是否相符；

3. 资本金、各项准备金是否真实、充足；

4. 偿付能力是否充足；

5. 资金运用是否合法；

6. 业务经营和财务情况是否良好，报表是否齐全、真实；

7. 是否按规定对使用的保险条款和保险费率报请审批或者备案；

8. 与保险中介的业务往来是否合法合规；

9. 高级管理人员的任用或者变更手续是否完备；

10.需要事后报告的事项是否及时报告；

11.中国保监会认为需要检查的其他事项。

二、非现场检查

非现场检查是指保险监管部门审查和分析保险机构各种报告和统计报表，依据报告和报表审查保险机构对法律法规和监督管理要求的执行情况。非现场检查的作用在于它能反映保险机构潜在的风险，特别是现场检查间隔时期发生风险的可能，从而提前防范风险，并在风险表现化、扩大化和公开化之前，迅速制订化解措施。由于保险监督管理机构在进行非现场检查时，一般要求保险机构报送各类报表，通过对报表资料的归并、汇总和上报，既可以发现个别保险机构存在的问题和矛盾，也可以了解整个保险系统以及市场体系的总体趋势。同时，非现场检查还能为保险监督管理机构的业务质询工作提供依据。非现场检查报告，在大多数发展中国家，成为非现场稽核的基础。但常常局限于收集的偿付能力、准备金计算和资产负债表等报告信息资料和数据的准确性差，使风险分析和评估缺乏可靠性和科学性。而在西方发达国家，非现场检查在业内得到了普遍的重视和应用。保险监管机构一般都建立了监督管理控制系统，确定了一套较为科学的监督指标体系，建立和完善了保险业务报送稽核制度。为确保非现场检查方式在保险风险监督管理中发挥应有的效力，保险监管机构一般要求保险公司的报表要具有时效性、准确性和真实性，以便对数据资料进行分析比较，与整个监督过程相对，以弥补薄弱环节。保险监督管理机构要制订各种各样的标准报表，每个保险公司保险根据不同的内容分别按月、季、半年、年向监管机构报送。一般而言，资产负债表按月报送，反映资产流动性的报表按季报送，反映经营业绩的报表按年报送。保险监管机构收到这些报表后，对保险公司的各种风险进行评估，如果发现问题，便责成保险公司立即整改。必要时，还可聘用外部注册会计师或审计师检查。这是现场检查方式的协同检查，这种检查工作不是由保险监督管理机构来操作，而是由其聘请的注册会计师和审计师来操作，或者由双方共同完成。有些国家保险监督管理部门对于委托检查的外部注册会计师或审计师的身份、资格有所选择。我国尚未形成这种制度，但随着"两师"制度的逐步完善，聘用注册会计师和审计师进行监督管理是可能的。《保险公司管理规定》第九十四条规定，"保险机构应当按照规定及时向中国保监会报送营业报告、精算报告、财务会计报告、偿付能力报告和有关监管报表。"

现场检查与非现场检查这两种方法各有其优势和特点。一般来说，非现场检查方法，限于反映一个时点信息，它完全依赖资产负债表等报表的真实性和准确性。因此非现场检查是对现场工作相对项目少或者缺乏针对性而开展的。而现场检查方法，作为一种有效的监督方法，可以获得非现场分析所得不到的重要信息，而且具有真实性和全面性。这为对被检查单位作出准确评价提供了依据。因此，在通常情况下，应该把现场检查和非现场检查结合起来进行。非现场检查具有全面性、连续性监控的特性，能够帮助保险监管机构有效地确定开展现场检查的范围，调整进行现场监督的频率，增强现场检查的针对性。因此，两种方式是相互支持、缺一不可的。保险监管机构要强化管理监督，必须对两种检查方法加以综合运用，充分发挥两种方法的作用。

另外，保险监管机构对保险公司的检查，应该坚持监督、管理、处罚相结合，建立起双向反馈的信息网络，定期公布检查结果，并根据监测结果评定风险管理等级。保险监督管理部门在对保险公司进行检查后，必须对保险公司违反保险法及其他有关法规从事保险业务的活动进行处罚，即保险公司应当承担相应的行政责任和法律责任。

三、外部监管

保险业的外部监管主要是指保险信用评级和保险独立审计。

（一）保险信用评级

保险信用评级是指由独立的社会信用评级机构，利用保险市场的公开信息和部分保险企业内部信息，通过加工并出售保险信息产品的形式，为保险市场参与者提供服务的一种制度。保险信用评级机构采用一定的评级办法对保险公司的信用等级进行评定，并用一定的符号予以表示，从而把保险公司复杂的业务和财务信息转变成一个很容易理解的反映其经济实力的级别符号。它们使用特定的标准来评估保险公司，挑选决定稳定的因素，并把其评判意见转换成以英文字母来代表的等级，每个等级对应于不同的经济实力。虽然信用评级的结果并不具有强制力，但评级机构以其自身的信用决定人们对其评定结果的可信度，并通过向保险市场提供信用风险评估的统一标准和信用分析服务，使得市场具有高度的透明度。这种透明度对保险人的作用表现在降低保险公司的融资成本；有利于保险公司董事会履行对股东和保单持有人的信托责任；有利于保险公司顺利进入国际市场。对投保人的作用表现在影响投保人的投保决策；决定投保人的投保行为；维护保单持有人的信心。

保险信用评级机构的作用主要有：

1. 降低监管成本，提高监管效率

保险监管部门面临的最大问题是如何将有限的资源充分发挥作用。保险监管机关在人力有限、任务繁重的情况下，通过把获取并处理信息的工作交给具有专业职能的信用评级机构来完成，可以降低监管信息成本，提高监管效率。保险监管机构利用信用评级结果，确定审查对象的范围及其顺序，维持保险市场的秩序。

2. 提供预警信号，减少监管失误

保险信用评级作为风险信息的预警系统，能够向保险监管机构提供客观的预警信号。保险监管机关通过将信用评级机构的评级结果与监管机构的信息系统得到的结果进行比较，相互印证，以减少因信息不充分而引起的偏差或失误。从这种意义上说，信用评级可以成为保险监管机关制定政策的参考依据或标准。正因为如此，保险信用评级及其机构成为保险监管机关进行有效监管的辅助工具。

（二）保险行业独立审计

独立审计，也称注册会计师审计，是指注册会计师对某一经济组织关于其有关经济活动和经济事项的认定，在充分、适当地获取各种证据，并对这些证据进行客观的评价之后，确定哪些认定符合相关既定标准的程度，并就此发表负有法律责任的意见。独立审计监督的目的是对被审计单位会计报表的合法性、公允性及会计处理方法的一贯性发表审计意见。合法性是指被审计单位的会计报表的编制是否符合会计准则和国家其他有关财务会计法规的规定；公允性是指被审计单位的会计报表是否在所有重大方面公允地反映了其财务状况、经营成果和资金变动（或现金流量）状况。一贯性是指被审计单位会计处理方法的选用是否符合一贯性原则。

保险行业独立审计是指由独立的审计机构依法接受委托，对保险公司的会计报表及其相关资料进行独立审计并发表审计意见。负责审计的机构通常是注册会计师事务所和审计师事务所。借助于独立审计的鉴真功能，保险监管系统可以获取真实可靠的财务基础数据，准确计算和掌握保险公司的偿付能力，保证偿付能力监管机制的正常运行，充分发挥偿付能力监管的作用，增强保险监管力度。独立审计不仅有助于加大保险监管力度，还有助于提高保险监管效率。通过独立审计，保险公司的财务报表以及报表所反映的业务情况得以客观、公正的评价。以此为基础，保险监管可以大量采取非现场监管方式，利用经过独立审计的财务报表和其他文件，根据监管需要对保险公司的经营现状和未来发展趋势进行分析、评价和监测，从而提高监管效率。

在保险行业的独立审计上，注册会计师主要是接受保险公司或保险监管部门的委托来开展审计工作。由于其客观公正性，世界各国在加强对保险行业监管时都比较重视独立审计部门的意见。有的国家甚至要求保险公司必须委托注册会计师对其业务和财务状况进行审计。如美国，保险监督官根据实际情况进行审计，所有审计费用由保险公司支付。我国在 1980 年恢复了注册会计师审计制度，但对保险公司的审计一直都是由国家审计署及其派出机构进行，真正意义上的独立审计制度尚未建立起来。在委托注册会计师对保险公司进行审计上，我国还只是刚刚开始，目前只要求由注册会计师对新设保险公司股东资格审定和资本金真实性进行验资。

除此之外，保险行业自律也是保险监管体系中不可或缺的一个组成部分。保险行业自律即保险行业自我管理，是指保险行业通过建立行业公会等行业组织形式，在遵守国家对保险业管理的法律法规的前提下，对保险行业内部相互关系的自我约束和协调。保险行业自律组织对保险市场的监管发挥着政府保险监管机构所不具备的纵向或横向的协调作用。但是行业自律的作用是有限的，它只能是政府监管的一种补充。

四、保险保障基金

保险监管的最重要的目的就是保证保险人的偿付能力，保障被保险人的利益。但是在一个竞争性保险市场中，保险人无偿付能力的情况是不可避免的。因此政府必须建立合理的保险偿付担保机制来保护无偿付能力保险人的保户。保险保障基金正是被各国广泛采用的一种保险保障机制①。

保险保障基金是为了保障全体被保险人的利益而设立的专项基金，主要被

---

① 从某种程度上来讲，保险保障基金的存在违背了市场经济的游戏规则。如果买者知道在即使保险人破产的情况下，他们也可以不受损失或损失很小，他们就会缺乏调查和监督保险人偿付能力的动机。另外如果保险保障基金评估机制中对保险人的财务实力不加区分，就会增加保险人发生道德风险的机会，从而进一步削弱市场的力量。

用于对索赔人的补偿。它由各保险公司分别提取、缴纳，由保险监管部门集中管理，决定统筹使用。

建立保险保障基金的主要原因是保单持有人相对于保险人的信息不对称。在保险业，完全的信息包括对保险公司无力偿付的概率以及潜在损失的了解。保单持有人为了避免保险公司无力偿付所造成的损失，他们倾向于从实力雄厚的保险公司购买保险。在一个有完全信息的竞争市场上，只有那些能够满足保单持有人安全性要求的保险公司才能生存下去。当保险人失去偿付能力的期望损失太高时，市场将自动对其进行惩罚，市场本身的监管可以无需任何费用就将保险公司的安全性维持在一定水平，从而实现经济福利的最大化。但是这种理想的竞争状态是不可能实现的。预测保险人无力偿付的概率及其成本是十分困难的，它超出了大多数保险客户的能力范围。另外，许多保险合同（尤其是人寿保险合同）都是长期合同，一个掌握完全信息的客户在今天即使从一家安全的保险公司购买了保险，它也无法控制保险人在未来的安全水平。客户所掌握信息的不完全性以及已经持有多年的保险合同，也都从不同侧面说明了建立保险保障基金以保护保单持有人的必要性。

我国《保险法》第九十六条规定："为了保障被保险人的利益，支持保险公司稳健经营，保险公司应当按照金融监督管理部门的规定提存保险保障基金。"保险保障基金应当集中管理，统筹使用。从各国的做法来看，保险保障基金的提存主要有两种不同的方式：一是事先提存，即在尚未出现赔付不足时，由各保险公司先提存出专门的基金，并逐渐积累；二是事后提取，就是当某家保险公司丧失偿付能力之后，在按照保险保障基金的实际需要量，在各保险公司中筹集。

在我国，保险保障基金采取事先提存的方法，一方面可以将保险保障基金的负担在时间上分散开，有利于各保险公司的财务安排，以免在突发事故中，要在短期内为一家规模较大的无力偿付的保险公司筹集巨额保险保障基金；另一方面，让所有的保险公司在定期内向保险保障基金出资，避免丧失偿付能力的保险公司逃避缴纳责任。

保险保障基金主要在以下两种情况下发挥作用：第一，当有保险公司破产时，其破产财产不足以清偿的保单债务，用保险保障基金给予一定比例的补偿（一般不予全额补偿），以减轻被保险人因保险公司破产所造成的损失。第二，当有的保险公司在经营过程中，因现金短缺发生困难时，一般向银行申请贷款不一定能得到，而且利率较高，这时也可以用保险保障基金予以援助，向保险公司发放低息贷款①。

第四节　国际保险市场监管

一、欧洲

欧洲保险监管的一个很大的特点就是两种不同的监管模式并存。以英国为代表的松散监管模式和以德国为代表的严格监管模式一直在欧洲市场内部并存。而欧洲保险监管的最显著的变化就是在区域经济一体化的带动下，各国的保险监管的内容、宽严程度等开始逐步融合。在欧盟内部，在保险监管上原本差别很大的国家都在努力缩小差距，力图实现市场监管的统一，从而为欧洲统一的保险市场的发展扫清障碍。我们以英国和德国为例来分析欧洲保险监管的发展。

（一）松散的监管模式——英国

英国的保险监管制度采用"公开性自由"原则，实行由议会立法、贸工部全面监督管理和保险同业公会自我管理相结合的管理体制。其主要特点是，国家对保险业的监管主要集中在保险公司的偿付能力上，而对保险公司的市场行为、费率制定、承保条件等方面则依靠市场自由竞争来调节。

英国现行保险立法是《保险经纪人法》、《1982 年保险公司法》和与之有关的保险条例：《1983 保险公司财务条例》、《1981 年保险公司条例》、《1983 年劳合社保险条例》以及贸工部关于收费标准的法律文件、《1990 年保险公司法律费用保险条例》和《保险公司修改条例》。

英国的保险监管部门是贸工部下设的保险局。保险局的职责主要有两个方面：一是监督保险公司的偿付能力；二是禁止不称职人员管理保险公司。具体监管内容包括：批准保险公司的设立，审查负责人、董事、经理人员是否称职，财务审核，干预权的行使。

英国保险业以高度的行业自律为特色。保险业自律组织负责各自不同的管理范围。行业自律的主要机构有：劳合社理事会、英国经纪人委员会、保险推事局、保险人协会、寿险组织协会和个体保险仲裁服务公司等。

---

① 2007 年 5 月底保监会鉴于新华保险公司股东的变动，动用保险保障基金收购新华人寿 3 个股东的 22.53%股份，并成为公司的第一大股东。这是我国设立保险保障基金以来的第一次动用。资料选自 2007 年 6 月 21 日《新闻晨报》。

英国的这一保险监管制度对英国保险业的发展和英国保险市场的繁荣起到了促进作用，但是随着金融自由化的发展，混业经营成为一种不可逆转的潮流。面对这种变化，英国政府及时采取了应对措施。英国政府于 1997 年 5 月之后开始对金融服务业的监管进行全面的检讨，并将整个英国金融部门的管理责任交给财政部。财政部下设金融服务管理局，金融服务管理局作为主要的监管机构，负责对银行业、保险业、投资和其他金融活动进行监管。金融服务管理局有四项监管目标：保持公众对金融体系的信心，促进公众对金融体系的理解，通过确保金融机构的稳健经营保护消费者利益、防止洗钱、误导、欺诈等各类金融犯罪。原先负责监管保险业的贸工部保险局则逐渐向财政部转移其原有的监管功能，直到金融服务管理局完全发挥其监管功能为止。

（二）严格的监管模式——德国

德国设立了专门的保险监管机构——联邦保险监管局，对保险业进行统一的监管。德国保险监管一向推崇管制而排斥竞争，因而注重申请的限制、最低资本额的规定、对保险公司经营行为的干预及保险资金的使用等方面。其中对保险公司经营的控制尤其受到高度关注，这主要表现在：（1）统一的契约和危险分类，例如，在德国汽车保险中，监管部门将危险分为几类，由保险公司作为承保的共同依据。在此基础上，契约也是标准化了的；（2）费率控制，所有的保险公司必须按监管规定，确定各自的费率。制定的方法是：风险保费加上预计管理费用和佣金，再加上安全准备金和总保费 3%的收益率，其中平均保费由行业平均损失率确定，预计管理费用由前年的结果来确定，佣金不得超过保费的 11%；（3）利润控制，德国保险管理机构认为保险企业的利润水平不应超过总保费的 3%，超过部分要返还被保险人；（4）偿付能力控制，对德国而言，偿付能力指标只是作为一种早期预警指标，只有当出现非常紧迫的偿付能力问题，监管部门才会采取干预措施。

德国保险监管部门对保险公司之间的过度竞争保持了高度警惕，认为出于保护被保险人利益的需要，保险部门有干预保险公司经营行为的权利。但是随着欧洲保险市场的统一，德国的保险监管当局也开始放松管制，引入竞争，如规定除特定类别保险外，其他费率不受限制等措施来满足欧洲统一保险指令的要求。

德国保险监管与英美两国的相比有一个显著特点，就是一直允许银行、保险、证券业务相互渗透，实行混业经营。其混业经营的典型形式就是全能银行。德国金融行业的这种特殊的经营模式给德国金融业的国际化发展带来了巨大的优势，保险业也同样受益匪浅。

（三）欧洲保险监管的变化

在欧洲保险市场一体化的进程中，由于欧洲各国在监管方式、监管内容以及监管法律依据等方面的不同，严重地妨害了一体化的进程。因为，如果欧盟成员国的保险企业认为其所在国家的保险监管立法以及监管制度比其他成员国相对严格的话，那么在理论上就存在一种危险：保险人会试图寻求到保险立法和保险监管制度较为宽松的保险市场去经营，这样就会导致保险监管的标准降低，最终危害保险消费者的利益。因此，欧盟各成员国面临的首要问题，就是制定保证欧洲单一保险市场形成和发展的有欧盟各成员国共同遵守的法律和监管制度。通过欧共体—欧盟三代保险指令的颁布与贯彻实施，目前，欧盟各国的保险监管基本确立了本国监管原则和单一执照原则，实现了欧盟内部的保险监管的相互认可。

二、美国

美国保险业以州政府为主体的监管体系是在美国联邦政治体制的基础上逐步建立和发展起来的。目前，美国保险监管的独特框架不仅有效地支撑了其庞大的保险市场体系，而且通过创立保险监督官协会，应用信息技术，成功的协调了各州政府之间监管的差异性。尽管美国保险监管史上也曾出现过大量的保险公司倒闭、破产事件，但总的看来，美国的保险监管体系是稳定的、健康的，适应了保险发展的需要。

（一）美国的保险监管体系

美国对保险业实行联邦政府和州政府的双重监管制度，联邦政府和州政府拥有各自独立的保险立法权和管理权。各州法院通过对保险法的司法审查也发挥着一定的监管作用。在全美保险监督官协会（NAIC）努力下，美国各州保险法的内容已无太大差别。

1. 联邦政府监管

在美国的保险监管中，联邦政府主要在以下几个方面开展自己的活动：（1）通过经济政策进行宏观调控，联邦政府的经济政策走向对保险公司的发展有巨大的影响。（2）直接的行政监管。（3）联邦政府直接操作多种多样的保险计划，以满足社会的需要。这些计划主要包括：社会保险，存款保险，政策性保险。

2. 州政府监管

美国保险监管体系的独特之处，在于州政府在其中发挥的主导作用。州政府是保险业的主要监管者。50个州都设立了专门的监管机构，个别的州政府设立了综合性的监管部门，如华盛顿特区的保险和证券监管局。所有美国保险公司和再保险公司必须在至少一个州登记注册，并接受所在州和有营销业务的州的监管。各州保险局对辖区内的保险机构进行非现场检查和现场检查，现场检查的频率为3至5年1次，检查的结果送达被检查的保险机构设有分支机构或有业务关系的所有州府保险局。另外，各州保险局还建立了监管信息的通报制度，以便加强对保险机构监管的州际合作。

3．美国保险监督官协会（NAIC）

美国保险监督官协会是对美国保险业执行监管职能的部门。它是一个非盈利性组织，由美国50个州、哥伦比亚特区以及4个美国属地的保险监管官员组成。

保险监督官协会（NAIC）的主要工作职责是：召开全国会员大会，制定全国性的监管政策和决议；制定示范性的监管规定；建立保险市场信息系统，财务分析系统，偿付能力分析与检测系统；发展联邦和国际关系；进行监管技术的培训，投保人的投诉处理与服务等。

（二）美国保险监管的内容

美国州政府对保险监管的内容主要集中在市场行为监管、偿付能力监管以及费率监管。

1．市场行为监管

州政府对市场行为的监管可以分为以下几个方面：（1）保险公司的设立与营业许可。各州都有保险公司申请设立的法律规定。保险公司的设立必须首先通过州政府的批准，然后，还要获得州政府的业务经营许可才能开业。保险公司营业许可的要求和标准要比其他类型的公司高得多。其标准在各州是不同的。各州在审批保险公司时，将保险公司分成三类，一是境内公司，即总部设于本州的公司；二是境外公司，即总部设于其他州的分公司；三是外国公司，即总部设在国外的分公司。这三类公司的申请设立程度基本相同。（2）保单格式管理。保单格式的管理是保险监管的一项重要内容。各州从保护公众利益的角度出发，要求各公司在保单使用之前必须报保险局批准。（3）保险营销与客户保护。各州都有关于保险营销和客户保护的规定，这些规定具体内容上虽然有所不同，但在保护保险客户的目的上却是一致的。其中有关代理和经纪人的规定，从保险营销人员的素质上对保护保险客户提供了保障。除此之外，各州还对保险营销中的不公正竞争、回扣和投诉等问题作了具体的规定，以保护投保人的合法权益。

2．偿付能力监管

美国各州对保险公司偿付能力的监管主要从以下几种方面进行：（1）资本

和盈余要求。保险公司在开业前必须满足各州规定的有关资本和盈余的最低要求。不同的州、不同的保险业务有不同的标准，通常在 50 万到 600 万美元之间。当保险公司的资本和盈余达不到本州规定的最低标准时，必然导致监管机构的介入。（2）风险资本管理。风险资本的要求将保险公司的资本与其所特有的混合体的特性（风险、承保、投资和经营）联系起来。1992 年美国通过了人寿与健康保险公司的风险资本（RBC）法，1993 年，财产与责任保险公司的类似法律也被通过。人寿与健康保险公司的风险资本公式包括 4 类主要风险：资产风险、保险风险、利率风险和营业风险。财产与责任保险公司的风险资本公式包括资产风险、信用风险、承保风险和资产负债表外风险。风险资本公式将各种因素应用于年度财务报表中的数据以确定每类风险所需的风险资本定额。（3）财务报告要求。保险公司必须提供年度和季度的财务报表，这些财务报表将报送给其所在的州、批准其开展业务的州以及美国保险监督官协会。州保险局将对报表所提供的信息的准确性和合理性进行评价，并决定是否有必要对保险公司作进一步的调查。美国保险公司必须分别按照通用会计准则（GAAP）和法定会计准则（SAP）编制年度财务报表，这两个准则的主要区别在于他们的稳健程度不同，在未认可资产、再保险、递延招揽费用、债券、递延所得税等方面，二者的规定有显著的区别。（4）保险监管信息系统。NAIC 的保险监管信息系统（IRIS）是在 NAIC 早期预警系统的基础上发展而来的。它是由各州保险监管官员的一个委员会建立的．其主要目的是协助各州的保险局依法监控在本州营业的保险公司的财务状况,帮助监管机构发现需要重点监控的保险公司。

3. 费率监管

大约有半数的州规定，财产与责任保险的费率在实施之前必须获得州保险局的批准。根据这些"事先批准"法律的要求，保险公司提出的保险费率以及其后的任何增加或减少都必须有充足的精算依据和损失数据的支持。保险监督官负责决定这些保险费率是否合理或充足。即使在批准以后，保险监督官仍然有权力否决已经批准的保险费率。

另一些州实施的是自由竞争的法律,它们允许保险公司自己确定保险费率。保险公司之间相互竞争，可以随意提高或降低保险费率，保费的合理性是通过竞争的力量来维持的。虽然保险公司承担超额风险的威胁仍然存在，但有关偿付能力和财务报告的要求可以对此有所遏制。

介于上述两种费率监管方式之间的是"申报并实施"法律。保险公司首先将其费率向州保险局进行申报,但是不必等待州保险局的批准即可实施。与"事先批准"法律一样，保险监督官也可以随后否决这些保险费率。"申报并实施"

法律避免了事先批准法律条件下从申报到批准之间的时间延误。

三、日本

（一）现行保险监管体系

1. 金融厅

20 世纪 90 年代，日本金融机构资产恶化，陷入了经营困难的局面，金融监管政策限制竞争以及行业分割式的监管体制受到了日本各界的指责。为改变这一局面，日本政府进行了一系列的金融改革。1997 年 6 月，日本通过了《金融监督厅设立法》。1998 年 6 月，成立负责对经营金融业的民间企业实行检查、监督的金融监督厅。

金融监督厅为总理府直属局。过去由大藏省和大藏大臣管辖的对保险公司的市场准入审批、监管、检查等业务全部交由金融监督厅长官管辖。其中，原保险第一、二课的监管职能移至金融监督厅监管部保险监管课，保险第一、二课调查室的规划职能移至大藏省金融企划局企划课，金融检查部的检查职能移至金融监督厅检查部。

1998 年 6 月，《中央省厅等改革基本法》开始实施。根据该法，2001 年，金融监督厅改组为"金融厅"。

2. 金融审议会

过去，大藏省按金融行业设立了不同的"审议会"，这些审议会为非常设性机构。由各行业代表、学者组成，直接向大藏省大臣报告其对该行业发展和对政府监管政策的意见。成立金融监督厅后，保险审议会、金融制度调查会（属于银行业）、证券交易审议会合并为金融审议会。

（二）日本保险监管的内容

1. 寿险产品监管

按 1996 年之前的《保险业法》规定，保险公司在开始销售新险种时，须向大藏大臣提交"普通保险条款"、"事业方法书"、"保险费及责任准备金计算方法书"等基础文件，并须得到大藏大臣的认可。变更这些文件的有关内容时，也须经大藏大臣认可。

1996 年《保险业法》施行规则规定：特定险种改为呈报制。日前，呈报制险种限定于投保人利益受到侵害可能性较小的险种，主要是以大企业为对象的大宗团体保险、与国际性交易有关的保险以及以具有专门知识的企业为投保人的保险。今后，日本将逐步扩大呈报制险种的范围。

对寿险费率、分红的计算方法，盈余金分配方法的登记、变更须经监管部门认可，1996年修改《保险业法》后，施行规则中将分红保单的"分红下限"由1996年以前的90%降低到80%。

2．再保险监管

经营有关再保险业务不需要专门的经营许可，取得寿险或财产险的经营许可后即可经营。因此，任何保险公司都可以经营再保险的分出、分入业务。再保险的保险费率，原则上由交易双方协商决定。

3．对寿险销售的监管

从事保险销售的人员，须进行寿险销售人（营销员）、财险销售人或保险经纪人登记。1996年以前的《保险业法》规定寿险销售人登记须遵循独家专属原则；1996年《保险业法》改为在不损害投保人利益的情况下可为多家保险公司销售保险。实际操作中，寿险销售人基本上仍为独家专属。

1996年的《保险业法》允许保险经纪人销售保险。保险经纪人不隶属于保险公司。对于保险经纪人在保险销售活动中给投保人造成的损失，所属保险公司不负赔偿责任，应由保险经纪人负赔偿责任。保险经纪人须寄存保证金，或投保保险经纪人赔偿责任保险。

4．资金运用监管

目前，日本监管部门认可的寿险公司资金运用范围为：有价证券，不动产，货币债券，金锭，资金信贷（含拆出），有价证券贷款，银行存款，邮政储蓄，货币、货币债权、有价证券、不动产等的信托，有价证券等的期货交易、期权交易，外国市场证券期货交易，金融期货交易，外汇掉期，外汇期货等。1998年后，日本基本取消了对资金运用比例的限制，除了对股票（30%）、外国金融资产（30%）、不动产（20%）仍有限制外，其他的均没有限制。

5．财务会计监管

在日本，寿险责任准备金分为保费积累金、未到期保费、风险准备金。对于保费积累金的计提，1996年的《保险业法》引进了"标准责任准备金制度"，要求各寿险公司按法令规定的计算基础和计算方法进行计算。

风险准备金是指为了保证履行保险合同的未来债务，防备将来可能出现的危险而积累的准备金。在1996年《保险业法》修改之前，风险准备金只用于防备保险风险；而1996年《保险业法》修改之后，加入了利率风险。

6．对关联公司的监管

"关联公司"是指保险公司参与出资，在其设立、资金及人员等方面与其有密切关系的公司。保险公司的关联公司可以从事的业务限于：代理保险公司进行的一般性代理业务、从事保险销售的保险代理业务、附属于保险公司业务的业务、准附属于保险公司业务的业务。保险公司可以持有从事一般性代理业务的关联公司的 100%的股份。而对于从事保险代理业务、附属或准附属于保险公司业务的关联公司，保险公司直接持有的股份不得超过 10%。另外，关于从事保险公司本身不能经营的面向一般市场的不动产业务、物品贩卖业务或旅行服务业务的公司，对于保险公司在限制规定出台前成立的公司的出资予以承认，但是要求尽快按规定进行调整。

7. 检查

检查包括调查公司内部资金管理实际状况的"实物检查"、调查销售活动或内部事务管理等的"实地调查"和根据保险公司提交的资料进行的"实证检查（本检查）"。本检查的内容包括：业务（销售、合同、保全、保险金支付等）、财务（资产运用）、负债（各种准备金）、损益（决算、事业费、经营效率）、经营管理。

在实施金融大改革前，检查重点放在资产健全性管理、利率及外汇等市场变动所伴随的新风险的管理、充实自有资本的措施、收益管理等方面。随着金融大改革有关政策的实施，日本保险监管部门对保险公司的检查思路和方式发生了很大变化。主要特点为：第一，为了彻底贯彻金融机构"自己为自己负责"的原则，检查的重点转为掌握金融机构"自我评定"的准确程度和有关资金偿付、准备金提存的实际情况，保险公司对金融机构法令、规则的遵守情况。第二，充分发挥注册会计师的作用，根据金融机构的经营状况决定检查频率，制定灵活的检查计划，必要时进行突击检查。第三，通过检查结果分析金融机构经营管理层对经营上存在问题的认识程度，并令其提出改善计划。

四、国际保险监管组织

（一）国际保险监督官协会

1993 年来自 53 个国家的保险监督官员在芝加哥召开会议，成立了国际保险监督官协会（International Association of Insurance Supervisors，IAIS）。该协会的宗旨是：加强联系与合作，鼓励成员国之间的信息交流，更好地保护消费者权益，促进高效率保险市场的发展，加强与其他金融部门和国际金融机构的合作。目前，国际保险监督官协会有 80 多名成员，分别来自世界各地的 70 多个国家。国际保险监督官协会的主要执行机构是执行委员会，该委员会下设技术委员会、新兴市场委员会和预算委员会三个机构。其中技术委员会与其子机构负责建立全球性的保险监管标准，新兴市场委员会支持和协助新兴市场国家建立健全的保险监督管理制度和监督管理体系，预算委员会负责实施、控制和报告 IAIS 的预算情况，秘书处帮助和组织委员会的日常活动及相应事务。各委员会也建立相应的子委员会、工作组、课题组等部门。

1995 年国际保险监督官协会的 51 个成员国签署了《关于相互援助、合作和信息共享的建议》。外国保险人在国内保险市场经营活动的日益增加，使保险监管的重点集中在对外国保险金资格的审查上，评估这些公司所需要的大部分信息，都必须来自在保险人的母国，但有关披露和保密法方面的问题常常阻碍此类信息的取得；为解决这些日益严重的问题，该建议中规定各签约国要"在互惠基础上，为他国获得与市场监管和保护其市场免受保险欺诈损害有信息和文件提供帮助"，如果必要，各国还要提供"本国立法方面的介绍"，以此实现信息共享。

（二）欧盟保险委员会

欧盟保险委员会由欧盟各成员国监管机构组成。其任务是根据互惠规则，制定技术标准，如投资监管标准等。该委员会还就影响保险业的一般技术性问题提供建议，并鼓励和发展各国监管机构之间的紧密联系与合作。

（三）东盟保险监管协会

东盟保险监管协会（AIC）从 1975 年开始举行会议，就有关保险监督问题交换信息和意见。该协会工作计划的重要内容，就是与发达国家和国际组织合作，共同开展保险监管的教育和培训，以实现监管技术水平的提高。此外，东盟保险监管协会还就有关问题和项目与东盟保险理事会（ASEAN Insurance Council）紧密合作。

（四）拉丁美洲保险监管协会

拉丁美洲保险监管协会（ASSAL）1979 年成立[①]。该机构的宗旨是收集相关的技术和统计信息，提供成员国保险立法、保险监管、保险市场发展及保险经营制度等方面的资料，增进各成员国之间的联系和信息交流，加强各成员国间保险业与保险监管机构的合作与协调，促进地区内保险再保险的教育与培训，寻求保险监管与相关政策的协调平衡。

（五）离岸保险监管集团

1993 年成立的离岸保险监管集团，是为了满足世界上许多国家的保险监督机构对离岸保险（例如对百慕大设立的保险公司）财务状况和资本充足性监管

---

① 该协会成员国目前有阿根廷、玻利维亚、巴西、哥伦比亚、古巴、厄瓜多尔、萨尔瓦多、危地马拉、洪都拉斯、墨西哥、哥斯达黎加、尼加拉瓜、巴拿马、巴拉圭、秘鲁、多米尼加、乌拉圭、委内瑞拉以及两个关联国西班牙和葡萄牙。

而成立的①。该协会的宗旨：维护离岸地区保险监督机构的共同利益、制定有效的保险监管政策，帮助和促进非成员国建立与离岸保险监管集团相一致的监管制度与监管构架，促进离岸保险业务的适度监管，注重离岸保险监管的技术培训与政策研讨。

五、国际保险监管的协调化发展与相互认可制度

随着保险一体化的发展，各国保险监管的协调化发展成为鼓励保险市场竞争、促进国际保险业快速发展的一个动力。许多人都认为，保险监管的统一化是进一步的保险自由化的必要条件。

保险监管的统一化可以由政府发起，谋求各国间有关法律法规的和谐，也可以由分散的市场参与者通过说服政府实现监管手段的统一。各国的监管法律和法规的统一，我们称之为法律上的协调化，或者各国的法律法规在实质上相似，而又不完全相同，我们称之为事实上的协调化。无论是那一种形式的协调化，法律法规的实施与其本身是同样重要的。

由于各国采取不同的市场监管制度，采用何种方式进行国家之间的保险监管协调就成了最重要的方面。保险监管的协调可以由市场推动也可以由政府推动，而以国家为主导的，由政治因素推动的监管一体化对国家保险监管原则的统一起着至关重要的作用。在保险市场自由化发展过程中，保险监管的相互认可制度是一个重要的协调原则，保险监管的相互认可制度能够消除保险监管制度的障碍，使保险的自由流动成为现实。

一国政府可以对他国的保险监管采取单边认可的方式，只要有充足的单边认可，该国的保险就可以实现充分的市场化。然而，更具吸引力的方式是相互认可。它比单边认可更具有效率性。

保险监管的相互认可制度是建立在各国保险监管当局之间相互信任与协作基础之上的，它对实行相互认可的双方的保险监管能力、信息技术水平都有很高的要求，而且实行相互认可的双方还必须就监管的核心内容和评估指标达成一致，从而实现对双方保险企业的一致性监管。相互认可制度在实际的操作过程中，主要表现为以下几个原则的贯彻与实施：（1）透明度原则。透明度原则是确保东道国的监管者和保险人充分了解东道国政府的监管法律和法规的基础，它对于外国保险人的市场准入和经营管理是必不可少的。透明度原则中的

---

① 协会成员有安圭拉岛、巴哈马群岛、巴巴多斯岛、不列颠维尔京群岛、格恩西岛、直布罗陀、马恩岛、泽西岛、荷属安的列斯群岛、巴拿马以及特克斯和凯克斯群岛，阿鲁巴、伯利兹城、开曼群岛、格林纳达、纳闽岛、圣文森特是该组织的观察员。

一个隐含目标是建立不同司法管辖体系之间的高度信任。正是在这一原则之下，才保证了本国监管原则和单一执照原则的可行性和有效性。（2）本国监管原则。在实行相互认可原则的国家之间，在其中一国设立公司的保险商有权向其他实行相互认可的国家的保险消费者提供保险服务，其在该国境内的营业活动除涉及东道国的公共利益需要受到该东道国的监管以外，其余事项都受本国监管。（3）单一执照原则。在实行相互认可的国家之间，已经获准在其中某一个国家承保的保险人可以在任何其他实行相互认可的国家无论是否以设立公司形式承保，都无需获得东道国政府的批准与监管。单一执照原则仅要求保险人的所属国进行稳定性监管，而东道国政府则依赖于兄弟国进行有效的保险监管。

思考题

1. 如何理解保险监管的特殊原因？
2. 美国的偿付能力监管体系有什么特点？
3. 保险保障基金的保险保障机制是如何实现的？
4. 欧美日的保险监管体系有什么异同？

参考文献

1. 魏迎宁著：《保险监管问答》，广州：广东经济出版社，2002 年。
2. 裴光著：《中国保险业监管研究》，北京：中国金融出版社，1999 年。
3. [美]小哈罗德·斯凯博（Harold D. Skipper，Jr）等著，陈欣等译：《国际风险与保险（环境——管理分析）》，北京:机械工业出版社，1999 年。
4. 勒梅尔著，袁卫等译:《欧美保险业监管》，北京：中国经济出版社，1999 年。
5. 陈文辉编：《中国寿险业的发展与监管》，北京：中国金融出版社，2002 年。
6. 刘茂山、江生忠编著:《保险学原理》，天津：南开大学出版社，1998 年。
7. 吴定富主编：《中国保险业蓝皮书》，北京：中国广播电视出版社，2006 年。
8. 江生忠：《论保险监管的几个问题》，《保险研究》，1999 年第 3 期。
9. 江生忠、邵全权、何佳:《论我国保险保障基金制度建设》，《保险研究》，2007 年第 9 期。
10. 袁力：《保险公司治理结构及监管问题研究》，《保险研究》，2005 年第 10 期。